FALÊNCIA da PENA de PRISÃO
Causas e alternativas

O GEN | Grupo Editorial Nacional – maior plataforma editorial brasileira no segmento científico, técnico e profissional – publica conteúdos nas áreas de concursos, ciências jurídicas, humanas, exatas, da saúde e sociais aplicadas, além de prover serviços direcionados à educação continuada.

As editoras que integram o GEN, das mais respeitadas no mercado editorial, construíram catálogos inigualáveis, com obras decisivas para a formação acadêmica e o aperfeiçoamento de várias gerações de profissionais e estudantes, tendo se tornado sinônimo de qualidade e seriedade.

A missão do GEN e dos núcleos de conteúdo que o compõem é prover a melhor informação científica e distribuí-la de maneira flexível e conveniente, a preços justos, gerando benefícios e servindo a autores, docentes, livreiros, funcionários, colaboradores e acionistas.

Nosso comportamento ético incondicional e nossa responsabilidade social e ambiental são reforçados pela natureza educacional de nossa atividade e dão sustentabilidade ao crescimento contínuo e à rentabilidade do grupo.

Autor
CEZAR ROBERTO BITENCOURT

Organização e apresentação
LUCIANO FELDENS

FALÊNCIA da PENA de PRISÃO
Causas e alternativas

EDIÇÃO COMEMORATIVA

Participação especial

Alberto Zacharias Toron • Alexandre Wunderlich • André Giamberardino • Andrea R. Castaldo • Cândido Albuquerque • Eugênio Raúl Zaffaroni • Francisco Muñoz Conde • Jacinto Nelson de Miranda Coutinho • Juarez Cirino dos Santos • Juarez Tavares • Nikolai Olchanowski • Paulo César Busato • Rogério Sanches Cunha • Rômulo de Andrade Moreira • Salo de Carvalho • Sebastião Reis Júnior • Sérgio Rebouças • Thiago Cochenski Borba

6ª edição

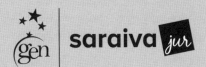

■ O autor deste livro e a editora empenharam seus melhores esforços para assegurar que as informações e os procedimentos apresentados no texto estejam em acordo com os padrões aceitos à época da publicação, *e todos os dados foram atualizados pelo autor até a data de fechamento do livro.* Entretanto, tendo em conta a evolução das ciências, as atualizações legislativas, as mudanças regulamentares governamentais e o constante fluxo de novas informações sobre os temas que constam do livro, recomendamos enfaticamente que os leitores consultem sempre outras fontes fidedignas, de modo a se certificarem de que as informações contidas no texto estão corretas e de que não houve alterações nas recomendações ou na legislação regulamentadora.

■ Data do fechamento do livro: 15/04/2025

■ O autor e a editora se empenharam para citar adequadamente e dar o devido crédito a todos os detentores de direitos autorais de qualquer material utilizado neste livro, dispondo-se a possíveis acertos posteriores caso, inadvertida e involuntariamente, a identificação de algum deles tenha sido omitida.

■ Direitos exclusivos para a língua portuguesa
Copyright ©2025 by
Saraiva Jur, um selo da SRV Editora Ltda.
Uma editora integrante do GEN | Grupo Editorial Nacional
Travessa do Ouvidor, 11
Rio de Janeiro – RJ – 20040-040

■ **Atendimento ao cliente:** https://www.editoradodireito.com.br/contato

■ Reservados todos os direitos. É proibida a duplicação ou reprodução deste volume, no todo ou em parte, em quaisquer formas ou por quaisquer meios (eletrônico, mecânico, gravação, fotocópia, distribuição pela Internet ou outros), sem permissão, por escrito, da **SRV Editora Ltda.**

■ Capa: Lais Soriano

■ **DADOS INTERNACIONAIS DE CATALOGAÇÃO NA PUBLICAÇÃO (CIP)**
VAGNER RODOLFO DA SILVA – CRB-8/9410

B624f   Bitencourt, Cezar Roberto
Falência da Pena de Prisão: causas e alternativas - edição comemorativa / Cezar
    Roberto Bitencourt. - 6. ed. - Rio de Janeiro : Saraiva Jur, 2025.
760 p.

ISBN 978-85-5362-051-7 (Impresso)

1. 978-85-5362-051-7 (Impresso)

	CDD 345
2025-1079	CDU 343

Índices para catálogo sistemático:
1. Direito Penal   345
2. Direito Penal   343

Respeite o direito autoral

À Vânia.

OUTRAS PUBLICAÇÕES DO AUTOR

Tratado de direito penal — parte geral, 31. ed., São Paulo, Saraiva, 2025, v. 1.

Tratado de direito penal — parte especial, 25. ed., São Paulo, Saraiva, 2025, v. 2.

Tratado de direito penal — parte especial, 21. ed., São Paulo, Saraiva, 2025, v. 3.

Tratado de direito penal — parte especial, 19. ed., São Paulo, Saraiva, 2025, v. 4.

Tratado de direito penal — parte especial, 19. ed., São Paulo, Saraiva, 2025, v. 5.

Tratado de direito penal — parte especial, 3. ed., São Paulo, Saraiva, 2025, v. 6.

Direito penal das licitações, 2. ed., São Paulo, Saraiva, 2021.

Reforma Penal da Lei Anticrime, São Paulo, Saraiva, 2021.

Código Penal comentado, 10. ed., São Paulo, Saraiva, 2019.

Tratado de direito penal econômico, São Paulo, Saraiva, 2016, v. 1.

Tratado de direito penal econômico, São Paulo, Saraiva, 2016, v. 2.

Comentários à Lei de Organização Criminosa: Lei n. 12.850/2013 (em coautoria com Paulo César Busato), São Paulo, Saraiva, 2014.

Crimes contra o sistema financeiro nacional e contra o mercado de capitais (em coautoria com Juliano Breda), 3. ed., São Paulo, Saraiva, 2014.

Crimes contra a ordem tributária, São Paulo, Saraiva, 2013.

Erro de tipo e erro de proibição, 6. ed., São Paulo, Saraiva, 2013.

Penas alternativas, 4. ed., São Paulo, Saraiva, 2013.

Crimes contra as finanças públicas e crimes de responsabilidade de prefeitos, 2. ed., São Paulo, Saraiva, 2010.

Reforma penal material de 2009 — crimes sexuais, sequestro relâmpago, Rio de Janeiro, Lumen Juris, 2010.

Direito Penal no terceiro milênio — estudos em homenagem ao Prof. Francisco Muñoz Conde (Organizador), Rio de Janeiro, Lumen Juris, 2008.

Teoria geral do delito — uma visão panorâmica da dogmática penal brasileira, Coimbra, Almedina Editora, 2007.

Juizados Especiais Criminais Federais — análise comparativa das Leis 9.099/95 e 10.259/2001, 2. ed., São Paulo, Saraiva, 2005.

Direito penal econômico aplicado (em coautoria com Andrei Z. Schmidt), Rio de Janeiro, Lumen Juris, 2004.

Teoria geral do delito (bilíngue) (em coautoria com Francisco Muñoz Conde), 2. ed., São Paulo, Saraiva, 2004.

Código Penal anotado (em coautoria com Luiz R. Prado), São Paulo, Revista dos Tribunais.

Elementos de direito penal — parte especial (em coautoria com Luiz R. Prado), São Paulo, Revista dos Tribunais.*

Elementos de direito penal — parte geral (em coautoria com Luiz R. Prado), São Paulo, Revista dos Tribunais.*

Juizados Especiais Criminais e alternativas à pena de prisão, Porto Alegre, Livraria do Advogado Ed.*

Lições de direito penal, Porto Alegre, Livraria do Advogado Ed.*

Teoria geral do delito, São Paulo, Revista dos Tribunais.*

---

* Títulos esgotados.

APRESENTAÇÃO
À 6ª EDIÇÃO COMEMORATIVA

A CIÊNCIA, O CIENTISTA E SUA OBRA

Luciano Feldens[1]

> "É impossível pretender que a pena
> privativa de liberdade ressocialize por
> meio da exclusão e do isolamento."
>
> Cezar Roberto Bitencourt (1992)

Em recente abordagem acerca da natureza da história e da humanidade, Yuval Noah Harari propôs a seguinte questão fundamental: *a mudança é possível?* Teriam, os humanos, a capacidade de mudar seu comportamento e, com isso, o destino da história? Ou a história seguirá se repetindo infinitamente, restando aos seres humanos o papel de encenar tragédias passadas, sem nada mudar, à exceção do *decór?*[2] Segundo Harari, uma corrente de pensamento nega veementemente qualquer possibilidade de mudança, insistindo na metáfora de que o mundo seria uma selva, onde o mais forte figura como predador do mais fraco, daí decorrendo todas as demais consequências lógicas. Outra escola do pensamento sustenta que a denominada "lei da selva" não é de qualquer forma uma lei natural. Ao contrário da gravidade, a sobreposição pela violência (guerra) não é uma força funda-

---

1. Doutor em Direito Constitucional, Mestre em Direito e Especialista em Direito Penal. Pós-Doutor em Democracia e Direitos Humanos. Professor de Direito Penal Econômico e Empresarial no Programa de Pós-Graduação em Ciências Criminais da PUCRS. Advogado.

2. *"Humanity's greatest political achivement has been the decline of war. That is now in jeopardy".* Yuval Noah Harari, *The Economist*, Feb 9th 2002 (Updated Feb 11th 2022).

mental da natureza. Sua existência e intensidade dependem de fatores tecnológicos, econômicos e culturais.

As ciências penais, porque vinculadas à história, à filosofia e à política, têm igualmente seu destino sujeito a essa ordem de fatores dependentes da mão – e da mente – humana, e não a uma força superior qualquer. Decerto, seus problemas essenciais mostraram-se, historicamente, como realidades referidas a valores (como, de resto, o é o próprio direito), ainda que a valores cambiantes, aderentes a universos políticos e culturais bastante diversos.

Por que punir, o *quanto* punir e *como* punir são formulações relacionadas aos *fins da pena* que nos acompanham desde uma época em que não existia um Estado fundado numa vontade coletiva. *Escolas Penais* de diferentes nomes e sobrenomes pretenderam, em composições bastante variadas, justificar a imposição da pena. Aqui não se trata, porém, de voltar a Feuerbach, Kant, Ferri e ao que desde então se seguiu. Trata-se, apenas, de estabelecer um *ponto de orientação* – sem o que caímos no efêmero – para a medida da pena *justa*[3]. *Como apontará o Professor Cezar Bitencourt, esse patamar se atingiria incluindo, como elemento essencial dessa delicada equação, a condição humana.*

Recolhemos da história que esse elemento *humanitário*, tal como o compreendemos a partir do segundo pós-guerra (dignidade humana), não compunha a noção original de pena, em regra associada ao suplício do corpo, que tanto a simbolizava no *Ancien Régime*, como detalhadamente retratado por Foucault (o suplício de *Damiens*)[4]. Esse regime de penas cruéis e a própria pena de morte encontrariam em Beccaria um adversário à altura[5]. Em paralelo, e à base dos ideais da Ilustração, a filosofia daria passos largos conducentes a um direito penal *melhor* ou a algo melhor que o direito penal, "mais inteligente e mais humano do que ele"[6].

---

3. Arthur Kaufmann, *Filosofia do Direito*, 5. ed., Lisboa: Fundação Calouste Gulbenkian, 2014.

4. Michel Foucault, *Vigiar e punir*, Lisboa: Edições 70, 2013.

5. "Não é o rigor do suplício que previne os crimes com mais segurança, mas a certeza do castigo, o zelo vigilante do magistrado e essa severidade inflexível que só é uma virtude do juiz quando as leis são brandas. A perspectiva de um castigo moderado, mas inevitável, causará sempre uma impressão mais forte do que o vago temor de um suplício terrível, em relação ao qual se apresenta alguma esperança de impunidade". Cesare Beccaria, *Dos delitos e das penas*. Tradução de Paulo M. Oliveira. Prefácio de Evaristo de Moraes. São Paulo: Edipro, 2010.

6. Gustav Radbruch, *Filosofia do Direito*, 6. ed., Lisboa: Fundação Calouste Gulbenkian, 1997.

Trazida a discussão para nosso tempo, e em atenção às nossas coordenadas locais, são conhecidas as condições torturantes sob as quais a pena privativa de liberdade é executada em significativa parcela dos estabelecimentos prisionais do País. Essa situação se agrava na medida em que nos faz testemunhar uma tensão no interior da própria ideia de direito; afinal, o que se dizer da realidade carcerária brasileira diante do propósito de integração social do apenado, que a lei explicitamente exige (art. 1º da Lei n. 7.210/84)?[7]

A incapacidade material do Estado ou mesmo a ineficiência de um "sistema", no qual os agentes de *law enforcement* estão inseridos, funcionaram, historicamente, como *álibis teóricos* dessa discrepância. E como a burocracia não se suicida (Zaffaroni), o problema se estabilizaria enquanto tal, denunciando a noção de *crise* – afinal, os direitos não são "relativos"[8] e tampouco o Direto Penal pode ser confundido com o mero exercício do poder[9].

Por aqui chegamos ao ponto de inflexão, cuja saída está a depender do contexto científico e cultural de que nos falava acima Harari, a indicar que também no sistema penal todo o avanço – ou retrocesso – não poderá se dar senão por ação do próprio homem. Nesse instante, retornamos à questão inicial: *a mudança é possível?*

É precisamente nessa perspectiva que devemos enaltecer a obra científica do Professor Cezar Roberto Bitencourt, *A Falência da Pena de Prisão*, produto de sua tese doutoral intitulada *Evolución y Crisis de la Pena Privativa de Libertad*, sustentada perante a Universidade de Sevilla, em 1992, sob a orientação do Maestro Francisco Muñoz Conde.

O extraordinário valor doutrinário da tese – com a exploração dos problemas que ela suscita – está retratado pelos comentários dos eminentes Professores que comparecem a essa obra coletiva, aportando sua contribuição. Para além disso, entretanto, sobreleva destacar, neste breve momento

---

7. "A crítica tem sido tão persistente que se pode afirmar, sem exagero, que a prisão está em crise. Essa crise abrange também o objetivo ressocializador da pena privativa de liberdade, visto que grande parte das críticas e questionamentos que se faz à prisão refere-se à impossibilidade – absoluta ou relativa – de obter algum efeito positivo sobre o apenado." Bitencourt, op. cit. p. 176.

8. Luciano Feldens, *O direito de defesa* – A tutela jurídica da liberdade na perspectiva da defesa penal efetiva. 2. ed. Porto Alegre: Livraria do Advogado, 2021.

9. Eugenio Raul Zaffaroni; José Henrique Pierangeli, *Manual de Direito Penal Brasileiro*, 14. ed., São Paulo: Revista dos Tribunais, 2020.

de apresentação, que nesses 30 anos que medeiam a publicação da tese e os dias atuais observamos inegáveis avanços no tratamento jurídico da questão penal (prisional), em grande medida tributáveis à crítica, elaborada pelo Professor Cezar Roberto Bitencourt, em torno do sistema carcerário brasileiro. São manifestações *concretas* do Estado, em todas suas fisionomias de poder. Vejamos alguns exemplos[10].

No espectro legislativo, notou-se uma intensificação de propostas alternativas à prisão – seja ela cautelar ou definitiva:

(i) Lei n. 9.099/1995, instituindo a transação penal, a composição civil dos danos e a suspensão condicional do processo, em ordem a minimizar o acesso prisional aos não reincidentes, que pela vez primeira tenham se defrontado com a lei penal;

(ii) Lei n. 9.714/1998, ampliando de 1 (um) para 4 (quatro) anos o limite de pena privativa de liberdade, pela prática de crimes não violentos, a ensejar a substituição por penas alternativas, bem como estabelecendo duas novas modalidades do gênero penas restritivas de direitos e criando o instituto do *sursis* humanitário;

(iii) Lei n. 12.403/2011, estipulando medidas cautelares diversas da prisão, bem como inserindo o instituto da audiência de custódia;

(iv) Lei n. 13.964/2019, prevendo o acordo de não persecução penal, e assim ampliando o âmbito da solução não litigiosa no processo penal, igualmente a afastar o recurso à prisão[11].

No mesmo ritmo, atento ao colapso do sistema carcerário brasileiro, também o Conselho Nacional de Justiça vem adotando constantes medidas que visam mitigar os danos da prisão:

(i) Recomendação 21/2008, estabelecendo critérios de fomento à recuperação social do preso e do egresso do sistema prisional;

(ii) Recomendação 44/2013, estipulando com a hipótese de remição por leitura; e

---

10. Pesquisa realizada com a participação do acadêmico em Direito da UNISINOS Mauirá Schneider.

11. De acordo com a Exposição de Motivos, "[t]rata-se de inovação que objetiva alcançar a punição célere e eficaz em grande número de práticas delituosas, oferecendo alternativas ao encarceramento e buscando desafogar a Justiça Criminal, de modo a permitir a concentração de forças no efetivo combate ao crime organizado e às infrações penais mais graves" (https://www.camara.leg.br/proposicoesWeb/prop_mostrarintegra?codteor=16664 97&filename=PL+10372/2018).

(iii) Recomendação 62/2020, prevendo a hipótese de "prisão domiciliar humanitária" em razão da Covid-19.

Destaque-se, ademais, que a diagnosticada *crise* da pena privativa de liberdade no Brasil chegou a assumir repercussão internacional, seja pelas degradantes condições em que cumprida, seja por força dos elevados índices de reincidência[12]. Sob essa perspectiva, o tema foi levado à Corte Interamericana de Direitos Humanos (CIDH), que houve por recomendar o cômputo *em dobro* da pena cumprida nos estabelecimentos Instituto Penal Plácido de Sá Carvalho/RJ e Complexo Penitenciário de Curado/PE (Resoluções da CIDH de 22/11/2018 e 28/11/2018).

O Poder Judiciário também se mostraria sensível a essa realidade, manifestando postura crítica ao sistema carcerário brasileiro, do que são exemplo as seguintes decisões:

(i) ADPF 347[13] (STF) e o *Estado de Coisas Inconstitucional* do sistema carcerário brasileiro (2015);

(ii) Súmula Vinculante 56 do STF[14] e a impossibilidade de manutenção de apenado em regime mais gravoso na hipótese de falta de estabelecimento prisional adequado (2016);

(iii) Tema 365 de Repercussão Geral (STF)[15] e o dever do Estado de ressarcir danos, inclusive morais, comprovadamente causados aos detentos em decorrência da falta ou insuficiência das condições legais de encarceramento (2017);

---

12. Conforme o último relatório do CNJ (2020), os índices de retorno ao sistema penitenciário chegam a 42,5% no Brasil, atingindo um índice de 75% no Espírito Santo (https://www.conjur.com.br/dl/panorama-reentradas-sistema.pdf).

13. Embora o mérito da ADPF 347 ainda não tenha sido julgado, foi concedida liminar em 09/09/2015, reconhecendo "um quadro de violação massiva e persistente de direitos fundamentais, decorrente de falhas estruturais e falência de políticas públicas e cuja modificação depende de medidas abrangentes de natureza normativa, administrativa e orçamentária, deve o sistema penitenciário nacional ser caraterizado como 'estado de coisas inconstitucional', bem como adotando algumas medidas preventivas".

14. A falta de estabelecimento penal adequado não autoriza a manutenção do condenado em regime prisional mais gravoso, devendo-se observar, nessa hipótese, os parâmetros fixados no RE 641.320/RS.

15. Tese fixada: "Considerando que é dever do Estado, imposto pelo sistema normativo, manter em seus presídios os padrões mínimos de humanidade previstos no ordenamento jurídico, é de sua responsabilidade, nos termos do art. 37, § 6º, da Constituição, a obrigação de ressarcir os danos, inclusive morais, comprovadamente causados aos detentos em decorrência da falta ou insuficiência das condições legais de encarceramento".

(iv) A implementação, em parceria com a sociedade civil, do método APAC, respaldado por decisão do STJ, de relatoria do Ministro Sebastião Reis Jr. (HC 383.102/PR), que enfatiza que "o direito penal não é instrumento de vingança, seja individual, seja social; nem a Justiça é o meio de efetivá-la" (2017);

(v) HC 143.641/SP (STF) e a concessão de prisão domiciliar às mulheres gestantes, puérperas ou de mães com crianças de 12 anos de idade sob sua responsabilidade (2018);

(vi) RHC 136.961/RJ (STJ) e a determinação do cômputo em dobro da pena cumprida no Instituto Penal Plácido de Sá Carvalho/RJ (2021); e

(vii) Decisão proferida pela Juíza Sonáli da Cruz Zluhan da 1ª Vara de Execuções Criminais do Foro Central da Comarca de Porto Alegre/RS[16], que determinou o cômputo em dobro da pena cumprida no Presídio Central de Porto Alegre (2021).

Pois se não houvesse outro motivo a justificar a republicação de *A Falência da Pena de Prisão*, agora recebendo, nesta Edição Especial, a contribuição literária de eminentes Professores, eis aqui a revelação das evidências de um legado da *ciência*, do *cientista* e de sua *obra*: os movimentos legislativos e jurisprudenciais aqui destacados mostram-se todos em linha com o diagnóstico e com as alternativas sugeridas pelo Professor Cezar Roberto Bitencourt, em 1992, que desde então apontava para a racionalização e a humanização do poder punitivo, preconizando: "aperfeiçoar a pena privativa de liberdade, quando necessária, e substituí-la, quando possível e recomendável"[17]. Parece definitivamente respondida, pois, a questão fundamental desta apresentação: *a mudança é possível*.

Como mera testemunha – mas testemunha qualificada – desse processo de construção intelectual, e tendo acompanhado o Professor Cezar Bitencourt desde 1992 – de quem fui aluno, examinando e por quem fui

---

16. A decisão foi proferida no PEC n. 80001366-41.2021.8.21.0001, sendo suspensa por decisão monocrática no Mandado de Segurança n. 70085472876. O mérito ainda foi apreciado.

17. "A prisão é uma exigência amarga, mas imprescindível. A história da prisão não é a de sua progressiva abolição, mas a de sua reforma. A prisão é concebida modernamente como um mal necessário, sem esquecer que guarda em sua essência contradições insolúveis. (...) Propõe-se, assim, aperfeiçoar a pena privativa de liberdade, quando necessária, e substituí-la, quando possível e recomendável." Bitencourt, op. cit., p. 39-40.

XIV

prefaciado[18], tornando-me, por sua mão, seu colega de universidade no Programa de Pós-Graduação em Ciências Criminais da PUCRS –, sinto-me alcançado pelas palavras de Goethe: "quando se sabe de que lado se está, já se fez o bastante". Aqui registro, Professor Cezar Bitencourt, meu agradecimento pelo aprendizado e pelo convívio pessoal. Como se diria na Espanha, berço de nossa formação cultural (doutoral): *gracias por tanto.*

---

18. Luciano Feldens, *Tutela penal de interesses difusos e crimes do colarinho branco*, Porto Alegre: Livraria do Advogado, 2002.

NOTA À 6ª EDIÇÃO

Mantivemos inalterada a presente obra, após 30 anos da defesa de nossa Tese de Doutorado – *Evolución y crisis de la pena privativa de libertad* –, na Universidade de Sevilha, sob a incomparável orientação de nosso eterno amigo e maestro Professor Don Francisco Muñoz Conde, um dos maiores catedráticos europeus. Aos que conhecem esta obra, sabem que seu conteúdo continua mais atual do que nunca.

Nessa aparente inércia nas sucessivas edições, optamos por manter inalterado o seu conteúdo, por duas razões básicas: em primeiro lugar, como já referimos, sua essência continua atualizada, pois trata da eterna crise da pena privativa de liberdade e de sua execução; em segundo lugar, adotamos o entendimento do grande catedrático português, Professor Jorge de Figueiredo Dias, o qual há mais de 40 anos mantinha inalterada a obra decorrente de sua tese, *O problema da consciência da ilicitude*, porque, segundo Figueiredo Dias, uma *tese doutoral* representa efetivamente o estudo elaborado em seu período de pesquisa, e, como tal, deve ser consultada.

Esta 6ª edição, trata-se de uma edição especial, comemorativa dos 30 anos da defesa de nossa Tese de Doutorado, comemorados com certo atraso, posto que ocorreu no dia 17 de fevereiro de 1992. Algumas dificuldades em contatar os professores convidados a participar desta edição, aos quais aproveitamos para agradecer, contribuíram, de certa forma, com essa pequena delonga. Aproveitamos a oportunidade para agradecer a esses colaboradores especiais, bem como a nossa prestigiosa Editora Saraiva Jur, que não mediu esforços para viabilizar esta publicação, aliás, como sempre fez ao longo de 30 anos, com publicação anual do nosso *Tratado de Direito Penal* (em seis volumes), sempre atualizado, além das edições deste *Falência da Pena de Prisão*.

Brasília, verão de 2025.

O Autor

PREFÁCIO À 2ª EDIÇÃO

Com enorme satisfação e alegria assumi o honroso convite para apresentar a 2ª edição do livro *Falência da pena de prisão*, que, indiscutivelmente, no nosso país, é o mais completo e atualizado *inventário jurídico--literário* sobre o tema. Nenhum acadêmico nem jurista, professor, militante jurídico ou de outras ciências afins, pode deixar de conhecê-lo e de se deleitar com a sua leitura, certamente cativante e prazerosa, inclusive e sobretudo porque se trata de texto redigido com muita clareza e concisão.

Este livro, como sabemos, constituiu a base da tese de doutoramento de Cezar Roberto Bitencourt, conquistada com mérito incontestável e brilhantismo ímpar no princípio da década de 90, na Universidade de Sevilha, Espanha, sob a orientação do reconhecido e aclamado penalista Professor Francisco Muñoz Conde. Embora tenha sido um trabalho apresentado em terras ibéricas, certo é que o autor soube, com maestria, atrelar o assunto à nossa realidade. Aliás, na última parte da obra cuidou especificamente dos substitutivos penais *no Brasil*.

Cezar Bitencourt é reconhecidamente um penalista consagrado e admirado. Expoente de escol da nossa geração. Estudioso perseverante, destaca-se pela profundidade nas pesquisas e solidez nas opiniões. Autor de vários livros, manuais, integrou o Ministério Público do Rio Grande do Sul e atualmente, *a latere* de intensa e frutífera atividade docente, exerce com denodo a Advocacia. É, destarte, com mérito, um dos mais respeitados penalistas na atualidade.

O livro, como já anunciado, cuida da *pena de prisão*, que foi estudada *ex profundis* desde a Antiguidade, passando pela Idade Média até chegar à Idade Moderna. De particular interesse é o completo levantamento que foi feito em relação ao pensamento de cada um dos mais destacados Reformadores do cárcere: Beccaria, Howard e Bentham. Não se descuidou dos sistemas penitenciários (pensilvânico, auburniano e progressivos) e, antes de se chegar na *crise da pena de prisão*, foram examinadas cuidadosamente as teorias da pena (absolutas, utilitárias e mistas).

A prisão, na incensurável visão do autor, que coincide com o convencimento geral (leia-se: com o *discurso*) dos *Professores de Direito penal*, é uma exigência amarga, embora imprescindível. A história da prisão não é a de sua progressiva abolição, mas a de sua reforma. É um mal necessário, mas com contradições insolúveis. Tendo em vista que ainda dela não podemos dispor, pelo menos devemos lutar pela sua progressiva humanização. E sempre que possível deve ser substituída. Tudo isso porque, dois séculos depois do seu acolhimento geral, constatou-se sua mais absoluta *falência* em termos de prevenção. Recomenda-se, em consequência, que as penas privativas de liberdade se limitem às penas de longa duração e àqueles condenados efetivamente perigosos e de difícil recuperação. Assim deve ser porque a prisão avilta, desmoraliza, desonra e embrutece o apenado.

A opção hoje praticamente generalizada pelos *substitutivos* ou *alternativas penais* encontra sua razão de ser precisamente nessa constatação empírica indiscutível da falência da pena de prisão. Dentre tantas outras, a prisão entre nós é uma realidade absolutamente inconstitucional, visto que, pelo Texto Maior, *"ninguém* [deveria ser] *submetido a tortura nem a tratamento desumano ou degradante"* (CF, art. 5º, inc. III). Aliás, o mesmo diploma constitucional proíbe as *penas cruéis* (inc. XLVII, *e*), assinala que *"a pena será cumprida em estabelecimentos distintos, de acordo com a natureza do delito, a idade e o sexo do apenado"* e assegura aos presos *"o respeito à integridade física e moral"*.

É uma triste realidade que, ademais, conflita frontalmente com o chamado Direito Humanitário Internacional. A *Declaração Universal dos Direitos Humanos* (1948), a propósito, em seu art. V, afirma que *"Ninguém será submetido à tortura, nem a tratamentos ou punições cruéis, desumanos ou degradantes"*. Do mesmo modo, o *Pacto Internacional de Direitos Civis e Políticos* (1966) afirma que *"toda pessoa privada da sua liberdade deverá ser tratada com humanidade e com respeito à dignidade inerente à pessoa humana"*.

A ONU, que tem [seguramente deveria ter] a pessoa humana como seu eixo fundamental de preocupação, na medida em que não se consegue eliminar a prisão, há tempos vem dedicando sua atenção ao *encarcerado*. E não é para menos, porque se sabe que a prisão, como resultado final do exercício do poder punitivo, como *factum* que é, constitui uma sementeira de arbitrariedades, de violência e de corrupção (cfr. Zaffaroni, El sistema penal y el discurso jurídico, *in* www.direitocriminal.com.br, *Doutrina estrangeira*, 30-10-2000).

Ao lado da miséria, a prisão é talvez a maior lacra da humanidade nesta virada de século e de milênio. Na década de 1950, particularmente no continente europeu, acreditava-se que o crime tinha sua origem primordialmente em causas individuais. Passava-se ao largo das causas sociais. Imaginou-se, então, que submetendo o recluso a um *tratamento* (ideologia do tratamento ressocializador) não haveria reincidência. Logo se constatou, no entanto, a absoluta inviabilidade de se ressocializar o condenado *dentro* da prisão.

Renasce assim com energia a ideia das penas *alternativas* ou *substitutivas*, que foram objeto das famosas *Regras de Tóquio* (cfr. Resolução n. 45/110, da ONU, Assembleia Geral realizada em 14-12-1990). No Direito brasileiro toda essa ideologia da ressocialização alternativa encontrou eco não só na Lei n. 9.099/95 (Lei dos Juizados Especiais Criminais), senão também e sobretudo na Lei n. 9.714/98 (Lei das penas alternativas ou substitutivas). De qualquer modo, é importante assinalar que essa também é uma etapa de transição. A substituição da prisão por multa ou penas restritivas de direitos não deixa de ser uma evolução humanitária, mas a verdade é que nesse sistema ainda continua a pena de prisão sendo o eixo do Direito penal.

A próxima bandeira que nos cabe a todos ardorosamente defender, na linha de pensamento de Ferrajoli, consiste em conceber as penas alternativas diretamente nos tipos penais, dando-lhes a natureza de penas únicas para determinadas infrações penais. E desse modo definitivamente a pena de prisão estará sendo abandonada. E quem sabe um dia a humanidade venha a dela livrar-se.

São Paulo, 30 de outubro de 2000.

Luiz Flávio Gomes (in memoriam)

PRÓLOGO À 1ª EDIÇÃO

O presente trabalho do Dr. Cezar Roberto Bitencourt constitui uma importante contribuição não só ao estudo da crise da pena privativa de liberdade, mas também por desnudar a dimensão internacional de tal crise.

Com efeito, encontramo-nos em um momento histórico de especial interesse sob a perspectiva penitenciária. A pena privativa de liberdade esgotou sua história. Ao longo de sua existência amoldou-se às distintas metas às quais formalmente se lhe vincula. O Dr. Bitencourt, consciente da importância da perspectiva histórica, dedica grande parte de sua pesquisa precisamente a destacar como a vinculação da pena privativa de liberdade aos fins expiatórios, retributivos, preventivos gerais e especiais ou ressocializadores apenas reforçou um modelo de pena que enfrenta uma crise praticamente desde suas origens.

Hoje chegamos ao fim da história da prisão. Frustradas, sucessivamente, as distintas perspectivas, àquela não resta outra missão senão a puramente custodial, a mesma que teve em suas origens. Se a crise do pensamento ressocializador teve como positivo desmascarar uma estratégia de fortalecimento da prisão, trouxe consigo, no entanto, também o retorno a posições custodiais. Os últimos anos permitem afirmar que esse retorno não é produto de uma elucubração, mas que progressivamente o pensamento neorretributivo parece inspirar as mais recentes políticas penitenciárias. Uma série complexa de fatores contribuiu com esse retrocesso. Em primeiro lugar, dever-se-ia destacar a própria crise do modelo social de Estado, substituído por um modelo neoliberal no qual carece de justificação uma excessiva ingerência tendente à promoção social dos internos. Por outro lado, os custos políticos e econômicos precipitaram a evolução mais recente. A "prisão ressocializadora" era uma prisão cheia de riscos, na qual se investia muito politicamente quando se detectavam, na opinião pública, algumas atitudes — favorecidas pela desinformação — muito menos reconciliadoras e mais reativas. A sociedade sente-se ameaçada pelo terrorismo, pelo narcotráfico, ou pela insegurança geral e reclama dos poderes públicos mais contundência e repressão, que se traduzem em penas mais longas, em maior população carcerária, mas, lamentavelmente, não em menores índices de delinquência. A perspectiva econômica é outro fator condicionante do momento atual. Os investimentos que, em outros tempos, se fizeram para dotar os centros penitenciários de pessoal técnico especializado para elaborar programas ressocializadores hoje são gastos para construir penitenciárias maiores e mais seguras. Os governos liberais não mostram nenhum interesse em investir o dinheiro público em tais programas, porque não rendem dividendos políticos, podendo, no máximo, modificar os índices de reincidência.

Os critérios econômicos também incidiram igualmente na infraestrutura penitenciária. Com projetos funcionalistas, a prisão da década de noventa será provavelmente uma prisão mais cômoda em termos de conforto — mas seguramente a mais desumana que se possa imaginar. As celas abandonaram seu significado penitenciário em relação à intimidade, para converter-se em autênticas jaulas humanas, onde, graças aos meios audiovisuais, o controle é total. Um grande exemplo dessa nova perspectiva talvez seja o projeto de prisão subterrânea de Atlanta (EUA).

Finalmente, neste rápido exame de fatores desencadeantes do impasse penitenciário em que nos encontramos, e que foi exposto vigorosamente ao longo do trabalho pelo Dr. Cezar Bitencourt, está o fracasso da ressocialização na prática, uma vez que, como fundamento da execução da pena, mostrou-se incapaz de atingir uma redução mínima nos índices de reincidência. Embora isso não devesse surpreender ninguém, porquanto as metas ressocializadoras sempre cumpriram uma função simbólica, no entanto, frequentemente são utilizadas para reabilitar os princípios retributivos e de certeza em virtude dos quais se busca aproximar o período de condenação com o penitenciário (efetivo cumprimento de pena). A natureza de alguns institutos jurídico-penitenciários, que permitem a redução da condenação, é disciplinar. Através de uma série de benefícios e castigos com implicações distintas busca-se o bom recurso de hoje em troca do bom cidadão de amanhã.

Diante desse panorama, a doutrina encontra-se comprometida com a busca de sistemas alternativos à prisão, para que a esta sejam remetidas somente aquelas pessoas que, pela gravidade do delito praticado, não podem esperar na sociedade atual uma resposta penal diferente. Mas as alternativas à prisão também devem ser analisadas criticamente, com a finalidade de que sejam efetivamente alternativas à prisão e não favoreçam sub-repticiamente o incremento de setores sociais controlados pelo sistema penal. O grande número de pessoas sob o controle da *probation* na Inglaterra — citando apenas um exemplo — era inimaginável quando esse tipo de pena foi introduzido nos anos setenta. A *probation*, como outras alternativas à pena privativa de liberdade, são apenas fórmulas que permitem um controle social menos visível e portanto mais fácil de ser aplicado pelos tribunais. A entrada em vigor das chamadas alternativas — como se vem comprovando nos diferentes países — não refletiu nos índices de população penitenciária, ao contrário. O fato de muitos desses sistemas preverem a revogação com a consequente conversão em pena privativa de liberdade, quando o indivíduo reincide ou simplesmente descumpre as obrigações impostas, favorece o ingresso na prisão por decisão, nem sempre do Poder Judiciário, mas de órgãos puramente administrativos.

Não pretendemos, absolutamente, deixar de valorar os aspectos positivos de qualquer instituto jurídico-penal que evite a entrada na prisão. No entanto, estes seriam desvirtuados se, na prática, se dirigissem a pessoas que jamais iriam para a prisão ou nem sequer houvessem tido problemas com a justiça.

É especialmente interessante a última parte do trabalho do Dr. Cezar Bitencourt, onde se detém em um estudo pormenorizado dos substitutivos penais. A análise destaca a carência que a Espanha tem nesse sentido. Nossa legislação penitenciária foi mais sensível às modernas orientações político-criminais que o sistema penal no seu conjunto. Mantêm-se praticamente inalterados os substitutivos penais de fins do século passado e princípios do atual. O *arresto de fim de semana*, os serviços à comunidade ou o sistema dias-multa são apenas promessas e, às vezes, nem isso de um projeto de Código Penal, que em nosso país ainda está por chegar.

Desejaria terminar destacando que para mim é, ao mesmo tempo, uma honra e motivo de grande satisfação apresentar esta tese, ter sido convidado pelo autor para prologar este trabalho e ser orientador de sua Tese de Doutorado na Universidade de Sevilha, com a qual obteve a nota máxima, com distinção. Cezar Roberto Bitencourt apresenta aqui uma investigação completa, rigorosa e científica de uma das questões mais controvertidas do Direito Penal de nossos tempos. Como jurista e penalista comprometido com a realidade política e social de nossos dias — como o Dr. Cezar Bitencourt —, espero que este trabalho ajude o leitor como ajudou a

XXV

mim a conhecer a realidade do meu país em comparação com a do Brasil e também dessa forma contribuir com o processo de humanização do sistema penal, no qual todos nos achamos empenhados.

Borja Mapelli Caffarena
Catedrático de Direito Penal da Universidade de Sevilha

ABREVIATURAS

ADPCP — *Anuario de Derecho Penal y Ciencias Penales* (Espanha)
AICPC — *Anuario del Instituto de Ciencias Penales y Criminológicas* (Venezuela)
CF — Constituição Federal do Brasil
CLT — Consolidação das Leis do Trabalho
CNT — Código Nacional de Trânsito, atualmente Código de Trânsito Brasileiro (CTB)
CP — Código Penal brasileiro
CPC — *Cuadernos de Política Criminal* (Espanha)
CPP — Código de Processo Penal brasileiro
CTN — Código Tributário Nacional
DP — *Doctrina Penal Argentina*
IBCCrim — Instituto Brasileiro de Ciências Criminais
ILANUD — Instituto Latinoamericano para la Prevención del Delito y Tratamiento del Delincuente (ONU, Costa Rica)
LCP — Lei das Contravenções Penais
LEP — Lei de Execução Penal
NPP — *Nuevo Pensamiento Penal* (Argentina)
PPU — *Promociones y Publicaciones Universitarias*
REEP — *Revista de la Escuela de Estudios Penitenciarios* (Espanha)
REP — *Revista de Estudios Penitenciarios* (Espanha)
RIDP — *Revue International de Droit Pénal* (Paris)
RIPC — *Revista Internacional de Política Criminal* (ONU)

SUMÁRIO

PARTE I

À GUISA DE INTRODUÇÃO 3
   1. Princípio da presunção de inocência 3
      1.1. Grande retrocesso na orientação jurisprudencial do Supremo Tribunal Federal 5
   2. Princípio da proibição do retrocesso 7

I. HISTÓRIA E EVOLUÇÃO DA PENA DE PRISÃO 11
   1. Considerações introdutórias 11
   2. A Antiguidade 13
   3. A Idade Média 17
      3.1. Influência da religião na evolução da pena 19
         3.1.1. Influência da prisão eclesiástica 20
         3.1.2. Importância do direito canônico 20
   4. A Idade Moderna 22
      4.1. Causas da transformação da prisão-custódia em prisão-pena 28
   5. Os reformadores: Beccaria, Howard, Bentham 37
      5.1. Cesare Beccaria 38
         5.1.1. Resumo das ideias de seu tempo 38
         5.1.2. O contrato social 39
         5.1.3. Os fins da pena 41
         5.1.4. Humanização das sanções criminais 42
      5.2. John Howard 43
         5.2.1. A humanização das prisões 44
         5.2.2. Influência da religiosidade 45
         5.2.3. Pessoal penitenciário e juiz de execução 47
         5.2.4. Influência nas reformas legislativas 48
      5.3. Jeremy Bentham 49

XXIX

5.3.1. Fins preventivos da pena	49
5.3.2. As condições criminógenas da prisão	52
5.3.3. O panótico	53
5.3.4. O panótico como instrumento de dominação	56
5.3.5. Realizações das ideias penitenciárias de Bentham	58

II. SISTEMAS PENITENCIÁRIOS

II. SISTEMAS PENITENCIÁRIOS	59
1. Considerações preliminares	59
2. Sistema pensilvânico ou celular	60
2.1. Origens históricas	60
2.2. Características e objetivos do sistema	61
2.3. Crítica ao regime de isolamento	64
3. Sistema auburniano	70
3.1. Origens históricas	70
3.2. Características e objetivos do sistema	73
3.3. Sistemas pensilvânico e auburniano: semelhanças e diferenças	78
4. Sistemas progressivos	80
4.1. Sistema inglês progressivo ou mark system	81
4.2. Sistema progressivo irlandês	83
4.3. Sistema de Montesinos	86
4.3.1. Respeito à dignidade do preso	87
4.3.2. A função reabilitadora do trabalho	89
4.3.3. Outras ideias de Montesinos	90
4.4. Crise do sistema progressivo: algumas causas	92

III. AS FUNÇÕES DA PENA NO ESTADO DEMOCRÁTICO DE DIREITO

III. AS FUNÇÕES DA PENA NO ESTADO DEMOCRÁTICO DE DIREITO	97
1. Generalidades	97
2. Teorias sobre a função da pena	99
3. Teorias absolutas ou retributivas da pena	101
3.1. Teoria de Kant	103
3.2. Teoria de Hegel	107
3.3. Crítica de Klug às teses de Kant e Hegel	109
3.4. Outras teses retribucionistas da pena	110
3.5. Críticas às teorias retributivas da pena	113
4. Teorias preventivas da pena	115

4.1. A prevenção geral	116
4.2. A prevenção especial	122
4.2.1. Prevenção especial: tratamento penitenciário	132
5. Teoria mista ou unificadora da pena	133
6. Teoria da prevenção geral positiva	136
6.1. A prevenção geral positiva fundamentadora	137
6.2. A prevenção geral positiva limitadora	141

IV. CRISE DA PENA PRIVATIVA DE LIBERDADE 145

1. Considerações gerais	145
2. A prisão como fator criminógeno	148
3. Elevados índices de reincidência	151
4. Efeitos sociológicos ocasionados pela prisão	154
4.1. Influência prejudicial sobre o recluso	154
4.2. Significado e efeito do sistema social originado na prisão	158
5. Efeitos psicológicos produzidos pela prisão	178
5.1. Problemas psicológicos que a prisão produz	178
5.2. Efeito negativo sobre o autoconceito do recluso	185
6. O problema sexual nas prisões	187
6.1. Repressão do instinto sexual	187
6.2. Consequências negativas da privação de relações sexuais	189
6.3. Soluções para o problema sexual	195
6.3.1. Solução tradicional: exercícios físicos, trabalho, esportes	195
6.3.2. A utilização de drogas	196
6.3.3. Saídas temporárias	198
6.3.4. A visita íntima	198
6.3.5. A prisão aberta	205
6.3.6. A prisão mista	207
7. Análise etiológica da conflitividade carcerária	209
7.1. O comportamento violento não é exclusivo da prisão	209
7.2. Aspectos subjetivos que estimulam a conflitividade carcerária	210
7.3. A clássica prisão de segurança máxima	211
7.4. Influência de ideologias políticas radicais	211

7.5. Motins decorrentes de reformas penitenciárias 212

7.6. As graves deficiências do regime penitenciário 212

V. SUBSTITUTIVOS PENAIS: REFORMA PENAL DE 1984.. 215

1ª Seção
SUSPENSÃO CONDICIONAL DA PENA

1. Origem e desenvolvimento do instituto 215
2. Conceito e denominação do instituto 217
3. Natureza jurídica 219
4. A suspensão condicional no Direito positivo brasileiro 221
   4.1. Requisitos ou pressupostos necessários 223
   4.2. Espécies de suspensão condicional 227
       4.2.1. Condições do sursis 229
   4.3. O período de prova 230
       4.3.1. Causas de revogação obrigatória 231
       4.3.2. Causas de revogação facultativa 233
   4.4. Prorrogação do período de prova 235
5. Extinção da pena privativa de liberdade 236

2ª Seção
PENAS PECUNIÁRIAS

1. Considerações gerais 236
2. Origens das penas pecuniárias 238
3. Conceito e tipos de penas pecuniárias 239
4. Origem do sistema dias-multa 242
5. O Direito Penal positivo brasileiro 243
   5.1. Cominação e aplicação da pena de multa 243
   5.2. O sistema dias-multa 244
   5.3. Limites da pena de multa 245
   5.4. Dosimetria da pena de multa 246
   5.5. Multa substitutiva 248
6. Aplicação na legislação extravagante 248
7. Fase executória da pena pecuniária 249
   7.1. Pagamento da multa 249
   7.2. Formas de pagamento da multa 251

XXXII

7.3. Conversão da multa na versão da Reforma Penal de 1984 252

8. A competência para a execução da pena de multa à luz da Lei n. 9.268/96 253

9. A inevitável prescrição durante a execução 257

3ª Seção
PENAS RESTRITIVAS DE DIREITO

1. Considerações gerais 258
2. Antecedentes das penas alternativas 259
3. Cominação e aplicação das penas alternativas 263
4. Requisitos ou pressupostos necessários à substituição 267
   4.1. Novos aspectos nos critérios orientadores da substituição 272
       4.1.1. Substituição nos crimes culposos 272
       4.1.2. Anormalidade das circunstâncias: (in)suficiência da substituição da pena de prisão no homicídio culposo de trânsito 273
       4.1.3. Substituição nas penas de até um ano de prisão . 278
       4.1.4. Substituição nas penas de até seis meses de prisão 279
5. Espécies de penas restritivas 280
   5.1. Prestação pecuniária 280
       5.1.1. Definição e destinatários da "prestação pecuniária" 280
       5.1.2. Injustificada limitação da "compensação": condenação em ação reparatória 281
       5.1.3. Possibilidade de estender a "compensação" às conciliações cíveis 281
       5.1.4. Sanção penal fixada em salários mínimos: duvidosa constitucionalidade 282
   5.2. Perda de bens e valores 282
       5.2.1. Distinção entre "confisco-pena" e "confisco-efeito da condenação" 283
       5.2.2. Limites do confisco 283
   5.3. Prestação de outra natureza (inominada) 284
       5.3.1. Natureza consensual dessa "conversão" 284
       5.3.2. "Conversão" somente da "prestação pecuniária": seu fundamento 285
   5.4. Limitação de fim de semana 286

5.5. Prestação de serviços à comunidade ou a entidades públicas 290

5.6. Interdição temporária de direitos 295

6. Penas restritivas como incidente de execução 303

7. Conversão das penas restritivas de direitos 305

    7.1. Novos aspectos relativos à conversão 305

        7.1.1. Coercibilidade da conversão 305

        7.1.2. Limite temporal da conversão e detração penal . 305

        7.1.3. Ressalva: quantum mínimo de conversão 306

        7.1.4. Exclusão das penas pecuniárias da "conversibilidade" à pena de prisão 306

    7.2. Causas gerais de conversão 308

    7.3. Causas especiais de conversão 311

8. Consentimento do condenado 315

9. Crimes hediondos e a Lei n. 9.714/98 316

10. Conflito político-criminal entre as Leis n. 9.714/98 e n. 9.099/95 319

    10.1. Lesão corporal leve dolosa, ameaça e constrangimento ilegal 320

11. Limites das novas penas alternativas e a suspensão condicional do processo 321

    11.1. Divergência quanto aos requisitos de admissibilidade .. 323

12. Novas penas alternativas e prisão processual: incompatibilidade 324

4ª Seção
OUTRAS PENAS ALTERNATIVAS

1. Síntese dos fundamentos da Exposição de Motivos relativos aos aspectos vetados 326

2. Razões dos vetos presidenciais 328

3. Recolhimento domiciliar 329

    3.1. Prisão domiciliar disciplinada na Lei de Execução Penal 331

4. Advertência, frequência a curso e submissão a tratamento 332

    4.1. A pena de "advertência" 332

    4.2. Pena de "frequência a curso" 338

    4.3. Pena de "submissão a tratamento" 339

5. Advertência e comparecimento a programa ou curso educativo (Lei n. 11.343/2006) 342

XXXIV

5.1. Natureza jurídica das sanções cominadas à infração cometida pelo usuário de drogas 345

5.2. Conteúdo da advertência sobre os efeitos das drogas e da medida educativa de comparecimento a programa ou curso educativo 347

5ª Seção

APLICAÇÃO SUBSTITUTIVA DAS PENAS RESTRITIVAS DE DIREITOS NAS LEIS N. 9.503/97 E 9.605/98

1. Considerações gerais 349

2. A aplicação dos institutos penais da Lei n. .... 9.099/95 aos crimes tipificados no Código de Trânsito Brasileiro: interpretação do art. 291 350

   2.1. Interpretação e aplicação do art. 291 e parágrafo único, conforme a redação originária do CTB (antes da alteração produzida pela Lei n. 11.705/2008) 352

   2.2. Interpretação e aplicação do art. 291 após a alteração produzida pela Lei n. 11.705/2008 357

   2.3. Interpretação e aplicação do art. 291 após a entrada em vigor da Lei n. 12.971/2014 360

3. A aplicação substitutiva ou alternativa das penas "restritivas de direitos" nas infrações definidas na Lei Ambiental (Lei n. 9.605/98) 362

   3.1. Aplicação dos postulados da Lei n. 9.099/95 nas infrações penais definidas na Lei Ambiental (Lei n. 9.605/98) 363

      3.1.1. A transação penal na nova Lei Ambiental 363

      3.1.2. Prévia composição ou prévia reparação do dano ... 364

      3.1.3. Comprovada impossibilidade de composição do dano 366

      3.1.4. A suspensão condicional do processo 367

      3.1.5. Limites constitucionais da transação penal 369

6ª Seção

APLICAÇÃO DA PENA

1. Individualização da pena 370

2. Circunstâncias e elementares do crime 371
3. Circunstâncias judiciais 373
   3.1. Circunstâncias judiciais nos denominados "crimes societários" 378
4. Circunstâncias legais: atenuantes e agravantes genéricas 381
   4.1. Circunstâncias preponderantes no concurso de agravantes e atenuantes 381
5. Causas de aumento e de diminuição da pena 382
6. Dosimetria da pena 383
   6.1. Pena-base: circunstâncias judiciais 385
   6.2. Pena provisória: agravantes e atenuantes 386
      6.2.1. Pena aquém do mínimo: uma garantia constitucional 387
   6.3. Pena definitiva 390

7ª Seção
LIVRAMENTO CONDICIONAL

1. Origem e desenvolvimento do livramento condicional 392
2. Conceito e caracteres da liberdade condicional 393
3. Natureza jurídica da liberdade condicional 395
4. A liberdade condicional no Direito brasileiro 396
5. Requisitos ou pressupostos necessários 397
   5.1. Requisitos ou pressupostos objetivos 397
   5.2. Requisitos ou pressupostos subjetivos 401
   5.3. Requisito específico 405
6. Condições do livramento condicional 407
   6.1. Condições de imposição obrigatória 408
   6.2. Condições de imposição facultativa 410
7. Causas de revogação do livramento condicional 412
   7.1. Causas de revogação obrigatória 412
   7.2. Causas de revogação facultativa 414
8. Suspensão do livramento condicional 416
9. Efeitos de nova condenação 416
10. Prorrogação do livramento e extinção da pena 419

BIBLIOGRAFIA 421

PARTE II

1. A PRISÃO IMEDIATA DOS CONDENADOS PELO JÚRI. REVISITANDO O CASO DA BOATE KISS (RS)

Alberto Zacharias Toron 449

2. "FALÊNCIA DA PENA DE PRISÃO": 30 ANOS DEPOIS, UMA HOMENAGEM AO PROF. DOUTOR CEZAR ROBERTO BITENCOURT

Alexandre Wunderlich 459

3. A "FALÊNCIA DA PENA DE PRISÃO" E O PROJETO RESSOCIALIZADOR NA REFORMA PENAL DE 1984

André Giamberardino e *Salo de Carvalho* 477

4. *IL SIGNIFICATO DELLA PENA (E DELLA SUA RINUNCIA) NELL'ORDINAMENTO PENALE ITALIANO*

Andrea R. Castaldo 497

5. CONFISCO ALARGADO — ART. 91-A DO CÓDIGO PENAL

Cândido Albuquerque e *Sérgio Rebouças* 517

6. *¿NOS OLVIDAMOS DE LA ECONOMÍA?*

Eugenio Raúl Zaffaroni 535

7. *ALGUNAS REFLEXIONES SOBRE LA PENA DE PRISIÓN PERPETUA Y OTRAS SANCIONES SIMILARES A ELLA*

Francisco Muñoz Conde 555

8. *NUMERUS CLAUSUS* COMO PATAMAR MÍNIMO DE RESPEITO À DIGNIDADE DO PRESO

Jacinto Nelson de Miranda Coutinho, Nikolai Olchanowski e *Thiago Cochenski Borba* 571

9. DROGAS: ATÉ QUANDO A PROIBIÇÃO GENOCIDA?

Juarez Cirino dos Santos 585

10. A QUESTÃO DA MAIORIDADE PENAL

Juarez Tavares 599

11. RELATÓRIO FALIMENTAR DA PENA DE PRISÃO

Paulo César Busato 623

12. ACORDO DE NÃO PERSECUÇÃO PENAL FINALMENTE ROMPE PARADIGMAS CONFLITIVOS

Rogério Sanches Cunha 639

13. A FALÊNCIA DA PENA DE PRISÃO: OS TRINTA ANOS DA OBRA DO PROFESSOR CEZAR ROBERTO BITENCOURT

Rômulo de Andrade Moreira 663

14. O FETICHE DA PRISÃO

Sebastião Reis Júnior 687

POSFÁCIO. O RECRUDESCIMENTO DA REPRESSÃO PENAL NO BRASIL

Cezar Roberto Bitencourt 695

XXXVIII

PARTE I

À GUISA DE INTRODUÇÃO

1. PRINCÍPIO DA PRESUNÇÃO DE INOCÊNCIA

Tendo como objeto a *falência do sistema prisional* ou a conhecida crise das prisões, parece-nos oportuno, antes de adentrarmos na temática propriamente, fazermos algumas considerações sobre a garantia constitucional relativamente à *presunção de inocência* que, a despeito de tratar-se de uma *cláusula pétrea*, o Supremo Tribunal Federal em decisão lamentável ignorou-a, com fundamentos puramente retóricos. Nessa equivocada e infeliz decisão, o STF não apenas desrespeitou referida garantia constitucional, como também incorreu em *odioso retrocesso*, contrariando, duplamente, sua orientação jurisprudencial.

Vejamos, apenas por questões didáticas, a nefasta contradição de nossa Excelsa Corte relativamente ao *princípio da não culpabilidade*: no dia 5 de fevereiro de 2009, por sete votos a quatro, o STF decidiu que um acusado só pode ser preso *depois de sentença penal condenatória transitada em julgado* (HC 84.078). Essa decisão reafirmou o conteúdo expresso da Constituição Federal, qual seja, a consagração do princípio da *presunção de inocência* (de não culpabilidade), insculpido no inciso LVII do art. 5º da Constituição Federal. Ou seja, ao determinar que enquanto houver recurso pendente não poderá ocorrer execução de sentença penal condenatória, estava atribuindo, por consequência, efeito suspensivo aos recursos especiais e extraordinários. Tratava-se, por conseguinte, de decisão coerente com o Estado Democrático de Direito, comprometido com o respeito às garantias constitucionais, com a segurança jurídica e com a concepção de que somente a sentença judicial definitiva, isto é, transitada em julgado (art. 5º, LVII), poderá iniciar o cumprimento de pena imposta.

Contudo, no Habeas Corpus 126.292, que abordaremos no tópico seguinte, lamentavelmente em retrocesso histórico, o STF volta atrás, e ignora o texto expresso da Constituição Federal, bem como os Tratados Internacionais que subscreveu. Com a Declaração dos Direitos dos Homens e dos Cidadãos, em 1971, o princípio da *presunção de inocência* ganhou repercussão e importância universal. Com efeito, a partir da Declaração dos Direitos Humanos, da ONU, em 1948, "toda pessoa acusada de delito tem direito a que se presuma sua inocência, enquanto não se prova sua culpabilidade, de acordo com a lei e em processo público no qual se assegurem todas as garantias necessárias para sua defesa" (art. 11).

O Brasil votou na Assembleia Geral da ONU de 1948, e aprovou a Declaração dos Direitos Humanos, na qual estava insculpido esse princípio da presunção de inocência, embora somente com a Constituição Federal de 1988 o Brasil tenha incorporado expressamente a *presunção de inocência* como princípio basilar do seu ordenamento jurídico. Por outro lado, com a aprovação pelo Congresso Nacional, do Decreto Legislativo n. 27 de 1992, e com a Carta de Adesão do Governo Brasileiro, anuiu-se à Convenção Americana sobre Direitos Humanos, mais conhecida como Pacto de São José da Costa Rica, que estabeleceu em seu art. 8º, I, o *Princípio da Presunção de Inocência*, ao afirmar que: "Toda pessoa acusada de delito tem direito a que se presuma sua inocência enquanto não se comprove legalmente sua culpa".

Na verdade, o Brasil tem dois textos legais, no plano constitucional, que asseguram o *princípio da presunção de inocência*, na medida em que o art. 5º, § 2º, da CF/88 atribui essa condição/natureza de constitucional ao Tratado Internacional devidamente aprovado no país. E, não se pode negar, tanto o Pacto de São José da Costa Rica, como o art. 5º, LVII, da CF/88, reconhecem, expressamente, a vigência desse princípio.

A presunção de inocência é no Brasil um dos princípios basilares do direito, responsável por tutelar a liberdade dos indivíduos, sendo previsto, repetindo, pelo art. 5º, LVII, da Constituição de 1988, que destaca: "Ninguém será considerado culpado até trânsito em julgado de sentença penal condenatória". Tendo em vista que a Constituição Federal é nossa lei suprema, toda a legislação infraconstitucional, portanto, deverá absorver e obedecer tal princípio. Ou seja, o Texto Constitucional brasileiro foi eloquentemente incisivo: exige como marco da presunção de inocência o "trânsito em julgado de sentença penal condenatória", indo além, portanto, da maior parte da legislação internacional similar. Certamente, a nossa Constituição Federal é mais garantista que as demais, mas foi a extensão que nosso legislador constituinte quis dar a essa cláusula pétrea. Deve-se respeitá-la.

1.1. Grande retrocesso na orientação jurisprudencial do Supremo Tribunal Federal

O Supremo Tribunal Federal orgulha-se de ser o guardião da Constituição Federal, e tem sido prestigiado pelo ordenamento jurídico brasileiro que lhe atribui essa missão. Mas o fato de ser o guardião de nossa Carta Magna não lhe atribui a sua titularidade, como se fosse propriedade sua! Isto é, o STF não é o dono da Constituição e tampouco tem o direito de reescrevê-la a seu bel prazer como vem fazendo nos últimos anos, com suas interpretações contraditórias, equivocadas e, especialmente, contrariando o que vinha afirmando nos últimos 25 anos.

Essa postura autoritária que vem assumindo ultimamente, como órgão plenipotenciário, não o transforma em uma Instituição mais identificada com a sociedade brasileira. Pelo contrário, cria enorme insegurança jurídica, agride o bom senso, fere os bons sentimentos democráticos e republicanos e gera insustentável insegurança jurídica na coletividade brasileira. As garantias constitucionais são flagrantemente desrespeitadas, vilipendiadas, reinterpretadas e até negadas, como ocorreu no julgamento do HC 126.292, ocorrido no dia 17 de fevereiro de 2016.

Nesse dia, afirmamos numa linguagem um tanto inadequada[1], que "o STF rasgou a Constituição Federal e jogou no lixo" os direitos assegurados de todo cidadão brasileiro que responde a um processo criminal, determinando que aproximadamente um terço dos condenados, provavelmente inocentes, cumpram pena indevidamente, segundo as estatísticas relativas a reformas pelos Tribunais Superiores.

Com efeito, ignorando os Tratados Internacionais recepcionados pelo ordenamento jurídico brasileiro, e a previsão expressa em nossa Constituição (art. 5º, LVII, CF)[2], que garantem o *princípio da presunção de inocência*, o STF passou a negar sua vigência, a partir dessa fatídica decisão, autorizando a *execução antecipada de decisões condenatórias*, mesmo pendentes recursos aos Tribunais Superiores. Trata-se de um dia em que o STF escreveu uma mácula de sua história ao negar vigência de texto constitucional expresso que estabelece como marco da *presunção de inocência* o

---

1. Cezar Roberto Bitencourt e Vania Barbosa Adorno Bitencourt, Em dia de terror, Supremo rasga a Constituição no julgamento de um HC, disponível em: <www.conjur.com.br>, dia 18 de fevereiro de 2016, acesso em: 9 out. 2016.

2. "Ninguém será considerado culpado até o trânsito em julgado de sentença penal condenatória."

trânsito em julgado de decisão condenatória (art. 5º, LVII). Trânsito em julgado é um instituto processual com conteúdo específico, significado próprio e conceito inquestionável, não admitindo alteração ou relativização de nenhuma natureza, o qual ocorrerá quando não houver mais recurso.

Nessa linha de pensamento, destacamos a sempre lúcida manifestação do Ministro Marco Aurélio acompanhando a Ministra Rosa Weber, e questionando os efeitos da decisão, que repercutiria diretamente nas garantias constitucionais, pontificou: "Reconheço que a época é de crise maior, mas justamente nessa quadra de crise maior é que devem ser guardados parâmetros, princípios, devem ser guardados valores, não se gerando instabilidade porque a sociedade não pode viver aos sobressaltos, sendo surpreendida. Ontem, o Supremo disse que não poderia haver execução provisória, em jogo, a liberdade de ir e vir. Considerado o mesmo texto constitucional, hoje ele conclui de forma diametralmente oposta".

O decano do STF, Ministro Celso de Mello, na mesma linha do Ministro Marco Aurélio, também manteve seu entendimento anterior, qual seja, *contrário à execução antecipada* da pena antes do trânsito em julgado de decisão condenatória, afirmando que a reversão do entendimento leva à "esterilização de uma das principais conquistas do cidadão: de jamais ser tratado pelo poder público como se culpado fosse". E completou seu voto afirmando que a presunção de inocência não se "esvazia progressivamente" conforme o julgamento dos processos pelas diferentes instâncias. O presidente do STF, Ricardo Lewandowski, também votou contra a possibilidade da execução provisória da pena e destacou que lhe causava "estranheza" a decisão da Corte. Lewandowski lembrou que a decisão do tribunal agora agravará a crise no sistema carcerário brasileiro, aliás, crise para a qual, acrescentamos nós, a Corte Suprema nunca olhou, e também nunca se preocupou com a inconstitucional violação da dignidade humana no interior das prisões brasileiras, especialmente nos chamados "Presídios Federais".

Mas a essas alturas os novos ministros do STF, que não o integravam nos idos de 2009, já haviam mudado a orientação da Corte Suprema, numa espécie de insurreição dos novos contra os antigos!

Veja-se a nefasta contradição de nossa Excelsa Corte: no dia 17 de fevereiro de 2009, por sete votos a quatro, o STF decidiu que um acusado só pode ser preso *depois de sentença condenatória transitada em julgado* (HC 84.078), em obediência ao disposto no inciso LVII do art. 5º da CF. Essa decisão reafirmou o conteúdo expresso de nossa Carta Magna, qual seja, a consagração do *princípio da presunção de inocência*. Assim, ao determinar que enquanto houver recurso pendente não poderá ocorrer execução de sentença condenatória, estava atribuindo, por consequência, efeito suspensivo aos recursos especiais e extraordinários. Tratava-se, por conseguinte, de decisão coerente com o Estado Democrático de Direito, comprometido com o respeito às garantias constitucionais, com a segurança jurídica e com a concepção de que somente a sentença judicial definitiva, isto é, transitada em julgado, poderá iniciar o cumprimento de pena imposta.

Com a recente decisão, lamentavelmente, em *retrocesso histórico*, o STF volta atrás e ignora o texto expresso da Constituição Federal, bem como os Tratados Internacionais que subscreveu.

Não se ignora, diga-se de passagem, que o Estado brasileiro tem direito e interesse em punir indivíduos que tenham condutas que contrariam a ordem jurídica, podendo aplicar sanção àqueles que cometem ilícitos. No entanto, esse direito-dever de punir do Estado deve conviver e respeitar a liberdade pessoal, um bem jurídico do qual o cidadão não pode ser privado, senão dentro dos limites legais e constitucionais. Ora, os princípios e garantias consagrados no Texto Constitucional não podem ser ignorados ou desrespeitados e a Suprema Corte está aí para reafirmá-los, defendê-los e impedir decisões que os contrariem, reformando-as ou caçando-as, exatamente o contrário do que fez nesse julgamento.

2. PRINCÍPIO DA PROIBIÇÃO DO RETROCESSO

Os princípios e garantias consagradas no Texto Constitucional não podem ser ignorados ou desrespeitados e o STF, que é o guardião Constituição, está aí para reafirmá-los, defendê-los e impedir decisões que os contrariem, reformando-as ou caçando-as, exatamente como tem efeito a partir da Carta Magna de 1988, salvo raras e honrosas exceções (HC 126.292)[3].

Na verdade, como destaca José Roberto Machado: "As questões afetas aos direitos humanos devem ser analisadas na perspectiva do reconhecimento e consolidação de direitos, de modo que uma vez reconhecido determinado direito como fundamental na ordem interna, ou, em sua dimensão global na sociedade internacional, inicia-se a fase de consolidação. A partir

---

3. Como fez, em 2016, no julgamento do HC 126.292 em que relativizou o princípio da "presunção de não culpabilidade", ignorando que a nossa Constituição o assegura "até o trânsito em julgado da sentença penal condenatória", consagrada no inciso LVII do art. 5º da CF, *verbis*: "ninguém será considerado culpado até o trânsito em julgado de sentença penal condenatória".

daí, não há mais como o Estado regredir ou retroceder diante dos direitos fundamentais reconhecidos, o processo é de agregar novos direitos ditos fundamentais ou humanos"[4].

Aliás, o próprio Supremo Tribunal Federal, dos bons tempos, já se posicionou adotando o *princípio da vedação ao retrocesso*, destacando que, por tal princípio, impõe-se ao Estado o impedimento de abolir, restringir ou inviabilizar sua concretização por inércia ou omissão, *verbis*:

"A PROIBIÇÃO DO RETROCESSO SOCIAL COMO OBSTÁCULO CONSTITUCIONAL À FRUSTRAÇÃO E AO INADIMPLEMENTO, PELO PODER PÚBLICO, DE DIREITOS PRESTACIONAIS. — O princípio da proibição do retrocesso impede, em tema de direitos fundamentais de caráter social, que sejam desconstituídas as conquistas já alcançadas pelo cidadão ou pela formação social em que ele vive. — A cláusula que veda o retrocesso em matéria de direitos a prestações positivas do Estado (como o direito à educação, o direito à saúde ou o direito à segurança pública, v.g.) traduz, no processo de efetivação desses direitos fundamentais individuais ou coletivos, obstáculo a que os níveis de concretização de tais prerrogativas, uma vez atingidos, venham a ser ulteriormente reduzidos ou suprimidos pelo Estado. Doutrina. Em consequência desse princípio, o Estado, após haver reconhecido os direitos prestacionais, assume o dever não só de torná-los efetivos, mas, também, obriga-se, sob pena de transgressão ao texto constitucional, a preservá-los, abstendo-se de frustrar — mediante supressão total ou parcial — os direitos sociais já concretizados" (ARE-639337, Rel. Min. Celso de Mello).

Aliás, com a decisão prolatada no HC 126.292 contrariou sua própria orientação (ARE-639337), de não poder restringir, alterar e revogar garantias sociais e humanitárias já incorporadas no Estado Democrático de Direito. Na Convenção Americana sobre Direitos Humanos de 1969 contém cláusula que impede, expressamente, que tratados posteriores sejam interpretados no sentido de "limitar o gozo e exercício de quaisquer direitos ou liberdades que possam ser reconhecidos em virtude de lei de qualquer dos Estados-partes ou em virtude de Convenções em que seja parte um dos referidos Estados" (art. 29, *b*).

Finalmente, para a inconformidade de todos os ardorosos defensores de um Estado Democrático de Direito, parece que chegamos ao fundo do

---

4. José Roberto Machado, Direitos humanos: princípio da vedação do retrocesso ou proibição de regresso, disponível em: <http://blog.ebeji.com.br/direitos-humanos-principio-da-vedacao-do-retrocesso-ou-proibicao-de-regresso/>, acesso em: 17 fev. 2016.

poço em termos de violação do Texto Constitucional por quem — STF — teria a função de respeitá-la e fazer respeitá-la, com a negativa da cautelar, por maioria simples, no julgamento do dia 5 de outubro de 2016, das Ações Declaratórias de Constitucionalidade ns. 43 e 44. Apenas o Ministro Dias Toffolli mudou seu entendimento para acompanhar a atual minoria. Mas, como foi apenas o exame liminar da cautelar postulada, espera-se que para o julgamento final das referidas ADCs mais algum ministro reflita melhor e acompanhe a hoje minoria defendendo a aplicabilidade integral, sem reservas, do atual Texto Constitucional.

Para concluir, os organismos internacionais de proteção dos direitos humanos desconhecem que o Brasil, que se intitula um Estado Constitucional e Democrático de Direito, em pleno século XXI, continua a adotar *prisões subterrâneas*, de fazer inveja às masmorras da Idade Média, sem adotar qualquer medida saneadora, fechando os olhos para essas absurdas violações da dignidade da pessoa humana, como se elas não existissem. E os eventuais *habeas corpus* que chegam à nossa Suprema Corte — alegando tantas e tantas inconstitucionalidades, inclusive dessa natureza —, têm sido sistematicamente negados, e, em muitas dessas vezes, sob o "extraordinário" argumento da "dificuldade de superar a Súmula 691", que impede a apreciação de *habeas corpus* decorrente de negativa liminar proferida pelo Tribunal da Cidadania.

Mas isso, nas atuais circunstâncias, também não seria nada demais, mesmo em um Estado Republicano, na medida em que, no quotidiano, o STF tem negado sistematicamente jurisdição a inúmeros cidadãos, pobres ou ricos, em nome de um simples verbete sumular (691), que resolveram construir para obstaculizar uma das mais sagradas garantias constitucionais, que é o *habeas corpus*. Com efeito, poucos Ministros de nossa Corte Constitucional têm se preocupado com a gravidade da coação, com a aberração da decisão anterior, e com grande esforço superam a maldita súmula.

Na verdade, o que se pode esperar do ordenamento jurídico de um País dito republicado em que a sua Corte Suprema — única com função jurisdicional — ignora qualquer violência, agressão ou coação ilegal, tão somente para preservar um maldito verbete que em má hora resolveram editar? Enfim, o que pode restar aos defensores dos direitos humanos, das garantias fundamentais, que acreditam nas cláusulas pétreas, e que defendem as Instituições Democráticas, senão, apenas filosofar, pensando que "ainda há juízes em Berlin"?!

I
HISTÓRIA E EVOLUÇÃO DA PENA DE PRISÃO

1. Considerações introdutórias

A prisão é uma exigência amarga, mas imprescindível. A história da prisão não é a de sua progressiva abolição, mas a de sua reforma. A prisão é concebida modernamente como um mal necessário, sem esquecer que guarda em sua essência contradições insolúveis. O *Projeto Alternativo alemão* orientou-se nesse sentido ao afirmar que "a pena é uma amarga necessidade de uma comunidade de seres imperfeitos como são os homens"[1]. Por conhecermos bem as críticas que o encarceramento merece, acreditamos que os princípios de sua progressiva humanização e liberalização interior são a via de sua permanente reforma[2], caminho intermediário entre o conservadorismo e a convulsão abolicionista[3], não seguidos, claro, por nenhum país do mundo, independentemente dos seus regimes jurídico e político.

Propõe-se, assim, aperfeiçoar a pena privativa de liberdade, quando necessária, e substituí-la, quando possível e recomendável. Todas as reformas de nossos dias deixam patente o descrédito na grande esperança depositada na pena de prisão, como forma quase que exclusiva de controle social formalizado. Pouco mais de dois séculos foram suficientes para constatar sua mais absoluta falência em termos de medidas retributivas e preventivas. O centro de gravidade das reformas situa-se nas sanções, na reação penal. Luta-se contra as penas de curta duração. Sabe-se, hoje, que a

---

1. Projeto Alternativo alemão, de 1966.
2. Hilde Kaufmann, *Principios para la reforma de la ejecución penal*, p. 17 e s.
3. Filippo Gramatica, *Principii di difesa sociale*, p. 36.

prisão reforça os valores negativos do condenado. O réu tem um código de valores distinto daquele da sociedade. Daí a advertência de Claus Roxin de "não ser exagero dizer que a pena privativa de liberdade de curta duração, em vez de prevenir delitos, promove-os"[4].

Recomenda-se que as penas privativas de liberdade limitem-se às penas de longa duração e àqueles condenados efetivamente perigosos e de difícil recuperação. Não mais se justificam as expectativas da sanção criminal tradicional. Caminha-se, portanto, em busca de alternativas para a pena de prisão. Passa-se a adotar o conceito de pena necessária de Von Liszt. Bettiol, há quase quarenta anos, já advertia que, "se é verdade que o Direito Penal começa onde o terror acaba, é igualmente verdade que o reino do terror não é apenas aquele em que falta uma lei e impera o arbítrio, mas é também aquele onde a lei ultrapassa os limites da proporção, na intenção de deter as mãos dos delinquentes"[5].

Como se percebe, há um grande questionamento em torno da pena privativa de liberdade, e se tem dito reiteradamente que o problema da prisão é a própria prisão. Aqui, como em outros países, avilta, desmoraliza, desonra e embrutece o apenado.

Assim, o que se busca é limitar a prisão às situações de reconhecida necessidade, como meio de impedir a sua ação criminógena, cada vez mais forte. Os chamados substitutivos penais constituem alternativas mais ou menos eficazes na tentativa de desprisionalizar, além de outras medidas a que igualmente nos referiremos ao longo deste trabalho.

A origem da pena, todos recordam, é muito remota, perdendo-se na noite dos tempos, sendo tão antiga quanto a humanidade. Por isso mesmo é muito difícil situá-la em suas origens.

Quem quer que se proponha a aprofundar-se na história da pena de prisão corre o risco de equivocar-se a cada passo. As contradições que se apresentam são dificilmente evitadas, uma vez que o campo encontra-se cheio de espinhos. Por tudo isso, não é tarefa fácil.

Surge uma ampla gama de situações e variedade de fatos, que se impõem a considerações, com magníficos títulos para assumir a hierarquia de fatores principais. Porém, são insuficientes. A carência de continuidade é quase total. Há muitos exemplos. Os retrocessos, a dificuldade de fixar in-

---

4. Claus Roxin, A culpabilidade como critério limitativo da pena, *Revista de Direito Penal*, n. 11/12, 1974, p. 17.

5. Giuseppe Bettiol, *O problema penal*, 1967.

dicadores e perseguir sua evolução, a confrontação das tendências expiatórias e moralizadoras (estas últimas nem sempre bem definidas), dificultam qualquer pretensão narrativa de ordem cronológica. Um bom exemplo dos retrocessos referidos é a própria aparição da *prisão-pena*, que ocorre em fins do século XVI, para depois ficar sepultada nos dois séculos seguintes.

Os próprios doutrinadores não concordam na divisão de suas investigações: Garrido Guzman utiliza as idades tradicionais da história universal — Idade Antiga, Idade Média e Idade Moderna —, acrescentando, ao final, os reformadores (Beccaria, Howard e Bentham); Elías Neumann, no entanto, emprega "período anterior à pena privativa de liberdade", "período de exploração", "período corretivo e moralizador" e, finalmente, "período de readaptação social ou ressocialização"; Cuello Calón, por sua vez, somente para citar alguns autores, não faz uma divisão muito precisa, mas em linhas gerais é a seguinte: a) desde Roma até o século XVI; b) primeiras prisões criadas com finalidade corretiva (Inglaterra e Holanda); c) o século XVII; d) os precursores do moderno penitenciarismo (século XVIII)[6].

Por tudo isso, é imprescindível, para uma clara exposição, que permita elucidar caminho tão intricado, separar-se da cronologia, que pode nos levar a equívocos. E, então, considerando o homem delinquente — que desde Lombroso até hoje constitui o epicentro das elucubrações criminológicas e penitenciárias —, procuraremos elucidar as distintas formas em que seus atos foram puníveis, atendendo, mais ou menos, aos períodos da história da humanidade.

2. A Antiguidade

A Antiguidade desconheceu totalmente a privação de liberdade estritamente considerada como sanção penal. Embora seja inegável que o encarceramento de delinquentes existiu desde tempos imemoráveis, não tinha caráter de pena e repousava em outras razões[7]. Até fins do século XVIII a prisão serviu somente aos objetivos de contenção e guarda de réus, para preservá-los fisicamente até o momento de serem julgados ou executados. Recorria-se, durante esse longo período histórico, fundamentalmente, à pena de morte, às penas corporais (mutilações e açoites) e às infamantes.

---

6. Eugenio Cuello Calón, *La moderna penología*, p. 300.
7. Luis Garrido Guzman, *Manual de Ciencia Penitenciaria*, p. 73.

Por isso, a prisão era uma espécie de antessala de suplícios. Usava-se a tortura, frequentemente, para descobrir a verdade. Von Hentig[8] acrescenta que as masmorras das casas consistoriais e as câmaras de torturas estavam umas ao lado das outras e mantinham os presos até entregá-los ao *Monte das Orcas* ou às *Pedras dos Corvos*, abandonando, amiúde, mortos que haviam sucumbido à tortura ou à febre do cárcere. A prisão foi sempre uma situação de grande perigo, um incremento ao desamparo e, na verdade, uma antecipação da extinção física.

Contudo, podem-se encontrar certos resquícios de pena privativa de liberdade fazendo um retrospecto da história em suas diferentes etapas até o século XVIII, quando adquirem relevo as compilações legais da época dos princípios humanísticos de correção e moralização dos delinquentes por meio da pena. Porém, durante vários séculos, a prisão serviu de depósito — contenção e custódia — da pessoa física do réu, que esperava, geralmente em condições subumanas, a celebração de sua execução.

Os vestígios que nos chegaram dos povos e civilizações mais antigos (Egito, Pérsia, Babilônia, Grécia etc.) coincidem com a finalidade que atribuíam primitivamente à prisão: lugar de custódia e tortura.

A expiação daquele que violou as normas de convivência — expressada pela aplicação das mais atrozes penalidades, como morte, mutilação, tortura e trabalhos forçados — é um sentimento comum que se une à antiguidade mais remota. A Grécia, ou mais exatamente a civilização helênica, desconheceu a privação da liberdade como pena[9]. Platão, contudo, propunha, no livro nono de *As leis*, o estabelecimento de três tipos de prisão: "uma na praça do mercado, que servia de *custódia*; outra, denominada *sofonisterium*, situada dentro da cidade, que servia de *correção*, e uma terceira destinada ao *suplício*, que, com o fim de amedrontar, deveria constituir-se em lugar deserto e sombrio, o mais distante possível da cidade"[10]. Platão fazia também distinção entre crimes extraordinários, cujos autores

---

8. Hans von Hentig, *La pena*, v. 2, p. 185.

9. Apesar da passagem referida por Durkheim onde afirma que parece certo que, em alguns casos, a pena de prisão foi imposta em Atenas, como castigo especial, Demóstenes diz expressamente que os tribunais tinham a faculdade de sancionar com pena de prisão ou com qualquer outro castigo, e Sócrates falou da prisão perpétua como uma espécie de castigo que poderia servir de norma. Émile Durkheim, *Dos leyes de la evolución penal, Revista de Estudios Penitenciarios*, 1970, p. 640.

10. Luis Garrido Guzman, *Manual*, p. 75.

eram condenados à morte civil, e crimes de menor gravidade, sancionados com penas de correção, que se cumpriam em um estabelecimento especial[11].

Platão já apontava as duas ideias históricas da privação da liberdade: a prisão como pena e a prisão como custódia, esta última a única forma efetivamente empregada na Antiguidade. Deve-se acrescentar que a Grécia também conheceu a prisão como meio de reter os devedores até que pagassem as suas dívidas. Ficava, assim, o devedor à mercê do credor, como seu escravo, a fim de garantir o crédito. Essa prática, inicialmente privada, foi posteriormente adotada como pública, mas ainda como medida coercitiva para forçar o devedor a pagar sua dívida.

Os próprios romanos, que, no dizer de Carrara, foram "gigantes no Direito Civil e pigmeus no Direito Penal", só conheceram o encarceramento com fins de custódia. Daí o famoso texto de Ulpiano: "Carcer enin ad continendos homines non ad puniendos haberit debit"[12] (a prisão serve não para o castigo dos homens, mas para a sua custódia). Contardo, por sua vez, explica que nem o direito da época republicana nem o da época do império conheceram a pena de prisão pública, e ainda no direito de Justiniano considerava-se como "inadmissível e ilegítima uma condenação judicial à prisão temporal ou perpétua"[13].

Contudo, Garrido Guzman refere que outros autores, como Mommsen, afirmam que em Roma a pena de morte era comutada, em alguns casos, pela prisão perpétua[14]. Como na Grécia, também em Roma existia a chamada prisão por dívida, penalidade civil que se fazia efetiva até que o devedor saldasse, por si ou por outro, a dívida[15]. Cuello Calón nos fala do *ergastulum*, que era o aprisionamento e reclusão dos escravos em um local destinado a esse fim na casa do dono[16]. Quando era necessário castigar um escravo, os juízes, por equidade, delegavam tal tarefa ao *pater familias*, que podia determinar a sua reclusão temporária ou perpétua no referido *ergastulum*. Se o senhor não desejasse assumir esse compromisso, ocorria a renúncia presumida à propriedade do escravo. Este poderia ser condena-

---

11. Levi Alessandro, *Delito e pena nel pensiero dei greci*, p. 226.

12. *Digesto*, 48, cap. 9º.

13. Contardo Ferrini, Diritto penale romano, in *Completo trattato*, p. 125.

14. Luis Garrido Guzman, *Manual*, p. 75.

15. Elías Neuman, *Evolución de la pena privativa de libertad y regímenes carcelarios*, p. 22.

16. Eugenio Cuello Calón, *La moderna penología*, p. 300.

do à pena perpétua de trabalhos forçados. Além dos escravos, tais castigos podiam ser aplicados a indivíduos ditos *de classes inferiores*, que, depois de dez anos de serviço contínuo, quando não mais podiam trabalhar, eram entregues a seus familiares, em descanso forçado (uma espécie de disponibilidade). Contrariamente, os membros das classes superiores eram condenados a trabalhos forçados temporários de caráter público. Eram considerados escravos do trabalho.

O direito germânico também não conheceu a prisão com caráter de pena, uma vez que nele predominavam a pena capital e as penas corporais. Cuello Calón, como exceção, em sua obra *La moderna penología*, faz referência a um *Edicto de Luitprando*, Rei dos Longobardos (1712-1714), que dispunha que cada juiz tivesse em sua cidade uma prisão para encarcerar os ladrões por 1 ou 2 anos. Uma capitular de Carlomagno do ano 813 ordenava que as pessoas *boni generi* que tivessem delinquido podiam ser castigadas com prisão pelo rei até que se corrigissem[17].

Os lugares onde se mantinham os acusados até a celebração do julgamento eram bem diversos, já que naquela época não existia ainda uma arquitetura penitenciária própria. Os piores lugares eram empregados como prisões: utilizavam-se horrendos calabouços, aposentos frequentemente em ruínas ou insalubres de castelos, torres, conventos abandonados, palácios e outros edifícios. Segundo Forchhammer, citado por Von Hentig, a prisão mamertina era um poço d'água, um coletor de águas, que se transformara em cárcere. Na Sicília houve depósitos de água desse tipo, dentre os quais um deles é chamado, ainda hoje, de a *fossa dos condenados*. Thot, citado por Garrido Guzman, afirma que a primeira prisão romana foi construída nos tempos do Imperador Alexandre Severo, e que na época dos reis e da República existiram prisões célebres: a prisão *tuliana*, também chamada *latônia*, a *claudiana* e a *mamertina*[18].

Grécia e Roma, pois, expoentes do mundo antigo, conheceram a prisão com finalidade eminentemente de custódia, para impedir que o culpado pudesse subtrair-se ao castigo. Pode-se dizer, com Garrido Guzman, que de modo algum podemos admitir nesse período da história sequer um germe da prisão como lugar de cumprimento de pena, já que o catálogo de

---

17. Idem, ibidem, p. 300. Durkheim refere-se a uma passagem do Código de Manu onde consta que a pessoa era mantida presa para ser exposta ao público e que a prisão era pressuposto necessário dos castigos que se impunham, embora, em si mesma considerada, não constituísse um castigo. Émile Durkheim, *Dos leyes...*, *Revista* cit., p. 639.

18. Luis Garrido Guzman, *Manual*, p. 76.

sanções praticamente se esgotava com a morte, penas corporais e infamantes. A finalidade da prisão, portanto, restringia-se à custódia dos réus até a execução das condenações referidas. A prisão dos devedores tinha a mesma finalidade: garantir que cumprissem as suas obrigações.

Com a queda de Roma e de seu Império, e a invasão da Europa pelos denominados povos *bárbaros*, acaba a Idade Antiga, segundo a divisão tradicionalmente aceita.

3. A Idade Média

Henri Sanson, o verdugo de Paris, escrevendo as suas memórias, faz a seguinte afirmação: "Até 1791 a lei criminal é o código da crueldade legal"[19]. Na realidade, a lei penal dos tempos medievais tinha como verdadeiro objetivo provocar o medo coletivo[20]. "A noção de liberdade e respeito à individualidade humana — afirma Neuman — não existia e as pessoas ficavam ao arbítrio e à mercê dos detentores do poder, que, por sua vez, debatiam-se na instabilidade reinante, típica, por outra parte, dos Estados que procuravam organizar-se institucionalmente. Não importa a pessoa do réu, sua sorte, a forma em que ficam encarcerados. Loucos, delinquentes de toda ordem, mulheres, velhos e crianças esperam, espremidos entre si em horrendos encarceramentos subterrâneos, ou em calabouços de palácios e fortalezas, o suplício e a morte"[21].

Durante todo o período da Idade Média, a ideia de pena privativa de liberdade não aparece. Há, nesse período, um claro predomínio do direito germânico. A privação da liberdade continua a ter uma finalidade custodial, aplicável àqueles que seriam "submetidos aos mais terríveis tormentos exigidos por um povo ávido de distrações bárbaras e sangrentas. A amputação de braços, pernas, olhos, língua, mutilações diversas, queima de carne a fogo, e a morte, em suas mais variadas formas, constituem o espetáculo favorito das multidões desse período histórico"[22].

As sanções criminais na Idade Média estavam submetidas ao arbítrio dos governantes, que as impunham em função do *status* social a que pertencia o réu. Referidas sanções podiam ser substituídas por prestações em

---

19. Carlos García Valdés, *Estudios de derecho penitenciario*, p. 14.
20. Francisco Tomas y Valiente, *El derecho penal de la Monarquía Absoluta*, p. 356.
21. Elías Neuman, *Evolución de la pena*, p. 29.
22. *Manual*, p. 77.

metal ou espécie, restando a pena de prisão, excepcionalmente, para aqueles casos em que os crimes não tinham suficiente gravidade para sofrer condenação à morte ou a penas de mutilação.

No entanto, nessa época surgem a prisão de Estado e a prisão eclesiástica. Na prisão de Estado, na Idade Média, somente podiam ser recolhidos os inimigos do poder, real ou senhorial, que tivessem cometido delitos de traição, e os adversários políticos dos governantes. A prisão de Estado apresenta duas modalidades: a *prisão-custódia*, onde o réu espera a execução da verdadeira pena aplicada (morte, açoite, mutilações etc.), ou como *detenção* temporal ou perpétua, ou ainda até receber o perdão real[23]. Essas prisões tinham, não raras vezes, originariamente outra finalidade e, por isso, não apresentavam uma arquitetura adequada. Os exemplos mais populares são a *Torre de Londres*, a *Bastilha*, de Paris, *Los Plomos*, porões e lugares lúgubres dos palácios onde eram encarcerados os réus, como o Palácio Ducal de Veneza, que ficou conhecido como a *Ponte dos Suspiros*[24]. Von Hentig "lembra a forma de jaula das antigas masmorras, meio utilizado pelos funcionários encarregados da vigilância para se protegerem contra os reclusos. O que é sólido e seguro defende os que estão fora e guarda os que se encontram dentro"[25].

A prisão eclesiástica, por sua vez, destinava-se aos clérigos rebeldes e respondia às ideias de caridade, redenção e fraternidade da Igreja, dando ao internamento um sentido de penitência e meditação. Recolhiam-se os infratores em uma ala dos mosteiros para que, por meio da penitência e da oração, se arrependessem do mal causado e obtivessem a correção ou emenda. A principal pena do direito canônico denominava-se *detrusio in monasterium* e consistia na reclusão em um mosteiro de sacerdotes e religiosos infratores das normas eclesiásticas; para castigar os hereges, a prisão se denominava *murus largus*. Por volta do ano 1000 descreve-se a prisão do mosteiro dos *clunienses*[26] como um aposento subterrâneo, sem portas nem janelas, ao qual se descia por uma escada. Tinha de ter luz para que os irmãos pecadores pudessem ler o breviário e os livros sagrados.

A prisão canônica era mais humana que a do regime secular, baseado em suplícios e mutilações, porém é impossível equipará-la à prisão moder-

---

23. Carlos García Valdés, *Introducción a la penología*, p. 72 e s.
24. Elías Neuman, *Evolución de la pena*, p. 20, especialmente a nota 7.
25. Hans von Hentig, *La pena*, p. 201.
26. Cluniense é o natural de Clúnia, cidade dos arévacos, hoje Coruña del Conde.

na. Foi por iniciativa eclesiástica que no século XII surgiram as prisões subterrâneas, que tornaram célebre a expressão *vade in pace*; os réus eram despedidos com essas palavras porque aquele que entrava naquelas prisões não saía com vida. Eram masmorras às quais se descia por meio de escadas ou através de poços onde os presos eram dependurados por uma corda[27].

A Idade Média se caracterizou por um direito ordálico, que também foi utilizado pelo direito espanhol[28]. "A melhor prova de maldade do indivíduo é o abandono que dele faz Deus ao retirar-lhe a sua ajuda para superar as provas a que é submetido — da água, do fogo, do ferro candente etc. —, com o que se faz merecedor automático do castigo, julgamento de Deus cujo resultado se aceita mais ou menos resignadamente (...). O culpado, isto é, quem não supera a prova, convence a si mesmo de sua própria maldade e do abandono de Deus. Se não estivesse em pecado — se não tivesse cometido um delito — sairia feliz da mesma, não há a menor dúvida". Como consequência da forma de obter a prova do crime, havia um elevado índice de erros judiciários, o que é absolutamente natural.

Finalmente, é um direito profundamente corrompido. Os delitos mais comuns dos juízes são as exações ilegais e as prevaricações. García Valdés, falando do sentimento popular a respeito da corrupção judicial na Idade Média, relata: "Assim, não é difícil ter notícia deste sentir popular, expressado em tábuas e máximas, sobre a justiça e penas imperantes. As miniaturas da Idade Média apresentavam, com muita frequência, o juiz cobrando das partes no processo, com as duas mãos estendidas, sopesando o recebido e com cara de inocente"[29].

3.1. Influência da religião na evolução da pena

Para Hilde Kaufmann, a pena privativa de liberdade foi produto do desenvolvimento de uma sociedade orientada para a consecução da felici-

---

27. Elías Neuman, *Evolución de la pena*, p. 29, especialmente a nota 29. O primeiro foi construído no século XI. Existiram também na França, sob a jurisdição dos Bispos, destinados aos clérigos que pecassem ou delinquissem.

28. Carlos García Valdés, *Estudios de derecho penitenciario*, p. 15.

29. Carlos García Valdés, *Estudios*, p. 19. "As madeiras policromadas reproduziam o que o povo falava e, assim, entre os dizeres populares, anotamos: *não esqueçam, juízes, ao sentenciar que há outro juiz que os terá de julgar*, ou então: *Julgai, juízes, com Justiça, sem amor, nem desamor, nem inveja*. Os dois provérbios demonstram a advertência e a vigilância constante que o cidadão medieval fazia aos seus magistrados sobre o dever de administrar corretamente a Justiça, bem como a recriminação que recebiam quando não agiam corretamente."

dade, surgida do pensamento calvinista cristão[30]. O pensamento cristão, com algumas diferenças entre o protestantismo e o catolicismo, proporcionou, tanto no aspecto material como no ideológico, bom fundamento à pena privativa de liberdade. Por essa razão, não é casual que se considere que uma das poucas exceções à prisão-custódia do século XVI tenha sido a prisão canônica. Tratava-se de uma reclusão que só se aplicava em casos muito especiais a alguns membros do clero. A Igreja já conhecia, antes que fosse aplicada na sociedade civil, uma instituição que continha certos pontos que serviriam para justificar e inspirar a prisão moderna.

3.1.1. Influência da prisão eclesiástica

A prisão dos mosteiros, segundo Von Hentig, irradiou fluxos arquitetônicos e psicológicos que ainda perduram. A cela *monacal* cumpria a totalidade de propósitos que a clausura perseguia, embora não se deva esquecer que, na prisão *monacal*, misturavam-se antigos métodos mágicos com a separação do espaço e a purificação mediante as regras ordinárias da detenção. Encontram-se entre eles, a fustigação corporal, a escuridão e o jejum, juntamente com o isolamento, que protege do contágio moral[31]. "O pensamento eclesiástico de que a oração, o arrependimento e a contrição contribuem mais para a correção do que a mera força da coação mecânica teve significação duradoura"[32], especialmente nas ideias que inspiraram os primeiros penitenciaristas e nos princípios que orientaram os clássicos sistemas penitenciários (celular e auburniano).

De toda a Idade Média, caracterizada por um sistema punitivo desumano e ineficaz, só poderia destacar-se a influência penitencial canônica, que deixou como sequela positiva o isolamento celular, o arrependimento e a correção do delinquente, assim como outras ideias voltadas à procura da reabilitação do recluso. Ainda que essas noções não tenham sido incorporadas ao direito secular, constituem um antecedente indiscutível da prisão moderna.

3.1.2. Importância do direito canônico

O direito canônico contribuiu consideravelmente para com o surgimento da prisão moderna, especialmente no que se refere às primeiras

---

30. Hilde Kaufmann, *Principios*, p. 18 e 19.
31. Hans von Hentig, *La pena*, p. 200.
32. Hans von Hentig, *La pena*, p. 201.

ideias sobre a reforma do delinquente. Precisamente do vocábulo "penitência", de estreita vinculação com o direito canônico, surgiram as palavras "penitenciário" e "penitenciária"[33]. Essa influência veio completar-se com o predomínio que os conceitos teológico-morais tiveram, até o século XVIII, no direito penal, já que se considerava que o crime era um pecado contra as leis humanas e divinas.

O conceito de *pena medicinal* (da alma) encontra-se na base das penas canônicas, nas quais a reclusão tinha como objetivo induzir o pecador a arrepender-se de suas faltas e emendar-se graças à compreensão da gravidade de suas culpas.

Santo Agostinho, em sua obra mais importante, *A cidade de Deus*, afirmava que o castigo não deve orientar-se à destruição do culpado, mas ao seu melhoramento. Essas noções de arrependimento, meditação, aceitação íntima da própria culpa, são ideias que se encontram intimamente vinculadas ao direito canônico ou a conceitos que provieram do Antigo e do Novo Testamento.

Sobre a influência do direito canônico nos princípios que orientaram a prisão moderna[34], afirma-se que as ideias de fraternidade, redenção e caridade da Igreja foram transladadas ao direito punitivo, procurando corrigir e reabilitar o delinquente. Os mais entusiastas manifestam que, nesse sentido, as conquistas alcançadas em plena Idade Média não conseguiram solidificar-se, ainda hoje, de forma definitiva, no direito secular. Entre elas, menciona-se a individualização da pena conforme o caráter e o temperamento do réu. Há aqueles que, contrariamente, pretendem diminuir a importância daquilo que corresponderia a uma adjudicação excessiva do direito da Igreja. "O professor Schiappoli[35] acerta com o verdadeiro rótulo conceitual e põe as coisas em seu verdadeiro lugar, depois de reconhecer a grande influência da lei mosaica sobre a da Igreja, explicando que a fonte principal do Direito Penal canônico é constituída pelo *Libri Poenitentialis*, que contém uma série de instruções dadas aos confessores para a administração do sacramento da penitência. Registram-se nele, uma a uma, as ditas penitências, relativamente a todos os pecados e delitos — fossem ou não

---

33. Luis Garrido Guzman, *Compendio*, p. 48.

34. Dario Melossi e Massimo Pavarini, *Cárcel y fábrica*; *los orígenes del sistema penitenciario*, p. 21 e 22.

35. Schiappoli, Diritto penale canónico, in *Enciclopedia Pessina*, v. 1, p. 784, apud Elías Neuman, *Evolución de la pena*, p. 28.

punidos pela lei secular"[36]. A influência sobre o direito comum se exerce — segundo Schiappoli — em duas direções. De um lado, resulta incontestável que a penitência, que implica o encarceramento durante determinado tempo, a fim de compurgar a falta, passa ao direito secular logo convertida na sanção privativa de liberdade repressiva dos delitos comuns. Por outro lado, é igualmente exato que a pena não perde por isso o seu sentido vindicante. A pena ou penitência tende a reconciliar o pecador com a divindade, pretende despertar o arrependimento no ânimo do culpado, nem por isso deixando de ser expiação e castigo. Este último conceito proporciona uma ideia exata da razão pela qual os penitenciaristas clássicos, bem como as ideias que inspiraram os primeiros sistemas penitenciários, nunca renunciaram ao sentido expiatório da pena, considerando que não era incompatível com os objetivos de reabilitação ou reforma.

Não se deve exagerar na comparação entre o sentido e o regime da prisão canônica e a prisão moderna, já que não são equiparáveis. Trata-se de um antecedente importante da prisão moderna, mas não se deve ignorar suas fundamentais diferenças.

Seguindo a tradição canônica, na qual se fazia distinção entre pena vindicativa e pena medicinal, podem-se encontrar as iniciativas penitenciárias de Filippo Franci e as reflexões de Mabillon durante o século XVII, as realizações dos Papas Clemente XI e Clemente XII.

4. A Idade Moderna

Durante os séculos XVI e XVII a pobreza se abate e se estende por toda a Europa. Contra os deserdados da fortuna que delinquem cotidianamente para subsistir experimenta-se todo tipo de reação penal, mas todos falham. O panorama é o seguinte:

"As guerras religiosas tinham arrancado da França uma boa parte de suas riquezas. No ano de 1556 os pobres formavam quase a quarta parte da população. Essas vítimas da escassez subsistiam das esmolas, do roubo e assassinatos. O parlamento tratou de enviá-los às províncias. No ano 1525 foram ameaçados com o patíbulo; em 1532 foram obrigados a trabalhar nos encanamentos para esgotos, acorrentados de *dois em dois*; em 1554 foram expulsos da cidade pela primeira vez; em 1561 foram condenados às galés e em 1606 decidiu-se, finalmente, que os mendigos de Paris seriam

---

36. Elías Neuman, *Evolución de la pena*, p. 28.

açoitados em praça pública, marcados nas costas, teriam a cabeça raspada e logo seriam expulsos da cidade"[37].

Tudo isso logo cresceu desmesuradamente. Esse fenômeno, como já referimos, estendeu-se por toda a Europa. Por razões de política criminal era evidente que, ante tanta delinquência, a pena de morte não era uma solução adequada, já que não se podia aplicar a tanta gente. Sobre isso nos fala com sua autoridade Hans von Hentig[38]: "Os distúrbios religiosos, as longas guerras, as destruidoras expedições militares do século XVII, a devastação do país, a extensão dos núcleos urbanos e a crise das formas feudais de vida e da economia agrícola haviam ocasionado um enorme aumento da criminalidade em fins do século XVII e início do XVIII. Acrescente-se a isso a supressão dos conventos, o aniquilamento dos grêmios e o endividamento do estado. Tinha-se perdido a segurança, o mundo espiritualmente fechado aos incrédulos, hereges e rebeldes tinha ficado para trás. Tinha de se enfrentar verdadeiros exércitos de vagabundos e mendigos. Pode-se estabelecer a sua procedência: nasciam nas aldeias incendiadas e nas cidades saqueadas, outros eram vítimas de suas crenças, vítimas atiradas nos caminhos da Europa. Era preciso defender-se desse perigo social, mas não era possível negar-lhe simpatia por razões religiosas ou sociais, diante dos danos que os exércitos estrangeiros tinham feito". Contudo, como em algum lugar tinham de estar, iam de uma cidade a outra. Eram muitos para serem todos enforcados, e a sua miséria, como todos sabiam, era maior que a sua má vontade. Na Europa, cindida em numerosos Estados minúsculos e cidades independentes, ameaçavam, só com sua massa crescente, dominar o poder do Estado.

Na segunda metade do século XVI iniciou-se um movimento de grande transcendência no desenvolvimento das penas privativas de liberdade, na criação e construção de prisões organizadas para a correção dos apenados.

Os açoites, o desterro e a execução foram os principais instrumentos da política social na Inglaterra até a metade do século XVI (1552), até que as condições mudaram (socioeconômicas, especialmente). Para fazer frente ao fenômeno sociocriminal, que preocupava as pequenas minorias e as cidades, dispuseram-se elas mesmas a defender-se, criando instituições de

---

37. De Groote, *La locura a través de los siglos*, p. 101. Citação encontrada em Carlos García Valdés, *Estudios penitenciarios*, p. 26. Também na Espanha a delinquência era crescente, segundo F. Tomas y Valiente, *El derecho penal*, p. 44, 45 e 47.

38. Hans von Hentig, *La pena*, p. 213-214.

correção de grande valor histórico penitenciário[39]. A pedido de alguns integrantes do clero inglês, que se encontravam muito preocupados pelas proporções que havia alcançado a mendicidade em Londres, o Rei lhes autorizou a utilização do Castelo de Bridwell para que nele se recolhessem os vagabundos, os ociosos, os ladrões e os autores de delitos menores[40].

A suposta finalidade da instituição, dirigida com mão de ferro, consistia na reforma dos delinquentes por meio do trabalho e da disciplina. O sistema orientava-se pela convicção, como todas as ideias que inspiraram o penitenciarismo clássico, de que o trabalho e a férrea disciplina são um meio indiscutível para a reforma do recluso. Ademais, a instituição tinha objetivos relacionados com a prevenção geral, já que pretendia desestimular outros para a vadiagem e a ociosidade. Outra de suas finalidades era conseguir que o preso, com as suas atividades, "pudesse autofinanciar-se e alcançar alguma vantagem econômica". O trabalho que se desenvolvia era do ramo têxtil, tal como a época exigia. Essa experiência deve ter alcançado notável êxito, já que em pouco tempo surgiram em vários lugares da Inglaterra *houses of correction* ou *bridwells*, tal como eram denominadas, indistintamente[41]. O auge dos *bridwells* foi considerável, especialmente a partir da segunda metade do século XVII. O fundamento legal mais antigo das *houses of correction* encontra-se em uma lei do ano 1575, onde se definia a sanção para os vagabundos e o alívio para os pobres, determinando a construção de uma casa de correção por condado, pelo menos. Posteriormente, uma lei de 1670 definiu um estatuto para os *bridwells*.

Sob similares orientações e seguindo a mesma linha de desenvolvimento, surgem na Inglaterra as chamadas *workhouses*. "No ano de 1697, como consequência da união de várias paróquias de Bristol, surge a primeira *workhouse* da Inglaterra. Outra se estabelece em 1707 em Worcester, e uma terceira no mesmo ano em Dublin; abre-se, após, em Plymouth, Norwich, Hull e Exeter. Em fins do século XVIII já há vinte e seis, concedendo o *Gilbert's Act* de 1792 todo tipo de facilidade às paróquias para criar novas casas de trabalho, fortalecendo-se o controle judicial e recomendando-se que se excluam rigorosamente das mesmas os doentes

---

39. Luis Garrido Guzman, *Manual*, p. 81.

40. Eugenio Cuello Calón, *La moderna penología*, p. 303; Luis Garrido Guzman, *Manual*, p. 81; Elías Neuman, *Evolución de la pena*, p. 30-31.

41. Dario Melossi e Massimo Pavarini, *Cárcel y fábrica*, p. 32. É oportuno registrar que Melossi e Pavarini não aceitam o fim corretivo atribuído às *workhouses*.

contagiosos"[42]. O desenvolvimento e o auge das casas de trabalho terminam por estabelecer uma prova evidente sobre as íntimas relações que existem, ao menos em suas origens, entre a prisão e a utilização da mão de obra do recluso, bem como a conexão com as suas condições de oferta e procura.

Criaram-se em Amsterdam, no ano de 1596, casas de correção para homens (*rasphuis*), em 1597 outra prisão, a *spinhis*, para mulheres, e em 1600 uma seção especial para jovens. Essas instituições, assim como as inglesas, eram criadas, geralmente, para tratar a pequena delinquência. Para os que cometiam delitos mais graves mantinha-se ainda a aplicação de outras penas, como exílio, açoites, pelourinho etc. Para o controle do crime, sob o ponto de vista global, os Códigos Penais ainda confiavam, principalmente, nas penas pecuniárias e corporais e em penas capitais[43]. Contudo, não se pode negar que as casas de trabalho ou de correção, embora destinadas à pequena delinquência, já assinalam o surgimento da pena privativa de liberdade moderna. Segundo comenta Sellin, os fundadores dos estabelecimentos ingleses e holandeses tinham a aspiração de que se pudesse reformar o delinquente[44]. Contudo, Radbruch suscita uma das constantes objeções e limitações que sofre o objetivo reabilitador, afirmando que os condenados, ao serem liberados das casas de trabalho (ou de correção), não se haviam corrigido, mas sim domado.

Procurava-se alcançar o fim educativo por meio do trabalho constante e ininterrupto, do castigo corporal e da instrução religiosa. Todos esses instrumentos são coerentes com o conceito que se tinha, nessa época, sobre a reforma do delinquente e os meios para alcançá-la. Tinha-se a convicção de que o castigo e a utilização dos conceitos religiosos permitiriam a correção do delinquente. Considerava-se, por influência calvinista, que o trabalho não devia pretender a obtenção de ganhos nem satisfações, mas tão só tormento e fadiga. Para Von Hentig, os estabelecimentos que surgiram na Holanda marcaram o início dos novos métodos de tratamento, ainda que, evidentemente, se tratasse apenas de algo muito incipiente[45].

As prisões de Amsterdam, edificadas expressamente para tal fim, contando com um programa de reforma, alcançaram grande êxito e foram

---

42. Carlos García Valdés, El nacimiento de la pena..., *CPC*, 1977, p. 43-44.
43. Thorsten Sellin, Reflexiones sobre el trabajo forzado, *REP*, 1966, p. 507.
44. Luis Garrido Guzman, *Compendio*, p. 51.
45. Hans von Hentig, *La pena*, p. 214.

imitadas em muitos países europeus. Constituíam um fato excepcional. Foi necessário esperar mais de dois séculos para que as prisões fossem consideradas um lugar de correção e não de simples custódia do delinquente à espera de julgamento[46].

Uma das mais duras modalidades de pena de prisão surgidas no século XVI foi a pena de galés. Ela foi uma das mais cruéis dentre as aplicadas nesses tempos. As galés eram uma espécie de prisão flutuante. Grande número de condenados a penas graves e de prisioneiros de guerra era destinado como escravos ao serviço das galés militares, onde eram acorrentados a um banco e permaneciam, sob ameaça de um chicote, obrigados a remar. Refere Cuello Calón que alguns países mantiveram essa pena até o século XVIII. "Inglaterra, França, Espanha, Veneza, Gênova, Nápoles utilizaram as galés. Certos países da Europa Central vendiam seus delinquentes aos países marítimos para este serviço, como Nuremberg e Ansbach em 1570; a Áustria vendeu seus condenados a Veneza e Nápoles até 1762"[47].

Em meados do século XVII surge na Europa uma obra importante sob o ponto de vista penitenciário, que deixaria ideias positivistas neste campo, ainda que incipientes. Trata-se do famoso *Hospício de San Felipe Neri*, fundado em Florença em 1667, pelo sacerdote Filippo Franci, que pôs em prática ideia de Hipolito Francini. A instituição destinava-se, inicialmente, à reforma de crianças errantes, embora mais tarde tenham sido admitidos jovens rebeldes e desencaminhados. Aplicava-se um regime celular estrito. A pessoa do interno era desconhecida para seus companheiros de reclusão graças a um capuz, com que se cobria a cabeça nos atos coletivos. Tais ideias seriam posteriormente incorporadas pelo regime celular do século XIX[48]. A obra de Filippo Franci é um importante antecedente do regime celular, e nela se reflete seu profundo sentido religioso.

As ideias de Franci produziram muito boa impressão em Jean Mabillon, um monge beneditino francês, quando este passou por Florença. Mabillon escreveu um livro intitulado *Reflexões sobre as prisões monásticas*. Alguns autores sustentam que foi publicado na França em 1695[49], enquanto Melossi e Pavarini afirmam ter sido publicado postumamente em

---

46. Luis Garrido Guzman, *Compendio*, p. 51.

47. Eugenio Cuello Calón, *La moderna penología*, p. 302; Horacio Roldan, *Historia de la prisión en España*, p. 10-11.

48. Luis Garrido Guzman, *Compendio*, p. 51.

49. Elías Neuman, *Evolución de la pena*, p. 44; Luis Garrido Guzman, *Compendio*, p. 51.

1724[50]. Essa obra considera a experiência punitiva do tipo carcerário que se havia aplicado no direito penal canônico e formula uma série de considerações que antecipam algumas das afirmações típicas do Iluminismo sobre o problema penal. Franci defende a proporcionalidade da pena de acordo com o delito cometido e a força física e espiritual do réu. Dá grande importância ao problema da reintegração do apenado à comunidade, e, nesse sentido, pode ser considerado um dos primeiros defensores dessa ideia. Insiste, em sua obra, na necessidade de que os penitentes ocupem celas semelhantes às dos *cartuxos*, e de que nas cerimônias de culto permaneçam separados, cada um com seu respectivo capuz. Cada cela deveria ter um pequeno jardim, onde, nas horas de descanso, pudessem passear e cultivar o solo. Não recebiam visitas do exterior, a não ser do superior ou de outras pessoas devidamente autorizadas. De conformidade com o título de sua obra, é possível pensar que Mabillon não tivesse a intenção de influenciar a justiça secular, mas, de qualquer maneira, é imprescindível citá-lo como precursor relevante, já que suas ideias expressaram-se em uma época em que não se pensava na correção moral e na reabilitação do delinquente. Foucault considera a possibilidade de que a obra de Mabillon tenha proporcionado a definição e o caráter do primeiro sistema penitenciário norte--americano[51], o sistema filadélfico.

Outro dos importantes iniciadores da reforma carcerária e do sentido reabilitador e educativo da pena privativa de liberdade foi Clemente XI (1649-1721). Suas ideias colocaram-se em prática na Casa de Correção de São Miguel (em Roma), fundada por sua iniciativa em 14-11-1703. Abrigava, para correção, jovens delinquentes e, ao mesmo tempo, servia como asilo de órfãos e anciãos. Serviu, mais tarde, para alojar menores de vinte e um anos que se mostravam renitentes à disciplina paterna[52]. O regime era misto, já que trabalhavam durante o dia em comum e, à noite, mantinham-se isolados em celas, permanecendo todo o dia com a obrigação de guardar absoluto silêncio. O ensino religioso era um dos pilares fundamentais da instituição. O regime disciplinar mantinha-se à custa de fortes sanções. O lema da instituição reflete a sua finalidade corretiva: "não é suficiente constranger os perversos com a pena se não se os fizer honrados com a disciplina". O isolamento, o trabalho, a instrução religiosa e uma férrea disciplina

---

50. Dario Melossi e Massimo Pavarini, *Cárcel y fábrica*, p. 54.

51. Michel Foucault, *Vigilar y castigar*, p. 125.

52. Elías Neuman, *Evolución de la pena*, p. 34.

eram os meios que se utilizavam para a correção[53]. Todos esses instrumentos refletem a influência dos conceitos religiosos e das orientações que guiavam a execução das penas que se imputavam no direito canônico.

Sobre essa instituição, Cuello Calón, citando Howards Wines, afirma que "é limite que divide duas civilizações, duas épocas históricas. Seu êxito foi considerável, pois serviu de modelo a grande número de prisões fundadas especialmente na Itália, durante o mesmo século"[54]. Thorsten Sellin sustenta um ponto de vista contrário ao de Wines, já que não admite que o Hospício de São Miguel deva ser considerado como fato decisivo na história da penologia. Sua relevância se reduziria à influência que exerceu na arquitetura carcerária e à profunda impressão que causou em Howard. No entanto, apesar dessa polêmica, é inegável que a instituição fundada por Clemente XI deve ser considerada um importante antecedente do que atualmente qualificamos de tratamento institucional do delinquente.

4.1. Causas da transformação da prisão-custódia em prisão-pena

Consideramos interessante e sugestiva a análise de Dario Melossi e Massimo Pavarini sobre as causas que explicam o surgimento das primeiras instituições de reclusão na Inglaterra e na Holanda. Por essa razão convém citá-los. Dizem esses autores: "... É na Holanda, na primeira metade do século XVII, onde a nova instituição da casa de trabalho chega, no período das origens do capitalismo, à sua forma mais desenvolvida. É que a criação desta nova e original forma de segregação punitiva responde mais a uma exigência relacionada ao desenvolvimento geral da sociedade capitalista que à genialidade individual de algum reformador"[55]. Os modelos punitivos não se diversificam por um propósito idealista ou pelo afã de melhorar as condições da prisão, mas com o fim de evitar que se desperdice a mão de obra e ao mesmo tempo para poder controlá-la, regulando a sua utilização de acordo com as necessidades de valoração do capital. "É necessário esclarecer, naturalmente, que tal hipótese, baseada sobretudo na relação existente entre força de trabalho e trabalho forçado (entendido como trabalho não livre), não esgota a complexa realidade das 'Workhouses'. De modo algum, como já vimos para a Inglaterra, são o único instrumento

---

53. Luis Garrido Guzman, *Compendio*, p. 52.
54. Eugenio Cuello Calón, *La moderna penología*, p. 306.
55. Dario Melossi e Massimo Pavarini, *Cárcel y fábrica*, p. 35.

com o qual se procura baixar salários e controlar a força de trabalho, nem tampouco referidas casas têm este como único objetivo. A respeito do primeiro ponto, já vimos como na Inglaterra — mas neste período é válido em um sentido mais geral — as casas de trabalho acompanham tetos salariais estabelecidos por lei, prolongamento da jornada de trabalho, proibições para que os trabalhadores se reúnam e se organizem etc. Na realidade, a relativa exiguidade quantitativa que sempre caracterizou essa experiência induz a considerá-la mais como uma demonstração do nível que havia alcançado a luta de classes do que como um dos fatores que a impulsionam"[56]. A função da casa de trabalho é indubitavelmente mais complexa que a de taxar simplesmente o salário livre. Ou, pelo menos, pode-se também dizer que este último objetivo deve ser entendido na plenitude de seu significado, isto é, como controle de força de trabalho, da educação e *domesticação* do trabalhador. Como afirma Marx[57], "a aprendizagem da disciplina de seu novo estado, isto é, a transformação do trabalhador agrícola expulso da terra em operário, com tudo o que isso significa, é um dos fins fundamentais que, em suas origens, o capital teve de se propor. A organização das casas de trabalho, e de tantas outras organizações parecidas, responde, antes de mais nada, a essa necessidade. É evidente que esse problema não está separado do que estabelece o mercado de trabalho, isso não só porque através da institucionalização das casas de trabalho de um setor, embora limitado, da força de trabalho obtém-se um duplo resultado: ao contrário do trabalho livre, com o trabalho forçado, geralmente mais rebelde, força-se a aprendizagem da disciplina, e também a docilidade ou a oposição da classe operária nascente às condições de trabalho depende da força que tenha no mercado, pois na medida em que a oferta de mão de obra é escassa, aumenta a sua capacidade de oposição e de resistência, e a sua possibilidade de luta".

Essa análise encontra-se estreitamente vinculada com o materialismo histórico, predominando a ideia de que as condições econômicas, em última instância, condicionam a natureza e o caráter da superestrutura. Dentro desta, como parte da superestrutura jurídica, encontra-se a prisão. Para Melossi e Pavarini, a prisão surge quando se estabelecem as casas de correção holandesas e inglesas, cuja origem não se explica pela existência de um propósito mais ou menos humanitário e idealista, mas pela necessidade que

---

56. Melossi e Pavarini, *Cárcel y fábrica*, p. 36.
57. Karl Marx, *Il capitale*, p. 192-193.

existia de possuir um instrumento que permitisse não tanto a reforma ou reabilitação do deliquente, mas a sua submissão ao regime dominante (capitalismo). Serviu também como meio de controle dos salários, permitindo, por outro lado, que mediante o efeito preventivo-geral da prisão se pudesse "convencer" os que não cometeram nenhum delito de que deviam aceitar a hegemonia da classe proprietária dos bens de produção. Já não se trata de dizer que a correção sirva para alcançar uma ideia metafísica e difusa de liberdade, mas que procura disciplinar um setor da força de trabalho "para introduzi-lo coativamente no mundo da produção manufatureira"[58], tornando o trabalhador mais dócil e menos provido de conhecimentos, impedindo, dessa forma, que possa apresentar alguma resistência.

Na realidade, o objetivo fundamental das instituições de trabalho holandesas e inglesas era que o trabalhador aprendesse a disciplina capitalista de produção. Também a religião, especialmente no caso da Holanda, permitiria reforçar os elementos ideológicos que fortaleceriam a hegemonia da burguesia capitalista. O ponto de vista religioso fundamentava-se no calvinismo, que predominava na jovem república holandesa, "cuja função no complexo social era reforçar o dogma do trabalho, e por conseguinte a submissão ideológica, dentro do processo manufatureiro, mas que na casa de correção tinha como objetivo próprio, antes de mais nada, a aceitação da ideologia, da *Weltanshaung burguesa-calvinista*, e só em um segundo momento a exploração e a extração da mais-valia"[59]. Não só interessa que o recluso aprenda a disciplina de produção capitalista, que se submeta ao sistema, mas que faça uma introspecção da cosmovisão e da ideologia da classe dominante (bloco hegemônico). A eficácia, sob o ponto de vista da produtividade econômica, é um objetivo secundário, já que as condições de vida carcerária não o permitem; o objetivo prioritário é que o recluso aprenda a disciplina da produção.

Esse aprendizado inicia-se a partir do momento em que se pagam baixos salários aos que prestam serviços na casa de trabalho, já que, se o sistema é particularmente opressivo no método de trabalho, facilmente se poderá preparar o recluso para que se adapte e obedeça enquanto se encontre na prisão[60]. Não interessa a reabilitação ou emenda; o que importa é que o delinquente se submeta, que o sistema seja eficaz por meio de uma obe-

---

58. Dario Melossi e Massimo Pavarini, *Cárcel y fábrica*, p. 41.

59. Melossi e Pavarini, *Cárcel y fábrica*, p. 41-42.

60. Dario Melossi e Massimo Pavarini, *Cárcel y fábrica*, p. 42.

diência irreflexiva. Por outro lado, a dureza particular das condições no interior da casa de correção tem, ademais, "outro efeito sobre o exterior, o que os juristas chamam de *prevenção geral*, ou seja, uma função de intimidação, através da qual o trabalhador livre, antes de arriscar terminar na casa de trabalho ou prisão, prefere aceitar as condições impostas ao trabalho. O regime interno da casa de correção visa, assim, além da absoluta premência que nela se dá ao trabalho, a acentuar o papel dessa *Weltanshaung* burguesa que o proletariado livre nunca aceitará completamente"[61].

A prisão nunca será — vista desde a sua origem, nas casas de correção holandesas e inglesas — mais do que uma instituição subalterna à fábrica, assim como a família mononuclear, a escola, o hospital, o quartel e o manicômio, que servirão para garantir a produção, a educação e a reprodução da força de trabalho de que o capital necessite. O segredo das *workhouses* ou das *rasphuis* está na representação em termos ideais da concepção burguesa da vida e da sociedade, em preparar os homens, principalmente os pobres, os não proprietários, para que aceitem uma ordem e uma disciplina que os faça dóceis instrumentos de exploração.

A tese de Melossi e Pavarini[62] parte de um ponto de vista marxista sobre as casas de correção e de trabalho inglesas e holandesas; recusam a ideia de que estas procuram a reforma ou emenda do delinquente; ao contrário — afirmam —, servem como instrumento de dominação, tanto no aspecto político como no econômico e ideológico. Servem para impor a hegemonia de uma classe sobre outra, eliminando toda possibilidade de surgir uma ação que ponha em perigo a homogeneidade do bloco de dominação socioeconômica.

A relação existente entre prisão e mercado de trabalho, entre internamento e adestramento para a disciplina fabril, segundo Guido Neppi Modona[63], não pode ser posta em dúvida depois da investigação de Melossi e Pavarini, "mas ao lado desta lógica econômica existem provavelmente outras que não são simplesmente coberturas ideológicas ou justificações éticas. A explicação para uma reconstrução da função global das instituições segregatórias no longo período de sua gestação, entre o século XVI e o século XVIII, provavelmente está em uma perspectiva que considere

---

61. Melossi e Pavarini, *Cárcel y fábrica*, p. 42.

62. *Cárcel y fábrica*, p. 50.

63. Guido Neppi Modona, comentário feito na apresentação da obra de Melossi e Pavarini, *Cárcel y fábrica*, p. 10.

também outros componentes certamente contraditórios e menos racionais, que voltaremos a encontrar nas atuais instituições prisionais e que englobam um amplo leque de movimentações, às vezes claramente mistificatórias, às vezes reais, que vão desde as exigências de defesa social até o mito da recuperação e reeducação do delinquente, desde o castigo punitivo em si até os modelos utópicos de microcosmos disciplinários perfeitos". Essa objeção aponta em direção a um aspecto importante: não se deve aplicar uma perspectiva unilateral ao buscar explicação para a origem e função da prisão. É necessário considerar outros tipos de motivação, que, embora possam ser irracionais, também contribuem, em maior ou menor grau, para explicar as causas que levam ao surgimento de uma resposta penológica como a prisão, que ainda se mantém vigente, apesar de encontrar-se em crise. A difusão da pena consistente na detenção do culpado e o modo de produção capitalista contribuem de maneira determinante para a compreensão do fenômeno e destroem definitivamente os mitos e os lugares-comuns da imutabilidade da prisão através dos séculos. "Nesse sentido, é particularmente convincente a relação de interdependência entre as mutáveis condições do mercado de trabalho, o brusco descenso da curva de incremento demográfico, a introdução das máquinas e a passagem do sistema manufatureiro ao sistema de fábrica propriamente dito, por um lado, e a súbita e sensível piora das condições de vida nas prisões, por outro lado, a partir da segunda metade do século XVIII na Inglaterra"[64].

A análise marxista, tal como a realizada por Melossi e Pavarini, enfrenta um problema teórico difícil e que não pode ser ignorado: trata-se das relações entre a estrutura e a superestrutura. Esse problema se agrava quando se aplica a análise marxista a um problema social concreto, já que a "interação da Natureza e da Ideia, da infraestrutura (econômica) e da superestrutura (ideológica, filosófica, moral, religiosa, jurídica etc.) não é em sentido único. Marx e Engels afirmaram várias vezes que os *reflexos ideológicos* (que nós chamamos espirituais), embora não possuam realidade própria e não sejam mais que um produto do processo econômico,

---

64. Guido Neppi Modona: "É efetivamente neste período que as prisões deixam de realizar trabalho produtivo e competitivo e começa a prevalecer um sistema intimidativo terrorista de gestão, que se perpetua durante o século XIX e também posteriormente. A correlação entre os sistemas de organização carcerária e as exigências da nova realidade industrial e do controle terrorista do proletariado tem fundamentos indiscutíveis e se baseia em situações fáticas, tais como o notável desenvolvimento quantitativo das instituições carcerárias e as terríveis condições de vida constatadas nas prisões..." (Melossi e Pavarini, *Cárcel y fábrica*, p. 10).

voltam, entretanto, a atuar, por sua vez, nestes processos materiais. Têm surgido, recentemente, alguns textos nos quais Marx e Engels se escusam de não ter podido insistir mais amplamente sobre essa ação de regresso do homem e de suas ideias"[65]. As relações entre a infraestrutura e a superestrutura são difíceis de precisar quando se aplica a análise marxista a um problema social concreto, já que não é fácil poder determinar o sentido e o alcance que tem a interação entre a infraestrutura e a superestrutura. O mais fácil, como se faz frequentemente, é converter a infraestrutura econômica no elemento dominante e explicativo de qualquer processo ou instituição social. Mas esse procedimento não daria bons resultados, não só porque não se ajusta a uma interpretação autenticamente marxista como também porque se converte em uma análise simplista e mecanicista. Analisando de uma perspectiva dinâmica (com um sentido dialético), onde não fosse possível uma visão unilateral sobre as relações entre infraestrutura e superestrutura, não seria suficiente dizer que a prisão e seu afã de reforma são simples reflexos das necessidades e da evolução da infraestrutura econômica, senão que se deve admitir que aqueles têm, como parte da superestrutura, relativa autonomia em relação à infraestrutura econômica. Por essa razão resulta insuficiente a afirmação de que a prisão e seu afã de reforma são simples reflexos do modo de produção capitalista, já que sua função se circunscreve a impor a dominação econômica e ideológica da classe dominante.

Também seria ingênuo pensar que a pena privativa de liberdade surgiu só porque a pena de morte estava em crise ou porque se queria criar uma pena que se ajustasse melhor a um processo geral de humanização ou, ainda, que pudesse conseguir a recuperação do criminoso. Esse tipo de análise incorreria no erro de ser excessivamente abstrato e partiria de uma perspectiva a-histórica. Existem várias causas que explicam o surgimento da prisão. Dentre as mais importantes podem ser citadas as seguintes:

a) Do ponto de vista das ideias, a partir do século XVI começa-se a valorizar mais a liberdade e se impõe progressivamente o racionalismo. Até o século XVII o mal, com tudo o que tem de violento e desumano, não se compreende nem se castiga se não for exposto à luz do dia para compensar a noite em que o crime surgiu. Há um ciclo de consumação do mal —

---

65. Emmanuel Mounier, *Manifiesto al servicio del personalismo* (t. 1 das *Obras completas*), p. 587 e 588.

diz-nos Michel Foucault[66] —, que passa necessariamente pela confissão pública para tornar-se patente, antes de chegar à conclusão que o suprime.

b) Surge a má consciência, que procura substituir a publicidade de alguns castigos pela vergonha. Existem aspectos no mal que possuem tal poder de contágio e força de escândalo que a publicidade os multiplicaria ao infinito. Esse sentimento começa a esboçar-se em princípios do século XV. "Não há a menor dúvida de que a prisão presta-se muito bem para ocultar o castigo e até para esquecer-se das pessoas a que se impôs a sanção"[67].

c) Os transtornos e mudanças socioeconômicas que se produziram com a passagem da Idade Média para a Idade Moderna, e que tiveram sua expressão mais aguda nos séculos XV, XVI e XVII, tiveram como resultado a aparição de grande quantidade de pessoas que sofriam de uma pobreza extrema e que deviam dedicar-se à mendicidade ou a praticar atos delituosos[68]. Houve um crescimento excessivo de delinquentes em todo o velho continente. A pena de morte caíra em desprestígio e não respondia mais aos anseios de justiça. Por razões penológicas era necessário procurar outras reações penais. Sobre isso também nos fala Von Hentig:

"A pena privativa de liberdade — assinala — não tem uma longa história (...). Na segunda metade do século XVIII, o arco da pena de morte estava excessivamente tenso. Não tinha contido o aumento dos delitos nem o agravamento das tensões sociais, nem tampouco havia garantido a segurança das classes superiores. O pelourinho fracassava frequentemente em se tratando de delitos leves ou de casos dignos de graça, uma vez que a publicidade da execução dava lugar mais à compaixão e à simpatia do que ao horror. O desterro das cidades e as penas corporais tinham contribuído para o desenvolvimento de um banditismo sumamente perigoso, que se estendia com impetuosa rapidez quando as guerras e as revoluções haviam desacreditado e paralisado os velhos poderes. A pena privativa de liberdade foi a nova grande invenção social, intimidando sempre, corrigindo amiúde, que devia fazer retroceder o delito, quiçá, derrotá-lo, no mínimo, cercá-lo entre muros. A crise da pena de morte encontrou aí o seu fim, porque um método melhor e mais eficaz ocupava o seu lugar, com exceção de alguns poucos casos mais graves".

---

66. Michel Foucault, *Historia de la locura en la época clásica*, p. 73 e 74.

67. Carlos García Valdés, *Hombres y cárceles*, p. 11-12.

68. Hans von Hentig, *La pena*, p. 185-186.

A crise da pena de morte deu origem a uma nova modalidade de sanção penal: a pena privativa de liberdade, uma grande invenção que demonstrava ser meio mais eficaz de controle social.

d) Finalmente, a razão econômica foi um fator muito importante na transformação da pena privativa de liberdade. Sobre esse aspecto, Foucault[69] expõe aguda análise, considerando: "O confinamento, esse fato massivo cujos sinais encontramos em toda a Europa do século XVII, é um assunto de polícia. Polícia no sentido sumamente preciso que se dá ao vocábulo na época clássica, isto é, o conjunto de medidas que fazem do trabalho algo ao mesmo tempo possível e necessário para todos aqueles que não poderiam viver sem ele (...) antes de ter o sentido medicinal que lhe atribuímos ou que ao menos queremos conceder-lhe, o confinamento foi uma exigência de algo muito distinto da preocupação da cura. O que o fez necessário foi um imperativo de trabalho. Onde a nossa filantropia quer reconhecer sinais de benevolência à doença, ali encontramos somente a condenação da ociosidade". Foucault[70] acrescenta em seguida que "Em toda a Europa o internamento tem o mesmo sentido, pelo menos no início. É uma das respostas dadas pelo século XVII a uma crise econômica que afeta o mundo ocidental em seu conjunto: queda de salários, desemprego, escassez da moeda etc. Esse conjunto de fatos deve-se provavelmente a uma crise da economia espanhola. A própria Inglaterra, que é o país da Europa ocidental menos dependente do sistema, precisa resolver os mesmos problemas...". Fora das épocas de crise o confinamento adquire outro sentido. À sua função de repressão adiciona-se uma nova utilidade. Agora já não se trata de encerrar os desempregados, mas de dar trabalho àqueles que estão encerrados e fazê-los úteis à prosperidade geral. A alternância é clara: mão de obra barata, quando há trabalho e salários altos; e, em períodos de desemprego, reabsorção dos ociosos e proteção social contra a agitação e os motins. Não esqueçamos que as primeiras casas de internamento aparecem na Inglaterra nos pontos mais industrializados do País: Worcester, Norwich, Bristol[71].

E conclui Foucault[72], em resumo: "A época clássica utiliza o confinamento de maneira equivocada, para fazê-lo desempenhar um duplo papel:

---

69. Michel Foucault, *Historia de la locura*, p. 54-55.

70. *Historia de la locura*, p. 58.

71. Michel Foucault, *Historia de la locura*, p. 59-60.

72. *Historia de la locura*, p. 62-63.

reabsorver o desemprego, ou, pelo menos, apagar os seus efeitos sociais mais visíveis e controlar as tarifas quando houver risco de subirem muito; atuar alternativamente sobre o mercado de mão de obra e os preços de produção. Na realidade, parece que as casas de confinamento não puderam realizar eficazmente a obra que delas se esperava. Se absorviam os desempregados era sobretudo para dissimular a miséria e evitar os inconvenientes políticos ou sociais de uma possível agitação, mas ao mesmo tempo em que eram colocados em oficinas obrigatórias, o desemprego aumentava nas regiões vizinhas e nos setores similares".

A razão político-econômica apresenta-se muito clara quanto a sua influência decisiva na mudança de "prisão-custódia" para "prisão-pena". À motivação de política criminal e penológica, referida pela maioria dos autores, como causa determinante da transformação, devemos acrescentar a motivação econômica, referida por Foucault. Não basta mencionar a "pequena criminalidade da fraude", os bandos de esfarrapados e famintos que percorrem o mundo como sequela das destrutoras guerras, e que eram muitos, para poderem ser todos enforcados, ou que o arco da pena de morte encontrava-se excessivamente tenso. Dario Melossi e Massimo Pavarini[73] interpretam de forma semelhante a Foucault a origem e função da pena privativa de liberdade no capitalismo desenvolvido. O trabalho, a maioria das vezes forçado, sempre esteve muito vinculado à prisão; inclusive se diz que houve mais interesse em que a pena consistisse em trabalho pesado que propriamente em privação da liberdade. Em muitas oportunidades, dependendo da situação da oferta de mão de obra, seguindo a análise de Foucault, empregou-se o trabalho com sentido utilitário, visando alcançar a maior produtividade possível, quer em benefício do Estado quer de particulares.

Não se pode ignorar o forte condicionamento que a estrutura socioeconômica impõe às ideias reformistas — sobretudo razões econômicas e de necessidade de dominação — que propiciaram o nascimento da pena privativa de liberdade. Precisamente, os propósitos reformistas de que tanto se tem falado (desde os penitenciaristas clássicos) não se realizam pelo poderoso condicionamento e limitação que impõem as necessidades do mercado de trabalho e as variações nas condições econômicas. A motivação econômica referida por Foucault é determinante para o salto qualitativo que dá à prisão[74].

---

73. Dario Melossi e Massimo Pavarini, *Cárcel y fábrica*, p. 52.
74. Carlos García Valdés, El nacimiento de la pena..., *CPC*, 1977, p. 40.

É interessante apontar que a vinculação da prisão à necessidade de ordem econômica, que inclui a dominação da burguesia sobre o proletariado, dito em termos muito esquemáticos, faz surgir a tese de que *é um mito pretender ressocializar o delinquente por meio da pena privativa de liberdade.*

Diante de todas as razões expostas, não se pode afirmar sem ser ingênuo ou excessivamente simplista que a prisão surge sob o impulso de um ato humanitário com a finalidade de fomentar a reforma do delinquente. Esse fato não retira importância dos propósitos reformistas que sempre foram atribuídos à prisão, mas sem dúvida deve ser levado em consideração, já que existem muitos condicionamentos, vinculados à estrutura sociopolítica, que tornam muito difícil, para não dizer impossível, a transformação do delinquente.

5. Os reformadores: Beccaria, Howard, Bentham

As características da legislação criminal na Europa em meados do século XVIII justificam a reação de alguns pensadores agrupados em torno de um movimento de ideias que têm por fundamento a razão e a humanidade.

As leis em vigor inspiravam-se em ideias e procedimentos de excessiva crueldade, prodigalizando os castigos corporais e a pena capital. O direito era um instrumento gerador de privilégios, o que permitia aos juízes, dentro do mais desmedido arbítrio, julgar os homens de acordo com sua condição social. Inclusive, os criminalistas mais famosos da época defendiam em suas obras procedimentos e instituições que respondiam à dureza de um rigoroso sistema repressivo.

A reforma dessa situação não podia esperar mais. Na segunda metade do século XVIII começam a remover-se as velhas concepções arbitrárias: os filósofos, moralistas e juristas dedicam suas obras a censurar abertamente a legislação penal vigente, defendendo as liberdades do indivíduo e enaltecendo os princípios da dignidade do homem[75].

As correntes iluministas e humanitárias, das quais Voltaire, Montesquieu e Rousseau seriam fiéis representantes, fazem severa crítica aos excessos imperantes na legislação penal, propondo que o fim do estabelecimento das penas não deve consistir em atormentar um ser sensível. A pena

---

75. Luis Garrido Guzman, *Manual*, p. 86.

deve ser proporcional ao crime, devendo-se levar em consideração, quando imposta, as circunstâncias pessoais do delinquente, seu grau de malícia e, sobretudo, produzir a impressão de ser eficaz sobre o espírito dos homens, sendo, ao mesmo tempo, a menos cruel para o corpo do delinquente.

Esse movimento de ideias atingiu seu apogeu na Revolução Francesa, com considerável influência em uma série de pessoas com um sentimento comum: a reforma do sistema punitivo. Dentre elas nos ocuparemos de Beccaria, Howard e Bentham.

5.1. Cesare Beccaria

Cesare Bonesana, Marquês de Beccaria, nascido em Milão em 15-3-1738, morreu em 28-11-1794. Considera-se que os postulados formulados por ele marcam o início definitivo da Escola Clássica de Criminologia, bem como o da Escola Clássica de Direito Penal[76]. Alguns autores, inclusive, chegam a considerá-lo um antecedente, mediato, dos delineamentos da defesa social, especialmente por sua recomendação de que "é melhor prevenir o crime do que castigá-lo"[77].

5.1.1. Resumo das ideias de seu tempo

A obra de Beccaria deve ser examinada dentro do contexto cultural que prevalecia em todos os campos do saber. As ideias filosóficas que a informam não devem ser consideradas originais. Trata-se, na verdade, da associação do contratualismo com o utilitarismo. O grande mérito de Beccaria foi falar claro, dirigindo-se não a um limitado grupo de pessoas doutas, mas ao grande público. Dessa forma, conseguiu, através de sua eloquência, estimular os práticos do direito a reclamar uma reforma que deviam conceber os legisladores[78].

Em realidade, muitas das reformas que Beccaria sugere foram propostas por outros pensadores. Seu êxito deve-se ao fato de constituir o primeiro delineamento consistente e lógico sobre uma bem elaborada teoria, englobando importantes aspectos penológicos. Beccaria constrói um sistema criminal que substituirá o desumano, impreciso, confuso e abusivo sistema criminal anterior.

---

76. José A. Sainz Cantero, *Lecciones de derecho penal*; Parte General, p. 99.

77. F. Perez-Llantada, *Visión histórica de la responsabilidad penal*, p. 45.

78. Fausto Costa, *El delito y la pena en la historia de la filosofía*, p. 103.

Seu livro[79], de leitura fácil, foi oportunamente formulado com um estilo convincente, expressando os valores e esperanças de muitos reformadores de prestígio de seu tempo. Sugeria mudanças que eram desejadas e apoiadas pela opinião pública. Surgiu exatamente no tempo em que deveria surgir. A Europa estava preparada para receber a mensagem do livro em 1764. Ele serviu para arrasar e destroçar muitos costumes e tradições da sociedade do século XVIII, especialmente por meio da ação dos protagonistas da nova ordem. É indubitável que Voltaire impulsionou muitas das ideias de Beccaria. Não é exagero afirmar que o livro deste é de vital importância na preparação e amadurecimento do caminho da reforma penal dos últimos séculos. Sua obra teve sentido político e jurídico, e seu campo de ação foi de grande amplitude, pois aspirava à reforma do direito penal naquele tempo reinante.

5.1.2. O contrato social

É importante levar em consideração, quando se realiza uma análise da ideia ressocializadora, que a posição das ideias clássicas pressupõe a existência de um contrato entre cidadãos[80], e, com fundamento nesse acordo, justifica-se a existência da pena, sob a suposição de que é imposta a um ser livre que violou o pacto. Essa ideia de pacto social será colocada em dúvida pela criminologia e não é compatível com alguns dos delineamentos extremos que inspiram a ideia ressocializadora. Beccaria menciona claramente o contrato social nos dois primeiros capítulos de sua obra[81]. "Dessa forma, os homens se reúnem e livremente criam uma sociedade civil, e a função das penas impostas pela lei é precisamente assegurar a sobrevivência dessa sociedade"[82]. Historicamente, a teoria do contrato social ofereceu

---

79. Publicou sua obra pela primeira vez, anonimamente, em julho de 1764 (Luis Garrido Guzman, *Manual*, p. 89).

80. Rousseau foi um dos pensadores que deram maior importância ao contrato social, definindo-o da seguinte forma: "...encontrar uma forma de associação que defenda e proteja com toda força a pessoa e os bens de cada associado, e, em virtude da qual, cada um, unindo-se a todos, não obedeça a nada mais do que a si próprio e fique tão livre como antes..." (Jean-Jacques Rousseau, *El contracto social*, publicado no compêndio intitulado *Escritos de combate*, p. 410).

81. Cesare Beccaria, *De los delitos y de las penas*, p. 27. "As leis são as condições em que os homens isolados e independentes uniram-se em sociedade, cansados de viver em um contínuo estado de guerra e de gozar de uma liberdade que não tinham certeza da utilidade de conservá-la."

82. I. Taylor, P. Walton e J. Young, *La nueva criminología*, p. 20.

um marco ideológico adequado para a proteção da burguesia nascente, já que, acima de todas as coisas, insistia em recompensar a atividade proveitosa e castigar a prejudicial.

Pode-se considerar que a teoria clássica do contrato social (o utilitarismo) fundamenta-se em três pressupostos fundamentais: 1) postula um consenso entre homens racionais acerca da moralidade e da imutabilidade da atual distribuição de bens. Esse ponto é um dos que originam distintas posições em relação aos afãs reformadores ou reabilitadores da pena privativa de liberdade; 2) todo comportamento ilegal produzido em uma sociedade — produto de um contrato social — é essencialmente patológico e irracional, o comportamento típico de pessoas que, por seus defeitos pessoais, não podem celebrar contratos. Essa é outra ideia que se encontra intimamente vinculada aos delineamentos reabilitadores da pena, visto que se chega a pensar que o delito é expressão de alguma patologia, o que justificaria, senão a imposição da pena, pelo menos procurar um meio "curativo" ou reabilitador. Por conseguinte, dentro da teoria clássica, essa patologia harmoniza-se melhor com a irremediável imposição de uma sanção[83]; 3) os teóricos do contrato social tinham um conhecimento especial dos critérios para determinar a racionalidade ou irracionalidade de um ato. Tais critérios iriam definir-se por intermédio do conceito de utilidade[84].

Essa teoria do contrato pressupõe a igualdade absoluta entre todos os homens. Sob tal perspectiva, nunca se questionava a imposição da pena, os alcances do livre arbítrio ou o problema das relações de dominação que podia refletir determinada estrutura jurídica.

Pierre Chaunu destaca um efeito mais grave que o ora descrito a respeito do conceito de contrato social no direito penal. Segundo Chaunu, esse direito penal, construído em torno do contrato social, não faz mais que legitimar as formas modernas de tirania. Sob a ideia de que o criminoso rompeu o pacto social, cujos termos supõe-se tenha aceito, considera-se que se converteu em inimigo da sociedade. Tal inimizade levá-lo-á a suportar o castigo que lhe será imposto.

A teoria do contrato social, levada às últimas consequências, pode fundar, juridicamente, a tirania perfeita. Permite que o corpo social inteiro

---

83. Idem, ibidem, p. 24.

84. Idem, p. 21.

seja envolvido no processo punitivo. Considera o delito um dano que alcança o conjunto do corpo social.

Já não será o soberano que, por delegação, exercerá a vingança por meio de uma liturgia *sacrificadora-reparadora*, mas será o corpo social, a sua totalidade, que se comprometerá na operação de controle e separação[85]. É indubitável que a excessiva teorização do delineamento clássico do contrato social pode levar-nos a legitimar uma tirania e uma opressão que só parecem uma resposta satisfatória na ordem estrita das ideias e não na da realidade.

Precisamente, os anseios reformistas e ressocializadores, de algum modo, sempre colocarão em dúvida os termos racionais desse contrato e a legitimidade da resposta estritamente punitiva.

5.1.3. Os fins da pena

Beccaria tinha uma concepção utilitarista da pena. Essa orientação tem estreita relação com a tendência empírica que dominou entre os penalistas de seu tempo. Essa concepção utilitária considerava a pena um simples meio de atuar no jogo de motivos sensíveis que influenciam a orientação da conduta humana. Procuravam um exemplo para o futuro, mas não uma vingança pelo passado. Não se subordinava a ideia do útil ao justo; ao contrário, subordinava-se a ideia do justo ao útil. Como afirma Beccaria: "O fim, pois, não é outro que impedir o réu de causar novos danos a seus cidadãos e afastar os demais do cometimento de outros iguais. Consequentemente, devem ser escolhidas aquelas penas e aquele método de impô-las, que, respeitada a proporção, causem uma impressão mais eficaz e mais durável sobre o ânimo dos homens e que seja a menos dolorosa para o corpo do réu"[86]. Os objetivos da pena são, por conseguinte, em linguagem atual, a prevenção especial e a prevenção geral. Contudo, o primeiro objetivo não foi desenvolvido pelo pensador italiano[87]. O objetivo preventivo geral, segundo Beccaria, não precisava ser obtido através do terror, como tradicionalmente se fazia, mas com a eficácia e certeza da punição[88].

Os objetivos preventivos que Beccaria atribui à pena, assim como a importância que deu à máxima de que "é melhor prevenir delitos que cas-

---

85. Pierre Chaunu, *El rechazo de la vida*, p. 150.

86. Cesare Beccaria, *De los delitos y de las penas*, p. 46.

87. José Anton Oneca, Los fines de la pena, *REP*, 1964, p. 420.

88. Juan Cordoba Roda, *LXXV años de evolución jurídica en el mundo*, p. 34 (volume coletivo).

tigá-los", passaram a contribuir substancialmente para mitigar os efeitos do regime punitivo vigente. Tais objetivos são, indiscutivelmente, um antecedente e um complemento importante dos anseios reabilitadores que se atribuem à pena privativa de liberdade.

Embora considere a prevenção geral o fim primordial da pena, não aceita que lhe atribuam caráter aflitivo[89]. Esse postulado coincide com os objetivos da criminologia moderna, que busca, em seu fim de justiça humana, a recuperação do infrator para a sociedade. É importante levar em consideração que Beccaria não admite a vingança como fundamento do *jus puniendi*[90]. Nesse sentido coincide com os objetivos ressocializadores da pena de prisão.

Beccaria insiste na necessidade de que a pena seja imposta sem demora. A preocupação do réu diante da incerteza da sentença é um verdadeiro tormento[91]. Esse aspecto, que cria situações de angústia para aqueles que estão sob julgamento, ainda não encontrou solução adequada[92], e passou a constituir uma das limitações práticas mais sérias para atingir a realização do objetivo reabilitador da pena privativa de liberdade. Na maioria dos países há uma demora excessivamente longa entre o momento da prisão e o da prolação da sentença.

5.1.4. Humanização das sanções criminais

Embora Beccaria tenha concentrado seu interesse sobre outros aspectos do direito penal, expôs algumas ideias sobre a prisão que contribuíram para o processo de humanização e racionalização da pena privativa de liberdade. Não renunciou à ideia de que a prisão tem um sentido punitivo e sancionador, mas já insinuava uma finalidade reformadora da pena privativa de liberdade.

Considerava que nas prisões não devem predominar a sujeira e a fome, defendendo uma atitude humanitária e compassiva na administração da justiça. Criticava as prisões de seu tempo: "Porque parece que no

---

89. Cesare Beccaria, *De los delitos y de las penas*, Cap. XXVII.

90. Antonio Fernandez Rodriguez, *Consideraciones sobre el delito y la pena*; *ensayos penales*, p. 95. Para Marc Ancel, a tese de Beccaria sobre o fundamento do *ius puniendi* situa-se em uma concepção política utilitarista. O delinquente viola o contrato social, coloca-se fora da lei, e só poderá ser castigado se a lei fizer essa previsão (Marc Ancel, La responsabilidad penal, *AICP*, 1968, p. 179).

91. Cesare Beccaria, *De los delitos y de las penas*, p. 60.

92. Alfonso Serrano Gomez, La criminología..., *ADPCP*, 1973, p. 75.

presente sistema criminal, segundo a opinião dominante, prevalece a ideia da força e a prepotência da justiça, porque se atiram confundidos em uma mesma caverna os denunciados e os condenados"[93]. Os princípios reabilitadores ou ressocializadores da pena têm como antecedente importante esses delineamentos de Beccaria, já que a humanização do direito penal e da pena é requisito indispensável. É paradoxal falar da ressocialização como objetivo da pena privativa de liberdade se não houver o controle do poder punitivo e a constante tentativa de humanizar a justiça e a pena[94].

Beccaria viu na pena privativa de liberdade um bom substitutivo para as penas capitais e corporais. Suas ideias foram quase literalmente implantadas pelo primeiro Código Penal da França, adotado pela Assembleia Constituinte de 1791. Reduziu-se muito a quantidade de delitos sancionados com a pena de morte, aboliram-se as penas corporais e introduziu-se a pena privativa de liberdade para muitos delitos graves.

As ideias que expôs em seu livro *Dos delitos e das penas*, em seus aspectos fundamentais, não perderam vigência, tanto sob o ponto de vista jurídico como criminológico. Muitos dos problemas suscitados continuam sem solução.

5.2. John Howard

Mesmo a data de seu nascimento é incerta. Alguns autores afirmam que nasceu em Hackney[95] em 1726, outros assinalam o ano de 1724, 1725 ou 1727, nas localidades de Enfreld, Clapton ou Smithfield. Era de débil constituição física e doentio. Em 1755 viajou a Portugal para ajudar as vítimas do terremoto que assolou o País, especialmente Lisboa. Nessa oportunidade, manteria seu primeiro contato com as prisões, pois quando regressava foi capturado pelos *berberes*, sofrendo a desagradável experiência do encarceramento no Castelo de Brest e depois na prisão de Morlaix[96]. Apesar dessa experiência infeliz, sua decisão de dedicar a vida à problemática penitenciária, em realidade, foi motivada pela nomeação como xerife de Bedford. Nesse cargo apaixonou-se pelo tema das prisões, tal como o pró-

---

93. Cesare Beccaria, *De los delitos y de las penas*, p. 82.

94. Atribui-se a Beccaria o mérito de ter propiciado a humanização da justiça e das penas, marcando o início de um progressivo respeito pela dignidade humana (Luis Marco del Pont, *Penología y sistemas carcelarios*, p. 56).

95. Elías Neuman, *Evolución de la pena*, p. 68.

96. Stephen Schafer, *Introduction to criminology*, p. 215-216.

prio Howard expressou nas primeiras linhas de sua obra imortal, "por determinação de sua consciência britânica, incapaz de suportar a injustiça"[97].

Em 1773 foi nomeado *alcaide* do Condado de Bedford[98]. O desempenho desse cargo colocou-o em estreito contato com a situação extremamente grave em que se encontravam as prisões. Suas investigações não se circunscreveram à Inglaterra: percorreu toda a Europa investigando e analisando os diferentes sistemas penitenciários. Com seus próprios recursos econômicos publicou, em 1777, a famosa obra *The state of prisons in England and Wales with an account of some goregn*[99]. Howard foi, até involuntariamente, o iniciador de uma corrente preocupada com a reforma carcerária. Seu livro, resultado de mais de 42.000 milhas de viagem, caracterizou-se pelo sentido prático, profundo sentido humanitário e grande entusiasmo em relação à reforma penal.

Indubitavelmente, Howard conheceu as ideias de Beccaria, uma vez que o menciona em várias oportunidades[100], mas não se sabe se Beccaria chegou a conhecer a obra de Howard. Foi este quem inspirou uma corrente penitenciarista preocupada em construir estabelecimentos apropriados para o cumprimento da pena privativa de liberdade. Suas ideias tiveram importância extraordinária, considerando-se o conceito predominantemente vindicativo e retributivo que se tinha, em seu tempo, sobre a pena e seu fundamento. Howard teve especial importância no longo processo de humanização e racionalização das penas.

Morreu vítima das "febres carcerárias", em Kherson, Crimeia, em 20-1-1790. A causa de sua morte está intimamente vinculada à sua abnegada vocação[101]. Levou suas inquietudes espirituais às últimas consequências.

5.2.1. A humanização das prisões

Com profundo sentido humanitário, Howard nunca aceitou as condições deploráveis em que se encontravam as prisões inglesas. Não admitia

---

97. Carlos García Valdés, *Introducción a la penología*, p. 82.

98. Christopher Hibber, *Las raíces del mal; una historia social del crimen y su represión*, p. 153.

99. Hibber afirma que a obra de Bentham foi publicada em 1777 (C. Hibber, *Las raíces del mal*, p. 160). Neuman afirma que essa publicação ocorreu em 1776 (Elías Neuman, *Evolución de la pena*, p. 70).

100. Elías Neuman, *Evolución de la pena*, p. 67-68.

101. Elías Neuman, *Evolución de la pena*, p. 72.

que o sofrimento desumano fosse consequência implícita e iniludível da pena privativa de liberdade, embora nessa época, como agora, a reforma da prisão não fosse um tema que interessasse ou preocupasse muito ao público ou aos governantes. De acordo com a análise marxista sobre a função da prisão, considera-se que Howard encontrou as prisões inglesas em péssimas condições, porque o desenvolvimento econômico, que já havia alcançado a Inglaterra, fazia desnecessário que a prisão cumprisse uma finalidade econômica e, portanto, indiretamente socializante, devendo circunscrever-se a uma função punitiva e terrorífica[102]. Em razão do desenvolvimento econômico e das condições do mercado de trabalho, a prisão não precisava cumprir a missão de produzir e formar "bons proletários", devendo servir somente como instrumento de intimidação e controle político.

Do exposto se podem tirar duas conclusões:

1ª) não há possibilidade de a prisão realizar um objetivo reabilitador ou ressocializador do delinquente;

2ª) os esforços de Howard para reformar as prisões deram poucos resultados concretos, porque as condições estruturais não permitiam mudar a função meramente punitiva e de controle da prisão[103].

Embora não tenha conseguido transformações substanciais na realidade penitenciária do seu país, é inquestionável que as ideias de Howard foram muito avançadas para o seu tempo. Insistiu na necessidade de construir estabelecimentos adequados para o cumprimento da pena privativa de liberdade, sem ignorar que as prisões deveriam proporcionar ao apenado um regime higiênico, alimentar e de assistência médica que permitisse cobrir as necessidades elementares.

Considerava que o trabalho obrigatório, inclusive penoso, serviria de meio adequado para a regeneração moral. Deu grande importância ao trabalho como meio reabilitador. Apesar de tal ideia ser muito discutível atualmente, vigora até nossos dias. Não considerava obrigatório o trabalho para os processados, o que ainda se mantém na prática penitenciária contemporânea.

5.2.2. Influência da religiosidade

Sua profunda religiosidade (era calvinista) levou-o a considerar a religião o meio mais adequado para instruir e moralizar[104]. Para um homem

---

102. D. Melossi e M. Pavarini, *Cárcel y fábrica*, p. 73-74.

103. Melossi e Pavarini, *Cárcel y fábrica*, p. 77.

104. Elías Neuman, *Evolución de la pena*, p. 72.

do século XVIII, época em que havia escasso desenvolvimento das ciências humanas, era natural pensar que a religião podia ser um instrumento adequado para obter a transformação do delinquente. Também propôs o isolamento dos delinquentes, com dois objetivos:

1) O isolamento favorece a reflexão e o arrependimento. Nesse aspecto volta a evidenciar-se o propósito de reforma ou reabilitação mediante a utilização de conceitos religiosos. A ideia do isolamento favorecedor da reforma e do arrependimento ganhará máxima expressão no famoso sistema celular[105].

2) O isolamento também tem um propósito prático importante: combater os inúmeros males de promiscuidade. "Queria prisões que tivessem muitos aposentos e celas pequenas, que todo delinquente pudesse dormir só. É difícil evitar que fiquem juntos durante o dia, mas ao menos à noite devem ser separados. Os prisioneiros não deveriam permanecer durante o dia nas celas onde dormissem à noite"[106].

O mais importante de sua tese é o isolamento noturno, que se mantém em vigor, tal como se reflete na nona regra (primeira parte) das *Regras Mínimas para o Tratamento dos Reclusos* (Genebra, 1955). Embora Ferri tenha manifestado ser partidário do isolamento celular diurno e noturno[107], consideramos que Howard sugeriu somente o isolamento noturno, sem propor a necessidade do isolamento absoluto[108].

Propunha em sua obra incipientes princípios de classificação, considerando três classes de pessoas submetidas a encarceramento:

a) para os processados propunha um regime especial, já que a prisão só servia como meio assecuratório e não como castigo. Tal proposição continua sendo lembrada pelos que analisam os problemas penitenciários contemporâneos, visto que em muitas prisões do mundo ainda não se tem conseguido a separação apropriada entre preventivos e sentenciados;

b) os condenados, que seriam sancionados de acordo com a sentença condenatória imposta; e

c) os devedores.

---

105. Luis Garrido Guzman, *Compendio*, p. 55; Eugenio Cuello Calón, *La moderna penología*, p. 307-308.

106. C. Hibber, *Las raíces del mal*, p. 160.

107. Enrico Ferri, *Principios de derecho criminal*, p. 35.

108. Eugenio Cuello Calón, *La moderna penología*, p. 307-308.

Embora propusesse uma classificação elementar e incipiente, não há a menor dúvida de que teve o mérito de sugerir uma ordem que, apesar de pouco elaborada, continua sendo necessidade iniludível em qualquer regime penitenciário contemporâneo. Insistiu na necessidade de que as mulheres ficassem separadas dos homens, assim como os criminosos jovens dos delinquentes velhos.

5.2.3. Pessoal penitenciário e juiz de execução

Propôs a necessidade de que se nomeassem carcereiros honrados e humanos. Essa inquietação tinha íntima relação com a ideia de Howard sobre a função reabilitadora da prisão. Embora atualmente já não se fale em carcereiros — mais por eufemismo —, na verdade continua sendo importante que o pessoal, além de outras qualidades, seja honrado e possua elevado sentido humanitário. Howard pôde captar a importância do pessoal penitenciário na execução da pena privativa de liberdade.

Assinalou ele, quiçá por vez primeira, a conveniência da fiscalização da vida carcerária por magistrados. "A administração de uma prisão — dizia — é coisa muito importante para abandoná-la completamente aos cuidados de um carcereiro. Em cada condado, em cada cidade, é preciso que um inspetor eleito por eles ou nomeado pelo Parlamento cuide da ordem das prisões". E aduzia: "Se este cuidado fosse demasiado penoso para a mesma pessoa, poder-se-á obrigar a todos os membros de um tribunal a encarregar-se dele, alternadamente, todos os meses ou cada três meses todos os anos. O inspetor faria a sua visita uma vez por semana ou a cada quinze dias, mudando os dias. Teria um resumo de todas as leis referentes às prisões e verificaria se são observadas ou negligenciadas. Visitaria, como faz em alguns hospitais, cada aposento, falaria com todos os presos, ouviria as suas reclamações, atenderia àqueles cujas petições entendesse justas, e quando tivesse dúvidas sobre elas remeteria à decisão de seus colegas"[109].

Nessa longa citação podem-se encontrar as linhas fundamentais da figura do juiz da execução da pena. Howard soube compreender a importância que tinha o controle jurisdicional sobre os poderes outorgados ao carcereiro. Tinha consciência da facilidade com que se podem praticar

---

109. Eugenio Cuello Calón, La intervención del juez en la ejecución de la pena, *ADPCP*, 1953, p. 252-253.

abusos e práticas desumanas no meio carcerário. A fiscalização que sugeria tem estreita relação com a função reformadora que atribuía à prisão, já que, evitando-se o abuso nas atribuições dos estabelecimentos penais, realiza-se um dos requisitos indispensáveis do objetivo reformista da pena privativa de liberdade.

5.2.4. Influência nas reformas legislativas

Howard lutou pela eliminação do *direito de carceragem*[110], logrando finalmente que o Parlamento inglês votasse uma lei pela qual mencionado *direito*, assim como o pagamento aos guardas, ficasse a cargo do Estado. As denúncias de Howard serviram para estimular o nascimento do incipiente sistema penitenciário britânico[111]. Mas sua influência em relação às reformas legislativas não foi muito significativa, obtendo poucos resultados legais, o que não diminui o valor de suas ideias, muitas das quais se mantêm em pleno vigor. Também é certo que algumas décadas após o desaparecimento de Howard as condições das prisões inglesas continuavam deploráveis[112]. Todavia, tal dado não demonstra o fracasso de suas ideias; evidencia, apenas, as tremendas dificuldades existentes para que um sistema penitenciário cumpra com os requisitos mínimos. Atualmente, subsistem no mundo muitas prisões que não estão muito longe das que descreve Howard em sua obra.

Com Howard nasce o penitenciarismo. Sua obra marca o início da luta interminável para alcançar a humanização das prisões e a reforma do delinquente. Jimenez de Asúa qualifica Howard como um correcionalista prático, considerando que suas ideias determinam o início definitivo do progresso dos preceitos penitenciários[113].

Howard separa claramente o direito penal da execução penal. Segundo ele, sob o ponto de vista do primeiro, devia manter-se a tese retributiva e intimidativa da pena, aceitando como possível, nesse contexto, a reforma do réu durante a execução da pena. "A obra de Howard apresenta todo um

---

110. O "direito de carceragem" consistia em uma importância que os encarcerados deviam pagar a título de aluguel aos donos dos locais onde eram encarcerados (Elías Neuman, *Evolución de la pena*, p. 73; C. Hibber, *Las raíces del mal*, p. 155).

111. Outro fator que influiu no desenvolvimento do sistema penitenciário britânico foi que no início da guerra de independência das colônias americanas, com sua posterior derrota, o País teve de suspender a deportação de prisioneiros (C. Hibber, *Las raíces del mal*, p. 161).

112. C. Hibber, *Las raíces del mal*, p. 173-174.

113. Luiz Jimenez de Asúa, *Tratado de derecho penal*, v. 2, p. 58.

programa de ideias que hoje constitui em grande parte o núcleo dos sistemas penitenciários vigentes. Com ele nasce a corrente penitenciária que revolucionaria o mundo das prisões, tornando-as mais humanas e dotando a execução penal de um fim reformador"[114].

5.3. Jeremy Bentham

Nasceu em 1748, morreu em 1832. De personalidade excêntrica, foi escritor muito prolífico[115]. Não foi uma pessoa de gênio muito difícil.

Foi um dos primeiros autores a expor suas ideias com meditada ordem sistemática. Sua contribuição ao campo da penologia mantém-se vigente ainda em nossos dias.

Não fez muitas recomendações positivas, mas suas sugestões ou críticas foram corretas no que se refere à prática dos castigos absurdos e desumanos[116]. Sempre procurou um sistema de controle social, um método de controle do comportamento humano de acordo com um princípio ético. Esse princípio é proporcionado pelo utilitarismo, que se traduzia na procura da felicidade para a maioria ou simplesmente da felicidade maior. Um ato possui utilidade se visa a produzir benefício, vantagem, prazer, bem-estar e se serve para prevenir a dor. Bentham considerava que o homem sempre busca o prazer e foge da dor. Sobre esse princípio fundamentou sua teoria da pena. Uma das limitações que se podem atribuir à teoria utilitária é que muitas vezes aquilo que proporciona alegria à maioria pode não proporcioná-la à minoria. É muito difícil igualar os conceitos sobre o prazer[117].

Ao expor suas ideias sobre o famoso *panótico*, Bentham foi o primeiro autor consciente da importância da arquitetura penitenciária. Inegavelmente, exerceu influência notável nessa área[118].

5.3.1. Fins preventivos da pena

Embora Bentham desse muita importância à prevenção especial, considerava que essa finalidade devia situar-se em segundo plano, com a fina-

---

114. Luis Garrido Guzman, *Compendio*, p. 56.

115. Gilbert Geis, Pioneers in criminology — VII — Jeremy Bentham (1748-1832), 1955, p. 159.

116. Gilbert Geis, Pioneers in criminology..., 1955, p. 174.

117. Gilbert Geis, Pioneers in criminology..., 1955, p. 162.

118. J. Carlos Garcia Basalo, El panóptico de Bentham, *REP*, 1957, p. 589.

lidade de cumprir o propósito exemplificante da pena[119]. Utilizava os termos "prevenção geral" e "especial"[120].

Considerava que o fim principal da pena era prevenir delitos semelhantes: "o negócio passado não é mais problema, mas o futuro é infinito: o delito passado não afeta mais que a um indivíduo, mas os delitos futuros podem afetar a todos. Em muitos casos é impossível remediar o mal cometido, mas sempre se pode tirar a vontade de fazer mal, porque por maior que seja o proveito de um delito sempre pode ser maior o mal da pena"[121]. O efeito preventivo geral era preponderante, embora admitisse o fim correcional da pena[122].

Pela inclinação que teve Bentham pelo tema penitenciário, é natural que admitisse o fim correcional da pena, ainda que de maneira secundária. Sobre tal ponto expressou o seguinte: "É uma grande qualidade da pena poder servir para a emenda do delinquente, não só pelo temor de ser castigado novamente, mas também pela mudança em seu caráter e em seus hábitos. Conseguir-se-á esse fim analisando o motivo que produziu o delito e aplicando-lhe uma pena adequada para enfraquecer tal motivo. Uma casa de correção para atingir esse objetivo deve ser suscetível à separação dos delinquentes em diferentes seções para que possam ser adotados meios diversos de educação à diversidade de estado moral"[123].

A pena, que repugna aos sentimentos generosos, eleva-se à primeira classe dos serviços públicos quando não é considerada como expressão de cólera ou vingança contra o culpado, mas um sacrifício indispensável para a salvação comum. Para que mantenha seu sentido humanitário, a pena deve ser cruel somente na aparência. "Falai aos olhos se quereis mover o coração. O preceito é tão antigo quanto Horácio, e a experiência que o ditou tão antiga quanto o primeiro homem... Façam-se exemplares as penas, e dê-se às cerimônias que as acompanham uma espécie de pompa lúgubre..."[124].

---

119. Antonio Fernandez Rodriguez, *Consideraciones*, p. 34-36.

120. José Anton Oneca, *La prevención general y especial en la teoría de la pena*, p. 34-35.

121. J. Bentham, *Principios de legislación y jurisprudencia*; extraídos da obra do filósofo inglês J. Bentham, p. 288.

122. José Anton Oneca, Los fines de la pena..., *REP*, 1964, p. 422-424.

123. J. Bentham, *Principios de legislación*, p. 31.

124. Idem, ibidem, p. 120-121.

A importância que dava aos aspectos externos e cerimoniais da pena, buscando uma crueldade apenas aparente, era coerente com a importância que Bentham concebia ao objetivo preventivo geral da pena.

Bentham não via na crueldade da pena um fim em si mesmo, iniciando um progressivo abandono do conceito tradicional, que considerava que a pena devia causar profunda dor e sofrimento. Não admitia as penas infamantes pelo fato de descartarem toda possibilidade de reabilitação[125]. Embora a reabilitação do infrator ocupasse lugar secundário nos fins que Bentham atribuía à pena, é importante observar que muitas de suas recomendações tinham finalidade reabilitadora.

Admitia a necessidade de que o castigo seja um mal, mas como meio para prevenir danos maiores à sociedade. Já não se tratava de constituir a pena um mal desprovido de finalidades. Foi um avanço importante na racionalização da doutrina penal o fato de Bentham insistir que a função da pena não era a vingança do fato criminoso praticado, mas a prevenção da prática de novos fatos. Não é estranho que não compreendesse bem a relação entre as leis e seu efeito preventivo geral do crime, pois atualmente ainda não se vê com clareza a complexidade dessa relação. Nossas leis continuam sendo um mosaico de ideias sem um fundamento empírico profundo.

Aceitando a ideia de que a prisão é um meio para lograr a correção do recluso, Bentham preocupa-se com um tema que continua a preocupar os penitenciaristas: a assistência pós-penitenciária. O objetivo reabilitador deve ser complementado com um plano de assistência pós-penitenciária. Bentham trata desse aspecto quando se refere à liberação dos reclusos, afirmando que: "seria uma grande imprudência jogá-los no mundo sem custódia e sem auxílios na época de sua emancipação; que podem ser comparados aos rapazes que enclausurados muito tempo acabam ficando livres da vigilância e do cuidado de seus mestres"[126]. Para resolver o problema da assistência pós-penitenciária sugeriu várias soluções, fato que demonstra sua consciência sobre o alcance e o sentido do objetivo reabilitador da pena privativa de liberdade.

Bentham aplicou o princípio do bem-estar no comportamento criminoso. Esse é um dos aspectos fundamentais que explicam sua teoria sobre as penas. Considerava que a natureza colocou o homem sob o império do

---

125. José Sanchez Oses, Jeremías Bentham y el derecho penal, *ADPCP*, 1967, p. 558.

126. J. Bentham, *Principios de legislación*, t. 3, p. 50.

prazer e da dor. Os fatos humanos estão orientados pelo princípio da utilidade. Considerava que o delinquente é um sujeito que governa livremente seu comportamento, avaliando o conjunto de prazeres e dores que um fato concreto pode proporcionar-lhe.

A teoria de Bentham sobre o comportamento criminoso é muito individualista, intelectual e voluntariosa, presumindo a liberdade de tal forma que dá poucas possibilidades para a investigação das origens do delito ou para as medidas preventivas.

A ideia de um delinquente que calcula racionalmente seus atos mantém-se vigente, em muitos aspectos, já que algumas das reformas penais que se propõem, por exemplo, quando se pretende ampliar a escala penal de um delito, apoia-se na ideia de que o delinquente leva em consideração a relação entre a pena e o prazer ou utilidade que lhe proporcionará o fato delituoso.

5.3.2. As condições criminógenas da prisão

Bentham interessou-se vivamente pelas condições das prisões e o problema penitenciário. Considerava que as prisões, salvo raras exceções, apresentam as "melhores condições" para infestar o corpo e a alma[127]. Com suas condições inadequadas e seu ambiente de ociosidade, as prisões despojam os réus de sua honra e de hábitos laboriosos, os quais "saem dali para serem impelidos outra vez ao delito pelo aguilhão da miséria, submetidos ao despotismo subalterno de alguns homens geralmente depravados pelo espetáculo do delito e o uso da tirania. Esses desgraçados podem ser sujeitos a mil penas desconhecidas que os irritam contra a sociedade, que os endurece e os faz insensíveis às sanções. Em relação à moral, uma prisão é uma escola onde se ensina a maldade por meios mais eficazes que os que nunca poderiam empregar-se para ensinar a virtude: o tédio, a vingança e a necessidade presidem essa educação de perversidade"[128].

Esse parágrafo demonstra os claros conceitos de Bentham sobre as condições criminógenas da prisão, embora não tenha proposto sua supressão, ideia que evidentemente vem ganhando força nas últimas décadas. Em

---

127. J. Bentham, *Principios de legislación*, p. 51. Bentham faz uma análise muito interessante sobre as condições inadequadas das prisões (*El panóptico; el ojo del poder*, p. 35).

128. J. Bentham, *El panóptico*, p. 56.

seus comentários sobre a prisão sugeria uma ideia incipiente sobre o que atualmente se denomina subcultura carcerária. Nesses termos, afirmava: "A opinião que nos serve de regra e de princípio é a das pessoas que nos cercam. Esses homens segregados assimilam linguagem e costumes e, por um consentimento tácito e imperceptível, fazem suas próprias leis, cujos autores são os últimos dos homens: porque em uma sociedade semelhante os mais depravados são mais audazes e os mais malvados são mais temidos e respeitados. Composta desse modo, essa população apela da condenação exterior e revoga suas sentenças"[129].

Percebe-se, aqui, o agudo sentido de observação de Bentham, que já antevia o surgimento da chamada subcultura carcerária.

Possuía um conceito retributivo da pena, com clara preponderância da finalidade preventivo-geral. Suas ideias sobre o objetivo reabilitador da pena privativa de liberdade devem entender-se em um contexto retributivo e com preeminência da prevenção geral. Considerava a pena um mal que não deve exceder o dano produzido pelo delito. Nesse aspecto refletia o sentido retributivo da pena. Aceitava que esta, fundamentalmente por seu efeito preventivo-geral, é benéfica para a prevenção dos delitos.

5.3.3. O panótico

Sob o ponto de vista penológico, sua contribuição mais importante foi o *panótico*. Foucault afirma que Bentham, ao desenhar o *panótico*, inspirou-se na casa de feras que Le Vaux havia construído em Versailles, embora na época em que Bentham desenhou o *panótico* referido zoológico houvesse desaparecido. Havia uma preocupação semelhante, em ambos os desenhos, com a observação individualizadora — caracterização e individualização — e com a disposição analítica do espaço. Na expressão de Foucault[130], "O panótico é um autêntico zoológico: o animal está substituído pelo homem — agrupado ou individualmente — e o rei pela maquinaria de um poder furtivo". A tese de Foucault está estreitamente vinculada à sua ideia de que o panótico é parte do desenvolvimento progressivo de uma sutil tecnologia de poder. Por outro lado, Christopher Hibber[131] afirma que o panótico não foi ideia original de Jeremy, mas do seu irmão, o General-

---

129. Michel Foucault, *Vigilar y castigar*, p. 206.

130. C. Hibber, *Las raíces del mal*, p. 172.

131. J. Bentham, *El panóptico*, p. 36.

-Brigadeiro Samuel Bentham, que lhe mostrou o projeto que havia confeccionado para supervisionar o trabalho no arsenal que dirigia. Tanto na tese de Foucault como na de Hibber está clara a preocupação de que o projeto permitisse controlar com facilidade o maior número de pessoas: está implícita a preocupação com o controle e a segurança. Quando Bentham expôs os fundamentos de seu desenho, enfatizou especialmente os problemas de segurança e controle do estabelecimento penal, e é exatamente a esse aspecto que Foucault dedica maior atenção.

Ao descrever o panótico, diz que é: "... Uma casa de Penitência. Segundo o plano que lhes proponho, deveria ser um edifício circular, ou melhor dizendo, dois edifícios encaixados um no outro. Os quartos dos presos formariam o edifício da circunferência com seis andares, e podemos imaginar esses quartos com umas pequenas celas abertas pela parte interna, porque uma grade de ferro bastante larga os deixa inteiramente à vista. Uma galeria em cada andar serve para a comunicação e cada pequena cela tem uma porta que se abre para a galeria. Uma torre ocupa o centro, que é o lugar dos inspetores: mas a torre não está dividida em mais do que três andares, porque está disposta de forma que cada um domine plenamente dois andares de celas. A torre de inspeção está também rodeada de uma galeria coberta com uma gelosia transparente que permite ao inspetor registrar todas as celas sem ser visto. Com uma simples olhada vê um terço dos presos e movimentando-se em um pequeno espaço pode ver a todos em um minuto. Embora ausente a sensação da sua presença é tão eficaz como se estivesse presente. ... Todo o edifício é como uma colmeia, cujas pequenas cavidades podem ser vistas todas de um ponto central. O inspetor invisível reina como um espírito"[132]. Afirma que a prisão é uma casa penitenciária, confirmando que, no penitenciarismo clássico, vinculava-se a ideia de emenda e reforma do recluso a conceitos religiosos. Essa ideia pode ser encontrada na maioria dos desenhos e ideias penitenciárias que predominaram até o século XIX.

O nome "panótico" expressa "em uma só palavra sua utilidade essencial, que é a faculdade de ver com um olhar tudo o que nele se faz". A importância que dá à segurança reflete-se na seguinte afirmação: "O primeiro objeto é a segurança da casa contra as tentativas interiores e contra os hos-

---

132. J. Bentham, *El panóptico*, p. 40.

tis ataques exteriores"[133]. Procura também uma submissão forçada que produza paulatinamente a obediência autômata[134].

Mas não se pode afirmar que no desenho do panótico só haja a preocupação com a segurança ou uma tecnologia de dominação. Preocupa-se também em estimular a emenda do réu. A finalidade reabilitadora é que fundamenta, entre outras razões, sua recusa ao isolamento celular permanente, ideia que se mantém em plena vigência. Sugere a integração de pequenos grupos, classificação prévia, segundo sua perversidade, com o fim de que essas pequenas associações permitam uma reforma mútua[135].

Acredita no poder reabilitador do trabalho e acha desaconselhável a condenação a trabalhos penosos e inúteis, devendo ser produtivos e atrativos. É um absurdo converter o trabalho em algo detestável, já que será o único meio que permitirá ao recluso uma existência honrada quando recuperar sua liberdade.

Sobre a atividade laboral no panótico, Melossi e Pavarini[136] afirmam que o desenho de Bentham adapta-se bem ao objetivo de controle, custódia e intimidação, mas impede a introdução do trabalho produtivo na prisão, uma vez que não permite a utilização massiva da mão de obra, a produção em série e a utilização eficaz de máquina. Essa limitação pode ser uma das razões pelas quais o desenho de Bentham nunca alcançou plena realização prática. Ele sugeria, como todos os grandes reformadores, que o trabalho é meio indispensável para lograr a emenda do recluso. Contudo, Foucault[137] considera que o trabalho em Bentham cumpre basicamente uma função domesticadora e simbólica.

Foucault lembra uma das eternas lutas entre os que veem na reabilitação do delinquente um meio de domesticação e fortalecimento do sistema social e aqueles que consideram a ressocialização a meta inevitável de todo sistema penitenciário, sem questionar os fundamentos do sistema sociopolítico.

---

133. Idem, ibidem, p. 40.

134. Idem, p. 58-59; D. Melossi e M. Pavarini, *Cárcel y fábrica*, p. 65.

135. D. Melossi e M. Pavarini, *Cárcel y fábrica*, p. 66. O panótico foi uma tentativa que nunca chegou a ser testada plenamente.

136. Michel Foucault, *El ojo del poder*, apud J. Bentham, *El panóptico*, p. 23.

137. J. Bentham, *El panóptico*, p. 43-45.

Embora Bentham não acredite na crueldade dos castigos como sintoma de eficácia[138], admite que um "castigo moderado", onde exista uma disciplina severa, uma vestimenta humilhante e uma alimentação grosseira, alcança bons resultados tanto do ponto de vista da prevenção geral como da especial. Esse aspecto demonstra que ainda está arraigada a ideia de que, dentro de certos limites, a prisão deve impor uma vida de privações e limitações, buscando, dessa forma, alcançar a correção mediante o castigo. Bentham defendia certa severidade na sanção penal, *in verbis*: "um preso que sofre essa pena por delitos quase sempre praticados por indivíduos de classe mais pobre não deve gozar de uma condição melhor que a dos indivíduos da mesma classe que vivem em um estado de inocência e de liberdade"[139]. Esse argumento ainda é utilizado para opor-se a muitas das medidas progressistas que se querem implantar em uma *reforma penitenciária*. Mais adiante, fundamenta sua posição sobre a severidade, nos termos seguintes: "A regra de severidade é essencial, porque uma prisão que oferecesse aos delinquentes uma situação melhor que a sua condição originária no estado de inocência seria uma tentação para os homens fracos e desgraçados, ou, pelo menos, não teria o caráter da pena que deve intimidar quem se sente tentado a cometer um delito"[140]. A regra da severidade pretende conseguir um efeito preventivo-geral e é consequente com a preponderância que Bentham dá à *prevenção geral*. Embora não haja suficiente fundamento empírico apoiando essas concepções de Bentham, elas estão ainda muito arraigadas nas convicções do cidadão comum.

5.3.4. O panótico como instrumento de dominação

Michel Foucault faz uma análise interessante sobre as ideias de Bentham, considerando que o seu desenho do *panótico* não é apenas um plano para melhorar as prisões. Foucault vê no panótico o protótipo da prisão contemporânea, visto que proporciona os elementos formais básicos das prisões atuais[141]. Segundo Foucault[142], o desenho de Bentham resolve os problemas de vigilância, não só das prisões, mas de hospitais, indús-

---

138. Idem, ibidem, p. 46.
139. Idem, p. 47.
140. Idem, p. 70.
141. M. Jesús Miranda, De la cárcel, *El Viejo Topo*, exemplar extra, n. 7, 1979, p. 28.
142. Michel Foucault, *El ojo del poder*, p. 11.

trias, escolas etc. Bentham consegue estabelecer uma relação importante entre arquitetura e poder[143]. O *panótico* é uma máquina arquitetônica que serve de maneira perfeita à função de criar e manter uma relação de poder, independentemente de quem o exerça[144].

Permite automatizar o poder e desindividualizá-lo. A maquinaria que garante a relação assimétrica entre vigilante e vigiado faz que seja intranscendente a identidade da pessoa que exerce o poder. Importa pouco quem exerce o poder. O esquema *panótico* intensifica qualquer aparelho de poder pelas seguintes razões: garante a sua economia (em material e tempo), garante a eficácia por seu caráter preventivo, seu funcionamento contínuo e seus mecanismos automáticos. O *panótico* aumenta substancialmente a eficácia no exercício do poder. É uma espécie de *ovo de Colombo* no campo político.

Bentham preocupa-se com a visibilidade. Trata de evitar que os vigiados possam ter algum canto que fuja do olhar dominador e vigilante. Faz funcionar seu projeto em função de um olhar totalizador[145]. Como seus contemporâneos, Bentham encontra o problema da acumulação de homens, mas o visualiza sob a perspectiva do poder: vê a população como objeto das realizações de dominação.

A interpretação de Foucault é interessante, já que aprofunda o sentido e o alcance — sob o ponto de vista de instrumento de dominação — do panótico. Sob tal perspectiva, não se poderia considerar que as ideias de Bentham tinham propósito reabilitador, mas podiam converter-se em instrumento eficaz de dominação e submissão. Foucault não acredita que o desenho do panótico tenha um significado estritamente penitenciário. Ao contrário, ele o vê como meio para estruturar toda uma tecnologia de dominação aplicável a outros aspectos da vida social, como a fábrica, a escola etc., e que também proporciona argumentos ideológicos que justificam a dominação da burguesia. À tese de Foucault se pode apresentar uma importante objeção: o modelo de prisão idealizado por Bentham em 1871 não chegou a generalizar-se, sendo excepcionais os estabelecimentos penitenciários (por exemplo, os de Breda e de Joliet) que foram construídos seguindo tal o modelo[146]. Esse dado diminui, de algum modo, o alcance da

---

143. Idem, ibidem, p. 11.

144. Michel Foucault, *Vigilar y castigar*, p. 204.

145. Michel Foucault, *El ojo del poder*, p. 15.

146. Carlos García Valdés, *Introducción a la penología*, p. 78; D. Melossi e M. Pavarini, *Cárcel y fábrica*, p. 64-66.

análise e interpretação de Foucault, sem que por isso os seus argumentos sejam inconsistentes.

5.3.5. Realizações das ideias penitenciárias de Bentham

O conceito do *panótico* (com todas as características imaginadas por Bentham), como referimos, não chegou a desenvolver-se plenamente, salvo exceções pouco significativas. Essa circunstância não diminui, contudo, a importância de suas ideias, pois muitas delas continuam atualíssimas, tanto do ponto de vista da doutrina penitenciária como no plano arquitetônico, já que seu projeto é um antecedente imediato do desenho radial que muitas prisões apresentam[147].

Bentham esforçou-se muito para que seu projeto se materializasse, mas quase sempre sem sucesso. Alguns desses fracassos produziram grandes perdas em sua fortuna pessoal. Depois de forte empenho, inaugurou-se em Millbank (Inglaterra, 1816) uma prisão inspirada em suas ideias fundamentais[148]. A respeito da situação penitenciária de sua época, Bentham conseguiu que suas críticas servissem para diminuir o castigo bárbaro e excessivo que se produzia nas prisões inglesas.

Foi nos Estados Unidos que as ideias arquitetônicas de Bentham tiveram maior acolhida, mesmo que não em sua total concepção. O mesmo aconteceu na Costa Rica, onde a prisão mais importante, conhecida como *Penitenciária Central*, edificada no início do século XX, seguiu algumas das características mais importantes do *panótico*[149].

---

147. Luis Garrido Guzman, *Compendio*, p. 59.

148. John Lewis Gillin, *Criminology and penology*, p. 275.

149. Augusto Castillo Hernandez, *La organización penitenciaria de Costa Rica*, p. 73.

II
SISTEMAS PENITENCIÁRIOS

1. Considerações preliminares

Os primeiros sistemas penitenciários surgiram nos Estados Unidos, embora não se possa afirmar, como faz Norval Morris[1], que "a prisão constitui um invento norte-americano". Esses sistemas tiveram, além dos antecedentes inspirados em concepções mais ou menos religiosas, já referidas, assim como a interessante experiência de Juan Vilain[2], um antecedente importantíssimo nos estabelecimentos de Amsterdam, nos Bridwells ingleses e em outras experiências similares realizadas na Alemanha e na Suíça. Tais estabelecimentos não foram apenas um antecedente importante dos primeiros sistemas penitenciários, mas também marcaram o nascimento da pena privativa de liberdade, superando a utilização da prisão como simples meio de custódia. Sobre esse aspecto, García Valdés expõe uma argumentação interessante: "Não importa que, como afirma a opinião dominante, as casas de internamento ainda constituam um fato excepcional, surgindo a prisão-pena somente a partir do século XVIII propriamente. A semente germina, prende-se primeiro e desenvolve-se mais tarde no nascente Direito Penal. Depois de um século e meio de prova, que desemboca em um humanitarismo resoluto, como aspiração teórica, a pena carcerária passa ao primeiro plano, como estrela de primeira grandeza das relações penais do direito punitivo moderno"[3].

Acompanhando sua evolução, examinaremos a seguir os sistemas pensilvânico, auburniano e progressivo.

---

1. Norval Morris, *El futuro de las prisiones*, p. 20. Morris afirma que a prisão constitui um invento norte-americano, por obra dos *quaqueiros* da Pensilvânia, na última década do século XVIII.

2. Luis Garrido Guzman, *Compendio*, p. 53.

3. Carlos García Valdés, El nacimiento de la pena..., *CPC*, 1977, p. 39.

2. Sistema pensilvânico ou celular

2.1. Origens históricas

Quando criou a Colônia da Pensilvânia (1681), seu fundador, Guilhermo Penn, teve de cumprir um despacho do Rei Carlos II prescrevendo o estabelecimento de leis inglesas[4], e, por essa razão, submeteu à Assembleia Colonial da Pensilvânia o que se tem chamado de a "Grande Lei". Essa lei pretendia atenuar a dureza da legislação penal inglesa. A atenuação obedecia a duas razões: "Em primeiro lugar, para atuar conforme os princípios quaqueiros, que repudiam todo ato violento, limitou a pena de morte ao crime de homicídio[5] e substituiu as penas corporais e mutilantes por penas privativas de liberdade e trabalhos forçados. Em segundo lugar, Penn teve a experiência de prisões inglesas onde a promiscuidade e a corrupção grassavam; sentiu a necessidade de melhorar a sorte dos que nela se encontravam. Imbuído dessa ideia visitou os famosos estabelecimentos holandeses, que o deixaram impressionado"[6]. No entanto, a inovação de Penn durou pouco, pois com sua morte a Assembleia foi convencida pelo governador a introduzir a lei criminal inglesa. A obra de Penn contribuiu, contudo, para que se conhecessem as experiências das casas de trabalho holandesas e serviu de estímulo para o surgimento de associações destinadas a suavizar a condição dos presos e reformar as prisões. Por influência dessas associações conseguiu-se, em 1786, a modificação do Código Penal, aproveitando a liberação das colônias inglesas e a formação de um Estado independente. Os trabalhos forçados foram abolidos. A pena de morte passou a ser aplicada em pouquíssimos casos e generalizou-se a pena privativa de liberdade, com a "esperança de conseguir a recuperação dos condenados".

A primeira prisão norte-americana foi construída pelos quaqueiros, a *Walnut Street Jail*, em 1776. O início mais definido do sistema filadélfico sofreu a influência das sociedades integradas por quaqueiros e pelos mais respeitáveis cidadãos da Filadélfia, que tinham por objetivo reformar as prisões. Entre as pessoas que mais o influenciaram podem-se citar Benjamin Franklin e William Bradford[7]. Também pode ser mencionada a influência de Benjamin Rush, que insistiu sempre no objetivo reformista da

---

4. Elías Neuman, *Evolución de la pena*, p. 116.
5. C. Hibber, *Las raíces del mal*, p. 117.
6. Luis Garrido Guzman, *Compendio*, p. 81.
7. Luís Marco del Pont, *Penología y sistemas carcelarios*, p. 61.

pena[8]. Benjamin Franklin difundiu as ideias de Howard, especialmente no que se refere ao isolamento do preso, que será uma das características fundamentais do sistema celular pensilvânico.

Uma das associações que exerceram maior influência nas primeiras experiências que foram definindo o sistema celular foi *Philadelphia Society for Alleviating the Miseries of Public Prison*, fundada em 1787. Melossi e Pavarini citam alguns dados que revelam seus propósitos reformistas e filantrópicos. Por exemplo, a ata constitutiva da sociedade diz: "Quando consideramos — afirmava o preâmbulo — que os deveres de caridade que se fundam nos preceitos e nos exemplos do fundador da Cristandade podem ser anulados pelos pecados e delitos de nossos irmãos criminosos; tudo isso nos leva a estender nossa compaixão a esta parte da humanidade que é escrava dessas misérias. Com humanidade devem-se prevenir os sofrimentos inúteis... e devem-se descobrir e sugerir formas de castigo que possam — em vez de perpetuar o vício — ser instrumentos para conduzir nossos irmãos do erro à virtude e à felicidade"[9].

2.2. Características e objetivos do sistema

Foi precisamente a associação antes referida que fez com que as autoridades iniciassem, em 1790, a organização de uma instituição na qual o "isolamento em uma cela, a oração e a abstinência total de bebidas alcoólicas deveriam criar os meios para salvar tantas criaturas infelizes"[10]. Ordenou-se, por meio de uma lei, a construção de um edifício celular no jardim da prisão (preventiva) de *Walnut Street* (construída em 1776), com o fim de aplicar o *solitary confinement* aos condenados. Não se aplicou, contudo, o sistema celular completo; impôs-se o isolamento em celas individuais somente aos mais perigosos; os outros foram mantidos em celas comuns; a estes, por sua vez, era permitido trabalhar conjuntamente durante o dia. Aplicou-se a rigorosa lei do silêncio[11]. As ideias que os quaqueiros aplicaram no sistema filadélfico não se originaram somente em suas próprias convicções teológicas e morais, mas também foram influenciadas pelas ideias de Howard e de Beccaria[12].

---

8. John Lewis Gillin, *Criminology and penology*, p. 302.
9. D. Melossi e M. Pavarini, *Cárcel y fábrica*, p. 168.
10. Melossi e Pavarini, *Cárcel y fábrica*, p. 168.
11. John Lewis Gillin, *Criminology and penology*, p. 276.
12. Norval Morris, *El futuro de las prisiones*, p. 21.

O sistema filadélfico, em suas ideias fundamentais, não se encontra desvinculado das experiências promovidas na Europa a partir do século XVI. Segue as linhas fundamentais que os estabelecimentos holandeses e ingleses adotaram. Também apanhou parte das ideias de Beccaria, Howard e Bentham, assim como os conceitos religiosos aplicados pelo direito canônico.

A experiência iniciada em *Walnut Street*, onde já começavam a aparecer claramente as características do regime celular, sofreu em poucos anos graves estragos e converteu-se em um grande fracasso[13]. A causa fundamental desse fracasso foi o extraordinário crescimento da população penal que se encontrava recolhida na prisão de *Walnut Street*. Ao enfrentar esses fracassos e retrocessos, a sociedade da Pensilvânia e a sociedade da Filadélfia, para o alívio das misérias das prisões públicas, ambas inspiradas nos quaqueiros, solicitaram nova oportunidade a um sistema fundado na separação[14]. As pressões foram aceitas e construídas duas novas prisões, nas quais os presos eram encarcerados separadamente: a Penitenciária Ocidental — *Western Penitenciary* —, em Pittsburgh, em 1818, seguindo o desenho panótico de J. Bentham, e a Penitenciária Oriental — *Eastern Penitenciary* —, que foi concluída em 1829, seguindo o desenho de Jonh Haviland. Na prisão ocidental (*Western*) foi utilizado o regime de isolamento absoluto, onde não se permitia sequer o trabalho nas celas. Em 1829 se concluiu que esse regime era impraticável, e, por essa razão, ao inaugurar a prisão oriental (*Eastern*), no mesmo ano, decidiu-se aliviar o isolamento individual, permitindo algum trabalho na própria cela. Por isso é que Von Hentig afirma que o verdadeiro sistema filadélfico inicia-se realmente em 1829, com a conclusão da Penitenciária Oriental, na qual se aplica um rigoroso isolamento. A permissão de algum trabalho na cela não diminui o problema do isolamento, uma vez que se tratava de trabalhos tediosos e, frequentemente, sem sentido. Por outro lado, nem sempre esse trabalho na cela pôde ser realizado. Von Hentig define os efeitos do isolamento dizendo que: "depois da dureza dos trabalhos forçados declarou-se, sem horror, como novo procedimento coativo a forçosa ociosidade. A tortura se refina e desaparece aos olhos do mundo, mas continua sendo uma

---

13. John Lewis Gillin, *Criminology and penology*, p. 277. O regime disciplinar perdeu-se totalmente, e a prisão converteu-se em um lugar onde imperava a desordem, transformando-se em uma escola do crime.

14. C. Hibber, *Las raíces del mal*, p. 178.

sevícia insuportável, embora ninguém toque no apenado. O repouso e a ordem são os estados iniciais da desolação e da morte"[15].

As características essenciais dessa forma de purgar a pena fundamentam-se no isolamento celular dos intervalos, na obrigação estrita do silêncio, na meditação e na oração. Esse sistema reduzia drasticamente os gastos com vigilância, e a segregação individual impedia a possibilidade de introduzir uma organização do tipo industrial nas prisões[16]. Melossi e Pavarini afirmam que o sistema filadélfico não era completamente original, já que "A *Maison de France* belga e o modelo do *Panótico* de Bentham — aplicado parcialmente na Inglaterra — prenunciavam claramente a introdução da prisão de tipo celular"[17]. Sob o ponto de vista ideológico, Melossi e Pavarini interpretam o sistema celular como estrutura ideal que satisfaz as exigências de qualquer instituição que requeira a presença de pessoas sob uma vigilância única, que serve não somente às prisões, mas às fábricas, hospitais, escolas etc. Já não se trataria de um sistema penitenciário criado para melhorar as prisões e conseguir a recuperação do delinquente, mas de eficiente instrumento de dominação, servindo, por sua vez, como modelo para outro tipo de relações sociais.

Pretendeu-se, especialmente no penitenciarismo clássico, que a religião servisse de instrumento para conseguir a recuperação do recluso.

Concebendo-se a religião como forma de ideologia, em uma visão marxista, não se poderá admiti-la como meio adequado para obter a reabilitação do delinquente, servindo, ao contrário, para impor a ideologia da classe dominante. "Marx nos falou abundantemente da função social desempenhada pela religião e aplicou-lhe sua doutrina geral sobre a função social das ideologias. Essa função social podia ser positiva ou negativa de acordo com o sentido da história e sua evolução que Marx acreditou haver captado em sua concepção materialista da história. A esse tipo de discurso pertence a célebre expressão: 'A religião é o ópio do povo'"[18]. Se se considera que a religião cumpre uma função negativa, servindo apenas como ópio do povo, chega-se às conclusões expostas por Melossi e Pavarini

---

15. Hans von Hentig, *La pena*, p. 225.

16. D. Melossi e M. Pavarini, *Cárcel y fábrica*, p. 169.

17. Melossi e Pavarini, *Cárcel y fábrica*, p. 169.

18. Ricardo Alberdi, El socialismo actual ante el hecho religioso, *Iglesia Viva*, 1980, n. 89-90, p. 445. Para Marx a religião era alienação ou ideologia, ou as duas coisas ao mesmo tempo. Era o reflexo das condições de dependência do homem em relação à natureza e de suas relações sociais.

quando afirmam que a instrução religiosa ministrada nas prisões que se regiam pelo modelo filadélfico servia como instrumento privilegiado na retórica da sujeição: a ética cristã (em sua acepção protestante) utiliza-se, dentro desse modelo, como "ética para as massas". Quando se percebiam sinais de arrependimento nos que demonstravam haver encontrado o caminho seguro da "salvação espiritual", chegava-se ao convencimento de que se havia produzido a reforma ou que se encontrava em etapa avançada do processo *reeducativo*[19]. Para Melossi e Pavarini, o modelo filadélfico, apesar de seus ambiciosos propósitos (ideológicos), que permitiam sublimar os objetivos reais, serviu de instrumento eficaz de dominação e de imposição da ideologia da classe dominante. O modelo filadélfico, embora perdendo credibilidade nos Estados Unidos, aparece, quanto ao trabalho permitido, "como *projeto organizativo* de todo o universo social, subalterno, como *ideia abstrata* (e, nesse sentido, somente *ideológica*) de como deveriam organizar-se as relações de classe e de produção no *mercado livre*. O trabalho carcerário, nesse sistema de execução penitenciária, vem a ser *o sonho do empresário* (o capital como anarquia) mais que um *projeto racional* do sistema em seu conjunto (o capital como racionalidade)"[20].

2.3. Crítica ao regime de isolamento

Não se pode afirmar que o regime celular foi amplamente aplicado em sua concepção original, em razão da observação imediata dos prejuízos, que ocasionava o isolamento absoluto.

A crítica principal que se fez ao regime celular foi referente à tortura refinada que o isolamento total significava. Sobre esse aspecto Von Hentig faz um comentário muito revelador ao descrever a visita que Charles Dickens fez à *Eastern Penitenciary*: "A *Eastern Penitenciary* recebeu, em 1842, um célebre visitante. Não era somente um jurista, pois em toda a sua vida se havia interessado pelo delito e o delinquente. Ao contrário de outros visitantes, foi de cela em cela. Colocado em um ponto de confluência das galerias, ficou aterrorizado diante do silêncio que outros haviam admirado tanto. Ruídos apagados procedentes da cela de um sapateiro ou de um tecelão e que atravessavam as grossas paredes e as portas tornavam o silêncio ainda mais deprimente. Põem no preso — conta — uma carapuça escu-

---

19. D. Melossi e M. Pavarini, *Cárcel y fábrica*, p. 201.

20. Melossi e Pavarini, *Cárcel y fábrica*, p. 23-24.

ra quando ingressa na prisão. Desse modo levam-no à sua cela, de onde não sairá mais até que se extinga a pena. Jamais ouve falar da mulher ou dos filhos, do lar ou dos amigos, da vida ou da morte que estão além do seu caminho. Além do vigilante não vê nenhum rosto humano, nem ouve nenhuma outra voz. Está enterrado em vida[21], e só com o transcurso lento dos anos poderá voltar novamente à luz. As únicas coisas vivas ao seu redor são um estado angustiante, torturante e um imenso desespero".

Os resultados do isolamento foram desastrosos. Von Hentig, referindo-se às observações de Dickens, descreve casos dramáticos, nos quais se demonstrava o grave prejuízo que o isolamento total ocasionava[22]. Dickens considerou, acertadamente, que o isolamento se convertia na pior tortura, com efeitos mais dolorosos que os que o castigo físico podia produzir, sem que seus danos fossem evidentes e sem que aparecessem no corpo do condenado[23]. Dickens chegou a afirmar que não podia viver como um homem feliz sob um amplo céu ou deitar-se em seu leito durante a noite sabendo que alguma criatura humana, pelo tempo que fosse, era submetida àquele castigo em uma cela silenciosa.

Ferri percebeu com muita clareza a inconveniência e inutilidade penológica do sistema celular. Em uma conferência realizada em 1885 sob o título de *Lavoro e Celii dei Condenati*, afirmou que o sistema celular era uma das aberrações do século XIX. No mesmo sentido expressou-se em sua obra *Sociologia criminal*, considerando que é um sistema desumano, estúpido e inutilmente dispendioso[24]. Nesse ponto sua análise mantém-se plenamente atual. Vale a pena citá-lo: "A prisão celular é desumana porque elimina ou atrofia o instinto social, já fortemente atrofiado nos criminosos e porque torna inevitável entre os presos a loucura ou a extenuação (por onanismo, por insuficiência de movimento, de ar etc.)... A Psiquiatria tem notado, igualmente, uma forma especial de alienação que chama *loucura penitenciária*, assim como a clínica médica conhece a *tuberculose das prisões*. O sistema celular não pode servir à reparação dos condenados corrigíveis (nos casos de prisão temporária), precisamente porque debilita, em

---

21. Hans von Hentig, *La pena*, p. 225.

22. Idem, ibidem, p. 226. Dickens afirma — ao contrário da ideia original de 1842 — que não havia nenhuma relação pessoal entre os vigilantes e os presos. Os funcionários ignoravam tanto o nome quanto o tempo de pena dos prisioneiros, embora tivessem de levar-lhes comida diariamente.

23. John Lewis Gillin, *Criminology and penology*, p. 285.

24. Enrico Ferri, *Sociología criminal*, t. 2, p. 291.

vez de fortalecer o sentido moral e social do condenado e, também, porque se não se corrige o meio social é inútil prodigalizar cuidados aos presos que, assim que saem de sua prisão, devem encontrar novamente as mesmas condições que determinaram seu delito e que uma previsão social eficaz não eliminou (...). O sistema celular é, além disso, ineficaz porque aquele isolamento moral, propriamente, que é um dos seus fins principais, não pode ser alcançado. Os reclusos encontram mil formas de comunicar-se entre si, seja durante as horas de passeio, seja escrevendo sobre os livros que lhes são dados para ler, seja escrevendo sobre a areia dos pátios que atravessam, fazendo sons nos muros das celas, golpes que correspondem a um analfabeto convencional (...). Por último, o sistema celular é muito caro para ser mantido"[25]. As críticas de Ferri continuam atualíssimas, sendo o fundamento mais importante para reprovação do sistema celular.

As diferentes associações que se interessavam pelo problema carcerário na Pensilvânia tinham a esperança de conseguir o arrependimento dos prisioneiros por meio do isolamento. Possuíam um arraigado sentido místico do homem e um excessivo otimismo sobre os resultados que se obteriam com o isolamento absoluto. No entanto, a experiência ocasionou graves prejuízos aos presos, tais como os que narramos, o que vem demonstrar, mais uma vez, os perigos que encerra o pensamento utópico, especialmente no campo penitenciário.

No século XX, a Espanha afasta definitivamente o regime celular, adotando o sistema progressivo[26]. Mas, de qualquer maneira, esse regime quase não foi aplicado durante o século XIX, com exceção de alguma experiência isolada nas Prisões-Modelo de Madri e de Vitória[27]. Acima de qualquer interesse pelo sistema celular, concentrou-se em discussões teóricas.

Não se pode afirmar que o regime celular tenha sido totalmente desprezado. Em circunstâncias especiais, admite-se um regime que resulta parecido com o filadélfico. Essas circunstâncias podem ser:

a) A separação dos internos em celas individuais durante a noite é a melhor resposta aos problemas que se originam ao encarcerar-se um grupo de pessoas. Nesse sentido, o Congresso Penitenciário de Praga, celebrado em 1930, apesar de combater o regime filadélfico, considerava a separação individual, durante a noite, elemento essencial de uma administração mo-

---

25. Idem, ibidem, p. 317-318.
26. Carlos García Valdés, *Régimens penitenciarios de España*, p. 32.
27. José Anton Oneca, *La prevención general*, p. 505.

derna. Também as Regras Mínimas de Genebra (art. 9º, inciso I) recomendam que as celas destinadas ao isolamento noturno não devem ser ocupadas por mais de um recluso.

b) O isolamento celular serve desde que não o convertam em meio de lesar a dignidade humana ou em simples tortura.

c) Dentro de certas condições de legalidade e sem partir da hipótese da incorrigibilidade, o regime celular também se aplica aos delinquentes perigosos (psicopatas de periculosidade extrema e presos com alto grau de nocividade)[28].

d) Existem algumas correntes favoráveis à aplicação do isolamento celular para o caso das penas privativas de liberdade de curta duração, já que se "sustenta que os delinquentes primários, punidos com pena de privação de liberdade de curta duração e cujo fato frequentemente não se reveste de maior gravidade e ainda aqueles reincidentes não específicos, devem ser resguardados, isolando-os do contato com os delinquentes comuns ou habituais, capazes de pervertê-los"[29]. Embora se trate de um regime celular muito atenuado, não cremos que se justifique sua aplicação a delinquentes primários, aos quais se impõe pena de curta duração. Um regime de execução comum, como o regime aberto ou penas alternativas, pode ser solução mais adequada e humana para o problema que suscitam os delinquentes primários que cumprem pena de curta duração. Também não concordamos com a ideia de Karl Peters, que considera que o regime celular pode ter efeitos positivos nas penas muito curtas, constituindo uma chamada à ordem e porque impõe um período de reflexão[30], já que isso implicaria a presunção de que o condenado possui determinados conceitos sobre o bem e o mal, o que não se pode admitir em uma sociedade pluralista e democrática. Por outro lado, o isolamento celular não deve ser considerado, numa perspectiva moderna, como técnica de tratamento.

Apesar dos graves efeitos que o isolamento total tem produzido, continua sendo utilizado, infelizmente, como eficaz instrumento de controle penitenciário. Sobre esse aspecto, Giovani Jervis refere-se ao *tratamento* a que são submetidos os presos políticos da Alemanha Ocidental, que são encerrados em celas privadas de estímulos e completamente isolados do

---

28. Luis Garrido Guzman, *Compendio*, p. 83.

29. Elías Neuman, *Evolución de la pena*, p. 125.

30. Karl Peters, *Observations sur les peines privatives de liberté de courte durée*, p. 197, citação de Elías Neuman, *Evolución de la pena*.

exterior. "O silêncio é absoluto, a janela é tapada e a luz é forte e difusa durante as vinte e quatro horas do dia. O sistema pode atingir maior perfeição reduzindo-se ao mínimo o mobiliário, pintando tudo de branco, parando os relógios, fazendo horários de comida irregulares e assim sucessivamente. Tudo se fundamenta nas condições definidas pela Psicologia como *carência sensorial*, que, como já se observou na KGB, e como se tem comprovado em observações experimentais, há alguns anos, simplesmente faz enlouquecer. O prisioneiro submetido a este isolamento não consegue identificar o significado das palavras, apenas procura adivinhar o que se passa, já que tudo se apresenta com tal uniformidade que se perde a noção do tempo e de localização. Nem mesmo as visitas deixam alguma coisa e após meia hora não se pode fazer outra coisa que não reconstruir maquinalmente se a visita ocorreu hoje ou em qualquer outro dia"[31]. As afirmações de Jervis, pelo menos quanto à Alemanha Ocidental, foram motivo de séria preocupação para a Anistia Internacional, que expressou em seu informe do ano de 1977 o seguinte: "Alguns aspectos das condições carcerárias da RFA preocupam, também, a Anistia Internacional, sobretudo aqueles relacionados com o confinamento solitário e práticas isolacionistas. Embora tais práticas tenham afetado prisioneiros de diversas categorias, as denúncias recebidas com maior frequência são relativas aos casos de prisioneiros pertencentes ao Exército Vermelho. Em abril de 1977 vários deles — presos por acusações ou condenações judiciais por participações em atos de terrorismo — fizeram greve de fome em protesto contra os diversos graus de confinamento solitário e isolamento em que alguns deles eram mantidos"[32].

Os regimes penitenciários contêm sempre uma estranha união de funções antitéticas: por um lado devem servir como instrumento para impor ordem e segurança e, por outro, devem propiciar a reabilitação do delinquente. Mas quando um regime penitenciário moderno utiliza um sistema celular estrito, similar ao pensilvânico, é evidente que abandonou totalmente o interesse em conseguir a reabilitação do delinquente. Das boas intenções que impulsionaram os homens idealizadores do sistema celular restou somente um feito irrefutável: o confinamento solitário converteu-se em excelente instrumento de dominação e controle e, por essa razão, ainda

---

31. Giovani Jervis, La tecnología de la tortura, in *La ideología de las drogas y la cuestión de las drogas ligeras*, p. 121-122.

32. Relatório da Anistia Internacional, publicado em 1978, p. 199.

é utilizado nas prisões modernas. Dentro desse inevitável paradoxo desenvolvem-se muitos dos sistemas penitenciários modernos.

Poderia o regime fechado aplicado na Alemanha Federal aos delinquentes condenados por delitos de terrorismo, e que tem preocupado seriamente a Anistia Internacional, ser catalogado como tortura. Para admitir essa possibilidade é necessário conceituar a tortura, atendendo à definição que dá a "Declaração da Proteção das Pessoas contra a Tortura e Outros Tratamentos ou Penas Cruéis, Desumanas ou Degradantes", promulgada pela Resolução da Assembleia Geral da ONU n. 3.452 (XXX), de 9-12-1975. O art. 1º a define assim: "Para efeitos da presente Declaração entender-se-á por tortura todo ato pelo qual um funcionário público, ou outra pessoa por instigação sua, inflija intencionalmente a uma pessoa penas ou sofrimentos graves, sejam físicos ou mentais, com o fim de obter dela ou de terceiro informação ou confissão, castigá-la por ato que haja cometido ou do qual seja suspeito ou de intimidar a essa pessoa. Não se consideram torturas as penas ou sofrimentos que sejam consequência da privação legítima de liberdade, ou sejam inerentes ou incidentais a esta, na medida em que estejam em consonância com as Regras Mínimas para o Tratamento dos Reclusos"[33].

O regime fechado a que são submetidos os delinquentes terroristas na então República Federal Alemã não se ajusta às Regras Mínimas de Genebra, considerando-se que um regime de isolamento estrito agrava os sofrimentos inerentes à pena privativa de liberdade (art. 57 das Regras Mínimas de Genebra). Referido regime também não pretende reduzir as diferenças existentes entre a vida na prisão e a vida no exterior, servindo apenas para debilitar o sentido de responsabilidade do recluso ou o sentimento de sua própria dignidade. Nesse sentido se pode afirmar que um regime fechado estrito como o que se aplicou aos delinquentes terroristas na Alemanha Federal constitui refinada tortura.

É paradoxal que um país como a República Federal Alemã continue aplicando um regime fechado similar ao celular-pensilvânico. Se fosse um país do terceiro mundo se explicaria, ainda que não se justificasse, a deficiência das prisões. Desse paradoxo se pode tirar a seguinte conclusão: o sistema penitenciário, apesar de todos os esforços para convertê-lo em instrumento de ressocialização, não pode deixar de cumprir o papel de eficaz instrumento de controle e dominação.

---

33. Relatório, p. 36.

3. Sistema auburniano

Uma das razões que levaram ao surgimento do sistema auburniano foi a necessidade e o desejo de superar as limitações e os defeitos do regime celular.

3.1. Origens históricas

Em 1796 o governador John Jay, de Nova York, enviou uma comissão à Pensilvânia para estudar o sistema celular[34]. Nesse ano ocorreram mudanças importantes nas sanções penais, substituindo-se a pena de morte e os castigos corporais pela pena de prisão, consequência direta das informações colhidas pela comissão anteriormente referida. Em 1797 foi inaugurada a prisão de Newgate. Como referido estabelecimento era muito pequeno, foi impossível desenvolver o sistema de confinamento solitário. Diante dos resultados insatisfatórios, em 1809 foi proposta a construção de outra prisão no interior do Estado para absorver o número crescente de delinquentes. A autorização definitiva, porém, para a construção da prisão de Auburn só ocorreu em 1816. Uma parte do edifício destinou-se ao regime de isolamento. De acordo com uma ordem de 1821, os prisioneiros de Auburn foram divididos em três categorias[35]: 1º) a primeira era composta pelos mais velhos e persistentes delinquentes, aos quais se destinou o isolamento contínuo; 2º) na segunda situavam-se os menos incorrigíveis, que somente eram destinados às celas de isolamento três dias na semana e tinham permissão para trabalhar; 3º) a terceira categoria era integrada pelos que davam maiores esperanças de serem corrigidos. A estes somente era imposto o isolamento noturno, permitindo-se-lhes trabalhar juntos durante o dia, ou sendo destinados às celas individuais um dia na semana[36]. As celas eram pequenas e escuras e não havia possibilidade de trabalhar nelas. Essa experiência de estrito confinamento solitário resultou em grande fracasso: de oitenta prisioneiros em isolamento total contínuo, com duas exceções, os demais resultaram mortos, enlouqueceram ou alcançaram o perdão. Uma comissão legislativa investigou esse problema em 1824 e recomendou o abandono do sistema. A partir de então, estendeu-se a política de permitir o trabalho em comum dos reclusos, sob absoluto silêncio e confinamento

---

34. John Lewis Gillin, *Criminology and penology*, p. 279.

35. Idem, ibidem, p. 279.

36. Edwin Sutherland e Donald Cressey, *Principles of criminology*, 1960.

solitário durante a noite. Esses são os elementos fundamentais que definem o sistema auburniano, cujas bases, segundo Cuello Calón, foram estabelecidas no Hospício de San Miguel de Roma, na prisão de Gante[37].

Uma das pessoas que maior influência exerceram na definição do sistema auburniano foi o Capitão Elan Lynds, que dirigiu a prisão de Auburn a partir de 1821[38]. Era um militarista implacável que não acreditava nas possibilidades de reforma do recluso e somente se preocupava em conseguir prisioneiros obedientes, mantendo-os encarcerados com o máximo de segurança[39]. Posteriormente foi diretor da famosa prisão de Sing-Sing. Seu excessivo rigor levou o pessoal da prisão a tratar os reclusos com menosprezo e vigor. No sistema auburniano não se admitem o misticismo e o otimismo que inspiraram o filadélfico. O sistema auburniano não tinha uma orientação definida para a reforma do delinquente, predominando a preocupação de conseguir a obediência do recluso, a manutenção da segurança no centro penal e a finalidade utilitária consistente na exploração da mão de obra carcerária.

Por essa razão, Von Hentig[40] considera que a aparição do sistema auburniano não obedece à inquietude que poderia originar um profundo sentido de solidariedade humana, mas a dois fatores fundamentais: a) os resultados desastrosos produzidos pelo sistema celular (morte ou loucura dos reclusos); b) um agudo sentido lucrativo de economia, já que prisões onde se limitasse o isolamento total de um a três dias e se pudesse punir os apenados em grandes oficinas eram mais baratas e fáceis de administrar. Em lugar da separação mecânica por grossas paredes, foi construída uma separação sob a vigilância de seres humanos. Essa circunstância explica a ênfase que se dava à disciplina e à ordem que os reclusos deviam manter. Por outro lado, o trabalho organizado dos apenados permitia obter algum benefício econômico.

Melossi e Pavarini[41], destacando especialmente as motivações econômicas, consideram que a crise definitiva do sistema filadélfico não ocorreu por razões humanitárias, que talvez não tenham faltado, mas por uma importante mudança no mercado de trabalho.

---

37. Eugenio Cuello Calón, *La moderna penología*, p. 312.
38. Elías Neuman, *Evolución de la pena*, p. 127.
39. Lewis Gillin, *Criminology...*, p. 179.
40. Hans von Hentig, *La pena*, p. 227.
41. D. Melossi e M. Pavarini, *Cárcel y fábrica*, p. 170-171.

No início do século XIX, a América do Norte experimentou um incremento importante na demanda de trabalho, mais intenso que o experimentado pela Europa durante o mercantilismo. A importação de escravos restringia-se cada vez mais por causa da nova legislação, enquanto a conquista de novos territórios e a rápida industrialização produziam um vazio no mercado de trabalho, que não conseguia ser suprido com os crescentes índices de natalidade e de imigração.

O resultado imediato foi um considerável aumento do nível de salários, que desde antes havia sido importante. A escassez da força de trabalho chegou a determinar, entre as consequências mais destacáveis socialmente, uma nova consideração política dos estratos marginais da sociedade. Começou-se a considerar como essencialmente "distintas" as razões de fundo que caracterizavam a "questão criminal" nos Estados da América em relação ao velho continente: por exemplo, o nível mais baixo dos índices de criminalidade. Concluiu-se que as possibilidades de encontrar facilmente trabalho bem remunerado reduziam nos Estados Unidos as oportunidades de cometer crimes contra a propriedade: a reincidência propriamente diminuía pela necessidade de oferecer trabalhos aos "ex-convictos".

Por essas razões, são compreensíveis as acusações cada vez mais insistentes contra o sistema penitenciário vigente, que por meio do *solitary confinement* não apenas privava o mercado da força de trabalho como também, ao impor um trabalho antieconômico, deformava os reclusos, reduzindo-lhes a capacidade laboral.

Todas essas circunstâncias, analisadas por Melossi e Pavarini, tiveram como consequência a reintrodução do trabalho produtivo nas prisões[42]. Inicialmente, pretendeu-se introduzir o trabalho sob o regime celular, ou seja, o realizado somente nas celas. Mas isso foi apenas no início, pois o importante era que a introdução da atividade laboral pudesse culminar com a implantação de uma organização eficiente do trabalho (deixando de lado a produção simplesmente artesanal)[43].

Tanto Von Hentig como Melossi e Pavarini, estes últimos com maior ênfase, sustentam a tese de que o sistema auburniano surgiu por motivações predominantemente econômicas, guardando íntima relação com o desenvolvimento da oferta de mão de obra (desenvolvimento da força produtiva).

---

42. Melossi e Pavarini, *Cárcel y fábrica*, p. 171.

43. Idem, ibidem, p. 171.

3.2. Características e objetivos do sistema

O sistema de Auburn — *silent system* — adota, além do trabalho em comum, a regra do silêncio absoluto. Os detentos não podiam falar entre si, somente com os guardas, com licença prévia e em voz baixa. Nesse silêncio absoluto Foucault vê uma clara influência do modelo monástico, além da disciplina obreira[44]. O silêncio ininterrupto, mais que propiciar a meditação e a correção, é um instrumento essencial de poder, permitindo que uns poucos controlem uma multidão[45]. O auburniano, da mesma forma que o filadélfico, pretende, consciente ou inconscientemente, servir de modelo ideal à sociedade, o microcosmos de uma sociedade perfeita, onde os indivíduos se encontrem isolados em sua existência moral, mas reunidos sob um enquadramento hierárquico estrito, com o fim de resultarem produtivos ao sistema.

O enquadramento hierárquico estrito não permite a relação lateral; a comunicação só pode ocorrer em sentido vertical[46]. A regra do silêncio habitua o detento a considerar a lei um preceito sagrado, cuja violação significa a imposição de um dano justo e legítimo[47].

Foucault não aceita o modelo auburniano como instrumento propiciador da reforma ou da correção do delinquente, tal como consideraram os mais otimistas; ao contrário, considera-o um meio eficaz para a imposição e manutenção do poder. Nesse sentido, afirma que: "este jogo de isolamento, de reunião sem comunicação e da lei garantida por um controle ininterrupto, deve readaptar o criminoso como indivíduo social: educa-o para uma *atividade útil e resignada*, e lhe restitui *alguns hábitos de sociabilidade*". O problema do poder e da dominação está sempre presente quando se analisa o objetivo reabilitador da pena privativa de liberdade. Admitindo-se que o sistema prisional dá prioridade ao exercício do poder e à imposição de determinada ideologia, não é possível aceitá-lo, mesmo em sua expressão mais liberal, como instrumento de reforma e de reabilitação.

Um dos pilares do *silent system* é o trabalho. Nesse sentido se pode afirmar que o trabalho no projeto auburniano foge, de certa forma, tanto da sua original dimensão ideológica como pedagógica: ideologicamente, como única atividade capaz de satisfazer as necessidades do "não proprietário"; pedagogicamente, como modelo educativo que permitirá ao pro-

---

44. Michel Foucault, *Vigilar y castigar*, p. 240.
45. D. Melossi e M. Pavarini, *Cárcel y fábrica*, p. 208.
46. Michel Foucault, *Vigilar y castigar*, p. 240.
47. Idem, ibidem, p. 241.

letário incorporar-se à força de trabalho. No entanto, esse propósito caiu por terra. Uma das causas desse fracasso, e que continua sendo motivo de graves dificuldades para o desenvolvimento de atividade laboral na prisão: a pressão das associações sindicais, que se opõem ao desenvolvimento de um trabalho penitenciário[48]. A produção nas prisões representava menores custos ou podia significar competição com o trabalho livre. Esse fator originou a oposição dos sindicatos ao trabalho produtivo que pretendia impulsionar o *silent system*. Foi na prisão de Sing-Sing, inaugurada em 1827, que surgiram os conflitos mais graves entre sindicatos e autoridades penitenciárias. Além dos argumentos de caráter econômico, os operários consideravam que, ensinando um ofício ou técnica de trabalho aos presos, poder-se-ia incorporá-los às fábricas, e essa circunstância desvalorizaria aquele ofício aos olhos dos demais trabalhadores. Não se sentiriam à vontade ao lado de ex-prisioneiros[49]. Esses argumentos, relacionados por Von Hentig, referentes a um conflito ocorrido no século XIX, expressam os preconceitos que ainda se mantêm muito vivos e que, modernamente, designamos como estigma carcerário. A estigmatização é um dos fatores que mais dificultam a obtenção da tão almejada ressocialização do delinquente.

A descrição de Von Hentig é extremamente valiosa. Mostra a consequência natural do protesto dos trabalhadores: "a comunidade posicionou-se em favor dos operários e um abaixo-assinado para suprimir o trabalho nas prisões recebeu 200.000 assinaturas. A produtividade econômica do estabelecimento (Sing-Sing) foi a razão da sua perdição. Colocou-se como pretexto que cidadãos decentes não queriam trabalhar com ex-condenados. O egoísmo desenfreado, longe de pensar no bem comum, colocou os fins superiores do Estado em segundo plano"[50].

Enfim, a tentativa de humanizar a pena, assim como o propósito de converter o sistema penitenciário em instrumento reabilitador, sempre encontrou duas grandes dificuldades: de um lado, o cidadão comum mantém uma atitude vingativa e punitiva a respeito da pena privativa de liberdade, e, de outro lado, as autoridades públicas, por pragmatismo e oportunismo (geralmente com intenções demagógicas e eleitoreiras), não se atrevem a contradizer esse sentimento vingativo.

Outra razão do fracasso do propósito de industrializar completamente as prisões foram as dificuldades técnicas e administrativas para conver-

---

48. D. Melossi e M. Pavarini, *Cárcel y fábrica*, p. 204.
49. Hans von Hentig, *La pena*, p. 228, especialmente a nota n. 58.
50. Hans von Hentig, *La pena*, p. 227.

ter a prisão em eficiente unidade produtiva, como as fábricas do mundo exterior. No entanto, a "ilusão produtiva", segundo Melossi e Pavarini, embora com êxito apenas momentâneo, imprimiu a esse sistema penitenciário algumas características estruturais originais, especialmente quanto à "dimensão do trabalho"[51].

O sistema auburniano pretendeu definir o trabalho sob um ponto de vista idealista, considerando-o como um agente de transformação, de reforma. Essa concepção ainda encontra fortes defensores. Tem-se vinculado a atividade laboral, o ensino de um ofício, com a reforma e reabilitação do delinquente, isto é, tem-se considerado o trabalho como meio de tratamento. Quando o recluso desenvolve disciplinadamente uma atividade laboral dentro da prisão, isso tem sido considerado um sintoma inequívoco de que se encontra no caminho da ressocialização. Tal ideia vem-se mantendo há muitos anos. Já se afirmou que "O trabalho constitui, nos reclusos e nas prisões, juntamente com a educação e a instrução, o eixo sobre o qual deve girar todo o tratamento penitenciário, condição essencial e base eficaz de disciplina: elemento moralizador mais apropriado para tornar complacente a ordem e a economia; forma útil da distração do espírito e do emprego da força; (...) impeditivo da reincidência (...)"[52]. Essas ideias refletem uma atitude idealista, que não questiona o sistema sociopolítico, além de não ter uma visão estrutural do significado do trabalho prisional. Contrariamente a essa postura, Melossi e Pavarini sustentam que a imposição da atividade laboral na prisão cumpre a função de formar um operário disciplinado e subordinado ao poder econômico industrial[53]. O trabalho não seria uma forma de tratamento, mas um instrumento adequado para transformar o delinquente em elemento útil à fábrica e ao sistema capitalista. O que interessa é que o recluso se submeta e seja útil ao regime político-econômico. Nesse ponto voltam a enfrentar-se as teses antagônicas relativas à reabilitação do delinquente: de um lado a que vê o trabalho como meio reabilitador; de outro, a que considera o trabalho prisional um instrumento de dominação imposto pela sociedade capitalista. O trabalho prisional não conseguiria a liberação do homem delinquente, mas a sua alienação. Expressa-se essa alienação por meio do que Foucault[54] chama a re-

---

51. D. Melossi e M. Pavarini, *Cárcel y fábrica*, p. 204-205.

52. J. María Lopes Riocerezo, El trabajo penal, medida de reeducación y corrección penitenciaria, *ADPCP*, 1963, p. 44.

53. D. Melossi e M. Pavarini, *Cárcel y fábrica*, p. 182.

54. Michel Foucault, *Vigilar y castigar*, p. 134.

constituição de um indivíduo obediente, submetido a hábitos, a regras, a ordens, a uma autoridade que se exerce continuamente em torno dele e sobre ele e que deve funcionar automaticamente.

Outro aspecto negativo do sistema auburniano — uma de suas características — foi o rigoroso regime disciplinar aplicado. A importância dada à disciplina deve-se, em parte, ao fato de que o *silent system* acolhe, em seus pontos fundamentais, um estilo de vida militar[55]. A razão é simples: a nova instituição necessita organizar e gerir uma vida coletiva complexa. A influência da disciplina e da mentalidade militar tem sido uma constante nas prisões, desde sua origem. Insiste-se na necessidade de as prisões não adotarem uma mentalidade castrense, embora persista essa influência nos sistemas penitenciários de muitos países.

A influência castrense reflete-se também na rigidez das relações entre os internos e o pessoal da vigilância. No regulamento de Sing-Sing, por exemplo, podia-se ler o seguinte: "Eles (os guardas) devem ter o maior respeito com os internos, só devem permitir-lhes a aproximação de forma respeitosa: não devem também permitir a menor familiaridade; devem, enfim, mandar e ser respeitados"[56]. Essa disposição demonstra a severidade e impessoalidade antes referidas.

No regime auburniano, por influência do militarismo, chega-se a regulamentar aspectos intranscendentes da vida carcerária. Essa regulamentação detalhada da vida do recluso propicia uma atmosfera monótona e deprimente. Os reclusos não podiam caminhar, a não ser em ordem-unida ou fila indiana, olhando sempre as costas de quem ia à frente, com a cabeça ligeiramente inclinada para a direita e com os pés acorrentados, movimentando-se de forma uníssona. Em relação à vida diária, o quadro é desalentador: ao toque de campainha os carcereiros abriam as portas das celas e os reclusos saíam ao corredor; uma vez acorrentados, caminhavam em direção ao jardim; realizavam todo o asseio pessoal em rigorosa ordem e seguindo um plano inflexível. Transferiam-se, em fila, às oficinas, onde trabalhavam, sentados em longos bancos, em silêncio. Todas as atividades dos reclusos realizavam-se numa atmosfera regulamentar sufocante e monótona[57]. Essa vida tão rotineira e disciplinada motivou a afirmação de

---

55. D. Melossi e M. Pavarini, *Cárcel y fábrica*, p. 205.

56. Idem, ibidem, p. 206.

57. Melossi e Pavarini, *Cárcel y fábrica*, p. 206.

Foucault de que a correção, em sua essência, busca criar um indivíduo obediente, submetido a hábitos e regras[58].

A disciplina no sistema penitenciário passa a ser prioritária. A reunião de grande quantidade de reclusos, com propósitos laborais, exige controle preciso, problema que não ocorria no regime celular, diante da separação radical entre os internos. Um bom desenho arquitetônico era suficiente para, praticamente, sepultar o recluso em sua cela.

Além das rígidas normas disciplinares, detalhadas e onipresentes, o poder de castigar, sem nenhum controle institucional, era absolutamente discricionário[59].

Tradicionalmente se criticou, no sistema auburniano, a aplicação de castigos cruéis e excessivos. Esses castigos refletem a exacerbação do desejo de impor um controle estrito, uma obediência irreflexiva. No entanto, considerava-se justificável esse castigo porque se acreditava que propiciaria a recuperação do delinquente.

Segundo Elam Lynds, "o castigo do chicote é o mais eficaz e ao mesmo tempo o mais humano que existe; não é prejudicial à saúde e educa para uma vida espartana"[60]. A concepção de Lynds parte do princípio de que o castigo tem decisivo efeito pedagógico, propiciando, dessa forma, a transformação do indivíduo. Melossi e Pavarini interpretam a utilização do castigo corporal no *silent system* não apenas como forma de impor ordem e controle ou como meio para propiciar a "transformação" do recluso, mas porque produz o sofrimento, sem prejudicar irremediavelmente a integridade física do recluso. Dessa forma, não "destrói" — como poderia ocorrer com o isolamento — a força de trabalho. Para Melossi e Pavarini, partindo do pressuposto de que sua análise fundamenta-se em conceitos marxistas, o castigo corporal permitia dominar e submeter o recluso sem prejudicar a força de trabalho, tanto ativa quanto de reserva. Os açoites foram uma sanção disciplinar comum até meados do século XIX[61].

Segundo Von Hentig, apesar de utilizar métodos disciplinares draconianos e cruéis, era espantosa a desordem na prisão de San Quintin, local em que se desenvolveu o *silent system*[62]. Esse exemplo mostra que a dure-

---

58. Michel Foucault, *Vigilar y castigar*, p. 134.
59. D. Melossi e M. Pavarini, *Cárcel y fábrica*, p. 207.
60. Melossi e Pavarini, *Cárcel y fábrica*, p. 207.
61. Melossi e Pavarini, *Cárcel y fábrica*, p. 207.
62. Hans von Hentig, *La pena*, p. 229.

za dos métodos disciplinares não garantia nem a ordem nem a recuperação do delinquente. A disciplina não pode ser considerada como valor em si, mas apenas como meio para alcançar outros valores mais importantes.

Algumas prisões mesclaram o rigorismo disciplinar e o ensino religioso, sem dúvida considerado um bom método para obter a recuperação do delinquente. Na prisão de Sing-Sing dava-se muita importância ao fato de os reclusos decorarem grande número de versículos bíblicos, fato considerado como a realização de um ideal pedagógico: a memorização chegou a limites insuspeitáveis. "... Um capelão gabou-se de ter feito os reclusos recitarem em dezoito semanas 770 capítulos com 19.328 versículos e que haviam aprendido 42 livros de cor. Um dos homens aprendeu em dezessete semanas quarenta e nove capítulos com um total de 1.065 versículos, outro 1.296 versículos". Von Hentig concluiu ironicamente: "Apesar desses exercícios memorísticos, a criminalidade crescia incessantemente".

3.3. Sistemas pensilvânico e auburniano: semelhanças e diferenças

Não há radicais diferenças entre o sistema auburniano e o filadélfico, apesar de a polêmica que existiu entre as vantagens e inconvenientes de ambos poder levar a outra conclusão. Ambos os sistemas impediam que os reclusos pudessem comunicar-se entre si e os separavam em celas individuais durante a noite. A diferença principal reduz-se ao fato de que no regime celular a separação dos reclusos ocorria durante todo o dia; no auburniano, eram reunidos durante algumas horas, para poder dedicar-se a um trabalho produtivo[63].

O sistema celular fundamentou-se basicamente em inspiração mística e religiosa. O sistema auburniano, por sua vez, inspirou-se claramente em motivações econômicas. Os dois sistemas adotaram um conceito predominantemente punitivo e retributivo da pena. Não acreditamos, contudo — como afirma Marco del Pont[64] —, que tenham deixado totalmente de lado a ressocialização do delinquente.

As concepções variam de propósito de acordo com o desenvolvimento histórico-social. Para os homens do século XIX, o castigo, dentro de certas condições, era considerado um meio apropriado para a correção do delinquente. Não negavam sua necessidade e consideravam que ele podia

---

63. John Lewis Gillin, *Criminology and penology*, p. 285.
64. Luís Marco del Pont, *Penología*, p. 63.

conseguir a reforma e o arrependimento do delinquente. Essa concepção nasceu a partir do momento em que a pena privativa de liberdade converteu-se em sanção penal propriamente dita.

Os dois sistemas tinham ideias ou uma ideologia que evidenciava a finalidade ressocializadora do recluso, fosse através do isolamento, do ensino dos princípios cristãos, da dedicação ao trabalho, do ensino de um ofício, ou mesmo pela imposição de brutais castigos corporais. Melossi e Pavarini consideram que os dois sistemas têm uma nota comum não relacionada com o objetivo correlacionista, já que ambos pretendem a destruição, por meio do isolamento, de toda relação paralela (entre os internos--operários, entre os "iguais"), enfatizando, pela disciplina, as relações verticais (entre superior e inferior, entre "distintos")[65]. Melossi e Pavarini consideram prioritário o papel que cumpre à prisão como instrumento de dominação e de controle das forças produtivas (a classe operária).

Diante da polêmica entre as vantagens e desvantagens dos dois sistemas, a Europa inclinou-se pelo regime celular e os Estados Unidos pelo auburniano. Existem várias explicações para justificar a preponderância de um sistema na Europa e de outro nos EUA. Não se pode, porém, dizer que a decisão de adotar este ou aquele sistema se deva, exclusivamente, a razões humanitárias ou por considerar que apresenta melhores condições para conseguir a recuperação do delinquente. As explicações devem levar em conta aspectos mais importantes. O predomínio na Europa do regime celular — afirmou-se — deveu-se somente à maior difusão e propaganda que se fez em seu favor[66]. Essa concepção, no entanto, peca pela superficialidade, já que se deve levar em conta o contexto socioeconômico para poder analisar as causas fundamentais. Naquele período, a Europa não necessitava do trabalho prisional produtivo, em razão do desenvolvimento das forças produtivas. Interessava-lhe, nas circunstâncias, um regime fechado, que atendia melhor às suas necessidades[67]. A oferta de mão de obra não era insuficiente, por essa razão não era necessário que a prisão a suprisse. A Europa necessitava que a prisão servisse de instrumento para intimidar e diminuir a delinquência. Esses propósitos coincidiam plenamente com os resultados que o sistema celular propiciava.

---

65. D. Melossi e M. Pavarini, *Cárcel y fábrica*, p. 197.

66. John Lewis Gillin, *Criminology and penology*, p. 287.

67. D. Melossi e M. Pavarini, *Cárcel y fábrica*, p. 72-73.

Há uma relação — não se pode negar — entre os processos econômicos que o mercado de trabalho apresenta e a organização penitenciária que se adota. Essa relação explica, em parte pelo menos, o predomínio de um sistema sobre o outro.

O sistema auburniano impõe-se nos EUA não só porque oferece maiores vantagens que o filadélfico mas também porque o desenvolvimento das forças produtivas, assim como as condições imperantes do desenvolvimento econômico, o permitiam. O *silent system* era economicamente mais vantajoso que o celular, já que permitia alojar maior número de pessoas na prisão, diminuindo os custos de construção[68]. Por outro lado, o trabalho que podia ser desenvolvido no sistema auburniano era mais eficiente e produtivo.

O sistema auburniano — afastadas sua rigorosa disciplina e sua estrita regra do silêncio — constitui uma das bases do sistema progressivo, ainda aplicado em muitos países.

4. Sistemas progressivos

No decurso do século XIX impõe-se definitivamente a pena privativa de liberdade, que continua sendo a espinha dorsal do sistema penal atual[69]. O predomínio da pena privativa de liberdade coincide com o progressivo abandono da pena de morte[70]. Embora na Espanha esta tenha sido abolida em data recente, sob o ponto de vista penológico a mais importante nos últimos cem anos tem sido a privativa de liberdade. Durante o século XIX a pena de prisão coexistiu com a deportação às colônias[71] e os trabalhos forçados. Porém, essas modalidades punitivas foram gradualmente abandonadas. Paulatinamente se foi adquirindo consciência da necessidade de que a execução da pena de prisão fosse concebida como um sistema, como um tratamento que buscasse a reabilitação do recluso[72].

---

68. John Lewis Gillin, *Criminology and penology*, p. 286.

69. H. H. Jescheck, *Tratado de derecho penal*, v. 2, p. 1068.

70. Idem, ibidem, p. 1061.

71. Elías Neuman, *Evolución de la pena*, p. 42 e 65.

72. Para Marc Ancel a evolução do século XIX conduziria ao reconhecimento do tratamento. As preocupações humanitárias tenderiam a fazer desaparecer os castigos, as penas humilhantes, os trabalhos muito penosos, ou ao menos conter os trabalhos forçados. O movimento de ideias espiritualistas culmina, de forma muito especial, no final do século XIX, através de certas doutrinas científicas, e também com a contribuição da Escola Antropológica e Sociológica italiana, das quais se desprenderam três ideias fundamentais: o delinquente, como indivíduo, considerado em sua personalidade concreta; o estudo dos fato-

O apogeu da pena privativa de liberdade coincide com o abandono dos regimes celular e auburniano e a adoção do regime progressivo[73]. Embora a Espanha tenha adotado o regime progressivo desde princípios do século XX, só depois da Primeira Guerra Mundial a sua utilização generalizou-se, especialmente na Europa. A Bélgica abandonou o sistema celular, que havia seguido desde 1831, adotando em 1919 o regime progressivo[74].

A essência desse regime consiste em distribuir o tempo de duração da condenação em períodos, ampliando-se em cada um os privilégios que o recluso pode desfrutar de acordo com sua boa conduta e o aproveitamento demonstrado do tratamento reformador. Outro aspecto importante é o fato de possibilitar ao recluso reincorporar-se à sociedade antes do término da condenação. A meta do sistema tem dupla vertente: de um lado pretende constituir um estímulo à boa conduta e à adesão do recluso ao regime aplicado, e, de outro, pretende que esse regime, em razão da boa disposição anímica do interno, consiga paulatinamente sua reforma moral e a preparação para a futura vida em sociedade. O regime progressivo significou, inquestionavelmente, um avanço penitenciário considerável. Ao contrário dos regimes auburniano e filadélfico, deu importância à própria vontade do recluso, além de diminuir significativamente o rigorismo na aplicação da pena privativa de liberdade.

4.1. *Sistema inglês progressivo ou* mark system

Os autores, em geral, concordam que a obra desenvolvida pelo Capitão Alexander Maconochie, no ano de 1840, na Ilha Norfolk, na Austrália, na condição de governador, modificaria a filosofia penitenciária[75]. Muitos, no entanto, consideram que o efetivo criador do sistema progressivo foi o

---

res sociais ou criminológios da infração e, finalmente, o estado perigoso, o grau de perigosidade. O tratamento aparece na legislação penal, inicialmente, de forma empírica e quase furtiva, no final do século XIX (Marc Ancel, La noción del tratamiento en las legislaciones penales vigentes (tratamiento penitenciario), *REP*, 1968, p. 488-489).

73. O sistema progressivo tem antecedentes na Espanha, remontando ao início do século XIX, de 1802 a 1806, no presídio de Cádiz G. Lasala, El tenente D. Francisco de Abadía, *REP*, 1947, p. 83 e 93.

74. Eugenio Cuello Calón, *La moderna penología*, p. 323; Francisco Bueno Arus, Panorama comparativo entre los modernos sistemas penitenciarios, in *Problemas actuales de las ciencias penales y filosofía del derecho*, p. 385.

75. Luis Garrido Guzman, *Manual*, p. 134; Elías Neuman, *Evolución de la pena*, p. 131; Eugenio Cuello Calón, *La moderna penología*, p. 313.

Coronel Manuel Montesinos e Molina, ao ser nomeado governador do presídio de Valência em 1834.

Para essa ilha a Inglaterra enviava seus criminosos mais perversos, quer dizer, aqueles que, depois de haver cumprido pena de *transportation* nas colônias penais australianas, voltavam a delinquir. A severidade do regime não era suficiente para impedir as fugas e os sangrentos motins que se sucediam. A administração empregada por Maconochie modificaria a vida dos reclusos, que viviam em condições desumanas[76]. Em seu regime adotou a substituição da severidade pela benignidade e os castigos pelos prêmios. Pouco tempo depois — como refere Elías Neuman — pôde dizer orgulhosamente: "Encontrei a Ilha Norfolk feita um inferno e a deixei convertida em uma comunidade disciplinada e bem regulamentada"[77].

Esse sistema foi denominado pelos ingleses sistema progressivo ou *mark system* (sistema de vales). Consistia em medir a duração da pena por uma soma de trabalho e de boa conduta imposta ao condenado. Referida soma era representada por certo número de marcas ou vales, de maneira que a quantidade de vales que cada condenado necessitava obter antes de sua liberação deveria ser proporcional à gravidade do delito. Diariamente, segundo a quantidade de trabalho produzido, creditava-se-lhe uma ou várias marcas, deduzidos os suplementos de alimentação ou de outros fatores. Em caso de má conduta impunha-se-lhe uma multa. Somente o excedente dessas marcas, o remanescente desses "débitos-créditos", seria a pena a ser cumprida. A duração da condenação determinava-se pela gravidade do delito, pelo aproveitamento no trabalho e pela boa conduta de cada apenado. Era o início, de certa forma, da condenação indeterminada, pois a duração da pena dependia fundamentalmente da conduta do apenado na prisão. Desse modo, Maconochie "colocava a sorte do preso em suas próprias mãos, dando-lhe uma espécie de salário, impondo-lhe uma espécie de pena pecuniária pelas faltas que cometesse na prisão, fazendo recair sobre ele o peso e a obrigação de sua manutenção e despertando-lhe hábitos que, depois de livre, dificultariam a reincidência[78]. Maconochie criou uma espécie de conta corrente para cada um dos apenados, representada pelo sistema de marcas.

---

76. Manoel Pedro Pimentel, *O crime e a pena na atualidade*, p. 139.

77. Elías Neuman, *Evolución de la pena*, p. 132.

78. Eugenio Cuello Calón, *La moderna penología*, p. 313; Luis Garrido Guzman, *Manual*, p. 134.

O sistema progressivo, idealizado por Alexander Maconochie, dividia-se em três períodos:

1º) *Isolamento celular diurno e noturno* — chamado período de provas, tinha a finalidade de fazer o apenado refletir sobre seu delito. O condenado podia ser submetido a trabalho duro e obrigatório, com regime de alimentação escassa.

2º) *Trabalho em comum sob a regra do silêncio* — durante esse período o apenado era recolhido em um estabelecimento denominado *public workhouse*, sob o regime de trabalho em comum, com a regra do silêncio absoluto durante o dia, mantendo-se a segregação noturna[79]. Esse período é dividido em classes; possuindo determinado número de marcas e depois de certo tempo, o condenado passa a integrar a classe seguinte. Assim ocorria "até que, finalmente, mercê de sua conduta e trabalho, chega à primeira classe, onde obtinha o *ticket of leave*, que dava lugar ao terceiro período"[80], quer dizer, a liberdade condicional.

3º) *Liberdade condicional* — nesse período o condenado obtinha liberdade limitada, uma vez que a recebia com restrições, às quais devia obedecer; tinha vigência determinada. Passado esse período sem nada que determinasse sua revogação, o condenado obtinha sua liberdade de forma definitiva.

O trabalho de Maconochie teve grande sucesso. A ordem e a disciplina reapareceram. Produziu na população carcerária o hábito do trabalho e favoreceu a emenda, cessando todo tipo de motins e fatos sangrentos na Ilha Norfolk. A repercussão das vantagens do sistema foi tão notável que Maconochie foi designado para dirigir a penitenciária de Birmingham, onde não obteve o mesmo sucesso devido aos entraves legais e burocráticos.

4.2. Sistema progressivo irlandês

Os sistemas progressivos, em seus diversos matizes, procuram corresponder ao inato desejo de liberdade dos reclusos, estimulando-lhes a emulação, que haverá de conduzi-los à liberdade. Exatamente aí está a grande diferença com os sistemas pensilvânico e auburniano, que somente pretendiam disciplinar o regime interior das prisões e a eventual correção dos reclusos no transcurso de tempo prefixado na sentença[81].

---

79. E. Cuello Calón, *La moderna penología*, p. 314.

80. Elías Neuman, *Evolución de la pena*, p. 133.

81. Gerardo Landrove Díaz, *Las consecuencias*, p. 50.

O ponto decisivo do sistema progressivo centraliza-se na diminuição que a intensidade da pena experimenta como consequência da conduta e do comportamento do recluso[82].

Em que pese o sucesso alcançado pelo sistema de Maconochie, era necessário que se fizesse melhor preparação do recluso para voltar à liberdade plena.

Walter Crofton, diretor das prisões na Irlanda, tido por alguns como o verdadeiro criador do sistema progressivo, fez a introdução desse sistema na Irlanda, com uma modificação fundamental, dando origem ao que se denominou *sistema irlandês*. Crofton foi, na realidade, um aperfeiçoador do sistema progressivo inglês de Maconochie — introduzido primeiro na Austrália, depois na Inglaterra. Conhecendo o sistema inglês, ao ser encarregado de inspecionar as prisões irlandesas, em 1854, Crofton, querendo preparar o recluso para seu regresso à sociedade, introduziu "uma ideia original, que foi o estabelecimento de *prisões intermediárias*. Na realidade, tratava-se de um período intermediário entre as prisões e a liberdade condicional, considerada como um meio de prova da aptidão do apenado para a vida em liberdade"[83]. A grande novidade do sistema irlandês foi a criação desse período, que, no dizer de Mapelli Caffarena[84], estabeleceu uma prisão intermediária entre o estabelecimento fechado e a liberdade condicional, com a finalidade de possibilitar o contato com o exterior e facilitar a reincorporação definitiva.

O regime irlandês ficou, assim, composto de quatro fases:

1ª) *Reclusão celular diurna e noturna* — nos mesmos termos do sistema inglês, sem comunicação, com alimentação reduzida e sem qualquer favor, era cumprida em prisões centrais ou locais[85].

2ª) *Reclusão celular noturna e trabalho diurno em comum* — com a obrigação de manter rigoroso silêncio, consagrado no sistema auburniano. Aqui também não apresenta novidade ou diferença do sistema inglês. Nessa fase, como no regime anterior, os apenados também se dividem em classes e obtêm a progressão por meio das marcas. "Cada classe implica concessões e restrições especiais quanto ao montante da remuneração, regime

---

82. Luis Garrido Guzman, *Manual*, p. 134.

83. Idem, ibidem, p. 136.

84. Borja Mapelli Caffarena, Sistema progresivo y tratamiento, in *Lecciones de derecho penitenciario*, p. 150.

85. E. Neuman, *Evolución de la pena*, p. 134.

alimentício, qualidade do trabalho, número de visitas, condições da cama, quantidade de cartas a escrever etc."[86]. A passagem de uma classe para outra, aqui como no sistema inglês, significa uma evolução do isolamento celular absoluto para um estágio mais liberal, propiciando a aquisição gradual de privilégios e recompensas materiais, maior confiança e liberdade.

A ascensão de uma etapa a outra realizava-se pela acumulação de pontos ou marcas. A boa conduta passiva permitia a ascensão automática à etapa seguinte. Criticou-se esse fato porque estimularia a hipocrisia do recluso, interessado em acumular pontos para ascender a uma fase onde desfrutaria de maiores vantagens materiais.

3ª) *Período intermediário* — assim denominado por Crofton, ocorria entre a prisão comum em local fechado e a liberdade condicional. Esse período era executado em prisões especiais, onde o preso trabalhava ao ar livre, no exterior do estabelecimento, em trabalhos preferencialmente agrícolas. Nesse período — que foi a novidade criada por Crofton — a disciplina era mais suave, e a pena era cumprida "em prisões sem muro nem ferrolhos, mais parecidas com um asilo de beneficência do que com uma prisão"[87]. Muitas vezes os apenados viviam em barracas desmontáveis, como trabalhadores livres, dedicando-se ao cultivo ou à indústria. Concediam-se-lhes inúmeras vantagens, como abandonar o uniforme dos presos, não receber nenhum castigo corporal, dispor de parte da remuneração de seu trabalho, escolher a atividade laboral e, especialmente, poder comunicar-se com a população livre, embora sem perder a condição de apenados. "A finalidade altamente moralizadora e humanitária do regime ficou comprovada ao fazer o recluso compreender que a sociedade que o condenou está disposta a recebê-lo sem reticências, sempre que demonstre encontrar--se em recuperação"[88].

4ª) *Liberdade condicional* — com as mesmas características do sistema inglês, o condenado recebia uma liberdade com restrições e, com o passar do tempo e o cumprimento das condições impostas, obtinha, finalmente, a liberdade definitiva.

O sistema irlandês alcançou grande repercussão e foi adotado em inúmeros países. Segundo Ribot, "o êxito do sistema era devido, em primeiro

---

86. Idem, ibidem, p. 134.
87. Idem, p. 134.
88. E. Neuman, *Evolución de la pena*, p. 135.

lugar, às raras qualidades de inteligência e de caráter do novo diretor e também à influência dos aperfeiçoamentos introduzidos por ele na prática do sistema inglês"[89].

Hoje se considera que o regime progressivo converteu-se em um sistema de *individualização científica*, embora conserve muitas das características anteriores. Pode-se dizer que desde a reforma do regulamento espanhol de prisões (Decreto n. 162, de 23-1-1968), que deu grande flexibilidade ao regime progressivo, estabelecendo claramente uma orientação científica do tratamento, até a atual Lei Geral Penitenciária (setembro de 1979)[90], o ordenamento penitenciário espanhol adotou um *sistema de individualização científica*.

Apesar da difusão e do predomínio que o sistema progressivo alcançou nas últimas décadas (especialmente a partir do Congresso de Berlim em 1933), sua efetividade tem sido questionada e sofreu modificações substanciais. Por exemplo, na ordenança alemã de 22-7-1940, prescindiu-se desse regime de execução penal. Também na Suécia foi abandonado, especialmente a partir da Lei de Execução Penal, de 21-12-1945, embora sem suprimir o conceito de progressividade no tratamento dos reclusos. Também na Dinamarca, a partir de 1947, o regime progressivo foi simplificado e recebeu maior flexibilidade.

4.3. Sistema de Montesinos

Manuel Montesinos e Molina nasceu em São Roque, Campo de Gibraltar, em 17-6-1796[91], e morreu em 1862. É uma figura indiscutível do penitenciarismo, um genial precursor do tratamento humanitário[92]. Como Howard, Montesinos conheceu as desditas e as limitações que a vida na prisão impunha, já que, durante a guerra de independência (1809), ao capitular na praça de Zaragoza, foi submetido, durante três anos, a severo encarceramento em um arsenal militar (Toulon, França).

---

89. Luís Garrido Guzman, *Manual*, p. 136.

90. F. Bueno Arus, Aspectos negativos y positivos de la legislación española, *CPC*, n. 7, 1979, p. 5, 11 e 12; Carlos García Valdés, *Introducción...* p. 117.

91. Rico de Estasen afirma que o nascimento ocorreu em 1792 (José Rico de Estasen, El sistema penitenciario del Coronel Montesinos, *REP*, 1958, p. 537). Vicente Boix sustenta que foi no ano de 1796 (*El sistema penitenciario del presidio correccional de Valencia*, p. 43).

92. E. Neuman, *Evolución de la pena*, p. 135.

Em 1835 o Coronel Manuel Montesinos e Molina foi nomeado *Governador* do Presídio de Valência. Possuía qualidades pessoais adequadas para alcançar uma eficiente e humanitária direção de um centro penal. Entre suas qualidades mais marcantes encontrava-se a poderosa força de vontade e a capacidade para influir eficazmente no espírito dos reclusos. Sua penetrante vontade e grandes dotes de liderança lograram disciplinar os reclusos, não pela dureza do castigo, mas pelo exercício de sua autoridade moral. Diminuiu o rigor dos castigos e preferiu orientar-se pelos princípios de um poder disciplinar racional[93]. Seu êxito como diretor do Presídio de Valência pode ser constatado pelos seguintes dados sobre reincidência: ao assumir a direção, o número de reincidências ascendia a 30 ou 35%, mas ele conseguiu diminuir esse percentual a 1%, e, em alguns períodos, a reincidência chegou a desaparecer[94].

Um dos aspectos mais interessantes da obra prática de Montesinos refere-se à importância que deu às relações com os reclusos, fundadas em sentimentos de confiança e estímulo, procurando construir neles uma definida autoconsciência. A ação penitenciária de Montesinos planta suas raízes em um genuíno sentimento em relação *ao outro*, demonstrando uma atitude *aberta*, que permitisse estimular a reforma moral do recluso. Possuía firme *esperança* nas possibilidades de reorientar o próximo, sem converter-se em prejudicial ingenuidade; encontrou o perfeito equilíbrio entre o exercício da autoridade e a atitude pedagógica que permitia a correção do recluso.

4.3.1. Respeito à dignidade do preso

Montesinos não foi um simples teórico. Executou suas ideias. No Presídio de Valência, por exemplo, impôs uma prática penitenciária que refletia o respeito pela pessoa do preso: não se aplicavam ao recluso medidas ou tratamentos que fizessem recair sobre ele uma nota de infâmia ou desonra. Nenhuma das sanções disciplinadas, nem mesmo as mais graves, tinha caráter infamante, como se fazia frequentemente na vida carcerária da época. Por isso, em suas reflexões, dizia: "convenceram-me enfim de que o mais ineficaz de todos os recursos em um estabelecimento penal, e o mais pernicioso também e mais funesto a seus progressos de moralidade, são os castigos

---

93. Amancio Tome Ruiz, El Coronel Montesinos, *REP*, 1945, p. 69.

94. Vicente Boix, *El sistema penitenciario del presidio correccional de Valencia*, p. 43.

corporais extremos. Esta máxima deve ser constante e de aplicação geral nestas casas, qual seja a de não envilecer mais aos que degradados por seus vícios vêm a elas (...), porque os maus tratamentos irritam mais que corrigem e afogam os últimos alentos de moralização[95]". Seus claros conceitos sobre a dignidade do recluso e os perigos que encerra o poder disciplinar incontrolado levam-no a propor a necessidade de que exista um código interno dos presídios (o que hoje se chamaria regulamento interno disciplinar), visto que é importante para "a boa ordem dos presídios, porque, nem é justo que a correção de faltas leves fique ao absoluto arbítrio dos comandantes, sem regras, pelo menos gerais, que determinem de algum modo sua conduta; nem julgo conveniente que as leis comuns qualifiquem os excessos dos confinados"[96]. Os argumentos de Montesinos continuam atuais, visto que o poder disciplinar deve reger-se pelo princípio da legalidade.

No presídio valenciano, sob a direção de Montesinos, a disciplina era severa, mas humana. Essa não foi a regra predominante no século XX, já que na Inglaterra, por exemplo, a pena corporal foi abolida somente em 1948, por meio do *Criminal Justice Act*, sendo aplicável em casos de motim, excitação ao motim ou grave violência pessoal contra oficial da prisão, até 1962. Para os menores de vinte e um anos consistia em doze golpes de vara, e a maiores aplicavam-se dezoito golpes com o *gato de nove nós*[97]. Tal como ocorre com a pena privativa de liberdade, o poder disciplinar continua sendo uma amarga necessidade, mas deve respeitar o princípio da legalidade e da dignidade humana.

Montesinos tinha a firme convicção de que a prisão deveria buscar a recuperação do recluso. A função do presídio era devolver à sociedade homens honrados e cidadãos trabalhadores. Não acreditava que devesse servir somente para modificar o recluso[98]. Embora essa ideia pareça lógica e evidente, ainda hoje, em muitos setores sociais, encontra-se enraizado o conceito de que a prisão é um lugar onde se deve propiciar o sofrimento e a mortificação do delinquente[99].

---

95. Manuel Montesinos, *Reflexiones sobre la organización del presidio de Valencia; reforma de la dirección del ramo y sistema económico del mismo*. Publicado pela imprensa do Presídio de Valencia, 1846, reproduzido na *REP*, em 1962, p. 254; Manoel Pedro Pimentel, Sistemas penitenciarios, *RT*, n. 639, São Paulo, 1989, p. 267.

96. Manoel Pedro Pimentel, Sistemas penitenciários, *RT*, n. 639, p. 254.

97. E. Cuello Calón, Montesinos, precursor..., *REP*, 1962, p. 54.

98. Mensagem de Montesinos ao Sr. d. Diego Martinez de la Rosa, da direção-geral dos presídios, publicada na *REP*, 1962, p. 284.

99. Manuel Montesinos, Bases en que se apoya mi sistema penal, *REP*, 1962, p. 291.

4.3.2. A função reabilitadora do trabalho

Montesinos participa da ideia, que ainda se mantém sólida, de que o trabalho é o melhor instrumento para conseguir o propósito reabilitador da pena. O trabalho tem a propriedade de "Diminuir a repugnância que tinha o antigo *mal-estar* dos presidiários, e inspirar-lhes, sobretudo, o amor pelo trabalho, que fosse capaz de conter ou de extinguir a poderosa influência de seus vícios e maus hábitos"[100]. Em suas reflexões sobre o Presídio de Valência, volta a insistir nas virtudes reabilitadoras do trabalho. Essa foi uma ideia persistente dentro de suas concepções, obtendo um êxito notável quando a pôs em prática. Cuello Calón considera que os conceitos que Montesinos tinha sobre a função terapêutica do trabalho são tão avançados que o convertem em precursor de muitas das teses que se implantaram em outros países muitos anos mais tarde[101].

Sustentava que o trabalho penitenciário devia ser remunerado, porque seria o melhor estímulo para despertar o interesse por alguma atividade produtiva. Também permitiria às empresas da prisão alcançar suficiente força competitiva, do ponto de vista comercial[102].

No entanto, apesar de seu interesse pela eficácia do trabalho carcerário, não ignorou um princípio muitas vezes esquecido: o trabalho penitenciário não deve ser somente uma forma de especulação, mas deve servir fundamentalmente como meio de ensinamento, já que "o benefício moral do apenado, muito mais que o lucro, é o objetivo que a lei se propõe"[103].

O significativo progresso que Montesinos conseguiu com o regime laboral do Presídio de Valência originou queixas e reclamações, formuladas pelos fabricantes e artesãos em razão da competição que o trabalho do centro penal significava. Os artesãos livres viram-se preteridos, já que os produtos elaborados no presídio eram de melhor qualidade. Alegavam que a indústria prisional não estava sujeita à onerosa carga de impostos. O governo atendeu os clamores da indústria livre, cessaram as queixas dos artesãos e logo a seguir os trabalhos prisionais diminuíram sua qualidade, sobretudo porque para alguns arrendatários escasseava a matéria-prima, e outros se dedicavam a levar o descrédito às oficinas carcerárias[104]. Esse pro-

---

100. Bases..., *REP*, 1962, p. 284.

101. E. Cuello Calón, Montesinos, precursor..., *REP*, 1962, p. 48.

102. Idem, ibidem, p. 51.

103. Nota de Montesinos, Bases..., *REP*, 1962, p. 291.

104. E. Cuello Calón, Montesinos, precursor..., *REP*, 1962, p. 60.

blema ainda não foi resolvido satisfatoriamente. O trabalho penitenciário enfrenta a triste sina de ter de ser ineficiente, marginal e improdutivo, com evidente desvinculação do meio social. Embora se fale na missão ressocializadora da pena, a própria sociedade pressiona para que a realidade penitenciária seja somente um meio de isolamento, onde as possibilidades de conseguir uma autêntica reintegração social são praticamente inexistentes.

Essa diminuição na eficácia produtiva do Presídio de Valência foi o primeiro tropeço que encontrou Montesinos, dando início a uma sucessão de contrariedades que, depois de uma brilhante trajetória, levaram-no a pedir demissão de seu cargo, no início de 1854.

4.3.3. Outras ideias de Montesinos

Há muitos pontos em que Montesinos demonstrou seu agudo sentido analítico, adotando posturas que continuam plenamente válidas. Eis alguns dos aspectos que comprovam seu pioneirismo:

1º) *Contrário ao regime celular* — rechaçava o regime celular, porque considerava que só podia satisfazer uma das condições da pena: a mortificação do apenado. Por outro lado, era impossível alcançar o objetivo essencial da pena, isto é, socializar o apenado, em absoluto isolamento. A incomunicabilidade absoluta deve ser evitada, porque, além de impedir o objetivo aludido, constitui favor de desmoralização, que facilmente pode desembocar na loucura ou no suicídio[105]. A opinião de Montesinos tem grande mérito, por haver sido expressada em uma época em que o sistema celular gozava de grande prestígio.

2º) *Admitia a concessão de licenças de saída* — na época de Montesinos desconheciam-se totalmente as permissões para saídas temporárias. O rigor na execução da pena, orientação predominante da época, não permitia pensar que fosse possível interrompê-la. Na realidade, as licenças de saída não se institucionalizaram até época relativamente recente. Entretanto, Montesinos concedia permissões de saída aos reclusos do Presídio de Valência. Fê-lo em diversas oportunidades e por motivos os mais variados[106].

3º) *Considerava benéfica a integração de grupos mais ou menos homogêneos* — dentro das modernas orientações sobre a classificação dos internos com propósito de tratamento, admite-se a ideia de que os grupos

---

105. Manuel Montesinos, *Reflexiones*, p. 259.
106. E. Cuello Calón, Montesinos, precursor..., *REP*, 1962, p. 58.

não sejam totalmente homogêneos, quer dizer, que não haja uma rígida separação entre perigosos e não perigosos, recuperáveis e incorrigíveis etc. Pois bem, há mais de um século Montesinos já havia aplicado esses conceitos. Não viu nenhum inconveniente em se mesclarem no Presídio de Valência "bons" e "maus", com o fim de estimular sua modificação.

4º) *Criou uma prática penitenciária que constituiu um importante antecedente da prisão aberta* — o regime penitenciário descrito por Montesinos em suas reflexões, quando afirma que o presídio não tem mais fechaduras que uma residência particular, que não existem baionetas que o circundem, existindo, à noite, não mais que o auxílio de doze capatazes anciões e quase inválidos, não é mais que o prelúdio do que hoje se chama *prisão aberta*[107]. Na prisão de Valência não havia "um só ferrolho que pudesse resistir ao empurrão de qualquer dos confinados e onde sua segurança está confinada a seus hábitos de subordinação e moralidade (...), sendo tão poucas as deserções que nem menção merecem"[108]. As características defendidas por Montesinos encontram-se no espírito que justifica a moderna fórmula da "prisão aberta". Cuello Calón chega a considerar que o Presídio de Valência pode ser classificado como possuidor de um definido regime aberto[109]. Essa afirmação pode ser discutível, mas, de qualquer forma, deve-se reconhecer que dentro das ideias penitenciárias aplicadas por Montesinos encontra-se um importante antecedente da *prisão aberta*.

5º) *Antecedente da liberdade condicional* — frequentemente se atribui a Montesinos a criação do instituto da liberdade condicional. No entanto, não se pode afirmar que tenha sido obra de um só criador. Na verdade, formou-se no ambiente daquela época, sendo possível encontrar em vários lugares distintas medidas que convergiriam para a criação do que hoje chamamos "liberdade condicional"[110].

Montesinos introduziu no Presídio de Valência o sistema de reduzir em uma terça parte a duração da condenação, como recompensa pela boa conduta. Considerou-se, algumas vezes, que tenha adotado tal redução sem nenhum respaldo legal. Rafael Salillas demonstra, porém, que essa afirmação é equivocada e que o art. 303 da Ordenação-Geral dos Presídios do

---

107. Manuel Montesinos, *Reflexiones*, p. 251.
108. Idem, ibidem, p. 252.
109. E. Cuello Calón, Montesinos, precursor..., *REP*, 1962, p. 60.
110. E. Cuello Calón, Montesinos, precursor..., *REP*, 1962, p. 44.

Reino, de 1834, dava-lhe fundamento jurídico[111]. Assim, o incipiente desenvolvimento da *liberdade condicional*, sob a influência de Montesinos, não só se originou em suas ideias como contava com o devido respaldo legal.

Apesar de terem existido realizações meritórias, do ponto de vista penitenciário, anteriores à de Montesinos, isso não diminui a importância da obra de um penitenciarista tão excepcional. Tampouco constitui demérito ao seu trabalho admitir que teve alguma preparação prévia, assim como certos conhecimentos sobre as prisões, quando assumiu a direção do Presídio de Valência. O mais importante de sua obra consiste no fato de não se resumir em simples teorias. Seu melhor testemunho foi o enfrentamento diário da paradoxal realidade penitenciária.

A vida e a obra de Montesinos foram especialmente importantes para o atual penitenciarismo hispânico, já que, além de sua mensagem manter, em seus aspectos fundamentais, plena vigência, também veio marcar o início definitivo de uma importante tradição penitenciária.

4.4. Crise do sistema progressivo: algumas causas

Hoje se pode dizer que o sistema progressivo encontra-se em crise[112] e que vai sendo substituído, ao menos formalmente, por um tratamento de "individualização científica", embora a aplicação de princípios científicos não resolva todos os problemas que encerra o comportamento delitivo.

Uma das causas da crise do sistema progressivo deve-se à irrupção, nas prisões, dos conhecimentos criminológicos, o que propiciou a entrada de especialistas muito diferentes daqueles a que o regime progressivo clássico estava acostumado. Essa mudança conduziu a uma transformação substancial dos sistemas penitenciários. Enrico Ferri[113] admitia que o sistema progressivo tinha algumas vantagens, já que era, na sua opinião, menos pior que os outros. No entanto, Ferri advertia ser necessário levar em consideração que o sistema irlandês havia dado bons resultados, especialmente no que se refere à diminuição das reincidências, pelo fato de que, na Irlanda, grande parte dos liberados condicionalmente emigravam para a América. Ferri também criticou o automatismo do então sistema progres-

---

111. Rafael Salillas, *Montesinos y el sistema progresivo*, publicado pela primeira vez em 1906 e reproduzido na *REP*, em 1962, p. 314.

112. F. Bueno Arus, Panorama comparativo, in *Problemas actuales*, p. 323.

113. Enrico Ferri, *Sociología criminal*, p. 316.

sivo, já que, segundo seu critério, a progressão ou regressão, fundamentada em um regulador automático com o número de fichas ganhas ou perdidas, não tinha mais que um valor puramente negativo, analisado do ponto de vista humano e psicológico.

Ao regime progressivo podem-se assinalar, entre outras, as seguintes limitações:

a) A efetividade do regime progressivo é uma ilusão, diante das poucas esperanças sobre os resultados que se podem obter de um regime que começa com um controle rigoroso sobre toda a atividade do recluso, especialmente no regime fechado[114].

b) No fundo, o sistema progressivo alimenta a ilusão de favorecer mudanças que sejam progressivamente automáticas. O afrouxamento do regime não pode ser admitido como método social que permitia a aquisição de maior conhecimento da personalidade e da responsabilidade do interno.

c) Não é plausível, muito menos em uma prisão, que o recluso esteja disposto a admitir voluntariamente a disciplina imposta pela instituição penitenciária.

d) O maior inconveniente que tem o sistema progressivo clássico é que as diversas etapas se estabelecem de forma rigidamente estereotipada.

e) O sistema progressivo parte de um conceito retributivo. Por meio da aniquilação inicial da pessoa e da personalidade humana, pretende que o recluso alcance sua readaptação progressiva, por intermédio do gradual afrouxamento do regime, condicionado à prévia manifestação de "boa conduta", que muitas vezes é só aparente. Nesse sentido merece ser citado o pensamento de Bustos Ramirez[115]: "Por isso o controle alcança todo dissidente social, econômico, político. A *minoria independente* não tem vez, somente a minoria subjugada dentro do organismo total. A maioria, por sua vez, consegue-se mediante uma série de mecanismos de dominação--subordinação, entre os quais também têm importância fundamental os de encobrimento da dominação e os de coação dos subordinados. O consenso consegue uma mecânica de constante reprodução da maioria e inserção da minoria ou de sua eliminação".

---

114. Manuel Lopez Rey y Arrojo, *Criminología (teoría, delincuencia juvenil, prevención, predicción y tratamiento)*, p. 521.

115. Juan Bustos Ramirez, *Control social y sistema penal*, p. 66.

A crise do regime progressivo levou a uma profunda transformação dos sistemas carcerários. Essa transformação realiza-se através de duas vertentes: por um lado a individualização penitenciária (individualização científica), e, por outro, a pretensão de que o regime penitenciário permita uma vida em comum mais racional e humana (por exemplo, quando se estimula o regime aberto).

Inquestionavelmente a pena privativa de liberdade, depois de um processo mais ou menos longo, converteu-se na resposta penal predominante[116], mas nas últimas décadas acentuou-se a crise, que segundo Von Hentig já se manifestava há mais de um século. Esse pensamento Garofalo[117] já manifestava em sua época: "O homem se cansa de atormentar a seu semelhante indefeso. O crime mais horrível resulta, ao final de um ou mais anos, em uma página de crônica de um tempo quase esquecido. O desgosto contra seu autor é uma impressão que, como todas as demais, debilita-se pelo tempo e com a familiaridade vivida com o réu. Uma vez velho e abatido, já não suscita a nossa invencível antipatia como nos primeiros momentos logo após o delito. Um tratamento excessivamente rígido chega a parecer uma inútil crueldade. Se ele sofre, se pede, por piedade, não ser obrigado a enlouquecer entre as quatro paredes de sua cela, seus gemidos acabam por encontrar acolhida". Assim, a crise do regime progressivo, que afinal de contas poderia encontrar uma solução, está diretamente relacionada com o sentido e as realizações da pena privativa de liberdade. É possível que nas últimas décadas esse problema se tenha aprofundado, entre outras razões, pelas seguintes:

a) A duração das penas de prisão tem sido reduzida. É indiferente que se tenha logrado ou não a ansiada correção do delinquente. É evidente que, ao diminuir a duração das penas, transcorre um período cada vez mais breve entre a reclusão e a saída em liberdade do delinquente e, geralmente, sem conseguir, durante a reclusão, sua recuperação. Essa situação eleva substancialmente as probabilidades de reincidência e acentua a impressão de que a prisão produz efeitos pouco significativos sobre o recluso.

b) Outro aspecto que deve ser considerado refere-se ao aumento da expectativa de vida da população. Essa circunstância permite que os delin-

---

116. O predomínio da pena privativa de liberdade é uma característica do direito penal moderno. Essa importância reflete-se no fato de que, em muitos dos sistemas penais atuais, mais de 50% das penas impostas são privativas de liberdade (Carlos García Valdés, *Introducción*, p. 135).

117. Rafael Garofalo, *Estudios criminalistas*, p. 97.

quentes possam aplicar durante muito mais tempo que no início do século XX seus conhecimentos da vida, da técnica criminal e do tratamento com a polícia e os tribunais de justiça[118]. Os dois fatores citados (redução da duração das penas impostas e aumento da expectativa de vida) aumentam sensivelmente a quantidade de delitos, evidenciando com maior dramatismo o fracasso da prisão.

c) Nos últimos tempos houve um aumento da sensibilidade social em relação aos direitos humanos e à dignidade do ser humano. A consciência moral está mais exigente nesses temas. Se fizermos uma observação mais rigorosa, constataremos que as guerras e outros crimes do passado são equivalentes aos de hoje, com a agravante de que frequentemente se realizam em nome de uma religião de moral universal. Se acusamos Hitler de genocídio e não a Luís XIV, isso se deve simplesmente ao fato de que no decurso de três séculos houve uma evolução gigantesca da consciência moral. Por outro lado, "Por ser a nossa moral muito mais exigente que a de nossos antepassados, não podemos julgar seus comportamentos segundo os mesmos critérios que empregamos para julgar nossos contemporâneos. O santo patriarca Abraão, que prostituiu a sua mulher; Moisés, de quem se diz que era o 'mais doce dos homens', que massacrou os acusados de idolatria; o maior filósofo do ocidente, Platão, que achava normal a escravidão e a pederastia; os cruzados, que colocavam cintos de castidade em suas esposas; o sombrio fanatismo dos inquisidores; o reformador do cristianismo, Calvino, em suma, tudo o que nos choca e escandaliza no passado humano, tudo deve ser julgado segundo o grau de evolução da consciência moral correspondente a cada época"[119].

Essa maior conscientização social não tem ignorado os problemas que a prisão apresenta e o respeito que merece a dignidade dos que, antes de serem criminosos, são seres humanos. Um bom exemplo desse processo pode ser o interesse da ONU pelos problemas penitenciários, chegando inclusive a estabelecer as famosas Regras Mínimas para o Tratamento dos Reclusos (Genebra, 1955). Também vale a pena citar os distintos pactos sobre direitos humanos, sendo os mais importantes: a Declaração Americana de Direitos e Deveres do Homem (Bogotá, 1948); a Declaração Universal dos Direitos Humanos (Paris, 1948); a Convenção Europeia para a Garantia dos Direitos Humanos (1950); os Pactos de Direitos Civis e Políticos, assim como o de Direitos Econômicos, Sociais e Culturais das Nações

---

118. Hans von Hentig, *La pena*, p. 189.
119. Ignace Lepp, *La nueva moral*, p. 55.

Unidas (Nova York, 1966) e a Convenção Americana de Direitos Humanos (São José, 1969). Como outro exemplo da crescente importância dos direitos humanos, embora pouco respeitados, especialmente em relação à pena de prisão, vale a pena citar o trabalho da Anistia Internacional. Todo esse ambiente de crescente conscientização tem levado a um questionamento mais rigoroso do sentido teórico e prático da pena privativa de liberdade, contribuindo ainda mais para o debate sobre a sua crise.

▣ III
AS FUNÇÕES DA PENA NO ESTADO DEMOCRÁTICO DE DIREITO

1. Generalidades

Pena e Estado são conceitos intimamente relacionados entre si. O desenvolvimento do Estado está intimamente ligado ao da pena. Para uma melhor compreensão da sanção penal, deve-se analisá-la levando-se em consideração o *modelo socioeconômico* e a *forma de Estado* em que se desenvolve esse sistema sancionador[1].

Convém registrar que a uma concepção de Estado corresponde uma de pena, e a esta, uma de culpabilidade. Destaque-se a utilização que o Estado faz do Direito Penal, isto é, da pena, para facilitar e regulamentar a convivência dos homens em sociedade. Apesar de existirem outras formas de controle social — algumas mais sutis e difíceis de limitar que o próprio Direito Penal[2] —, o Estado utiliza a pena para proteger de eventuais lesões determinados bens jurídicos, assim considerados em uma organização socioeconômica específica. Estado, pena e culpabilidade formam conceitos dinâmicos inter-relacionados. Com efeito, é evidente a relação entre uma teoria determinada de Estado com uma teoria da pena, e entre a função e finalidade desta com o conceito dogmático de culpabilidade adotado. Assim como evolui a forma de Estado, o Direito Penal também evolui, não só no plano geral, como também em cada um dos seus conceitos fundamentais. A função do Direito Penal depende da função que se atribui à pena e à medida de segurança, como meios mais ca-

---

1. Juan Bustos Ramirez e H. Hormazabal Malarée, Pena y Estado, in *Bases críticas de un nuevo derecho penal*, Bogotá, Temis, 1982, p. 114.

2. Francisco Muñoz Conde, *Derecho penal y control social*, cit., p. 40.

racterísticos de intervenção do Direito Penal. No entanto, após examinarmos as funções que se atribui à sanção penal, constataremos que — como destaca Mir Puig — "nem a função do Direito Penal pode derivar-se de uma contemplação de penas e medidas como figuras isoladas do sentido que em cada momento histórico-cultural e em cada modelo de Estado corresponde ao Direito, nem a função do Direito Penal esgota-se na função da pena e da medida de segurança"[3]. É quase unânime, no mundo da ciência do Direito Penal, a afirmação de que a pena justifica-se por sua necessidade. Muñoz Conde[4] acredita que sem a pena não seria possível a convivência na sociedade de nossos dias. Coincidindo com Gimbernat Ordeig[5], entende que a pena constitui um recurso elementar com que conta o Estado, e ao qual recorre, quando necessário, para tornar possível a convivência entre os homens.

Se a pena já não é esse "mal" de que falam os defensores das teorias retribucionistas, mas, ao contrário, uma grave e imprescindível necessidade social, os postulados que fundamentam este conceito submergem em uma profunda crise que tem antecedentes no período do Iluminismo. Ainda que se reconheçam fins preventivos — gerais ou especiais — para a doutrina tradicional, a pena é concebida como um mal que deve ser imposto ao autor de um delito para que expie sua culpa. Isso não é outra coisa que a concepção retributiva da pena. Todavia, no decurso histórico do Direito Penal, da pena e do Estado[6], observam-se notórias rupturas, entre as quais se encontra a transição das concepções retributivas da pena às orientações preventivas (gerais ou especiais), além de algumas outras mais modernas, como as da "prevenção geral positiva", limitadora ou fundamentadora[7]. Com a evolução das justificativas e funções da pena, impõe-se a necessidade de analisar as diversas explicações teóricas que a doutrina tem dado à pena.

---

3. Santiago Mir Puig, *Derecho penal; parte general*, 6. ed., Barcelona, Editorial Repertor, 2002, p. 83.

4. Muñoz Conde, *Introducción al derecho penal*, Barcelona, Bosch, 1975, p. 33 e s.

5. Gimbernat Ordeig, ¿ Tiene un futuro la dogmática jurídico-penal?, in *Estudios de derecho penal*, 2. ed., Madrid, Civitas, 1981, p 115.

6. Juan Bustos Ramirez e H. Hormazabal Malarée, Pena y Estado, in *Bases críticas de un nuevo derecho penal*, Bogotá, Temis, 1982, p. 114.

7. Santiago Mir Puig, Función fundamentadora y función limitadora de la prevención general positiva, *ADPCP*, 1986, p. 48 e s.

2. Teorias sobre a função da pena

Interessa-nos destacar, principalmente, alguns aspectos da passagem de uma concepção retributiva a uma formulação preventiva da pena. Com essa evolução, o conceito de culpabilidade também se torna consideravelmente modificado em sua finalidade e consideração doutrinária. A atual crise da concepção tradicional de culpabilidade relaciona-se, de alguma forma, com a aparição de novas orientações sobre o sentido e função da pena estatal.

Não há necessidade de assinalar sequer o fato de que a uma concepção de Estado corresponde, da mesma forma, uma de pena, e a esta, uma de culpabilidade. Destacamos a utilização que o Estado faz do Direito Penal, isto é, da pena, para facilitar e regulamentar a convivência dos homens em sociedade. Apesar de existirem outras formas de controle social — algumas mais sutis e difíceis de limitar que o próprio Direito Penal[8] —, o Estado utiliza a pena para proteger de eventuais lesões determinados bens jurídicos, assim considerados em uma organização socioeconômica específica. Pena e Estado são conceitos intimamente relacionados entre si. O desenvolvimento do Estado está intimamente ligado ao da pena. Bustos Ramirez e Hormazabal Malarée, em seu estudo *Pena y Estado*[9], assinalam que a pena — sentido, funções e finalidades — deve ser analisada, para maior e mais ampla compreensão, levando em consideração o modelo socioeconômico e a forma de Estado em que se desenvolve esse sistema sancionador.

Estado, pena e culpabilidade formam conceitos dinâmicos inter-relacionados. Com efeito, é evidente a relação entre uma teoria determinada de Estado com uma teoria da pena, e entre a função e finalidade desta com o conceito dogmático de culpabilidade adotado. Assim como evolui a forma de Estado, o direito penal também evolui, não só no plano geral como em cada um dos seus conceitos fundamentais. Essa circunstância Von Liszt já destacava ao afirmar que "pelo aperfeiçoamento da teoria da culpabilidade mede-se o progresso do Direito Penal"[10], afirmação absolutamente correta, que destaca um dos pontos centrais da ciência jurídico-penal, a culpabilidade.

---

8. Francisco Muñoz Conde, *Derecho penal y control social*, p. 40.

9. Juan Bustos Ramirez e H. Hormazabal Malarée, Pena y Estado, in *Bases críticas*, p. 114.

10. Franz von Liszt, *Tratado de derecho penal*, p. 390.

Um conceito dogmático como o de culpabilidade requer, segundo a delicada função que vai realizar — fundamentar o castigo estatal —, uma justificativa mais clara possível do porquê e para quê da pena. Sendo assim, é importante ressaltar, com Hassemer[11], que a moderna dogmática da culpabilidade procura critérios para precisar o conceito de poder geral em um campo próximo: nos fins da pena. "Evidentemente, os fins da pena, como teorias que indicam a missão que tem a pena pública, são um meio adequado para concretizar o juízo de culpabilidade. Uma concreção do juízo de culpabilidade sob o ponto de vista dos fins da pena promete, além do mais, uma harmonização do sistema jurídico-penal, um encadeamento material de dois setores fundamentais, que são objeto hoje dos mais graves ataques por parte dos críticos do Direito Penal."

Da exposição feita até aqui, constata-se a necessidade do exame das diversas teorias que explicam o sentido, função e finalidade das penas, pelo menos das três mais importantes: teorias absolutas, teorias relativas (prevenção geral e prevenção especial) e teorias unificadoras ou ecléticas[12]. Analisaremos também outras modernas teorias da pena, como as da prevenção geral positiva, em seu duplo aspecto, limitadora e fundamentadora.

Mir Puig esclarece: "Convém antes de mais nada, para evitar graves e frequentes equívocos, distinguir a *função* do *conceito* de pena, como hoje insistem Rodriguez Devesa e Schimidhauser, a partir do Direito Penal; e Alf Ross, a partir da Teoria Geral do Direito, ainda que com terminologia distinta da que aqui empregamos. Segundo o *conceito* que adotam, a pena é um *mal* que se impõe *por causa da prática de um delito*: conceitualmente, a pena é um *castigo*. Porém, admitir isso não implica, como consequência inevitável, que a função, isto é, fim essencial da pena, seja a retribuição"[13]. Dito isso, podemos passar ao exame das teorias absolutas da pena, também chamadas retribucionistas.

---

11. Winfried Hassemer, *Fundamentos de derecho penal*, p. 290; Claus Roxin, La determinación de la pena a la luz de la teoría de los fines de la pena, in *Culpabilidad y prevención en derecho penal*, p. 93 e s.

12. Santiago Mir Puig, *Introducción a las bases del derecho penal*, p. 61; Francisco Muñoz Conde, *Introducción al derecho penal*, p. 34; Claus Roxin, Sentido y límites, in *Problemas básicos de derecho penal*, p. 12.

13. Santiago Mir Puig, *Introducción a las bases*, p. 61.

3. Teorias absolutas ou retributivas da pena

Entende-se melhor a ideia de pena em sentido absoluto quando se a analisa conjuntamente com o tipo de Estado que lhe dá vida. As características mais significativas do Estado absolutista eram a identidade entre o soberano e o Estado, a unidade entre a moral e o direito, entre o Estado e a religião, além da metafísica afirmação de que o poder do soberano lhe era concedido diretamente por Deus[14]. A teoria do direito divino pertence a um período em que não somente a religião mas também a teologia e a política confundiam-se entre si, em que "até" para fins utilitários era obrigatório encontrar-se um fundamento religioso se se pretendesse ter aceitação[15]. Na pessoa do rei concentrava-se não só o Estado, mas também todo o poder legal e de justiça. A ideia que então se tinha da pena era a de ser um castigo com o qual se expiava o mal (pecado) cometido. De certa forma, no regime do Estado absolutista, impunha-se uma pena a quem, agindo contra o soberano, rebelava-se também, em sentido mais que figurado, contra o próprio Deus.

Bustos Ramirez explica que o Estado absolutista é conhecido também como um Estado de transição. É o período necessário entre a sociedade da baixa Idade Média e a sociedade liberal. Ocorre nesse período o aumento da burguesia e um considerável acúmulo de capital. Obviamente, diante do efetivo desenvolvimento que essa nova classe social estava experimentando, fazia-se necessária a implementação de meios para proteger o capital, produto da pujança dos novos capitalistas. Compreende-se, então, por que o Estado absoluto concentrou a seu redor e com uso ilimitado o poder necessário para o desenvolvimento posterior do capitalismo. Nesse sentido, "a pena não podia ter senão as mesmas características e constituir um meio a mais para realizar o objetivo capitalista"[16].

A execução das penas ao longo desse período, como destacaram Rusche e Kircheimer, consistia, principalmente, na exploração da mão de obra, por meio do internamento dos indivíduos em cárceres, casas de trabalho (*workhouses*), hospitais gerais etc., os quais se desenvolveram fundamentalmente na Holanda, Inglaterra e Alemanha.

---

14. Fritz Kern, *Derechos del rey y derechos del pueblo*, p. 98.

15. John Neville Figgis, *El derecho divino de los reyes*, trad. Edmundo O'orgmann, México, Fondo de Cultura Económica, 1970, p. 20.

16. Juan Bustos Ramirez e H. Hormazabal Malarée, Pena y Estado, in *Bases críticas*, p. 117.

Com o surgimento do mercantilismo, o Estado absoluto inicia um processo de decomposição e debilitamento. Isso dá margem a uma revisão da até então estabelecida concepção de Estado, caracterizada pela vinculação existente entre o Estado e o soberano e entre este e Deus. Surge o Estado burguês, tendo como fundo a teoria do contrato social. O Estado é uma expressão soberana do povo, e com isso aparece a divisão de Poderes. Com essa concepção liberal de Estado, a pena não pode mais continuar mantendo seu fundamento baseado na já dissolvida identidade entre Deus e soberano, religião e Estado. A pena passa então a ser concebida como "a retribuição à perturbação da ordem (jurídica) adotada pelos homens e consagrada pelas leis. A pena é a necessidade de restaurar a ordem jurídica interrompida. À expiação sucede a retribuição, a razão divina é substituída pela razão de Estado, a lei divina pela lei dos homens"[17].

Tendo como objetivo político a teoria do contrato social, o Estado reduz sua atividade em matéria jurídico-penal à obrigação de evitar a luta entre os indivíduos agrupados pela ideia do consenso social. O indivíduo que contrariava esse contrato social era qualificado como traidor, pois com sua atitude não cumpria o compromisso de conservar a organização social, produto da liberdade natural e originária. Passava a não ser considerado mais como parte desse conglomerado social e sim como um rebelde[18] cuja culpa podia ser retribuída com uma pena.

Segundo esse esquema retribucionista, é atribuída à pena, exclusivamente, a difícil incumbência de realizar a justiça. A pena tem como fim fazer justiça, nada mais. A culpa do autor deve ser compensada com a imposição de um mal, que é a pena, e o fundamento da sanção estatal está no questionável livre-arbítrio, entendido como a capacidade de decisão do homem para distinguir entre o justo e o injusto. Isto se entende quando lembramos da "substituição do divino pelo humano" operada nesse momento histórico, dando margem à implantação do positivismo legal[19].

Por meio da imposição da pena absoluta não é possível imaginar nenhum outro fim que não seja único e exclusivamente o de realizar a justiça. A pena é um fim em si mesma. Com a aplicação da pena consegue-se a

---

17. Juan Bustos Ramirez e H. Hormazabal Malarée, Pena y Estado, in *Bases críticas*, p. 120.

18. Juan Bustos Ramirez, *Manual de derecho penal*, p. 45.

19. Juan Bustos Ramirez e H. Hormazabal Malarée, Pena y Estado, in *Bases críticas*, p. 120-121.

realização da justiça, que exige, diante do *mal* causado, um castigo que compense tal *mal* e retribua, ao mesmo tempo, o seu autor. Castiga-se *quia peccatur est*, isto é, porque delinquiu, o que equivale a dizer que a pena é simplesmente a consequência jurídico-penal do delito praticado.

O fundamento ideológico das teorias absolutas da pena baseia-se "no reconhecimento do Estado como guardião da justiça terrena e como conjunto de ideias morais, na fé, na capacidade do homem para se autodeterminar e na ideia de que a missão do Estado frente aos cidadãos deve limitar-se à proteção da liberdade individual. Nas teorias absolutas coexistem, portanto, ideias liberais, individualistas e idealistas"[20]. Em verdade, nessa proposição retribucionista da pena está subentendido um fundo filosófico, sobretudo de ordem ética, que transcende as fronteiras terrenas, pretendendo aproximar-se do divino.

Entre os defensores das teses absolutistas ou retribucionistas da pena destacaram-se dois dos mais expressivos pensadores do idealismo alemão: Kant, cujas ideias a respeito do tema que examinamos foram expressadas em sua obra *A metafísica dos costumes*[21], e Hegel, cujo ideário jurídico-penal se extrai de seus *Princípios da filosofia do direito*[22]. Além de Kant e Hegel, a antiga ética cristã também manteve essa posição.

3.1. Teoria de Kant

Tradicionalmente são destacados Kant e Hegel como os principais representantes das teorias absolutas da pena. É notória, no entanto, particular diferença entre uma e outra formulação: enquanto em Kant a fundamentação é de ordem ética, em Hegel é de ordem jurídica.

De acordo com as reflexões kantianas, quem não cumpre as disposições legais não é digno do direito de cidadania. Nesses termos, é obrigação do soberano castigar "impiedosamente" aquele que transgrediu a lei. Kant entendia esta como imperativo categórico, isto é, como aquele mandamento que "representasse uma ação em si mesma, sem referência a nenhum outro fim, como objetivamente necessária"[23].

---

20. H. H. Jescheck, *Tratado de derecho penal*, p. 96.

21. Immanuel Kant, *Fundamentación metafísica de las costumbres*; *Principios metafísicos de la doctrina del derecho*.

22. G. F. Hegel, *Filosofía del derecho*.

23. Immanuel Kant, *Fundamentación metafísica*, p. 61. Kant afirma que "todos os imperativos mandam, seja hipoteticamente, seja categoricamente. Os hipotéticos são aque-

Kant elabora sua concepção retributiva da pena sobre a ideia de que a lei penal é um imperativo categórico.

Os imperativos encontram sua expressão no "dever-ser", manifestando, dessa forma, essa relação de uma lei objetiva da razão com uma vontade, que, por sua configuração subjetiva, não é determinada forçosamente por tal lei. Os imperativos, sejam categóricos ou hipotéticos, indicam aquilo que resulte bom fazer ou omitir, não obstante se diga "que nem sempre se faz algo só porque representa ser bom fazê-lo". Seguindo o discurso kantiano, é bom "o que determina a vontade por meio de representações da razão e, consequentemente, não por causas subjetivas, e sim objetivas, isto é, por fundamentos que são válidos para todo ser racional como tal"[24].

Uma das formas pelas quais se apresenta o imperativo categórico diz: "não devo obrar nunca mais de modo que possa querer que minha máxima deva converter-se em lei universal"[25]. Para Rodriguez Paniagua[26], essa alegação kantiana se explica da seguinte forma: "essa lei universal ou geral a que se refere o imperativo categórico não é nenhuma lei determinada; nem sequer é uma lei que tenha um conteúdo determinado: é a própria lei na relação universal ou geral, a universalidade ou generalidade dos motivos das ações, é a legalidade sem mais nem menos". Em relação a isso, Kant considera que sua concepção sobre a moralidade é partilhada de modo geral. Mesmo assim, o filósofo idealista alemão opina que não basta a "legalidade das ações"; precisa-se, além do mais, "que o respeito a essa lei geral ou universal de moralidade seja o motivo concreto que impulsiona a vontade". A relação que Kant estabelece entre direito e moral é palpável. Isso pode ser uma consequência da exigência moral de que o direito seja acatado, de forma que os deveres jurídicos se convertam em morais indiretamente; ademais, assim, acontece que "alguns deveres jurídicos se convertem em morais indiretamente porque a moral exige também, por sua vez, essa ação que preceitua o Direito"[27].

Segundo Kant, "Direito é o conjunto de condições através das quais o arbítrio de um pode concordar com o arbítrio de outro, seguindo uma lei

---

les que representam a necessidade prática de uma ação possível, como meio de conseguir outra coisa que se queira (ou que seja possível que se queira)".

24. Immanuel Kant, *Fundamentación metafísica*, p. 96.

25. Idem, ibidem, p. 96.

26. José María Rodriguez Paniagua, *Historia del pensamiento jurídico*, p. 246.

27. Rodriguez Paniagua, *Historia*, p. 250.

universal ou geral"[28]. Daí se deduz seu princípio universal de direito, que diz: "é justa toda ação que por si, ou por sua máxima, não é um obstáculo à conformidade da liberdade de arbítrio de todos com a liberdade de cada um segundo leis universais"[29]. Admite, pois, que o direito deve levar em consideração as ações das pessoas na medida em que estas possam gerar influência recíproca e, além disso, aceitar que junto ao direito se encontre a possibilidade de coação: "o Direito e a faculdade de obrigar são, portanto, a mesma coisa"[30].

De certa forma, como demonstrou Rodriguez Paniagua[31], a concepção kantiana do direito representa uma decadência ou deficiência em relação à moralidade, o que, de alguma forma, se assemelha à aspiração marxista de eliminação do direito e do Estado, o que ocorreria "quando a educação do homem e as circunstâncias estivessem preparadas para isso". Essa forma de entender o fenômeno decadente do direito em relação à moral esclarece-se um pouco e não se esquece que o Estado, segundo a visão de Kant, educa concretamente para a moralidade, ou melhor, busca essa passagem da teoria do direito à teoria da virtude.

As considerações gerais sobre as proposições filosóficas de Kant permitirão introduzir-nos em sua ideia de direito penal, ou, seguindo sua terminologia, do direito de castigar: "A pena jurídica, *poena forensis* — afirma Kant —, não pode nunca ser aplicada como simples meio de procurar outro bem, nem em benefício do culpado ou da sociedade, mas deve sempre ser contra o culpado pela simples razão de haver delinquido: porque jamais um homem pode ser tomado como instrumento dos desígnios de outro, nem ser contado no número das coisas como objeto de direito real"[32]. O homem, na tese kantiana, não é uma coisa suscetível de instrumentalização. O homem não é, pois, "algo que possa ser usado como simples meio: deve ser considerado, em todas as ações, como fim em si mesmo"[33]. Consequentemente, pretender que o direito de castigar o delinquente encontre sua base em supostas razões de utilidade social não seria eticamente permitido.

No esquema filosófico kantiano, a pena deve ser aplicada somente porque houve infringência à lei. Seu objetivo é simplesmente realizar a jus-

---

28. Rodriguez Paniagua, *Historia*, p. 251.

29. Immanuel Kant, *Principios metafísicos*, p. 32.

30. Idem, ibidem, p. 35.

31. José María Rodriguez Paniagua, *Historia*, p. 251.

32. Immanuel Kant, *Principios metafísicos*, p. 167.

33. Immanuel Kant, *Fundamentación metafísica*, p. 85.

tiça, porque, "quando a justiça é desconhecida, os homens não têm razão de ser sobre a Terra"[34]. Essa crença no império da justiça levou Kant à elaboração do seu conhecidíssimo exemplo: se uma sociedade civil chegasse a dissolver-se, com o consentimento geral de todos os seus membros, como, por exemplo, se os habitantes de uma ilha decidissem abandoná-la e dispersar- -se, o último assassino mantido na prisão deveria ser executado antes da dissolução, a fim de que cada um sofresse a pena de seu crime, e que o homicídio não recaísse sobre o povo que deixasse de impor esse castigo, pois poderia ser considerado cúmplice dessa violação pura da justiça[35].

Em relação ao exemplo kantiano, Torio Lopez faz interessante observação ao responder à pergunta: a qual assassino se deve impor a pena capital? Afirma: "isso não deveria acontecer ao sujeito fenomênico, porque é questionável que a pena seja merecida, e sim ao sujeito racional, que sem motivo empírico — diríamos independentemente de caráter, móvel ou paixão — decide contrariar o imperativo categórico. Nesse caso, a pena de morte — desprovida de toda função preventiva-geral, dado que não há sociedade de referência, uma vez que dissolvida por pacto, já que no ser racional nada há a emendar ou corrigir — apareceria como verdadeira aporia"[36]. A opinião de Kant é farisaica, porque considera mais importante a morte de um só homem do que a perda de todo um povo[37].

Kant não ignorou um aspecto importante da pena: sua espécie e medida. Depois de se perguntar pelo grau e espécie de castigo que a justiça pública devia impor como princípio e como regra, a balança de seus juízos inclinou-se pelo *ius talionis*. Seus argumentos eram: "o mal não merecido que fazes a teu semelhante, o fazes a ti mesmo; se o desonras, desonras a ti mesmo; se o maltratas ou o matas, maltratas-te ou te matas a ti mesmo". Dessa forma, Kant afirma que não há nada melhor que o *ius talionis* para expressar a qualidade e a quantidade da pena, "mas com a condição, bem entendida, de ser apreciada por um tribunal (não pelo julgamento particular)"[38]. A função retribucionista da pena é evidente na tese kantiana, que, com sua aplicação, pretendia alcançar a justiça.

---

34. Immanuel Kant, *Principios metafísicos*, p. 167.
35. Idem, ibidem, p. 167-168.
36. Angel Torio Lopez, El sustracto antropológico de las teorías penales, p. 675 e s.
37. Immanuel Kant, *Principios metafísicos*, p. 167.
38. Idem, ibidem, p. 168.

Em síntese, Kant considera que o réu deve ser castigado pela única razão de haver delinquido, sem nenhuma consideração sobre a utilidade da pena para ele ou para os demais integrantes da sociedade. Com esse argumento, Kant nega toda e qualquer função preventiva — especial ou geral — da pena. A aplicação desta decorre da simples infringência da lei penal, isto é, da simples prática do delito.

3.2. Teoria de Hegel

Hegel também é partidário de uma teoria retributiva da pena. Sua tese resume-se na conhecida frase: "a pena é a negação da negação do Direito"[39]. Para Mir Puig, a fundamentação hegeliana da pena é — ao contrário da kantiana — mais jurídica, na medida em que para Hegel a pena encontra sua justificação na necessidade de restabelecer a vigência da *vontade geral*, simbolizada na ordem jurídica e que foi negada pela vontade do delinquente. Isso significa, na afirmação de Mir Puig, que, "*se a vontade geral* é negada pela vontade do delinquente, ter-se-á de negar essa negação através do castigo penal para que surja de novo a afirmação da vontade geral"[40]. A pena vem, assim, retribuir ao delinquente pelo fato praticado e "de acordo com o *quantum* ou intensidade da negação do direito será também o *quantum* ou intensidade da nova negação que é a pena"[41].

Bustos Ramirez sustenta que, para fazer uma análise das proposições de Hegel a respeito da pena, deve-se partir da seguinte afirmação: "o que é racional é real e o que é real é racional". Segundo o pensamento de Hegel, o direito vem a ser a expressão da vontade racional — *vontade geral* —, uma vez que, sendo uma organização racional, significa uma liberação da necessidade. A racionalidade e a liberdade são, pois, para Hegel, a base do direito. O delito, entendido como a negação do direito, é a manifestação de uma vontade irracional — vontade particular —, configurando assim essa comum contradição entre duas vontades[42].

---

39. Ulrich Klug, Para una crítica de la filosofía penal de Kant y Hegel, trad. Enrique Bacigalupo, in *Libro homenaje al profesor Jimenez de Asúa*, p. 37.

40. Santiago Mir Puig, *Derecho penal*, p. 36.

41. Juan Bustos Ramirez, *Manual de derecho penal*, p. 23.

42. Idem, ibidem, p. 23.

Ocorrida a vontade irreal ou nula — vontade particular ou especial — que é a do delinquente, "o delito é aniquilado, negado, expiado pelo sofrimento da pena, que, desse modo, restabelece o direito lesado"[43].

Na ideia hegeliana de direito penal, é evidente a aplicação de seu método dialético, tanto que podemos dizer, nesse caso, que a *tese* está representada pela vontade geral, ou, se se preferir, pela ordem jurídica; a *antítese* resume-se no delito como a negação do mencionado ordenamento jurídico e, por último, a *síntese* vem a ser a negação da negação, ou seja, a pena como castigo do delito.

Aceitando que a pena venha a restabelecer a ordem jurídica violada pelo delinquente, igualmente se deve aceitar que a pena não é somente um *mal* que se deve aplicar simplesmente porque antes houve outro mal[44], porque seria — como afirma o próprio Hegel — "irracional querer um prejuízo simplesmente porque já existia um prejuízo anterior"[45]. A imposição da pena implica, pois, o restabelecimento da ordem jurídica quebrada. Aliás, na opinião de Hegel, "somente através da aplicação da pena trata-se o delinquente como um ser *racional* e *livre*. Só assim ele será honrado, dando-lhe não apenas algo justo em si, mas lhe dando o seu *Direito*: contrariamente ao inadmissível modo de proceder dos que defendem princípios preventivos, segundo os quais se ameaça ao homem como quando se mostra um pau a um cachorro, e o homem, por sua honra e sua liberdade, não deve ser tratado como um cachorro.

Como Kant, também Hegel atribui um conteúdo talional à pena. No entanto, apesar de Hegel supor que a ação realizada determina a pena, não o faz fixando sua modalidade, como ocorre no sistema talional, mas apenas demonstra, exclusivamente, sua equivalência. Para Hegel a pena é a lesão, ou melhor, a maneira de compensar o delito e recuperar o equilíbrio perdido. Compreende que, na hora de determinar a natureza e medida da pena, seja difícil aplicar de modo literal o princípio da lei de talião, embora isso não elimine a justiça do princípio em relação à necessária identidade valorativa da lesão do direito, por obra da vontade do delinquente, e da lesão da vontade do delinquente com a aplicação da pena[46].

---

43. Claus Roxin, Sentido y límites, in *Problemas básicos*, p. 12; Juan Bustos Ramirez, *Manual de derecho penal*, p. 23.

44. Emilio Octavio de Toledo y Ubieto, *Sobre el concepto de derecho penal*, p. 202.

45. Idem, ibidem, p. 203.

46. Alfredo Echeverry, La controversia filosófica sobre la pena de muerte, *Boletín de la Comisión Andina de Juristas*, n. 12, out. 1986, p. 48; Juan Bustos Ramirez, *Manual de derecho penal*, p. 23; Ulrich Klug, Para una crítica, in *Libro homenaje*, p. 37.

3.3. Crítica de Klug às teses de Kant e Hegel

Partindo do princípio de que a pena, ou melhor, o sentido da pena, não deve ser o da expiação ou da retribuição, Ulrich Klug analisa criticamente os fundamentos filosóficos sustentados por Kant e Hegel para a fundamentação da pena estatal com sentido eminentemente retribucionista.

Em linhas gerais, Klug faz as seguintes objeções: sabe-se que em ambas as teses — kantiana e hegeliana — o sentido retributivo da pena só foi exposto e não provado. Isto é, não se trata de um conhecimento, e sim de simples crença, que ninguém está obrigado a aceitar. Nem sequer somos obrigados a admitir a ideia de Kant de que a justiça será lesada na hipótese de a pena ser aplicada em sentido diverso do retributivo. Klug pergunta: por que será injusta uma pena que se dirija à ressocialização sem levar em consideração a retribuição? Ou quem poderia saber quando uma pena é justa? E em seguida sustenta que "existe uma velha objeção contra a teoria da retribuição e expiação, que com o tempo não perdeu sua atualidade. No entanto, opina-se que além da ação e da pena não existem magnitudes comparáveis. Isso vige tanto para o princípio talional de Kant como para o ponto de vista valorativo de Hegel"[47].

Por outro lado, Klug diz que o imperativo categórico, na tese de Kant, é uma forma vazia de conteúdo. Segundo Klug, é notória a ausência de conteúdo no imperativo categórico: "atua de acordo com a máxima que pode valer ao mesmo tempo como uma lei geral", uma vez que — continua Klug — "o problema relacionado a que classe de lei geral deveria referir-se, permanece sem resposta. O imperativo categórico, de toda forma, poderia também ter vigência em uma sociedade de *gangsters*". Não se deduzindo do princípio enunciado conteúdo algum, também não é possível extrair a norma retribucionista.

O sempre citado exemplo da ilha é, na afirmação de Klug, "assombrosamente contraditório", já que "é necessário perguntar-se a quem deve responder aquela mística *dívida de sangue* se, como supôs Kant, já não existiria povo algum"[48].

Sobre a tese de Hegel, afirma o seguinte: "Que a violência pode ser abolida pela violência, não é uma conclusão inarredável. Por exemplo, é

---

47. Ulrich Klug, Para una crítica, in *Libro homenaje*, p. 38.

48. Idem, ibidem, p. 39; Angel Torio Lopez, El sustracto antropológico..., *Revista* cit., p. 675.

possível afirmar que a violência pode ser abolida pela não violência. No entanto, o que deve ser uma lesão? A cura de uma lesão seria um fenômeno de sentido. E a *negação da negação* é nada como construção, além de confusa. O paralelo lógico formal é inaceitável. A eliminação do dano causado pelo delito à ordem pacífica da sociedade pressupõe uma ação curativa positiva. A negação da negação, por sua vez, é só uma estrutura verbal e não é objetiva"[49].

Finalmente, faz uma crítica moral ao destacar a violência à dignidade humana, não só no sentido das normas morais, mas também no das atuais leis constitucionais, que consagram retribuição sem finalidade alguma. É postulado atualmente inquestionável — ideia antecipada por Kant — que, no seio de um Estado de Direito, o indivíduo não pode ser utilizado para fim exterior a ele. É por isso que o autor de um fato deve ser o centro dos esforços ressocializadores, e somente falhando a terapia social surgirá o direito de necessidade da sociedade, cuja consequência cristaliza a privação de liberdade ou outras sanções.

Totalmente oposta é a tese de Hegel, para quem a pena, em seu sentido retribucionista, *é uma honra* para o delinquente, uma vez que "é a consideração da dignidade humana que indica à sociedade que é necessário tentar a ressocialização e não só retribuir um mal causado. Somente dessa forma pode-se honrar o autor razoavelmente": através da imposição da pena se honra o delinquente, ao dar-lhe não só algo justo em si, mas também o seu direito.

Em resumo, os duvidosos fundamentos lógicos e morais em que Kant e Hegel basearam suas teorias da pena, além dos excessos irracionais que apresentam, são as razões que levam Klug a propor um adeus definitivo às teorias absolutas da pena[50]. Pelo que constatamos[51], na doutrina penal espanhola essas teorias não tiveram eco.

3.4. Outras teses retribucionistas da pena

Kant e Hegel não foram os únicos defensores das teorias absolutas da pena. Dentro da doutrina internacional podem-se constatar algumas outras

---

49. Ulrich Klug, Para una crítica, in *Libro homenaje*, p. 39.
50. Idem, ibidem, p. 40.
51. Santiago Mir Puig, *Introducción a las bases*, p. 63.

opiniões semelhantes. Em caráter meramente enunciativo nos ocuparemos de algumas dessas concepções.

Francesco Carrara, em seu conhecido *Programa de direito criminal*, escreveu que "O fim primário da pena é o restabelecimento da ordem externa da sociedade"[52]. Essa concepção de Carrara aproxima-se muito da defendida por Hegel.

O delito, na visão do penalista italiano, "ofende materialmente a um indivíduo, ou a uma família, ou a um número qualquer de pessoas, e o mal que causa não se repara com a pena... o delito agrava a sociedade ao violar suas leis e ofende a todos os cidadãos ao diminuir neles o sentimento de segurança...", e tudo isso porque, tendo perpetrado o delito, "... o perigo do ofendido deixa de existir e converte-se em um mal efetivo...". Mas, por outro lado, o perigo que ameaçava a tranquilidade dos demais cidadãos apenas começou, de forma que, para evitar novas ofensas por parte do delinquente, a pena deve ser aplicada para poder "reparar esse dano com o restabelecimento da ordem, que se vê alterada pela desordem do delito"[53].

Karl Binding, na Alemanha, também considerou a pena como retribuição de um mal por outro mal. Segundo Binding, a questão radica em confirmar a prevalência do poder do direito, para o qual se requer a redução do culpado pela força. Despreza-se, consequentemente, qualquer outro fim da pena, como expressão de força do Estado.

Para Mezger, a pena é "a irrogação de um mal que se adapta à gravidade do fato cometido contra a ordem jurídica. É, portanto, retribuição e, necessariamente, a privação de bens jurídicos".

Segundo Welzel, "a pena aparece presidida pelo postulado da retribuição justa, isto é, que cada um sofra o que os seus atos valem"[54]. Mais recentemente, Maurach[55] escreveu que "a característica principal da pena retributiva é a majestade de sua desvinculação de todo fim, como se expressa na exigência de Kant, de que, no caso de dissolução voluntária de uma

---

52. Francesco Carrara, *Programa de derecho criminal*, p. 615 e s.

53. Idem, ibidem, p. 616-619.

54. Juan Bustos Ramirez, Estado actual de la teoría, in *Bases críticas*, p. 153-154.

55. Citado por Winfried Hassemer in Fines de la pena en el derecho penal de orientación científico-social, in *derecho penal y ciencias sociales*, p. 117.

sociedade, deveria ser aplicada a pena ao último assassino". Essa afirmação de Maurach leva-nos a situá-lo entre os partidários da pena retributiva.

Houve também uma concepção retribucionista na antiga ética cristã. Uma teoria da pena que se fundamenta na retribuição do fato (pecado) cometido, que necessita de castigo para sua expiação, identifica-se melhor com argumentações religiosas do que jurídicas.

Desde os tempos em que a teoria do poder divino dos soberanos predominava no mundo medieval, a Igreja manteve uma vinculação com o Estado, mais concretamente com o soberano. Todavia, com as transformações políticas que o Estado sofreu ao longo da história, a Igreja também sofreu importantes mudanças em sua relação com aquele. A princípio começou a aceitar, de maneira paciente e calada, aqueles governantes bons e maus, como "disposições da vontade de Deus, que tem de ser aceita". Porém, os ministros da Igreja, ao ungir o rei como representante de Deus, fortalecendo, com isso, a autoridade do monarca, assumiam, de alguma forma, uma espécie de corresponsabilidade pelo bom governo. Por isso, em determinadas circunstâncias, viam-se obrigados "a tomar medidas disciplinares em relação aos soberanos por eles ungidos. Mas, por outro lado, declaravam inviolável contra ataques ilícitos o Direito do soberano, enraizado em um fundamento divino"[56].

Mais tarde, quando a instituição da unção régia decaiu, na tardia Idade Média, a Igreja adotou uma série de medidas visando diminuir o poder personificado pelos monarcas. As coroações dos reis deveriam incorporar, a partir de então, a hierarquia teocrática, mas, como afirma Kern,[57] "não como cabeça, mas como braço, que obedece à cabeça sacerdotal e fica sob a espada *ad nutum* dessa cabeça". É evidente o critério de instrumentalização que então a Igreja pretendeu estabelecer em relação ao monarca. Apesar dos esforços da Igreja, que não foram poucos, a consagração real diminuiu consideravelmente. Por outro lado, desprovida de sua transcendência eclesiástica, a unção real "retrocedeu também no campo do direito público"[58].

A identidade entre Igreja e Estado absolutista convergia para uma concentração total de poder legal na pessoa do rei, ungido pela Igreja, que lhe conferia mandato divino. Não há dúvida de que ambos os poderes, real

---

56. Fritz Kern, *Derechos del rey*, p. 98.
57. Idem, ibidem, p. 106.
58. Idem, p. 106.

e eclesiástico, compartilhavam de um mesmo conceito de sanção jurídica, isto é, de pena que, em nome de Deus, impunha-se ao autor de um fato contrário à lei: o vassalo não faltava ao rei quando infringia alguma lei; faltava diretamente a Deus, representado na Terra pelo rei, a quem correspondia concretizar a justiça.

Como explica Jescheck[59], a antiga ética cristã defendeu uma teoria retributiva da pena, constatável em duas direções distintas: de um lado, a teoria de dois reinos, e, de outro, a teoria da analogia *entis*. A primeira refere-se à ideia de uma ordem universal criada por Deus. A segunda parte da identidade entre o ser divino e o humano. Segundo Jescheck, o conteúdo das mencionadas teorias é o seguinte: "Essa teoria — a dos dois reinos — foi mantida por um setor da teologia protestante e pela antiga teoria católica. O sentido da pena está enraizado para Althaus *nela mesma como manutenção da ordem eterna ante e sobre o delinquente*. E, para Trilhaas, encerrado na ideia de expiação, o sentido da pena, sem considerar os seus fins, orienta-se unicamente em relação ao bem propriamente, e a pena, sem efeitos secundários, afeta somente ao delinquente". Especialmente expressiva é a citação da teoria da *analogia entis* que o Papa Pio XII fez em sua mensagem ao VI Congresso Internacional de Direito Penal: "O Juiz Supremo, em seu julgamento final, aplica unicamente o princípio da retribuição. Este há de possuir, então, um valor que não deve ser desconhecido". Mir Puig observa que se trata de um aparente paralelismo entre a exigência religiosa de Justiça Divina e a função da pena[60].

3.5. Críticas às teorias retributivas da pena

Surgiram críticas importantíssimas às teses retributivas da pena. Merecem destaque especial as que foram patrocinadas por Claus Roxin[61]. Vejamos os aspectos mais importantes de suas objeções:

Em primeiro lugar, afirmar que a teoria retributiva pressupõe a necessidade da pena exige, necessariamente, uma fundamentação. Entende-se a afirmação anterior em razão de que o significado da pena baseado na compensação da culpa humana não pode, de forma alguma, supor que seja ta-

---

59. H. H. Jescheck, *Tratado de derecho penal*, p. 97; Santiago Mir Puig, *Derecho penal*, p. 36.

60. Santiago Mir Puig, *Derecho penal*, p. 36.

61. Claus Roxin, Sentido y límites, p. 12 e s.

refa do Estado retribuir com uma sanção toda culpa. A teoria retributiva da pena "não explica *quando* se tem de sancionar, apenas diz: *se for imposta uma pena* — sejam quais forem os critérios —, *com ela tem de ser retribuí-do um delito*. Dessa forma, uma questão importantíssima fica sem solução, qual seja, de saber sob que fundamento a culpa humana autoriza o Estado a castigar". Concretamente, sustenta Roxin[62] que a teoria retributiva "fracassa diante da função de traçar um limite *em relação ao conteúdo* do poder estatal".

Em segundo lugar, destaca Roxin que "se se afirma sem restrições a faculdade estatal de penalizar formas de condutas culpáveis, continua insatisfatória a justificação da sanção da culpa", uma vez que "a possibilidade da culpabilidade humana pressupõe a liberdade de vontade (livre arbítrio) e a sua existência, com o que concordam inclusive os partidários da ideia retribucionista, é indemonstrável"[63].

Considera Roxin, em uma terceira objeção, que uma ideia retributiva da pena só é compreensível como mero ato de fé. A razão da afirmação está em que não se pode compreender racionalmente como é possível eliminar um mal (o delito) com outro mal (a pena). Evidentemente, o procedimento proposto é consequência do humano impulso de vingança do qual surgiu, em lenta evolução histórica, a pena. Mas sentencia Roxin "que a assunção da retribuição pelo Estado seja algo qualitativamente diferente da vingança, que a retribuição tire a *culpa do sangue do povo*, que o delinquente expie etc.; tudo isso só é concebível por um ato de fé", que nem sequer pode ser vinculante. De nada serve, por outro lado, invocar o mandato divino. Atualmente não há dúvida de que as sentenças não se pronunciam em nome de Deus, mas sim do poder delegado pelo povo ao Estado. Consequentemente, "não é mais admissível, em uma época em que todo o poder estatal deriva do povo, a legitimação de medidas estatais com a ajuda de poderes transcendentais"[64].

Roxin[65] despreza totalmente a teoria retribucionista, ou, como ele a chama, teoria da expiação, "porque deixa sem esclarecer os pressupostos da punibilidade, porque não estão comprovados seus fundamentos, e porque, como conhecimento de fé irracional, além de impugnável, não é vinculante".

---

62. Claus Roxin, Sentido y límites, in *Problemas básicos*, p. 12-13.
63. Idem, ibidem, p. 13.
64. Idem, p. 14.
65. Idem, p. 14-15.

Coloca-se em xeque, nestes termos, a defesa feita pelos teóricos do retribucionismo ao suporem que a única forma de garantir a proporcionalidade e a gravidade das penas em relação aos delitos praticados é a retribuição. A solução desse dilema é oferecida pelas teorias preventivas: não reprimir pelo fato praticado, mas preveni-lo.

Fica claro que uma teoria absoluta da pena não é aceitável em um moderno direito penal, no qual, como diz Hassemer, os critérios de verdade e racionalidade baseiam-se, científica e teoricamente, na observação, experimentação, prognose e planificação; uma cultura jurídica orientada empiricamente "não pode aceitar uma autêntica teoria absoluta da pena nem fundamentá-la e justificá-la como instrumento de prevenção estatal"[66]. De tal sorte, ao fundamentar a pena no indemonstrável poder do indivíduo de comportar-se de outro modo, apoia-se tal fórmula em bases científicas indemonstráveis e, consequentemente, altamente questionáveis.

Por outro lado, como bem destacou Mir Puig, o caráter fragmentário do direito penal opõe-se, francamente, à falsa ideia de realização de justiça a que se referem as teorias retribucionistas. Ao direito penal compete, pois, a proteção de bens jurídicos e não a realização da justiça. Tal encargo — afirma-se — reclamaria a sanção de todo comportamento imoral ou, ao menos, antijurídico, aspiração que foge das reais pretensões do direito penal. A realização da justiça é uma função praticamente incompatível com aquela atribuída ao direito penal, que consiste em castigar, parcialmente, os ataques que tenham por objeto os bens jurídicos protegidos pela ordem legal[67]. O direito penal e, por conseguinte, a pena buscam fins bem mais racionais: tornar possível a convivência social. A metafísica necessidade de realizar a justiça excede os fins do direito penal.

4. Teorias preventivas da pena

As teorias relativas da pena apresentam considerável diferença em relação às teorias absolutas, na medida em que buscam fins preventivos posteriores e fundamentam-se na sua necessidade para a sobrevivência do grupo social[68]. Para as teorias preventivas, a pena não visa retribuir o fato delitivo cometido e sim prevenir a sua comissão. Se o castigo ao autor do delito se impõe, segundo a lógica das teorias absolutas, *quia peccatum est,*

---

66. Winfried Hassemer, Fines de la pena, in *Problemas básicos*, p. 127-128.

67. Santiago Mir Puig, *Introducción a las bases*, p. 92.

68. Nesse sentido, veja-se Emilio Octavio de Toledo y Ubieto, *Sobre el concepto de derecho penal*, p. 206; Santiago Mir Puig, *Introducción a las bases*, p. 65.

somente porque delinquiu, nas teorias relativas a pena se impõe *ut ne peccetur*, isto é, para que não volte a delinquir.

A formulação mais antiga das teorias relativas costuma ser atribuída a Sêneca, que, baseando-se em Protágoras, de Platão, afirmou: *Nemo prudens punit quia peccatum est sed ne peccetur*, que significa que "nenhuma pessoa responsável castiga pelo pecado cometido, mas sim para que não volte a pecar"[69]. Para ambas as teorias, a pena é considerada um mal necessário. No entanto, essa necessidade da pena não se baseia na ideia de realizar justiça, mas na função, já referida, de inibir, tanto quanto possível, a prática de novos fatos delitivos.

A função preventiva da pena divide-se — a partir de Feuerbach[70] — em duas direções bem definidas: prevenção geral e prevenção especial. Analisaremos a seguir as duas formas de prevenção.

4.1. A prevenção geral

Dentre os defensores de uma teoria preventivo-geral da pena destacam-se Bentham[71], Beccaria[72], Filangieri[73], Schopenhauer[74] e Feuerbach[75].

Feuerbach foi o formulador da "teoria da coação psicológica", uma das primeiras representações jurídico-científicas da prevenção geral. Essa teoria é fundamental para as explicações da função do direito penal. Analisemo-la.

Se a pena privativa de liberdade continua sendo, infelizmente, um dos meios utilizados pelo Estado para regular a vida em sociedade, e se os fins buscados pela prevenção especial traduzem-se na tentativa de ressocializar, pergunta-se qual deve ser o conteúdo de um conceito tão extraordinaria-

---

69. Winfried Hassemer, *Fundamentos de derecho penal*, p. 347; José Anton Oneca, Discurso leído..., p. 17; Enrique Alvarez Zabala, *Ensayo sobre las ideas filosófico-jurídicas de Protágoras*, p. 193-194.

70. Santiago Mir Puig, *Introducción a las bases*, p. 65.

71. Jeremy Bentham, *Teorías de las penas y de las recompensas*, Paris, 1826.

72. Cesare Beccaria (*De los delitos y de las penas*, p. 78), em seu tempo, já afirmava que "a missão do Direito Penal é prevenir delitos".

73. A obra de Filangieri, chamada *Ciencia de la legislación*, com uma tradução espanhola, foi publicada em Madrid em 1822.

74. Juan Bustos Ramirez e H. Hormazabal Malarée, Pena y Estado, in *Bases críticas*, p. 121.

75. A obra de Feuerbach chama-se *Lehrbuch des peinlichen Rechts*, 11. ed., 1832, citada por Santiago Mir Puig in *Introducción a las bases*, p. 65.

mente confuso como o que ora analisamos. Evidentemente que a grandeza desse problema exigiria muito mais espaço e atenção para examiná-lo. Contudo, por ora, podemos dizer, ainda que superficialmente, que a ressocialização passa pela consideração de uma sociedade mais igualitária, pela imposição de penas mais humanitárias — prescindindo, dentro do possível, das privativas de liberdade —, pela previsão orçamentária adequada à grandeza do problema penitenciário, pela capacitação de pessoal técnico etc.

Tudo isso, evidentemente, passa pela análise das diferentes classes sociais que integram determinada forma de Estado. A vida social é naturalmente conflitiva. Se, como afirma boa parte da doutrina, socializar quer dizer que o delinquente deve levar no futuro uma vida sem cometer novos delitos, a ressocialização — absorvendo as críticas que lhe fizeram — pode consistir em que o delinquente, no futuro, abstenha-se de cometer delitos, e não em que, por imperativo legal, seja obrigado a adotar um sistema social contra o qual, através de sua conduta delitiva, manifestou sua dissidência.

A teoria defendida por Feuerbach[76] sustenta que é por meio do direito penal que se pode dar solução ao problema da criminalidade. Isso se consegue, de um lado, com a cominação penal, isto é, com a ameaça de pena, avisando aos membros da sociedade quais as ações injustas contra as quais se reagirá; por outro lado, com a aplicação da pena cominada, deixa-se patente a disposição de cumprir a ameaça realizada.

A elaboração do iniciador da moderna ciência do direito penal significou, em seu tempo, a mais inteligente fundamentação do direito punitivo. Na concepção de Feuerbach, a pena é, efetivamente, uma ameaça da lei aos cidadãos para que se abstenham de cometer delitos; é, pois, uma "coação psicológica" com a qual se pretende evitar o fenômeno delitivo. Já não se observa somente a parte, muitas vezes cruel, da execução da pena (que nesse caso serve somente para confirmar a ameaça), mas se antepõe à sua execução a cominação penal[77]. Presumia-se, assim, que "o homem racional e calculista encontra-se sob uma coação, que não atua fisicamente, como uma cadeia a que deveria prender-se para evitar com segurança o delito, mas fisicamente, levando-o a pensar que não vale a pena praticar o delito que se castiga"[78].

---

76. Winfried Hassemer, *Fundamentos de derecho penal*, p. 380.

77. Santiago Mir Puig, *Introducción a las bases*, p. 66.

78. Angel Torio Lopez, El sustracto antropológico..., Revista cit., p. 675; Juan Bustos Ramirez e H. Hormazabal Malarée, Pena y Estado, in *Bases críticas*, p. 380.

Uma análise das relações entre direito penal e as diferentes configurações político-sociais de Estado vai além dos limites que propusemos para este trabalho. De sorte que, sem nos aprofundarmos nessa direção, lembramos que, segundo Bustos Ramirez, "em uma primeira época do Estado capitalista, como Estado liberal reduzido a funções de mera vigilância, as teorias mencionadas podem parecer suficientes. O desenvolvimento posterior do Estado capitalista tornou necessária uma readequação da concepção da pena"[79]. A teoria da prevenção geral adequava-se melhor aos postulados do novo Estado, visto que liberava totalmente a pena de uma consideração metassocial ou metafísica.

Essas ideias prevencionistas desenvolveram-se no período do Iluminismo. São teorias que surgem na transição do Estado absoluto ao Estado liberal. Segundo Bustos Ramirez e Hormazabal Malarée[80], tais ideias tiveram como consequência levar o Estado a "fundamentar a pena utilizando os princípios que os filósofos do Iluminismo opuseram ao absolutismo", isto é, de direito natural ou de estrito laicismo: livre-arbítrio ou medo (racionalidade). Em ambos, substitui-se o poder físico, poder sobre o corpo, pelo poder sobre a alma, sobre a psique. O pressuposto antropológico supõe um indivíduo que a todo momento pode comparar, calculadamente, vantagens e desvantagens da realização do delito e da imposição da pena. A pena, conclui-se, apoia a razão do sujeito na luta contra os impulsos ou motivos que o pressionam a favor do delito e exerce coerção psicológica perante os motivos contrários ao ditame do direito. Desses pressupostos, como veremos, desprendem-se algumas das críticas à concepção preventivo-geral da pena.

Antes de examinar as objeções feitas contra a fórmula da prevenção geral, deve-se acrescentar que são duas as ideias básicas em que se enraíza essa teoria, a saber: a ideia da intimidação ou da utilização do medo e a ponderação da racionalidade do homem. Tal teoria valeu-se dessas ideias fundamentais para não cair no terror e no totalitarismo absoluto. Teve, necessariamente, de reconhecer, "por um lado, a capacidade racional absolutamente livre do homem — que é uma ficção como o livre arbítrio — e, por outro lado, um Estado absolutamente racional em seus objetivos, que também é uma ficção"[81].

---

79. Juan Bustos Ramirez e H. Hormazabal Malarée, Pena y Estado, in *Bases críticas*, p. 122.

80. Idem, ibidem, p. 122.

81. Juan Bustos Ramirez, Estado actual de la teoría, in *Bases críticas*, p. 158.

Para a teoria da prevenção geral, a ameaça da pena produz no indivíduo uma espécie de motivação para não cometer delitos. Ante essa postura encaixa-se muito bem a crítica que se tem feito contra o suposto poder atuar racional do homem, cuja demonstração sabemos ser impossível. Por outro lado, essa teoria não leva em consideração um aspecto importante da psicologia do delinquente: sua confiança em não ser descoberto. Disso se conclui que o pretendido temor que deveria infundir no delinquente, a ameaça de imposição de pena, não é suficiente para impedi-lo de realizar o ato delitivo.

Falar aqui dos chamados delinquentes habituais, profissionais etc. seria desviar-nos de nosso objetivo, mas se deve mencionar, pelo menos, que com as condutas delitivas por eles realizadas se põe em dúvida a mencionada motivação das normas penais para sua não violação. Essa é outra das objeções à prevenção geral. A teoria ora em exame não demonstrou os efeitos preventivo-gerais proclamados. É possível aceitar que o homem médio em situações normais seja influenciado pela ameaça da pena. Mesmo assim, a experiência confirma, isso não acontece em todos os casos, estando aí como exemplos os delinquentes profissionais, os habituais ou os impulsivos ocasionais. Resumindo, "cada delito já é, pelo só fato de existir, uma prova contra a eficácia da prevenção geral"[82].

É possível que a crítica mais antiga à prevenção geral se deva a Kant, que reprovava qualquer tentativa de instrumentalização do homem[83]. A essa manifestação do filósofo do idealismo alemão somam-se outras mais atuais, como a de Roxin[84], para quem "um ordenamento jurídico que não considere o indivíduo como objeto à disposição da coação estatal, nem como material humano utilizável, mas como portador, completamente equiparado a todos os demais, de um valor como pessoa, a quem o Estado deve proteger, tem de ser inadmissível à instrumentalização do homem". Este é o "defeito ético-social" da prevenção geral demonstrado por Sauer: "nenhum indivíduo, sob nenhuma justificação, deve ser castigado em benefício de outros"[85].

---

82. Claus Roxin, Sentido y límites, in *Problemas básicos*, p. 18.

83. Immanuel Kant, *Principios metafísicos*, p. 85: "Mas o homem não é uma coisa. Não é, pois, algo que se possa usar como *simples meio*. Deve ser considerado em todas as ações como fim em si mesmo". Juan Bustos Ramirez, Estado actual de la teoría, in *Bases críticas*, p. 159; Emilio Octavio de Toledo y Ubieto, *Sobre el concepto de derecho penal*, p. 207.

84. Claus Roxin, Sentido y límites, in *Problemas básicos*, p. 25.

85. Guillermo Sauer, *Derecho penal*, p. 19.

Para Sauer, outra importante censura à prevenção geral surge da exigência feita por legisladores e magistrados de estabelecer e aplicar, respectivamente, penas muito elevadas, que chegam, inclusive, a superar a medida da culpabilidade do autor do delito.

As teorias preventivas, como as retributivas, não conseguem sair de outro entrave: sua impossibilidade de demonstrar quais são os comportamentos que o Estado tem legitimidade para intimidar, e, assim sendo, não definem também o âmbito do punível. Pode-se acrescentar outra objeção: "Assim como na concepção preventivo-especial não é delimitável a duração do tratamento social-terapêutico e, no caso concreto, pode exceder a medida defensável da ordem jurídica liberal, o ponto de partida preventivo--geral tem, geralmente, a tendência ao terror estatal. Pois quem quiser intimidar através da pena tenderá a reforçar esse efeito tão severamente quanto possível"[86]. Exemplo típico foi o caso da Alemanha em 1933. Um Estado Democrático de Direito, ao contrário, não poderá, sob nenhum pretexto, admitir que os fins justifiquem os meios, pois, se assim fosse, estar-se-ia desprezando direitos e garantias fundamentais. Tem razão Roxin[87] quando sustenta que o princípio teórico da prevenção geral não estabelece delimitação alguma de comportamentos a que o Estado poderá estender sua reprovação.

Ao falarmos da prevenção geral, não podemos deixar de mencionar os problemas normativos e empíricos que suas diretrizes enfrentam. Muitas das objeções que se fazem à prevenção geral decorrem da deficiente solução dada a tais problemas. Hassemer — que abordou o tema com muita propriedade — refere-se à mesma crítica que apontamos em relação à instrumentalização do homem delinquente, para servir de exemplo aos demais cidadãos, observação que já havia sido feita por Kant. A prevenção geral, neste particular, ameaça a dignidade humana[88].

Os problemas empíricos, por sua vez, podem apresentar-se da seguinte forma:

1º) Conhecimento da norma jurídica por seu destinatário — Hassemer[89] analisa este tópico nos seguintes termos: "Os destinatários do Direito Penal devem conhecer os fatores que vão desencadear um efeito

---

86. Claus Roxin, Sentido y límites, in *Problemas básicos*, p. 23.
87. Idem, ibidem, p. 23-24.
88. Winfried Hassemer, *Fundamentos de derecho penal*, p. 381.
89. Idem, ibidem, p. 382.

preventivo geral. Esse é um pressuposto trivial de realização do instrumento preventivo-geral. Se não se demonstrarem ao afetado os dois fatores — cominação penal e execução da pena — não poderão influenciar na formulação do processo motivador. Se os cidadãos comportam-se conforme o Direito, sem ter conhecimento da cominação penal e da possibilidade de execução da pena, esse resultado agradável não se deve a nenhum desses fatores".

É velha e conhecida a assertiva de que a ninguém beneficia o desconhecimento das leis; mas na opinião de Joaquim Costa essa presunção deveria ser substituída por outra, qual seja, a de que ninguém conhece as leis até que se prove o contrário. E ainda assim haveria outro problema: nem todo cidadão poderia entender o seu conteúdo em virtude da linguagem especial que se utiliza em sua elaboração.

Há muito tempo esse problema vem sendo contemplado como determinante do fenômeno jurídico.

2º) A motivação do destinatário das normas — É indispensável também que os destinatários da norma penal sintam-se motivados em seus comportamentos. O conhecimento da norma, simplesmente, seria estéril; tal conhecimento "deve incidir sobre o comportamento humano, para poder ser uma solução do problema jurídico-penal"[90]. Essa capacidade de motivação da cominação e execução da pena, no entanto, não fica imune a críticas. Entre outras objeções demonstrou-se a ideia de um *homo oeconomicus*, que avalia vantagens e desvantagens de sua ação e, consequentemente, "desiste de cometê-la, porque o sistema jurídico-penal, com a cominação de pena e a possibilidade de executá-la, leva à conclusão (suposição) de que não vale a pena praticá-la"[91]. Infelizmente, esse *homo oeconomicus*, que a fórmula da prevenção geral supõe, não existe.

3º) Outro problema empírico é a idoneidade dos meios preventivos — Esse problema consiste no fato de existirem pessoas que conhecem a norma jurídico-penal e sua execução, sendo também pessoas motiváveis, ficando, no entanto, sem resposta a interrogação sobre se a demonstrada conformidade com o prescrito pelo direito, isto é, a adequação dos comportamentos com os mandamentos legais, é consequência da cominação penal e da possibilidade de execução da pena.

---

90. Winfried Hassemer, *Fundamentos de derecho penal*, p. 384.

91. Hassemer, *Fundamentos de derecho penal*, p. 384.

Em todo caso, não se duvida que a pena intimida, e por isso deve preocupar-nos a proporcionalidade das cominações penais duras e seu efeito intimidatório, isto é, não se pode castigar amedrontando desmedidamente (embora isso ocorra). Na prática — segundo Hassemer[92] — "é comum, visando a prevenção geral, agravar as penas...; em determinadas situações consideram-se legítimas penas extremamente rigorosas para garantir o efeito intimidatório".

Na opinião de Roxin, a prevenção geral não é capaz de outorgar fundamento ao poder estatal de aplicar sanções jurídico-penais, e também não pode estabelecer os limites necessários para as consequências que essa atividade traz consigo. Além disso, sob o ponto de vista da política criminal, a prevenção geral é questionável, carecendo igualmente de legitimação, segundo os fundamentos do ordenamento jurídico[93].

Esses são, em síntese, alguns aspectos críticos da teoria da prevenção geral da pena.

4.2. A prevenção especial

A teoria da prevenção especial procura evitar a prática do delito, mas, ao contrário da prevenção geral, dirige-se exclusivamente ao delinquente em particular, objetivando que não volte a delinquir.

Várias correntes defendem uma postura preventivo-especial da pena. Na França, por exemplo, pode-se destacar a teoria da nova defesa social, de Marc Ancel; na Alemanha, a prevenção especial é conhecida desde os tempos de Von Liszt, e, na Espanha, foi a Escola Correcionalista, de inspiração krausista, a postulante da prevenção especial[94]. Independentemente do interesse que possa despertar cada uma dessas correntes, foi o pensamento de Von Liszt que deu origem na atualidade a comentários de alguns penalistas sobre um "retorno a Von Liszt"[95]. Para melhor compreendermos essa referência convém uma rápida análise na doutrina do penalista vienense.

---

92. Hassemer, *Fundamentos de derecho penal*, p. 387.

93. Claus Roxin, Sentido y límites, in *Problemas básicos*, p. 25.

94. Juan Bustos Ramirez e H. Hormazabal Malarée, Pena y Estado, in *Bases críticas*, p. 164; Santiago Mir Puig, *Introducción a las bases*, p. 68; H. H. Jescheck, *Tratado de derecho penal*, p. 100; Emilio Octavio de Toledo y Ubieto, *Sobre el concepto de derecho penal*, p. 210.

95. Santiago Mir Puig, *Introducción a las bases*, p. 70.

As linhas mestras do pensamento de Von Liszt, que posteriormente o enquadrariam na corrente preventivo-especial da pena, são encontradas em seu *Programa de Marburgo*[96]. A necessidade de pena, segundo Von Liszt, mede-se com critérios preventivo-especiais, segundo os quais a aplicação da pena obedece a uma ideia de ressocialização e reeducação do delinquente, à intimidação daqueles que não necessitem ressocializar-se e também para neutralizar os incorrigíveis[97] "Resumindo, para Von Liszt a função da pena e do direito penal era a proteção de bens jurídicos por meio da incidência da pena na pessoa do delinquente, com a finalidade de evitar delitos posteriores"[98]. Essa tese pode ser sintetizada em três palavras: *intimidação, correção* e *inocuização*.

O Projeto Alternativo ao Código Penal alemão de 1962 — segundo reconhece Eberhard Schmidt — aderiu às teses de Von Liszt. Mais recentemente Roxin destacou as vinculações existentes entre o pensamento de Von Liszt e o referido Projeto Alternativo[99]. Essa volta aos postulados de Von Liszt significou, como se tem afirmado, a retomada dos ideais da prevenção especial[100].

As ideias de Von Liszt e as novas expressões da prevenção especial são o resultado de diversos fatores diretamente ligados à crise do Estado liberal. O binômio pena-Estado viu-se afetado pelo desenvolvimento industrial e científico, pelo crescimento demográfico, pela migração massiva do campo às grandes cidades e, inclusive, pelo fracasso das revoluções de 1848, dando lugar ao estabelecimento da produção capitalista.

Como se sabe, as classes sociais dominantes estabeleceram uma nova forma de conceber a função punitiva do Estado. A "obsessão defensivista" aparece na cena jurídica: "Em primeiro lugar a sociedade; o delinquente, como membro doente da mesma, deve ser extirpado, ainda que se tente sua

---

96. Claus Roxin, Sentido y límites, in *Problemas básicos*, p. 20, especialmente a nota n. 11; Santiago Mir Puig, *Introducción a las bases*, p. 69; H. H. Jescheck, *Tratado de derecho penal*, p. 100-101.

97. Manuel Cobo del Rosal e T. Vives Anton, *Derecho penal*, p. 688.

98. Santiago Mir Puig, *Introducción a las bases*, p. 70.

99. Idem, ibidem, p. 70; O artigo de Roxin foi publicado por Luzón Peña sob o título Franz von Liszt y la concepción político-criminal del proyecto alternativo, in *Problemas básicos del derecho penal*; na versão portuguesa, *Problemas fundamentais de direito penal*, Coimbra, Ed. Vega, 1986.

100. Emilio Octavio de Toledo y Ubieto, *Sobre el concepto de derecho penal*, p. 211.

recuperação, mas sem esquecer que se esta fracassar terá de ser definitivamente excluído do corpo social, recorrendo, se for necessário, à pena de morte ou à prisão perpétua"[101]. É notória a representação organicista da sociedade, ou de um tipo de sociedade em que o indivíduo cumpre sua função, antes de tudo, como força de trabalho, onde qualquer sintoma de rebeldia, traduzida em agressões à ordem repressiva existente, é considerado um atentado contra as bases fundamentais de tal organização social.

São conhecidas as condições de exploração e miséria — já comentadas — em que viveram homens, mulheres e até crianças na crise da era industrial. A natural inconformidade que a situação descrita trazia representou, sem dúvida, um perigo potencial para a nova ordem estabelecida[102]. Certamente, "as aspirações sociais dos *despossuídos*, que até então somente se haviam manifestado espontaneamente por motivos de necessidade, encontram, a partir de 1848, um respaldo político-científico"[103].

O interesse jurídico-penal já não será o de restaurar a ordem jurídica ou a intimidação geral dos membros do corpo social. A pena, segundo essa nova concepção, deveria concretizar-se em outro sentido: o da defesa da nova ordem, a defesa da sociedade. "Trata-se de consolidar a nova ordem, não só de estabelecer um controle geral como o da retribuição e da prevenção geral, como também de intervir diretamente sobre os indivíduos. O delito não é apenas a violação à ordem jurídica, mas, antes de tudo, um *dano social*, e o delinquente é um *perigo social* (um anormal) que põe em risco a nova ordem"[104]. Essa defesa social referia-se a alguns dos setores sociais: o econômico e o laboral. Trata-se da passagem de um Estado guardião a um Estado intervencionista, suscitada por uma série de conflitos caracterizados pelas graves diferenças entre possuidores e não possuidores dos meios de produção, pelas novas margens de liberdade, igualdade e disciplina estabelecidas. Diante da impossibilidade de resolver as tensões e contradições produzidas no seio da racionalidade do mercado, "o Estado teve de abandonar sua função de guardião do mercado para intervir precisamente na sua regularização"[105].

---

101. G. Quintero Olivares, *Derecho penal*, p. 124.

102. Santiago Mir Puig, *La función de la pena*, p. 28.

103. Juan Bustos Ramirez e H. Hormazabal Malarée, Pena y Estado, in *Bases críticas*, p. 124.

104. Idem, ibidem, p. 124.

105. Juan Bustos Ramirez, *El pensamiento criminológico*, t. 2, p. 16 e s.

Sob essa configuração intervencionista do Estado encontra-se o idealismo positivista como base fundamentadora: a ciência (positiva) fundamentava a ordem, a disciplina, a organização. A partir de então, o controle social se exerceria tendo como base fundamental os argumentos científicos em voga: há homens *bons*, ou seja, normais e não perigosos, e há homens *maus*, ou perigosos e anormais. Invocava-se, compreensivelmente, a defesa da sociedade contra atos desses homens *anormais* ou perigosos, e, em razão de seus antecedentes atentatórios à sociedade, previam-se-lhes medidas ressocializadoras ou inocuizadoras[106].

A teoria da defesa da sociedade, expressada como prevenção geral, inegavelmente, representa de alguma forma o Estado capitalista. Também é verdade que os problemas relacionados com a legitimidade do Estado capitalista — como lembra Bustos Ramirez[107] — localizam-se principalmente na impossibilidade de explicar de forma convincente o porquê da exploração do trabalhador e o *porquê do seu sistema* repressivo de controle.

Roxin e Bustos Ramirez perguntam-se: o que legitimaria a maioria de uma sociedade a obrigar a minoria a acomodar-se às suas formas de vida? De onde obtemos o direito de poder educar e submeter a tratamento, contra a sua vontade, pessoas adultas? Por que não podem viver à margem da sociedade — como quiserem —, sejam elas prostitutas, mendigos ou homossexuais? O fato de serem *incômodas* para determinados cidadãos será causa suficiente para impor-lhes sanções discriminantes?[108] As respostas a essas perguntas dariam consistência ao fundamento legitimador do Estado capitalista. Mas — como afirma Bustos Ramirez — essa forma de Estado não consegue responder satisfatoriamente a tão delicadas indagações, já que não pode legitimar sua intervenção na liberdade e igualdade dos indivíduos para submetê-los ao chamado *bem social*, nem legitima uma classificação tão totalitária como a de sujeitos bons, normais, não perigosos, e sujeitos maus, anormais e perigosos.

Retomando o exame dos fins perseguidos pela prevenção especial, lembramos que esta não busca a intimidação do grupo social nem a retribuição do fato praticado, visando apenas aquele indivíduo que já delinquiu

---

106. Juan Bustos Ramirez, *El pensamiento criminológico*, t. 2, p. 16-17.

107. Juan Bustos Ramirez e H. Hormazabal Malarée, Pena y Estado, in *Bases críticas*, p. 125.

108. Idem, ibidem, p. 125; Claus Roxin, Sentido y límites, in *Problemas básicos*, p. 123-124.

para fazer com que não volte a transgredir as normas jurídico-penais. Os partidários da prevenção especial preferem falar em medidas[109] e não em penas. A pena, segundo dizem, implica a liberdade ou a capacidade racional do indivíduo, partindo de um conceito geral de igualdade[110]. Já medida supõe que o delinquente é um sujeito perigoso ou diferente do sujeito normal, que deve ser tratado de acordo com a sua periculosidade. Evidentemente que o castigo e a intimidação não têm sentido. O que se pretende, portanto, é corrigir, ressocializar ou inocuizar.

Assim como acontece com a prevenção geral, também a prevenção especial é objeto de grandes objeções doutrinárias. Alguns méritos, porém, são-lhe reconhecidos. Por exemplo, aos positivistas devemos a destruição do mito indeterminista, a explicação com bases mais científicas das que até então se usava do fato delitivo, e também algo verdadeiramente transcendental, como a colocação do indivíduo no centro da problemática regulada pelo direito penal[111]. Nesse particular, a teoria da prevenção especial adquire caráter humanista ao buscar um encontro com o homem real.

Outro mérito da teoria preventivo-especial é o fato de chamar a atenção sobre a pena sob dupla perspectiva: pragmática e humanizadora. Essa dupla característica manifesta-se, como adverte Schmidauser, de um lado, "em sua cooperação em despojar de abstrações a compreensão da pena e em destacar a necessidade de ponderar os benefícios e os prejuízos decorrentes da aplicação da pena, em relação ao fim que esta persegue; de outro lado, em sua exigência de atender ao homem concreto, procurando adaptar a suas peculiaridades algo de tanta transcendência para ele como é a aplicação da pena"[112].

Sob o ponto de vista político-criminal a prevenção especial justifica-se, uma vez que — se afirma — também é uma forma de prevenção o evitar que quem delinquiu volte a fazê-lo, e nisso consiste a função preventivo-especial e, de certa forma, a do direito penal em seu conjunto. Ao mesmo tempo em que com a execução da pena se cumprem os objetivos de prevenção geral, isto é, de intimidação, com a pena privativa de liberdade busca-

---

109. Santiago Mir Puig, *La función de la pena*, p. 28.

110. Juan Bustos Ramirez, *El pensamiento criminológico*, p. 18: "O Estado intervencionista havia desconhecido, assim como o Estado absoluto, que o modo de produção capitalista exige acumulação, mas também reprodução da força de trabalho, o que requer a existência de liberdade e igualdade política e jurídica entre os indivíduos".

111. G. Quintero Olivares, *Derecho penal*, p. 125.

112. Emilio Octavio de Toledo y Ubieto, *Sobre el concepto de derecho penal*, p. 213.

-se a chamada ressocialização do delinquente. Ressalte-se que em muitos ordenamentos jurídicos os fins preventivos especiais da pena, entendidos como ressocializadores, foram adotados e consagrados expressamente em seus textos constitucionais[113], consistindo, naturalmente, em mais um argumento em favor da tese prevencionista especial.

Um aspecto importante, sem dúvida, é a medição da pena, na qual a prevenção especial desempenha papel relevante, especialmente no momento de examinar as agravantes e as atenuantes que concorrem em um fato determinado. A prevenção especial, ao concentrar seus efeitos na concreta personalidade do delinquente, permite conhecer as circunstâncias pessoais que levaram o indivíduo a cometer o fato delitivo, facilitando, assim, uma melhor consideração sobre as possibilidades de aplicar-lhe um substitutivo penal, evitando, dentro do possível, o encarceramento.

As contribuições da tese da prevenção especial não evitam, contudo, as argumentações contrárias que lhe são endereçadas, sob vários pontos. Os fins da prevenção especial seriam ineficazes ou anulados — argumenta-se — diante daquele delinquente que, apesar da gravidade do fato delitivo por ele praticado, não necessite de intimidação, reeducação ou inocuização, em razão de não haver a menor probabilidade de reincidência, o que, nesses casos, levaria à impunidade do autor[114].

Nessa crítica à prevenção especial menciona-se o conceito de periculosidade do autor do delito, cujo conteúdo é de difícil precisão. Afirmar ou reconhecer a periculosidade de uma pessoa exige a realização de um juízo, quase profético, que "acerte" sobre sua conduta futura. E, à luz dos atuais conhecimentos científicos, não é possível demonstrar com segurança a veracidade desse profético juízo que prevê a prática futura de um delito. Portanto, "se não se espera a realização de um delito, de duas, uma: se se trata de afirmar a perigosidade *criminal*, não há motivo nem base suficiente para que o sujeito seja submetido a um juízo de prognóstico; e se o que se afirma é a perigosidade *social*, o Direito Penal, que se refere ao delito, carece de legitimação para intervir"[115].

---

113. Borja Mapelli Caffarena, *Principios fundamentales*, p. 125 e s. A finalidade preventiva especial também foi consagrada pela Constituição brasileira de 1988, em seu art. 5º.

114. Santiago Mir Puig, *Introducción a las bases*, p. 70.

115. Emilio Octavio Toledo y Ubieto, *Sobre el concepto de derecho penal*, p. 214.

Sobre esse aspecto Schmidauser[116] observa que com um conceito de *perigosidade*, assemelhado ao de *associabilidade*, deixam-se de fora com muita facilidade espécies de delinquências paradoxalmente perigosas, por exemplo: a chamada delinquência do *comfort*, composta por indivíduos pertencentes às classes sociais privilegiadas. Lembra Schmidauser que não são os delinquentes verdadeiramente perigosos que vão a julgamento nos tribunais, mas os menos hábeis, ou seja, os que calcularam mal as probabilidades de serem descobertos.

A teoria da prevenção especial é incapaz, segundo Roxin, de demonstrar uma delimitação do poder punitivo do Estado. Em princípio, supõe-se que essa teoria, e com ela o esforço terapêutico-social do Estado, deve dirigir-se aos sujeitos inadaptados socialmente. O perigo de tal teoria — exemplifica Roxin — ocorre quando determinado regime estatal autoriza a submissão de seus inimigos políticos — considerados pelo regime inadaptados socialmente — a um *tratamento penal*. A teoria não permite também que se examine a delimitação temporal de uma pena fixa, ocorrendo a intervenção estatal por tempo indefinido. Segundo essa assertiva, pode-se supor que a aplicação de uma pena privativa de liberdade é válida até que se obtenha a correção definitiva do delinquente. Resumindo, a teoria da prevenção especial deixa o cidadão ilimitadamente ao arbítrio jurídico-penal do Estado[117].

Outro aspecto da prevenção especial duramente criticado é o que se refere à ideia ressocializadora do delinquente. Inicialmente, essa ideia teve grande aceitação nos círculos jurídicos. Apesar disso, não foram poucas as críticas recebidas, trazendo à tona importantes deficiências relacionadas com seu conteúdo concreto, inclusive relacionado com sua terminologia, que não é unânime: fala-se de reeducação, reinserção social, readaptação social, socialização etc.[118]. Na realidade, com todas essas denominações, menciona-se uma suposta função de melhora e correção atribuída à execução das penas e medidas privativas de liberdade[119].

---

116. Toledo y Ubieto, *Sobre el concepto de derecho penal*. Aí se podem examinar as concepções de Schmidauser.

117. Claus Roxin, Sentido y límites, in *Problemas básicos*, p. 21.

118. Winfried Hassemer, *Fundamentos de derecho penal*, p. 355.

119. Francisco Muñoz Conde, La resocialización del delincuente. Análisis y crítica de un mito, *CPC*, n. 7, 1979. Do mesmo autor, Función motivadora de la norma penal y marginalización, Doctrina Penal, 1978, p. 33 e s.; Mapelli Caffarena, Criminología crítica y ejecución penal, *Revista Poder y Control*, n. 0, 1986, p. 175 e s.; Antonio Garcia-Pablos

O ideal ressocializador tem sido objeto de várias críticas. Por ora, duas delas merecem ser destacadas: a primeira interroga sobre seu conteúdo ou finalidade; a segunda trata da impossibilidade de pô-lo em prática. Muñoz Conde[120] ocupou-se do tema em estudo intitulado "A ressocialização do delinquente. Análise e crítica de um mito", em que aborda com autoridade essas questões. Citando Durkheim, afirma que a criminalidade é apenas mais um dos componentes da sociedade sã e que é a própria sociedade que a cria e a define. Questiona até que ponto é legítimo exigir a ressocialização do delinquente, que nada mais é do que produto dessa mesma sociedade. Por isso — conclui Muñoz Conde — é correta a afirmação de que é a sociedade e não o delinquente que deveria submeter-se à ressocialização. A ressocialização — prossegue Muñoz Conde — presume a existência de um processo interativo e comunicativo entre indivíduo e sociedade, a cujas normas deve adaptar-se o indivíduo. A própria natureza humana exige esse intercâmbio, uma relação dialética, a convivência social. Mas nem mesmo as normas sociais podem determinar unilateralmente o processo ressocializador. "As normas sociais não são algo imutável e permanente às quais o indivíduo deve adaptar-se obrigatoriamente, mas sim o resultado de uma correlação de forças sujeitas a influências mutáveis. Falar, portanto, de ressocialização do delinquente sem questionar, ao mesmo tempo, o conjunto normativo a que se pretende incorporá-lo significa aceitar como perfeita a ordem social vigente sem questionar nenhuma de suas estruturas, nem mesmo aquelas mais diretamente relacionadas com o delito praticado"[121].

Quais seriam as normas, das tantas existentes, a que a ressocialização do delinquente deve referir-se? Não se questiona a assertiva de que todo ser humano possui uma escala de valores muito pessoal — diria até personalíssima —, uma forma muito particular de construir seu patrimônio cultural. Nessas circunstâncias, não é difícil supor que no seio de uma sociedade democrática e pluralista essa diversidade de interesses, assim como a multiplicidade de ordenamentos vigentes, mantém entre si uma relação mais conflitiva que pacífica. Fracassa, assim, ostensivamente, o pressuposto fundamental da ideia ressocializadora: a identidade entre criadores e desti-

---

y Molina, La supuesta función resocializadora del derecho penal: utopía, mito y eufemismo, p. 645; in *Estudios penales*, Roberto Bergalli, *¿Readaptación social por medio de la ejecución penal?*.

120. Alessandro Baratta, Entrevista, *REP*, n. 241, 1989, p. 98-9; F. Muñoz Conde, La resocialización..., *CPC*, n. 7, 1979, p. 135-136.

121. Francisco Muñoz Conde, La resocialización..., *CPC*, n. 7, 1979, p. 135-136.

natários das normas. Com razão, afirma Muñoz Conde[122] que uma ressocialização que acuse essa falta de *identidade* significa simplesmente o domínio de uns sobre os outros.

O Estado não tem legitimidade para impor aos cidadãos determinado tipo de valor moral. Violaria a liberdade do indivíduo de escolher suas próprias crenças ou ideologias, sendo altamente questionável uma ressocialização no plano moral, isto é, no aspecto interno do indivíduo. Entendida assim, a ressocialização levaria a uma "absurda e perigosa manipulação da consciência individual, deixando sempre sem resolver a questão de qual dos sistemas morais vigentes na sociedade deve-se tomar como referência para a adaptação do indivíduo, salvo se já se saiba a resposta de que, obviamente, a ressocialização deve estar relacionada ao sistema de valores da classe dominante"[123].

Gramsci, em sua concepção de direito, vê o problema sob outra perspectiva. Para referido pensador italiano[124] o direito é o instrumento idôneo do Estado para a criação e manutenção de determinado tipo de civilização, de cidadão, de convivência e de relações sociais. Se partirmos da ideia — continua Gramsci — de que o Estado procura eliminar certos costumes e atitudes e, em seu lugar, busca difundir (impor) outros, o direito — além de outras instâncias de controle social, como a família, a escola etc. — aparece como o instrumento adequado, devendo, por isso, elaborar-se conforme o fim buscado e da forma mais eficaz possível.

Para Gramsci, o direito não cumpre apenas uma função repressiva, ou de castigo, mas também pedagógica ou educativa. "Não creio — afirma — que se possa partir do ponto de vista de que o Estado *não castiga*, mas luta contra a *perigosidade social*. Na verdade, o Estado deve ser concebido como *educador*, tendendo, exatamente, a criar um novo tipo ou nível de civilização"[125]. E nesse contexto cabe a instrumentalização do direito por parte do Estado para a transformação social. A tese de Gramsci — bem analisada por Lopez Calera[126] — leva-nos a uma espécie de *dirigismo* inte-

---

122. Francisco Muñoz Conde, La resocialización..., *CPC*, n. 7, 1979, p. 136-137.

123. Idem, ibidem, p. 137; Claus Roxin, Sentido y límites, in *Problemas básicos*, p. 17.

124. Antonio Gramsci, *Política y sociedad*, p. 177; Nicolas Lopez Calera, *Gramsci y el derecho*, p. 77 e s.

125. Antonio Gramsci, *Política y sociedad*, p. 177; Nicolas Lopez Calera, *Gramsci y el derecho*, p. 85.

126. Nicolas Lopez Calera, *Gramsci y el derecho*, p. 86.

lectual que incide sobre os costumes da cidadania, sendo, pois, o direito um instrumento para esse *dirigismo* intelectual e cultural que pretende a educação das massas, seja para a integração, seja para a revolução. Em consequência, o direito cria um conformismo social cuja utilidade é muito cara aos interesses da classe dominante.

Resumindo essas ideias, pode-se afirmar que a ressocialização moral do delinquente não pode ocorrer sem lesionar gravemente os fundamentos de uma sociedade pluralista e democrática[127]. E, se não é possível ressocializar para a moralidade sem lesar seriamente as liberdades individuais, podemos nos perguntar se é possível ressocializar para a legalidade. "Como o que importa é ressocializar, ou seja, recuperar para a sociedade — e esta é algo mais do que a soma dos sistemas sociais parciais que a compõem (família, classe, subcultura etc.) —, a ressocialização deve consistir em fazer o delinquente aceitar as normas básicas e geralmente vinculantes que regem essa sociedade"[128]. Se muitas das normas são de ordem jurídico-penal, entende-se que o objetivo da ressocialização é esperar do delinquente o respeito e a aceitação de tais normas com a finalidade de evitar a prática de novos delitos.

Ilustrativa, nesse sentido, é a lição de Muñoz Conde: "A norma penal contém uma série de expectativas de conduta legalmente determinadas, cuja frustração possibilita, sob certas condições, a aplicação de uma pena. O fim da execução dessa pena seria, por conseguinte, restabelecer no delinquente o respeito por essas normas básicas, fazendo-o corresponder, no futuro, às expectativas nelas contidas, evitando, assim, a prática de novos delitos, em outros termos, a reincidência"[129]. Essa proposição, apesar de sua aparente lógica, enfrenta várias objeções. Schellhoss, entre outros, lembra o exemplo dos criminosos de guerra nazistas, que não necessitavam ser ressocializados, visto que muitos deles viviam integrados plenamente na sociedade. Este e outros argumentos autorizam a censura de uma possível ressocialização para a legalidade.

Um dos grandes obstáculos à ideia ressocializadora é a dificuldade de colocá-la efetivamente em prática. Parte-se da suposição de que, por meio do tratamento penitenciário — entendido como um conjunto de atividades dirigidas à reeducação e reinserção social dos apenados —, o interno se

---

127. Francisco Muñoz Conde, La resocialización..., *CPC*, n. 7, 1979, p. 137 e s.

128. Idem, ibidem, p. 138.

129. Idem, p. 138-139.

converterá em uma pessoa respeitadora da lei penal. E, mais, por causa do tratamento, surgirão nele atitudes de respeito a si próprio e de responsabilidade individual e social em relação à sua família, ao próximo e à sociedade. Na verdade, a afirmação referida não passa de uma *carta de intenções*, pois não se pode pretender, em hipótese alguma, reeducar ou ressocializar uma pessoa para a liberdade em condições de não liberdade, constituindo isso verdadeiro paradoxo[130].

4.2.1. Prevenção especial: tratamento penitenciário

Uma consequência lógica da teoria preventivo-especial ressocializadora é, no âmbito penitenciário, o tratamento do delinquente. A primeira contrariedade que se apresenta em relação ao tratamento penitenciário é a sua absoluta ineficácia diante das condições de vida que o interior prisional oferece atualmente. Em segundo lugar, mencionam-se os possíveis problemas para o delinquente e seus direitos fundamentais que a aplicação de determinado tratamento penitenciário acarretaria. Finalmente, a terceira oposição crítica refere-se à falta de meios adequados e de pessoal capacitado para colocar em prática um tratamento penitenciário eficaz[131].

Ninguém, em sã consciência, ignora que não há nada mais distante da ressocialização do que a prisão. Basta destacar os novos hábitos que o recluso deve adquirir ao ingressar na prisão, tais como vestimenta, horários para todas as suas atividades pessoais, formas determinadas de andar pelos pátios, a observação do "código do preso": em resumo, a assimilação de uma nova cultura, a cultura prisional[132].

Por outro lado, é contestada a ideia de submissão do recluso a um tratamento específico. A opinião mais ou menos dominante da doutrina é a de que o tratamento, em liberdade ou não, deve ser aplicável somente àqueles réus cuja concreta situação psíquica o requeira. Sustenta-se modernamente, inclusive, que o *direito de ser diferente* integra os direitos fundamentais do indivíduo. Nesses termos se manifesta Muñoz Conde[133], afir-

---

130. Borja Mapelli Caffarena, Criminología crítica, *Revista Poder y Control*, n. 0, 1986, p. 175 e s. Mapelli faz severas críticas à ressocialização como meta buscada pela pena privativa de liberdade. Winfried Hassemer, *Fundamentos de direito penal*, p. 357; Alessandro Baratta, Entrevista, *REP*, n. 241, 1989, p. 100.

131. Francisco Muñoz Conde, La resocialización..., *CPC*, n. 7, 1979, p. 145.

132. Idem, ibidem, p. 146-147; Norval Morris, *El futuro de las prisiones*.

133. Francisco Muñoz Conde, La resocialización..., *CPC*, n. 7, 1979, p. 148.

mando que "o direito de não ser tratado é parte integrante do *direito de ser diferente* que em toda sociedade pluralista e democrática deve existir".

Do valor orçamentário destinado à contratação de pessoal capacitado e à dotação de meios adequados dependerá o êxito da meta ressocializadora. De certa forma, esse é um problema de política criminal que, enquanto não for solucionado, terá o tratamento como "uma utopia ou uma bela expressão que servirá somente para ocultar a realidade de sua existência, ou a impossibilidade prática de sua realização"[134].

Os problemas da ressocialização — conclui-se — não são poucos nem de fácil solução. O magistério de Muñoz Conde, representativo de boa parte da doutrina estrangeira, indica que os sistemas que se baseiam em *ideias pouco concretas de tratamento ressocializador* situam-se entre a tensão de dois polos bem definidos, a saber: de um lado a impossibilidade material de realizar qualquer tratamento penitenciário por falta de pessoal capacitado e de meios adequados para isso, e, de outro, o perigo de manipulação do réu, situação absolutamente inaceitável.

Diante de um panorama como esse, é natural que recusemos qualquer tentativa de imposição de certo modelo estatal, ou, em outros termos, de ressocializar ou reeducar coativamente quem delinquiu. Isso atenta contra os direitos fundamentais do cidadão, mesmo quando haja transgredido as normas penais em prejuízo da comunidade. Assim, o conceito de ressocialização deve ser submetido necessariamente a novos debates e a novas definições. É preciso reconhecer que a pena privativa de liberdade é um instrumento, talvez dos mais graves, com que conta o Estado para preservar a vida social de um grupo determinado. Esse tipo de pena, contudo, não resolveu o problema da ressocialização do delinquente: a prisão não ressocializa. As tentativas para eliminar as penas privativas de liberdade continuam[135]. A pretendida ressocialização deve sofrer profunda revisão.

5. Teoria mista ou unificadora da pena

O debate sobre as teorias da pena não se esgota nas teorias da prevenção geral e da prevenção especial. As teorias mistas ou unificadoras tentam

---

134. Francisco Muñoz Conde, La resocialización..., *CPC*, n. 7, 1979, p. 151.

135. H. H. Jescheck, Alternativas a la pena privativa de libertad y la moderna política criminal, in *Estudios penales y criminológicos*, p. 14 e s.; Winfried Hassemer, *Fundamentos de derecho penal*, p. 358 e s.

agrupar em um conceito único os fins da pena. Essa corrente tenta recolher os aspectos mais destacados das teorias absolutas e relativas[136]. Merkel foi, no começo do século XX, o iniciador dessa teoria eclética na Alemanha, e, desde então, é a opinião mais ou menos dominante. No dizer de Mir Puig[137], entende-se que a retribuição, a prevenção geral e a prevenção especial são distintos aspectos de um mesmo e complexo fenômeno que é a pena.

As teorias unificadoras partem da crítica às soluções monistas, ou seja, às teses sustentadas pelas teorias absolutas ou relativas da pena. Sustentam que essa "unidimensionalidade, em um ou outro sentido, mostra-se formalista e incapaz de abranger a complexidade dos fenômenos sociais que interessam ao Direito Penal, com consequências graves para a segurança e os direitos fundamentais do Homem"[138]. Esse é um dos argumentos básicos que ressaltam a necessidade de adotar uma teoria que abranja a pluralidade funcional da pena. Assim, essa orientação estabelece marcante diferença entre fundamento e fim da pena.

Em relação ao fundamento da pena, sustenta-se que a sanção punitiva não deve *fundamentar-se* em nada que não seja o fato praticado, qual seja, o delito. Com essa afirmação[139], afasta-se um dos princípios básicos da prevenção geral: a intimidação da pena, inibindo o resto da comunidade de praticar delitos. E, com o mesmo argumento, evita-se uma possível fundamentação preventivo-especial da pena, na qual esta, como já vimos, tem como base aquilo que o delinquente "pode" vir a realizar se não receber o tratamento a tempo, e não o que já foi realizado, sendo um critério ofensivo à dignidade do homem ao reduzi-lo à categoria de doente *biológico ou social.*

Segundo Mir Puig[140], essas teorias atribuem ao direito penal uma função de proteção à sociedade, e é a partir dessa base que as correntes doutrinárias se diversificam. Sem maiores detalhes, Mir Puig distingue duas direções: de um lado, a *posição conservadora*, representada pelo Projeto Oficial do Código Penal alemão de 1962, caracterizada pelos que acreditam que a proteção da sociedade deve ter como base *a retribuição justa*, e,

---

136. Emilio Octavio de Toledo y Ubieto, *Sobre el concepto de derecho penal*, p. 217.

137. Santiago Mir Puig, *Derecho penal*, p. 46.

138. Emilio Octavio de Toledo y Ubieto, *Sobre el concepto de derecho penal*, p. 217.

139. G. Quintero Olivares, *Derecho penal*, p. 128.

140. Santiago Mir Puig, *Derecho penal*, p. 46.

na determinação da pena, os fins preventivos desempenham um papel exclusivamente complementar, sempre dentro da linha retributiva; de outro lado, surge a corrente *progressista*, materializada no chamado Projeto Alternativo alemão, de 1966, que inverte os termos da relação: o fundamento da pena é a defesa da sociedade, ou seja, a proteção de bens jurídicos, e a retribuição corresponde à função apenas de estabelecer o limite máximo de exigências de prevenção, impedindo que tais exigências elevem a pena para além do merecido pelo fato praticado.

Em resumo, as teorias unificadoras aceitam a retribuição e o princípio da culpabilidade como critérios limitadores da intervenção da pena como sanção jurídico-penal. A pena não pode, pois, ir além da responsabilidade decorrente do fato praticado, além de buscar a consecução dos fins de prevenção geral e especial.

Inicialmente essas teorias unificadoras limitaram-se a justapor os fins preventivos, especiais e gerais, reproduzindo assim as insuficiências das concepções monistas da pena. Posteriormente, em uma segunda etapa, a atenção da doutrina jurídico-penal fixa-se na procura de outras construções que permitam unificar os fins preventivos gerais e especiais a partir dos diversos estágios da norma (cominação, aplicação e execução). Enfim, tais teorias centralizam o fim do direito penal "na ideia de prevenção. A retribuição, em suas bases teóricas, seja através da culpabilidade ou da proporcionalidade (ou de ambas ao mesmo tempo), desempenha um papel apenas limitador (máximo e mínimo) das exigências de prevenção"[141].

Na opinião de Roxin, a intenção de sanar esses defeitos, justapondo simplesmente três concepções distintas, tem forçosamente de fracassar, e a razão é que "a simples adição não só destrói a lógica imanente à concepção, como também aumenta o âmbito de aplicação da pena, que se converte assim em meio de reação apto a qualquer emprego. Os efeitos de cada teoria não se suprimem entre si, absolutamente, mas, ao contrário, se multiplicam"[142]. Isso, como o próprio Roxin reconhece, não é aceitável, nem mesmo teoricamente. De acordo com De Toledo[143], "mais problemático que a *maneira* de combinar, segundo cada autor ou grupo de autores, as várias funções atribuídas à pena, é o caráter de cada uma delas: são tão

---

141. G. Quintero Olivares, *Derecho penal*, p. 129.

142. Claus Roxin, Sentido y límites, in *Problemas básicos*, p. 26.

143. Emilio Octavio de Toledo y Ubieto, *Sobre el concepto de derecho penal*, p. 219.

contraditórias entre si que existe, inclusive, discrepância sobre onde ocorre a disfuncionalidade ou antinomia fundamental, se entre retribuição (culpabilidade) e prevenção ou entre prevenção geral e prevenção especial".

6. Teoria da prevenção geral positiva

Diante dos inconvenientes constatados em relação às teorias unificadoras ou mistas, a doutrina dedicou-se a investigar outras alternativas para a teoria dos fins da pena. A infeliz combinação de proposições retributivas e preventivas da tese unificadora não foi suficientemente convincente para consolidar uma teoria doutrinária a seguir. A teoria da prevenção geral positiva é fruto das pesquisas que resultaram da insatisfação das antinomias referidas.

Essa teoria apresenta duas subdivisões: prevenção geral positiva fundamentadora e prevenção geral positiva limitadora[144]. Santiago Mir Puig é um de seus grandes defensores na Espanha.

A luta dos defensores das teorias retributivas e das teorias preventivas teve como saldo as já mencionadas teorias ecléticas ou unificadoras. Esse compromisso teve como consequência, entre outras, deixar de considerar a pena como exigência ética de justiça (conceito retributivo), transportando suas finalidades às teses prevencionistas, onde a ideia de retribuição aparece apenas como mero limite de mínimo e máximo. Nesse sentido é compreensível a atitude conciliatória de um Estado Social e Democrático de Direito, cuja finalidade é a defesa ou proteção da sociedade através da prevenção jurídico-penal, e a conveniência de estabelecer limites a tal participação preventiva, em função da consideração do indivíduo em particular e não da coletividade em geral.

O choque entre princípios, ideias, finalidades e fundamentos absolutamente distintos era inevitável. O que poderia resultar aconselhável em termos de prevenção geral poderia contrariar o princípio da culpabilidade ou da proporcionalidade, e ambos poderiam, inclusive, colidir com as previsões da prevenção especial. Os problemas decorrentes de tudo isso se concretizam na hora da cominação penal ou da determinação judicial e penitenciária da pena.

Com a pretensão de eliminar todas essas antinomias aflora no campo das ciências penais a teoria da prevenção geral positiva.

---

144. Santiago Mir Puig, *Función fundamentadora...*, *ADPCP*, 1986, p. 49 e s.

6.1. A prevenção geral positiva fundamentadora

Welzel e Jacobs[145] podem ser considerados representantes da teoria da prevenção geral positiva fundamentadora.

Para Welzel[146], o direito penal cumpre uma função ético-social, para a qual mais importante que a proteção de bens jurídicos é a garantia de vigência real dos valores de ação da atitude jurídica. A proteção de bens jurídicos constitui somente uma função de prevenção negativa. A mais importante missão do direito penal é, no entanto, de natureza ético-social. Ao proscrever e castigar a violação de valores fundamentais, o direito penal expressa, da forma mais eloquente de que dispõe o Estado, a vigência de tais valores, conforme o juízo ético-social do cidadão, e fortalece sua atitude permanente de fidelidade ao direito.

Dois outros penalistas alemães manifestaram-se a respeito da proposição de Welzel: Kaufmann e Hassemer[147]. Kaufmann entende que essa função ético-social atribuída por Welzel ao direito penal deve ser entendida como "um aspecto positivo da prevenção geral e caracterizada como socialização dirigida a uma atitude fiel ao Direito". Destaca três elementos importantes da prevenção geral: um de tipo *informativo* (o que está proibido), outro de manutenção de confiança (na capacidade da ordem jurídica de permanecer e impor-se), e o terceiro representado pelo fortalecimento de uma *atitude interna de fidelidade ao direito*. Kaufmann não considera que a retribuição justa deva substituir a prevenção geral positiva; ao contrário, acredita que aquela é pressuposto desta. Hassemer, por sua vez, também considera o pensamento de Welzel muito próximo ao que poderia ser denominado prevenção geral (ou especial). Mas, para ele, ao conceito de prevenção é inerente uma função *limitadora* da intervenção penal.

Destacamos Jacobs como um dos representantes da teoria fundamentadora. Na verdade, referido autor apresenta uma formulação um pouco diferente da prevenção positiva fundamentadora[148]. Embora coincida com Welzel em buscar na coletividade sua manutenção fiel aos mandamentos do direito, nega que com isso se queira proteger determinados valores de ações e bens jurídicos.

---

145. Santiago Mir Puig, Función fundamentadora..., *ADPCP*, 1986, p. 52-53.

146. Santiago Mir Puig, *La función de la pena*, p. 52, citando Welzel.

147. Citações do pensamento de Kaufmann e Hassemer em Santiago Mir Puig, Función fundamentadora..., *ADPCP*, 1986, p. 52-53.

148. Santiago Mir Puig, Función fundamentadora..., *ADPCP*, 1986, p. 53.

Ao direito penal, segundo Jacobs, corresponde garantir a função *orientadora* das normas jurídicas. Partindo do conceito de direito expressado pelo sociólogo Luhmann, Jacobs entende que as normas jurídicas buscam estabilizar e institucionalizar as experiências sociais, servindo, assim, como orientação da conduta que os cidadãos devem observar nas suas relações sociais. "Quando ocorre a infração de uma norma, convém deixar claro que esta continua a existir, mantendo sua vigência, apesar da infração. Caso contrário, abalaria a confiança na norma e sua função orientadora. A pena serve para destacar com seriedade e de forma *cara* para o infrator que a sua conduta não impede a manutenção da norma. Assim, enquanto o delito é negativo, na medida em que infringe a norma, fraudando expectativas, a pena, por sua vez, é positiva na medida em que afirma a vigência da norma ao negar sua infração"[149].

As críticas à teoria da prevenção geral positiva fundamentadora não se fizeram esperar. Dentre seus autores destacamos Mir Puig, Muñoz Conde, Alessandro Baratta e Luzon Peña[150].

Ao sentir de Mir Puig, com uma teoria da prevenção geral positiva fundamentadora, como a defendida por Jacobs, de certa forma, está-se permitindo, quando não obrigando, a utilização da pena, mesmo quando a proteção dos bens jurídicos é desnecessária, baseada na ideia tradicional de prevenção geral ou de prevenção especial[151]. Assinala ainda que, se a função única reconhecida ao direito penal fosse a de confirmar a confiança depositada nas normas jurídico-penais, por que razão não seria suficiente uma simples declaração a respeito? Por que é necessária a imposição de um mal como a pena, se o que se busca não é a intimidação, mas evitar possíveis dúvidas sobre a vigência da norma violada?

Alessandro Baratta, em um exame crítico, apresenta objeções sob o ponto de vista interno e externo da teoria. Afirma ele que, sob o ponto de vista interno, a teoria em exame não explica por que a estabilização de expectativas deve ocorrer por meio da imposição de um castigo e não por ou-

---

149. Santiago Mir Puig, Función fundamentadora..., *ADPCP*, 1986, p. 53. Além de Mir Puig, sustentam a opinião sobre a norma jurídico-penal como um sistema de expectativas: F. Muñoz Conde, *Derecho penal y control social*, p. 25, e Bustos Ramirez, *Manual de derecho penal*, p. 14.

150. S. Mir Puig, Función fundamentadora..., *ADPCP*, 1986; F. Muñoz Conde, *Derecho penal y control social*; Alessandro Baratta, *Integración-prevención*, p. 3 e s.

151. Santiago Mir Puig, Función fundamentadora..., *ADPCP*, 1986, p. 54.

tros meios menos graves e funcionalmente equivalentes[152]. Logo, sob a perspectiva extrassistemática, a crítica de Baratta dirige-se à tese de Jacobs, rotulando-a de "conservadora e legitimadora da atual tendência de expansão e intensificação da resposta penal diante dos problemas sociais". Acrescenta, ainda, que "fica claro que a teoria da prevenção-integração faz parte de um modelo tecnocrático do saber social, que pode ser considerado alternativo ao modelo crítico, no qual atualmente se inspira a criminologia crítica e os movimentos por uma reforma radical e alternativa do sistema penal"[153].

Muñoz Conde[154], por sua vez, faz interessantes comentários críticos à teoria da prevenção geral positiva fundamentadora, a qual considera imersa na teoria sistêmica do direito penal.

Sem ignorar o fato de que a teoria sistêmica proporciona valioso instrumento para o estudo dos fenômenos sociais, entre os quais podemos incluir o direito penal como meio de controle social, referida teoria não é válida para a valoração e crítica dos referidos fenômenos[155].

Por outro lado, não se pode ignorar que o modelo tecnocrático proposto pela teoria sistêmica culmina com uma concepção preventivo-integradora — ou fundamentadora — do direito penal, na qual, como diz Muñoz Conde[156], "o centro de gravidade desloca-se da subjetividade do indivíduo para a subjetividade do sistema". Muñoz Conde acrescenta que "o caráter conflitivo da convivência social e o coativo das normas jurídicas — neste caso, as penas — desaparece em um *entramado* técnico, segundo o qual o desvio social ou o delito são qualificados como simples *co* e se manifesta, mas não onde se produz, deixando inalteradas suas causas produtoras. Em última análise, a teoria sistêmica conduz a uma espécie de *neorretribucionismo* onde o Direito Penal justifica-se intrasistematicamente, legitimando e reproduzindo um sistema social que nunca é questionado".

---

152. Alessandro Baratta, *Integración-prevención*, p. 16 e s.

153. Idem, ibidem, p. 21 e s.

154. Francisco Muñoz Conde, *Derecho penal y control social*, p. 19 e 29.

155. Idem, ibidem, p. 26: "A teoria sistêmica representa uma descrição, assética e tecnocrática, do modo de funcionamento do sistema, porém, não faz uma valoração e muito menos uma crítica desse sistema".

156. Derecho penal y control social, p. 122.

Luzon Peña[157] também assume uma posição crítica em relação à proposta de Jacobs, partindo de bases próximas à psicologia coletiva (concretamente a do *bode expiatório*). Para Luzon Peña, a substituição de uma prevenção geral, em sua versão tradicional, isto é, intimidatória, pela prevenção socialmente integradora é simplesmente uma regressão, que se pode constatar em dois aspectos distintos: de um lado, porque as exigências de pena que faz a sociedade podem, em certos momentos, ultrapassar os limites estabelecidos pela teoria da prevenção tradicional. Por outro lado, a substituição de uma prevenção geral em sentido clássico, cunhada de irracional, por um conceito de prevenção integradora ou estabilizadora, presumidamente racional, é definitivamente infeliz, visto que a primeira sim é suscetível de fundamentação, controle e emprego absolutamente racionais, enquanto a segunda, no dizer de Luzon Peña, "não é nada mais do que uma *racionalização* de algo subjacente e inconsciente: impulsos, agressividades e emoções de caráter claramente irracionais"[158].

Resumindo, a teoria da prevenção geral positiva fundamentadora não constitui uma alternativa real que satisfaça as atuais necessidades da teoria da pena. É criticável também sua pretensão de impor ao indivíduo, de forma coativa, determinados padrões éticos, algo inconcebível em um Estado Social e Democrático de Direito. É igualmente questionável a eliminação dos limites do *ius puniendi*, tanto formal como materialmente, fato que conduz à legitimação e ao desenvolvimento de uma política criminal carente de legitimidade democrática.

Outro argumento igualmente crítico, que pode ser utilizado posteriormente, consiste em que "a invenção penal para garantia de expectativas é um conceito que se manipula esquecendo a especificidade própria do Direito Penal, enquanto meio de controle formal que está condicionado a múltiplos *limites e garantias* (Hassemer). Parece que tendem a eliminar as barreiras formais entre o Direito Penal e outros meios de controle social menos traumáticos e estigmatizadores (Baratta, Mir Puig, Hassemer). O Direito Penal fica vazio de conteúdo e funções intrínsecas e específicas"[159].

---

157. Diego-Manuel Luzon Peña, Prevención general, p. 93 e s.
158. Luzon Peña, Prevención general..., *CPC*, n. 16, 1982, p. 98-99.
159. G. Quintero Olivares, *Derecho penal*, p. 135.

6.2. A prevenção geral positiva limitadora

Em contraste com a prevenção geral fundamentadora, importante setor da doutrina sustenta uma prevenção geral positiva limitadora[160]. A defesa dessa orientação baseia-se, fundamentalmente, em que a prevenção geral deve expressar-se com sentido limitador do poder punitivo do Estado.

Extremamente importante para essa orientação teórica é a consideração do direito penal como uma forma a mais de controle social. O direito penal, ao contrário das demais, caracteriza-se pela formalização[161]. A pena, afirma Hassemer, como forma de castigar ou sancionar formalmente, submete-se a determinados pressupostos e limitações, aos quais não se subordinam as demais sanções. A pena deve manter-se dentro dos limites do direito penal do fato e da proporcionalidade e somente pode ser imposta por meio de um procedimento cercado de todas as garantias jurídico-constitucionais. Hassemer[162] afirma que "através da pena estatal não só se realiza a luta contra o delito, como também se garante a juridicidade, a formalização do modo social de sancionar o delito. Não faz parte do caráter da pena a função de resposta ao desvio (o Direito Penal não é somente uma parte do controle social). A juridicidade dessa resposta (o Direito Penal caracteriza-se por sua formalização) também pertence ao caráter da pena".

Mir Puig[163] sustenta que a formalização do direito penal tem lugar por meio da vinculação com as normas e objetiva limitar a intervenção jurídico-penal do Estado em atenção aos direitos individuais do cidadão. O Estado não pode — a não ser que se trate de um Estado totalitário — invadir a esfera dos direitos individuais do cidadão, ainda quando haja praticado algum delito. Ao contrário, os limites em que o Estado deve atuar punitivamente devem ser uma realidade concreta. Esses limites materializam-se através dos princípios da intervenção mínima, da proporcionalidade, da ressocialização, da culpabilidade etc. Assim, o conceito de prevenção geral positiva será legítimo "desde que compreenda

---

160. Santiago Mir Puig, Función fundamentadora..., *ADPCP*, 1986, p. 54. Os seguintes doutrinadores alemães podem ser tidos como seguidores da teoria preventiva geral positiva limitadora: W. Hassemer, Los fines de la pena, in *Derecho Penal y ciencias sociales*, p. 132. Do mesmo autor, *Fundamentos de derecho penal*, p. 300; Claus Roxin, La determinación de la pena, in *Culpabilidad y prevención en Derecho Penal*, p. 93 e s.

161. Francisco Muñoz Conde, *Derecho penal y control social*, p. 37.

162. W. Hassemer, Los fines de la pena, in *Derecho Penal y ciencias sociales*, p. 136.

163. Santiago Mir Puig, Función fundamentadora..., *ADPCP*, 1986, p. 54.

que deve integrar todos esses limites harmonizando suas eventuais contradições recíprocas: se se compreender que uma razoável afirmação do Direito Penal em um Estado social e democrático de Direito exige respeito às referidas limitações"[164].

A função da pena, segundo Hassemer[165], é a prevenção geral positiva: "a reação estatal perante fatos puníveis, protegendo, ao mesmo tempo, a consciência social da norma. *Proteção efetiva* deve significar atualmente duas coisas: a ajuda que obrigatoriamente se dá ao delinquente, dentro do possível, e a limitação dessa ajuda imposta por critérios de proporcionalidade e consideração à vítima. A ressocialização e a retribuição pelo fato são apenas instrumentos de realização do fim geral da pena: a prevenção geral positiva. No fim secundário de ressocialização fica destacado que a sociedade corresponsável e atenta aos fins da pena não tem nenhuma legitimidade para a simples imposição de um mal. No conceito limitador da responsabilidade pelo fato, destaca-se que a persecução de um fim preventivo tem um limite intransponível nos direitos do condenado". Mais adiante acrescenta Hassemer que uma teoria da prevenção geral positiva não só pode apresentar os limites necessários para os fins ressocializadores como também está em condições de melhor fundamentar a retribuição pelo fato.

A principal finalidade, pois, a que deve dirigir-se a pena é a prevenção geral — em seus sentidos intimidatórios e limitadores —, sem deixar de lado as necessidades da prevenção especial, no tocante à ressocialização do delinquente. Entende-se que o conteúdo da ressocialização não será o tradicionalmente concebido, isto é, com a imposição de forma coativa (arbitrária).

A ressocialização do delinquente implica um processo comunicacional e interativo entre indivíduo e sociedade. Não se pode ressocializar o delinquente sem colocar em dúvida, ao mesmo tempo, o conjunto social normativo ao qual se pretende integrá-lo. Caso contrário, estaríamos admitindo (equivocadamente) que a ordem social é perfeita, o que, no mínimo, é discutível[166].

---

164. Santiago Mir Puig, Función fundamentadora..., *ADPCP*, 1986, p. 58.

165. W. Hassemer, Los fines de la pena, in *Derecho Penal y ciencias sociales*, p. 137; Santiago Mir Puig, Función fundamentadora..., *ADPCP*, 1986, p. 55.

166. F. Muñoz Conde, *Derecho penal y control social*, p. 96-97.

A onipotência jurídico-penal do Estado deve contar, necessariamente, com freios ou limites que resguardem os invioláveis direitos fundamentais do cidadão. Este seria o sinal que caracterizaria o direito penal de um Estado pluralista e democrático. A pena, sob esse sistema estatal, teria reconhecidas, como finalidades, a prevenção geral e especial, devendo respeitar aqueles limites, além dos quais não representaria a "afirmação de um Direito social e democrático, mas exatamente a sua negação"[167].

---

167. Santiago Mir Puig, Función fundamentadora..., *ADPCP*, 1986, p. 58.

IV
CRISE DA PENA PRIVATIVA DE LIBERDADE

1. Considerações gerais

Questiona-se a validade da pena de prisão no campo da teoria, dos princípios, dos fins ideais ou abstratos da privação de liberdade e se tem deixado de lado, em plano muito inferior, o aspecto principal da pena privativa de liberdade, que é o da sua execução. Igualmente se tem debatido no campo da interpretação das diretrizes legais, do dever-ser, da teoria, e, no entanto, não se tem dado a atenção devida ao tema que efetivamente a merece: o momento final e problemático, que é o do cumprimento da pena institucional. Na verdade, a questão da privação de liberdade deve ser abordada em função da pena tal como hoje se cumpre e se executa, com os estabelecimentos penitenciários que temos, com a infraestrutura e dotação orçamentária de que dispomos, nas circunstâncias atuais e na sociedade atual. Definitivamente, deve-se mergulhar na realidade e abandonar, de uma vez por todas, o terreno dos dogmas, das teorias, do deve-ser e da interpretação das normas.

Quando a prisão converteu-se na principal resposta penológica, especialmente a partir do século XIX, acreditou-se que poderia ser um meio adequado para conseguir a reforma do delinquente. Durante muitos anos imperou um ambiente otimista, predominando a firme convicção de que a prisão poderia ser meio idôneo para realizar todas as finalidades da pena e que, dentro de certas condições, seria possível reabilitar o delinquente. Esse otimismo inicial desapareceu e atualmente predomina certa atitude pessimista, que já não tem muitas esperanças sobre os resultados que se possam conseguir com a prisão tradicional. A crítica tem sido tão persistente que se pode afirmar, sem exagero, que a prisão está em crise. Essa crise abrange também o objetivo ressocializador da pena privativa de liberdade, visto que grande parte das críticas e questionamentos que se faz à prisão refere-se à impossibilidade — absoluta ou relativa — de obter algum efeito positivo sobre o apenado.

A fundamentação conceitual sobre a qual se baseiam os argumentos que indicam a ineficácia da pena privativa de liberdade pode ser, sinteticamente, resumida em duas premissas:

a) Considera-se que o ambiente carcerário, em razão de sua antítese com a comunidade livre, converte-se em meio artificial, antinatural, que não permite realizar nenhum trabalho reabilitador sobre o recluso[1]. Não se pode ignorar a dificuldade de fazer sociais aos que, de forma simplista, chamamos de *antissociais*, se se os dissocia da comunidade livre e ao mesmo tempo se os associa a outros *antissociais* Nesse sentido manifesta-se Antonio Garcia-Pablos y Molina, afirmando que "a pena não ressocializa, mas estigmatiza, que não limpa, mas macula, como tantas vezes se tem lembrado aos 'expiacionistas'; que é mais difícil ressocializar a uma pessoa que sofreu uma pena do que outra que não teve essa amarga experiência; que a sociedade não pergunta por que uma pessoa esteve em um estabelecimento penitenciário, mas tão somente se lá esteve ou não".[2]

Seguindo raciocínio como esse, chega-se a posturas tão radicais como a de Stanley Cohen, que considera que é tão grande a ineficácia da prisão que não vale a pena sua reforma, pois manterá sempre seus paradoxos e suas contradições fundamentais. Por isso, Cohen chega ao extremo de sugerir que a verdadeira solução ao problema da prisão é a sua extinção pura e simples.[3]

---

1. Antonio Garcia-Pablos y Molina, Régimen abierto y ejecución penal, *REP*, n. 240, 1988, p. 40; Julio Altmann Smythe, ¿Debe suprimirse la pena privativa de libertad y la prisión?, *Revista Jurídica del Perú*, ano 17, 1975, p. 91.

2. Antonio Garcia-Pablos y Molina, Régimen abierto..., *REP*, n. 240, 1988, p. 41. A respeito do ceticismo sobre a função ressocializadora da pena, veja-se interessante reflexão de Muñoz Conde em La resocialización del delincuente..., *CPC*, n. 7, 1979, p. 91.

3. Stanley Cohen, Un escenario para el sistema penitenciario futuro, *NPP*, 1975, p. 412. Contra: Borja Mapelli Caffarena, *Lecciones de derecho penitenciario*, p. 142, *in verbis*: "Não acredito na bondade da privação da liberdade, porém, enquanto esta for uma realidade necessária, a sua execução, a médio prazo, continua sendo um problema jurídico. No entanto, renunciar atualmente às práticas terapêuticas e perder, sob o ponto de vista criminológico, o tempo de reclusão é, sem dúvida, uma insensatez. Voltar às teorias absolutas e ao retribucionismo mecânico não responde nem às exigências político-penitenciárias nem às condições científico-sociais e estatais... A única solução é, como sustenta Baratta, a drástica redu-

b) Sob outro ponto de vista, menos radical, porém igualmente importante, insiste-se que na maior parte das prisões do mundo as condições materiais e humanas tornam inalcançável o objetivo reabilitador. Não se trata de uma objeção que se origina na natureza ou na essência da prisão, mas que se fundamenta no exame das condições reais em que se desenvolve a execução da pena privativa de liberdade.

A literatura especializada tem-se ocupado frequentemente da crueldade e da desumanização existente no ambiente carcerário. Não são apenas obras escritas no início do século XX, pois muitas delas foram publicadas nas últimas décadas. As graves deficiências das prisões não se limitam a narrações de alguns países; ao contrário, existem centros penitenciários em que a ofensa à dignidade humana é rotineira, tanto em nações desenvolvidas como em subdesenvolvidas[4]. As mazelas da prisão não são privilégios apenas de países do terceiro mundo. De modo geral, as deficiências prisionais compendiadas na literatura especializada apresentam muitas características semelhantes: maus-tratos verbais (insultos, grosserias etc.) ou de fato (castigos sádicos, crueldades injustificadas e vários métodos sutis de fazer o recluso sofrer sem incorrer em evidente violação do ordenamento etc.); superpopulação carcerária, o que também leva a uma drástica redução do aproveitamento de outras atividades que o centro penal deve proporcionar (a população excessiva reduz a privacidade do recluso, facilita grande quantidade de abusos sexuais e de condutas inconvenientes); falta de higiene (grande quantidade de insetos e parasitas, sujeiras e imundícies nas celas, corredores, cozinhas etc.); condições deficientes de trabalho, que podem significar uma inaceitável exploração dos reclusos ou o ócio completo; deficiência nos serviços médicos, que pode chegar, inclusive, a sua absoluta inexistência; assistência psiquiátrica deficiente ou abusiva (em casos de delinquentes políticos ou dissidentes pode-se chegar a utilizar a psiquiatria como bom pretexto "científico" para impor determinada ordem ou para convertê-lo em um "castigo civilizado"); regime alimentar deficiente; elevado índice de consumo de drogas, muitas vezes originado pela venalidade e corrupção de alguns funcionários penitenciários, que permitem e até realizam o tráfico ilegal de drogas; reiterados abusos sexuais, nos quais normalmente levam a pior os jovens reclusos recém-ingressos, am-

---

ção da prisão àqueles casos em que não há outra resposta possível...". No mesmo sentido, Francisco Muñoz Conde, *La resocialización del delincuente...*, *CPC*, n. 7, 1979, p. 105.

4. Alfonso Serrano Gomez, V Congreso de la ONU sobre Prevención del Delito y Tratamiento del delincuente, *REP*, 1976, p. 328-330.

biente propício à violência, em que impera a utilização de meios brutais, onde sempre se impõe o mais forte[5].

A manifesta deficiência das condições penitenciárias existentes na maior parte dos países de todo o mundo, sua persistente tendência a ser uma realidade quotidiana, faz pensar que a prisão se encontra efetivamente em crise. Sob essa perspectiva, menos radical que a mencionada no item *a*, fala-se da crise da prisão, mas não como algo derivado estritamente de sua essência, mas como resultado da deficiente atenção que a sociedade e, principalmente, os governantes têm dispensado ao problema penitenciário, o que nos leva a exigir uma série de reformas, mais ou menos radicais, que permitam converter a pena privativa de liberdade em meio efetivamente reabilitador.

As deficiências da prisão, as causas que originam ou evidenciam sua crise podem ser analisadas em seus mais variados aspectos, tais como pelas perturbações psicológicas que produz, pelo problema sexual, pela subcultura carcerária, pelos efeitos negativos sobre a pessoa do condenado etc. Concentraremos nossa análise a seguir em alguns dos mais importantes desses temas.

2. A prisão como fator criminógeno

Um dos argumentos que mais se mencionam quando se fala na falência da prisão é o seu efeito criminógeno. Muitos autores sustentam essa tese[6], que, aliás, já havia sido defendida pelos positivistas e que se revitalizou no II Congresso Internacional de Criminologia (Paris, 1950). Considera-se que a prisão, em vez de frear a delinquência, parece estimulá-la, convertendo-se em instrumento que oportuniza toda espécie de desumanidade. Não traz nenhum benefício ao apenado; ao contrário, possibilita toda sorte de vícios e degradações[7]. Os exemplos que demonstram os efeitos criminógenos da prisão são lembrados frequentemente. Hibber, por exemplo, cita um muito ilustrativo: "... Fui enviado a uma instituição para jovens com a idade de 15 anos e saí dali com 16 convertido em um bom ladrão de

---

5. Israel Drapkin, El recluso penal, víctima de la sociedad humana, *ADPCP*, 1977, p. 347-348.

6. Carlos García Valdés, *La nueva penología*, p. 33; Antonio Beristain, *Crisis del derecho represivo*, p. 143-4; José Velasco Escasi, La historia de las psicosis de prisión durante el siglo XX, *REEP*, 1952, p. 8.

7. Sergio García Ramirez, *La prisión*, p. 53.

bolsos — confessou um criminoso comum. Aos 16, fui enviado a um reformatório como batedor de carteiras e saí como ladrão ... Como ladrão, fui enviado a uma instituição total onde adquiri todas as características de um delinquente profissional, praticando desde então todo tipo de delitos que praticam os criminosos e fico esperando que a minha vida acabe como a de um criminoso"[8]. Von Hentig cita outros casos nos quais se observa a influência negativa da prisão[9].

A maioria dos fatores que dominam a vida carcerária imprime a esta um caráter criminógeno. Esses fatores podem ser classificados em materiais, psicológicos e sociais.

a) Fatores materiais:

Nas prisões clássicas existem condições que podem exercer efeitos nefastos sobre a saúde dos internos. As deficiências de alojamentos e de alimentação facilitam o desenvolvimento da tuberculose, enfermidade por excelência das prisões. Contribuem igualmente para deteriorar a saúde dos reclusos as más condições de higiene dos locais, originadas na falta de ar, na umidade e nos odores nauseabundos. Mesmo as prisões mais modernas, onde as instalações estão em nível mais aceitável e onde não se produzem graves prejuízos à saúde dos presos, podem, no entanto, produzir algum dano na condição físico-psíquica do interno já que, muitas vezes, não há distribuição adequada do tempo dedicado ao ócio, ao trabalho, ao lazer e ao exercício físico.

b) Fatores psicológicos:

Um dos problemas mais graves que a reclusão produz é que a prisão, por sua própria natureza, é um lugar onde se dissimula e se mente. O costume de mentir cria um automatismo de astúcia e de dissimulação que origina os delitos penitenciários, os quais, em sua maioria, são praticados com artimanhas (furtos, jogos, estelionatos, tráfico de drogas etc.). A prisão, com sua disciplina necessária, mas nem sempre bem empregada, cria uma delinquência capaz de aprofundar no recluso suas tendências criminosas. Sob o ponto de vista social, a vida que se desenvolve em uma instituição total facilita a aparição de uma consciência coletiva que, no caso da prisão, supõe a estruturação definitiva do amadurecimento criminoso.

---

8. C. Hibber, *Las raíces del mal*, p. 195.
9. Hans von Hentig, *La pena*, p. 377, especialmente a nota n. 264.

A aprendizagem do crime e a formação de associações delitivas são tristes consequências do ambiente penitenciário.

c) Fatores sociais:

A segregação de uma pessoa do seu meio social ocasiona uma desadaptação tão profunda que resulta difícil conseguir a reinserção social do delinquente, especialmente no caso de pena superior a dois anos. O isolamento sofrido, bem como a chantagem que poderiam fazer os antigos companheiros de cela, podem ser fatores decisivos na definitiva incorporação ao mundo criminal[10].

Todos os fatores referidos comprovam a tese de que a prisão é um meio criminógeno.

Diante do ritmo em que se desenvolve a vida moderna, em que as transformações se produzem com espantosa rapidez, é muito provável que a prisão venha a ser cada vez mais criminógena. Um homem, por exemplo, que no início do século XX fosse condenado a cinco anos de prisão talvez, diante das condições da época, pudesse ser mais facilmente incorporado ao trabalho e à vida social. Porém, na atualidade, cinco anos podem significar uma segregação muito prolongada, que provavelmente impedirá a ressocialização do delinquente. Para medir os efeitos negativos da prisão, além do critério quantitativo, devemos levar em consideração o número de anos e a velocidade com que se produzem as mudanças na sociedade. Se se fizer essa relação, é possível chegar à conclusão de que, na sociedade moderna, a imposição de uma pena de cinco anos a uma pessoa pode ter efeitos tão negativos em termos ressocializadores quanto os que existiam quando se impunha uma pena de vinte anos na primeira metade do século XX[11].

Será possível evitar a produção de danos físicos, e de certos danos psíquicos, com prisões que contem com uma adequada planta física, com melhores condições de higiene e com tratamento mais condizente com a dignidade do recluso. No entanto, sempre se produzirão algumas lesões invisíveis, visto que quando se interrompe o ciclo normal de desenvolvimento de uma pessoa se provoca dano irreparável. O isolamento da pessoa, excluindo-a da vida social normal — mesmo que seja internada em uma "jaula de ouro" —, é um dos efeitos mais graves da pena privativa de liberdade,

---

10. José María Rico, *Sanções penais*, p. 78-79.

11. Robert Martinson, The paradox of prison reform, in *Philosophical perspectives on punishment*, p. 313.

sendo em muitos casos irreversível. É impossível pretender que a pena privativa de liberdade ressocialize por meio da exclusão e do isolamento.

Apesar de se falar genericamente sobre o efeito criminógeno da prisão, fazem-se necessárias algumas considerações a respeito:

a) A experiência na prisão não exerce a mesma influência sobre cada recluso. Em geral, os delinquentes ocasionais ou acidentais resistem às influências da comunidade penitenciária[12]. Esse fato é um dos argumentos utilizados para justificar a manutenção e aplicação, em certos casos, de uma pena privativa de liberdade de curta duração[13]. De outra parte, insiste-se em que o retorno ulterior ao crime não deve ser associado tanto à experiência em prisão, mas à personalidade do sujeito[14].

b) Sob o ponto de vista científico não se chegou a estabelecer com exatidão o alcance que pode ter a influência específica da prisão como fator criminógeno. Não se conseguiu precisar se pode ser mais importante como fator criminógeno a personalidade do recluso, sua experiência anterior à prisão ou o meio social em que se desenvolverá ao ser liberado[15]. Não existe evidência científica sobre o valor específico que pode ter a experiência carcerária como fator criminógeno. Esse é um dado importantíssimo, pois, embora seja evidente que o ambiente carcerário exerce influência prejudicial sobre o recluso, ao não se saber com exatidão o alcance e o limite de tal influência, não será possível chegar a conclusões definitivas. A inexatidão no conhecimento exige prudência e moderação.

3. Elevados índices de reincidência

Um dos dados frequentemente referidos como de efetiva demonstração do fracasso da prisão são os altos índices de reincidência, apesar da presunção de que durante a reclusão os internos são submetidos a tratamento reabilitador. As estatísticas de diferentes países são pouco animadoras, tal como refletem as seguintes: nos Estados Unidos as cifras de reincidência oscilam

---

12. Jean Pinatel, *La sociedad criminógena*, p. 157-158.

13. Surgiu uma corrente favorável às penas privativas de liberdade de curta duração, que anteriormente estiveram muito desacreditadas. Pedrazzi, citado por J. M. Rodriguez Devesa, *Derecho penal*, p. 11.

14. Jean Pinatel, *La sociedad criminógena*, p. 158.

15. Donald Clemmer, Imprisonment as a source of criminality, in *Readings in Criminology and penology*, p. 517-8.

entre 40 e 80%[16]. Glaser cita um índice de reincidência da década de 60 que vai de 60 a 70%, nos Estados Unidos[17]. Na Espanha, o percentual médio de reincidência, entre 1957 e 1973, foi de 60,3%[18]. Na Costa Rica, mais recentemente, foi encontrado o percentual de 48% de reincidência[19]. Porém, os países latino-americanos não apresentam índices estatísticos confiáveis (quando os apresentam), sendo esse um dos fatores que dificultam a realização de uma verdadeira política criminal[20]. Apesar da deficiência dos dados estatísticos, é inquestionável que a delinquência não diminui em toda a América Latina e que o sistema penitenciário tradicional não consegue reabilitar o delinquente; ao contrário, constitui uma realidade violenta e opressiva e serve apenas para reforçar os valores negativos do condenado.

Os resultados obtidos com a aplicação da pena privativa de liberdade são desanimadores. Em todo o caso, é interessante fazer algumas considerações críticas sobre o alcance e o sentido das cifras de reincidência:

a) George Vold vê o problema da reincidência sob outra ótica. Considera que seria mais interessante prestar a devida atenção e importância ao pequeno percentual de delinquentes que conseguem reabilitar-se na prisão, com o que seria possível afirmar que a prisão é um verdadeiro êxito[21]. A importância do argumento de Vold não é o fato de trazer ou não solução ao fracasso da prisão, mas o de chamar a atenção ao seguinte ponto: será que o pequeno percentual de êxito que se obtém ao aplicar a pena privativa de liberdade é o único possível, dadas as características do fenômeno delitivo e da prisão? Essa interrogação permite-nos meditar mais detidamente sobre o significado tão fantástico, à primeira vista, que as cifras de reincidência apresentam.

b) Inegavelmente, a prisão exerce alguma influência no fracasso do tratamento do recluso. Mas as causas responsáveis pelos elevados índices de reincidência não são estudadas cientificamente. Não há dados objetivos sobre a efetividade dos diferentes programas. O progresso obtido em outros campos do conhecimento humano ocorre exatamente por meio do estudo criterioso dos fracassos e das suas causas, algo que não ocorre no

---

16. Donald Clemmer, Imprisonment, in *Readings*, p. 222.

17. Carlos García Valdés, *La nueva penología*, p. 34.

18. Manuel Lopez Rey y Arrojo, *La Justicia Penal*, p. 34.

19. José María Rico, Crimen, reacción social y criminología en el Caribe, *ILANUD*, n. 3, 1978, p. 22.

20. *Planificação da Política Criminal nos Programas de Desenvolvimento Nacional na América Latina*, Costa Rica, ILANUD, 1976, p. 14 e 21.

21. Gresham Sykes, *El crimen y la sociedad*, p. 83.

campo penitenciário[22]. Não têm sido realizados estudos que permitam deslindar os aspectos que podem ter influência sobre a reincidência. Refiro-me ao fato de estabelecer se a reincidência pode não ser considerada como um ou o mais importante indicador da falência da prisão, ou se esta pode ser um resultado atribuível aos acontecimentos posteriores à liberação do interno, como seria, por exemplo, o fato de não encontrar trabalho ou então por não ser aceito pelos demais membros — não delinquentes — da comunidade[23]. Por outro lado, também não se pode afirmar que tenha sido demonstrado que a pena de prisão seja especialmente ineficaz, em termos de reincidência, em relação a outros métodos de tratamento, especialmente aos não institucionais.

c) Também é necessário pensar que a deficiência político-criminal que se observa nas modernas espécies de pena, representada pelas alarmantes taxas de reincidência, não deve ser atribuída somente a uma pobreza inventiva, à impaciência e a um método cientificamente defeituoso, mas também é necessário levar em consideração as modificações que ocorrem no material humano sobre o qual a pena opera ou produz sua ameaça. Embora a pena permaneça idêntica, é possível que a sensibilidade a respeito dela possa variar, conduzindo assim à produção de efeitos distintos dos perseguidos. Novos bloqueios cerebrais do indivíduo ou das massas podem debilitar a efetividade da ameaça penal e, inclusive, fazê-la desaparecer por completo[24].

As elevadas taxas de reincidência podem não só indicar a ineficiência da prisão como também refletir as transformações dos valores que se produzem na sociedade e na estrutura socioeconômica.

d) Para Pinatel é um critério grosseiro a avaliação da eficácia dos métodos penitenciários feita pelos índices de reincidência. O simples percentual de reincidência não leva em consideração a situação dos internos em relação às condições, população e peculiaridades gerais de cada estabelecimento penal. Pode ocorrer, por exemplo, que determinado estabelecimento contenha superpopulação e congregue reclusos de alta periculosidade. Inegavelmente, superpopulação e periculosidade constituem dois fatores importantíssimos no aumento da taxa de reincidência. Nessa hipótese, a reincidência não poderia ser atribuída de forma exclusiva ao fracasso dos métodos penitenciários. Finalmente, as reincidências não são todas compa-

---

22. León Radzinowicz, *En busca de la criminología*, p. 141.
23. Roger Hood e Richard Sparks, *Problemas clave en criminología*, p. 232-233.
24. Hans von Hentig, *La pena*, p. 15.

ráveis, pois em alguns casos não passam de fracassos aparentes, constituindo, na verdade, êxitos parciais[25].

e) Seria um erro considerar que as altas taxas de reincidência demonstram o fracasso total do sistema penal e proclamar a abolição da prisão, como propõem alguns setores, que pretendem assumir uma posição progressista. Indiscutivelmente, a natureza do tratamento penal tem papel importante na persistência dos níveis de reincidência, mas não é o único e nem sempre é o fator mais importante. A responsabilidade deve ser atribuída ao sistema penal como um todo, assim como às situações e condições sociais injustas, que se agravam sob o império de regimes antidemocráticos.

Não se deve ignorar, por outro lado, que a reincidência e a multirreincidência produzem-se nos mais diferentes âmbitos da vida social, como é o caso dos delitos econômicos, em que a corrupção e o tráfico de influências são características frequentes e conseguem, em regra, elidir a ação do sistema penal. Essa desigualdade de tratamento entre os chamados "crimes do colarinho branco" e os praticados pelas classes inferiores também influi na elevação do percentual de reincidência[26].

De acordo com as observações expostas, é forçoso concluir que as cifras de reincidência têm valor relativo. O índice de reincidência é um indicador insuficiente, visto que a recaída do delinquente produz-se não só pelo fato de a prisão ter fracassado, mas por contar com a contribuição de outros fatores pessoais e sociais. Os altos índices de reincidência também não podem levar à conclusão radical de que o sistema penal fracassou totalmente, a ponto de tornar-se necessária a extinção da prisão. Essas conclusões são o resultado de uma análise excessivamente esquemática e simplista.

4. Efeitos sociológicos ocasionados pela prisão

4.1. Influência prejudicial sobre o recluso

A prisão, segundo Goffman, em sua natureza fundamental, é uma instituição total. Para o sociólogo americano, toda instituição absorve parte do

---

25. Jean Pinatel, *La sociedad criminógena*, p. 158.

26. Manuel Lopez Rey y Arrojo, *La Justicia Penal*, nota 47, p. 34; Santiago Mir Puig, *La reincidencia en el Código Penal*. Para um exame das diversas concepções de reincidência, reiteração, habitualidade e multirreincidência, veja-se Antonio Martinez de Samora, *La reincidencia*.

154

tempo e do interesse de seus membros, proporcionando-lhes, de certa forma, um mundo particular, tendo sempre uma tendência absorvente. Quando essa tendência se exacerba encontramo-nos diante das chamadas instituições totais, como é o caso da prisão. A tendência absorvente ou totalizadora está simbolizada pelos obstáculos que se opõem à interação social com o exterior e ao êxodo de seus membros, que, geralmente, adquirem forma material: portas fechadas, muros aramados, alambrados, rios, bosques, pântanos etc.[27]. Um dos aspectos que suscitam sérias dúvidas sobre as possibilidades ressocializadoras da prisão é o fato de esta, como instituição total, absorver toda a vida do recluso, servindo, por outro lado, para demonstrar sua crise.

Goffman situa a prisão dentro do terceiro tipo de instituições totais, que são aquelas organizadas para proteger a comunidade contra aqueles que constituem intencionalmente um perigo para ela e não apresentam, como finalidade imediata, o bem-estar dos internos[28]. O fato de as prisões terem como objetivo principal a proteção da sociedade é outro dos aspectos que sugerem profundas contradições em relação ao objetivo ressocializador que se atribui à pena privativa de liberdade.

As principais características da instituição total são as seguintes:

1ª) Todos os aspectos da vida desenvolvem-se no mesmo local e sob o comando de uma única autoridade.

2ª) Todas as atividades diárias são realizadas na companhia imediata de outras pessoas, a quem se dispensa o mesmo tratamento e de quem se exige que façam juntas as mesmas coisas.

3ª) Todas as atividades diárias encontram-se estritamente programadas, de maneira que a realização de uma conduz diretamente à realização de outra, impondo uma sequência rotineira de atividades baseadas em normas formais explícitas e em um corpo de funcionários.

4ª) As diversas atividades obrigatórias encontram-se integradas em um só plano racional, cujos propósitos são conseguir os objetivos próprios da instituição[29].

Na instituição total há um antagonismo entre o pessoal e os internos. Esse antagonismo expressa-se por meio de rígidos estereótipos: o pessoal

---

27. Erving Goffman, *Internados*, p. 17-18.
28. Idem, ibidem, p. 17-18.
29. Erving Goffman, *Internados*, p. 19-20.

tende a julgar os internos como cruéis, velhacos e indignos de confiança. Os internos, por sua vez, tendem a considerar o pessoal petulante, déspótico e mesquinho. O pessoal tem um sentimento de superioridade em relação aos internos, e estes tendem a sentir-se, mesmo inconscientemente, inferiores àqueles, débeis, censuráveis e culpados[30]. Esses sentimentos antagônicos são um grande obstáculo, especialmente quando se pretende aplicar técnicas de tratamento dirigidas à recuperação do recluso. O antagonismo entre pessoal e internos é algo inerente à própria natureza da instituição total, por isso resulta muito difícil sua erradicação. A cisão entre pessoal e internos pode ser tão profunda que os dois grupos podem chegar a constituir dois mundos social e estruturalmente distintos, nos quais poderão existir alguns pontos formais de tangência, mas praticamente sem penetração mútua.

A instituição total, envolvente por natureza, transforma o interno em um ser passivo. Todas as suas necessidades, de vestuário, lazer etc., dependem da instituição. O interno pode adaptar-se facilmente a modos de ser passivos, encontrando equilíbrio ou gratificação psicológica em seu exercício. Na instituição total, geralmente, não se permite que o interno seja responsável por alguma iniciativa, e o que interessa efetivamente é sua adesão às regras do sistema penitenciário. A passividade do interno, convertida em "pautas" normais de comportamento, é o resultado natural que a instituição total produz[31]. É mais uma razão a demonstrar a impossibilidade da ressocialização do delinquente pelo internamento.

A instituição total produz no interno, desde que nela ingressa, uma série de depressões, degradações, humilhações e profanações do ego. A mortificação do ego é sistemática, embora nem sempre seja intencional[32]. A barreira que as instituições totais levantam entre o interno e a sociedade exterior representa a primeira mutilação. Desde o momento em que a pessoa é separada da sociedade, também é despojada da função que nela cumpria. Posteriormente, o interno é submetido aos procedimentos de admissão, onde é manuseado, classificado e moldado. Isso implica uma coisificação da pessoa, pois é classificada como objeto para ser introduzida na burocracia administrativa do estabelecimento, onde deverá ser transforma-

---

30. Idem, ibidem, p. 21.

31. Richard Thurrel, Seymour Hallecke Arvin Johnsen, Psychosis in prison, 1965, p. 272.

32. Erving Goffman, *Internados*, p. 27.

156

da paulatinamente, mediante operações de rotina[33]. Esse procedimento leva a uma nova despersonalização e à depreciação do ego.

Quando a instituição cientifica o interno recém-ingressado dos objetivos e posses que lhe são permitidos — naturalmente pouquíssimos —, este volta a ter a sensação de diminuição e de esbulhamento[34]. Os próprios limites espaciais, geralmente minúsculos, destinados ao indivíduo representam forte limitação ao desenvolvimento da pessoa. A cela, por exemplo — se tiver o privilégio de contar com uma —, na previsão da Lei de Execução Penal brasileira, deverá ter no mínimo dois metros por três (art. 88). Ninguém no mundo livre, nem mesmo os favelados, desenvolve sua vida em limite espacial tão reduzido[35].

Outra das graves agressões à personalidade do recluso é que a instituição total viola e anula por completo a intimidade do indivíduo, em dois sentidos: 1º) Durante o processo de admissão, todos os dados relativos ao interno, bem como sua conduta no passado, especialmente os aspectos desabonatórios, são recolhidos e registrados em arquivos especiais à disposição da administração penitenciária. A instituição total invade todo o universo íntimo do recluso, seja em caráter psíquico, pessoal ou de qualquer natureza, desde que possa significar algum descrédito. 2º) Também se anula a intimidade pela falta de privacidade com que se desenvolve a vida diária do interno. Ele nunca está só. Tem de se manter obrigatoriamente na companhia de pessoas que nem sempre são suas amigas. A obrigatoriedade de estar permanentemente com outras pessoas pode ser tão angustiante quanto o isolamento permanente. O mais grave dessa situação é a impossibilidade de evasão da instituição total, como ocorre na sociedade civil[36]. Esse desrespeito à intimidade da pessoa verifica-se até mesmo nos locais reservados a satisfações fisiológicas, como dormitórios coletivos e latrinas abertas.

Outro efeito negativo que uma instituição total produz e que torna difícil, para não dizer impossível, a ressocialização do recluso é a submissão do interno a um processo de desculturalização, ou seja, a perda da capacidade para adquirir hábitos que correntemente se exigem na sociedade em geral.

---

33. Idem, ibidem, p. 29; Victor Irurzum, *La sociedad carcelaria*, p. 119.

34. Erving Goffman, *Internados*, p. 31.

35. Hans von Hentig, *La pena*, p. 256.

36. Hans von Hentig, *La pena*, p. 251.

Todos os aspectos negativos aqui relacionados a respeito de uma instituição total como a prisão demonstram que esta é instrumento inadequado para a obtenção de algum efeito positivo sobre o recluso e reforçam a tese de que a prisão, como resposta penológica, encontra-se efetivamente em crise.

4.2. Significado e efeito do sistema social originado na prisão

A prisão é um sistema social relativamente fechado, que não tem recebido o estudo e a atenção que merece. Necessita de investigações sistemáticas, objetivas, que se orientem por uma teoria condutista firmemente estabelecida[37]. Donald Clemmer fez um dos estudos mais completos sobre o sistema social da prisão, intitulado *The prision community*. As condições peculiares de vida a que os reclusos são submetidos estimulam o surgimento de um sentimento que se poderia chamar de *consciência coletiva*, cujo conteúdo se define, basicamente, por valores que contradizem os que a maioria considera legítimos. Essa *consciência coletiva* define um sentimento antagônico em relação à comunidade livre[38]. No entanto, não é fácil caracterizar com precisão o sistema social e a subcultura da prisão. O mundo dos reclusos é um mundo confuso, sendo temerário afirmar que possua uma estrutura social claramente definida, já que não existem valores e objetivos claros e consolidados. Subsiste uma relação conflitiva entre os próprios internos ou entre estes e os funcionários[39]. A dificuldade de caracterizar a natureza do *sistema social* carcerário decorre de dois fatores básicos: 1º) as dificuldades metodológicas que a realização de um estudo sobre o sistema social do recluso enfrenta. É extremamente difícil que o pesquisador possa penetrar no mundo interior das instituições totais; 2º) insuficiência de estudos que permitam estabelecer conceitos definidos sobre a estrutura social da prisão.

Apesar da insuficiência de pesquisa sobre esse tema, é possível estabelecer alguns conceitos que nos aproximem dessa realidade tão complexa e contraditória:

---

37. Daniel Glaser, Enfoque sociológico del crimen y la corrección, *AICDC*, 1968, p. 381.

38. Francisco Muñoz Conde, *Derecho penal y control social*, p. 100; Ernesto Seelig, *Tratado de criminología*, p. 466.

39. Donald Clemmer, Imprisonment, in *Readings*, p. 511.

A) Características do sistema social da prisão:

Lloyd W. McCorkle e Richard Korn[40] registram as seguintes características do sistema social prisional:

1) Não há como fugir do sistema. O recluso encontra-se não só fisicamente encerrado, impedido de sair, como também se encontra *preso* a um contexto de comportamentos e usos sociais dos quais também não pode fugir.

2) Trata-se de um sistema extremamente rígido, onde a mobilidade vertical é muito difícil. As causas dessa imobilidade são de natureza múltipla.

3) O número de papéis que o indivíduo pode desempenhar é limitadíssimo, e, depois de assumi-los, a tendência é mantê-los, especialmente quando representam os níveis mais baixos, mediante forte pressão do grupo.

4) As possibilidades que o indivíduo tem para selecionar seu papel são muito limitadas e condicionadas.

5) Desde o momento em que a pessoa ingressa na instituição, é submetida à influência do sistema social interno.

B) Algumas teses sobre a origem da subcultura carcerária:

Tem-se procurado explicar a origem da subcultura carcerária por meio de duas teses fundamentais:

1) A subcultura carcerária reflete as condições culturais que se encontram fora da prisão. John Irwin e Donald Cressey[41] sustentam a seguinte tese: usualmente se tem afirmado que a subcultura da prisão e a subcultura do interno são o resultado direto das próprias condições em que se desenvolve a vida no interior da prisão. Essa tese esqueceu, no entanto, que talvez essas manifestações subculturais sejam o resultado dos valores e conceitos que os internos trazem consigo ao ingressar na prisão[42]. A admissão dessa teoria conduz, inevitavelmente, à seguinte conclusão: se a origem da subcultura carcerária reside em fatores externos à prisão, e admitindo-se, por outro lado, que a existência dessa subcultura é o que determina o comportamento criminoso — dentro ou fora da prisão —, mudariam completa-

---

40. Lloyd McCorkle e Richard Korn, Resocialization within walls, publicado no *Readings in criminology and penology*.

41. Roger Hood e Richard Sparks, *Problemas clave*, p. 220; Donald Clessey e John Irwin, Thieves convicts and inmate culture, in *Social problems*, p. 142-145.

42. Gordon Hawkins, *The prison police and practice, studies in crime and justice*, p. 67-68.

mente as expectativas sobre os possíveis efeitos ressocializadores da prisão. Da mesma forma, não seriam tão decisivos os efeitos negativos que a prisão produz no recluso, especialmente quanto à "prisionalização".

2) A segunda tese considera que a origem da subcultura carcerária explica-se por dois aspectos: a) as peculiares condições em que se desenvolve a pena privativa de liberdade, especialmente no caso das prisões de segurança máxima, são um verdadeiro estímulo para o surgimento da subcultura carcerária[43]; b) como complemento inevitável da primeira condição, o interno vê-se obrigado a criar um sistema social que lhe permita responder a sua renegação social e ao castigo que lhe é imposto[44]. Sob o ponto de vista psicológico, esse sistema social tão peculiar evita que o interno sofra os efeitos devastadores da renegação e, ao mesmo tempo, impede que a interiorização da renegação social possa converter--se em um sentimento de autorrecusa. Isso permite que o interno venha a repelir aos que o renegam em vez de fazê-lo com sua própria pessoa. Os internos que em suas autodefinições e autoavaliações demonstram maior independência em relação aos valores tidos socialmente como legítimos são os que têm maior capacidade para adaptar-se ao sistema (subsistema) social carcerário.

Os estudos empíricos realizados com a finalidade de comprovar cada uma dessas teorias não são muito significativos. Não conseguiram demonstrar por meio de um critério definido a validade de uma teoria e o equívoco da outra[45]. Assim, as duas contêm validade relativa.

A atitude assumida pelo pessoal penitenciário está diretamente relacionada com o sistema social do recluso. Se essa atitude for de desprezo, de repressão e impessoalidade, o sistema social do recluso adquirirá maior vigor e poder, como resposta lógica à agressividade e renegação do meio. No entanto, se a atitude do pessoal penitenciário for humanitária e respeitosa à dignidade do recluso, é bem possível que o sistema social deste perca sua coesão e o efeito contraproducente, do ponto de vista ressocializador, que tem sobre o recluso[46].

---

43. Roger Hood e Richard Sparks, *Problemas clave*, p. 220.
44. Lloyd McCorkle e Richard Korn, Resocialization, in *Readings*, p. 515.
45. Roger Hood e Richard Sparks, *Problemas clave*, p. 222-223.
46. Hilde Kaufmann, *Principios para la reforma de la ejecución penal*, p. 47-49.

Há também direta relação entre as condições em que se desenvolve a pena privativa de liberdade e a maior ou menor influência do sistema social do recluso. Quanto mais o apenado for privado das vantagens da vida em liberdade, tanto maior será o efeito do sistema social carcerário. É impossível admitir a possibilidade de ressocialização do recluso, com a existência de um *subsistema* social que contradiz totalmente os propósitos ressocializadores. Nesse sentido, conclui Antonio Garcia-Pablos y Molina: "Por isso acredito que, de acordo com a experiência, efetivamente, a pena não ressocializa ninguém. E não ressocializa porque, como instituição, o cárcere não nasceu para ressocializar ninguém"[47].

C) Valores (contravalores) fundamentais do sistema carcerário:

O valor dominante no sistema carcerário é a posse e o exercício do poder[48]. Trata-se do exercício de um poder essencialmente coercitivo no qual até mesmo as mais insignificantes colaborações ou ajudas convertem-se em meio propício para exercer a dominação. Os valores que caracterizam o sistema social do recluso organizam-se em torno dos criminosos mais incorrigíveis do sistema[49]. A detenção de poder no interior das prisões manifesta-se das formas mais variadas e em circunstâncias que, no mundo livre, não assumem nenhuma importância. Pode, por exemplo, expressar-se pela maior ou menor quantidade de tabaco, pela capacidade de influir junto ao pessoal penitenciário etc.[50]. Pode também externar-se por manifestações desumanas, como o fato de dispor dos serviços de outro recluso, como se fosse um verdadeiro escravo. Todos os valores e atitudes do sistema social carcerário estão impregnados de forte antagonismo em relação aos valores da sociedade exterior. Expressam esse antagonismo na renegação que fazem às pessoas que desempenham as diversas funções do aparato repressivo (juízes, promotores, policiais, agentes etc.). Von Hentig reconhece que o estado classista da prisão não constitui uma escola de lealdade e de valor. As relações entre os reclusos definem-se de forma muito primitiva e são excessivamente opressivas[51]. O *status* dentro do sistema social carcerário que permite ao recluso exercer poder é adquirido pela força e

---

47. Garcia-Pablos y Molina, Régimen abierto y ejecución penal, *REP*, n. 240, 1988, p. 42.

48. Lloyd McCorkle e Richard Korn, Resocialization, in *Readings*, p. 522.

49. Clarence Schrag, Leadership among prison in matter, in *Readings*, p. 542.

50. Hilde Kaufmann, *Principios*, p. 40.

51. Hans von Hentig, *La pena*, p. 368.

pela fama[52]. Trata-se de uma reputação valorizada pela capacidade e recursos que tenha para vencer e dominar seus companheiros de infortúnio e resolver os conflitos por meio da força[53].

O exercício de poder, como valor fundamental na prisão, tem sua expressão mais característica nas relações de exploração que o interno exerce sobre os demais. O "malvado" ou "gorila", que dirige sua *quadrilha* de aduladores e parasitas, explora os mais frágeis até nas relações mais simples e pelos motivos mais injustificáveis, como com alimentação, vestuário, cigarros e desejo sexual[54]. Pode-se afirmar, nessas condições, que esses tipos de relações de exploração tão desumanas convertem-se em uma espécie de despotismo, baseados na violência.

Os objetivos ressocializadores são totalmente contrariados pela escala de valores que caracteriza o sistema social do recluso. Esse é outro motivo que nos autoriza a considerar a prisão ambiente inadequado para conseguir a ressocialização do recluso, além de converter-se em meio eficaz para a manutenção dos valores típicos da conduta desviada.

D) A estratificação social da sociedade carcerária:

Na sociedade carcerária surgem subgrupos diferentes que podem converter-se em verdadeiras castas, havendo entre eles profunda separação. Aparecem na prisão, frequentemente, os símbolos de estratificação da sociedade, apresentando também novas hierarquias de *status* e novos símbolos. Essas hierarquias apresentam papéis distintos[55]. É particularmente importante o papel desempenhado pelo líder ou líderes do sistema social carcerário, que chegam a ditar suas próprias leis na instituição, fato comum nas prisões norte-americanas. Os líderes que surgem no sistema penitenciário não se caracterizam, evidentemente, pelo respeito aos valores admitidos pela sociedade civil; ao contrário, trata-se, em regra, de delinquentes inveterados, que têm longas penas a cumprir. Podem apresentar, em alguns

---

52. Victor Irurzum, *La sociedad carcelaria*, p. 109-110.

53. Lloyd McCorkle e Richard Korn, Resocialization, in *Readings*, p. 524; Clarence Schrag, Leadership, in *Readings*, p. 542.

54. Hans von Hentig, *La pena*, p. 279; Gresham Sykes, *El crimen y la sociedad*, p. 107-108.

55. Peter Bergere e Thomas Luckmann, *La construcción de la realidad*, p. 95-98: "Quando o comportamento se institucionaliza, podemos construir com facilidade as tipologias de 'papéis'. No momento em que as ações se relacionam com diferentes 'papéis', os comportamentos são suscetíveis de uma imposição coativa".

casos, alguma psicopatia[56]. Todas as qualidades encarnadas pelo líder da prisão contradizem totalmente os objetivos que a finalidade ressocializadora se propõe conseguir.

Há uma variada gama de tipologia de grupos e papéis na prisão. Alguns utilizam o termo *barão* para referir-se ao líder da prisão e atribuem o papel mais baixo aos delinquentes sexuais[57]. Sutherland e Cressey referem-se a uma pesquisa feita por Hans Riemer sobre a estratificação e a estrutura do poder do sistema carcerário em que constatou que o setor que exerce o poder na prisão constitui um grupo reduzido de homens que se subdivide em dois:

1º) *os políticos* — ocupam posições-chave na administração penitenciária. Desfrutam de poder suficiente para distribuir privilégios. Aproveitam-se dos reclusos mais frágeis. São odiados pela maioria dos reclusos e também não contam com a confiança da administração prisional;

2º) *os tipos bons e corretos* — são aqueles que agem de acordo com o "código do recluso". São leais com os seus companheiros. Esses internos, por sua conduta e lealdade, são os verdadeiros líderes da prisão[58].

A estrutura social carcerária pode ser analisada de acordo com os papéis funcionais que os reclusos cumprem em seu interior. Por exemplo: "políticos", "tipos rudes", "homens de negócios", "operários". A classificação dos papéis que representam pode ser feita de acordo com atividades específicas. Por exemplo, a atividade sexual pode ser distinguida nos seguintes papéis: *wolf*, sempre masculino; *pancake* pode desempenhar papel feminino ou masculino; e *fairy*, um homossexual passivo que desempenha o papel feminino, especialmente quando entra na prisão. Outra classificação pode ocorrer em função das relações que mantêm com os agentes do sistema prisional: "tipos duros" são os que resistem bravamente às autoridades; "políticos", os que procuram acomodar-se ou concordar com a administração prisional; "homens de Estado", os que aceitam com maior ou menor passividade a administração oficial; e "ratos", que informam por razões pessoais[59].

---

56. Clarence Schrag, Leadership, p. 542; E. Johnson, Sociology of confinement..., 1961, p. 529.

57. O "barão" deve ter personalidade forte e recursos financeiros. É visto com inveja por seus companheiros e com desconfiança pelo pessoal penitenciário. Deve ter grande capacidade de organização. Ao recluso é mais interessante estar ao lado do "barão" que ao lado do pessoal penitenciário (Hugh Klare, *Anatomy of prison*, p. 34-35).

58. Edwin Sutherland e Donald Cressey, *Principles of criminology*, p. 502.

59. Lloyd McCorkle e Richard Korn, *Resocialization...*, p. 520.

A tipologia sobre os diferentes papéis desempenhados na prisão pode ser a mais variada possível. No entanto, a classificação que mais nos interessa refere-se à distribuição de poder, aquela que permite demonstrar o grau de subordinação ou de mando que o recluso pode atingir. Sob esse ponto de vista, em linhas gerais, pode-se estabelecer a seguinte classificação do *status* social e do poder que os reclusos exercem:

a) O grau mais elevado da escala é ocupado por um número reduzido de reclusos cuja reputação é tão alta que são quase imunes ao subsistema dos internos. Possuem grande liberdade de autodeterminação e suas decisões são inquestionáveis. Podem escolher a forma de relacionar-se com os demais internos. São os heróis, os protagonistas mais importantes, e apresentam as características e os *"antivalores"* principais da sociedade carcerária. Dentro dessa categoria pode-se situar o líder (*grata*, segundo a terminologia de Neuman)[60].

b) Logo a seguir, em escala descendente, situam-se os "bons meninos" (*chicos buenos*). As atividades dos internos que ocupam esse *status* são menos importantes e têm menor liberdade de autodeterminação, embora com bom poder de opção quanto aos papéis funcionais. Mantêm relativa independência, limitada pelos deveres e obrigações ditados pelos valores (antivalores) da sociedade carcerária. São os *chicos buenos* porque sempre respeitam o "código do recluso". Há suposição de que assumirão riscos e suportarão castigos em benefício da comunidade prisional. Essas obrigações são inquestionáveis, já que delas depende a manutenção do seu *status*.

c) Em terceiro lugar, podem-se encontrar os chamados *buckers*. São os reclusos que lutam para conquistar um *status*, uma posição. Geralmente são jovens que desejam entrar definitivamente no "mundo da delinquência".

d) A seguir encontramos os chamados "ingênuos" e os "Joões-honestos". Trata-se de um grupo heterogêneo, que não ocupa nenhum *status* honorífico no sistema social do recluso, e, praticamente, sem direito de autodeterminação. Com facilidade transformam-se em oprimidos e explorados pelos que exercem maior poder. Geralmente são delinquentes ocasionais que conseguem um ajuste muito superficial ao sistema social do recluso.

e) Continuando na escala descendente encontramos o que os ingleses chamam *ball busters*. Trata-se de um amplo setor de internos irritadiços,

---

60. A figura do "grata" é uma das mais significativas. Usa pijama e toalha ao pescoço. É agressivo, baderneiro, encarna atividades machistas como compensação etc. Victor Neuman-Irurzum, *La sociedad...*, p. 106-108.

164

com alto índice de desadaptação social. Organizam conflitos com facilidade, não só contra o pessoal penitenciário como entre os próprios reclusos.

f) Em outra escala situam-se os *puks*, identificados como homossexuais, física e psicologicamente frágeis, indignos de confiança.

g) Em um estrato mais baixo estão os chamados "ratos" ou informantes e os denominados *bugs*, que apresentam perturbação mental excepcional[61]. O sistema social do recluso adquire tal desenvolvimento — num sentido negativo e patológico — que se pode afirmar que os internos classificados como "ratos" ou informantes cumprem uma função importante na sociedade carcerária. Os papéis e a estratificação que caracterizam o sistema social do recluso organizam-se em função do antagonismo e do repúdio da sociedade exterior, seja quanto a seus valores, seja quanto às autoridades da prisão, como representantes autênticos dessa sociedade. E é exatamente em função desse forte sentimento de repúdio e de antagonismo que um recluso pode converter-se em "rato", não só por ser um "informante", mas também pelo fato de negar-se a colaborar com alguma ação contra a administração da prisão. Um recluso pode também — mesmo sem a ocorrência das circunstâncias referidas — ser identificado como "rato", com todo o seu sentido estigmatizante, pelo simples fato de possuir certas características que não correspondam às expectativas exigidas na comunidade penitenciária[62].

Referimo-nos anteriormente ao aparente paradoxo de o recluso rotulado de "rato" desempenhar um papel importante para o sistema social do recluso, cumprindo dois propósitos: a) serve como meio de comunicação entre a organização formal (oficial) da prisão e os grupos informais que integram a sociedade carcerária; b) sob o ponto de vista do fortalecimento do sistema social carcerário, especialmente em relação ao "código do recluso", o repúdio e a sanção que sofre o "rato" cumprem dois objetivos: 1) a agressão que se descarrega sobre o "informante" ou violador das normas do "código do recluso" serve como meio eficaz para dramatizar a lealdade que se deve nutrir pelas normas fundamentais do sistema do recluso, dissuadindo, assim, potenciais transgressores das normas internas. Esse procedimento demonstra a existência de um poder coercitivo eficaz; 2) serve como válvula de escape à agressividade reprimida dos reclusos, consequência natural da repressão e dos problemas do confinamento[63].

---

61. Lloyd McCorkle e Richard Korn, Resocialization, in *Readings,* p. 519.
62. E. Johnson, Sociology of confinement..., p. 528.
63. E. Johnson, Sociology of confinement, 1961.

A estratificação social e a distribuição do poder que analisamos é apenas uma aproximação, que descreve "tipos ideais" elaborados por criminólogos e sociólogos. Embora realizados com base em estudos empíricos, em razão de todas as dificuldades que uma investigação dessa natureza apresenta, é natural que muitos aspectos dessa realidade escapem às observações do pesquisador ou apresentem-se indecifráveis.

Os estudos realizados por Schrag demonstram muito bem as dificuldades existentes para penetrar na sociedade carcerária. Schrag, utilizando-se da própria gíria carcerária, destacou os cinco papéis mais importantes que os internos se atribuem: "o homem grande", "o proscrito", "o bom menino", "o político" e "o pária"[64]. No entanto, em uma pesquisa que Glaser e Stratton realizaram, constataram que essa classificação era imperfeita e que muitos reclusos não a aceitavam como correta. Esse exemplo mostra muito bem as limitações e dificuldades de uma classificação tipológica dos distintos papéis e estratos sociais existentes na realidade penitenciária.

A estratificação carcerária organiza-se em função de um subsistema social que repudia o modo de vida, o poder e os valores da sociedade. A sociedade carcerária demonstra que a prisão — vista em sua organização social real — não contribui para a ressocialização do recluso. Antes de fazê-lo admitir a necessidade de levar uma vida sem delitos e a aceitar os valores fundamentais da sociedade oficial, fortalece as "pautas" que caracterizam a conduta criminosa. Mesmo admitindo-se que os efeitos negativos que a experiência prisional produz não sejam determinantes na manutenção dos padrões de conduta desviada, é evidente que o tempo permanecido na prisão não produzirá nenhum efeito ressocializador.

James Jacobs realizou uma pesquisa que introduz variações muito importantes nas classificações da estratificação social carcerária e que são comumente aceitas. Jacobs constatou que, em certas ocasiões, o poder na

---

64. O "homem grande" é a favor do crime, dos delinquentes e do código do recluso, com a condição de ser o chefe. O "bom menino", ao contrário, tem poucos contatos criminosos, mantém estreita vinculação com sua família e com amigos não delinquentes, cumprindo sempre as normas administrativas da prisão. O "político", ou pseudossocial, muda suas preferências constantemente, do pessoal de vigilância às normas sociais do recluso. Tem grande habilidade para transitar entre as duas posições antagônicas. O "proscrito" ou associal não tem habilidade para identificar-se nem com o pessoal penitenciário nem com os reclusos. Está sempre em oposição aos dois grupos e não se compromete com nada. O "pária" representa um papel desempenhado geralmente por uma categoria de reclusos instável e inconstante que geralmente é desprezada pelos outros internos (Roger Hood e Richard Sparks, *Problemas clave*, p. 219-220).

prisão não é exercido ou disputado por grupos primários, circunscritos ao âmbito penitenciário. Muitas vezes o sistema social carcerário é invadido por certos conflitos de classe que se desenvolvem no exterior e manifestam-se dentro da prisão por meio de grupos que exercem seu poder e influência em função dessa conflitividade exterior[65]. Jacobs constatou essa situação nas prisões de Illinois, onde quatro organizações importantes (três delas constituídas de negros e outra formada por latinos), com milhares de filiados nas ruas de Chicago, introduziram nas prisões sua estrutura organizacional, sua liderança e seus objetivos e atividades[66]. É um fenômeno qualitativamente diferente do que ocorre quando se trata de grupos primários que surgem no interior da prisão e que não têm contato com organizações existentes no exterior. Nos Estados Unidos, por exemplo, o conflito racial foi levado para o interior das prisões, onde os negros recebem tratamento cruel e desumano[67]. Esse fato propiciou que algumas organizações que lutam em favor dos direitos dos negros — muitas vezes com métodos radicais e violentos — estendessem sua influência ao interior das prisões. O problema não se resume somente ao fato de um único grupo do exterior pretender dominar o poder e as atividades ilícitas da sociedade carcerária. Na verdade, várias organizações criminosas que disputam esse poder podem orientar-se por propósitos típicos da criminalidade convencional ou exercer atividades ilícitas por propósitos eminentemente políticos. Esse fenômeno constatado nas prisões de Illinois também foi detectado na Califórnia e em Nova York. Nas prisões da Califórnia foram identificadas as seguintes organizações: "a máfia mexicana", "nossa família", "a família da guerrilha negra"[68]. Essas organizações promoveram inúmeros enfrentamentos violentos, produzindo dezenas de mortes.

A influência dos grupos secundários — formados no exterior das prisões — não se limita às organizações criminosas, podendo estender-se a grupos religiosos, como ocorreu nos Estados Unidos, com os *Testemunhas de Jeová* ou com a seita dos *muçulmanos negros*[69]. Organizações políticas

---

65. James Jacobs, Stratification and conflict among prison inmates, *J. of C. L. C. & P. S.*, 1975, p. 472.

66. Idem, ibidem, p. 477.

67. Idem, p. 477. Veja-se, sobre os maus-tratos dispensados aos negros, o artigo escrito por Eve Pell, intitulado Como elige una cárcel sus víctimas. Referido artigo foi publicado na obra intitulada *Si llegan por ti en la mañana... vendrán por nosotros en la noche*.

68. James Jacobs, Stratification..., 1975, p. 478.

69. Idem, ibidem, p. 478-479.

ou grupos terroristas radicais também podem exercer grande influência no interior das prisões. No caso de grupos radicais — que utilizam métodos violentos —, consideram que os reclusos são uma força revolucionária que deve ser mobilizada, e, por isso, organizam dentro da prisão violentos motins e lutas reivindicatórias. Quando esses grupos radicais — políticos ou terroristas — conseguem conquistar poder e influência no interior das prisões, além de converterem o sistema carcerário em obstáculo passivo ao objetivo ressocializador — realidade que implicitamente nega esse objetivo —, transformam-no em meio eficaz de frontal oposição ao objetivo reabilitador, que consideram contrarrevolucionário.

A militância desses grupos secundários — criminosos, políticos radicais ou religiosos — pode produzir enfrentamentos violentíssimos entre eles por causa da luta pelo poder dentro das prisões.

A administração penitenciária apoia, muitas vezes, a dominação que alguns reclusos exercem na estrutura social carcerária[70]. A própria vigilância concede privilégios a determinados reclusos para que ajudem na adaptação dos demais às regras fundamentais necessárias à manutenção da ordem e da segurança da prisão[71]. A contraditória realidade penitenciária supõe que as autoridades penitenciárias devem propiciar um ambiente reabilitador, quando, na verdade, são obrigadas, pelas circunstâncias, a fortalecer os poderes de determinados líderes, contrariando totalmente os objetivos reabilitadores da pena privativa de liberdade.

E) A gíria do sistema social carcerário:

Sob a expressão *gíria penitenciária* pode-se compreender o que se poderia definir como uma linguagem artificial e específica utilizada nos estabelecimentos carcerários, tanto por funcionários quanto por reclusos, para facilitar a relação e compreensão recíprocas[72]. A *gíria carcerária* é uma expressão inevitável da subcultura desse meio. Ignorá-la torna praticamente impossível o trabalho tanto do pessoal penitenciário quanto de eventual pesquisador. Elías Neuman define a gíria penitenciária como uma linguagem produto de áreas submersas. Alguns de seus termos são como aríetes de ironia, de ansiedade, de dor, lançados através de um submundo

---

70. Goffman descreve um caso típico onde evidencia os privilégios concedidos pela própria administração penitenciária (*Internados*, p. 247).

71. Daniel Glaser, Enfoque sociológico..., *AICPC*, 1968, p. 382.

72. Ricardo Zapatero Sagrado, Argot y simbolismo penitenciario, *REP*, 1960, p. 2600.

marginal. A natureza de seus vocábulos reflete o analfabetismo, a inadaptação e o conflito do ambiente em que vivem[73]. A função mais importante da gíria carcerária é facilitar a comunicação entre os próprios internos. Seu domínio é, geralmente, um dos requisitos fundamentais para que o recluso seja considerado membro da sociedade carcerária[74].

A gíria penitenciária foi historicamente considerada *uma arma secreta*, um instrumento de defesa do grupo que a utiliza. Nos últimos anos, porém, tem-se querido diminuir a importância dessa característica, afirmando que essa *gíria* não é mais do que um tipo linguístico próprio de um grupo desviado e sujeito a idênticas influências sociais, como a linguagem dos delinquentes. Nessas circunstâncias, a *gíria carcerária* é instrumento eficiente de uma atividade comunitária e representa o significado e o símbolo de lealdade grupal. Quem compartilha de métodos de comunicação verbal compartilha igualmente de uma comunidade social e cultural. A gíria supõe um tipo de linguagem "anormal", que implica um desvio tanto linguístico quanto valorativo. A existência de uma gíria típica do sistema social carcerário, que pode ser considerado uma forma peculiar de expressão cultural, mostra o grau de desenvolvimento e de relativa autonomia que esse subsistema social pode adquirir.

F) O código do recluso:

O *código do recluso* é a expressão mais elaborada das regras básicas da sociedade carcerária. Não se trata apenas de simples atitudes ou de valores mais ou menos antagônicos em relação à sociedade livre. O *código do recluso* implica o estabelecimento de determinadas normas de cumprimento obrigatório, e eventual desobediência significa a imposição coercitiva de alguma sanção. Trata-se de uma das expressões mais típicas do antagonismo com a sociedade, que, nesse caso, é representada pelo pessoal penitenciário. Sua finalidade principal é que não haja colaboração com o "inimigo"[75].

Sob o ponto de vista dos reclusos, o código propõe-se a conseguir a mais absoluta lealdade entre eles, constituindo uma *frente* fechada e incondicional contra o pessoal penitenciário. Nesse sentido se manifesta Muñoz Conde, afirmando que "a principal expressão do sistema não formal é o *código do recluso*, cujas ideias fundamentais reduzem-se à não cooperação

---

73. Victor Irurzum, *La sociedad carcelaria*, p. 115.

74. A. Toro del Marzal, Sistema de investigación del lenguaje del delincuente, *REP*, 1975, p. 18.

75. Erving Goffman, *Internados*, p. 183.

com os funcionários em termos disciplinares e a nunca facilitar informação que possa prejudicar um *companheiro*. Existe, complementarmente, um princípio de completa lealdade entre os presidiários. Pode-se falar, portanto, de uma *máfia carcerária* que se rege por suas próprias leis e que impõe sanções aos que as descumprem"[76]. A influência do *código do recluso* é tão grande que propicia aos internos mais controle sobre a comunidade penitenciária que às próprias autoridades. Os reclusos aprendem, dentro da prisão, que a adaptação às expectativas de comportamento do preso é tão importante para o seu bem-estar quanto a obediência às regras de controle impostas pelas autoridades.

O cumprimento das normas da prisão, especialmente as do *código do recluso*, é mais importante que o próprio cumprimento das normas que regem a vida livre, uma vez que se tem muito menos liberdade. As possibilidades de burlar a aplicação das normas internas da prisão são muito menores diante da sua condição de instituição total. Aos que infringirem as normas do *código carcerário* podem ser aplicadas sanções de natureza variada. Algumas vezes se utiliza uma "sanção social", como, por exemplo, o ostracismo; outras vezes, aplica-se uma sanção que se poderia chamar de "sanção legal", que, geralmente, significa a morte. Não se pode, contudo, afirmar que em todas as prisões pode ser encontrado um *código do recluso* com as mesmas características e o mesmo significado[77]. A maior ou menor importância do *código do recluso* está também diretamente relacionada com o grau do *crime organizado* existente no país e com a maior ou menor perigosidade das subculturas criminais[78].

Das instituições existentes, como hospitais psiquiátricos, internatos escolares, mosteiros, quartéis militares etc., somente na prisão se pode encontrar um corpo de normas *sui generis* como o *código do recluso*.

As normas fundamentais do *código do recluso* podem ser sintetizadas nas seguintes:

---

76. Francisco Muñoz Conde, La prisión como problema: resocialización versus desocialización, in *La cuestión penitenciaria*, p. 101.

77. John Wilson e John Snodgrass, *The prison code in a therapeutic community*, 1969, p. 474-476.

78. Hood Roger e Richard Sparks, *Problemas clave*, p. 219; Don C. Gibbons, *Delincuentes juveniles y criminales*, p. 276. A solidariedade dos reclusos e sua oposição extrema às autoridades, comum nas prisões norte-americanas, não ocorrem com tanta intensidade nos outros países.

1ª) não se intrometer nos interesses dos detentos;

2ª) não *perder a cabeça*;

3ª) não explorar os detentos (esta é a regra mais descumprida);

4ª) não se debilitar;

5ª) não ser ingênuo[79].

Referidas normas têm a finalidade básica de criar forte coesão entre o grupo e reduzir a vulnerabilidade às influências do tratamento. Esse corpo normativo tem como consequência secundária o fortalecimento do comportamento criminoso e o repúdio das normas reconhecidas como legítimas pela sociedade[80]. Aflora, nesse paradoxo, a incompatibilidade entre os objetivos declarados da pena e a realidade carcerária.

O *código do recluso* não implica, necessariamente, a exaltação de "valores desviados", visto que destaca ações aprovadas pela sociedade tradicional, como lealdade, generosidade, confiança mútua, humanismo, valentia etc. No entanto, as normas em relação às quais se devem aplicar esses valores são opostas às da sociedade livre, o que não quer dizer que os valores do *código do recluso* sejam em todos os seus aspectos "antissociais"[81].

Encontra-se esse código sempre vinculado a uma série de crenças estereotipadas que aprofundam mais o antagonismo com a sociedade livre. Essas concepções ou estereótipos não precisam ser comprovados empiricamente, são "pré-juízos", quase dogmas, na prisão. São exemplos dessas posições pré-concebidas: nas relações com as autoridades o "dinheiro sempre fala mais alto"; todas as pessoas que trabalham no sistema penal são corruptas; quem trabalha na prisão é estúpido ou imoral, ou as duas coisas ao mesmo tempo[82].

Podem surgir na sociedade carcerária "tribunais" que decidem sobre as violações ao *código do recluso*. Esses "tribunais" são uma boa amostra da íntima, quase obrigatória, conexão entre o modelo e o instinto humano de imitação. Nessas caricaturas de tribunal, os açoites e a pena de morte são as principais sanções. Paradoxalmente, as "vítimas da sociedade" buscam, por sua vez, as suas próprias vítimas. Evidentemente, o procedimento em-

---

79. Carlos García Valdés, *Hombres y cárceles*, p. 155-156.
80. Jean Pinatel, *La sociedad criminógena*, p. 156.
81. Roger Hood e Richard Sparks, *Problemas clave*, p. 220-224.
82. Edwin Sutherland e Donald Cressey, *Principles of criminology*, p. 501.

pregado nesses julgamentos é duro, sumário e sem os critérios técnicos aplicados pelos tribunais normais (menoridade, atenuantes, ampla defesa etc.).

Nem sempre a solidariedade e a adesão visadas pelo *código do recluso* são atingidas, em razão das condições peculiares da prisão, que proporcionam mais a exploração entre os reclusos que um sentimento comum de solidariedade[83]. A lealdade e a cumplicidade que o *código do recluso* visa formar contra as autoridades penitenciárias são frequentemente violadas. Como qualquer ordem social organizada, o sistema carcerário proporciona não só regras e sanções para suas violações como também cria procedimentos para burlar a aplicação das sanções respectivas. Tanto que a regra mais sagrada do *código do recluso*, de não informar ou não colaborar com as autoridades, é violada diariamente. O respeito que os reclusos têm por suas normas não é tão forte como normalmente se imagina. Na verdade, as autoridades não precisam exercer grande pressão para que os internos se convertam em informantes ou colaboradores; ao contrário, a dificuldade das autoridades penitenciárias é poder evitar a grande quantidade de "colaboradores" voluntários encontráveis em todos os níveis da sociedade carcerária[84].

A situação descrita autoriza a seguinte interrogação: como é que a ordem social interna não se destrói, apesar das violações diárias que sofre? E por que razão as autoridades penitenciárias não aproveitam essa fragilidade? Em realidade, o pessoal penitenciário utiliza a própria estrutura de poder dos reclusos como recurso da administração e como instrumento para a manutenção da ordem interna. Longe de combater sistematicamente a hierarquia dominante na "sociedade carcerária", a administração dá-lhe respaldo e reconhece sua legitimidade, concedendo os trabalhos mais vantajosos aos internos que ocupam os estratos mais elevados dessa hierarquia. Igualmente, todas as vantagens permitidas aos "bons reclusos" também são concedidas a esses líderes hierárquicos. Com procedimentos dessa natureza a instituição penitenciária "compra" a paz da sociedade carcerária e evita o enfrentamento[85].

Várias razões explicam as frequentes transgressões do código do recluso, como, por exemplo: a) o caráter heterogêneo da população carcerária e as mudanças constantes que ocorrem. Entre os reclusos existem diferenças inevitáveis, como de idade, antecedentes sociais, criminais, graus

---

83. Gresham Sykes, *El crimen y la sociedad*, p. 110.
84. Lloyd McCorkle e Richard Korn, Resocialization, in *Readings*, p. 524.
85. Lloyd McCorkle e Richard Korn, Ressocialization, in *Readings*, p. 524.

de violência etc. O ingresso de novos delinquentes e a saída de veteranos também são uma rotina constante. Embora esses fatores possam ser minimizados pelos aplicadores da lei ou por uma política adequada de seleção das sanções, dificilmente poderão ser completamente eliminados[86]; b) outro fator importante na diminuição da solidariedade entre os reclusos é a presença de um grupo importante de indivíduos cuja personalidade pode ser tão destrutiva na comunidade penitenciária como na vida livre; c) a possibilidade de estabelecer uma estreita relação e um tratamento afetivo entre os reclusos é muito reduzida, em boa parte, pelo próprio esforço que a instituição faz para evitá-la.

G) A prisionalização:

A prisionalização é o efeito mais importante que o subsistema social carcerário produz no recluso. Prisionalização é a forma como a cultura carcerária é absorvida pelos internos. Trata-se de conceito similar ao que em sociologia se denomina assimilação. Quando uma pessoa ingressa em um grupo, ou quando dois grupos se fundem, produz-se uma assimilação. A assimilação implica um processo de aculturação de parte dos incorporados. As pessoas que são assimiladas vêm a compartilhar sentimentos, recordações e tradições do grupo estabelecido, também chamado estático. Os indivíduos que ingressam na prisão não são, evidentemente, substancialmente diferentes dos que ali já se encontram, especialmente quanto a influências culturais. Contudo, há diferenças entre os comportamentos, costumes e atitudes dos que ingressam na prisão e os dos que já vivem nela[87]. A prisionalização também se assemelha consideravelmente com o que em sociologia se chama processo de socialização[88]. Esse é o processo por meio do qual se ensinam a uma criança os modelos de comportamento social. *Mutatis mutandis*, guardadas as devidas diferenças, o recluso é submetido a um processo de aprendizagem que lhe permitirá integrar-se à subcultura carcerária.

---

86. A maior ou menor adesão ao código do recluso varia de acordo com o papel que este desempenha (Charles Willford, Factors associated with the adoption of inmate code: a study of normative socialization, 1967, p. 200, 202 e 203.

87. Donald Clemmer, Imprisonment, in *Readings*, p. 513.

88. A socialização permite ao indivíduo integrar-se plenamente à sociedade. Todo indivíduo é submetido a uma primeira socialização, que ocorre a partir da infância. Através dela se converte em membro da sociedade. Esta seria a socialização primária. A socialização secundária será qualquer processo posterior que leve o indivíduo já socializado a novos setores da realidade social (Peter Berger e Thomas Luckmann, *La construcción de la realidad*, p. 166).

Para Antonio Garcia-Pablos y Molina "o cárcere, segundo demonstram os enfoques subculturais modernos, é uma subcultura. Em outros termos, é um conjunto normativo autônomo que coexiste paralelamente com o sistema oficial de valores"[89]. Trata-se de uma aprendizagem que implica um processo de "dessocialização". Esse processo dessocializador é um poderoso estímulo para que o recluso rejeite, de forma definitiva, as normas admitidas pela sociedade exterior. A prisionalização sempre produzirá graves dificuldades aos esforços que se fazem em favor de um tratamento ressocializador[90]. A prisionalização é um processo criminológico que leva a uma meta diametralmente oposta à que pretende alcançar o objetivo ressocializador. Segundo Muñoz Conde, "ocorre aqui um fenômeno criminológico comum a todas as instituições fechadas, que Clemmer chama prisionalização e Goffman, por sua vez, denomina aculturação. O recluso adapta-se às formas de vida, usos e costumes impostos pelos próprios internos no estabelecimento penitenciário, porque não tem outra alternativa. Adota, por exemplo, uma nova forma de linguagem, desenvolve hábitos novos no comer, vestir, aceita papel de líder ou papel secundário nos grupos de internos, faz novas amizades etc. Essa aprendizagem de uma nova vida é mais ou menos rápida, dependendo do tempo em que estará sujeito à prisão, do tipo de atividade que nela realiza, sua personalidade, suas relações com o mundo exterior etc. A prisionalização, enfim, tem efeitos negativos à ressocialização que o tratamento dificilmente poderá evitar"[91].

Todo indivíduo que ingressa em uma prisão sofre maior ou menor prisionalização. O primeiro estágio desse processo ocorre ao ingressar nela, quando perde seu *status*, convertendo-se imediatamente em figura anônima e subordinada a um grupo (coincidindo com a despersonalização a que nos referimos ao falar da instituição total)[92]. Mesmo que o novo recluso deseje intimamente manter-se à margem, logo sofrerá a influência do aprendizado dos valores e normas da sociedade carcerária.

O processo de assimilação e de "socialização" que implica a prisionalização faz com que o recluso aprofunde sua identificação com os valores criminais (ideologia criminal).

---

89. Antonio Garcia-Pablos y Molina, Régimen abierto, *REP*, p. 41; Enrique Castillo Barrantes, *Becker y Chapman. Criminólogos interaccionistas*, p. 64.

90. Edwin Sutherland e Donald Cressey, *Principles of criminology*, p. 499.

91. Francisco Muñoz Conde, La prisión como problema, in *La cuestión penitenciaria*, p. 73.

92. Donald Clemmer, Imprisonment, in *Readings*, p. 513.

Segundo Donald Clemmer[93], existem condições que estimulam a maior ou menor prisionalização. Para que ocorra a prisionalização em seu grau mais elevado são necessárias as seguintes classificações:

a) que o recluso deva cumprir longa condenação na prisão, o que implica influência prolongada dos fatores universais de prisionalização;

b) uma personalidade instável, desde antes da reclusão;

c) poucas relações com pessoas que se encontram fora da prisão, especialmente com aquelas que podem exercer influência positiva;

d) disposição e capacidade para integrar-se nos grupos primários da sociedade carcerária;

e) aceitação incondicional, quase absoluta, dos dogmas e princípios da sociedade carcerária;

f) contato com pessoas de orientação similar;

g) especial interesse em participar no "jogo" e nas práticas sexuais anormais.

Ainda segundo Donald Clemmer[94], os fatores que determinam o grau mais baixo de prisionalização são os seguintes:

a) que o recluso deva cumprir pena de curta duração, o que diminui a influência dos fatores universais de prisionalização;

b) personalidade equilibrada, com adequada e bem orientada socialização antes de ingressar no centro penitenciário;

c) manutenção de relações sociais com pessoas que se encontram fora da prisão. É altamente benéfica a manutenção dessas relações, justificando as saídas permitidas e as visitas aos internos nos centros penitenciários;

d) recusar a integração aos grupos primários da prisão, mantendo, ao mesmo tempo, alguma relação com outras pessoas;

e) não aceitação incondicional dos dogmas e normas da sociedade carcerária, e disposição, dentro de certas condições, de colaborar com o pessoal penintenciário. Demonstração de certa identificação com os valores da comunidade exterior;

f) colocação em celas ou em trabalhos com companheiros que não exerçam grande liderança e que não estejam completamente integrados à subcultura carcerária;

---

93. Idem, ibidem, p. 516-517.
94. Idem, p. 516.

g) recusa ou desinteresse pelas práticas sexuais anormais, pouco interesse em participar no "jogo" e especial inclinação e disposição para cumprir o trabalho prisional ou para participar das atividades recreativas oficiais.

Clemmer foi um dos que melhor enfocaram os distintos aspectos relacionados com a prisionalização. Gresham Sykes também fez uma análise dos efeitos de prisionalização. Contudo, é muito difícil conseguir uma constatação empírica dos seus postulados fundamentais[95].

A dificuldade de constatar os postulados da prisionalização não recomenda o abandono do seu conceito, visto que sua utilidade é inquestionável. Ao contrário, deve-se trabalhá-lo com prudência, analisando as peculiaridades de cada caso, evitando generalizações simplistas.

Segundo a tese de Clemmer, um dos fatores decisivos para a prisionalização é o tempo de duração da prisão: quanto maior a duração, maior será o grau de prisionalização. Contudo, essa afirmação não foi comprovada satisfatoriamente[96].

Stanton Wheeler tem uma ideia um pouco diferente sobre o desenvolvimento da prisionalização. Wheeler procurou comprovar a tese de Clemmer, qual seja, a de que ao maior tempo de prisão corresponderia maior prisionalização, de forma que o grau mais elevado de prisionalização seria atingido ao final da reclusão. Wheeler constatou, no entanto, que o processo de prisionalização não é linear. A prisionalização não se mostrava significativa no início e no final do tempo de reclusão, acentuando-se, porém, durante o período intermediário, realizando uma linha em forma de "u". Wheeler constatou, ao contrário de Clemmer, uma variação cíclica nas atuações antissociais: no início da reclusão o apenado mantinha atitude conformista (não era antissocial); durante o período intermediário seu comportamento era manifestamente antissocial, e, no final da condenação, quando já estava próximo da liberdade, o recluso assumia novamente atitudes sociais conformistas[97]. Essa constatação fez Wheeler concluir que a subcultura carcerária surge como recurso para minimizar os sofrimentos da prisão[98]. A prisionalização é utilizada para se adaptar às condições peculia-

---

95. Marvin E. Wolfgang, Quantitative analysis of adjustment to the prison community, 1961, p. 609.

96. Charles Willford, Factors associated..., 1967, p. 194, 198, 199 e 201.

97. Charles Willford, Factors associated..., 1967, p. 199.

98. Idem, ibidem, p. 199.

res em que se desenvolve a pena privativa de liberdade. Assim, os reclusos são prisionalizados e desprisionalizados[99]. Segundo a tese de Wheeler, o impacto da subcultura carcerária seria menor, quando o recluso fosse posto em liberdade, do que o previsto na tese de Clemmer. Apesar do respaldo empírico do estudo de Wheeler[100], é difícil admitir que a prisionalização decorra somente dos fatores por ele citados. Devem-se considerar outros aspectos, como as características pessoais de cada recluso, o papel, por exemplo, que ocupa na hierarquia carcerária, ou as condições do meio ambiente. Da mesma forma também não se pode afirmar que o estudo de Wheeler seja a resposta definitiva sobre o problema da prisionalização.

Algumas pesquisas realizadas não comprovaram nem a tese de Clemmer nem a de Wheeler[101].

Apesar dos danos que a *prisionalização* pode ocasionar à personalidade do recluso e de ser fator obstaculizador de sua ressocialização, não se pode afirmar que haja estreita e inevitável relação entre a prisionalização e a criminalidade. Pode ocorrer que um interno que não se integrou à subcultura carcerária apresente clara tendência à criminalidade e maiores probabilidades de reincidência do que outro que se prisionalizou completamente. Cada caso é um caso e sofre influência variada de seus aspectos particulares, especialmente quando se pretende estabelecer a relação entre reincidência e prisionalização[102]. A prisionalização pode significar somente uma característica transitória do centro penitenciário, uma espécie de uniforme presidiário normativo. Pode ocorrer também que a adaptação produzida através da prisionalização seja uma ajuda para evitar a deteriorização da capacidade de relacionar-se com outras pessoas, tornando a reincidência menos provável depois da prisão.

As várias probabilidades que referimos demonstram que a relação entre a prisionalização e a conduta do interno ao ser posto em liberdade (reincidência) não se encontra satisfatoriamente esclarecida[103]. Garabedian[104] e Garrity contribuem com dois trabalhos analisando esse problema. Garrity se propôs a determinar o efeito que a distinta duração da

---

99. Gordon Hawkins, *The prison*, p. 64.

100. Citações bibliográficas retiradas do livro de Gordon Hawkins, *The prison police and practice, studies in crime and justice*.

101. Gordon Hawkins, *The prison*, p. 65.

102. Jean Pinatel, *La sociedad criminógena*, p. 157.

103. Roger Hood e Richard Sparks, *Problemas clave*, p. 227.

104. P. G. Garabedian, Social roles in a correctional community, 1964, p. 338 e s.

pena de prisão produz na reincidência e também esclarecer qual o melhor período para se conceder o livramento condicional. Sua teoria demonstra que há diferenças no índice de reincidência dos delinquentes classificados segundo a tipologia de Schrag, tendo especial influência a duração da condenação. Uma de suas hipóteses, por exemplo, sustenta que o recluso classificado como "bom menino" apresenta baixa proporção de violação da liberdade condicional, em razão de que esse tipo de recluso não se prisionaliza. Por outro lado, o tipo classificado como "homem grande" apresenta o maior percentual de reincidência depois de haver cumprido pena de curta duração. Esse percentual seria menor em caso de prisão por longo período, porque uma reclusão prolongada enfraqueceria as relações desse tipo de recluso com a subcultura delinquente do mundo exterior[105].

Porém, nem o estudo de Garabedian nem o de Garrity dão resposta definitiva ao problema, porque nenhum dos dois se propôs a investigar com profundidade as relações que existem entre os distintos papéis que os reclusos ocupam no sistema social carcerário e a mudança de comportamento depois de liberados[106].

Apesar da incerteza sobre os efeitos da prisionalização, inquestionavelmente é um fator que obstaculiza seriamente a ressocialização do delinquente.

5. Efeitos psicológicos produzidos pela prisão

5.1. Problemas psicológicos que a prisão produz

A preocupação com os efeitos psicológicos que a prisão produz começou no início do século XIX. As primeiras observações, como sempre, são de ordem literária. Também a sabedoria popular chega a estabelecer uma relação de causa-efeito entre prisão e psicose. É possível, inclusive, afirmar que o conceito de loucura carcerária forma-se primeiro na população e depois no médico[107]. O interesse específico pela relação entre reclusão e dano psicológico inicia-se, de maneira definida, a partir da implantação do regime celular. Médicos e escritores fazem as primei-

---

105. Roger Hood e Richard Sparks, *Problemas clave*, p. 249-250.
106. Hood e Sparks, *Problemas clave*, p. 229.
107. José Velasco Escasi, La historia de las psicosis de prisión..., *REEP*, 1952, p. 8.

ras observações importantes. Por exemplo, os primeiros médicos norte-americanos de Cherry Hill advertiram, já em 1837, que na prisão celular se observavam numerosas psicoses[108]. Também na França realizaram-se investigações para determinar qual dos dois sistemas — filadélfico ou auburniano — ocasionava maiores prejuízos à saúde mental dos reclusos. Chegou a predominar o entendimento de que o mais prejudicial era o celular. Também foram muito importantes as observações críticas que Dickens[109] e Dostoievski[110] fizeram sobre os efeitos psicológicos do regime celular.

Inicialmente, chegou-se a exagerar (explicável pelo pouco conhecimento da psiquiatria) sobre a influência do regime celular na produção da loucura. Porém, era inquestionável que produzia sérios transtornos[111] e que, para algumas das psicoses observadas nos cárceres, não se encontrava outra origem que não fossem as próprias condições que o isolamento total impunha. Estas poderiam ser, talvez, as verdadeiras psicoses carcerárias[112].

O estudo do que comumente se tem chamado de *psicose carcerária* levou a uma série de mudanças nos conceitos que se utilizavam para abordar o tema. Em 1870 Reich fez a distinção entre o que poderia ser considerado *psicose da prisão* e o que não a caracterizava. Chegou a determinar a existência de certos transtornos psicológicos que não eram realmente ocasionados pela experiência em prisão e, por isso, chamou-os de *pseudo psicose* de prisão. Baseado em suas observações, Reich chega a estabelecer certas características da *psicose de prisão*, entre as quais destaca o fato de que são de curso muito agudo e têm, geralmente, prognóstico favorável.

Os estudos de Ganser também significaram importante avanço na compreensão da *psicose carcerária*, já que incluíram grande parte das *psicoses de prisão* no círculo da histeria. Ganser classificou a *psicose carcerária* como um estado crepuscular histérico de índole peculiar (falta de consciência, insensibilidade corporal, aparente simulação etc.). Sua tese, contudo, foi repelida pelo fato de que não podia determinar com precisão a especificidade da psicose carcerária.

---

108. Hans von Hentig, *La pena*, t. 2, p. 227.

109. Hans von Hentig, citação de uma obra de Dickens intitulada *American notes*, edição de Londres, de 1903.

110. Eleuterio Sanchez, *Camina o revienda*, p. 209.

111. Hans von Hentig, *La pena*, p. 244.

112. José Velasco Escasi, La historia de las psicosis de prisión..., *REEP*, 1952, p. 14.

Seguindo a tese que admite a existência de uma psicose carcerária específica, entendimento que é minoritário e discutível na atualidade, East e Uribe criaram uma tipologia sobre os diferentes tipos de psicose carcerária, que são: afetivas, psicomotrizes e intelectuais. Como exemplo típico, podem-se citar as reações histeroides ou "puerilismo histérico", psicose situacional que origina delírios imensos e estados de pânico que surgem com inusitada frequência no recluso. Todos esses transtornos impossibilitam a realização de qualquer tratamento[113]. Em limite ambiental que ocasiona transtornos ou perturbações, tal como ocorre na prisão, é impossível pensar que durante a reclusão se possa conseguir algum efeito positivo sobre a personalidade do recluso.

Em fins do século XIX chega a uma solução a polêmica surgida sobre a existência de uma *psicose* essencialmente carcerária: a solução foi o resultado das investigações feitas por Rudin. Seus trabalhos têm o mérito de serem os primeiros a investigar a prisão carcerária à luz dos conceitos kreapelianos. Rudin observou que as psicoses que se produziam na prisão, como a demência precoce, a epilepsia, a oligofrenia, a psicose maníaco--depressiva, não podiam ser consideradas psicoses carcerárias em sentido estrito; ao contrário, a experiência de viver em prisão dava um matiz colorido ao quadro clínico, e, quando o colorido fosse muito intenso, nesse caso, e somente nesse caso, poder-se-ia falar em *psicose carcerária*. Essas observações de Rudin, expressadas em 1899, continuam tendo, em princípio, plena vigência[114]. Suas investigações marcam o início da tese, predominante na atualidade, de que não existe um quadro típico de "psicose carcerária", mas apenas quadros clínicos, com coloridos especiais criados pela prisão. Velasco Escasi vai mais longe e afirma que não pôde apreciar o colorido especial no quadro clínico a que se referiu Rudin. Segundo ele, na prisão se produzem esquizofrenias e depressões que apresentam o mesmo quadro clínico que aquele que se observa quando esses transtornos se produzem fora dela. Para Velasco, não existe uma psicose profissional específica: nas prisões se encontram as mesmas enfermidades psíquicas que se produzem fora dela, predominando a epilepsia, as oligofrenias, a esquizofrenia e as depressões.

A corrente que defende o entendimento de que não é possível estabelecer as características daquilo que se poderia chamar *psicose carcerária*

---

113. Carlos García Valdés, *La nueva penología*, p. 11-12.

114. José Velasco Escasi, La historia da las psicosis de la prisión..., *REEP*, 1952, p. 12.

tem definido esta como atitude psicogenética motivada pelos conflitos afetivos, de forte carga emotiva, que se origina quando se produz a privação de liberdade e que tem a finalidade inconsciente de refugiar-se na enfermidade. Não se pode fazer distinção substancial entre a histeria traumática, a neurose de guerra, a neurose de desemprego e a psicose de prisão. A inexistência de diferenças entre cada um desses transtornos, apesar da aparente diversidade nas causas desencadeantes (acidentes, terror de batalha, privação de liberdade etc.), resume-se em um objetivo ou finalidade comum inconsciente: o propósito de elidir (ou evitar) uma situação deprimente e angustiante[115].

Não se pode falar em uma *psicologia da prisão* geralmente válida, mas é indiscutível, contudo, que não se devem ignorar alguns dos efeitos que se produzem com o encarceramento[116]. O ambiente penitenciário perturba ou impossibilita o funcionamento dos mecanismos compensadores da psique, que são os que permitem conservar o equilíbrio psíquico e a saúde mental. Tal ambiente exerce uma influência tão negativa que a ineficácia dos mecanismos de compensação psíquica propicia a aparição de desequilíbrios que podem ir desde uma simples reação psicopática momentânea até um intenso e duradouro quadro psicótico, segundo a capacidade de adaptação que o sujeito tenha[117].

Ao se constatar que realmente não se pode falar em um tipo específico de psicose cuja origem se deva à experiência carcerária, chegou-se à conclusão de que o termo *psicose carcerária* é notoriamente impróprio, visto que se trata somente de reações da personalidade a vivências, e, no caso da prisão, o encarceramento seria a vivência motivadora. Tratar-se-ia, portanto, de uma reação vivencial e, às vezes, de um desenvolvimento vivencial. Por isso, foi afastada a palavra *psicose*, que só é encontrada nos textos antigos, como os de Kraepelin e Beuler. Na atualidade se fala em *reações carcerárias*, às quais se haviam referido, indiretamente, os psiquiatras franceses do século XIX, especialmente Ganser, já mencionado anteriormente[118].

---

115. Jesús Chamorro Piñero, La psicosis de prisión, *REEP*, 1952, p. 36.

116. Ernesto Seelig, *Tratado de criminología*, p. 464.

117. Augustín Fernandez Albor, Aspectos criminológicos de las penas privativas de libertad, in *Estudios penales y criminológicos*, p. 253.

118. Luís Castillon Mora, Crimen, personalidad y prisión, in *Estudios penales*, p. 62-63.

Há vários tipos de reações carcerárias, sendo muitas delas passageiras, como é o caso da reação explosiva da prisão, na qual se observa um estado de irritação que pode chegar a acessos de delírio[119]. Também podem apresentar-se reações psicopáticas à prisão, que se expressam em estados de angústia com alucinações e atitudes paranoicas. Entre os presos *preventivos* é comum produzir-se um quadro clínico denominado "furor dos encarcerados", a que Seelig chama *reação explosiva à prisão*, que ocorre imediatamente após o ingresso no cárcere. Trata-se de um quadro de agitação, uma verdadeira "tempestade de movimentos" que pode prolongar-se durante horas, podendo ocorrer com frequência as auto e heteroagressões. Esse quadro também pode apresentar-se eventualmente entre os reclusos já condenados, nos casos, por exemplo, de transferências repentinas, quando estão na iminência de sofrer uma sanção disciplinar, têm de abandonar o "amigo" etc. Essas reações, muitas vezes extremamente violentas, devem ser interpretadas como forma de comunicação, em um meio como a prisão, onde a impossibilidade de comunicar-se é a regra. Assim, com essa "forma eloquente", o "amigo" toma conhecimento da sua dor; o diretor, do seu protesto; a comunidade, da sua irresignação etc.[120].

Como reação carcerária dos presos *provisórios*, pode-se citar também o chamado estado crepuscular de Ganser (1897), a que nos referimos anteriormente e que continua caracterizando-se com os mesmos elementos que descreveu o psiquiatra francês. Não se pode negar que a síndrome de Ganser constitui uma reação passageira, isto é, uma reação com finalidade, visto que se pode observar como diminui a intensidade do quadro clínico e se chega à cura a partir do momento em que melhora a situação jurídica do recluso. A síndrome de Ganser, patogeneticamente, não é outra coisa que não o surgir no inconsciente a simulação de uma enfermidade mental. Evidentemente tal demência não tem raiz orgânica. A duração da síndrome é variável, podendo ser de dias ou de semanas. Quando o quadro se torna crônico, se não se tratar de esquizofrenia, pode-se falar em pseudodemência.

Em 1912 Strassler falou em puerilismo. Porém, este não pode ser considerado como um tipo específico de reação carcerária, mas uma variante da síndrome de Ganser. O quadro consiste, em resumo, em a pessoa afetada imitar o comportamento de uma criança, falar agramaticalmente,

---

119. Ernesto Seelig, *Tratado de criminología*, p. 467.
120. Luís Castillon Mora, Crimen, in *Estudios penales*, p. 65.

fazer caretas, dedicar-se a jogos infantis etc. É muito provável que, nesse caso, o enfermo realize a simulação inconscientemente, mais para si próprio do que para os demais, refugiando-se na fase infantil de sua vida, buscando dessa forma — sempre para si — uma *irresponsabilidade*. O puerilismo descrito assemelha-se ao que se chama de "regressão", e constitui um transtorno comum à maioria dos encarcerados.

Outro tipo de transtorno que pode produzir-se no cárcere, especialmente em presos *provisórios*, é a chamada "síndrome da farsa"[121].

Os que sofrem a pena privativa de liberdade por um longo período apresentam uma série de quadros que evidenciam claro matiz "paranoide". Entre esses transtornos, pode-se citar o complexo de prisão[122], a patologia psicossomática e as depressões reativas[123]. Estas são especialmente importantes, já que, por vários motivos, os reclusos podem desenvolver um quadro depressivo clássico de indiferença, inibição, desinteresse, perda de memória ou incapacidade para usá-la, perda de apetite, bem como uma ideia autodestrutiva que pode chegar ao suicídio. A manifestação do desejo de suicidar-se é um fenômeno especial que nunca deve ser subestimado. Quando um indivíduo se isola, deixa de ler, perde o apetite, desinteressa-se de tudo, e ainda tem algum problema imediato, deve ser vigiado com extremo cuidado. O suicídio é relativamente frequente entre os condenados a longas penas. Essa é mais uma das tantas contradições existentes entre o propósito reabilitador que se atribui à pena privativa de liberdade e a imposição de penas muito longas.

A elevada taxa de suicídios nas prisões é um problema universal comprovado por estatísticas confiáveis de países tão diferentes como França e Japão[124]. A grande ocorrência de suicídios nas prisões é um bom indicador sobre os graves prejuízos psíquicos que a prisão ocasiona, e autoriza a dúvida fundada sobre a possibilidade de obtenção de

---

121. Idem, ibidem, p. 65: "Síndrome da farsa". Beuler descreveu um quadro clínico que também se apresenta nos presos provisórios, onde o recluso imita, numa concepção vulgar, uma enfermidade mental. Realiza uma caricatura da "crise da loucura".

122. O complexo de prisão apresenta-se nos condenados a longas penas e depois de longos anos de reclusão. Dentro desse quadro pode apresentar-se também o que Rudin chamou de "delírio pré-senil", no qual os reclusos acreditam que foram indultados da pena a cumprir e somente pela má vontade do diretor são mantidos na prisão. Esse transtorno pode apresentar-se em torno dos sessenta anos e é incurável (Luís Castillon Mora, Crimen, in *Estudios penales*, p. 65).

123. Luís Castillon Mora, Crimen, in *Estudios penales*, p. 66-67.

124. Carlos García Valdés, *La nueva penología*, p. 41.

algum resultado positivo em termos de efeito ressocializador, especialmente quando se trata de prisão tradicional, cuja característica principal é a segregação total.

O desejo autodestrutivo e a agressividade que o ambiente carcerário pode produzir atingem tal nível de intensidade que não são poucos os casos conhecidos de prisioneiros soviéticos que procuram a morte fingindo tentativas de fuga na presença de guardas armados. Esse tipo de tentativa de fuga denominou-se "suicídio habitual"[125].

Não se pode dizer que todos os transtornos psíquicos que sofre o recluso devem ser atribuídos aos efeitos negativos do ambiente carcerário. Será necessário levar em consideração certa predisposição daqueles que frequentemente incorrem na prática de atos delitivos, fator que propiciará, com maior facilidade, as reações anormais ao encarceramento[126].

Outro dos efeitos negativos da prisão sob o ponto de vista psicológico é que os reclusos tendem com muita facilidade a adotar uma atitude infantil e regressiva. Essa atitude é o resultado da monotonia e minuciosa regulamentação a que está submetida a vida carcerária[127].

Quando se fala nos transtornos psíquicos produzidos pela prisão, imediatamente se pensa na desumanidade do regime celular. Mas não se imagine que apenas o regime celular foi maléfico, pois igualmente o é a prisão fechada contemporânea. A ausência de verdadeiras relações humanas, a insuficiência ou mesmo a ausência de trabalho, o trato frio e impessoal dos funcionários penitenciários, todos esses fatores contribuem para que a prisão converta-se em meio de isolamento crônico e odioso. As prisões que atualmente adotam o regime fechado, dito de segurança máxima, com total desvinculação da sociedade, produzem graves perturbações psíquicas aos reclusos, que não se adaptam ao desumano isolamento[128]. A prisão violenta o estado emocional, e, apesar das diferenças psicológicas entre as pessoas,

---

125. Israel Drapkin, El recluso penal..., *ADPCP*, 1977, p. 95-100.

126. Jean Chamorro Piñero, La psicosis de prisión, *REEP*, 1952, p. 33.

127. Jean Pinatel, *La sociedad criminógena*.

128. Victor Sancha Mata, Clima social: sus dimensiones en prisión, *REP*, n. 237, 1987, p. 100. Somente o fato de ingressar em um estabelecimento penal produz no recluso sintomas evidentes de inapetência, insônia, crises emotivas, avidez e disfunções neurovegetativas. Moreno Gonzalez, *Servicio médico penitenciario*, p. 43, citado por Carlos García Valdés, *La nueva penología*, p. 36.

pode-se afirmar que todos os que entram na prisão — em maior ou menor grau — encontram-se propensos a algum tipo de reação carcerária[129].

A prisão impõe condições de vida tão anormais e patológicas que precisamente os que melhor se adaptam ao seu regime são, geralmente, os indivíduos que podem ser classificados dentro do tipo esquizoide.

Para Goffman, certos aspectos das reações carcerárias representam um mecanismo que o interno utiliza para adaptar-se ao meio carcerário. Trata-se de uma resposta do interno às condições de vida que o ambiente penitenciário impõe. Sob esse ponto de vista podem-se considerar muitas das reações carcerárias como resultado "natural" do ambiente penitenciário, e, consequentemente, é pouco provável que possam ser eliminadas enquanto a prisão subsistir[130].

Todos os transtornos psicológicos, também chamados reações carcerárias, ocasionados pela prisão são inevitáveis. Se a prisão produz tais perturbações, é paradoxal falar em reabilitação do delinquente em um meio tão traumático como o cárcere. Essa séria limitação é uma das causas que evidenciam a falência da prisão tradicional.

5.2. Efeito negativo sobre o autoconceito do recluso

Inegavelmente, a reclusão em um centro penitenciário produz um efeito negativo sobre o conceito que a pessoa tem de si mesma, sem ignorar que grande parte dos delinquentes já chega à prisão com crise de identidade e deformação em sua personalidade[131]. Esse fato, contudo, não foi comprovado numa investigação que Robert Culbertson fez no centro de reclusão juvenil de Indiana[132]. Culbertson dividiu um grupo de jovens em três: o primeiro grupo formado por jovens que nunca estiveram em uma prisão; o segundo, integrado por aqueles que estiveram uma única vez; e o terceiro grupo composto por jovens que lá estiveram duas ou mais vezes. Em relação ao primeiro grupo comprovou que, ao iniciar-se a reclusão, tinham ideias que refletiam conceitos positivos sobre si mesmos. Porém, conforme

---

129. Richard Thurrel, Seymour Halleck e Arvin Johnsen, *Psychosis in prison*, 1965, p. 273.

130. Luís Castillon Mora, Crimen, in *Estudios penales*, p. 73.

131. Robert Culbertson, The effect of institucionalization, on the delinquent inmates self-concept, 1975, p. 91-92.

132. Idem, ibidem, p. 92.

avançava o tempo de reclusão, o conceito decrescia linear e constantemente. Ao finalizar a reclusão apresentavam um autoconceito inferior ao que possuíam ao iniciá-la. No segundo grupo comprovou que seu autoconceito não sofreu variação durante o tempo de reclusão. Constatou, porém, que o autoconceito que o primeiro grupo tinha ao iniciar a prisão era superior ao do segundo. Finalmente, no terceiro grupo constatou que o autoconceito dos jovens cresceu durante o tempo de reclusão. Na verdade, no caso do terceiro grupo, integrado por reincidentes, o aumento no autoconceito se produz dentro de uma orientação criminal onde o sujeito já aceitou seu estigma de delinquente. Não se trata de um aumento efetivo no autoconceito, que admita os valores típicos de uma sociedade não delitiva, mas sim que incorporou totalmente todas as pautas e os papéis da atividade criminosa. Essa é mais uma demonstração de que a prisão não contribui para que o recluso, no futuro, deixe de praticar delitos. Considera-se que a pesquisa de Culbertson tem estreita vinculação com a teoria do *labelling approach*[133], uma vez que os que não tiveram experiência prisional, isto é, que não foram etiquetados nem iniciaram uma carreira criminosa, têm seu autoconceito diminuído ostensivamente em razão da reclusão. Logo, quando se aceitou o rótulo de delinquente e os valores que isso implica, não se pode falar na existência de um autoconceito definido em termos de valores não delitivos, já que este se define de acordo com os valores que orientam a conduta delitiva. No caso dos delinquentes que integram o terceiro grupo, desapareceu o interesse em ter um autoconceito definido segundo os valores sociais. Ao contrário, seu autoconceito é determinado por valores que contradizem o que o Estado considera legítimo. A experiência de Culbertson é um bom exemplo dos efeitos negativos que a experiência prisional produz na autoimagem do recluso, especialmente quando se trata de infratores primários.

Os efeitos negativos que a experiência em prisão produz na autoimagem do recluso podem ser atribuídos a causas múltiplas. Porém, uma das mais importantes é que uma instituição total, como a prisão, produz um sentimento de esterilidade absoluta, cuja origem reside na desconexão social e na impotência habitual para adquirir, dentro da prisão, benefícios que sejam transferíveis à vida que se desenvolve lá fora[134]. Também contribui

---

133. Carlos García Valdés, *La nueva penología*, p. 35; Erving Goffman, *Internados*, p. 76-77.

134. Dario Melossi e Massimo Pavarini, *Cárcel y fábrica*, p. 196; Alberto García Valdés, Soluciones propuestas al problema sexual de las prisiones, *CPC*, n. 11, 1980, p. 89-90.

ao fortalecimento dessa sensação de esterilidade o fato de as instituições totais tenderem a converter os reclusos em simples sujeitos de necessidades, anulando toda a sua iniciativa e submetendo-os a estrita classificação e ordem disciplinar[135].

6. O problema sexual nas prisões

O problema crítico do sexo no interior das prisões constitui verdadeiro tabu, por vezes superior ao que pode ocorrer em outros aspectos gerais da sexualidade. Enfrentam-se, geralmente, grandes limitações na realização de estudos sistemáticos, quer pela dificuldade em obter dados confiáveis, quer pela má vontade dos administradores das prisões.

O problema sexual das prisões desenvolve-se em meio a uma moral sexual, compartilhada pela maior parte da sociedade, que permanece presa a tabus ancestrais que não se preocupam com uma justificação racional. Explica-se essa situação pelo fato de que, até o início da década de 80, a moral sexual evoluiu muito menos que os outros ramos da moral[136].

A verdade é que não se tem buscado solução efetiva para o problema sexual nas prisões. Ignora-se a circunstância óbvia de que as atividades sexuais do homem não terminam pelo fato de ser recolhido à prisão. Ignora-se que a atividade sexual é elementar e instintiva, consequentemente insuscetível de ser absolutamente controlada pela reclusão. Essa repressão exige do recluso grande esforço para não se desviar da heterossexualidade[137]. Incorre-se em grave contradição quando se busca a correção e a ressocialização do delinquente e, ao mesmo tempo, ignora-se o problema sexual ou se pensa que este não requer atenção especial. A repressão do instinto sexual propicia a perversão da esfera sexual e da personalidade do indivíduo. Enfim, é impossível falar de ressocialização em um meio carcerário que deforma e desnatura um dos instintos fundamentais do homem[138].

6.1. Repressão do instinto sexual

Alguns pesquisadores consideram que o problema sexual não é o mais grave dos que a prisão apresenta, já que existem outras atividades da

---

135. Alberto García Valdés, Soluciones propuestas..., *CPC*, n. 11, 1980, p. 89-90.
136. Benjamín Karpman, *Perversión sexual y sexualidad carcelaria*, p. 48.
137. Hans von Hentig, *La pena*, p. 312.
138. Luís Castillon Mora, Crimen, in *Estudios penales*, p. 177.

vida (militares, religiosas etc.) que também apresentam limitações de ordem sexual e que não produzem, necessariamente, nem deformações nem um sentimento de humilhação[139].

Essa afirmação constitui apenas meia verdade, pois a prisão é a única instituição total que recebe pessoas às quais não se pergunta se querem nela ingressar. Ademais, a pena privativa de liberdade produz uma ruptura total e coercitiva com o mundo exterior, coisa que não ocorre com quem ingressa na carreira militar, cumpre serviço obrigatório ou resolve ingressar em uma ordem religiosa.

Não se pode comparar a abstinência sexual obrigatória imposta pela prisão com aquela de quem faz voto de castidade por razões religiosas. Deve-se considerar ainda que para alcançar a sublimação, tal como se espera do recluso, requer-se uma consciência moral inflexível e uma voluntária inclinação a valores éticos e místicos. No caso dos reclusos encontramos uma situação que reflete condições diametralmente opostas[140]. Também não é justo exigir dos reclusos que aceitem uma concepção valorativa que lhes impõe a representação de um instinto natural e normal.

É um equívoco imaginar que o problema sexual nas prisões diminuiu de intensidade porque, em regra, não figura na relação de exigências dos reclusos depois de um conflito carcerário. Seria mais inteligente pensar que o problema sexual encontrou "soluções" anormais e deformantes[141]. Alberto García Valdés realizou uma pesquisa, em 1976, na prisão de Carabanchel, constatando: "a maior parte dos presos interrogados respondeu que a primeira reivindicação que fariam seria conseguir alguma forma de satisfação para suas necessidades heterossexuais que os livrasse de recorrer exclusivamente às imagens nuas das revistas, às recordações de experiências anteriores ou à fantasia..."[142]. Referida pesquisa comprova que os reclusos preocupam-se com o problema sexual carcerário e têm interesse em sua solução.

A escassez da atividade sexual na prisão é consequência direta das condições objetivas da forma de vida carcerária, que não estimula sua prá-

---

139. Elías Neuman, *El problema sexual en las cárceles*, p. 57.

140. Manuel Marcos, *El problema sexual en las prisiones*, p. 57.

141. Alberto García Valdés, Soluciones propuestas al problema sexual..., *CPC*, n. 11, 1980, p. 89-90.

142. Juan José Caballero, Sentido de la homosexualidad en la prisión, *Cuadernos de Política Criminal*, n. 9, 1979, p. 120.

tica[143]. O problema surge a partir do momento em que se reprime o instinto sexual, contrariando não só as leis da natureza mas a própria vontade do atingido.

6.2. Consequências negativas da privação de relações sexuais

a) Problemas físicos e psíquicos:

A abstinência sexual, além de não resolver nada, pode produzir transtornos na personalidade, especialmente aumentando a tensão nervosa. Freud já afirmava que "a abstinência sexual... não é indiferente ao jovem e, se não o conduz ao nervosismo extremo, produz-lhe outros danos. Afirma-se que a luta contra a potência do instinto sexual conduz ao fortalecimento de todas as forças psíquicas, éticas, estéticas e a temperar o caráter. Isso é verdadeiro para alguns indivíduos dotados de uma natureza que se adapta favoravelmente. Mas, na maioria das vezes, esta luta contra a sexualidade consome a energia disponível do caráter e isso ocorre exatamente numa idade em que o jovem necessita de todas as suas forças para conquistar uma posição social na vida. Por isso, em definitivo, temos a impressão que a abstinência sexual não contribui para a criação de homens fortes e de ação, pensadores originais ou ardentes liberais ou reformadores; ao contrário, é patrimônio das personalidades medíocres, frágeis, as quais desaparecem para submergir na massa de seguidores dos indivíduos de forte personalidade..."[144].

Especialmente quando imposta contra a vontade do indivíduo, como ocorre na prisão, não deve a abstinência sexual ser mantida por períodos prolongados, porque contribui para o desequilíbrio e favorece condutas inadequadas[145]. Os desequilíbrios podem ser de tal gravidade que, em certos casos, o recluso pode transformar-se em um psicopata[146]. Tanto o equilíbrio orgânico como o nervoso dependem do equilíbrio sexual. Mesmo em condições favoráveis, o autocontrole e a repressão dos instintos sexuais constituem tarefa difícil. Na vida em liberdade é mais fácil encontrar mecanismos

---

143. S. Freud, *Tres ensayos sobre teoría social*, p. 36. Do mesmo autor, *Esquema del psicoanálisis y otros escritos de doctrina psicoanalítica*, p. 94-96.

144. Alberto García Valdés, Soluciones propuestas al problema sexual..., *CPC*, n. 11, 1980, p. 92.

145. Luís Marco del Pont, *Penología y sistemas carcelarios*, p. 89-90.

146. Benjamín Karpman, *Perversión sexual*, p. 50; Manuel Marcos, *El problema sexual*, p. 36.

de autocontrole. Na prisão, contudo, isso é praticamente impossível[147], pelo que a frustração provoca inevitavelmente algum desequilíbrio psíquico.

b) Deformação na autoimagem:

Quando um homem é encerrado com outros homens, em um meio que reprime totalmente sua natural expressão sexual, grande parte da visão pessoal que tem de si mesmo, sua identificação sexual, sofre profundo questionamento. A identidade contém sempre fatores sociais que a determinam, e um recluso que é, involuntariamente, separado das mulheres rapidamente coloca em dúvida o sentido de sua própria existência sem a presença complementadora (emocionalmente) de uma mulher. Produz-se uma deformação que começa a depender da resposta de um conglomerado masculino e não feminino. Essa limitação produz uma ruptura na autoidentificação.

c) Graves desajustes que impedem ou dificultam o retorno à vida sexual:

Muitas vezes o interno paga um preço muito alto quando é liberado, pois quando procura voltar à atividade sexual enfrenta problemas de impotência, ejaculação precoce, complexo de culpa pelas relações homossexuais que manteve na prisão, além de grandes dificuldades para retomar sua vida sexual matrimonial[148].

A abstinência sexual obrigatória na prisão gera grande conflitividade, que tem estreita vinculação com as relações homossexuais. Pode ser que a maioria dos conflitos que surgem no interior da prisão tenha raízes sexuais decorrentes especialmente de disputas e rivalidades[149]. Os sangrentos acontecimentos de Attica e de Santa Fé demonstram a importância da sexualidade insatisfeita como possível causa de graves distúrbios carcerários[150].

d) Destruição da relação conjugal do recluso:

O encarceramento de um dos cônjuges priva um jovem casal do contato mais íntimo que pode desfrutar. Isso justifica o elevado índice de divórcios entre os prisioneiros nos primeiros anos de confinamento, superando, inclusive, os observados na população em geral.

---

147. Jules Quentin Burstein, *Conjugal visits in prison*, p. 10.

148. Juan José Caballero, Sentido de la homosexualidad..., *Cuadernos*, n. 9, 1979, p. 121.

149. Alberto García Valdés, Soluciones propuestas..., *CPC*, n. 11, 1980, p. 90.

150. Jules Quentin Burstein, *Conjugal visits in prison*, p. 3.

A ausência ou abandono da esposa, em parte provocados pela supressão das relações sexuais, diminui consideravelmente as possibilidades de o interno obter um ajuste social exitoso ao ser liberado. Clemmer assinalou que a manutenção da família e os motivos de afeto na comunidade são um dos fatores mais importantes para evitar que o homem se envolva em atividades sexuais a que normalmente não aspiraria. Para muitos internos a ruptura do seu lar pode significar profunda amargura e grave impedimento para atingir a ressocialização. A única coisa que poderia ter significado um fator importante de reabilitação, a manutenção dos laços familiares, está desfeita. É extremamente difícil uma pessoa readaptar-se às portas de um lar destruído.

As esposas são as vítimas implícitas da prisão. Uma pesquisa da década de 60 constatou que as mulheres dos reclusos estavam sujeitas a uma série de problemas psicológicos, dentre os quais o ostracismo, a culpa, a solidão, a ansiedade e a depressão[151]. Concluiu-se, todavia, que o efeito mais grave é de caráter psicossexual, prejudicando seriamente a relação conjugal. Quinze mulheres consultadas afirmaram que se perdia o interesse na relação conjugal, desaparecendo a interdependência e o significado emotivo da relação. De uma amostra de dezessete mulheres, constatou-se que três divorciaram-se e quatro incorreram em diferentes tipos de infidelidade[152]. A supressão das relações sexuais de um casal, como ocorre quando um dos cônjuges se encontra na prisão, evidentemente constitui fator importante para que ocorra a ruptura da relação matrimonial.

e) O onanismo, alternativa à repressão sexual:

A prisão é um ambiente carregado de frustração, onde a retenção da libido produz uma atmosfera cheia de sensualidade. Quando não há nenhuma forma natural de acalmar o instinto sexual, quando não se pode desviá-lo ou enaltecê-lo em ambiente tão inadequado como a prisão, o normal será encontrar um desvio degradante, um desvio "para baixo".

Um desses desvios é a masturbação, que não oferece, contudo, satisfação suficiente e integral do desejo sexual[153]. Os reclusos, qualquer que tenha sido sua vida sexual anterior, não suportam a abstinência sexual, e, na melhor das hipóteses, encontram solução no onanismo. A masturbação é a adaptação sexual da maioria deles. Uma pesquisa realizada na prisão de

---

151. Jules Quentin Burstein, *Conjugal visits in prision*, p. 21-22.

152. Elías Neuman, *El problema sexual en las cárceles*, p. 81.

153. Borja Mapelli Caffarena, El régimen penitenciario abierto, *CPC*, n. 7, 1979, p. 207; Manuel Marcos, *El problema sexual en las prisiones*, p. 37.

Soledad, na Califórnia, constatou que para 81% dos entrevistados a masturbação era mais frequente que os atos sexuais entre os reclusos[154].

Nem sempre a masturbação é uma manifestação sexual anormal. Manifestação autoerótica por excelência, pode ela ser considerada normal na adolescência. O impulso sexual nessa fase terá uma expressão narcisista: o próprio jovem é objeto de sua libido. A masturbação praticada por adultos, como recurso temporário, também não é anormal, já que a possibilidade de manter contato com uma outra pessoa é real[155]. Quando essa prática desenvolve-se de forma transitória e acidental — companheira longe, doente etc. —, as fantasias que a acompanham refletem uma relação normal. É exatamente esse caráter de substituição facultativa que impede que esse tipo de masturbação possa ser considerado anormal. Porém, quando o indivíduo que se encontra na prisão se masturba, tem remotas possibilidades de poder substituir esse ato pelo contato real com uma pessoa do sexo oposto, e, consequentemente, as fantasias que inicialmente acompanham seu autoerotismo não podem manter o mesmo caráter por muito tempo. Ao mesmo tempo, a facilidade com que se pode recorrer a essa prática pode levar à reiteração abusiva, fugindo ao controle do indivíduo. A causa determinante desses excessos reside em que, na melhor das hipóteses, a masturbação consegue apenas relativa aproximação do fim pretendido, e a insatisfação sexual resultante leva à reiteração da atitude, na esperança de conseguir a liberação desejada. A grande frustração que o autoerotismo reiterado acumula pode produzir graves desequilíbrios psicológicos e transtornos no comportamento sexual. Pode ocorrer que o recluso, em vez de lutar contra essa dependência, converta-se em sua vítima, chegando ao extremo de os outros companheiros classificarem-no de "masturbador crônico". O masturbador crônico sofre de *decadência*, tem semblante pálido e prefere o isolamento. Perde energia física e mental, além de outros transtornos. Na etiologia de muitas das psicoses agudas, também denominadas "psicoses carcerárias", encontra-se a abstinência sexual forçada[156]. A masturbação durante

---

154. Ignace Lepp, *La nueva moral*, p. 194.

155. Benjamín Karpman, *Perversión sexual*, p. 53-6. Enquanto o indivíduo se encontra preso, a possibilidade de manter contato com uma mulher é muito remota. Mais cedo ou mais tarde ocorrerá uma transição entre o autoerotismo e outras expressões mais anormais da sexualidade. À medida que as fantasias que acompanham a masturbação adquirem um caráter cada vez mais anormal, com a representação de situações parafísicas, a tendência masturbatória assume um caráter definitivamente patológico.

156. Benjamín Karpman, *Perversión sexual*, p. 57.

um período prolongado pode causar efeitos tão negativos que o indivíduo pode ficar incapacitado para retomar suas atividades sexuais normais[157].

O autoerotismo, sob o ponto de vista do desenvolvimento integral do ser humano, que se prolonga para além da adolescência, pode provocar um bloqueio estéril das energias afetivas, inibir a natural generosidade do homem, tornando-o inapto para o amor de uma pessoa em particular e da comunidade em geral. A pessoa egocêntrica tende a ser autoerótica. O autoerotismo pode impedir que o ser humano desenvolva um verdadeiro sentido de comunidade, de generosidade, não permitindo que tome verdadeira consciência do "ser com os outros"[158].

Os prejuízos e inconvenientes do autoerotismo são o resultado de um sistema carcerário que reprime um dos instintos mais importantes do homem e que, paradoxalmente, pretende, ao mesmo tempo, que o recluso se converta em uma pessoa normal.

f) A homossexualidade:

A homossexualidade na prisão pode ter duas origens distintas: ser consequência de atos violentos ou resultar de relações consensuais. Aparentemente, as relações homossexuais ocorrem sem que haja algum tipo de violência, consistindo em uma manifestação da adaptação ao ingresso na prisão[159].

A facilidade com que os reclusos podem passar às práticas homossexuais varia muito de um indivíduo para outro. Alguns sofrem profundo conflito emocional antes de ceder à pressão; outros resistem e acabam atingidos por reações neuróticas ou psicóticas que apresentam as características de um pânico impregnado por claro matiz paranoide, que pode chegar a manifestações crônicas. Outros reclusos não têm maiores dificuldades em superar essa barreira. Há um grupo considerável que, como consequência de suas psicopatias superficiais, é basicamente neurótico e possui, muitas vezes, um importante componente homossexual inconsciente. Esse componente pode despertar com grande facilidade, emergindo diante da supressão da privação heterossexual e das numerosas tensões que ela produz.

A homossexualidade nas prisões é uma prática comum, podendo-se afirmar que tem caráter universal[160]. As circunstâncias, geralmente desu-

---

157. Ignace Lepp, *La nueva moral*, p. 195.

158. Benjamín Karpman, *Perversión sexual*, p. 56.

159. Benjamín Karpman, *Perversión sexual*, p. 57.

160. Juan José Caballero, Sentido de la homosexualidad..., *Cuadernos de Política Criminal*, n. 9, 1979, p. 119-120.

manas e anormais, da vida prisional, assim como a supressão das relações heterossexuais, são condições que influem decisivamente para que a homossexualidade no interior das prisões seja superior à que se constata fora dela[161]. Essa situação agrava-se com uma planta física inadequada, com pouco ou nenhum trabalho para os reclusos e um tratamento deficiente ou inapropriado. As condições deploráveis em que se cumpre a pena privativa de liberdade transformam o sexo em uma forma de evasão e de "criatividade". A homossexualidade adquire significado de tal proporção na sociedade carcerária que chegam a surgir papéis especificamente sexuais. Existem homossexuais ativos, que são agressivos (os *bujarrones*, na gíria espanhola), e os homossexuais passivos. Estes dividem-se em dois subtipos: os indivíduos que fora da prisão são heterossexuais, mas que, obrigados pelas circunstâncias, assumem o papel de homossexual na prisão (*niños*, na gíria espanhola); e os indivíduos que ao ingressar na prisão já eram homossexuais (são chamados de "mãe", "supermãe", quando estão mais maduros. Depois dos quarenta são chamados de "carroças")[162].

Os reclusos mais jovens são as maiores vítimas do sistema. Essa experiência aterradora pode prejudicar sua identificação sexual em termos definitivos. Os que retornam a suas esposas enfrentam prejuízos de difícil reparação. Mesmo os reclusos adultos podem ficar incapacitados para retomar suas atividades sexuais, especialmente quando os hábitos homossexuais atingiram certa intensidade[163].

As formas de "sedução", particularmente com os jovens, são as mais variadas possíveis[164]. Os casos mais dramáticos e também mais comuns ocorrem quando a relação homossexual é produto de violência. Qualquer recluso que ingresse em uma prisão de segurança máxima ou com superpopulação pode ser atacado, a qualquer momento, por um grupo de internos frustrados. As próprias peculiaridades da prisão dificultam a apuração da

---

161. Benjamín Karpman, *Perversión sexual*, p. 52; Jules Quentin Burstein, *Conjugal visits*, p. 18.

162. Jules Quentin Burstein, *Conjugal visits*, p. 18-19; Hans von Hentig, *La pena*, p. 317-318.

163. Hans von Hentig, *La pena*, p. 315.

164. Jules Quentin Burstein, *Conjugal visits*, p. 19-20. Burstein cita um trabalho muito interessante realizado pelo Ministério Público e pela polícia da Filadélfia em 1968. A investigação foi ordenada pelos tribunais, depois de comprovar que havia ocorrido ataques sexuais brutais. Conclui-se que no período investigado ocorreram 2.000 ataques sexuais violentos, envolvendo 1.500 vítimas e 3.500 agressores. A investigação constatou que as frustrações que motivaram tais agressões não eram apenas sociológicas ou culturais, mas também psicológicas.

quantidade de violações que ocorrem em um centro penal[165]. As vítimas da violência sexual dificilmente se queixam dos ataques que sofrem, não apenas para evitar o estigma e a desmoralização que a publicidade produz, mas também pelo temor de serem prejudicadas na concessão de benefícios penitenciários ou da liberdade condicional.

O poder dos líderes da sociedade carcerária chega ao ponto de, em certas ocasiões, os próprios guardas da prisão colocarem deliberadamente jovens reclusos nas celas dos *bujarrones* para que estes satisfaçam seus instintos sexuais e se mantenham calados. Outras vezes, os jovens reclusos são entregues aos *bujarrones* mediante o pagamento de determinada importância em dinheiro ao pessoal penitenciário[166].

Como a violação ao recluso pode acontecer a qualquer momento, especialmente aos jovens, muitos deles, ante o risco do ataque, preferem buscar proteção antecipada em uma relação homossexual com outro recluso.

Um estudo sobre a motivação da violência sexual nas prisões constatou que o motivo principal não era a liberação das tensões sexuais, mas a conquista e a degradação da vítima. Visava-se, sobretudo, conseguir a afirmação violenta da própria masculinidade, impondo a própria força sobre a debilidade alheia[167].

É impossível pensar na obtenção de efeito ressocializador em um meio carcerário que estimula expressões de violência tão degradantes como as curras penitenciárias. Violador e vítima sofrem desequilíbrios distintos em sua personalidade, que são incompatíveis com os objetivos ressocializadores da pena privativa de liberdade. Para o agredido, particularmente, a violência sexual pode destruir sua personalidade, danificando seriamente sua autoimagem e sua autoestima[168].

6.3. Soluções para o problema sexual

6.3.1. Solução tradicional: exercícios físicos, trabalho, esportes

As soluções mais conservadoras para o problema sexual partem da concepção de que tal problema não existe[169]. Sugerem que o Estado, ado-

---

165. René Short, *The care of long term prisoners*, p. 18.

166. Juan José Caballero, Sentido de la homosexualidad..., *Cuadernos de Política Criminal*, n. 9, 1979, p. 123.

167. Heleno Cláudio Fragoso, *Direito dos presos*, p. 234.

168. Maurice Pamerlle, *Criminología*, p. 427-428.

169. Carlos García Videla, *El problema sexual en las prisiones*, p. 29.

tando medidas como uma boa política de higiene, trabalho e exercício físico, impedirá o surgimento de qualquer ansiedade do tipo sexual. Evidentemente que todas essas medidas são importantes, mas são insuficientes para extinguir o problema sexual, podendo, no máximo, reduzi-lo[170].

Aqueles que consideram que o instinto sexual pode ser contornado com um regime penitenciário adequado — com trabalhos, exercícios, esportes etc. — partem de um conceito equivocado sobre as necessidades humanas. Em vez de contribuir para a solução do problema, agravam-no, fomentando o ódio nos reclusos e a inconformidade com o pessoal da vigilância. O instinto sexual e a necessidade de expressá-lo são diferentes das atividades físicas, intelectuais, culturais e esportivas. Aliás, essas atividades, em vez de eliminar as manifestações sexuais, podem estimulá-las, ao melhorar o estado geral de saúde do organismo. A aplicação de um critério rigoroso que pretenda reprimir o instinto sexual contrasta com o que a experiência comprova: pessoas com pouco apetite sexual carecem de uma destacada capacidade criadora, além de que a manutenção de relações sexuais até idades avançadas contribui significativamente para a conservação de um estado físico satisfatório.

Qualquer tentativa de sublimar a sexualidade implicará uma imposição coativa, uma vez que não contará com o consentimento do apenado.

6.3.2. A utilização de drogas

Tem sido proposta a utilização de drogas para resolver o problema sexual carcerário. Contudo, isso não constitui, nem moral nem juridicamente, uma resposta satisfatória ao conflito sexual prisional[171].

Antigamente se utilizava ácido bromídrico, e hoje se sugere a utilização de produtos hormonais que *anestesiem* o instinto sexual[172].

A utilização de sedativos como o brometo é desaconselhável pelas consequências negativas que pode produzir. Além de não diminuir a sexualidade, os sedativos produzem um estado de adormecimento geral que impede a pessoa de realizar suas atividades normais, e também podem produzir o aumento da sexualidade, visto que a tolerância vai sendo cada vez

---

170. Alberto García Valdés, Soluciones propuestas al problema sexual de las prisiones, *CPC*, n. 11, 1980, p. 93.

171. Elías Neuman, *El problema sexual*, p. 133.

172. Alberto García Valdés, Soluciones propuestas..., *CPC*, n. 11, 1980, p. 93.

maior, o que obriga o aumento progressivo da dose. A longo prazo, os danos, especialmente sobre o sistema nervoso, seriam tão grandes que o indivíduo seria reduzido a simples robô, sem vontade própria, submetido aos caprichos dos demais companheiros[173].

A utilização de derivados hormonais também é inadmissível. Houve algumas experiências na prisão de Córdoba[174]. Essas experiências devem ser desprezadas. O fato de converter, através da utilização de hormônios, homens em intersexuais contraria os princípios éticos que devem orientar a atividade científica[175], além de violar os direitos humanos.

A anestesia sexual por meio de drogas não pode ser considerada uma solução humana e adequada ao problema sexual carcerário. Esse método, aparentemente pouco perigoso, tem na verdade um efeito terrível, pois atenta contra um atributo fundamental da pessoa: o direito de manifestar-se sexualmente.

Quando é o próprio recluso que solicita a utilização de substâncias para reprimir sua sexualidade latente, a questão ganha outra conotação. Mesmo nessas circunstâncias, Neuman considera que não há lei humana ou biológica que justifique sua utilização, por contrariar um impulso tão natural. Por outro lado, nesse caso, ignora-se o problema paralelo da mulher do preso[176].

Efetivamente, a utilização de medicamentos não resolve o problema sexual prisional e também não pode converter-se em prática generalizada. Porém, há certos casos em que, com o consentimento prévio do interessado, justificar-se-ia sua utilização, garantindo-se, logicamente, o livre exercício da vontade do preso. Quando se trata, por exemplo, de alterações psicossomáticas que repercutem no desenvolvimento das relações sociais do recluso, se este solicitar a aplicação de um tratamento adequado, a negativa suporia contradição evidente com a finalidade ressocializadora da pena privativa de liberdade.

---

173. Elías Neuman, *El problema sexual*, p. 132-133.

174. Elías Neuman, *El problema sexual*, p. 119. É extremamente importante que, na época atual, a ciência confirme os valores fundamentais, que os aperfeiçoe. A ciência deve ter um conceito preciso sobre a dignidade humana, que entenda o que significa ser homem.

175. "Toda pessoa que for privada de sua liberdade será tratada com humanidade e com o respeito devido à dignidade inerente ao ser humano" (art. 10 do Ato Institucional de Direitos Civis e Políticos).

176. Augustín Fernandez Albor, Aspectos criminológicos, in *Estudios penales*, p. 253.

6.3.3. Saídas temporárias

As saídas temporárias concedidas aos internos podem ser uma das formas para resolver o problema sexual carcerário. Tais saídas requerem, no entanto, uma seleção e exigem o cumprimento de determinados requisitos legais, sendo impossível concedê-las a todos os internos. Dessa forma, o problema se resolveria somente para uma minoria; para os outros reclusos, a repressão de sua sexualidade seria mantida[177]. As saídas dos internos têm implícita a livre determinação de sua conduta sexual, uma vez que seus objetivos são mais ambiciosos do que a solução desse problema. As saídas temporárias pretendem favorecer a reintegração do recluso ao seu meio social, diminuindo os efeitos prejudiciais do isolamento produzido pela pena privativa de liberdade[178]. Como afirma Garrido Guzman[179], "A finalidade das saídas temporárias é facilitar a reinserção social do interno (Dinamarca, Lei de 1965; Suécia, Lei de 1974; Itália, Lei de 1975; e Portugal, Lei de 1979), manter os laços familiares e diminuir o problema da sexualidade".

A Lei Geral Penitenciária espanhola prevê a possibilidade de saídas temporárias aos reclusos daquele país. O Brasil adota previsão semelhante em sua Lei de Execução Penal. Segundo os dados existentes, na Espanha, as saídas temporárias tiveram grande êxito[180]. No Brasil a previsão é mais ou menos recente, e não se dispõe de dados confiáveis.

Naturalmente, as saídas temporárias dos reclusos resolvem satisfatoriamente o problema sexual carcerário. Porém, não se pode ignorar que se trata de uma solução parcial, por beneficiar somente um setor minoritário da população carcerária, isto é, somente aqueles que fazem jus a tal benefício.

6.3.4. A visita íntima

Não se pode tratar os instintos do homem como se fossem idênticos aos dos animais. Se agirmos dessa forma, estaremos empregando um falso método redutivo, no qual se toma o mais rudimentar pelo mais natural. A sexualidade humana sofreu profunda evolução psíquica. Esse fenômeno

---

177. Elías Neuman, *Evolución de la pena*, p. 160; José Antonio Paganella Bosch, *Execução penal*, p. 26; Borja Mapelli Caffarena, *Principios de derecho penitenciario*, p. 206.

178. Luís Garrido Guzman, Los permisos penitenciarios, *REP*, extra, n. 1, 1989, p. 94.

179. Idem, ibidem, p. 92.

180. Ignace Lepp, *La nueva moral*, p. 191.

teve maior significação no aspecto sexual que em outras expressões instintivas, como comer, beber, respirar.

Nos seres humanos evoluídos, o sexo é inseparável dessa função psíquica que chamamos amor. A psicanálise freudiana, ao se esforçar para reduzir o amor à simples satisfação do instinto sexual, reconhece, a sua maneira, a íntima relação de ambos. No entanto, como consequência de seu falso método redutivo, não está em condições de compreender que o superior, longe de ser uma simples satisfação do mais primitivo, pode ter sua realidade própria e que esta pode modificar o primitivo, até torná-lo irreconhecível[181]. A simples satisfação dos instintos, tal como pode ocorrer com o sexo, não só não constitui a base da felicidade como também não pode garantir a saúde mental. A visita íntima pode converter-se em inadequada solução para o problema da sexualidade se se ignora a dimensão afetiva (amor) que acompanha o instinto sexual. Não se pode ignorar o aspecto psicológico da sexualidade, que transcende a simples satisfação instintiva do sexo e não pode ser comparada à de outros instintos, como a sede ou a fome.

A necessidade de aliviar a tensão motiva apenas parcialmente a atração dos sexos. A motivação essencial é a necessidade de união com o outro polo sexual. Efetivamente, a atração erótica não se expressa somente em nível sexual. Há masculinidade e feminilidade tanto no caráter como na função sexual[182].

A visita íntima, uma das soluções ao problema sexual carcerário, consiste em permitir a entrada na prisão, por período de tempo mais ou menos significativo, da esposa ou companheira do recluso ou do esposo ou companheiro da reclusa.

O México foi um dos primeiros países a admitir a visita íntima. Em 1924 o Governador do Distrito Federal firmou um acordo permitindo aos reclusos de boa conduta e que comprovassem seu casamento civil receber a visita de seus cônjuges. Em 1929 suprimiu a exigência de vínculo matrimonial e, finalmente, em 1933 estendeu a visita íntima aos presos provisórios. Cuba adotou a visita conjugal em 1938 (art. 51, § 2º, do Código de Defesa Social)[183]. A Argentina começou a permitir a visita de esposas e amantes na prisão de Tucumán em 1931. Em 1932, a prisão de Corrientes

---

181. Erich Fromm, *El arte de amar*, p. 99.

182. Manuel Marcos, *El problema sexual*, p. 63.

183. Eugenio Cuello Calón, *La moderna penología*, p. 323.

passou a admitir a visita de prostitutas[184]. Nos Estados Unidos, a experiência mais significativa ocorreu no Mississippi (Parchman)[185]. Outras prisões, como as da Califórnia, também permitiram a visita íntima com resultados bem satisfatórios[186]. Contudo, a maioria das prisões norte-americanas vê esse instituto com grandes reservas. De modo geral, consideram que o castigo ao criminoso precede os direitos do cônjuge e da família[187]. A maioria dos países latino-americanos admite a visita íntima.

A adoção da visita íntima pode ser considerada como o resultado da concepção que admite a necessidade impostergável de satisfazer os desejos sexuais e a prevalência que se dá à unidade familiar.

a) Argumentos a favor da visita íntima.

Os principais argumentos que justificam a visita íntima são os seguintes:

1) evita aberrações e perversões sexuais que ocorrem no interior da prisão;

2) diminui a tensão e a agressividade dos internos, eliminando, dessa forma, um dos fatores que mais influem na desordem e no problema disciplinar prisional;

3) estimula a manutenção dos laços afetivos e familiares do recluso. A família pode ser um fator importante na ressocialização do recluso, especialmente na hipótese dos não *profissionais*. Já em relação aos *profissionais* pode ocorrer que a família tenha contribuído para o desenvolvimento da formação criminosa[188].

b) Condições em que a visita íntima deve realizar-se:

Para que se desenvolva com naturalidade, deve-se destinar à visita íntima um recinto especial. É necessário que sua localização e suas condições arquitetônicas sejam compatíveis com o espírito que inspira a relação

---

184. Columbus B. Hopper, The conjugal visits at Mississippi State Penitentiary, 1962, p. 342-343.

185. René Short, *The care of long term prisoners*, p. 4.

186. Ruth Cavan e Eugene Zemans, Marital relationships of prisoners in twenty-eight countries, 1958, p. 137.

187. Na legislação brasileira não há previsão para as visitas conjugais. As tentativas pioneiras não foram bem-sucedidas por razões estruturais. A principal objeção que se faz nos Estados Unidos à visita íntima é o fato de só enfatizar a satisfação física do sexo, o que seria incompatível com os valores que predominam na sociedade norte-americana (Columbus B. Hopper, The conjugal visits..., 1962, p. 341).

188. René Short, *The care of long term prisoners*, p. 70.

afetiva de um casal que mantém um vínculo duradouro. Recomenda-se que o local destinado ao *encontro íntimo* seja separado dos blocos da prisão, próximo da entrada e com acesso fácil e independente[189].

Seria ideal que esse local tivesse a aparência de uma casa normal de família, com pátios, jardins e os cômodos de uma moradia simples. Esses fatores são necessários para a criação do clima natural de uma relação familiar. A relação sexual, que deve representar apenas o coroamento de uma relação afetiva sadia e engrandecedora, para atingir o seu clímax, necessita desses fatores circunstanciais.

c) Objeções e limitações da visita íntima:

1) Apesar das vantagens da visita conjugal, não se pode negar que, para um setor mais ou menos importante da população carcerária, o problema sexual continua sem solução. Referimo-nos aos que têm maior ou menor inclinação homossexual. Para esses casos, dever-se-á buscar outra solução, uma vez que sua existência não pode ser ignorada[190].

2) A visita íntima é, de certa forma, discriminatória. Os reclusos solteiros que não têm esposas, amantes, companheiras, enfim, que não mantêm relação com uma companheira, não podem beneficiar-se dela. Inevitavelmente ocorrerão ressentimentos, conflitos entre os reclusos que podem receber essas visitas e os que não o podem, ou entre estes e as autoridades penitenciárias. Essa discriminação produz necessariamente grande tensão nas casas prisionais[191].

3) Embora a visita íntima, sob alguns aspectos, continue sendo uma solução parcial, representa mal menor que a total supressão das relações heterossexuais.

Em algumas pesquisas realizadas, os próprios internos manifestaram objeções à visita conjugal. Realizou-se uma pesquisa sobre o assunto na prisão de Carabanchel, e os jovens questionados expressaram o seguinte: os solteiros inclinavam-se pela utilização da visita íntima, desde que ocorresse com um mínimo de dignidade. A maioria, contudo, não a aceitava

---

189. Alberto García Valdés, Soluciones propuestas..., *CPC*, n. 11, 1980, p. 98.

190. Luís Castillon Mora, Crimen, in *Estudios penales*, p. 80; Manuel Marcos, *El problema sexual*, p. 31.

191. Alberto García Valdés, Soluciones propuestas..., *CPC*, n. 11, 1980, p. 97; Elías Neuman (*El problema sexual*, p. 152) realizou no Rio de Janeiro pesquisa semelhante à realizada na prisão de Carabanchel, e constatou que as mulheres dos presos sentiam-se humilhadas, como se fossem verdadeiras prostitutas.

com suas namoradas ou suas esposas, pela humilhação que representava para elas ir à prisão não para ficar um momento com seus maridos ou companheiros, mas unicamente para manter relação sexual com eles, como se o sexo fosse somente a satisfação mecânica de um impulso físico, desprovido do indispensável conteúdo afetivo.

Para resolver essa deficiência, sugere-se que a visita íntima seja na verdade uma visita familiar, isto é, que o recluso possa ter um contato efetivo com toda a sua família, durante um período de tempo adequado — um dia todo, por exemplo —, em local que não caracterize o ambiente típico de uma prisão. Deveria ser um lugar que permitisse a recreação para toda a família. Admitimos que essa proposição é irrealizável, constituindo quase um "conto de fadas", diante das deficiências das condições de grande parte das prisões do mundo inteiro[192]. Porém, é permitido idealizar e esperar que um dia possa tornar-se uma grata realidade.

Também é verdade que a visita íntima pode, facilmente, sofrer as deformações que mencionamos anteriormente. Essa é uma das razões pelas quais Elías Neuman chega a considerá-la uma resposta insuficiente ao problema sexual carcerário, visto que pode degenerar em visitas de amor mecânico e furtivo. Por si só, é insuficiente para manter o laço afetivo familiar. A visita conjugal não facilita a expressão humana do amor através do sexo, não permite a expressão psicológica do amor. É possível que as simples descargas furtivas da tensão sexual minimizem o papel da mulher e da família[193].

d) A visita íntima no ordenamento jurídico espanhol:

Pode-se considerar que a eliminação das relações sexuais constitui uma das privações inerentes à pena privativa de liberdade?

Na atualidade, a resposta predominante considera que a privação de relações sexuais constitui uma forma de tratamento cruel na prisão, representando castigo excessivo e injustificado[194]. Asúa afirma que nenhuma lei pode justificar que se impeça o recluso de ter a expressão normal de sua sexualidade[195]. A privação coativa de relações sexuais constitui tratamento

---

192. Elías Neuman, *El problema sexual*, p. 153.

193. Jules Quentin Burstein, *Conjugal visits*, p. 98.

194. Luís Marco del Pont, *Penología y sistemas carcelarios*, p. 274.

195. No mesmo sentido o art. 5º da Declaração Universal dos Direitos Humanos e o § 1º do art. 60 das Regras Mínimas para Tratamento dos Reclusos.

desumano e desrespeito à dignidade humana, violando o art. 10, § 1º, do Pacto Internacional dos Direitos Civis e Políticos. Ao impor a pena privativa de liberdade, não se pode incluir, como castigo complementar, a abstinência sexual, que seria uma proibição radical, sem fundamento legal[196].

A imposição da abstinência sexual contraria a finalidade ressocializadora da pena privativa de liberdade, já que é impossível pretender a readaptação social da pessoa e, ao mesmo tempo, reprimir uma de suas expressões mais valiosas. Por outro lado, viola-se um princípio fundamental do direito penal: a personalidade da pena, visto que, quando se priva o recluso de suas relações sexuais normais, castiga-se também o cônjuge inocente[197].

A visita íntima foi introduzida na Espanha, em caráter definitivo, pela Lei Geral Penitenciária (Lei Orgânica n. 1, de 1979 — art. 53). Anteriormente, havia sido introduzida, em caráter excepcional e experimental, na reforma do Regulamento do Serviço de Prisões (em 1977 — arts. 85, IV, e 109, VI). Nesse regulamento exigia-se dos reclusos a boa conduta carcerária, e negando-lhes a possibilidade de desfrutar das saídas temporárias. Posteriormente, os Estatutos Circulares, de 13 de abril e de 24 de julho de 1978, completaram a regulamentação da visita íntima[198]. Durante os debates legislativos sobre a elaboração da Constituição espanhola de 1978, o *Grupo Misto* apresentou uma emenda ao art. 25, § 2º, visando garantir ao recluso o direito ao exercício normal de sua sexualidade. Mesmo não tendo sido aprovada referida emenda, serviu para demonstrar a relevância do tema, facilitando, sem dúvida, a aprovação do art. 53 da Lei Geral Penitenciária, que é de 1979.

A atual Lei Geral Penitenciária espanhola prevê: "Os estabelecimentos disporão de locais anexos especialmente adequados para as visitas familiares ou de parentes próximos daqueles internos que não possam obter saídas temporárias (*permisos de salida*)". A legislação espanhola determina ainda que as comunicações devem realizar-se com o maior respeito à intimidade, sem qualquer restrição quanto às pessoas, ressalvadas as necessárias à segurança, ao interesse do tratamento e à ordem do estabelecimento. Destaca-se a importante previsão de que a visita íntima se realize em estabelecimento independente e em boas condições. Dessa forma, evi-

---

196. Ruth Shonle Cavan e Eugene Zemans, Marital relationships..., 1958, p. 53.

197. Carlos García Valdés, *Comentarios a la ley general penitenciaria*, p. 143.

198. Afonso Serrano Gomez, *Temas de derecho penal en la nueva Constitución española*, p. 71; Carlos García Valdés, *Comentarios a la ley*, p. 143.

tam-se os graves inconvenientes que se produzem quando a visita íntima ocorre no ambiente carcerário habitual.

Convém definir a natureza jurídico-regimental da visita íntima. Pelo art. 53 da Lei Geral Penitenciária espanhola os *encontros íntimos* são um direito limitado dos internos. Fazendo-se uma análise sistemática do referido diploma legal, constata-se que não se pode considerá-la um benefício ou recompensa, pela simples razão de que o dispositivo (art. 46) que regula todos os benefícios executórios não a inclui[199].

Trata-se, na verdade, de um direito subjetivo dos internos, mesmo limitado, condicionado ao preenchimento de certos requisitos e de determinadas condições. Contudo, satisfeitos tais requisitos, não se lhes pode negar o direito.

A legislação espanhola permite a visita íntima a casais que mantenham relações estáveis e continuadas, mesmo que não estejam vinculados pelo matrimônio. Não permite o ingresso de prostitutas para a manutenção de relações íntimas com os reclusos. Alinham-se a seguir algumas razões:

1) A prostituição fundamenta-se em um conceito equivocado e desumano sobre relações sexuais. Apoia-se em um materialismo fisiológico, que considera o instinto sexual o resultado de uma tensão quimicamente produzida no corpo, que é dolorosa e que busca alívio. A satisfação sexual consiste na eliminação dessa tensão. Esse ponto de vista — produto de um materialismo fisiológico — seria válido se se admitisse que o desejo sexual opera da mesma forma que a fome e a sede quando o organismo se encontra desnutrido. Nesse sentido, o desejo sexual é uma *comichão*, e a satisfação sexual o alívio dessa comichão. Partindo desse conceito de sexualidade, a masturbação será a satisfação sexual ideal. Esse conceito, contudo, é insuficiente e deformante, pois não leva em consideração o caráter psico-biológico da sexualidade[200].

A desumanização e a deformação que as relações sexuais com prostitutas produzem são incompatíveis com o sentido ressocializador da pena privativa de liberdade. Esse paradoxo é insustentável.

2) A razão mais importante para proibir o ingresso de prostitutas na prisão reside no fato de que o Estado não deve permitir que uma pessoa possa despojar-se de sua dignidade. Frequentemente se esquece que as

---

199. Erich Fromm, *El arte de amar*, p. 44.
200. Art. 10, § 1º, da Constituição espanhola.

prostitutas também são cidadãs e que possuem uma dignidade pessoal que o Estado deve respeitar.

Embora não se possa negar que a prostituição é uma realidade social, não se justifica a permissão de seu ingresso nas prisões para resolver outro problema social. A prostituição despoja a mulher de sua dignidade de pessoa humana, reduzindo-a a simples objeto mercante. É incompreensível que quem condena a escravidão tolere ou estimule a prostituição. Não há argumento jurídico, moral, ético ou social que autorize a sociedade a justificá-la. Nessas circunstâncias, seria inadmissível que o Estado, por meio da administração penitenciária, estimulasse e reconhecesse, sob o manto da visita íntima, a prostituição. É uma atividade que contradiz totalmente os direitos fundamentais do cidadão[201].

6.3.5. A prisão aberta

A prisão aberta é outra grande alternativa ao problema sexual carcerário, embora se reconheça que nem todos os prisioneiros podem cumprir pena em estabelecimento desse gênero. Ela não apenas resolve o problema sexual como permite a solução de outros graves inconvenientes que surgem na prisão tradicional, ante a ausência de limitações e deformações produzidas pelo isolamento.

Na prisão aberta, o problema sexual situa-se em seu verdadeiro contexto, deixando de exigir atenção especial. Os problemas do encarceramento praticamente desaparecem, e a família converte-se em fator reabilitador decisivo. Com a prisão aberta a família mantém-se unida e amparada[202]. A família convive com o recluso, em vez de realizar visitas esporádicas, por isso a prisão aberta apresenta-se como solução integral. Nessa situação se pode conseguir todo o sentido criativo da polaridade masculino-feminino[203]. Se se pretende que um homem seja criativo e possa exercer sua liberdade, não se pode privá-lo de seu complemento indispensável. O sexual deixa de ser "o problema"[204] para resumir-se em um detalhe a mais

---

201. Elías Neuman, *El problema sexual*, p. 181. O art. 36 do Código Penal brasileiro estabelece as regras gerais do regime aberto.

202. Erich Fromm, *El arte de amar*, p. 42.

203. Elías Neuman, *El problema sexual*, p. 164.

204. José A. Sainz Cantero, La sustitución de la pena de privación de libertad, in *Estudios penales*, p. 217 e s.

a ser resolvido por meio de um regime que permite a expressão de todos os aspectos que definem a personalidade do indivíduo.

O regime aberto surgiu como alternativa à pena privativa de liberdade, e com ele surgiram outros tipos de penas que procuram atenuar ou eliminar os efeitos negativos produzidos pela pena de prisão. Dentre esses tipos de penas se pode destacar: prisão de fim de semana, *probation*, penas pecuniárias, admoestações, suspensão do processo, suspensão da sentença (*suspensión del faleo*), prestação de serviços à comunidade etc.[205].

Os elementos fundamentais do regime aberto foram elaborados no XII Congresso Penal e Penitenciário, celebrado em Haia, em 1950.

Os melhores resultados em relação ao problema sexual são obtidos quando, através do regime aberto, permite-se que o interno conviva permanentemente com sua família, desaparecendo o problema sexual carcerário.

Afirma-se que o maior defeito do regime aberto resume-se no fato de beneficiar uma minoria e que, quando se chega a ele, já se passaram muitos anos de abstinência sexual obrigatória, com graves danos daí decorrentes[206]. Essas objeções podem ser atendidas e minimizadas por distintas medidas, tais como:

a) A adoção de maior quantidade de prisões funcionando em regime aberto. Na Suécia, por exemplo, os estabelecimentos abertos constituem um terço do total, e os internos que nelas se encontram representam dois terços da população carcerária condenada. Na Dinamarca, aproximadamente dois terços da população carcerária cumprem sua condenação em regime aberto[207]. Embora as condições socioeconômicas da Suécia e da Dinamarca facilitem a utilização de um sistema penitenciário em que predomine o regime aberto, esses exemplos demonstram que é possível conseguir um sistema com a predominância do regime aberto. 80% da população carcerária tem sido considerado um percentual ideal para cumprir pena em regime aberto[208].

b) Adotando-se uma verdadeira e científica individualização da pena, será desnecessário que para chegar ao regime fechado todos os presos te-

---

205. Borja Mapelli Caffarena, El régimen penitenciario abierto, *CPC*, n. 7, 1979, p. 61.

206. Carlos García Valdés, *Derecho penitenciario de los países...*, p. 655; Jorge Trias Sagnier, *La reforma de las cárceles*, p. 26.

207. Jorge Trias Sagnier, *La reforma de las cárceles*, p. 20.

208. Borja Mapelli Caffarena, El régimen penitenciario abierto, *CPC*, n. 7, 1979, p. 61.

nham de, obrigatoriamente, passar pelos regimes fechado e semiaberto. Poderão começar em qualquer dos três regimes, fechado, semiaberto ou aberto, dependendo das circunstâncias legais e pessoais.

O regime fechado, no ordenamento jurídico brasileiro, está reservado para criminosos perigosos e reincidentes e para os delitos graves (art. 33 do Código Penal brasileiro).

c) Nos regimes fechado e semiaberto é necessário que se reconheça ao recluso o direito à visita íntima. Esta, mesmo não sendo a melhor solução, sempre será um mal menor em relação aos efeitos prejudiciais que a abstinência sexual compulsória produz.

A quantidade de prisões abertas e o número de reclusos que se encontram em regime aberto são insuficientes[209]. É indispensável que esse regime adquira maior relevo dentro do sistema penitenciário espanhol, brasileiro e mundial. No Brasil os apenados que se encontram cumprindo pena em regime aberto não têm problema sexual, e isso decorre das circunstâncias do próprio regime.

Na maioria dos sistemas latino-americanos quase não se emprega o regime aberto. Os meios mais utilizados para resolver o problema sexual carcerário são a visita íntima e as saídas temporárias. Como exceção, podem-se mencionar as prisões abertas de São Paulo, Minas Gerais, Paraná, Santa Catarina e Rio Grande do Sul, no Brasil.

6.3.6. A prisão mista

A prisão mista pode ser lembrada como uma das últimas tentativas para encontrar uma solução adequada ao problema sexual das prisões. Na verdade, as experiências realizadas até agora são insuficientes e isoladas. Em 1971, em Fort Worth, Texas, fez-se uma experiência interessante. Tratava-se de prisão de segurança mínima, que contava com um pessoal penitenciário constituído por 236 pessoas, onde foram recolhidos 360 homens e 90 mulheres, todos ainda com dois anos de pena a cumprir. As relações sexuais foram proibidas, mesmo que houvesse prisioneiros casados entre si. Apesar da proibição, houve relações heterossexuais. No entanto, durante os primeiros dezoito meses em que o projeto se desenvolveu não se teve conhecimento da existência de relações homossexuais. No mesmo perío-

---

209. René Short, *The care of long term prisoners*, p. 27-28.

do, cinco mulheres e dez homens foram transferidos a outros centros penitenciários por desrespeitar a proibição de relações heterossexuais[210].

Nessa prisão procurou-se tornar o ambiente o mais parecido possível com a vida livre, visando afastar as características usuais do isolamento e do abandono humano. Os internos não eram alojados em celas clássicas; ao contrário, cuidou-se para que estas tivessem aspecto de residência: o recluso podia decorá-las a seu gosto. A vida recreativa e cultural realizava-se com a participação dos internos de ambos os sexos (bailes). Os muros foram substituídos por frágeis cercas metálicas e a guarda não usava armas. Os internos podiam receber autorizações para realizar trabalhos no exterior.

Talvez um dos aspectos mais interessantes da experiência refira-se ao fato de que, para um grupo relativamente reduzido de internos, foram destinados cinquenta psiquiatras. Deve-se admitir que é um número considerável e incomum, em se tratando de técnicos de alta especialização. Naturalmente os resultados foram muito bons, com poucas evasões e nível reduzido de reincidência[211]. Posteriormente, em 1973, uma prisão de mulheres de Massachusetts converteu-se na segunda prisão mista dos Estados Unidos, com uma população carcerária de 85 homens e 55 mulheres. Nessa experiência, as relações homoafetivas também foram reduzidas consideravelmente[212]. Em outros locais, como nos Estados de Idaho, Oregon e Virgínia, também se propugnou a abertura de prisões mistas, a título experimental[213].

A imprensa espanhola, em março de 1990, deu ampla cobertura à decisão do sistema penitenciário daquele país de fazer uma experiência em Madrid adotando uma prisão mista. Seguiram-se as prisões de Bilbao e de Sevilha.

Diante das poucas experiências realizadas, não se pode dar uma opinião definitiva sobre a conveniência e os resultados da prisão mista. Porém, essa incerteza não justifica o abandono total dessa alternativa, visto que, em questões penológicas, existe, inevitavelmente, a mesma incerteza no desenvolvimento de todas as matérias relacionadas com o homem e sua liberdade.

---

210. Carlos García Valdés, *Hombres y cárceles*, p. 40-41.

211. René Short, *The care of long term prisoners*, p. 28.

212. Carlos García Valdés, *Hombres y cárceles*, p. 401-401.

213. Heleno Cláudio Fragoso, *Direito dos presos*, p. 242.

7. Análise etiológica da conflitividade carcerária

Os motins carcerários são os fatos que mais dramaticamente evidenciam as deficiências da pena privativa de liberdade. É o acontecimento que causa maior impacto e o que permite à sociedade tomar consciência, infelizmente por pouco tempo, das condições desumanas em que a vida carcerária se desenvolve. O motim, uma erupção de violência e agressividade, que comove os cidadãos, serve para lembrar à comunidade que o encarceramento do delinquente apenas posterga o problema. Ele rompe o muro de silêncio que a sociedade levanta ao redor do cárcere. Infelizmente, pouco depois de desaparecido o conflito carcerário, a sociedade volta a construir o muro de silêncio e de indiferença, que se manterá até que outro acontecimento dramático comova, transitoriamente, a consciência social. Esse ciclo fatal, cuja interrupção é muito difícil, é um dos fatores que mais influem para que a problemática carcerária não encontre solução satisfatória na maior parte das sociedades. O exemplo mais eloquente da conflitividade carcerária foi o "massacre do Carandiru", ocorrido na Casa de Detenção, em São Paulo, no ano de 1992, quando a Polícia Militar *executou* cento e onze reclusos, totalmente desarmados.

A grande conflitividade existente no meio carcerário, cuja expressão mais genuína é o motim, tem origem em uma multiplicidade de fatores. Provavelmente as deficientes condições materiais em que se desenvolve a vida carcerária sejam o fator mais importante. Contudo, para entender melhor o problema, devem-se analisar outros fatores[214].

7.1. O comportamento violento não é exclusivo da prisão

Uma discussão racional sobre a violência produzida na prisão deve ser acompanhada da clara compreensão de que essa violência tem causas que se originam no sistema e na sociedade, como totalidade. A vida em sociedade sofre forte influência de tendências destrutivas. A violência cotidiana ultrapassa os limites toleráveis. A agressividade humana, muitas vezes necessária para a sobrevivência, encontra na sociedade contemporânea perigosa orientação destrutiva. O panorama é tão sombrio que o psiquiatra Anthony Storr, que se interessou pelo tema da agressividade humana, mostra-se pou-

---

214. Antony Storr, *La agresividad humana*, p. 212.

co otimista quando afirma que: "Estamos ameaçados como espécie pela nossa própria inclinação à destruição e nunca aprenderemos a dominá-la, a menos que nos compreendamos melhor a nós mesmos"[215].

Aquele que ingressa na prisão também traz consigo a deformação que a sociedade produz na agressividade do homem. Não se ignora que as frustrações originadas pela prisão são um fator que influi nas situações violentas que surgem no cárcere; porém, também não se pode ignorar que esses internos se encontram contaminados por outros fatores anteriores, como a violência que experimentaram em sua vida familiar ou na sociedade. Em uma prisão da Califórnia, por exemplo, constatou-se que 71% dos internos apresentam antecedentes por atos violentos antes de seu encarceramento. Não se pode esquecer que todo ato de violência tem um componente social, mesmo o que se produz na prisão[216].

7.2. Aspectos subjetivos que estimulam a conflitividade carcerária

Os internos tendem a manter o mesmo nível de frustração, apesar de as condições penitenciárias irem melhorando. As inevitáveis limitações que a reclusão impõe faz com que os *remédios* institucionais tenham efeito muito reduzido. À medida que melhoram as condições do sistema carcerário, os internos vão aumentando suas esperanças e expectativas, de sorte que, apesar de em termos absolutos ter havido melhora, sob o ponto de vista relativo, isto é, subjetivamente, continuam experimentando a mesma frustração. Esse sentimento é um dos fatores que mais favorecem o ambiente de conflitividade, especialmente em relação às autoridades penitenciárias[217].

Por outro lado, o protesto e a agressividade demonstrados às autoridades penitenciárias permitem que um importante setor da população carcerária, o mais agressivo, possa satisfazer certas necessidades psicológicas, tais como:

1) permite-lhe desafogar o ressentimento geral que a reclusão produz;

2) permite-lhe fortalecer a autoimagem, como vítima de uma força superior;

---

215. James Park, The organization of prison violence, in *Prison violence*, p. 89.

216. James Park, The organization of prison violence, in *Prison violence*, p. 94.

217. Lloyd McCorkle e Richard Korn, Resocialization, in *Readings*, p. 531.

3) pode eliminar qualquer sentimento de culpa ou responsabilidade pelos fatos praticados, enfatizando os prejuízos que a sociedade lhe impõe por meio da reclusão[218].

Essas atitudes dos internos devem ser consideradas quando se pretende determinar as causas que originam o ambiente conflitivo que se vive no interior da prisão.

7.3. A clássica prisão de segurança máxima

Em geral os reclusos vivem em condições de "amontoamento", havendo poucas condições de as autoridades penitenciárias realizarem adequada supervisão e vigilância interna. A clássica prisão fechada cria um ambiente propício para a existência de relações e comportamentos homossexuais. São frequentes as rivalidades étnicas ou entre grupos distintos. Todas essas condições favorecem um elevado índice de conflitividade, razão pela qual a maior parte dos motins carcerários se produz nas prisões fechadas. O problema se agrava consideravelmente quando se trata de macroprisões, onde a tensão aumenta e explode, geralmente, em violência e frustração[219]. Por isso não se pode ignorar a extraordinária importância que tem o desenho arquitetônico de uma prisão[220].

7.4. Influência de ideologias políticas radicais

A politização de um setor da população carcerária pode ser causa importante da violência carcerária. Orienta-se ela pela adoção de posições ideológicas radicais (anarquismo, marxismo de extrema esquerda), que consideram que a prisão é um instrumento opressivo que se aplica injustamente aos reclusos. Podem chegar a conscientizar-se de que foi a injustiça do sistema social que os converteu em delinquentes, passando a se autoconsiderar tipos *sui generis* de perseguidos políticos. Evidentemente essas ideias tornarão o ambiente carcerário mais conflitivo, aumentando a probabilidade da ocorrência de rebelião na prisão[221]. A esta altura, não interes-

---

218. James Park, The organization of prison violence, in *Prison violence*, p. 91.
219. Howard Gill, Correctional philosophy and architecture, 1955, p. 312 e s.
220. James Park, The organization of prison violence, in *Prison violence*, p. 91.
221. Daniel Glaser, Enfoque sociológico..., *AICPC*, 1968.

sam mais as reformas, o melhoramento das condições penitenciárias ou as simples reivindicações: o objetivo passa a ser a destruição total do sistema carcerário e da sociedade que o criou.

7.5. Motins decorrentes de reformas penitenciárias

Uma reforma carcerária, embora possa parecer paradoxal, pode provocar conflitos e motins. A reforma penitenciária tende a debilitar a estrutura de poder dos internos, provocando a perda de privilégios, especialmente daqueles que ocupam os estratos mais elevados. A perda de privilégios e de poder faz com que os líderes da prisão provoquem motins visando a obstaculizar o desenvolvimento da reforma[222].

Esse exemplo demonstra que nem todos os motins carcerários explicam-se em função das dificuldades estruturais e das deficientes condições penitenciárias.

7.6. As graves deficiências do regime penitenciário

A imensa maioria dos protestos reivindicatórios massivos produzidos na prisão tem sua origem nas deficiências efetivas do regime penitenciário. As deficiências são tão graves que qualquer pessoa que conheça certos detalhes da vida carcerária fica profundamente comovida[223].

Na maior parte dos sistemas penitenciários podem ser encontradas as seguintes deficiências: 1ª) Falta de orçamento. Infelizmente, nos orçamentos públicos, o financiamento do sistema penitenciário não é considerado necessidade prioritária, salvo quando acabam de ocorrer graves motins carcerários. 2ª) Pessoal técnico despreparado. Em muitos países a situação se agrava porque o pessoal não tem garantia de emprego ou não tem uma carreira organizada, predominando a improvisação e o empirismo. Nessas condições é impossível desenvolver um bom relacionamento com os internos[224]. 3ª) Nas prisões predomina a ociosidade e não há um programa de tratamento que permita pensar na possibilidade de o interno ser efetivamente ressocializado.

---

222. Joaquín Vargas Gene, *La reforma penitenciaria*, p. 4.

223. Richard Wilsnack, Explaining collective violence in prisons. Problems and possibilities, in *Prison violence*, p. 62.

224. Carlos García Valdés, *La nueva penología*, p. 42.

A superpopulação das prisões, a alimentação deficiente, o mau estado das instalações, pessoal técnico despreparado, falta de orçamento, todos esses fatores convertem a prisão em um castigo desumano.

A maior parte das rebeliões que ocorrem nas prisões é causada pelas deploráveis condições materiais em que a vida carcerária se desenvolve. Essa foi a causa principal que desencadeou os motins carcerários na França (1972-1974), na Itália (1972)[225] e o "massacre do Carandiru" em São Paulo (1992).

Sempre que ocorrem esses conflitos graves, os internos fazem reivindicações que refletem as condições desumanas em que se desenvolve a pena privativa de liberdade. Por exemplo, na violenta greve que ocorreu em 3 de novembro de 1970 na prisão de Folson, nos Estados Unidos, foram feitas, entre outras, as seguintes reivindicações: "...9º Exigimos que não soltem gás lacrimogêneo contra os presos fechados em suas celas...14º Exigimos que os empregados e funcionários dos correcionais sejam submetidos a processo legal quando atirarem contra os presos, ou próximo a eles, ou os exponham a qualquer castigo cruel ou excepcional quando não for caso de vida ou morte..."[226]. Essas reivindicações adaptar-se-iam perfeitamente ao "massacre do Carandiru", numa amostra de que o desrespeito à dignidade do preso e a violência desmesurada se repetem ainda hoje, em qualquer parte do mundo.

Em 1977 e 1978 ocorreram na Espanha graves motins, nas prisões de Carabanchel, Puerto de Santa María, Málaga, Valência, Valladolid, Zaragoza, Almería e Oviedo[227], demonstrando as deficiências do sistema penitenciário daquele país. Esses graves problemas serviram de incentivo para a realização de uma profunda reforma no sistema penitenciário espanhol, em 1979, que introduziu mudanças importantíssimas. Contudo, deu apenas o primeiro passo, porque ainda restam muitos problemas a serem resolvidos.

Os motins penitenciários são a prova mais evidente da crise que a pena privativa de liberdade enfrenta.

---

225. Angela Davis, Prisioneros en rebelión in *Si llegan por ti en la mañana...*

226. Revista *El Viejo Topo*, out. 1977, p. 34-44.

227. James Park, The organization of prison violence, in *Prison violence*, p. 91. Para se ter uma ideia melhor das deficiências das prisões espanholas deve-se consultar a obra de Angel Suarez, *Libro blanco sobre las cárceles franquistas*, p. 168-72.

V
SUBSTITUTIVOS PENAIS: REFORMA PENAL DE 1984*

1ª Seção
SUSPENSÃO CONDICIONAL DA PENA

1. Origem e desenvolvimento do instituto

Referindo-se às práticas judiciais eclesiásticas, isoladas, de substituir a condenação, Cuello Calón disse que "não é possível pensar que tais práticas tenham influído na aparição das leis europeias que criaram e organizaram em fins do século XIX a suspensão condicional da pena"[1].

Para alguns, a verdadeira origem da suspensão condicional se deu em Massachusetts, Estados Unidos (no ano de 1846), com a criação da Escola Industrial de Reformas[2]. O instituto, inicialmente, nessa escola, destinava-se aos delinquentes menores, naturalmente primários, que, em vez de sofrerem a aplicação da pena, deveriam ser recolhidos a tal escola, sendo assim subtraídos dos malefícios ocasionados pela prisão. A consagração definitiva do instituto ocorreu somente com a edição de uma lei em 1896, no mesmo Estado de Massachusetts, que depois se estendeu aos demais Estados. Na

---

* A Lei n. 9.714, de 25 de novembro de 1998, promoveu alterações no texto do Código Penal, mormente em relação às chamadas penas alternativas, as quais comentamos extensivamente em nosso livro *Novas penas alternativas* (São Paulo, Saraiva, 1999).

1. E. Cuello Calón, *La moderna penología*, v. 1, p. 628.

2. F. Padovani, *L'utopia punitiva*, p. 168. Para Padovani, já em 1841 e 1854 um juiz inglês, Matthew, adotou a suspensão da execução da pena para menores delinquentes.

Inglaterra, o *Criminal Law Consolidation Act* de 1861 e o *Summary Law Jurisdiction Act* de 1897 mantinham uma espécie de *substitutivo penal* com alguma semelhança com a antiga *fustigatio* romana, permitindo ao juiz omitir a declaração de culpabilidade diante de determinadas circunstâncias. Em 1886, com o *Probation of First Offenders Act*, foi estendida a concessão do benefício a delitos cuja pena fosse de até dois anos de prisão, com a condição de o condenado manter boa conduta durante o período probatório. E atualmente tem ampla aplicação o instituto conhecido como *probation system*, por obra do *Probation of Offenders Act* de 1907.

Porém, como já afirmamos, a maioria dos doutrinadores atribui a origem moderna da suspensão condicional ao projeto apresentado por *Berenger* em 1884 no parlamento francês, que consagrava a suspensão condicional da pena[3]. Não obstante a qualidade e as vantagens apresentadas pelo projeto, foi objeto de longos e polêmicos debates no parlamento francês. A Bélgica, sabendo do indiscutível valor do trabalho de Berenger, adiantou-se, e, com a Lei de 31 de maio de 1888[4], adotou o novo instituto. Coube-lhe, assim, a honra de ser o primeiro país da Europa Continental a introduzir em sua legislação as vantagens da melhor política criminal por meio do instituto da suspensão condicional da execução da pena, também conhecida como *sursis*. Três anos depois, com a Lei de 26 de março de 1891, a França adotou o mesmo instituto, que passaria a ser conhecido como *belgo-francês*. Sua consagração ou importação pelos demais países viria em breve: Portugal (1893), Itália e Bulgária (1904), Dinamarca e Holanda (1905), Suécia (1906), Espanha (1908), Grécia (1911), Finlândia (1918), Áustria (1920)[5]. A Alemanha teve durante muito tempo seu próprio sistema, adotado em 1896, com características diferentes do sistema adotado nos Estados Unidos e Inglaterra (anglo-saxão) e continente europeu (belgo-francês). Depois, os países da América Latina também passaram a adotar, em geral, o sistema belgo-francês. O Brasil o adotou por meio do Decreto n. 16.588, de 6 de setembro de 1924.

No geral, todas as legislações apresentam os mesmos contornos do instituto. As variações nos diversos países não vão além da maior ou menor amplitude de seu âmbito de aplicação ou outras peculiaridades de pequena importância, sem lhe desnaturar a finalidade.

---

3. José Luís Salles, *Da suspensão condicional da pena*, p. 41.

4. E. Cuello Calón, *La moderna penología*, p. 628.

5. M. L. Maqueda Abreu, Suspensión condicional de la pena y probation, 1985, p. 37; Carlos Mir Puig, *El sistema de penas y su medición en la reforma penal*, p. 213.

2. Conceito e denominação do instituto

Na busca constante de meios alternativos para diminuir os males causados pela prisão, o instituto jurídico da suspensão condicional da pena constitui um dos institutos mais elaborados da moderna evolução ética, política e científica da Justiça penal. Como disse Cuello Calón[6], "não só constitui um substitutivo penal das penas privativas de liberdade, como também um meio de eficácia educadora, pois, durante o período de prova, o condenado se habitua a uma vida ordenada e conforme com a lei". No dizer de Jescheck[7], "a suspensão condicional da pena é um meio autônomo de reação jurídico-penal que tem várias possibilidades de eficácia".

A falência do sistema penal, cujos regimes penitenciários têm sido uma das causas da reincidência, que é a pedra de toque da criminalidade, determinou a crise da repressão atual, que assim foi encontrar a terapêutica fora do cárcere, e um dos exemplos é a suspensão condicional das penas privativas de liberdade. Daí o grande número de defensores de tal instituto, como Paul Cuche[8], para quem se trata de medida de política criminal que "substitui a ameaça legislativa coletiva pela ameaça judicial individual", substituindo assim a intensidade pela extensão no domínio da intimidação penal.

No geral, os penalistas brasileiros não se preocupam em conceituar a suspensão condicional. Limitam-se a examinar seus caracteres, pressupostos e condições estabelecidas pelo ordenamento positivo. Mas a quase ausência de definições na doutrina brasileira não impediu a busca de algumas delas, que foram emitidas por poucos penalistas. Assim, para Aníbal Bruno[9], a "suspensão condicional da pena é o ato pelo qual o juiz, condenando o delinquente primário, não perigoso, à pena detentiva de curta duração, suspende a execução da mesma, ficando o sentenciado em liberdade sob determinadas condições". Juarez Cirino dos Santos[10] diz que a suspensão condicional da pena "constitui substitutivo penal *impeditivo* da execução e *extintivo* da pena privativa de liberdade aplicada, decidido pelo juiz na sentença criminal, com o objetivo de evitar os malefícios da prisão...".

Os autores não chegaram a um consenso sobre a melhor denominação para o instituto. Na Espanha a doutrina emprega mais frequentemente a

---

6. E. Cuello Calón, *La moderna penología*, p. 638.
7. H. H. Jescheck, *Tratado de derecho penal*, 1981, p. 1153.
8. Paul Cuche, *Traité de science et de legislation pénitentiaires*, p. 201.
9. Aníbal Bruno, *Direito penal*, 1967, p. 255.
10. Juarez Cirino dos Santos. *Direito penal*, p. 255.

denominação *condena condicional* e também *remisión condicional*. Mas "condenação condicional" constitui uma grave imprecisão e leva a uma conclusão equivocada, pois o que se suspende condicionalmente não é a condenação, mas sua execução, assim, *condena condicional* se aplicaria melhor ao *probation system,* no qual o que fica suspenso é a própria condenação, que não é proferida. Na expressão de Auler, "o que caracteriza o sistema franco-belga ou europeu-continental é a suspensão da execução da pena ou do julgamento, enquanto, ao contrário, o que singulariza o sistema anglo-saxão é a suspensão da própria ação penal"[11]. Nuñez Barbero[12] faz sua crítica à lei de 1908, que em seu art. 6º utiliza a expressão "suspensão da condenação", argumentando que, em verdade, se pronuncia o julgamento da culpabilidade e se aplica a pena privativa de liberdade correspondente e que somente esta é suspensa condicionalmente, pelo que é imprópria a denominação. Santiago Mir Puig também adverte que a expressão *condena condicional* pode conduzir a equívocos, pois o que se suspende não é a *condenação,* mas o cumprimento da pena imposta[13].

Creio que também não é apropriada a denominação *remisión condicional,* que empregava o anterior Código Penal espanhol. A terminologia que prevaleceu na doutrina alemã para designar esse instituto é a de "suspensão condicional da pena"[14]. Eduardo Correia[15] também utilizava "suspensão condicional da pena", expressão semelhante à mantida pelo Código Penal português de 1982, "suspensão da execução penal". No Direito brasileiro, somente em sua criação, com o Decreto n. 16.588, de 1924, foi empregada a expressão "condenação condicional". O Código Penal de 1940 já utiliza (art. 57), em lugar de "condenação condicional", a mais correta denominação, "suspensão condicional da pena", terminologia mantida na Reforma Penal de 1984.

A nosso juízo, *suspensão condicional da execução da pena* é a terminologia mais adequada, pois reflete melhor o verdadeiro sentido e alcance dessa medida de política criminal.

---

11. Hugo Auler, *Suspensão condicional da execução da pena,* p. 90.

12. Ruperto Nuñez Barbero, La concepción actual de la suspensión condicional de la pena y los modernos sistemas de pruebas, REP, n. 187, 1969, p. 570-571.

13. Santiago Mir Puig, *Derecho penal,* p. 638.

14. H. H. Jescheck, *Tratado de derecho penal,* 1981, v. 2, p. 1152; Claus Roxin, *Introducción al derecho penal y al derecho penal procesal,* p. 70.

15. Eduardo Correia, *Direito criminal,* v. 1, p. 395.

3. Natureza jurídica

A natureza jurídica da suspensão condicional da pena apresenta maior complexidade e transcendência no campo da doutrina penal, não havendo consenso entre os penalistas e demais cientistas da ciência criminal.

Hugo Conti[16], depois de dizer que a pena deve ser substituída por qualquer coisa melhor, esclarece que a suspensão condicional apresenta-se como um *substitutivo penal*. No mesmo sentido são as opiniões de A. Mermound[17] e Zurcher[18], que veem o instituto em estudo como "um sucedâneo da pena". Aqueles que têm a suspensão condicional da pena como substitutivo penal partem da ideia de que a concessão do benefício legal implica a substituição da pena de prisão por uma *pena moral* representada pela admoestação que está implícita na sentença. Essa tese é inaceitável, pois confunde-se com a natureza de toda a sanção penal, que sempre mantém o caráter de diminuição moral. Portanto, não é a advertência do juiz implícita na sentença que dá à suspensão condicional o caráter moral, que é peculiar a toda sanção penal.

Para Jescheck[19], a suspensão condicional é "um meio autônomo de reação jurídico-penal que tem várias possibilidades de eficácia. É pena, tanto que se condena a uma pena privativa de liberdade e o condenado tem antecedentes penais". Mas o próprio Jescheck conclui mais adiante que a opinião dominante vê na suspensão condicional somente "uma modificação na execução da pena", rechaçando assim que se trate de um ato de graça.

Cesare Pola[20], e com ele Bettiol[21] e Maggiore[22], adotaram a tese de que a suspensão condicional da pena é uma causa extintiva do delito e da ação. Nada mais fez, porém, que seguir a orientação do Código Penal de seu país, que, tradicionalmente, vem regulando esse instituto no capítulo relativo às causas de *extinzione del reato*. Essa concepção tampouco pode

---

16. Hugo Conti, La pena e il sistema penal del Codice Italiano, in *Enciclopedia del Diritto Penale Italiano,* v. 10, p. 600-603.

17. A. Mermound, *Du sursis à l'exécution des peines*, p. 29.

18. Zurcher, citado por Hugo Auler, *Suspensão condicional da execução da pena*, p. 127.

19. H. H. Jescheck, *Tratado de derecho penal*, 1981, v. 2, p. 1153.

20. Giuseppe Cesare Pola, *Commento alla legge sulla condanna condizionale*, p. 58-59.

21. Giuseppe Bettiol, *Direito penal*, 1977, v. 1, p. 205.

22. Giuseppe Maggiore, *Derecho penal*, v. 2, p. 32.

ser acolhida (especialmente no Brasil e no Projeto de Código Penal espanhol de 1980), pois, por via indireta, importaria reconhecer como se fosse uma causa de extinção de punibilidade, como é o caso da *graça* ou do *indulto*, nos crimes de ação pública, ou a *renúncia* ou o *perdão* nos crimes de ação privada. A graça e o indulto, já referimos, estão afetos ao Poder Executivo e a suspensão condicional ao Poder Judiciário, e a renúncia e o perdão pertencem à esfera exclusiva do particular ofendido.

Atualmente, a doutrina brasileira, em sua grande maioria, vê no instituto em exame *um direito público subjetivo do condenado*.

E, para concluir, há aqueles que concebem a suspensão condicional como uma "condição resolutória", já que a execução da pena fica subordinada a um acontecimento futuro. "É *condição,* porque a pena fica subordinada a um acontecimento futuro e incerto; é *resolutiva,* porque a indulgência vigorando, desde logo, deixa, portanto, de existir se a cláusula imposta não for cumprida de acordo com o estabelecido". Em sentido semelhante manifesta-se Henri Locard, para quem a suspensão condicional tem o caráter provisório de uma dilação que poderá ser revogada a qualquer tempo pela superveniência da condição resolutória resultante de um segundo delito. Ainda no mesmo sentido é a opinião de Soler[23], quando diz: "chama-se condicional a condenação que o juiz pronuncia deixando em suspenso sua execução por determinado período de tempo, que somente será executada se produzir certa condição...".

A corrente que vê a suspensão condicional da pena somente como uma *condição resolutória* do direito de punir (Magalhães Noronha, Whitaker, Locard, Soler etc.) também é insuficiente para definir a natureza jurídica do instituto em questão. A suspensão condicional não pode ser reduzida a simples condição, quando a condenação imposta permanece e somente a execução da pena fica suspensa e não será cumprida se o beneficiário, no prazo depurador, comportar-se socialmente de modo a não causar sua revogação. É *suspensiva uma condição* quando a eficácia de um ato ou a aquisição de um direito se subordina à sua verificação; é *resolutiva a condição* quando a eficácia de um ato ou exercício de um direito somente tem lugar enquanto a *conditio* não se realiza. Ora, a condenação aplicada no julgamento que concedeu o *sursis* não ficou dependente de qualquer condição para passar em julgado, bem como sua eficácia. E, ademais, em

---

23. Sebastian Soler, *Derecho penal argentino*, v. 1, p. 421.

que pese a suspensão do cumprimento da pena principal, todos os demais efeitos da condenação permanecem válidos.

Além das concepções examinadas, existem outras — só para mencioná-las: "adaptação individual da pena", "complemento do sistema penal", "direito público subjetivo", "meio de punição de ordem especial" etc.

Para nós, hoje, a suspensão condicional da pena é, como disse Soler, "uma verdadeira condenação", ou seja, não é mais que uma simples modificação na forma de cumprimento das penas que suspende, especialmente na regulamentação do Código Penal brasileiro, que determina que, no primeiro ano de prazo, "deverá o condenado prestar serviços à comunidade (art. 46) ou submeter-se à limitação de fim de semana (art. 48)". Em realidade é uma alternativa aos meios sancionatórios tradicionais com que conta o moderno Direito Penal.

4. A suspensão condicional no Direito positivo brasileiro

A Reforma Penal de 1984 manifestou profunda preocupação com as penas privativas de liberdade ditas de curta duração: curtas para a *finalidade ressocializadora,* são suficientemente longas para iniciar o criminoso primário na graduação acadêmica do crime. Assim que, dentre as alternativas possíveis a essas penas curtas, redimensionou o instituto da suspensão condicional, dotando-o de maiores exigências, com a finalidade de torná-lo mais eficaz, visando à prevenção especial sem descurar da prevenção geral, o que levou à afirmação de que agora a suspensão condicional "passou a ser um instituto eficaz e sério"[24]. Essa nova concepção recupera o sentido e o valor político-criminal do instituto no Brasil, que, graças a sua regulamentação anterior e respectiva má aplicação, recebeu a denominação de "quase nada-jurídico", decorrente das condições que então se impunham, que não passavam de apresentação semestral do condenado em juízo e da total ausência de fiscalização e acompanhamento do beneficiário[25].

Hoje a suspensão condicional da pena, segundo Jescheck, "a parte mais importante da reforma político-criminal empreendida depois da 2ª

---

24. Jair Leonardo Lopes, *Nova Parte Geral do Código Penal*, p. 63.

25. Nilo Batista, *Temas de direito penal*, p. 193: "Que a pena privativa de liberdade deva ser relegada para casos que não possam ser tratados de outra forma estamos de acordo; que seja, nos pequenos delitos dolosos que reclamem punição, substituída por nada — que a tanto equivale o *sursis,* tal como praticado no Brasil — é igualmente inaceitável".

Guerra Mundial"[26], tem condições de ser aplicada no ordenamento jurídico brasileiro, sem receber o descrédito da sociedade, que se sentia em total desabrigo pela absoluta desconsideração sobre a lesão de que fora vítima. Finalmente encontrou o equilíbrio desejado entre prevenção geral e prevenção especial. Não esqueceu, como recomenda Jescheck[27], de fortalecer, por meio das condições impostas, a função retributiva da pena suspensa, de sorte a fazer sentir ao condenado os efeitos da condenação. Consciente da utopia que é a pretensão de coibir delitos sem utilizar a pena privativa de liberdade, a Reforma Penal dotou o sistema penal brasileiro de alternativas tais que dificilmente um réu condenado a uma pena de até dois anos irá para a penitenciária, pois além do *sursis*, ora em exame, criou as penas restritivas de direitos e revitalizou a pena de multa, com a adoção do sistema dias-multa. Assim, raramente se executa a pena privativa de liberdade de curta duração em casos de *réus não reincidentes* e de *prognose favorável*.

O sistema jurídico brasileiro, que sempre adotou o instituto belgo-francês, também conhecido como europeu-continental, não deixa de ser fiel às suas origens. Porém, conhecendo os melhores resultados obtidos pelo sistema anglo-americano, *probation system*, sucumbe aos encantos desse instituto e adota o sistema de vigilância e acompanhamento dos beneficiários da suspensão (art. 158 e §§ 3º ao 6º da Lei de Execução Penal). Enfim, é uma nova modalidade de *sursis*, com obrigações e acompanhamento de pessoal especializado, que poderíamos chamar, como fazem os franceses, *sursis avec mise à l'épreuve*.

De um modo geral, todo condenado à pena privativa de liberdade não superior a dois anos poderá tê-la suspensa, desde que preencha os requisitos ou pressupostos previstos no art. 77 do Código Penal. E, excepcionalmente — isto é uma novidade da Reforma —, os septuagenários poderão ter o mesmo benefício, desde que a sua condenação não seja superior a quatro anos.

Para efeitos da suspensão condicional da pena não se faz mais distinção entre reclusão ou detenção, como ocorria no Código de 1940 e que foi abolida pela Lei n. 6.416/77.

Na verdade, o *sursis,* hoje, significa a suspensão *parcial* da pena privativa de liberdade, durante certo tempo e mediante determinadas condições. Essa afirmação está amparada no § 1º do art. 78 do Código Penal, o

---

26. H. H. Jescheck, *Tratado de derecho penal*, 1981, v. 2, p. 1152.

27. Idem, ibidem, p. 1160.

qual determina que o condenado, no primeiro ano de prazo, deverá prestar serviços à comunidade ou submeter-se à limitação de fim de semana. Em realidade o *sursis* não é mais pura e simplesmente suspensão da execução da pena privativa de liberdade, como ocorria até 1984, mas — como afirmamos anteriormente — tão somente uma modificação na forma de cumprimento da pena suspensa, que é efetivamente executada, no primeiro ano de prazo, na modalidade de pena restritiva de direitos, além das demais condições.

Por expressa disposição legal, a suspensão condicional restringe-se às penas privativas de liberdade (art. 80 do CP). Parece lógico, pois as demais alternativas à pena de prisão visam, igualmente, preservar um mínimo de sentido retributivo da pena e representam uma forma de, no dizer de Jescheck, "fazer o condenado sentir os efeitos da condenação"[28]. É racional, pois, que nem as penas restritivas de direitos nem a pena de multa possam ter sua execução suspensa.

Finalmente, nem mesmo a revelia do condenado, como já ocorria na legislação anterior, por si só, inviabiliza a concessão do *sursis*. Respeita-se o direito do cidadão em não comparecer a juízo para defender-se.

4.1. Requisitos ou pressupostos necessários

Esse instituto, que melhor aceitação teve em termos de política criminal no combate aos males causados pela prisão, está condicionado a *pressupostos* e *condições:* aqueles pretéritos, estas futuras. Ao estabelecer os pressupostos — também chamados de requisitos —, o legislador brasileiro levou em consideração, como recomenda a boa doutrina, a pessoa do réu e o fato e suas circunstâncias. Esses pressupostos são de ordem objetiva e subjetiva e devem estar presentes ao mesmo tempo.

a) *Pressupostos objetivos*

I — *Natureza e quantidade da pena*

O legislador, que já tinha sido expresso no *caput* do art. 77 ao referir-se à "execução da pena privativa de liberdade", não deixou qualquer dúvida de que o instituto só se aplica a essa espécie de pena, determinando que as demais penas — restritivas de direitos e multa — não podem ser objeto de suspensão condicional da execução (art. 80).

---

28. H. H. Jescheck, *Tratado de derecho penal*, 1981, p. 1160.

Considerando que a finalidade maior do instituto é evitar o encarceramento com todas as suas consequências, não teria sentido estender a aplicação do *sursis* às demais penas referidas, como, por exemplo, suspender o exercício temporário de determinada atividade (art. 47, II) em razão de crime cometido no seu exercício, e a seguir determinar a suspensão da execução da sentença, permitindo que o condenado continue livremente a exercê-la. Seria um contrassenso abominável.

Pela redação do Código Penal de 1940 somente a pena de *detenção* não superior a dois anos poderia ser suspensa e só, excepcionalmente, a *reclusão,* no mesmo limite, para menores de 21 anos e maiores de 70. A exceção agora fica por conta dos septuagenários, para os quais o limite da pena que pode ser suspensa se estende aos quatro anos, inclusive, conforme veremos ao abordarmos o *sursis* etário. A Reforma Penal de 1984 manteve o limite de dois anos, porém, sem fazer distinção entre reclusão e detenção ou mesmo prisão simples. Cumpre salientar que o limite de dois anos não é o de pena cominada para o delito, mas o de pena efetivamente aplicada ao caso concreto.

Assim, somente a pena privativa de liberdade, não superior a dois anos, em regra, pode ser suspensa.

II — *Inaplicabilidade de penas restritivas de direitos*

Deverá o magistrado também verificar se, no caso concreto, não é *indicada ou cabível* pena restritiva de direitos. Da conjugação dos arts. 44 e 77, III, ambos do Código Penal, conclui-se que a *aplicabilidade de penas restritivas de direitos* afasta automaticamente a possibilidade de suspensão condicional da execução da pena.

O legislador brasileiro partiu do raciocínio de que as penas restritivas de direitos são de "menor rigor repressivo". E em regra até são, diante da nova regulamentação do *sursis* exigindo o cumprimento de penas restritivas de direitos no primeiro ano de prazo (art. 78, § 1º, do CP), como uma das condições obrigatórias à suspensão. Porém, nem sempre a espécie de pena restritiva de direitos aplicada em substituição à privativa de liberdade é mais benéfica. Como lembram muito bem Paganella Boschi e Pinto da Silva, a "cassação de carteira de motorista, para quem sobrevive e sustenta a família, é medida mais aflitiva do que o *cumprimento* da pena privativa aplicada, em decorrência de crime culposo de trânsito, se conseguir beneficiar-se com o *sursis*" (grifamos)[29]. Outra hipótese é a situação daquele

---

29. José A. Paganella Boschi e Odir Odilon Pinto da Silva, *Comentários à Lei de Execução Penal*, p. 171.

que preenche os requisitos legais para beneficiar-se com o chamado *sursis especial*, que será examinado a seguir, mas a que também é cabível pena restritiva de direitos (Exposição de Motivos, item 66). Essa modalidade de *sursis*, que é praticamente a reedição do anterior, onde a contraprestação do beneficiado é quase nada, inquestionavelmente é a resposta penal mais benéfica de todo nosso ordenamento jurídico. Curiosamente, agir de acordo com a letra fria da lei (arts. 44 e 77, III), em certas situações, seria paradoxal, pois um condenado a uma pena maior (igual ou superior a um ano e não superior a dois) poderia ter um benefício maior (*sursis* especial) do que um condenado a uma pena menor (inferior a um ano), nas mesmas circunstâncias, obrigado a cumprir pena restritiva de direitos.

Em situações como essas é que, nitidamente, a prevenção geral tem de ceder à prevenção especial, sem prejuízo à defesa da ordem jurídica. Esses casos, o magistrado deve examinar cuidadosamente, atento às circunstâncias do art. 59, e, sempre que possível, aplicar a sanção menos prejudicial ao condenado e aos objetivos da pena.

b) *Pressupostos subjetivos*

I — *Não reincidência em crime doloso*

Nem toda reincidência impede a concessão do *sursis*, mas tão somente a *reincidência em crime doloso*. Isso quer dizer que a condenação anterior, mesmo definitiva, por crime culposo ou por simples contravenção, por si só, não é causa impeditiva da suspensão condicional da pena. Uma primeira condenação por crime doloso não impossibilita a obtenção posterior de *sursis* pela prática de um crime culposo e vice-versa. A condenação anterior por crime doloso, mesmo no estrangeiro, não permite que se suspenda a execução da pena de outro crime doloso, independentemente de homologação no Brasil, formalidade esta somente exigida para efeitos de execução da sentença estrangeira.

A condenação precedente à pena pecuniária não obstaculiza a obtenção de *sursis*, independentemente da natureza do crime (doloso ou culposo).

Teoricamente é possível que um condenado já beneficiado com o *sursis* receba novamente esse mesmo benefício, em caráter provisório, enquanto aguarda eventuais recursos. A confirmação das duas condenações, porém, impossibilita o exercício de ambos os benefícios, que serão automaticamente revogados, devendo ser cumpridas as penas normalmente, a menos que a soma de ambas as condenações não ultrapasse o limite de dois anos, que, unificadas, representarão um único *sursis* e desde que não afastem o pressuposto do art. 77, II (antecedentes abonados e a probabilidade de não voltar a delinquir). Logicamente que as *condenações sucessivas* — mesmo não ultrapassando o limite de dois anos — poderão demonstrar que o *sursis*, na hipótese, não se enquadra naquela concepção de sanção *necessária e suficiente* à reprovação e prevenção do crime, como prevê o Código Penal brasileiro (art. 59, *caput, in fine*) e recomendar o *cumprimento da pena* em defesa da ordem jurídica, em obediência à prevenção geral ou mesmo à prevenção especial.

Há ainda outra hipótese de o acusado poder receber mais de um *sursis*, nesse caso *sucessivo*. Com a temporariedade dos efeitos da reincidência, agora limitados a cinco anos pelo art. 64, I, o então reincidente em crime doloso pode voltar a obter o *sursis* quando praticar outro crime, desde que tenham decorrido mais de cinco anos desde o cumprimento da pena ou da extinção de sua punibilidade. Com o decurso desses cinco anos sem cometer crimes, adquire a condição de *não reincidente*[30].

O *perdão judicial*, que não é fator gerador de reincidência e tampouco tem natureza condenatória, permite a concessão de *sursis* em futura condenação. Em sentido contrário, entendendo que a sentença que concede o perdão judicial é de natureza condenatória, a despeito da Exposição de Motivos, item 98, e do disposto no art. 120, manifesta-se Damásio de Jesus, mantendo seu entendimento anterior à reforma[31].

II — *Prognose de não voltar a delinquir*

O conceito de *pena necessária* de Von Liszt, adotado no final do art. 59, consolida-se no inc. II do art. 77. Os elementos definidores da medida da pena, *culpabilidade, antecedentes, conduta social, personalidade do réu, motivos e circunstâncias do crime,* informarão da conveniência ou não da suspensão da execução da pena aplicada na sentença. Esses elementos têm a delicada função de subsidiar a previsão da conduta futura do condenado, que, se for favorável, isto é, de que provavelmente não voltará a de-

---

30. Julio Fabbrini Mirabete, *Manual de direito penal*, 1990, v. 1, p. 295-296. Muito esclarecedora é a posição de Mirabete em relação ao novo tratamento da reincidência: "Chama-se *primário* aquele que jamais sofreu qualquer condenação irrecorrível. Chama-se *reincidente* aquele que cometeu um crime após a data do trânsito em julgado da sentença que o condenou por crime anterior enquanto não transcorrido o prazo de cinco anos contados a partir do cumprimento ou da extinção da pena. A terceira categoria é a do criminoso que não é primário nem é reincidente. O réu que está sendo julgado e já tem contra si uma sentença condenatória anterior transitada em julgado após o cometimento do segundo crime não pode ser considerado reincidente ou primário... Na nova lei penal, porém, somente há referência aos réus *reincidentes e não reincidentes...*".

31. Damásio E. de Jesus, *Direito penal*, p. 598.

linquir, autorizará a suspensão da execução da pena imposta, mediante o cumprimento de determinadas condições. Se, ao contrário, essas condições demonstrarem que provavelmente voltará a praticar infrações penais, a execução da pena não deverá ser suspensa. O risco a assumir na concessão do *sursis* deve ser *prudencial*, no dizer de Jescheck, para quem, diante de sérias dúvidas, recomenda sua não aplicação. Ainda que uma circunstância isolada desfavorável não seja obstáculo à aplicação do *sursis*, a valoração daquelas deve ser global, o que torna possível uma conclusão sobre a conduta futura do réu[32]. Não é indispensável que todas as circunstâncias sejam favoráveis, como ocorre com o *sursis* especial. Basta que, no geral, não sejam desfavoráveis de modo a criar dúvidas fundadas sobre a possibilidade de o condenado voltar a delinquir.

A decisão que conceder ou negar o *sursis* terá de ser fundamentada. Toda vez que a condenação à pena privativa de liberdade não for superior a dois anos, o juiz deverá, na sentença, manifestar-se fundamentadamente sobre a concessão ou não do *sursis*. Essa obrigação legal (art. 157 da LEP) reforçou o entendimento de muitos penalistas brasileiros que veem no instituto da suspensão condicional *um direito público subjetivo do réu*.

4.2. Espécies de suspensão condicional

À semelhança da República Federal Alemã, que adotou a suspensão condicional da pena em três graus, a Reforma Penal brasileira previu três espécies diferentes de *sursis*, agora acrescidas de mais uma modalidade, pela Lei n. 9.714/98, qual seja, "por razões de saúde", a saber:

a) *"Sursis" simples ou comum* — Nessa espécie o condenado fica sujeito ao cumprimento de prestação de serviços à comunidade ou de limitação de fim de semana, como condição legal obrigatória no primeiro ano de prazo. A exigência de cumprimento de uma dessas sanções corresponde a uma verdadeira execução, ainda que parcial, da pena imposta. Com a imposição dessa condição a Reforma Penal buscou tornar mais eficaz o instituto, respondendo melhor aos sentidos da pena e à prevenção geral, sem prejuízo à prevenção especial. Considerando que sua aplicação, em geral, ocorrerá para penas a partir de um ano até dois, parece saudável a nova previsão legal, que dotou de um mínimo de efetividade e sentido retributivo o instituto.

---

32. H. H. Jescheck, *Tratado de derecho penal*, 1981, v. 2, p. 1155. Para Jescheck, a dúvida, nesse caso, desfavorece o réu.

Essa é a espécie, agora normal, tradicional e mais frequente de suspensão condicional no Direito brasileiro.

b) *"Sursis" especial* — Por essa modalidade, que recebeu tal denominação da própria Exposição de Motivos (item 66), o condenado fica dispensado do cumprimento das já referidas penas restritivas de direitos, no primeiro ano do período de provas (art. 78, § 2º, do CP). A suspensão condicional, nesta espécie, será sempre mais benigna do que qualquer pena restritiva de direitos ou mesmo do que a pena pecuniária, qualquer que seja o seu valor. As condições do § 1º serão substituídas pelas do § 2º, ambos do mesmo art. 78. São as seguintes condições: 1) a proibição de frequentar determinados lugares; 2) a proibição de ausentar-se da comarca onde reside, sem autorização judicial; 3) o comparecimento pessoal e obrigatório a juízo, mensalmente, para informar e justificar suas atividades. Porém, essa espécie de *sursis* será concedida, *excepcionalmente*, para aquele condenado que, além de apresentar *todos* os requisitos gerais exigidos para o *sursis* simples, preencher dois requisitos especiais, quais sejam, os de haver "reparado o dano, salvo impossibilidade de fazê-lo", e se as "circunstâncias do art. 59 lhe forem *inteiramente* favoráveis". Aqui, na hipótese de *sursis* especial, se qualquer uma das determinantes do art. 59 lhe for desfavorável, impedirá a obtenção do *sursis* especial, restando-lhe, é claro, a possibilidade do *sursis* simples. A própria Exposição de Motivos (item 66) encarrega--se de esclarecer que tal *sursis* está reservado para aquele de "mínima culpabilidade, irretocáveis antecedentes, de boa índole a personalidade, bem como relevantes os motivos e favoráveis as circunstâncias".

c) *"Sursis" etário* — Produto de emenda legislativa e afinado com os modernos princípios de política criminal, privilegiou o cidadão com mais de setenta anos. Levou em consideração o fator velhice, que reduz a probabilidade de voltar a delinquir e diminui a expectativa de voltar a viver em liberdade de quem, eventualmente, for encarcerado nessa faixa etária. Para esse tipo de *sursis* elevou-se o limite da pena aplicada — superior a dois até quatro anos, inclusive. E, em decorrência desse limite, o período de prova também é maior: quatro a seis anos.

d) *"Sursis" por razões de saúde* — Trata-se de uma nova modalidade de *sursis*, acrescida pela Lei n. 9.714/98. A nova redação do § 2º do art. 77 deixa claro que "razões de saúde" podem *justificar* a concessão do *sursis*, também para pena *não superior a quatro anos*, independentemente da idade. Cuida-se, na verdade, de uma nova espécie de *sursis* e não simplesmente de um novo requisito do *"sursis" etário*. Por outro lado, representa uma nova alternativa de *sursis* para penas de até quatro anos, sendo *alternativo* e não simultâneo ou concomitante à maioridade de setenta anos. Em outros termos, para ter direito ao *sursis*, por razões de saúde, não precisa ser maior de setenta anos.

Contudo, *condenação superior a quatro anos*, ainda que o condenado apresente *sérios problemas de saúde*, não será fundamento suficiente, por essa previsão legal, para concessão de *sursis* por essa razão.

Como a previsão dessas duas espécies de *sursis* está no § 2º do art. 77, que estabelece os requisitos gerais para o *sursis* simples, evidentemente que estes também são exigidos para o *sursis* do septuagenário e "por razões de saúde". Os hermeneutas ensinam que não se pode interpretar parágrafos em flagrante contradição com a cabeça do artigo, o que torna desnecessária a repetição no parágrafo da exigência de tais requisitos. Nem seria razoável outra interpretação. O condenado deve ser maior de 70 anos *na data da condenação*, ou apresentar, até essa data, *razões de saúde* que justifiquem a concessão do *sursis*. Embora não haja previsão legal nesse sentido, essa é a interpretação que se pode tirar do art. 65, I, 2ª parte, do Código Penal. Como o dispositivo existe em benefício do apenado e visa à execução da pena, pensamos que, se houver recurso de decisão condenatória, a data-limite para a verificação da idade deve ser a da publicação do acórdão que confirmar aquela. Ninguém ignora que um recurso pode levar anos para seu desfecho final, e tal decurso de prazo deve contar em favor do condenado.

4.2.1. Condições do *sursis*

As condições do *sursis* podem ser legais ou judiciais. Dizem-se *legais* aquelas que a própria lei estabelece determinando sua natureza e conteúdo, e *judiciais* as que o texto legal deixa à discricionariedade do juiz, que, contudo, deverá observar que sempre sejam "adequadas ao fato e à situação pessoal do condenado".

As condições legais diretas estão previstas nos parágrafos do art. 78. Para o *"sursis" simples*, as do § 1º, quais sejam, a obrigação de prestar serviços à comunidade ou sumeter-se à limitação de fim de semana, e, para o *especial*, as do § 2º, que agora devem ser cumulativas (Lei n. 9.268/96).

As condições *judiciais* não foram enumeradas no texto legal e ficam a critério do juiz; contudo, devem ser adequadas ao fato e ao condenado. As condições não podem constituir, em si mesmas, sanções não previstas para a hipótese, em obediência ao princípio *nulla poena sine lege*, e em respeito aos direitos individuais e constitucionais do sentenciado. Tampouco se admitem condições ociosas, isto é, representadas por obrigações decorrentes de outras previsões legais, como, por exemplo, reparar o dano ou pagar as custas judiciais.

O cumprimento das condições impostas deve ser fiscalizado pelo *serviço social penitenciário, patronatos, conselho da comunidade* ou instituições beneficiadas com prestação de serviços à comunidade. O Ministério Público e o Conselho Penitenciário inspecionarão a atividade fiscalizadora das entidades referidas. Eventuais lacunas de normas supletivas serão supridas por atos do juiz da execução (art. 158, § 3º, da LEP).

O sentenciado pode recusar a concessão do *sursis* e submeter-se ao cumprimento da pena. A recusa ou aceitação desse *benefício* não impede o direito de recorrer, no prazo legal.

4.3. O período de prova

O lapso temporal em que o beneficiário tem a execução da pena suspensa chama-se *período de prova*. O cumprimento das condições impostas e a vida em liberdade, sem delinquir, são inegavelmente uma prova efetiva de que o beneficiário sentiu os efeitos da condenação e de que não necessitava recolher-se à prisão para emendar-se. A simples condenação, suspensa, comprova, nas circunstâncias, a suficiência da medida alternativa[33].

Com a Reforma de 1984, o período de prova normal foi estabelecido entre dois e quatro anos, reduzindo-se o limite máximo, que era de seis anos. Para a hipótese do *sursis* etário esse prazo será de quatro a seis anos. Sua elevação justifica-se pelo fato de tratar-se de pena igualmente mais elevada que o normal. Tratando-se de contravenção, a suspensão será entre um e três anos (art. 11 da LCP).

Em circunstâncias normais, com pena próxima ao limite inferior, o período probatório deve ser fixado também no limite mínimo ou em sua proximidade. Doutrina e jurisprudência brasileiras são uníssonas em afirmar que "o período de prova deve ser fixado segundo a natureza do crime, personalidade do agente e intensidade da pena, não podendo o juiz, senão

---

33. "O que caracteriza o regime de prova e lhe confere sentido marcadamente educativo e corretivo que sempre o distinguiu da simples suspensão da execução da pena é, por um lado, a existência de um plano de adaptação social, e, por outro, a submissão do delinquente à especial vigilância e controle de assistência social especializada, o que representa uma intervenção do Estado na vida do delinquente após condenado, no sentido de desenvolver o seu sentido de responsabilidade" (M. Maia Gonçalves, *Código Penal português*, p. 132).

em hipótese excepcional, estabelecê-lo no prazo máximo". Entendemos, porém, que todos os elementos determinantes da pena contidos no art. 59 devem ser considerados, e quando o período probatório for fixado acima do limite mínimo a decisão deve ser devidamente fundamentada.

Atualmente, com absoluto acerto, o *sursis* só pode começar a correr depois de a decisão condenatória transitar em julgado (art. 160 da LEP). A *audiência de admoestação,* que a Lei de Execução Penal chama de admonitória, é a solenidade de advertência das consequências do descumprimento das condições.

A suspensão do cumprimento efetivo de pena privativa de liberdade está condicionada ao cumprimento das condições impostas, as quais necessitam da concordância do beneficiário, que ficará sujeito às consequências de seu eventual descumprimento. A revogação do *sursis* obriga o sentenciado a cumprir integralmente a pena suspensa, independentemente do tempo decorrido de *sursis*.

4.3.1. Causas de revogação obrigatória

As causas que podem ocasionar a revogação do *sursis* são expressas. São causas de revogação obrigatória:

a) *Condenação em sentença irrecorrível, por crime doloso*

A lei não distingue se a condenação é consequência de fato praticado antes ou depois da infração que originou o *sursis* ou mesmo durante o seu exercício. Basta que a *nova condenação* transite em julgado *durante o período probatório* para que o *sursis* seja revogado. Aqui ocorre uma aparente contradição. Sim, se essa condenação ocorrer antes do início do *sursis*, durante o processo, antes ou depois da sentença condenatória (em fase de recurso), por si só impedirá a suspensão condicional? Não é o que vem ocorrendo, sob o frágil argumento de que a lei exige a *reincidência*. Antes da sentença, no nosso entendimento, uma condenação por crime doloso, ainda que, tecnicamente, não produza reincidência, poderá ser causa impeditiva de concessão de *sursis*, especialmente se a pena aplicada não for a de multa. Não pela condenação em si, a qual a lei não arrola como causa impeditiva, mas pelos *antecedentes* que ficam maculados. Ora, se a condenação é causa para obrigatória revogação, com muito mais razão será causa para impedir a concessão, quando mais não seja, para, pelo menos, dar tratamento isonômico a partes iguais em situações semelhantes. Com os mesmos argumentos, encontrando-se em fase recursal a decisão condenatória que concedeu o *sursis*, nesse particular, deve ser tornada sem efeito, pelo órgão que tomar conhecimento da nova condenação.

A condenação à pena pecuniária não é causa revogatória do *sursis*. Como a condenação anterior à pena de multa, mesmo por crime doloso, não impede a concessão do *sursis*, seria incoerente que a condenação no curso deste determinasse sua revogação. Em relação às causas facultativas o Código foi expresso em excluir a condenação à pena de multa por crime culposo ou contravenção como causa revogatória (art. 81, § 1º, do CP).

A condenação no estrangeiro, que pode impedir a concessão do *sursis*, não é causa de sua revogação. Na ausência de previsão legal, por tratar-se de norma restritiva do direito de liberdade do condenado, veda-se a interpretação extensiva ou a aplicação analógica.

b) *Frustrar, embora solvente, a execução da pena de multa*

O simples não pagamento da pena de multa não é causa suficiente para revogar o *sursis*. Somente a *frustração da execução* da referida pena levará à revogação daquele. O deixar de pagá-la determina tão somente a cobrança judicial (art. 164 da LEP). É possível, porém, que o condenado, além de deixar de pagar, venha a criar embaraços que obstem a cobrança da multa, ou, na linguagem da lei, *frustre sua execução*. Aí sim, com a frustração da execução da pena de multa, sendo o réu solvente, revogar-se-á a suspensão condicional.

c) *Não efetuar, sem motivo justificado, a reparação do dano*

A simples não reparação do dano também não é causa revogatória. Somente a *injustificada* sê-la-á. Podendo efetuá-la, não a faz. Podem justificar a não reparação do dano, por exemplo, a situação econômica do condenado, a renúncia da vítima, a novação da dívida, o paradeiro desconhecido etc.

d) *Descumprir a prestação de serviços à comunidade ou a limitação de fim de semana*

Aqui, como ocorre na hipótese da reparação do dano, somente o *descumprimento injustificado* dessa condição deve causar a revogação do *sursis*. Para dotar de força suficiente essa condição e garantir a sua execução — na verdade uma pena restritiva —, o legislador estabeleceu que o seu descumprimento será causa obrigatória de revogação, caso contrário, seria uma determinação inócua.

e) *Não comparecimento, injustificado, do réu à audiência admonitória*

Os autores em geral têm chamado essa hipótese de *cassação do "sursis"*. Em nossa opinião não há razão que justifique a *denominação diferenciada* das demais situações chamadas de causas de revogação. O fato de estar prevista em outro texto legal (art. 161 da LEP) e de o legislador ter dito que a suspensão ficará "sem efeito" não justifica a preferência da doutrina, até porque, no dizer de Aurélio Buarque de Holanda Ferreira[34], "revogar" significa "tornar nulo, sem efeito".

O não comparecimento do acusado à solenidade da audiência admonitória, injustificado, é causa obrigatória de revogação da suspensão condicional da execução da pena.

4.3.2. Causas de revogação facultativa

São causas de revogação facultativa:

a) *Descumprimento de outras condições do "sursis"*

Na hipótese de *revogação facultativa,* a decisão fica sujeita à discricionariedade do juiz, que, em vez de revogar a suspensão, poderá prorrogar o período de prova. Aqui a lei se refere às condições legais previstas para o *sursis* especial (art. 78, § 2º, do CP) e às condições judiciais que houverem sido determinadas (art. 79).

O descumprimento de qualquer *condição judicial* não será causa de revogação obrigatória do instituto, mas será facultado ao juiz revogá-lo ou prorrogar o período probatório, se já não estiver em seu limite máximo. As circunstâncias é que determinarão qual a medida mais *prudente* a ser tomada: revogar a suspensão condicional ou prorrogar o período de prova. Note-se que *discricionariedade* não é sinônimo de *arbitrariedade,* mas tão somente a liberdade para buscar, no caso concreto, a solução que melhor se harmonize com os fins da pena, com a defesa da ordem jurídica e com a prevenção geral e especial.

b) *Condenação irrecorrível, por crime culposo ou contravenção, à pena privativa de liberdade e restritiva de direitos*

Essa hipótese afasta a condenação à pena de multa, já que se refere especificamente às outras duas modalidades de penas. Cria, porém, uma situação um pouco complicada: um indivíduo condenado, com a pena suspensa e que durante o período de prova sofre outra condenação à pena

---

34. Aurélio Buarque de Holanda Ferreira, *Novo dicionário da língua portuguesa*, 1ª impr., p. 1234.

privativa de liberdade ou restritiva de direitos pode não ter revogada a suspensão anterior.

Como e quando tal indivíduo cumprirá essa segunda pena? Será cumprida concomitantemente ou sucessivamente? Nem a lei nem a doutrina e tampouco a jurisprudência dizem como e quando será cumprida essa segunda sanção. Tampouco referem se haverá *unificação* com a pena suspensa que se encontra em período probatório.

Se a nova pena for também suspensa, imaginamos, poderá até haver uma espécie de unificação de penas ou mesmo a prorrogação do período probatório, se este não estiver no limite. Mas e se não for suspensa a segunda pena de prisão? Teria sentido aguardar expirar o período probatório da primeira condenação e depois cumprir a pena privativa de liberdade recolhido à prisão? Acreditamos que não. Seria um contrassenso. Assim, ainda que teoricamente a condenação por crime culposo ou contravenção seja causa facultativa de revogação, na hipótese suprarreferida, teria necessariamente de ser revogada. Em caso de pena restritiva de direitos, se as circunstâncias recomendarem a prorrogação em vez da revogação, até será possível conciliar a execução destas com o *sursis*.

c) *Prática de nova infração penal*

Percebe-se que há uma grande lacuna em relação aos motivos que podem revogar a suspensão condicional da pena: *a prática de infração penal durante o período probatório*.

Doutrina e jurisprudência são unânimes em afirmar que a prática de infração penal não revoga a suspensão condicional, pois o Código exige *condenação definitiva*, independentemente da época em que a infração tenha sido cometida. E se o beneficiário de *sursis* praticar duas, três ou mais infrações penais, sem ser preso em flagrante, como fica a ordem jurídica e a prevenção geral? Até onde vai a *imunidade* desse indivíduo, condenado com pena suspensa e autor conhecido de vários delitos? Como ficarão a imagem e o prestígio da Justiça Penal, já tão combalida, perante a sociedade? É incrível, mas, apesar de tudo isso, com a maior demonstração de que a suspensão da execução da pena foi, nesse caso, um equívoco, que o beneficiário não estava preparado e não merecia o benefício e que a sua aplicação não foi *suficiente para a reprovação e prevenção do crime*, pela letra fria da lei, e tal como se vem aplicando, não pode ser revogada.

Contudo, *contrariando a unanimidade doutrinária e jurisprudencial*, afirmamos ser possível a revogação de *sursis* em circunstâncias semelhantes à suprarreferida. Basta que o juiz, ao estabelecer as condições judiciais da suspensão, nos termos do art. 79, dentre elas, arrole esta: não praticar infrações penais ou não concorrer, de qualquer modo, para a sua prática. Não há qualquer impedimento legal quanto ao estabelecimento de tal condição, de extraordinária importância prevencionista. Por outro lado, supre uma grave lacuna do Código Penal sem ferir os direitos individuais e constitucionais do cidadão, que é cientificado das condições e tem o direito de não aceitar o *sursis*. Se aceitá-lo, porém, submete-se às condições impostas. Não teria nenhum sentido *não aceitar as condições porque deseja continuar delinquindo*. E, finalmente, harmoniza-se com o princípio de pena "necessária e suficiente", consagrado no final do art. 59, e com o *juízo de prognose* recomendado pelo art. 77, II, que exige que o condenado seja *merecedor da suspensão e que esta seja indicada*. E seguramente quem, durante o período de prova, volta a delinquir não a merece.

4.4. Prorrogação do período de prova

A prorrogação, *facultativa*, como alternativa à revogação, é apenas uma possibilidade, que desaparecerá se o período probatório já estiver fixado em seu limite máximo. Nessa modalidade de prorrogação — facultativa — continuam vigentes todas as condições impostas na sentença, com exceção daquelas específicas do primeiro ano de prazo (prestação de serviços à comunidade ou limitação de fim de semana). Mas há outra forma de prorrogação, que é *automática e obrigatória*: se o beneficiário do *sursis* estiver sendo *processado* por outro crime ou contravenção durante o período de prova.

Nessa hipótese de prorrogação não basta que o condenado pratique uma infração penal ou que esteja respondendo a um inquérito policial ou um expediente administrativo. Também é indiferente que a infração penal tenha sido cometida antes de ser concedida a suspensão ou durante o período de prova. É indispensável que esteja sendo *processado*, e o processo, tecnicamente falando, só começa com o recebimento da denúncia oferecida pelo Ministério Público ou da queixa-crime oferecida pelo ofendido. Essa prorrogação é automática e não depende de despacho judicial; decorre da lei e se prolonga até o julgamento definitivo do novo processo. Se houver condenação, revoga-se automaticamente o *sursis* e o condenado deverá cumprir as duas condenações. Aqui a lei não faz qualquer distinção entre crime doloso e culposo ou entre crime e contravenção. Determina simplesmente a prorrogação até o julgamento definitivo. É mais uma razão para a nossa perplexidade sobre o que e como fazer com uma segunda condenação à pena privativa de liberdade, nos casos de revogação facultativa, antes referida.

Nessa espécie de prorrogação, automática e obrigatória, prorroga-se tão somente o *prazo depurador*. *As condições impostas não subsistem, além do prazo anteriormente fixado.*

5. Extinção da pena privativa de liberdade

Decorrido o *período probatório* sem que tenha havido causas para a revogação, estará extinta a pena privativa de liberdade (art. 82), e o juiz deverá declará-la. Se não o fizer, a pena estará igualmente extinta, pois o que a extingue não é o despacho judicial, mas o decurso do prazo sem revogação. Uma vez extinta a pena, ainda que se venha a descobrir que o beneficiário não merecia o *sursis* obtido, em face da existência de causas impeditivas, por exemplo, não será revogável a suspensão.

A pena privativa de liberdade, que continua como a espinha dorsal do sistema, ficou reservada para quem pratica infrações graves, apresenta elevado grau de *dessocialização* ou seja reincidente em crime doloso. O legislador brasileiro criou alternativas para evitar o recolhimento à penitenciária dos não iniciados na criminalidade. O respeito e a boa interpretação da nova ordem jurídica avalizarão o acerto ou o equívoco da nova política criminal brasileira.

2ª Seção
PENAS PECUNIÁRIAS

1. Considerações gerais

Um dos principais argumentos contra a Reforma Penal de 1984 foi o fato de editar-se a Parte Geral sem a correspondente reforma da Parte Especial. Esquecem-se de que a Alemanha Ocidental, que tem servido de exemplo para todas as legislações contemporâneas, também, em sua reforma de 1975, editou somente a Parte Geral, sem qualquer prejuízo para o seu ordenamento jurídico-penal. Não houve, aí, qualquer traço de originalidade do legislador brasileiro, que apenas seguiu o bem-sucedido exemplo germânico, que tem sido o berço do desenvolvimento de todos os institutos do moderno Direito Penal. Contudo, o grande avanço e a maior transformação que o legislador contemporâneo consagrou — compelido pela síndrome da falência da pena de prisão — foram em relação à sanção penal. Atendendo aos anseios da penalogia e da atual política criminal, ao adotar medidas alternativas para as penas de prisão de curta duração e revitalizando a tão aviltada, desgastada e ineficaz pena de multa, restabeleceu o sistema dias-multa, que fora abandonado pelo Código Penal de 1940.

Há um grande questionamento em torno da pena privativa de liberdade, e se tem dito reiteradamente que o problema da prisão é a própria prisão. Na lição de Heleno Fragoso[35], "a prisão representa um trágico equívoco histórico, constituindo a expressão mais característica do vigente sistema de justiça criminal. Validamente só é possível pleitear que ela seja reservada exclusivamente para os casos em que não houver, no momento, outra solução". Aqui, como em outros países, corrompe, avilta, desmoraliza, denigre e embrutece o presidiário[36]. Michel Foucault[37], extraordinário pensador francês, há poucos anos falecido, em sua magnífica obra *Vigiar e punir*, denuncia o que seja a prisão e pergunta se a pena privativa de liberdade fracassou. Ele mesmo responde afirmando que ela não fracassou, pois cumpriu o objetivo a que se propunha, de estigmatizar, segregar e separar os delinquentes. E, em outra passagem, o mesmo autor sentencia: "ela é a detestável solução da qual não se pode abrir mão".

Mas precisamos ser mais imaginativos. Não podemos ficar presos às duas formas clássicas e tradicionais de sanção penal: a pena pecuniária e a pena privativa de liberdade. Devemos buscar outras alternativas, como as penas substitutivas, ditas restritivas de direitos, como fez nosso legislador, e como fizeram as modernas legislações ocidentais[38]. A Reforma Penal brasileira, evidentemente, sem chegar ao exagero da radical "não intervenção", apresenta avanços elogiáveis na busca da desprisionalização de forma consciente e cautelosa. Aliás, há algum tempo, o chileno Enrique Cury

---

35. Heleno Cláudio Fragoso, *Direitos dos presos*, p. 15.

36. Roberto Lyra, *Novo direito penal*, p. 109 e 111; Eduardo Correia, *Direito criminal*, p. 936.

37. Michel Foucault, *Vigiar e punir*, v. 3, p. 208 e 244.

38. Claus Roxin, El desarollo de la política criminal desde el Proyecto Alternativo, Doctrina Penal, 1979, p. 515-516.

vinha propondo isso por meio do que chamou de "Teoria Sincrética" da pena, que seria uma união de diferentes concepções penais.

É bom, enfim, refletir sobre a lição de Zaffaroni[39], *in verbis*: "O Direito Penal apresenta-se como um paradoxo, pois tutela a liberdade privando-se alguém da liberdade e garante bens jurídicos com a privação de bens jurídicos. Dentro desse paradoxo exsurge a pena com o seu conteúdo retributivo como algo indispensável para a conservação de uma sociedade política e juridicamente organizada, à espera, talvez, de melhores soluções".

2. Origens das penas pecuniárias

Como a quase totalidade dos institutos jurídicos, a pena pecuniária remonta à mais distante Antiguidade.

Na Bíblia Sagrada — e, mais precisamente, na Lei de Moisés (Êxodo, XXI e XXII; e Levítico, XXIV) —, aparecem preceitos e normas, as chamadas "Leis Judiciais", que deixam vislumbrar, sem dúvida, a pena pecuniária. É evidente que tais cominações ou sanções tinham caráter indenizatório, de composição das perdas e danos, nos moldes da reparação civil dos nossos dias. Mas o caráter de punição (no caso, de punição divina), a natureza penal, destaca-se de forma inconfundível[40]. Em Roma ela esteve presente no Direito Público e no Direito Privado. Não é demais esclarecer que a sanção tinha, também aqui, caráter indenizatório, típico da vingança privada. Não era — nem podia ser — a pena pecuniária de hoje, cuja essência constitui-se em um pagamento, em favor do Estado, de determinada quantia em dinheiro, despida de qualquer ideia de indenização. No direito germânico, a pena pecuniária foi a mais difundida, não só nos crimes públicos como, também, nos crimes privados.

A multa, de larga aplicação na Antiguidade, ressurgiu com grande intensidade na alta Idade Média e depois foi gradualmente sendo substituída por severo sistema de penas corporais e capitais, as quais, por sua vez, cederam terreno, por volta do século XVII, às penas privativas de liberdade. Alguns até ligam ao progresso econômico, associado à escassez de mão de obra e aos grandes descobrimentos, a institucionalização da pena privativa de liberdade, porque se descobriu, de repente, que o apenado seria uma

---

39. Eugenio Raúl Zaffaroni, apud José Henrique Pierangelli, Das penas e sua execução no novo Código Penal, in: *O direito penal e o novo Código Penal brasileiro*, p. 70.

40. Silvio Teixeira Moreira, Penas pecuniárias, *Revista de Direito Penal*, n. 28, p. 87.

mão de obra barata, sem reivindicações a fazer, como era o caso, por exemplo, do condenado a trabalhos forçados[41].

Ressurge, finalmente, depois de um hiato temporal, a pena pecuniária, que figurou, sem relevo, como coadjuvante da pena privativa de liberdade. O triunfo da pena de multa, segundo Jescheck[42], começou no final do século XIX, como consequência da luta contra as penas privativas de liberdade de curta duração. Lideraram essa luta Von Liszt, na Alemanha, e Boneville, na França.

3. Conceito e tipos de penas pecuniárias

A classificação mais tradicional é a seguinte:

a) confisco;

b) multa reparatória;

c) multa.

O confisco, no entanto, foi proscrito das legislações modernas. O Código Penal brasileiro não o consagrava e a própria Constituição o proibia, restando somente, como *efeitos da condenação*, o confisco dos instrumentos e produtos do crime, em determinadas circunstâncias. A Constituição brasileira de 1988, em verdadeiro retrocesso, criou a possibilidade de adoção do confisco como pena, sob a eufemística e disfarçada expressão "perda de bens"[43]. Aliás, até a nova Constituição paraguaia de 1992, em seu art. 20, proíbe o confisco de bens como sanção criminal.

Carrara considerava o confisco de bens desumano, impolítico e aberrante, entendimento que continua até hoje apoiado pelos estudiosos da ciência penal[44].

A multa reparatória ou indenizatória chegou a ser prevista pela Comissão que elaborou o anteprojeto da Reforma Penal. Porém, infelizmente, mercê das severas críticas recebidas, a própria Comissão Revisora houve por bem suprimi-la do texto final[45]. Aliás, a ideia não é nova. Garofalo, no

---

41. Dario Melossi e Massimo Pavarini, *Cárcel y fábrica: los orígenes del sistema penitenciario*, p. 34, 37 e 53.

42. H. H. Jescheck, *Tratado de derecho penal*, 1981, p. 1073-1074.

43. Art. 5º, inc. XLVI, letra *b*, da Constituição Federal do Brasil.

44. Francesco Carrara, *Programa de derecho criminal*, 1979, v. 2, p. 133.

45. Francisco de Assis Toledo, Princípios gerais do novo sistema penal brasileiro, in *O direito penal e o novo Código Penal brasileiro*, p. 16.

século XIX, em congressos penitenciários realizados em Roma e Bruxelas (em 1889) e na Rússia (em 1890), propunha, para determinados casos, a substituição das penas curtas privativas de liberdade por multas indenizatórias[46]. Espera-se que a atual comissão para reforma do Código Penal não perca mais uma oportunidade de estabelecer a multa reparatória, em vez de criar o confisco, como se tem anunciado.

Logo, é de lamentar que nosso legislador tenha dispensado essa modalidade de multa. E, por último, a pena de multa propriamente dita, que é tradicionalmente consagrada em todas as legislações. Às vezes, fica difícil distinguir a pena de multa de outras sanções pecuniárias, civis, administrativas, fiscais etc., isto é, quando a multa terá ou não caráter penal. Duas são as características essenciais da multa penal, tradicionais em todos os países:

1ª) a possibilidade de sua conversão em pena de prisão, caso não seja paga;

2ª) seu caráter personalíssimo, ou seja, a impossibilidade de ser transferida para os herdeiros ou sucessores do apenado.

Agora, recentemente, a Lei n. 9.268/96 retira a coercibilidade da multa penal, impedindo a sua conversão em pena de prisão por falta de pagamento, afastando, dessa forma, uma das características da multa penal, pelo menos, no Brasil.

Enquanto os penalistas modernos discutem se a pena de multa é "o pagamento ou a obrigação de pagar" determinada quantia em dinheiro ao Estado, o mestre peninsular Francesco Carrara nos dá uma definição lapidar: "se chama pena pecuniária a diminuição de nossas riquezas, aplicada por lei como castigo de um delito"[47]. Com essa definição põe-se termo a qualquer polêmica sobre o conceito de pena pecuniária.

Contudo, é bom lembrar a lição de Basileu Garcia, inconformado com a destinação do produto arrecadado com a pena pecuniária. Após afirmar que a pena de multa não sobrecarrega o Estado, mas, ao contrário, "abastece as arcas do Tesouro Nacional", sentencia: "percebe-se, porém, certa nota de imoralidade nesse enriquecimento do Estado às expensas do crime, que lhe compete prevenir, dir-se-ia que se locupleta invocando a sua

---

46. Alberto Rodrigues de Souza, Bases axiológicas da Reforma Penal brasileira, in *O direito penal e o novo Código Penal brasileiro*, cit., p. 39.

47. Francesco Carrara, *Programa de derecho criminal*, v. 2, p. 129.

própria ineficiência, para não mencionar a sua própria torpeza, conforme brocardo proibitivo. Daí — prossegue Basileu Garcia — a impreterível necessidade de se canalizarem os proventos originários dessa fonte impura unicamente para as salvadoras funções de prevenção geral e especial, buscando com eles atenuar a criminalidade e sanar as chagas deixadas por esse flagelo no organismo social"[48].

A multa, em nosso Código Penal, veio sofrendo aviltamento constante, o que a tornou absolutamente ineficaz, mesmo quando aplicada no máximo ou, até mesmo, quando elevada ao triplo. Jescheck, comentando sobre a eficácia da pena de multa, afirma que "a eficácia político-criminal da pena de multa depende decididamente de que se a pague ou de que, em todo o caso, se a cobre"[49].

A inexigibilidade ou inexequibilidade é a maior causa da ineficácia de qualquer norma jurídica, e não só da pena de multa. E a sua inaplicabilidade gera o desrespeito, o desmando e o abuso, e, por isso, impera a impunidade. E a multa, da forma como era regulada no Código Penal de 1940, num país com economia deteriorada como o nosso, só podia ser o que temia Jescheck: "absolutamente ineficaz"!

Damásio de Jesus, em seu *Direito penal*, classifica os critérios adotados pelas legislações codificadas quanto à cominação da pena de multa: "a) parte-alíquota do patrimônio do agente: leva em conta o patrimônio do réu — estabelece uma porcentagem sobre os bens do condenado; b) renda: a multa deve ser proporcional à renda do condenado; c) dia-multa: leva em conta o rendimento que o condenado aufere durante um mês ou um ano, dividindo-se o montante por 30 ou por 365 dias: o resultado equivale ao dia-multa; d) cominação abstrata da multa: deixa ao legislador a fixação do mínimo e do máximo da pena pecuniária"[50].

O Código Penal de 1940 adotou o quarto dos critérios acima expostos, ou seja, o da cominação abstrata da multa, estabelecendo um mínimo e um máximo, limite dentro do qual deveria o magistrado, atendendo, principalmente, à situação econômica do réu, fixar a pena de multa.

A Reforma Penal restabeleceu o sistema dias-multa, tido e havido, equivocadamente, por penalistas de todo o mundo, como um sistema nórdico.

---

48. Basileu Garcia, *Instituições de direito penal*, v. 1, t. 2, p. 506.

49. H. H. Jescheck, *Tratado de derecho penal*, 1981, p. 1083.

50. Damásio E. de Jesus, *Direito penal*, v. 1, p. 467.

4. Origem do sistema dias-multa

Não têm razão Cuello Calón[51], Jescheck[52], Sebastian Soler[53], Mapelli Caffarena[54] e tantos outros, quando afirmam que o critério dias-multa é um sistema nórdico e atribuem a sua criação ao sueco Johan C. W. Thyren[55], com seu projeto preliminar de 1916.

Quase um século antes, o Código Criminal do Império, em 1830, criou o aludido dias-multa, que foi mantido no primeiro Código Penal republicano de 1890 e na Consolidação Piragibe[56]. Também é verdade que o Código Criminal do Império regulava o instituto de forma defeituosa, o que não invalida sua iniciativa pioneira. O art. 55 do referido diploma legal dispunha: "A pena de multa obrigará os réus ao pagamento de uma quantia pecuniária que será sempre regulada pelo que os condenados puderem haver em cada um dia pelos seus bens, empregos ou indústria, quando a Lei especificadamente não a designar de outro modo".

A legislação brasileira antecipou-se, assim, não só à proposta de Von Liszt, no Congresso da União Internacional de Direito Penal de 1890, como também ao projeto de Thyren[57]. O que ocorreu efetivamente foi que Finlândia (1921), Suécia (1931) e Dinamarca (1939) adotaram, desenvolveram e aperfeiçoaram o sistema, daí ter ficado conhecido como um sistema nórdico. Tanto é verdade que o próprio legislador brasileiro na Exposição de Motivos do Código Penal de 1969 reconheceu-o, equivocadamente, como escandinavo[58]. Em realidade, o sistema dias-multa é genuinamente brasileiro[59]. Mais recentemente passaram a adotar o sistema dias-multa várias legislações, tais como

---

51. E. Cuello Calón, *La moderna penología*, (reimpr.), 1974.

52. H. H. Jescheck, *Tratado de derecho penal*, 1981, p. 1086.

53. Sebastian Soler, *Derecho penal argentino*, v. 1, p. 387; Borja Mapelli Caffarena, *Las consecuencias jurídicas del delito*, p. 99.

54. Borja Mapelli Caffarena, *Las consecuencias jurídicas del delito*, p. 99.

55. Luiz Régis Prado, Do sistema de cominação da multa no Código Penal brasileiro, *RT*, 650/250, dez. 1989.

56. Thomaz Alves Júnior, *Anotações teóricas e práticas ao Código Criminal*, t. 1, p. 574.

57. Carlos Fontam Balestra, *Tratado de derecho penal*, p. 378-379.

58. Exposição de Motivos do Código Penal de 1969, item n. 21.

59. Luiz Régis Prado, *Multa penal*, p. 72; Eugenio Raúl Zaffaroni, *Tratado de derecho penal*, v. 5, p. 215. Tanto é verdade que a catedrática finlandesa Inkeri Anttila reconhece que o sistema não é escandinavo, embora se equivoque ao afirmar que é europeu (La ideología del control del delito en Escandinavia. Tendencias actuales, *CPC*, n. 28, 1986, p. 148).

Costa Rica em 1971 (art. 53), Bolívia em 1972 (art. 29), Áustria em 1975 (art. 19), Alemanha Ocidental em 1975 (art. 40) e Portugal em 1982 (art. 46).

Constata-se que foi o Código de 1940 que abandonou o critério dias-multa e que foi o único diploma codificado brasileiro a não adotá-lo[60]. Mas, já em 1963, o projeto Nélson Hungria proclamava o seu retorno, sendo repetido pelo natimorto Código de 1969. Na legislação extravagante, entre outras, as Leis n. 4.737/65 (Código Eleitoral) e n. 6.368/76 (Lei Antitóxicos) também adotaram o dia-multa, embora com regulamentação própria e um tanto diferenciada.

A Reforma Penal (Lei n. 7.209/84), ao adotar o dia-multa, retoma o antigo caminho, preservando o sentido aflitivo da multa, tornando-a mais flexível e individualizável, ajustando o seu valor não só à gravidade do delito, mas, especialmente, à situação socioeconômica do delinquente[61]. Sustentando a validade desse critério, manifestou-se Jescheck[62], afirmando que, "com a aceitação do sistema dos dias-multa, a multa, conforme a sua ampla função no novo sistema penal, deve ser tanto mais justa e compreensível para o delinquente e a sociedade quanto mais sensível e controlável". Porém, é forçoso reconhecer que mesmo o critério dias-multa não afasta todos os inconvenientes da pena pecuniária, sintetizados por Jescheck nos termos seguintes: "O maior inconveniente da multa reside no tratamento desigual a respeito de ricos e pobres; inconveniente que não se pode evitar totalmente ainda que se considerem as circunstâncias econômicas do réu e que aparecem de forma muito clara quando se impõe a prisão subsidiária pela falta de pagamento. Igualmente desfavoráveis são também as consequências negativas da multa na família do condenado, ainda que estas sejam muito mais graves na pena privativa de liberdade"[63].

5. O Direito Penal positivo brasileiro

5.1. Cominação e aplicação da pena de multa

O legislador de 1984 adotou a seguinte classificação de penas: a) *privativas de liberdade*; b) *restritivas de direitos*; c) *multa*[64].

---

60. Heleno Cláudio Fragoso, *Lições de direito penal*, p. 327.

61. Já em seu tempo, Carrara defendia a proporcionalidade da sanção penal (*Programa de derecho criminal*, v. 2, p. 144-145).

62. H. H. Jescheck, *Tratado de derecho penal*, 1981, p. 1074.

63. Idem, ibidem, p. 1076.

64. Art. 32 do Código Penal.

Abandonou a velha e desgastada classificação de penas principais e penas acessórias. As acessórias não mais existem, pelo menos como penas acessórias. Algumas foram deslocadas para efeitos da condenação (não automáticos)[65] e outras fazem parte do elenco das chamadas "penas substitutivas", que são as restritivas de direitos.

Com a adoção do dia-multa e das penas restritivas de direitos, o legislador inaugurou uma nova sistemática de cominação de penas. Em vez de repetir em cada tipo penal a espécie ou cabimento da pena restritiva ou a quantidade de multa, inseriu um capítulo específico para as penas restritivas e cancelou as referências a valores de multa, substituindo a expressão "multa de..." simplesmente por "multa" em todos os tipos da Parte Especial do Código que cominam pena pecuniária. Em decorrência dessa técnica, os tipos penais não trazem mais, em seu bojo, os limites mínimo e máximo da pena cominada, dentro dos quais o julgador deveria aplicar a sanção necessária e suficiente à reprovação e prevenção do crime. E, nas duas hipóteses possíveis de multa substitutiva, esta não é prevista no tipo penal, conforme se examinará mais adiante.

Observa-se que a multa, revalorizada, com o critério adotado, pode surgir como pena comum (principal), isolada, cumulada ou alternadamente, e como pena substitutiva da privativa de liberdade, quer sozinha, quer em conjunto com a pena restritiva de direitos, independentemente de cominação na Parte Especial.

5.2. O sistema dias-multa

Segundo esse sistema, o valor de um dia-multa deverá corresponder à renda média que o autor do crime aufere em um dia, considerando-se sua situação econômica e patrimonial[66]. Nessa aferição levar-se-á em consideração não só o seu salário, mas toda e qualquer renda, inclusive de bens e capitais, apurados na data do fato. Cientificamente, pode-se concluir, o sistema dia-multa é o mais completo de todos os que até agora foram utilizados. A forma de avaliação da culpabilidade e das condições econômicas do réu ajusta-se melhor aos princípios de igualdade e de proporcionalidade[67].

---

65. Art. 92 do Código Penal.

66. Nelson Ferraz, Aplicação da pena no Código Penal de 1984, *RT*, 605/430, mar. 1986.

67. Luiz Régis Prado, Do sistema de cominação da multa no Código Penal brasileiro, *RT*, 650/252, dez. 1989.

Na instrução criminal, a avaliação da situação socioeconômica do autor do crime passa a ser de vital importância. Além dos elementos que a polícia puder fornecer no inquérito policial, deverá o magistrado, no interrogatório, questionar o acusado sobre a sua situação econômico-financeira. O Ministério Público poderá requisitar informações junto às Receitas Federal, Estadual e Municipal, para melhor aferir a real situação do réu, em casos em que as circunstâncias o exigirem[68].

5.3. Limites da pena de multa

De acordo com o art. 49 e seus parágrafos, o valor mínimo de um dia-multa é de trinta avos do maior salário mínimo vigente à época do crime e o valor máximo é de cinco vezes esse salário. Estabelecendo a renda média que o acusado aufere em um dia, o juiz fixará o valor do dia-multa entre os limites de 1/30 do salário mínimo, que é o menor valor do dia-multa, e cinco salários mínimos, que é o seu maior valor.

E o limite mínimo de dias-multa será de 10 e o máximo de 360.

Para encontrarmos a menor pena de multa aplicável tomaremos o menor valor do dia-multa, um trigésimo do salário mínimo, e o limite de dias-multa, que é dez, o que representará um terço do salário mínimo. E para encontrarmos a maior pena de multa faremos uma operação semelhante: tomaremos o maior valor do dia-multa, cinco salários mínimos, e o limite máximo de dias-multa, que é trezentos e sessenta, o que representará 1.800 salários mínimos. Mas esse é o limite normal, ordinário. Há um outro limite, especial, extraordinário: se, em virtude da situação econômica do réu, o juiz verificar que, embora aplicada no máximo, essa pena é ineficaz, poderá elevá-la até o triplo (art. 60, § 1º, do CP), o que representará 5.400 salários mínimos.

No entanto, essa fixação não pode ser produto de uma decisão arbitrária. Logicamente que as razões que levarem o magistrado a aplicar esta ou aquela quantia de multa deverão ser demonstradas fundamentadamente na sentença[69].

Dessa forma, percebe-se, a pena de multa recuperou sua eficácia, revitalizou-se, tomou vulto e assumiu, definitivamente, importância no Direito Penal moderno. Com essa nova regulamentação, atingindo essas pro-

---

68. Luiz Régis Prado, *Pena de multa: aspectos históricos e dogmáticos*, p. 69.

69. Basileu Garcia, Reforma da pena de multa, *RT*, 306/25; Nelson Ferraz, Aplicação da pena no Código Penal de 1984, *RT*, 605/430.

porções, poder-se-á dizer, com Silvio Teixeira Moreira, que "os doutrinadores afirmam ser a pena de multa mais aflitiva que a privação da liberdade, dizem-na mais flexível e, por isso, mais permeável ao princípio da individualização da pena; asseveram-na menos degradante que a segregação e sem as nefastas consequências desta; preconizam-na como mais econômica para o Estado, que, ao invés de despender grandes somas no sustento dos internos, recebe pagamento dos condenados"[70].

O art. 58, *caput*, do CP merece um comentário especial, visto que, a nosso juízo, disse menos do que devia. Se não, vejamos: "Art. 58. A multa, prevista em cada tipo legal de crime, tem os limites fixados no art. 49 e seus parágrafos deste Código".

E a majoração estabelecida no § 1º do art. 60 não é um limite? E, sendo um limite, não será ele aplicável a todos os tipos legais de crimes que tenham a previsão de pena pecuniária? Ou aquela majoração até o triplo só será aplicável nos casos de multa substitutiva, que independe de cominação na Parte Especial?

As respostas a essas indagações levam-nos à inarredável conclusão de que, efetivamente, o referido dispositivo disse menos do que pretendia e de que, realmente, os limites da multa não são só os do art. 49 e seus parágrafos, mas também o do art. 60, § 1º, que se aplica tanto à multa prevista nos tipos legais de crimes como nas multas substitutivas.

5.4. Dosimetria da pena de multa

O Código Penal, ao cominar penas pecuniárias, agora com caráter aflitivo, considerou dois aspectos absolutamente distintos: a renda média que o condenado aufere em um dia, de um lado, e a gravidade do delito e a culpabilidade do agente, de outro[71].

Para que se possa aplicar a pena pecuniária com equidade, entendemos que o seu cálculo, de regra, deve ser feito em dois momentos, isto é, em duas operações e, excepcionalmente, em três:

1ª operação: estabelece-se o número de dias-multa dentro do limite estabelecido de 10 a 360. Na eleição desse número deve-se levar em conta

---

70. Silvio Teixeira Moreira, Penas pecuniárias, *Revista de Direito Penal*, n. 28, p. 94.

71. Antonio Beristain, La multa penal y administrativa, *Anuario de Derecho Penal y Ciencias Penales*, n. 28, 1975, p. 378.

a gravidade do delito, visto que não há mais a cominação individual para cada crime, como ocorria anteriormente; deve-se, por outro lado, considerar ainda a culpabilidade, os antecedentes, a conduta social, a personalidade, os motivos, as circunstâncias e as consequências do crime, bem como todas as circunstâncias legais, inclusive as majorantes e minorantes. Enfim, com o exame desses dados fixa-se apenas a *quantidade* de dias-multa a ser aplicado na sentença;

2ª operação: de posse do número de dias-multa obtido com a primeira operação, fixa-se o *valor de cada dia-multa*, nos limites estabelecidos no art. 49 e seus parágrafos, já referidos. Para a fixação do dia-multa, leva-se em consideração, tão somente, a situação econômica do réu, pois a gravidade do delito e a culpabilidade já foram valoradas na primeira operação para fixar a quantidade de dias-multa. Para a verificação da real situação financeira do apenado, o magistrado poderá determinar diligências para apurar com mais segurança a verdadeira situação do delinquente e para se evitar a aplicação de pena exorbitante, algumas vezes (para o pobre), e irrisória e desprezível, outras vezes (para o rico). Dessa forma, atende-se à prescrição do ordenamento jurídico-penal, que determina que se leve em conta, *principalmente*, e não *exclusivamente,* a situação econômica do réu;

3ª operação: pode ocorrer, porém, que, mesmo aplicada no máximo a pena de multa, o juiz constate que, em virtude da situação econômica do acusado, ela será ineficaz. Nesses casos, poderá elevá-la até o triplo (art. 60, § 1º, do CP), ajustando-a ao fato e ao agente.

Concurso de pessoas é um fenômeno que não raro acontece. É possível que se consorciem para uma empresa criminosa um pobre e um rico e que ambos tenham a mesma responsabilidade penal na elaboração e execução do fato criminoso. Contudo, ainda que, a rigor, merecessem a mesma pena, tratando-se de pecuniária, inegavelmente, os seus efeitos seriam diversos para um e outro. Por isso que ambos seriam apenados com a mesma quantidade de dias-multa. Todavia, os valores desses dias-multa, segundo o sistema, seriam absolutamente diferentes: para o pobre temos o limite mínimo, do qual deverá aproximar-se, e para o rico, igualmente, temos o limite máximo, que ainda poderá ser elevado ao triplo. E exatamente nesse tratamento desigual a desiguais está o equilíbrio da igualdade[72].

---

72. Santiago Mir Puig, *Derecho penal*, p. 664.

Finalmente, em caso de conversão não haveria discriminação entre pobre e rico, pois ambos teriam o mesmo número de dias-multa a converter e na mesma proporção: um dia-multa por um dia de detenção, até o limite de um ano (art. 51, § 1º, do CP).

5.5. Multa substitutiva

O legislador deu dimensão mais abrangente à pena de multa. Ela aparece não só na condição de *pena comum*, como também na condição de *pena substitutiva* ou multa substitutiva. As mais recentes reformas europeias consagram a pena de multa como substitutiva da pena privativa de liberdade, como ocorre na Alemanha, França e Itália, entre outros países.

O Código Penal previu duas hipóteses em que, preenchidos os demais requisitos, a pena privativa de liberdade pode ser substituída por multa[73]. No entanto, por razões didáticas, passamos a analisar a multa substitutiva no capítulo das penas restritivas de direitos, a partir da edição da Lei n. 9.714/98, como uma das alternativas à pena privativa de liberdade, para onde remetemos o leitor.

6. Aplicação na legislação extravagante

A tradição do dia-multa, abandonada pelo Código Penal de 1940, foi restaurada, na verdade, por leis extravagantes, como o Código Eleitoral, a Lei Antitóxicos, bem como as Leis n. 6.091/74 e 6.538/78.

Outras leis adotaram a unidade salário mínimo como padrão referencial, como é o caso da Lei do Mercado de Capitais (Lei n. 4.728/65), e a legislação de pesca (Dec.-lei n. 221/67), caça (Lei n. 5.197/67), florestas (12.651/2012), entre outras.

A questão é a seguinte: essa legislação toda será alcançada pelo disposto no art. 12 do Código Penal? Não, não será. A ressalva final do referido dispositivo afasta a aplicação do critério dias-multa adotado pela Lei n. 7.209/84, pelo simples fato de que todas essas leis citadas dispõem de modo *diverso*. Mesmo aquelas que também adotam o critério dias-multa,

---

73. Celso Delmanto, Direitos públicos e subjetivos do réu no Código Penal, *RT*, 554/466-467, dez. 1981.

fazem-no de modo e com limites diferentes. Portanto, nem a essas se aplica a nova regulamentação.

Combinando-se esse art. 12 do Código Penal com o art. 2º da Lei n. 7.209, que suprimiu somente as "referências a valores de multas", conclui--se que "as regras gerais deste Código" aplicam-se somente às leis penais especiais com penas de multa expressas concretamente em cruzeiros, como é o caso do Código de Propriedade Industrial e da Lei das Contravenções Penais. E a multa substitutiva poderia ser aplicada nessas leis "especiais"? Aliás, a multa substitutiva já era adotada, "excepcionalmente", pelo Código Penal de 1940, em sua versão original, como ocorre no art. 155, § 2º, "quando o acusado fosse primário e de pequeno valor a coisa subtraída".

Essas leis especiais que adotam critérios diferentes na cominação da pena não consagram, contudo, a multa substitutiva. Mas também não a proíbem. Logo, estando presentes os requisitos e se beneficiar o acusado, deverá ser aplicada.

Outra questão interessante é saber se o novo sistema aplica-se a todos os tipos penais do Código que cominam pena de multa ou outra forma referencial. É que existem tipos penais, na Parte Especial, que têm a pena pecuniária cominada em salários mínimos (art. 244) ou equivalente a 20% sobre o valor da duplicata, conforme estabelecia o art. 172 em sua redação original. Isso significa que estabelecem penas de "modo diverso das regras gerais do Código".

Celso Delmanto[74] entendia que "tais cominações especiais não foram canceladas e permanecem como eram antes da Lei 7.209". René Ariel Dotti[75], por sua vez, concordava em relação aos crimes de duplicata simulada e entendia que em relação ao delito de abandono material incide o disposto no art. 2º da referida lei. Em relação à duplicata simulada (art. 172), o problema desapareceu com a nova redação dada pela Lei n. 8.137/90.

7. Fase executória da pena pecuniária

7.1. Pagamento da multa

Na análise dessa questão faz-se necessário conciliar dois diplomas legais: o Código Penal e a Lei de Execução Penal (Lei n. 7.210/84), os

---

74. Celso Delmanto, *Código Penal comentado*, p. 77.

75. René Ariel Dotti, *Código Penal anotado*, 1986, p. 61 e 81.

quais, embora elaborados e revisados pelas mesmas comissões, apresentam algumas discrepâncias, como veremos a seguir.

O Código Penal (art. 50) determina que a multa deve ser paga dentro de 10 dias depois de transitada em julgado a sentença. No entanto, a Lei de Execução Penal determina que o Ministério Público, de posse da certidão da sentença penal condenatória, deverá requerer a citação do condenado para, no prazo de 10 dias, pagar o valor da multa, ou nomear bens à penhora (art. 164).

Dessa discrepância entre os dois dispositivos, que regulam diferentemente a mesma matéria, extraem-se algumas consequências ou interpretações. Afinal, quando se inicia efetivamente o prazo para o pagamento da multa: a partir da data do trânsito em julgado da sentença penal condenatória, como determina o Código Penal, ou a partir da citação para pagar ou nomear bens à penhora, como determina a Lei de Execução Penal (art. 164, § 1º)? E não se trata de questão meramente acadêmica, como possa parecer à primeira vista.

Já vimos que a multa, hoje, pode chegar a somas astronômicas (até 5.400 salários mínimos), dependendo das circunstâncias. Por outro lado, o prazo a partir do trânsito em julgado da sentença corre automaticamente. E o prazo referido na Lei de Execução Penal depende de providências processuais e administrativas que podem significar meses ou até anos. E — o que é mais importante —, no caso do Código Penal, o condenado deverá tomar a iniciativa para pagar a multa, uma vez que a sentença condenatória tem força coercitiva. No caso previsto na Lei de Execução, a iniciativa caberá ao Estado, por meio do Ministério Público, de movimentar outra vez o aparelho judiciário para constranger o cumprimento de uma decisão condenatória com trânsito em julgado.

Poder-se-á argumentar que o prazo do Código Penal é para a multa ser paga e o prazo da Lei de Execução Penal é para a multa ser cobrada, ou, em outros termos: a previsão do Código Penal é para pagamento voluntário e a previsão da Lei de Execução Penal é para pagamento compulsório. *A contrario sensu, ad argumentandum*, então, se passados os 10 dias do trânsito em julgado e só depois o réu comparecesse para pagamento, este não poderia ser recebido, porque extemporâneo? Qual a diferença, afinal, de o acusado pagar dentro dos 10 dias ou depois deles, sempre voluntariamente? Nenhuma?! Então aquele prazo do art. 50 do Código Penal não tem sentido e finalidade alguma!

Finalmente, não se poderá nem argumentar que o art. 164 da Lei de Execução revogou o art. 50 do Código Penal, com a redação dada pela Lei n. 7.209/84, visto que ambas entraram em vigor *concomitantemente*. E de acordo com a Lei de Introdução às Normas do Direito Brasileiro, lei posterior, incompatível, revoga a anterior[76]. Mas, no caso, trata-se de leis concomitantes. Inexiste a relação de posterioridade entre os dois diplomas legais.

Diante desse impasse, acredita-se que a jurisprudência e a doutrina acabarão se inclinando pela adoção da norma mais favorável ao réu e também mais coerente, numa interpretação sistemática, no caso, as disposições da Lei de Execução Penal.

7.2. Formas de pagamento da multa

Pelas disposições legais conclui-se que pode haver três modalidades de pagamento da pena pecuniária, que são: a) *pagamento integral*; b) *pagamento parcelado*; c) *desconto em folha (vencimentos e salários)*.

A forma normal de cumprir a pena de multa é o pagamento integral, mediante recolhimento ao Fundo Penitenciário. Entretanto, o legislador brasileiro sabia que a pena pecuniária incidiria mais frequentemente no menos privilegiado, no desafortunado. Por isso, previu, desde logo, a possibilidade de que esse pagamento pudesse ser feito parceladamente, em prestações mensais, iguais e sucessivas, ou então em descontos na remuneração mensal.

Para verificar a situação econômica do réu e constatar a necessidade de parcelamento, o juiz poderá determinar diligências e, após audiência do Ministério Público, fixará o número de prestações. O prazo de 10 dias para o pedido de parcelamento é o previsto no art. 164 da Lei de Execução Penal (10 dias), a partir da citação para pagamento, e não aquele do Código Penal, a partir do trânsito em julgado da sentença (constata-se mais uma vez que nem para essa finalidade aquele prazo serve)[77].

Se houver atraso no pagamento, ou seja, se o condenado for impontual, ou, então, se melhorar de situação econômica, será revogado o parcelamento. A expressão "revogará o benefício" deixa claro que se trata de norma cogente e não de mera faculdade do juiz.

---

76. Art. 2º, § 1º, da LINDB.

77. Cezar Roberto Bitencourt, Penas pecuniárias, *RT*, 619/422.

Finalmente, a última modalidade de pagamento é o desconto no vencimento ou no salário do condenado.

Tratando-se de réu solto, esse desconto pode ocorrer quando a pena pecuniária for: a) *aplicada isoladamente*, em caso de contravenções penais ou de multa substitutiva; b) *aplicada cumulativamente* com pena restritiva de direitos; c) *em caso de "sursis"*, como também de livramento condicional, quando esta ainda não tiver sido cumprida. Entendemos também cabível em caso de livramento condicional, apesar de o legislador não tê-la consagrado expressamente, pela flagrante semelhança de situações.

Esse desconto deverá ficar dentro do limite de um décimo e da quarta parte da remuneração do condenado, desde que não incida sobre os recursos indispensáveis ao seu sustento e ao de sua família (art. 50, § 2º).

O responsável pelo recolhimento — no caso, o empregador do acusado — será intimado para efetuar o recolhimento na data e no local estabelecido pelo juiz da execução, sob pena de incorrer em crime de desobediência.

Se o condenado estiver preso, a multa poderá ser cobrada mediante desconto na sua remuneração (art. 170 da Lei de Execução Penal).

7.3. Conversão da multa na versão da Reforma Penal de 1984

Mesmo antes da edição da Lei n. 9.268/96, já apontávamos algumas dificuldades para aceitar a conversão, pura e simples, da pena de multa em prisão, tão somente pelo não pagamento.

O Código Penal fazia pensar que se o réu, para usar uma expressão de Basileu Garcia, "se furta ao pagamento da multa, deve esta ser convertida, sem delongas, em privação da liberdade"[78].

No entanto, o art. 164 da Lei de Execução Penal estabelece, como já referimos, que o Ministério Público, de posse da certidão de sentença condenatória, com trânsito em julgado, deverá proceder à citação do condenado para, no prazo de 10 dias, pagar o valor da multa ou nomear bens à penhora. Logo, a finalidade da citação não é para pagar a multa *sob pena de prisão*, o que corresponderia melhor aos enunciados dos arts. 50 e 51 do CP, com a redação anterior. Essa citação, na verdade, tem três finalidades

---

78. Basileu Garcia, *Instituições de direito penal*, v. 1, t. 2.

alternativas: a) *pagar a multa imposta*; b) *nomear bens à penhora*; ou c) *depositar a importância correspondente*[79].

Diante da citação requerida pelo Ministério Público, com fundamento na sentença penal condenatória, o acusado poderá optar, no decêndio seguinte, entre pagar a importância correspondente à multa, nomear bens à penhora ou depositar em juízo o valor correspondente para discutir, por exemplo, a justiça do seu *quantum*.

Essas duas últimas hipóteses serão para garantir a execução, nos termos característicos da execução de títulos judiciais e extrajudiciais.

Porém, se decorridos os 10 dias e o condenado não tomar nenhuma das três providências suprarreferidas, ainda assim não lhe seria possível converter a multa em prisão. Mas ser-lhe-ão penhorados tantos bens quantos bastem para garantir a execução, nos termos do art. 164, § 1º, da Lei de Execução Penal.

Conclusão: o deixar de pagar não acarreta a conversão, mas tão somente a cobrança judicial.

Porém, é possível que o condenado, além de deixar de pagar, venha a criar embaraços que obstem à cobrança da multa, ou, na linguagem da lei, "frustre a sua execução", agora, sem qualquer consequência jurídico-penal.

Constata-se que o condenado malicioso poderá, naturalmente, dificultar o pagamento da multa sem qualquer consequência, procrastinando, legitimamente, o cumprimento da condenação, até atingir a prescrição.

8. A competência para a execução da pena de multa à luz da Lei n. 9.268/96

A Lei n. 9.268/96 não alterou a competência para a execução da pena de multa, como pode parecer à primeira vista. O processo executório, inclusive, continua sendo regulado pelos arts. 164 a 169 da LEP, que, propositalmente, não foram revogados.

A competência, portanto, para a execução da pena de multa continua sendo do Juiz das Execuções Criminais, bem como a legitimidade para a sua promoção continua sendo do Ministério Público correspondente. Assim, todas as questões suscitadas na execução da multa penal, como, por

---

79. Cezar Roberto Bitencourt, Penas pecuniárias, *RT*, 619/423.

exemplo, o *quantum* da execução ou causas interruptivas ou suspensivas eventualmente suscitadas em embargos de execução, não serão da competência do juízo cível. Referida lei, além de não fazer qualquer referência sobre a execução da pena de multa, deixou vigentes os dispositivos penais relativos à sua execução.

A nova redação do art. 51 do Código Penal, definida pela Lei n. 9.268/96, passou a ser a seguinte: "Transitada em julgado a sentença condenatória, a multa será considerada dívida de valor, aplicando-se-lhe as normas da legislação relativa à dívida ativa da Fazenda Pública, inclusive no que concerne às causas interruptivas e suspensivas da prescrição".

A edição da Lei n. 9.268/96, que definiu a condenação criminal como "dívida de valor", acabou sendo objeto de grande desinteligência na doutrina e jurisprudência nacionais, particularmente sobre a *competência para a execução* da pena de multa e sua *natureza jurídica*. Uma corrente, majoritária, passou a entender que a *competência* passava a ser das varas da Fazenda Pública, além de a condenação dever ser lançada em *dívida ativa*. Outra corrente, minoritária, à qual nos filiamos, entende que nada mudou: a *competência* continua com a vara das execuções criminais e a condenação à pena de multa mantém sua *natureza de sanção criminal*, além de ser juridicamente impossível inscrever em dívida ativa uma *sentença penal condenatória*. Ademais, a nova redação do dispositivo citado não fala em "inscrição na dívida ativa da Fazenda Pública". Ao contrário, limita-se a referir que são aplicáveis "as normas da legislação relativa à dívida ativa da Fazenda Pública".

Definir, juridicamente, *nome, título* ou *espécie da obrigação* do condenado não altera, por si só, a *natureza jurídica* de sua obrigação, ou melhor, da sua condenação. A mudança do rótulo não altera a essência da substância! Na verdade, a natureza jurídica da pena de multa criminal não sofreu qualquer alteração com a terminologia utilizada pela Lei n. 9.268/96, considerando-a "dívida de valor", após o trânsito em julgado. *Dívida de valor* ou não a pena de multa (ou pena pecuniária) continua sendo *sanção criminal*. Não se pode esquecer que a *sanção criminal* — seja de natureza pecuniária ou não — é a consequência jurídica do delito e, como tal, está restringida pelos *princípios limitadores do direito repressivo penal*, dentre os quais destacam-se os princípios da *legalidade e da personalidade* da pena. Pelo princípio da *personalidade da pena* — aliás, a grande característica diferenciadora da pena criminal pecuniária das demais penas pecuniárias —, ao contrário do que se chegou a afirmar,

254

herdeiros e sucessores não respondem por essa sanção. Ademais, não se pode esquecer que *a morte do agente* é a primeira *causa extintiva da punibilidade* (art. 107, I, do CP).

O *fundamento político-legislativo* da definição da pena de multa como *dívida de valor* objetiva, somente, justificar a *inconversibilidade da pena de multa* não paga em prisão e, ao mesmo tempo, satisfazer os hermeneutas civis, segundo os quais "dívida de valor" pode ser atualizada monetariamente.

A nova previsão legal deve ser interpretada dentro do contexto do Direito Penal da culpabilidade. Inúmeras questões de ordem sistemática impedem que se admita a possibilidade de inscrição em dívida ativa da pena de multa transitada em julgado de um lado e, de outro lado, que a competência para a sua execução seja transferida para as varas da Fazenda Pública. Vejamos algumas dessas objeções:

1) O art. 49 do Código Penal determina que: "A pena de multa consiste no pagamento ao fundo penitenciário da quantia fixada na sentença e calculada em dias-multa".

A Lei n. 9.268/96 não revogou esse dispositivo, que continua em pleno vigor. Aliás, reforçando a previsão do art. 49 do Código Penal, a *Lei Complementar* n. 79/94, que criou o *Fundo Penitenciário Nacional*, prevê como uma de suas receitas a *pena de multa* (art. 2º, V). O fato de passar a ser considerada *dívida de valor*, além de não alterar a natureza dessa sanção, como já afirmamos, também não pode alterar a sua destinação, qual seja, o Fundo Penitenciário Nacional. Com efeito, não é competência da Fazenda Pública executar créditos do Fundo Penitenciário Nacional, decorrentes de sentença condenatória criminal, considerando-se ou não "dívida de valor". A execução de sanções criminais — privativas de liberdade, restritivas de direitos ou pecuniárias — *é competência exclusiva do juízo criminal*!

A execução ou "cobrança" da pena de multa integra a *persecução penal*, cujo único órgão do Estado com "competência" para exercitá-la é o Ministério Público com assento no *juízo criminal*. Com efeito, o Processo de Execução Penal é o único instrumento legal que o Estado pode utilizar, coercitivamente, para tornar efetivo o conteúdo decisório de uma sentença penal condenatória.

2) Não se desconhece a *competência concorrente* dos Estados para legislar sobre a matéria (art. 24, I, da CF). No entanto, a *competência concorrente,* para legislar sobre determinada matéria, destina-se: a) *a suprir a*

ausência de normas federais sobre o tema; b) *a adicionar pormenores à lei federal básica já editada*. Dessarte, não pode haver *conflito* entre as legislações estaduais e a legislação federal, que, se ocorrer, prevalecerá a legislação federal. Por isso, as leis estaduais que *instituíram Fundos Penitenciários Estaduais*, nos respectivos Estados, atribuindo-lhes a arrecadação das multas penais, *são inconstitucionais*, pois se chocam com o art. 49 do Código Penal e com a Lei Complementar n. 79/94, que destinam ao Fundo Penitenciário Nacional a arrecadação das multas criminais. Se não houvesse essas previsões legais, as Unidades Federativas poderiam dispor livremente sobre os destinos das referidas arrecadações. No entanto, ante a existência das previsões do Código Penal e da Lei Complementar em análise, os Estados não lhes podem dar destinações diversas. Ademais, a arrecadação proveniente das multas penais sempre se destinou ao aparelhamento (construções e reformas) do *Sistema Penitenciário Nacional*, desde a sua origem, com a criação do *Selo Penitenciário*, por meio do Decreto n. 24.797/34, regulamentado pelo Decreto n. 1.141. Seguindo essa orientação, a Lei Complementar n. 79/94, em seu art. 1º, fixa os objetivos do *Fundo Penitenciário Nacional*, quais sejam "proporcionar recursos e meios para financiar e apoiar as atividades e programas de modernização e aprimoramento do Sistema Penitenciário brasileiro". Logo, *o produto da arrecadação dessas multas*, em sua totalidade, *está destinado*, de forma vinculada, ao *Fundo Penitenciário Nacional* (art. 2º da LC n. 79/94). Dar-lhe outra destinação, como atribuí-lo a *entidades sociais* ou *filantrópicas*, ao arrepio da lei — fazendo-se uma análise desapaixonada —, poderá configurar *improbidade administrativa* e *malversação de verbas públicas*. Com efeito, por muito menos que isso, *prefeitos têm sido levados à prisão por aplicarem verbas em rubricas diferentes*.

Tratar-se de crimes da competência da Justiça Federal ou da Justiça dos Estados é discussão bizantina. A Lei Complementar n. 79/94 destinou a arrecadação proveniente das sanções criminais pecuniárias, em um primeiro momento, ao Fundo Penitenciário Nacional, independentemente da natureza do crime ou da Jurisdição competente para julgá-lo. Somente em um momento posterior, mediante convênios celebrados, prevê o repasse de parcelas dessa arrecadação às unidades federativas (Estados e Distrito Federal). Em outros termos, embora, a rigor, a utilização dos recursos arrecadados destine-se, em última instância, às unidades federativas, a *gestão* e o *gerenciamento* de sua aplicação — vinculada expressamente aos objetivos definidos na lei criadora do Funpen — *são prerrogativas exclusivas da União*.

3) Finalmente, é injustificável a interpretação segundo a qual, após o trânsito em julgado, *as multas penais devem ser inscritas em dívida ativa da Fazenda Pública*, nos termos da lei. Que lei? Em primeiro lugar, a indigitada Lei n. 9.268/96 não prevê que a multa penal, em momento algum, deva ser inscrita em *dívida ativa*, como se tem afirmado; em segundo lugar, se previsse, seria uma *heresia jurídica*, pois transformaria um *título judicial* (sentença condenatória) em *título extrajudicial* (dívida ativa). Este, por conseguinte, mais sujeito a impugnações e embargos, demandando todo um procedimento administrativo, inadmissível para quem já dispõe de um título judicial, com toda sua carga de certeza; em terceiro lugar, *deslocaria, ilegalmente, o crédito do Fundo Penitenciário Nacional para um crédito comum, extraorçamentário, da União*. Dar *interpretação extensiva* à nova redação do art. 51 implica alterar aquilo que expressa o texto legal, atribuindo-lhe uma *elementar normativa* de que não dispõe — inscrição em dívida ativa — e, ao mesmo tempo, alterando a competência de órgãos jurisdicionais, além de *desconstituir* título judicial: sentença condenatória.

4) Por derradeiro, a quem competiria promover a inscrição da dívida ativa da União? A Procuradoria-Geral da Fazenda Nacional, instada a se manifestar, emitiu o judicioso Parecer n. 1.528/97, afastando de suas atribuições, por falta de previsão legal, entre outros argumentos, inscrever em dívida ativa as multas penais. E, afora essa instituição, ninguém mais detém tal atribuição.

Ficou interessante, por fim, a confusão criada por essa nova lei: o lapso prescricional continua sendo regulado pelo Código Penal (art. 114), mas as causas interruptivas e suspensivas da prescrição são as previstas pela Lei de Execução Fiscal (6.830/80), com exceção, é claro, da morte do agente.

9. A inevitável prescrição durante a execução

Mas, para concluir, conhecendo-se os dilemas da justiça brasileira, os entraves no andamento dos processos, a morosidade e a burocracia que norteiam os feitos judiciais, é de perguntar-se: qual será o percentual de penas pecuniárias que será efetivamente executado e recolhido? Sim, porque há um dado que não se pode ignorar: a prescrição da pena de multa, isoladamente aplicada, continua ocorrendo em apenas dois anos, que começa a correr a partir do trânsito em julgado para a acusação[80]. E como toda essa parafernália para cobrar a pena de multa não interrompe nem suspende a prescrição, a maioria das condenações à pena pecuniária escapará pela porta larga da prescrição, especialmente as mais elevadas, que naturalmente estarão sendo tratadas pelos profissionais do Direito mais competentes e mais experientes e, certamente, usarão de todos os recursos que o ordenamento jurídico lhes possibilita. A menos que se introduza um dispositivo legal determinando que a prescrição não corre enquanto se procede à cobrança judicial da multa.

Com todas essas facilidades criadas e oferecidas para que não se pague a pena pecuniária incorre-se exatamente naquilo que temia Jescheck, por nós já referido, ou seja, na *ineficácia político-criminal da pena pecuniária* pelo seu não pagamento ou, então, pela falta de meios efetivos que propiciem a sua cobrança[81].

A pena de multa, por meio do louvável sistema dias-multa, atende de forma mais adequada aos objetivos da pena, sem as nefastas consequências da falida pena privativa de liberdade. É um dos institutos que, inegavelmente, melhor responde aos postulados de política criminal com grande potencial em termos de resultados em relação à pequena criminalidade e alguma perspectiva em relação à criminalidade média.

3ª Seção
PENAS RESTRITIVAS DE DIREITO

1. Considerações gerais

A denominação penas "restritivas de direitos" não foi muito feliz, pois, de todas as modalidades de sanções sob a referida rubrica, somente uma se refere especificamente à "restrição de direitos". As outras — prestação pecuniária e perda de bens e valores — são de natureza pecuniária; prestação de serviços à comunidade e limitação de fim de semana referem-se mais especificamente à restrição da liberdade do apenado. Teria sido mais feliz a classificação geral das penas em: *privativas de liberdade* (reclusão e detenção); *restritivas de liberdade* (prisão domiciliar, limitação de

---

80. Damásio E. de Jesus, *Direito penal*, v. 1, p. 644-645.

81. H. H. Jescheck, *Tratado de derecho penal*, 1981, p. 1083.

fim de semana e prestação de serviços à comunidade); *restritivas de direitos* (compreendendo somente as efetivas interdições ou proibições) e *pecuniárias* (multa, prestações pecuniárias e perda de bens e valores). A Proposta de Anteprojeto de Novo Código Penal espanhol (1983) classifica o *"arresto de fin de semana"* como pena privativa de liberdade, ao lado da pena de prisão (art. 32). É bem verdade que, à luz do Projeto de Código Penal espanhol de 1980, o arresto de fim de semana não poderia receber outra classificação, quando se vê claramente a exigência de seu cumprimento em *isolamento celular*. Na verdade, com 36 horas de *isolamento contínuo*, o *arresto* constitui uma verdadeira pena privativa de liberdade, e não um substituto dela, o que já não ocorre com a *limitação de fim de semana* do Direito brasileiro, na qual são somente dez horas a serem cumpridas, por semana, em casa de albergado e em regime aberto (arts. 33, § 2º, *c*, e 48, ambos do CP).

2. Antecedentes das penas alternativas

As penas alternativas à privativa de liberdade são tidas como sanções modernas, pois os próprios reformadores, como Beccaria, Howard e Bentham, não as conheceram. Embora se aceite a pena privativa de liberdade como um marco da humanização da sanção criminal, em seu tempo, a verdade é que fracassou em seus objetivos declarados. A reformulação do sistema surge como uma necessidade inadiável e teve seu início com a luta de Von Liszt contra as penas curtas privativas de liberdade e a proposta de substituição por recursos mais adequados[82].

Nas alternativas inovadoras da estrutura clássica da privação de liberdade há um variado repertório de medidas, sendo que algumas representam somente um novo método de execução da pena de prisão, mas outras constituem verdadeiros substitutivos. A exigência, sem embargo, de novas soluções não abre mão da aptidão em exercer as funções que lhes são atribuídas, mas sem o caráter injusto da sanção substituída.

Assim, uma das primeiras penas alternativas surgiu na Rússia, em 1926, a "prestação de serviços à comunidade", prevista nos arts. 20 e 30 do Código Penal soviético. Mais tarde o diploma penal russo (1960) criou a pena de trabalhos correcionais, sem privação de liberdade, que deveriam ser cumpridos no distrito do domicílio do condenado, sob a vigilância do

_____
82. Von Liszt, *Tratado de derecho penal*, 1929, v. 2, p. 30.

órgão encarregado da execução da pena, sendo que o tempo correspondente não poderia ser computado para promoções ou férias. Fora da Europa Continental, a Inglaterra introduziu a *"prisão de fim de semana"*, por meio do *Criminal Justice Act*, em 1948, e a Alemanha fez o mesmo com uma lei de 1953, somente para infratores menores[83]. Em 1963 a Bélgica adotou o arresto de fim de semana, para penas detentivas inferiores a um mês[84]. Em 1967 o Principado de Mônaco adotou uma forma de "execução fracionada" da pena privativa de liberdade, um pouco parecida com o arresto de fim de semana, sendo que as frações consistiam em detenções semanais[85].

No entanto, o mais bem-sucedido exemplo de trabalho comunitário foi dado pela Inglaterra com seu *Community Service Order*, que vigora desde o *Criminal Justice Act* de 1972[86], que teve, por sua vez, uma pequena reforma em 1982, diminuindo, inclusive, para 16 anos o limite de idade dos jovens que podem receber tal sanção penal. O êxito obtido pelos ingleses influenciou inúmeros países, que passaram a adotar o instituto, ainda que com algumas peculiaridades distintas, como Austrália (1972), Luxemburgo (1976), Canadá (1977); e, mais recentemente, Dinamarca e Portugal, desde 1982, França, desde 1983, e Brasil, com sua reforma de 1984, sendo que, nos dois últimos, o trabalho comunitário pode ser aplicado como sanção autônoma e também como condição no sistema de *sursis*.

A Alemanha, que fez uma verdadeira revolução com seu Projeto Alternativo de 1966, que serviu de base para a reforma de 1975, foi pouco ousada em matéria de medidas alternativas à pena privativa de liberdade. Suas medidas alternativas constituem-se de *suspensão condicional da pena, admoestação com reserva de pena, dispensa de pena e declaração de impunidade* e *livramento condicional*, além de multa, é lógico[87]. Embora se reconheça que o Código Penal alemão de 1975 determina que as penas privativas de liberdade inferiores a seis meses "somente podem impor-se — segundo o § 47, I — quando, por especiais circunstâncias que concorrem no fato ou na personalidade do delinquente, sejam indispensáveis para atuar sobre o delinquente ou defender o ordenamento jurídico...", não consagra, todavia, outras modalidades mais modernas, como, por exemplo,

---

83. Paulo José da Costa Jr., *Comentários ao Código Penal*, v. 1, p. 291; Higuera Guimerá, *La pena de arresto de fin de semana*, 1970, p. 41 e 43.

84. J. M. Rico, *Sanções penais*, p. 124.

85. Juan Felipe Higuera Guimerá, *La pena de arresto de fin de semana*, p. 35.

86. Angel Sola Dueñas et alii, *Alternativas a la prisión*, p. 45.

87. H. H. Jescheck, *Tratado de derecho penal*, 1981, p. 1151.

o arresto de fim de semana ou a prestação de serviços de interesse social, sendo que Baumann estava de acordo com a inclusão desta última, como pena principal[88]. Higuera Guimerá recorda, no entanto, que a Lei do Tribunal de Jovens estabelece o arresto de tempo livre — mas somente para jovens —, que é equivalente ao arresto de fim de semana e que se aplica durante o período livre do jovem[89]. Por outro lado, prestação de serviço em benefício da comunidade, que não é prevista como pena, é admitida, sem embargo, como condição do *sursis*, assumindo, em outras palavras, uma forma de execução da pena privativa de liberdade suspensa[90]. Mas é elogiável, sob todos os aspectos, a preocupação alemã em evitar os efeitos prejudiciais da pena privativa de liberdade de curta duração, especialmente *dessocializadores*, ao admitir, só excepcionalmente, a aplicação de pena segregativa inferior a seis meses.

A orientação italiana tem sido muito cautelosa em termos de medidas alternativas à prisão, embora o Código Zanardelli de 1889 haja incluído em suas penas a "prestação de obra a serviço do Estado". A legislação contemporânea, no entanto, prefere prever medidas alternativas à pena fora das normas do Código Penal[91]. As principais alternativas são prestação de um serviço social, regime de prova, regime de semiliberdade e liberação antecipada. Para Di Genaro, a semiliberdade "é uma modalidade de execução e não uma verdadeira alternativa"[92], e a liberação antecipada, longe de constituir uma liberdade condicional, consiste na concessão de um desconto de vinte dias por semana de cumprimento de pena ao réu que demonstre corresponder à tarefa ressocializadora. Percebe-se que a semiliberdade e a liberação antecipada são efetivamente benefícios penitenciários e não espécies de penas substitutivas. Isso implica que para

---

88. J. Baumann, *Problemas actuales de las ciencias penales y filosofía del derecho*, em livro homenagem ao Prof. Luiz Jiménez de Asúa, p. 16; Claus Roxin, no mesmo sentido, afirma que o Projeto Alternativo estava certo ao prever tal sanção, que apenas não conseguiria ser aprovada (El desarrollo de la política criminal desde el proyecto alternativo, *Doctrina Penal*, 1979, p. 519).

89. Higuera Guimerá, *La pena de arresto de fin de semana*, p. 41-42; Paulo José da Costa Jr., *Comentários ao Código Penal*, v. 1, p. 291.

90. H. H. Jescheck, *Tratado de derecho penal*, 1981, p. 1161.

91. Mercedez García Arán, *Los criterios de determinación de la pena en el derecho español*, p. 234.

92. G. Di Genaro, M. Bonomo, R. Breda, *Ordenamiento penitenciario e misure alternative alla detenzione*, p. 225 e 242.

obtê-los o apenado terá de ser encarcerado primeiro e submeter-se a todos os seus efeitos catastróficos.

A Lei n. 689, de 1981, que teve a pretensão de representar uma grande evolução em termos de sanções penais, tem recebido profundas e generalizadas críticas dos penalistas italianos, decepcionados com a timidez e a superficialidade da reforma realizada[93]. A limitação de aplicação das penas substitutivas somente a delitos da competência dos pretores — que têm uma competência reduzida a pequenos e determinados delitos — e a "irracional e quase simbólica" utilização da sanção pecuniária justificam o inconformismo dos penalistas italianos, visto que há um grande divórcio entre a concepção doutrinária e a realidade do direito positivo. Outra preocupação dos italianos é com "a descarada ampliação das margens de discricionariedade judicial, que, para uns, chega à ruptura de alguns dos mecanismos de legalidade do sistema", e para outros, uma indesejável, mas firme e progressiva transferência de poderes[94].

A insatisfatória e complexa regulamentação da referida lei faz com que os italianos esperem por uma "reforma da reforma", o mais breve possível, que responda às suas inquietações e à modernidade político-criminal, o que veio a ocorrer com a Lei n. 663, de 1986[95].

O sistema penal sueco tem como princípio fundamental evitar sanções privativas de liberdade, visto que, em geral, essas sanções não contribuem com a adaptação do indivíduo a uma futura vida em liberdade. As sanções alternativas à privação de liberdade são: suspensão condicional da pena, liberdade à prova e submetimento a tratamento especial, além da multa, é claro[96]. A suspensão condicional não submete o apenado a vigilância nem impõe regras a seu modo de viver; a liberdade à prova, por sua vez, sempre leva consigo a vigilância e também algumas regras de conduta durante o período de prova, o que representa um maior grau de intervenção — de controle e ajuda — na vida do condenado; e, finalmente, o submetimento a tratamento especial, que implica a possibilidade que têm os tribu-

---

93. Lucio Monaco, Las penas sustitutivas entre sistema penal "legal" y sistema "real", *Cuadernos de Política Criminal*, n. 29, 1986, p. 401, e particularmente a nota n. 4, onde cita Dolcini, Grasso e Palazzo, que seguem a mesma posição crítica.

94. Lucio Monaco, Las penas sustitutivas..., *Cuadernos de Política Criminal*, n. 29, 1986, p. 405, e especialmente a nota n. 15; Luigi Daga, El regímen abierto en Italia: aspectos generales, tendencias e indicaciones de la experiencia italiana, *REP*, n. 240, 1988.

95. Luigi Daga, El regímen..., *REP*, n. 240/29, 1988.

96. Alícia Martin Garcia, El sistema de sanciones en el Código Penal sueco, *REP*, n. 237/72, 1987.

nais de, em casos especiais, encomendar o tratamento do indivíduo a outras autoridades estranhas à administração penal. Esse tratamento especial é regulado por leis também especiais, previstas para proteção de menores, assistência a alcoólatras e assistência psiquiátrica a anormais mentais.

Finalmente, o Comitê de Supervisão encarregado de examinar novas penas alternativas à privativa de liberdade, em 1984, recomendou a não adoção da prisão por tempo livre e serviços à comunidade, por considerar que essas sanções têm mais inconvenientes do que vantagens[97].

Na Espanha, a Lei de perigosidade e reabilitação social, de 4 de agosto de 1970, introduziu o *arresto de fin de semana*, mas como medida de segurança. Apesar da boa aceitação da introdução desse instituto como medida de segurança, na prática, no entanto, tem sido de nula aplicação[98]. O Projeto de Código Penal de 1980 adota o arresto de fim de semana na dupla função de pena autônoma (inferior a seis meses) e substitutiva da pena de prisão de até um ano. A Proposta de Anteprojeto de 1983 mantém basicamente a mesma orientação em relação ao arresto de fim de semana. Introduz, no entanto, três importantes modificações, ao eliminar a prescrição obrigatória de regime de isolamento celular, suprimir a possibilidade de sua conversão em simples prisão domiciliar e impedir a substituição por pena de multa[99]. Finalmente, com a aprovação do Código Penal espanhol (Lei Orgânica n. 10/95), que entrou em vigor em maio de 1996, acaba sendo adotado o arresto de fim de semana.

3. Cominação e aplicação das penas alternativas

A possibilidade de substituir a pena privativa de liberdade, como fez a Alemanha, está estabelecida no Código Penal brasileiro e à disposição do juiz para ser executada no momento da *determinação da pena* na sentença (art. 59, IV, do CP), já que, por sua própria natureza, requer a prévia determinação da quantidade de pena a impor. E, como na dosagem da pena o juiz deve escolher a *sanção mais adequada*, levando em consideração a

---

97. Alícia Martin Garcia, El sistema..., *REP*, n. 237/79.

98. Carlos García Valdés, Notas sobre el Proyecto de nuevo Código Penal, *Revista de Estudios Penitenciarios*, n. 224-227, p. 11. Do mesmo autor, *Derecho penitenciario*, p. 310.

99. Angel Sola Dueñas et alii, *Alternativas a la prisión*, p. 23; Sainz Cantero, *Posibilidades de aplicación de la pena de arresto de fin de semana en depósitos municipales:* la cuestión en la comunidad autónoma andaluza, III Jornadas Penitenciarias Andaluzas, p. 211.

personalidade do agente e demais elementos do artigo citado e, particularmente, a *finalidade preventiva*, é natural que nesse momento processual se examine a possibilidade de substituir a pena privativa de liberdade. Ao determinar a quantidade final da pena de prisão, se esta não for superior a quatro anos ou se o delito for culposo, o juiz, imediatamente, deverá considerar a possibilidade de *substituição*. Somente se não for possível essa *substituição* o juiz passará a examinar a possibilidade da *suspensão condicional da pena* (arts. 77, III, do CP e 157 da LEP).

Tradicionalmente o Direito codificado brasileiro prevê a sanção em cada tipo penal. A norma penal compõe-se de duas partes: (a) o *preceito*, que contém o imperativo de proibição ou comando, (b) e a *sanção*, que constitui a ameaça de punição a quem violar o preceito. Já em relação às *penas restritivas* — ditas alternativas — foi adotado um outro *sistema de cominação de penas*, mais flexível, mas sem alterar a estrutura geral do Código Penal. Há um capítulo regulando especificamente as *condições gerais* de aplicação da referida espécie de sanção, que não sofreu qualquer alteração com a Lei n. 9.714, de 25 de novembro de 1998. Com esse novo sistema evitou-se o problema do *casuísmo*, isto é, a dificuldade em escolher os crimes que poderiam ou não ser *apenados* com essa sanção. Assim, se a pena efetivamente aplicada não for superior a quatro anos de prisão ou se o delito for culposo, estando presentes os demais pressupostos, que serão examinados a seguir, será possível, teoricamente, aplicar uma *pena restritiva de direitos*, que, apesar de ser uma sanção autônoma, é *substitutiva*. Isso afasta o inconveniente da discordância doutrinária e acadêmica sobre quais são as infrações que deverão ou poderão receber uma pena restritiva[100], não havendo no Brasil nenhuma polêmica a respeito de quais delitos podem receber uma pena restritiva de direitos, ainda que algumas das sanções sejam *genéricas (prestação pecuniária, perda de bens e valores, prestação de serviços à comunidade e limitação de fim de semana)* e outras *específicas (interdição temporária de direitos)*.

Neste particular, parece-nos que a *metodologia brasileira* é absolutamente correta, conforme se verá, pois possibilita ao juiz *eleger*, com margem de liberdade, *a pena mais adequada*, assim como a *substituição* de uma pena de sérios efeitos negativos por outra menos *dessocializadora*. Não há, por outro lado, nenhum exagero na temida ampliação demasiada

---

100. Sainz Cantero, Arresto de fin de semana y tratamiento del delincuente, *REP*, 1970, p. 1065.

da discricionariedade judicial[101]. O Direito brasileiro, como o escandinavo, mantém os limites mínimos e máximos da pena para cada delito estabelecidos expressamente na lei[102]. Nessa modalidade de *pena alternativa*, a maior *discricionariedade* concedida ao juiz é para escolher a *espécie de alternativa* mais adequada ao delinquente, no caso concreto, uma vez que os *limites* serão os concretizados na sentença, correspondentes à pena privativa de liberdade de cada tipo penal, ressalvada, agora, a hipótese do art. 46, § 4º. O *limite de duração das penas restritivas* será o mesmo que teria a pena privativa de liberdade substituída (art. 55 do CP). Enfim, sempre deve haver "espaço para uma ampla discrição em relação a punições mais benévolas, embora uma discrição similar em sentido contrário não seja aceita"[103].

A previsão do *arresto de fim de semana* tal e como está previsto no Código Penal espanhol de 1995, com *obrigatório isolamento celular* (art. 37), é um trágico equívoco histórico que descaracteriza a natureza e a finalidade do instituto. Os autores espanhóis, de um modo geral, são favoráveis ao *regime de isolamento celular*, para facilitar a reflexão, manter o caráter intimidativo da sanção e evitar possível *tertúlia de delinquentes*[104]. Apesar disso, Sainz Cantero diz que resiste "a contemplar o *arresto de fim de semana* exclusivamente como uma pena-expiação" e sugere, como uma forma de tratamento, "a psicoterapia de grupo"[105]. Como afirma Hulsman, "não é pouca coisa privar alguém de sua liberdade. O simples fato de estar encerrado, de não poder ir e vir ao ar livre, aonde nos aprouver, de não poder encontrar a quem temos vontade de encontrar, não é isso, por si só, um mal extremamente penoso? O encarceramento é isso, naturalmente"[106]. Não se pense que estamos defendendo que o delinquente deve ser enviado

---

101. Lucio Monaco, Las penas sustitutivas..., *Cuadernos de Política Criminal*, cit., p. 404.

102. Inkeri Anttila, La ideología del control del delito en Escandinavia. Tendencias actuales, *CPC*, n. 28, 1986, p. 149.

103. Inkeri Anttila, La ideología del control..., *CPC*, n. 28, 1986, p. 150.

104. Bueno Arus, El sistema en el Proyecto de Código Penal de 1980, *Revista General de Legislación y Jurisprudencia*, 1980, p. 581; Rodriguez Mourullo, *Algunas reflexiones sobre el delito y la pena en el penitenciaria*, p. 45-46; Carlos García Valdés, *Introducción a la penología*, p. 166; Sainz Cantero, *Posibilidades de aplicación de la pena de arresto...*, p. 211, e, do mesmo autor, Arresto de fin de semana y tratamiento del delincuente, *REP*, 1970, p. 1068.

105. Sainz Cantero, Arresto de fin de semana y tratamiento del delincuente, *REP*, 1970, p. 1070-1071.

106. L. Hulsman, *Sistema penal y seguridad ciudadana*, 1984.

à prisão para seu próprio bem-estar, para ter sua vida facilitada, que deve encontrar um hotel de cinco estrelas; ou mesmo para oportunizar-lhe um bom fim de semana, mas tampouco para ser castigado, pois o castigo é a própria prisão, e, em muitos casos, o simples processo, a tramitação de uma demanda judicial ou a própria condenação em si representam uma dolorosa sanção.

Beccaria já havia antecipado que *é a celeridade e a certeza da pena, mais que a sua severidade, que produz a efetiva intimidação*[107]. Reconhece-se que a prisão não é o lugar idôneo para empreender qualquer tentativa de reeducação ou *tratamento terapêutico* de problemas estruturais de personalidade. Segundo Gimbernat[108], "é um *abuso de direito* a imposição de qualquer pena desnecessária ou a execução desnecessariamente rigorosa de uma pena". Não se pode esquecer que os apenados que poderiam receber essa modalidade de sanção são exatamente aqueles que, em geral, não necessitam ser *ressocializados*, e como diz Baumann[109], "a liberdade é um *bem* jurídico extremamente valioso para ser sacrificado desnecessariamente".

Os problemas estruturais do sistema penitenciário espanhol, a deficiência de espaço físico adequado, a falta de pessoal especializado, enfim, as condições deficientes do sistema penal como um todo, não podem *justificar* o exagerado e desnecessário rigorismo no cumprimento de uma sanção — *arresto de fim de semana* — que nasceu para *substituir* a mais combatida pena da atualidade, a *privativa de liberdade*. A *forma de execução* prevista para o *arresto de fim de semana* no projeto de código penal espanhol referido representava um retrocesso ao odioso *regime celular fi-*

---

107. C. Beccaria, *De los delitos y de las penas*, 1974, p. 132; Heitor Costa Junior, O objeto do Direito Penal não é vingar o delito, mas evitar sua realização, em comentários à obra de Gonzalo Rodrigues Mourullo, *Derecho penal*, Madrid, 1977 (*Revista de Direito Penal*, n. 27, 1980, p. 108). Gimbernat Ordeig, ¿Tiene un futuro la dogmática jurídico penal?, in: *Estudios de Derecho Penal*, p. 117.

108. Gimbernat Ordeig, ¿Tiene un futuro la dogmática jurídico penal?, in *Estudios de Derecho Penal*, p. 117.

109. J. Baumann, ¿Existe actualmente la posibilidad de eliminar la pena privativa de libertad de hasta seis meses?, in livro homenagem ao Prof. Luiz Jiménez de Asúa, *Problemas actuales de las ciencias penales y filosofía del derecho*, p. 8. É bom recordar a afirmação do Inspetor-Geral das prisões inglesas, Arturo Griffiths, no Congresso de Antropologia de Genebra, em 1986, de que "os presos do mundo poderiam muito bem dividir-se em dois grandes grupos: o dos que nunca deveriam ter entrado na prisão e o dos que jamais deveriam sair dela", citado por Sainz Cantero, em Arresto de fin de semana y tratamiento del delincuente, *REP*, 1970, p. 1061.

ladélfico de tão triste memória e também, de certa forma, um retorno à ideia puramente *expiacionista* das teorias absolutas. Mas, felizmente, a Proposta de Anteprojeto de 1983 suprimiu a prescrição do *regime de isolamento celular*, que, aliás, já havia sido objeto da Emenda n. 302 do Grupo Socialista no projeto de 1980.

4. Requisitos ou pressupostos necessários à substituição

As penas restritivas de direito, como referimos ao abordarmos a suspensão condicional da pena, não podem ser *suspensas*. Como referida sanção já é uma *medida alternativa* à pena de prisão, não teria sentido *suspendê-la*, e, ademais, duas delas — limitação de fim de semana e prestação de serviços à comunidade — são *condições obrigatórias* do primeiro ano de prova do *sursis* simples. As penas restritivas, a exemplo de Portugal, tampouco podem ser *substituídas* por multa, ressalvada a hipótese da chamada "pena inominada", de duvidosa constitucionalidade (art. 45, § 2º). O *Projeto de Código Penal espanhol de 1980*, além de permitir o *cumprimento subsidiário em domicílio*, contemplava a possibilidade de *substituir* o *arresto de fim de semana* por multa. Felizmente, a *Proposta de Anteprojeto de 1983* eliminou essas duas possibilidades, que *diminuíam*, para não dizer *anulavam*, todo o *sentido intimidativo* do instituto.

A aplicação de pena *restritiva de direitos* em *substituição* à pena privativa de liberdade está condicionada a determinados *pressupostos* (ou requisitos) — uns objetivos, outros subjetivos —, que devem estar presentes *simultaneamente*. São os seguintes:

1º) *Requisitos objetivos*

a) *Quantidade de pena aplicada* — pena *não superior a quatro anos* — reclusão ou detenção — independentemente da natureza do crime — *doloso* ou *culposo* — pode ser *substituída* por pena restritiva de direitos. Essas penas — restritivas de direitos —, apesar de *autônomas*, não perdem seu caráter de *substitutivas* ou "alternativas", pois, além de não serem contempladas nos tipos penais da parte especial, como as demais, limitam-se àqueles *crimes dolosos* que receberem *in concreto* pena privativa de liberdade não superior a quatro anos ou aos *crimes culposos*, independentemente da pena aplicada. Para penas *concretizadas* na sentença de até quatro anos, inclusive, não se faz distinção entre crime doloso e crime culposo: a pena privativa de liberdade de qualquer dos dois poderá ser objeto de *substituição*, desde que satisfeitos os demais requisitos.

b) *Natureza do crime cometido* — Já, em relação à *natureza do crime*, privilegiam-se os de *natureza culposa*, pois, para estes, permite-se a *substituição* da pena privativa de liberdade independentemente da *quantidade* de pena aplicada. Por isso, é fundamental a análise da natureza do crime — se doloso ou culposo —, na medida em que, para o crime culposo, não há limite da pena aplicada. Ressalva-se apenas que, com a Lei n. 9.714/98, pena superior a um ano de prisão, a *substituição* deverá ser por *uma pena restritiva de direitos*, a cabível na espécie, e *multa*, ou, então, por *duas penas restritivas de direitos*, desde que possam ser executadas simultaneamente.

A possibilidade de *substituir* por uma pena restritiva de direitos e multa pena superior a um ano *não impede* que seja possível a *aplicação cumulativa* de pena restritiva de direitos e multa em infrações penais com penas de até um ano, inclusive. Será possível a *aplicação cumulativa* em delitos que *cominem* pena privativa de liberdade *cumulada* com a de multa, como ocorre, por exemplo, com os crimes de usurpação (arts. 161 e 162 do CP). Com efeito, *substitui-se* a pena privativa de liberdade por uma restritiva e *mantém-se* a pena de multa. Caso contrário, *quando a lei prevê cumulativamente pena privativa de liberdade e multa, o juiz ficaria sempre impossibilitado de fazer a substituição da pena de prisão*, porque também não pode deixar de aplicar a pena de multa prevista *cumulativamente*. E não é esse o espírito do Código. O que a lei não permite efetivamente é a *substituição cumulativa* — que não se confunde com *aplicação cumulativa* — das duas penas referidas para crimes com penas de até um ano (art. 44, § 2º). Mas, nesse caso, é indiferente que se trate de crime doloso ou culposo. A verdade é que a *substituição cumulativa* permitida *restringe-se* às condenações superiores a um ano de pena privativa de liberdade.

Enfim, quando a condenação não for superior a um ano de prisão, esta poderá ser substituída por pena de multa. Antes da Lei n. 9.714/98, a *multa substitutiva* era admitida somente para pena de até seis meses de prisão (art. 60, § 2º). Na verdade, agora, a pena privativa de liberdade não superior a um ano pode ser substituída ou por multa ou por restritiva de direitos, ou uma ou outra, nunca pelas duas cumulativamente. As *circunstâncias gerais* é que determinarão qual das duas *substituições*, no caso concreto, será a mais recomendável. A *conveniência* de uma ou outra *substituição* será indicada pelos elementos do art. 44, III, do Código Penal. Se tais elementos indicarem a *suficiência da substituição* por multa e essa sanção revelar-se *a menos grave para o apenado*, então essa será a *sanção recomendável* ou, na linguagem de Von Liszt, será a *pena justa*. Ou, então, a *substituição* poderá ser por uma pena restritiva de direitos, se tal *substituição* se mostrar recomendável.

A *conduta culposa*, hoje bem mais frequente[110], objeto de *menor reprovabilidade*, normalmente decorre da ausência dos cuidados devidos (objetivos)[111] na realização de um comportamento normalmente lícito. Os autores desses comportamentos *descuidados* que, às vezes, causam um resultado típico, de regra, não necessitam ser *ressocializados*, e a imposição de uma *pena privativa de liberdade* revela-se absolutamente desnecessária, sem qualquer sentido preventivo especial. Nesse aspecto, merece aplausos a previsão para os *crimes culposos*, sem impor *limite quantitativo* da pena privativa, pois sua *substituição* será apenas uma possibilidade *condicionada* a todas as circunstâncias sintetizadas nos requisitos ora examinados. Onde as circunstâncias gerais que cercarem o fato e o agente não recomendarem a substituição, esta não deverá ocorrer.

Para penas superiores a um ano, *o julgador tem um elenco variado de sanções para eleger a que melhor se adapte à situação e atenda à ordem jurídica bem como às exigências de prevenção geral e especial.* Pode optar entre uma restritiva de direitos e multa, duas restritivas de direitos, suspensão condicional da pena especial (sem regime de prova), suspensão condicional simples (com regime de prova), sem a necessidade de utilizar pena privativa de liberdade. Contudo, se esta, a pena privativa de liberdade, for indispensável, ou, pelo menos, for recomendável, nas circunstâncias, contará ainda com a possibilidade de determinar sua execução em "regime aberto", que deverá ser cumprido em "casa de albergado" ou em *estabelecimento adequado* (arts. 33, § 2º, *c*, do CP e 93 da LEP) e, excepcionalmente, em *prisão domiciliar* (art. 117 da LEP).

c) *Modalidade de execução: sem violência ou grave ameaça à pessoa* — Ao disciplinar a substituição de penas privativas de liberdade, *o legislador, claramente, afastou aquelas infrações penais cometidas com violência ou grave ameaça à pessoa,* independentemente de serem dolosas ou culposas. A ampliação do cabimento das *penas alternativas*, para pena não superior a quatro anos, *recomendou* que também se ampliasse o *elenco de requisitos necessários*. Passa-se a considerar, aqui, não só o *desvalor do resultado*, mas, fundamentalmente, o *desvalor da ação*, que, nos *crimes*

---

110. Em 1930, Engisch referia-se à "relativa raridade das infrações culposas, apesar da grande possibilidade de serem executadas". Citação encontrada em Hans Welzel, Culpa e delitos de circulação, *Revista de Direito Penal*, n. 3/13, Rio de Janeiro, 1971.

111. Hans Welzel, Culpa e delitos de circulação, *Revista de Direito Penal*, n. 3, p. 39.

violentos, é, sem dúvida, muito maior e, consequentemente, seu autor não deve merecer o *benefício da substituição*. Por isso, afasta-se, prudentemente, a possibilidade de *substituição* de penas para aquelas infrações que forem praticadas "com violência ou grave ameaça à pessoa". Cumpre destacar que a *violência contra a coisa*, como ocorre, por exemplo, no *furto qualificado com rompimento de obstáculo* (art. 155, § 4º, I), não é fator impeditivo, por si só, da concessão da *substituição*.

Contudo, recomenda-se *prudência* no exame de todos os requisitos, mas especialmente deste, sob pena de imaginar-se, equivocadamente, que não mais poderiam ser beneficiados com *penas restritivas de direitos*, entre outros, os crimes de *lesão corporal leve dolosa* (art. 129), de *constrangimento ilegal* (art. 146) e de *ameaça* (art. 147), pois ou são praticados *com violência* — o primeiro — ou *com grave ameaça à pessoa* — os outros dois. No entanto, essa *limitação*, criada pela lei em exame, não se aplica a crimes como os enunciados, pelo simples fato de se incluírem na definição de *"infrações de menor potencial ofensivo"* (art. 61 da Lei n. 9.099/95), e, por conseguinte, deverão continuar recebendo o mesmo tratamento disciplinado pela *Lei dos Juizados Especiais*, com direito às sanções que, lá, na seara dos juizados, são, efetivamente, *penas alternativas*, e não, simplesmente, *substitutivas*, como ocorre no bojo do Código Penal, a despeito do alarde sobre sua *natureza alternativa*.

2º) *Requisitos subjetivos*

a) *Réu não reincidente em crime doloso* — As penas *restritivas de direitos* são, em tese, inaplicáveis em casos de *reincidência* (art. 44, II, do CP). Aqui, na redação determinada pela Lei n. 7.209/84, diferentemente da *suspensão condicional*, não se fazia qualquer distinção entre *reincidente em crime doloso* e *reincidente em crime culposo*. Agora, com a nova redação, determinada pela Lei n. 9.714/98, somente a *reincidência em crime doloso* pode, em princípio, impedir a *substituição* em análise. Dessa forma, aumenta-se a liberalidade: basta que um dos crimes (a condenação anterior ou a atual) seja culposo e não haverá *reincidência dolosa*. A própria *reincidência em crime doloso*, agora, não é fator de impedimento absoluto, pois, "em face de condenação anterior", a medida (substituição) poderá ser "socialmente recomendável". Muito se terá de dizer sobre esse tópico. Somente a *reincidência específica* (art. 44, § 3º, *in fine*) constitui *impedimento absoluto* para a aplicação de pena restritiva de direitos em substituição à pena privativa de liberdade aplicada.

270

Essa nova previsão, admitindo, excepcionalmente, *penas restritivas de direitos*, mesmo a *condenados reincidentes*, assemelha-se ao *Projeto de Código Penal espanhol de 1980*, que admitia a pena de "arresto de fin de semana" a *réus reincidentes*, desde que se considerasse que referida sanção seria *suficiente* à prevenção especial[112]. Embora a previsão espanhola tenha recebido aplausos por essa possibilidade, pareceu-nos contraditória, visto que, para a *suspensão condicional*, exigia que o réu tivesse delinquido pela primeira vez (art. 94 do mesmo Projeto). Pois essa contradição que apontamos do Projeto de Código Penal espanhol de 1980 apresenta-se agora no direito brasileiro na medida em que a *reincidência em crime doloso*, pura e simplesmente, exclui a possibilidade da concessão do *sursis*, sem a ressalva prevista para as penas restritivas de direitos, qual seja, admitindo o *sursis* ao reincidente não específico, se a medida se mostrar "socialmente recomendável".

A redação original do art. 44, II, do CP, na versão da Lei n. 7.209/84, diferentemente do que previa para a *suspensão condicional*, não fazia qualquer distinção entre *reincidente em crime doloso* e *reincidente em crime culposo* ou ainda ao fato de a condenação anterior ter sido somente em pena de multa. A exigência era de que não se tratasse de *réu reincidente*, simplesmente, sem adjetivação. O maior rigor, nessa modalidade de alternativa, explicava-se pela sua *maior benevolência* e o seu *diminuto grau intimidativo*. Somente hipóteses de réus com abonados antecedentes, culpabilidade mínima, personalidade bem formada e motivos e circunstâncias favoráveis satisfariam os pressupostos exigidos para se beneficiarem com essas alternativas ao encarceramento.

b) *Prognose de suficiência da substituição* — Os critérios para a avaliação da suficiência da substituição são representados pela culpabilidade, antecedentes, conduta social e personalidade do condenado, bem como os motivos e as circunstâncias do fato, todos previstos no art. 44, III, do Código Penal, que, neste particular, permaneceu inalterado. Dos elementos do art. 59 somente "as consequências do crime" e o "comportamento da vítima" foram desconsiderados para a formação do juízo de suficiência.

Considerando a grande elevação das *hipóteses de substituição*, deve-se fazer uma análise bem mais rigorosa desse requisito, pois será por meio dele que o Poder Judiciário poderá equilibrar e evitar eventuais excessos que a nova previsão legal poderá apresentar. Na verdade, aqui, como na

---

112. Carlos Mir Puig, *El sistema de penas y su medición en la reforma penal*, p. 231.

suspensão condicional, o risco a assumir na *substituição* deve ser, na expressão de Jescheck[113], *prudencial*, e diante de sérias dúvidas sobre a suficiência da substituição esta não deve ocorrer, sob pena de o Estado *renunciar* ao seu dever constitucional de garantir a ordem pública e a proteção de bens jurídicos tutelados.

Ao se referir à *suficiência da substituição* o Código Penal brasileiro, nesta sanção, mostra certa despreocupação com a *finalidade retributiva* da pena que, na verdade, está implícita na condenação em si. Sim, porque a simples condenação *é uma retribuição ao mal* cometido e que, de alguma forma, macula o *curriculum vitae* do condenado. Essa *retribuição* é de ordem moral e para determinados condenados — aqueles que não necessitam ser *ressocializados* — é a consequência mais grave, intensa e indesejada, que atinge profundamente sua escala de valores. A *suficiência* da *substituição* prevista pelo Código Penal está voltada diretamente para a *finalidade preventiva especial*[114].

4.1. Novos aspectos nos critérios orientadores da substituição

4.1.1. Substituição nos crimes culposos

A legislação revogada dispensava uma disciplina diferenciada para os crimes culposos, permitindo a substituição, somente para estes, por uma pena restritiva de direitos e multa ou por duas restritivas de direitos, quando a pena aplicada fosse igual ou superior a um ano de prisão. Como agora, com a vigência da Lei n. 9.714, a substituição é possível, inclusive nos crimes dolosos, cuja pena aplicada não seja superior a quatro anos, o critério ou parâmetro para efetuar essa substituição é igual tanto para os crimes dolosos quanto para os culposos. Assim, a substituição para pena superior a um ano — independentemente da natureza do crime — será sempre por duas penas alternativas: uma restritiva de direitos e multa ou duas restritivas de direitos, exequíveis simultaneamente (art. 44, § 2º).

Deve-se sempre ter presente que existem penas restritivas, *genéricas* e *específicas*, e, quando for o caso — especialmente quando for necessária a aplicação de duas dessas penas —, existem determinadas infrações penais que, na hipótese de *substituição* da pena privativa de liberdade aplica-

---

113. H. H. Jescheck, *Tratado de derecho penal*, 1981, p. 1155.

114. García Arán, *Los criterios de determinación de la pena en el derecho español*, p. 238-239.

da, necessitam receber pena específica, como determinam os arts. 56 e 57 do Código Penal. A Lei n. 9.714/98 incluiu no art. 47 a "proibição de frequentar determinados lugares", como a quarta modalidade de "interdição temporária de direitos". Esqueceu-se, contudo, de definir quais as infrações penais ou em que circunstâncias tal pena será aplicável, como ocorre com as outras três modalidades de "interdições temporárias de direitos". Sobre a proibição de frequentar determinados lugares desenvolvemos nossos comentários mais adiante, no tópico (5.6) referente às espécies de penas restritivas de direitos.

4.1.2. Anormalidade das circunstâncias: (in)suficiência da substituição da pena de prisão no homicídio culposo de trânsito

Trazemos nossa reflexão sobre essa temática, com uma preocupação mais específica, qual seja, a desnecessidade de *violentar a dogmática penal* interpretando erroneamente um crime culposo, como se doloso fosse, tão somente para aplicar pena mais grave do que a efetivamente cominada ao fato. Lamentavelmente essa é a equivocada e condenável orientação que vem ganhando corpo em nossa jurisprudência criminal, inclusive nos Tribunais Superiores, ignorando por completo a evolução de mais de dois séculos da dogmática penal. Procuramos demonstrar que a utilização adequada dos parâmetros legais de nosso ordenamento jurídico permite uma resposta penal adequada para a violência no trânsito, respeitando a distinção científica entre crime doloso e crime culposo.

Em outros termos, demonstramos que, mesmo se tratando de crime culposo, a *anormalidade das circunstâncias* pode *desrecomendar a substituição de penas* e, assim, levar o autor do fato a cumprir pena privativa de liberdade. A nossa reflexão sobre esses aspectos, aparentemente, alteram a concepção sobre a *substituibilidade* de penas nos crimes culposos. Dizemos *aparentemente*, porque essa visão, na verdade, prende-se a *anormalidade das circunstâncias* e "insuficiência da substituição" que devem ser criteriosamente examinadas. Vejamos então.

Os critérios para a avaliação da *suficiência da substituição* da pena de prisão são representados pela *culpabilidade, antecedentes, conduta social* e *personalidade do condenado,* bem como pelos *motivos* e *circunstâncias do fato,* todos previstos no art. 44, III, do Código Penal. Dos elementos do art. 59 somente "as consequências do crime" e o "comportamento da vítima" foram desconsiderados para a formação do *juízo de suficiência da substituição.*

273

Como paradigma de nossa reflexão, tomamos o acidente da Gol em 2006, voo 1907, que ceifou a vida de 154 pessoas inocentes[115]. Examinando todos os vetores (requisitos) relacionados no art. 59, o digno magistrado sentenciante reconheceu que, embora não sejam todos favoráveis aos dois condenados americanos (pilotos do Legacy), ainda assim, *seria recomendável a substituição* da pena privativa de liberdade *aplicada de quatro anos e quatro meses de detenção*. Nesse sentido, arrematou o digno magistrado: "E a redação do inciso III do art. 44 do Código Penal não autoriza a conclusão imediata de que, valoradas negativamente aquelas circunstâncias ali indicadas, o juiz não deve substituir a pena. A lei, após apontar as circunstâncias a serem consideradas, autoriza o juiz a promover a substituição se elas 'indicarem que essa substituição seja suficiente'" (p. 77 da sentença).

No entanto, essa conclusão do digno e culto magistrado é, no particular, absolutamente equivocada, e, ademais, contraditória, considerando-se que ao proceder o cálculo da pena base, reconheceu, expressamente, que a *culpabilidade é grave*, senão gravíssima, *in verbis*: "O contexto indica que a culpabilidade foi além do que seria normal e, se é que não se pode considerá-la gravíssima, não há exagero algum em reputá-la grave" (p. 73 da sentença).

Em *circunstâncias normais*, a nosso juízo, essa conclusão do digno e culto julgador até poderia ser, eventualmente, admitida. No entanto, não se pode admitir que *um desastre aéreo do qual resultaram 154 mortes*, em que os pilotos ignoraram as normas mais comezinhas de segurança da *aviação internacional*, possa ser admitido como tendo ocorrido em "circunstâncias normais". Logo, a *anormalidade das circunstâncias* desrecomenda a substituição de penas. Essa "anormalidade das circunstâncias" deve ser examinada cotejando-se os fatos concretos com nosso sistema penal em seu conjunto, isto é, encontrando-se o *elemento sistemático*, conforme demonstraremos adiante.

Considerando que *a substituição de penas* em nosso ordenamento jurídico *exige mais que o simples reconhecimento de que tais "condições sejam favoráveis"*, na verdade, essa *favorabilidade* não passa de simples pressuposto da substituição. Decisiva, efetivamente, é a conclusão de que tal *favorabilidade* mostre-se "suficiente à substituição", ou seja, é necessário que dita *substituição* não neutralize a indispensável *reprovação* da conduta incriminada, como expressamente prevê o art. 44, III, *in fine*, do CP. Ou seja, a simples dúvida sobre a "suficiência da substituição" da pena de

---

115. REsp em Ação Penal 2007.36.03.002400-5/2009.3603002962-5.

prisão, por si só, recomenda que o juiz não a aplique, como tem entendido a doutrina mais autorizada.

Em outros termos, o Código Penal *presume* que a *substituição* da pena privativa de liberdade por uma *restritiva de direitos* não é *"socialmente recomendável"*, se dita *substituição* não se mostrar *suficiente* à "reprovação e prevenção do crime" (art. 44, III, *in fine*, e § 3º). Para a correta interpretação da *substituibilidade*, no entanto, deve-se conjugar o disposto no art. 44, III, *in fine* — que cuida da substituição de pena —, com o art. 59, *caput*, *in fine*, que disciplina a sua aplicação. Não se pode olvidar, por outro lado, que o art. 59 adota a conhecida *pena necessária* consagrada por Von Liszt, que deve ser a pena *justa*, exigida pelo Estado democrático de Direito.

Na verdade, o Estado não pode, em nenhuma hipótese, *renunciar* ao seu *dever constitucional* e institucional de *garantir a ordem pública* e a proteção de bens jurídicos individuais ou coletivos. A rigor, além de aquelas circunstâncias do art. 44, III, serem positivas, é indispensável que se configure aquilo que chamamos de "prognose favorável de suficiência da substituição"[116]. Nessa avaliação, deve-se ter presente a relação *infração- -infrator-sociedade*, sobretudo quando se tem *exacerbado desvalor da ação*, bem como *elevadíssimo desvalor do resultado*, mesmo em crimes culposos; nas circunstâncias, "socialmente recomendável" poderá ser exatamente "a não substituição" da pena privativa de liberdade aplicada. Com efeito, da ótica da coletividade, e observando-se o *princípio da proporcionalidade*, "socialmente recomendável" poderá ser mesmo *a não substituição da pena de prisão* aplicável.

Examinando as novas regras da *substituição da pena de prisão* por alternativas, acrescidas pela Lei n. 9.714/98, tivemos a oportunidade de afirmar, quanto ao "juízo de suficiência da substituição", o seguinte: "Considerando a grande elevação das *hipóteses de substituição*, deve-se fazer uma análise bem mais rigorosa desse requisito, pois será através dele que o Poder Judiciário poderá equilibrar e evitar eventuais excessos que a nova previsão legal pode apresentar. Na verdade, aqui, como na *suspensão condicional*, o risco a assumir na *substituição* deve ser, na expressão de Jescheck, *prudencial*. E diante de *sérias dúvidas sobre a suficiência da substituição,* esta não deve ocorrer sob pena de o Estado *renunciar* ao seu dever

---

116. Cezar Roberto Bitencourt, *Tratado de direito penal*, v. 1, 2011, p. 561.

constitucional de garantir a ordem pública e a proteção de bens jurídicos tutelados"[117].

Afinal de contas, até que ponto a sociedade deve ser obrigada a suportar esses indivíduos em liberdade — condenados a pena superior a quatro anos — desfrutando do convívio social? Seria tolerável (razoavelmente adequado) conceder-lhes a *substituição*, sem cumprirem nenhum dia de prisão, isto é, seria *socialmente recomendável* conceder-lhes *pena substitutiva da prisão*, depois de causarem a morte de 154 pessoas absolutamente inocentes, que não concorreram para isso? Pois esse é o outro lado da moeda, que também precisa ser avaliado, quando se examina a *necessidade e a suficiência* de substituição de pena privativa de liberdade por penas alternativas, que devem ser suficientes à reprovação e prevenção do crime.

Nesse sentido, não se pode esquecer que o Direito Penal não é necessariamente *assistencial,* e sim objetiva, em primeiro lugar, a *Justiça Distributiva*, responsabilizando o infrator pela violação da ordem jurídica, especialmente quando o *desvalor* de sua conduta criminosa atinge o bem mais valioso — a vida — de mais de uma centena e meia de pessoas. E isso — *justiça distributiva* —, segundo o magistério de Jescheck, "não pode ser conseguido sem dano e sem dor, especialmente nas penas privativas de liberdade, a não ser que se pretenda subverter a hierarquia dos valores morais e utilizar a prática delituosa como oportunidade para *premiar*, o que conduziria ao reino da utopia. Dentro desssas fronteiras, impostas pela natureza de sua missão, todas as relações humanas reguladas pelo Direito Penal devem ser presididas pelo princípio de humanidade"[118].

Segundo Claus Roxin[119], tanto a *prevenção especial*, como a *prevenção geral* devem figurar como *fins da pena*, por isso, a sanção aplicada em uma sentença condenatória deverá ser adequada para alcançar ambas as finalidades preventivas da pena. E deverá fazê-lo da melhor forma possível, isto é, equilibrando ditas finalidades. Assim, de um lado, a pena deverá atender ao *fim de ressocialização* quando seja possível estabelecer uma cooperação com o condenado. Aqui, Roxin manifesta sua adesão à *prevenção especial positiva* e sua rejeição às medidas de *prevenção especial negativa*. De outro lado, a pena deverá projetar seus efeitos sobre a socieda-

---

117. Cezar Roberto Bitencourt, *Tratado de direito penal*, 2011, p. 561. *Novas penas alternativas*, p. 85.

118. H. H. Jescheck, *Tratado de derecho penal*, 1981, p. 1155.

119. Claus Roxin, *Derecho penal. Fundamentos. La estructura de la teoría del delito*, 1997, t. 1, p. 95-98.

de, pois com a imposição de penas demonstra-se a eficácia das normas penais motivando os cidadãos a não infringi-las. A pena, sob essa ótica, mais que um fim intimidatório, teria o *fim de reforçar a confiança da sociedade* no funcionamento do ordenamento jurídico por intermédio do cumprimento das normas, o que produziria, finalmente, como efeito, a pacificação social. Dessa forma, Roxin manifesta sua adesão a uma *compreensão mais moderna da prevenção geral*, combinando aspectos da prevenção geral negativa e aspectos da prevenção geral positiva.

Se fizermos uma *interpretação literal*, puramente gramatical, por certo, estando presentes todos os requisitos (que não é o caso), *ad argumentandum tantum*, constantes do art. 44, inciso III, do CP, poder-se-á, em princípio, admitir a substituição da pena de prisão por penas restritivas de direitos previstas no art. 43 do mesmo diploma legal. Contudo, como reiteradamente recomendam os hermeneutas, a melhor e mais segura interpretação será sempre a *sistemática*, que permite uma avaliação global do interpretado. Pois bem, adotando essa orientação exegética, constata-se que, dentre os *requisitos exigíveis para permitir a substituição de pena* está a indicação de "que essa substituição seja suficiente" (art. 44, III, *in fine*, do CP). Logo, por esse dispositivo, é indispensável que a *favorabilidade* das circunstâncias assegure "que essa substituição seja suficiente" para a reprovação penal. Pois essa exigência legal impõe uma avaliação global, sistemática e mais apurada relativamente a "suficiência da reprovação penal", que é uma exigência da aplicação da pena adequada (art. 59, *caput, in fine,* do CP). Nessa linha, deve-se realizar uma *avaliação da suficiência da substituição* à luz da *proporcionalidade*, da reprovação penal e da razoabilidade.

Na aplicação de pena – superior a dois anos – isto é, que esteja excluída da competência dos Juizados Especiais Criminais, o juiz deve escolher a pena mais adequada, isto é, aquela que melhor se adapte *à situação do condenado, mas que também atenda à ordem jurídica,* bem como *às exigências de prevenção geral e especial*, objetivos indeclináveis *dos fins da pena* em nosso sistema penal.

Por isso, a conclusão que se impõe, se, pelas circunstâncias do caso concreto, a pena privativa de liberdade for indispensável, ou, pelo menos, *for recomendável* (hipótese em que a substituição não se mostre *suficiente* à reprovação do crime), *o julgador não poderá efetuar a sua substituição por penas alternativas*, podendo fixar, logicamente, o *regime semiaberto* para o seu cumprimento, como ocorre *in caso*. Dito de outra forma, ainda que todos os requisitos relacionados no inciso III do art. 44 sejam considerados favoráveis, é possível que a *substituição da pena*, no caso concreto, *não se mostre suficiente à reprovação e à prevenção do crime* (arts. 44, III, e 59, *caput*, ambos, *in fine*). Nessa hipótese, o julgador não pode e não deve proceder a essa substituição.

4.1.3. Substituição nas penas de até um ano de prisão

A *multa substitutiva*, na legislação revogada, era prevista em dois dispositivos legais. Como regra geral, a pena privativa de liberdade, não superior a seis meses, podia, em princípio, ser *substituída* pela pena de multa, observados os critérios dos incs. II e III da redação revogada do art. 44 do CP (art. 60, § 2º). A segunda hipótese de *multa substitutiva* era exclusiva para o caso de *crimes culposos* cuja pena substituída fosse igual ou superior a um ano de pena privativa de liberdade (art. 44, parágrafo único).

Agora, os parâmetros e os critérios mudaram. A *multa substitutiva*, isoladamente, como regra geral, destina-se a *condenações não superiores a um ano*, ampliando-se consideravelmente a sua abrangência, na medida em que o rol de infrações penais cominadas com esse limite de penas é imenso. Embora não esteja elencada no art. 43, juntamente com as demais sanções impropriamente denominadas penas restritivas, ela assume, definitivamente, a função e natureza de *pena alternativa* à privativa de liberdade, com o caráter de *substitutiva* (art. 44, § 2º).

A previsão que permite aplicar a *multa substitutiva* para pena não superior a um ano não impede, contudo, a possibilidade, abstratamente considerada, de efetuar-se a *substituição* por pena restritiva de direitos, isto é, *a possibilidade de substituir por multa* não exclui *ipso facto* a possibilidade de *substituir-se* por pena restritiva de direitos. Ou uma ou outra dessas duas alternativas, para essa quantidade de pena (não superior a um ano), nunca as duas. As circunstâncias gerais é que determinarão qual das duas *substituições*, no caso concreto, será a mais recomendável, ou, para usar a terminologia do art. 59, será a *necessária* e *suficiente* à prevenção e reprovação do crime.

A segunda hipótese de *multa substitutiva* será somente para condenações superiores a um ano de pena e, nessa hipótese, sempre *cumulada* com uma pena restritiva de direitos e nunca isoladamente. Para essa quantidade de pena há duas *inovações* em relação à legislação revogada e uma identidade. As duas inovações são: 1ª) antes essa *substituição* destinava-se a pena "igual ou superior" a um ano; agora destina-se somente a pena "superior" a um ano; 2ª) antes essa substituição destinava-se somente aos *crimes culposos*, visto que para os *crimes dolosos* a substituição só era permitida para condenações inferiores a um ano; agora destina-se, indiferentemente, tanto para os crimes dolosos quanto para os culposos, porque agora para os crimes dolosos a substituição é permitida para condenações não superiores a quatro anos. Por isso, essa igualdade de tratamento se justifica.

A *identidade de previsão* mantida, por sua vez, consiste no fato de que — tanto na legislação anterior quanto na atual — a *multa substitutiva*, para essa quantidade de pena, será sempre *cumulativa*.

4.1.4. Substituição nas penas de até seis meses de prisão

Pelo texto legal revogado, seis meses era o limite máximo permitido para aplicar a *multa substitutiva*, isoladamente, que agora, como acabamos de ver, se estendeu para pena de até um ano de prisão, inclusive. O limite de seis meses de pena, no entanto, agora tem outra função, no marco da nova legislação: não poderá ser *substituída* por *prestação de serviços à comunidade*. Essa pena restritiva de direitos somente será aplicável a penas superiores a seis meses (art. 46, *caput*).

Essa *limitação*, para cima, da aplicabilidade da *prestação de serviços à comunidade* constitui um equívoco injustificável do legislador, impedindo o juiz de melhor adequar a *pena justa* ao caso concreto. É contraditória essa limitação para um diploma legal que tem a pretensão de ampliar a opção de alternativas à pena privativa de liberdade, especialmente quando exclui das pequenas infrações — aquelas de menor potencial ofensivo — a aplicação da mais extraordinária pena alternativa e que teve e tem a maior repercussão e melhor aceitação, mundialmente, desde a pioneira experiência inglesa desde 1972.

Por fim, acreditamos que, neste particular não mudou, não se trata de mera *faculdade* do aplicador da lei. Ao contrário, satisfeitos os requisitos legais, a *substituição* é obrigatória, constituindo um *direito público subjetivo* do condenado.

5. Espécies de penas restritivas

5.1. Prestação pecuniária

5.1.1. Definição e destinatários da "prestação pecuniária"

Segundo a definição legal, a pena de *prestação pecuniária* "consiste no *pagamento em dinheiro à vítima, a seus dependentes ou a entidade pública ou privada com destinação social, de importância fixada pelo juiz, não inferior a 1 (um) salário mínimo nem superior a 360 (trezentos e sessenta) salários mínimos*" (art. 45, § 1º). No entanto, a *finalidade* dessa sanção, segundo a dicção do texto legal, é *reparar o dano* causado pela infração penal. Tanto é verdade que "o valor pago" deverá ser "deduzido do montante de eventual condenação em ação de reparação civil, se coincidentes os beneficiários" (art. 45, § 1º). Teria sido mais adequado e mais técnico defini-la como "multa reparatória", que é a sua verdadeira natureza.

Preferencialmente, o montante da condenação, nesta sanção, *destina-se à vítima* ou *a seus dependentes*. Só, excepcionalmente, em duas hipóteses, o resultado dessa *condenação* em prestação pecuniária poderá ter outro *destinatário*: (a) se não houver dano a reparar ou (b) não houver vítima imediata ou seus dependentes. Nesses casos, e somente nesses casos, o montante da condenação *destinar-se-á* a "entidade pública ou privada com destinação social". A *excepcionalidade* dessa possível *destinação secundária* prende-se ao *caráter indenizatório* que referida sanção traz na sua finalidade última. Por isso, *primeiro, deverá reparar o dano* ou prejuízo causado à vítima ou seus dependentes, e somente na ausência destes (vítima/dependentes) ou daqueles (dano ou prejuízo) o produto resultante da *condenação* poderá destinar-se *"a entidade pública ou privada com destinação social"*.

Não teria sentido, na verdade, *havendo vítima e dano a reparar*, destinar o produto da condenação *"a entidade pública ou privada com destinação social"* e, depois, em "eventual condenação em ação de reparação civil", *deduzir* do montante a indenizar, nos termos do art. 45, § 1º, do CP; ou então, o que é pior, deixar fazer a dedução, em benefício do infrator, porque foi dada destinação equivocada, e usar da falácia de que os "beneficiários" da dita pena de *prestação pecuniária* não são "coincidentes", o que, convenhamos, constituiria uma *heresia jurídica*.

5.1.2. Injustificada limitação da "compensação": condenação em ação reparatória

O texto legal que prevê a *dedução* do valor pago a título de "prestação pecuniária" é taxativo, não deixando qualquer margem à discricionariedade: aplicada essa sanção penal e sobrevindo *sentença condenatória* em "ação de reparação civil", a "dedução" do valor pago do montante resultante da condenação civil será imperativa, isto é, opera-se *ope legis*.

No entanto, a nosso juízo, foi infeliz o legislador ao *condicionar* o direito de "compensar" o valor pago a título de "prestação pecuniária" somente do montante resultante de eventual "condenação" em *ação reparatória* no âmbito civil. *Limitar*, injustificadamente, esse *direito compensatório* exclusivamente à existência de "condenação", decorrente de *ação indenizatória*, revela um descompasso entre esse diploma legal e a *melhor política de solução dos litígios judiciais*, de todos conhecida, que é por meio da "composição". É tão importante essa forma consensual de solução de litígios que acabou, finalmente, sendo transportada, inclusive, para a própria área do direito criminal, como ocorre, por exemplo, nos *Juizados Especiais Criminais*.

Pois bem, segundo o texto legal em exame, que exige "*condenação*", eventual *composição* ou *conciliação cível* não pode ser *compensada* pela sanção de *prestação pecuniária* aplicada no crime, ainda que procedida em *ação reparatória cível* e com *coincidência de destinatários*. Não se pode negar que se trata de uma *limitação* equivocada, que recomenda *interpretação extensiva*, ante o *caráter reparatório* daquela sanção criminal.

5.1.3. Possibilidade de estender a "compensação" às conciliações cíveis

A despeito do texto legal, coerente com a análise que estamos fazendo, acreditamos ser possível *estender* a possibilidade da *dedução* prevista na segunda parte do § 1º do art. 45 em exame às conciliações, devidamente homologadas, em ações de reparação civil, qualquer que seja o rito processual. Dessa forma, admitimos a possibilidade de aplicar a referida "dedução" no âmbito dos Juizados Especiais (Lei n. 9.099/95). Assim, será possível *compensar* o montante da pena de *prestação pecuniária* — decorrente de *transação penal* (art. 76 ou 79) ou de *condenação* na audiência de instrução e julgamento (art. 81) — com eventual *composição cível* (art. 74), todos processados no Juizado Especial Criminal. Mas esse processamento somente poderá ocorrer em *ação* penal *pública incondicionada*, na medida em que a *composição cível* extingue a punibilidade nas ações de iniciativa privada ou pública condicionada à representação, não havendo, consequentemente, sanção penal de qualquer natureza.

5.1.4. Sanção penal fixada em salários mínimos: duvidosa constitucionalidade

A fixação dessa sanção penal em *salários mínimos* é, pelo menos, de duvidosa constitucionalidade. Teria sido mais feliz e manteria a *harmonia* do Código Penal, relativamente à sanção pecuniária, se tivesse sido utilizado o exitoso critério do *sistema dias-multa*.

Afora o grande equívoco no parâmetro escolhido — *salário mínimo* — para fixar os limites mínimo e máximo da sanção criminal — *prestação pecuniária* —, deve-se destacar o *erro crasso* em limitar o piso dessa sanção em *um salário mínimo*, considerando sua *natureza reparatória*. Não raro o *dano causado* pela infração penal será inferior a esse limite, especialmente nas chamadas *infrações de menor potencial ofensivo*, que, na atualidade, estão absorvendo o maior percentual do movimento criminal forense. Especialmente se se tiver presente que — não se pode negar esse fato — a grande "clientela" da Justiça Criminal provém das classes mais humildes, que dificilmente terá condições financeiras para suportar sanção dessa natureza e nesses limites. Mais adequado, afora o ranço de inconstitucionalidade do parâmetro adotado, é o *sistema dias-multa*, que permite a aplicação mínima de um terço do salário mínimo (sem tê-lo como parâmetro) (art. 49 e § 1º do CP). Além desse limite, os mais pobres, que constituem a imensa maioria, terão grande dificuldade para suportar esse novo limite. Mas enfim, neste país, legisla-se "para inglês ver", isto é, apenas "simbolicamente".

5.2. Perda de bens e valores

A outra nova pena, "restritiva de direitos", é a *perda de bens e valores* pertencentes ao condenado, em favor do *Fundo Penitenciário Nacional*, considerando-se — como teto — o *prejuízo causado pela infração* penal ou o *proveito obtido* pelo agente ou por terceiro (aquele que for mais elevado) (art. 45, § 3º). Trata-se, na verdade, da odiosa *pena de confisco*, que, de há muito, foi proscrita do direito penal moderno.

Sob essa disfarçada e eufemística expressão "perda de bens", a *liberal Constituição cidadã*, em verdadeiro retrocesso, criou a possibilidade dessa pena. Os ilustres e democratas constituintes não tiveram a coragem de denominá-la corretamente: *pena de confisco*! O Código Penal brasileiro de 1940 não o consagrava e a própria Constituição de 1969 o proibia, restando somente, como *efeitos da condenação*, o *"confisco dos instrumentos e produtos do crime"*, em determinadas circunstâncias. O próprio Carrara já afirmava que o "confisco de bens é desumano, impolítico e aberrante". Aliás, até a atual Constituição paraguaia de 1992, em seu art. 20, proíbe o *confisco de bens*, como sanção criminal.

Enfim, o legislador brasileiro, nesse tema, não se omitiu e instituiu mais uma "fonte de arrecadação", embora não tenha o mesmo entusiasmo para regulamentar a atual Constituição, que continua pacientemente à espera.

5.2.1. Distinção entre "confisco-pena" e "confisco-efeito da condenação"

O produto dessa sanção penal — perda de bens e valores — *destina-se* ao *Fundo Penitenciário Nacional*, assim como o produto da pena de multa, ao contrário da "prestação pecuniária", que, já afirmamos repetidamente, tem *caráter indenizatório*. O *objeto* desse "confisco", no entanto, não serão os *instrumentos* ou *produtos do crime*, como ocorre no "confisco-efeito da condenação", mas é o próprio *patrimônio do condenado*, definido como "bens e valores".

Há duas distinções básicas entre "confisco-pena" e "confisco-efeito da condenação": 1ª) o *confisco-efeito* destina-se à *União*, como receita não tributária, enquanto o *confisco-pena* destina-se ao *Fundo Penitenciário Nacional*; 2ª) o objeto do *confisco-efeito* são os *instrumentos* e *produtos do crime* (art. 91, II, do CP), enquanto o objeto do *confisco-pena* é o *patrimônio* pertencente ao condenado (art. 45, § 3º, do CP). Não é, lamentavelmente, nem a *reparação do prejuízo causado* nem o *proveito do crime*. Esses dois — prejuízo causado e proveito do crime — servem apenas de parâmetro para o cálculo.

5.2.2. Limites do confisco

O "novo confisco", pelo menos tentando minimizar sua aberração e inconstitucionalidade, apresenta dois limites: 1º) *limitação do* quantum *a confiscar* — estabeleceu-se, como teto, o maior valor entre o *montante do prejuízo causado* ou *do proveito obtido* com a prática do crime; 2º) *limitação em razão da quantidade de pena aplicada* — esta sanção somente pode ser aplicada na hipótese de condenações que não ultrapassem o limite de quatro anos de prisão. E somente caberá essa pena de "perda de bens e valores" quando for possível a *substituição* da pena privativa de liberdade por pena restritiva de direitos, segundo a previsão desse art. 45 e seus parágrafos. Como se trata de sanção penal, não será admissível *interpretação extensiva*, quer para aplicá-la em condenação superior a quatro anos, quer para aplicá-la em condenação de até quatro anos que não satisfaça os requisitos legais da *substituição*.

Legislação especial pode, relativamente a essa sanção penal, dar-lhe destinação diversa do Fundo Penitenciário Nacional. O art. 243 da CF, por exemplo, prevê a expropriação de glebas de terras destinadas ao cultivo de drogas, destinando-as ao assentamento de colonos sem-terra ou a inconstitucional Medida Provisória n. 1.713/98 (hoje Lei n. 9.804/99), que alterou o art. 34 da Lei n. 6.368/76, para permitir a apreensão e o leilão de bens relacionados com o tráfico de drogas.

5.3. Prestação de outra natureza (inominada)

Se houver concordância do *"beneficiário"*, a pena de "prestação pecuniária" pode ser *substituída* por "prestação de outra natureza" (art. 45, § 2º). Se pode ser *substituída* por "prestação de outra natureza", à evidência que a *nova prestação* não pode ser de "natureza pecuniária" (que é a natureza da prestação substituída), eliminando, *desde logo*, as penas de *multa* e *perda de bens e valores*. Enfim, a "prestação" pela qual a pena de "prestação pecuniária" pode ser "substituída" poderá ter qualquer outra natureza, menos a pecuniária, caso contrário, não será "de outra natureza".

Essa "prestação de outra natureza" é, na verdade, uma *pena inominada*, e pena inominada é *pena indeterminada*, que viola o *princípio da reserva legal* (arts. 5º, XXXIX, da CF e 1º do CP). Esse princípio exige que *preceito* e *sanção* sejam claros, precisos, certos e determinados. Em termos de sanções criminais são inadmissíveis, pelo *princípio da legalidade*, expressões vagas, equívocas ou ambíguas. E a nova redação desse dispositivo, segundo Damásio de Jesus, "comina sanção de conteúdo vago, impreciso e incerto" (Damásio de Jesus, *Penas alternativas,* 1999). Essa pena seria, na realidade, uma espécie substituta da substituta da pena de prisão!

5.3.1. Natureza consensual dessa "conversão"

A lei autoriza a *substituição* da "natureza da prestação", isto é, a *substituição* da natureza pecuniária de uma prestação por *outra natureza qual-*

quer dependerá da *aceitação* do "beneficiário". Logo, referida substituição tem "caráter consensual". Em termos bem esquemáticos, para *operar-se* essa "troca" da "natureza" *da prestação* será necessário o *consentimento do beneficiário*; consequentemente, este precisa ser previamente *ouvido*.

Em razão da natureza *consensual da substituição* da "natureza da prestação", a *competência* para aplicar essa pena nunca poderá ser *do órgão recursal*. Além da *supressão de um órgão de jurisdição*, não seria possível ao órgão recursal convocar o "beneficiário" para ser "ouvido" na sessão de julgamento, sobre seu *assentimento* na *"conversão" da natureza da prestação*. Encontrando-se, portanto, em grau de recurso, o processo deve retornar à origem, ser examinado o cabimento e realizar eventual audiência do "beneficiário".

Questão igualmente interessante é definir, afinal, quem é o "beneficiário", referido no texto legal (art. 45, § 2º). Será o autor da infração penal, ora condenado, ou será o beneficiário do produto da pena de "prestação pecuniária"?

Não pode ser, a nosso juízo, o autor da infração penal ou condenado. Caso contrário, abrir-se-ia grande espaço para a *vindita privada*. Destinando-se à *vítima* ou a seus *dependentes* o produto da aplicação da pena de *"prestação pecuniária"*, frequentemente, aquele, o condenado, preferiria "cumprir" *prestação de outra natureza*, com inegáveis prejuízos aos seus *destinatários*. Logo, o vocábulo "beneficiário" não pode estar se referindo ao "beneficiário" da substituição penal, mas, com certeza, refere-se ao *beneficiário* do resultado da aplicação dessa *pena pecuniária*, que, como afirmamos, tem *caráter indenizatório*.

5.3.2. "Conversão" somente da "prestação pecuniária": seu fundamento

Curiosamente, somente a *prestação pecuniária* é autorizada a ser "convertida" em "prestação de outra natureza". As outras duas *sanções pecuniárias — pena de multa* e *perda de bens e valores* — não recebem essa mesma *"faculdade"*. Essa *curiosa* "liberalidade" do legislador tem uma explicação (e não uma justificação): é que aquela sanção — *prestação pecuniária* — destina-se, em tese, à vítima ou seus dependentes, enquanto essas duas — *multa* e *perda de bens* — destinam-se ao Fundo Penitenciário Nacional. É o velho descaso de sempre com o primo pobre do processo criminal, a vítima, além do mau hábito de prodigalizar o alheio.

5.4. Limitação de fim de semana

A *prisão descontínua*, que recebe denominações diversas, *limitação de fim de semana* (Brasil), *prisão por dias livres* (Portugal), *prisão por tempo livre* (Alemanha) ou *arresto de fim de semana* (Bélgica e Espanha), tem a intenção de evitar o afastamento do apenado de sua tarefa diária, de manter suas relações com sua família e demais relações sociais, profissionais etc. E objetiva, fundamentalmente, impedir o encarceramento com o inevitável contágio do *ambiente criminógeno* que essa *instituição total* produz e todas as consequências decorrentes, sem descurar da *prevenção especial*.

O *fracionamento da pena*, com seu cumprimento em dias de ócio ou de lazer, a forma e local de execução, por sua vez, impedem que se perca a *finalidade preventiva geral*, e, muitas vezes, a obrigação de recolher-se a um estabelecimento penitenciário, todos os fins de semana, produz grandes transtornos psicológicos, por mais cômodo e confortável que referido estabelecimento possa ser. Mas a *finalidade* dessa sanção vai além do delinquente: pretende impedir que os efeitos diretos e indiretos recaiam sobre a família do condenado, particularmente as consequências econômicas e sociais, que têm produzido grandes reflexos em pessoas que não devem sofrer os efeitos da condenação. Em outras palavras, busca-se garantir o sagrado princípio da *personalidade da pena*.

Com a finalidade de fracionar as penas privativas de liberdade de curta duração, além das razões já expostas, a *Reforma Penal brasileira* de 1984 instituiu a *limitação de fim de semana*, que consiste na obrigação de o condenado permanecer aos sábados e domingos, por cinco horas diárias, em casa de albergado ou em *estabelecimento adequado*, de modo a permitir que a sanção penal seja cumprida em dias normalmente dedicados ao descanso, sem prejudicar as atividades laborais do condenado, bem como a sua relação sociofamiliar.

A execução propriamente dita iniciará com o *primeiro comparecimento* do apenado ao estabelecimento determinado (art. 151, parágrafo único, da LEP). O *juiz da execução penal* cientificará o apenado do local, dia e hora de *comparecimento*. Nada impede que a pena seja cumprida em horários diversos, como noturno, diurno, vespertino ou matutino, adaptando-se às disponibilidades do estabelecimento, desde que também e, principalmente, não prejudique as atividades profissionais do *albergado*. Este deverá, igualmente, ser *advertido* de que a pena será *convertida em privativa de liberdade* se deixar de comparecer ao estabelecimento nas condições estabelecidas ou se praticar falta grave ou, de qualquer forma, descumprir, *injustificadamente*, as restrições impostas.

Referida sanção deverá, prioritariamente, ser cumprida em *casa de albergado*, que o legislador romântico esperava que existisse em todas as comarcas brasileiras. É bom frisar que, na época da promulgação e publicação da dita reforma de 1984, se desconhecia a existência de tais estabelecimentos no território brasileiro, com exceção de dois em Porto Alegre e dois ou três no Estado de São Paulo, os quais se destinavam ao cumprimento de penas privativas de liberdade, em *regime aberto*. A *casa de albergado* deve situar-se sempre em centros urbanos, separados dos demais estabelecimentos, e, na definição da Lei de Execução Penal, deve "caracterizar-se pela ausência de obstáculos físicos contra a fuga" (art. 94). Além das acomodações para os presos, referido estabelecimento deverá ser dotado de dependências destinadas aos serviços de coordenação, orientação e educação dos *albergados*, além de aposentos para a administração e auditórios para cursos, conferências e palestras educativas.

Não há preocupação com o transporte — que é um ônus do apenado — até a *casa do albergado*; porém, para facilitar-se a locomoção é que se determina que a sua localização deve ser obrigatoriamente em centros urbanos, sempre servidos por transporte coletivo.

Consciente da ausência desses estabelecimentos, mas ignorando as reais dificuldades econômico-financeiras que historicamente enfrentam os endividados Estados brasileiros, o legislador da reforma penal de 1984 concedeu o prazo de um ano para que a União, Estados, Distrito Federal e Territórios tomassem "as providências necessárias para a efetiva execução das penas restritivas de direitos" (art. 3º da Lei n. 7.209/84). Agiu o legislador como se com um "canetaço" resolvesse todos os crônicos problemas do sistema penitenciário brasileiro. Por outro lado, esqueceu-se, igualmente, do também histórico descaso da Administração Pública brasileira para com o sistema penitenciário, de um modo geral, e com os reclusos, em particular. Costuma-se dizer que preso não vota e investimentos no sistema penitenciário não rendem *dividendos políticos*, e, assim, somente quando houver "sobra de verbas" no orçamento público se pensará em alguma reforma daquilo que já existe.

Diante desse quadro desolador, evidentemente que as pretendidas casas de albergado, que têm dupla finalidade, de servir para *cumprimento de penas privativas de liberdade em regime aberto e abrigar os beneficiados com a pena de limitação de fim de semana*, não passaram de uma *carta de intenções* de nosso legislador. Referidos estabelecimentos, que são de pequeno custo em termos de arquitetura penitenciária, não foram construídos, sendo que a maioria dos Estados federados não possui nem uma sequer dessas casas. A consequência natural da inexistência de tais estabelecimentos é a inviabilidade de aplicação dessa sanção, que a maioria dos juízes, prudentemente, substitui por outra alternativa. Na verdade, a aplicação efetiva dessa sanção só contribuiria para desmoralizar a Justiça Pública, gerando mais impunidade, ante a impossibilidade de sua execução.

Essa pena, dita restritiva, *tem uma preocupação notadamente educativa*, prevendo que durante o seu cumprimento o albergado poderá receber cursos, palestras ou, ainda, realizar quaisquer outras atividades educativas. Essa previsão tem a finalidade de aproveitar positivamente o tempo que o albergado permanece no estabelecimento e, além de atribuir-lhe atividades educativas, o que está em consonância com os objetivos reeducadores da sanção penal, evita que o apenado permaneça inativo durante tantas horas e em meio a tantas pessoas, o que poderia ocasionar o que García Valdés chamou de "tertúlia de delinquentes"[120]. Apesar da boa intenção do legislador, essa é outra previsão de difícil aplicação, quer pela ausência de pessoal especializado, quer pelo elevado custo que representa a contratação de tais técnicos, além da carência de espaço físico para desenvolver ditas atividades.

O *juiz do processo de conhecimento* aplicará a sanção penal, no caso, a limitação de fim de semana, se esta se mostrar *necessária e suficiente.* Caberá, porém, ao *juiz da execução* determinar a forma de cumprimento das penas de prestação de serviços à comunidade e de limitação de fim de semana, ajustando-as "às condições pessoais do condenado, às características do estabelecimento, da entidade ou do programa comunitário". A efetiva *jurisdicionalização* da execução da pena, consagrada pela Lei de Execução Penal, faz-se presente com toda intensidade na execução dessas penas. A orientação e fiscalização do cumprimento da pena de limitação de fim de semana serão realizadas pelo *Patronato* (art. 79, II, da LEP) e pelo diretor do estabelecimento em que estiver sendo cumprida, o qual remeterá, mensalmente, ao juiz da execução um relatório sobre o comportamento e a disciplina de cada um dos albergados, sendo que eventuais ausências ou faltas disciplinares deverão ser comunicadas imediatamente (art. 153).

A *limitação de fim de semana* é similar à *prisão por dias livres*, prevista no art. 44 do Código Penal português, para penas de até três meses,

---

120. Carlos García Valdés, *Introducción a la penología*, 1981, p. 166.

e que "consiste em uma privação de liberdade por períodos correspondentes a fins de semana, não podendo exceder a 15 períodos". A *similar portuguesa* é efetivamente mais severa que a brasileira, visto que, devendo ter a mesma duração da pena privativa de liberdade substituída, a *limitação de fim de semana* corresponderá apenas a dois dias de prisão por semana, de apenas cinco horas diárias. Resumindo, em um mês de pena privativa de liberdade substituída, o condenado cumprirá quatro fins de semana em casa de albergado, o que corresponderá a quarenta horas de *liberdade restringida*.

Na Espanha, como já referimos, o "Derecho penal proyectado" — expressão utilizada por Sainz Cantero[121] — inclui em seu elenco de penas o *arresto de fim de semana*, classificando-o como *pena privativa de liberdade*. Essa sanção terá a função principal de, ao lado da pena de multa, substituir as penas privativas de liberdade — inferiores a seis meses — na condição de pena autônoma — embora, em casos excepcionais e "em atenção às circunstâncias do réu e à natureza do fato, possa substituir penas de até dois anos. Na primeira hipótese, funcionaria como pena principal; na segunda, como pena substitutiva.

A proposição do *arresto de fim de semana* foi recebida na Espanha com grande entusiasmo, conforme demonstra a *Memória Expositiva do Projeto de Código Penal de 1980*[122], que previa o cumprimento em *isolamento celular contínuo*. Essa prescrição foi suprimida, em boa hora, pela Proposta de Anteprojeto de 1983. Fica-se na expectativa do melhoramento e abrandamento do rigorismo da execução dessa sanção para que não desvirtue sua finalidade alternativa. Aguardam-se igualmente outras alternativas à pena privativa de liberdade, mais humanas e com menores custos sociais e econômicos, pois nem sempre será possível ou recomendável a aplicação da pena de arresto de fim de semana, abrindo uma lacuna que poderia ser preenchida com outras modalidades alternativas[123], sem prejuízo das finalidades preventivas que toda sanção penal encerra. Por último, a Lei Orgânica de Reforma Urgente e Parcial de 1983, que buscou dar certa atualização ao vigente Código Penal espanhol, perdeu uma grande oportunidade de in-

---

121. Sainz Cantero, Posibilidades de aplicación de la pena de arresto..., p. 206.

122. Higuera Guimerá, *La pena de arresto de fin de semana*, p. 63; Sainz Cantero, Posibilidades de aplicación de la pena de arresto..., p. 209.

123. Silvia Valmaña Ochaíta, *Sustitutivos penales y proyetos de reforma en el Derecho Penal español*, p. 196 — 10ª conclusão.

troduzir na ordem jurídica positiva espanhola a festejada pena de *arresto de fim de semana*, que continuou inaplicável na península ibérica.

No Brasil, diante dos fatos acima referidos, entre as sanções alternativas, a *limitação de fim de semana* foi a que menos aplausos recebeu. Afora o entusiasmo do legislador, toda a comunidade brasileira sabia que referida sanção seria inaplicável, pela absoluta falta de infraestrutura, especialmente de *estabelecimentos adequados*, como fala a legislação. A verdade é que referida sanção não tem tido aplicação, diante da inviabilidade de sua execução. Essa é a maior demonstração de que a importação de institutos bem-sucedidos em determinados países não pode, simplesmente, ser transportada para resolver questões locais, sem o exame profundo das conjunturas estruturais e peculiares de cada região, de cada povo, de cada cultura, enfim, da adaptabilidade ou não de um *instituto alienígena* a uma nova realidade social.

5.5. Prestação de serviços à comunidade ou a entidades públicas

Contagiado por festejados sucessos que foram alcançados em alguns países europeus, o legislador brasileiro de 1984 acreditou no *potencial não dessocializador* da "prestação de serviços à comunidade". Acautelou-se, contudo, determinando que as *atividades atribuídas ao sentenciado* devem guardar estreita correspondência com as *aptidões pessoais* de cada um e não coincidir com a jornada normal de trabalho, de forma a alterar o mínimo possível a rotina diária.

A doutrina tem conceituado a *prestação de serviços à comunidade* como o "dever de prestar determinada quantidade de horas de trabalho não remunerado e útil para a comunidade durante o tempo livre, em benefício de pessoas necessitadas ou para fins comunitários"[124]. Assemelha-se a esse conceito a definição do Direito brasileiro, para o qual *a prestação de serviços à comunidade consiste na atribuição ao condenado de tarefas gratuitas junto a entidades assistenciais, hospitais, escolas, orfanatos e outros estabelecimentos congêneres, em programas comunitários ou estatais*. Na definição dessa sanção, houve clara preocupação em estabelecer quais as entidades que poderão participar da prestação gratuita de serviços comuni-

---

124. H. H. Jescheck, Rasgos fundamentales del movimiento internacional de reforma del derecho penal, *Doctrina Penal*, 1979, p. 473; Antonio Donate Martin, La "suspensión con puesta a prueba" y "el trabajo social al servicio de la comunidad", *III Jornadas Penitenciarias Andaluzas*, p. 273.

tários. Afastaram-se, liminarmente, as *entidades privadas* que visam lucros, de forma a impedir a exploração de mão de obra gratuita e o consequente locupletamento sem a devida contraprestação. Em definitivo, trata-se de trabalhos que *não poderiam ser prestados de forma remunerada* em razão da escassez de recursos econômicos das entidades referidas. O Direito brasileiro arrola, exemplificativamente, como beneficiários as *entidades assistenciais, hospitais, escolas, orfanatos* e, diz a lei, "outros estabelecimentos congêneres, em programas comunitários e estatais". Logo, toda instituição filantrópica, de utilidade pública, ou comunitária, poderá ser conveniada e credenciada para participar desse *programa alternativo* à pena de prisão. Essas são as entidades mais apropriadas a contribuir com a concessão de tais benefícios, pois, em última instância, serão as beneficiárias diretas do resultado dessas prestações, sem ter de suportar nenhum gasto[125]. Por isso, o acréscimo que a Lei n. 9.714 trouxe em relação ao *nomen iuris* dessa pena, mediante a expressão "ou a entidades públicas", não alterou em nada a disciplina da prestação de serviços comunitários, revelando-se uma *inovação* inócua e inconsistente.

Cumpre esclarecer que as legislações adotaram orientações diferentes na execução dessa sanção. Em algumas, a sanção é executada no horário normal das atividades diárias do apenado, e em outras, como no Brasil, em respeito aos interesses do condenado, a execução será em horário que não coincida com o trabalho diário daquele. Determinar que a *prestação de serviços à comunidade* seja executada durante a jornada normal de trabalho não contribuirá com o *processo de reintegração social*, pois interferirá negativamente na estrutura profissional, familiar e social do condenado, dificultando, na maioria das vezes, sua sobrevivência e o sustento de sua família. A coincidência de horários gera um desconforto absolutamente desnecessário que terá certamente reflexos negativos na pretendida *ressocialização* do sentenciado. Pela previsão da Reforma Penal brasileira de 1984, que se mantém inalterada, o horário deverá atender, prevalentemente, às disponibilidades do condenado, não podendo jamais prejudicar seus afazeres rotineiros; por isso, a legislação brasileira, de 1984 (Lei n. 7.209), foi categórica ao estabelecer que será executada "*aos sábados, domingos e feriados ou em dias úteis, de modo a não prejudicar a jornada normal de trabalho*" (art. 46, parágrafo único, do CP). A nova disciplina, imposta pela Lei n. 9.714/98, não repete, com a mesma clareza, essa *determinação*, limitando-se a prever que as tarefas atribuídas ao condenado devem ser

---

125. Jorge Kent, *Sustitutos de la prisión*, p. 91.

"fixadas de modo a não prejudicar a jornada normal de trabalho" (art. 46, § 3º, do CP).

O *trabalho comunitário*, na legislação brasileira anterior, deveria ser executado em oito horas semanais. Agora, com a nova lei, esse parâmetro mudou e essa sanção deverá ser cumprida "à razão de 1 (uma) hora de tarefa por dia de condenação", tornando, segundo a Exposição de Motivos, "mais fácil ao juiz da execução o seu controle (art. 46)" (item 14). Na verdade, ao longo desses mais de quinze anos de vigência da pena de "prestação de serviços à comunidade" no ordenamento jurídico brasileiro, uma afirmação se pode fazer com absoluta segurança: *a obrigação de cumpri-la em oito horas semanais nunca ofereceu qualquer dificuldade ao controle jurisdicional*! Agora, ao contrário da pretensão deduzida na Exposição de Motivos, essas "dificuldades" efetivamente se farão presentes. Assim, quando a condenação referir-se a *anos e meses*, que será a regra, o magistrado, na sentença (e quando este não o fizer, porque não imperativo, o juiz da execução poderá fazê-lo), para facilitar a compreensão, poderá "converter" em horas o tempo de tarefas comunitárias. Embora não nos pareça necessária essa "conversão", alguns doutrinadores, certamente, a recomendarão, "para facilitar o entendimento". Enfim, essa alteração trazida pela nova legislação parece seguir aquela filosofia segundo a qual, "se é tão fácil complicar, por que facilitar?!".

Por derradeiro, a adoção do parâmetro de "uma hora de tarefas por dia de condenação", a princípio, apresenta-se mais vantajosa para o beneficiário. Com efeito, pela previsão anterior, o *cumprimento semanal* de oito horas dessa pena representava, em média, trinta e duas horas mensais; agora, essa soma regular representará trinta horas mensais, ressalvada a exceção que autoriza cumprir essa pena em menor tempo (art. 46, § 4º). O *cumprimento* dessa sanção começa com o *primeiro comparecimento* ao local determinado pelo *juiz da execução*. A carga horária semanal pode ser distribuída livremente. Embora a nova lei omita a referência a sábados, domingos e feriados, ao contrário do que fazia o texto legal revogado, nos parece que essa recomendação permanece, como os dias preferenciais, além de outros horários correspondentes aos dias úteis, desde que não prejudiquem a jornada normal de trabalho do beneficiário, pois é indispensável que se harmonizem com as disponibilidades do condenado.

A *prestação de serviços à comunidade* é um ônus que se impõe ao condenado como consequência jurídico-penal da violação da norma jurídica. Não é um emprego e tampouco um privilégio, apesar da existência de milhares de desempregados; aliás, por isso, a recomendação de utilizar-se somente as entidades referidas e em atividades em que não eliminem a criação de empregos. As lideranças sindicais brasileiras, que entenderam o sentido e a orientação dessa sanção, não se opuseram a sua aplicação, pois não viram qualquer forma de obstrução de mão de obra.

O fato de dever ser cumprida enquanto os demais membros da comunidade usufruem seu período de descanso gera aborrecimentos, angústia e aflição. Esses sentimentos são inerentes à sanção penal e integram seu sentido retributivo. Ao mesmo tempo, o condenado, ao realizar essa atividade comunitária, sente-se útil ao perceber que está emprestando uma parcela de contribuição e recebe, muitas vezes, o reconhecimento da comunidade pelo trabalho realizado. Essa circunstância leva naturalmente o sentenciado à reflexão sobre seu ato ilícito, a sanção sofrida, o trabalho realizado, a aceitação pela comunidade e a escala de valores comumente aceita pela mesma comunidade. Essa reflexão facilita o propósito pessoal de *ressocializar-se*, fator indispensável no aperfeiçoamento do ser humano. Essa sanção representa uma das grandes *esperanças penológicas*, ao manter o estado normal do sujeito e permitir, ao mesmo tempo, o *tratamento ressocializador mínimo*, sem prejuízo de suas atividades laborais normais. Contudo, o sucesso dessa iniciativa dependerá muito do apoio que a própria comunidade der à autoridade judiciária, ensejando oportunidade e trabalho ao sentenciado.

As características fundamentais que o trabalho em proveito da comunidade deve reunir são gratuidade, aceitação pelo condenado e autêntica utilidade social.

A *prestação de serviços à comunidade* deve ser aplicada *pelo juiz que julgar o sentenciado*. Porém, a designação da entidade ou programa comunitário onde a mesma deverá ser cumprida será atribuição do *juiz da execução*, que conhece a situação das entidades adequadas e fiscalizará a execução da pena. O mesmo juiz da execução poderá alterar a forma, horário e local de cumprimento da pena, com a finalidade de ajustá-la às condições pessoais do condenado e conciliar com suas atividades, de modo a não prejudicá-lo. O que o *juiz da execução* não poderá fazer, simplesmente, por falecer-lhe competência, será *alterar a modalidade de pena restritiva* aplicada, ou seja, "substituir" a limitação de fim de semana, por exemplo, por prestação de serviços à comunidade ou por prestação pecuniária etc., porque isso representaria *alterar* a pena aplicada na decisão condenatória, que transitou em julgado.

Porém, como *operacionalizar* a aplicação e execução da pena de prestação de serviços à comunidade? Inúmeras são as dificuldades levantadas, e vão desde a inexistência de entidades apropriadas e pessoal especializado até a fiscalização do cumprimento e a aceitação pelo condenado da referida sanção. Mas, como diz Roxin[126], os *problemas organizacionais* são superáveis, e um moderno ordenamento jurídico-penal não pode renunciar à tentativa de tornar exequível essa sanção.

Se o Ministério da Justiça resolvesse aplicar, pelo menos, dez por cento do total de trezentos milhões de dólares/ano que, segundo anunciaram, com grande alarde, pela mídia, representará de economia para os cofres públicos a adoção das novas "penas alternativas", todos os problemas antes referidos seriam resolvidos e, certamente, a *política criminal de alternativas* à pena de prisão seria exitosa. Mas, como "no creo en las brujas...", certamente, essa *demonstração de vontade política*, de seriedade no trato da questão penitenciária, mais uma vez, desafortunadamente, não acontecerá. E, sem desejar vaticinar o fracasso, vislumbramos um horizonte sombrio, com a má aplicação das novas alternativas, impunidade e consequente aumento da criminalidade, novas exasperações penais para fugir dos limites dos quatro anos, recrudescimento da atual política criminal do terror etc.

As principais dificuldades que se apresentam, de plano, para tornar realidade, pelo menos, a aplicação da "prestação de serviços à comunidade", que é a alternativa por excelência e que representa menor custo, são as seguintes: quais as instituições, programas comunitários ou estatais existentes na comunidade, bem como quais são suas disponibilidades? Como se fará o acompanhamento, fiscalização e orientação do apenado que receber essa sanção penal? Como será feito o controle das *aptidões pessoais* dos condenados para destiná-los às atividades correspondentes?

O atendimento de todas essas delicadas questões demanda infraestrutura e vontade política de realizá-las. Em Porto Alegre foi implantado, em 1986, um projeto piloto[127] — atendendo às questões suprarreferidas — que vem obtendo excelentes resultados. A estruturação do sistema, por se tratar de uma comarca de grande porte, não avulta economicamente, comparando-se com o custo que representam os réus presos. Mais de dois mil sen-

---

126. Claus Roxin, El desarollo de la política criminal desde el Proyecto Alternativo, Doctrina Penal, 1979, p. 519.

127. Vera Regina Muller, Prestação de serviços à comunidade como pena restritiva de direitos, *Ajuris*, n. 36/65 e s., 1986.

tenciados já testaram referido projeto com absoluto sucesso. Há notícias de que alguns continuam voluntariamente trabalhando na mesma instituição, após o cumprimento da pena. Algo semelhante, e com extraordinário sucesso, ocorre no interior de São Paulo, na comarca de São José dos Campos. Essa experiência pioneira e a de Porto Alegre têm o mérito de comprovar, como já pensava Roxin, que os problemas organizacionais são superáveis e a referida sanção é perfeitamente aplicável.

Com a palavra o Ministério da Justiça e o Conselho Nacional de Política Criminal e Penitenciária!

5.6. Interdição temporária de direitos

A quinta espécie de pena restritiva de direitos, no rol elencado no art. 43, é a *interdição temporária de direitos*. Esta, ao contrário das outras — que são *genéricas* —, é *específica* e aplica-se a determinados crimes. É também de grande alcance *preventivo especial*: ao afastar do tráfego motoristas negligentes e ao impedir que o sentenciado continue a exercer determinada atividade — no desempenho da qual se mostrou irresponsável ou perigoso —, estará impedindo que se oportunizem as condições que poderiam, naturalmente, levar à *reincidência*. Por outro lado, é a única sanção que *restringe* efetivamente a capacidade jurídica do condenado, justificando, inclusive, a sua denominação.

Das *modalidades alternativas* esta é, sem dúvida nenhuma, a que maior impacto causa na população que recebe, com certo gosto, a efetividade da Justiça Penal. E, ao mesmo tempo, pela gravidade das consequências financeiras que produz, *é de grande potencial preventivo geral*, inibindo abusos e desrespeitos aos *deveres funcionais e profissionais*, próprios de cada atividade. A *interdição temporária de direitos*, especialmente as duas primeiras modalidades (art. 47, I e II, do CP), tem, efetivamente, grande reflexo econômico. Ao proibir que o sentenciado realize sua tarefa laboral, naturalmente remunerada, reduzirá sensivelmente os seus rendimentos. É uma sanção que, como diz Manoel Pedro Pimentel[128], "atinge fundo os interesses econômicos do condenado, sem acarretar os males representados pelo recolhimento à prisão por curto prazo".

As *interdições temporárias*, relacionadas no art. 47, I e II, do CP, somente podem ser aplicadas nas hipóteses de crimes praticados *com abuso*

---

128. Manoel Pedro Pimentel, *O crime e a pena na atualidade*, p. 171.

ou violação dos deveres inerentes ao cargo, função, profissão, atividade ou ofício. *É indispensável que o delito praticado esteja diretamente relacionado com o mau uso do direito interditado*[129]. Caso contrário, a pena violaria o direito do cidadão de desenvolver livremente a atividade lícita que eleger, além de ser prejudicial à obtenção de meios para o sustento pessoal e de seus familiares.

As *interdições temporárias* não se confundem com os *efeitos da condenação* (art. 92 e incisos), que não são sanções penais, mas apenas *consequências reflexas* da decisão condenatória. A *interdição de direitos* é uma sanção penal aplicável independentemente da sanção que couber no âmbito ético ou administrativo. Isto é, a condenação criminal não inibe os Conselhos Regionais de Classes e a Administração Pública de aplicarem, em suas esferas de competências, as sanções correspondentes.

As *penas de interdições*, que já eram previstas pela legislação anterior, são (art. 47): (a) *proibição do exercício de cargo, função ou atividade pública, bem como de mandato eletivo*, (b) *proibição do exercício de profissão, atividade ou ofício que dependam de habilitação especial, de licença ou autorização do poder público* e (c) *suspensão de autorização ou de habilitação para dirigir veículo*. A estas foi acrescentada, a nosso juízo, injustificada e equivocadamente, a "proibição de frequentar determinados lugares", que, antes de representar "interdição de direitos", significa "restrição de liberdade", como ocorre com *prisão domiciliar, limitação de fim de semana* e *prestação de serviços à comunidade*. Foram acrescidas, posteriormente, mais duas penas de interdições temporárias, quais sejam, a proibição de frequentar determinados lugares (Lei n. 9.714/98), e a proibição de inscrever-se em concurso, avaliação ou exame públicos (Lei n. 12.550/2011). Vejamos, a seguir, cada uma das interdições temporárias de direitos:

a) *Proibição do exercício de cargo, função ou atividade pública, bem como de mandato eletivo*

Com essa modalidade de sanção restritiva, o legislador brasileiro procurou abranger toda e qualquer atividade desenvolvida por quem usufrua da condição de *funcionário público*, nos termos do art. 327 do Código Penal. Não se trata de incapacidade definitiva, mas de uma suspensão temporária que terá a duração da pena de prisão substituída. O *funcionário condenado* a essa sanção deve estar no exercício *efetivo* do cargo. A autoridade superior deverá, no prazo de 24 horas após ter sido cientificada, baixar

---

129. H. H. Jescheck, *Tratado de derecho penal*, 1981, p. 1147.

ato administrativo, a partir do qual começa a execução da pena (art. 154, § 1º, da LEP). É indispensável que a infração penal tenha sido praticada *com violação dos deveres* inerentes ao cargo, função ou atividade. Não é necessário, porém, que se trate de crime contra a Administração Pública; basta que o agente, de alguma forma, tenha violado os deveres que a qualidade de funcionário público lhe impõe.

Depois de cumprida a pena, o condenado poderá voltar a exercer suas funções normais, desde que não haja impedimento de ordem administrativa. O legislador penal esqueceu-se de regulamentar os efeitos administrativos que naturalmente devem decorrer da aplicação dessa sanção[130], tais como vencimentos, férias, tempo de serviço, vantagens funcionais etc. Na ausência de previsão na órbita penal, tais questões deverão ser tratadas à luz da legislação pertinente.

O *exercício de mandato eletivo* poderá ser um dos direitos políticos do indivíduo que será afetado pela condenação. Haverá uma espécie de *suspensão parcial* dos direitos políticos. Com essa sanção não ocorrerá a perda do mandato eletivo, o que poderá acontecer, em outras circunstâncias, mas com efeito específico da condenação, nos termos do art. 92, I, do Código Penal.

b) *Proibição do exercício de profissão, atividade ou ofício que dependam de habilitação especial, licença ou autorização do poder público*

Há profissões, atividades ou ofícios que exigem *habilitação especial* ou *autorização do poder público* para poderem ser exercidas. Podem ser exigências como cursos superiores ou profissionalizantes, registros especiais, inscrições em Conselhos Regionais etc. que, de um modo geral, são controlados pelo poder público. São exemplos eloquentes os casos de advogados, engenheiros, arquitetos, médicos etc. *Qualquer profissional* que for condenado por crime praticado no exercício de seu mister, *com infringência aos deveres que lhe são inerentes*, poderá receber essa sanção, desde que, é claro, preencha os requisitos necessários e a substituição revele-se *suficiente* à reprovação e prevenção do crime.

Cumpre ressaltar que a *interdição* não pode abranger todas as profissões ou atividades que o condenado eventualmente possa exercer. Ela deverá *restringir-se* apenas à profissão, atividade ou ofício no exercício do qual ocorreu o abuso. Como afirmava Hungria, a *interdição* pressupõe que

---

130. Paulo José da Costa Jr., *Comentários ao Código Penal*, v. 1, p. 288.

a ação criminosa tenha sido realizada *com abuso de poder* de profissão ou atividade, ou com infração de dever a ela inerente[131].

c) *Suspensão de autorização ou de habilitação para dirigir veículo*

A terceira modalidade de *interdição temporária de direitos* é a "suspensão de *autorização* ou de *habilitação* para dirigir veículo", aplicável exclusivamente aos *crimes culposos de trânsito* (arts. 47, III, e 57, ambos do CP). O legislador brasileiro, aqui, ainda sob a vigência do antigo Código Nacional de Trânsito (Lei n. 5.108/66), primou pelo preciosismo técnico, distinguindo "autorização" de "habilitação". A "autorização" destinava-se aos condutores de veículos de *propulsão humana* ou de *tração animal* e aos *condutores estrangeiros* de veículos automotores devidamente habilitados em seus países de origem. Já a "habilitação" é a licença concedida para condução de veículo automotor, a todo aquele que for aprovado nos exames de praxe, a quem é conferida a "Carteira Nacional de Habilitação" (art. 64 do Código Nacional de Trânsito — Lei n. 5.108/66). Apesar da distinção, tanto a suspensão de *autorização* quanto de *habilitação* constituem pena restritiva de direito aplicável aos crimes, culposos, de trânsito, pelo mesmo tempo de duração da pena privativa de liberdade substituída.

A "autorização" para os *condutores* de veículos de *propulsão humana* e de *tração animal* nunca chegou a ser implementada. Pelo novo CTB essa "autorização" ficou "a cargo dos Municípios" (art. 141, § 1º); até o presente igualmente não foi implementada. Para os "estrangeiros", ou melhor, para aqueles que obtiverem sua habilitação no estrangeiro, o *reconhecimento* de validade "está subordinado às condições estabelecidas em *convenções e acordos internacionais* e às normas do Contran" (art. 142 do CTB).

Agora, o novo Código de Trânsito Brasileiro (Lei n. 9.503, de 23-9-1997), além das modalidades de *autorização* e *habilitação*, já referidas, criou outra categoria, a da "permissão" para dirigir. A *permissão* para dirigir será conferida ao "candidato aprovado nos exames de habilitação, com a validade de um ano" (art. 148, § 2º). Somente após o término desse ano, sem ter cometido nenhuma infração grave ou gravíssima ou reincidir em infração média, o "candidato permitido" receberá sua "*Carteira Nacional de Habilitação*" (art. 148, § 3º, do CTB). Deve-se destacar, a bem da verdade, que, com a fúria arrecadadora dos Municípios, dificilmente os "neófitos do asfalto" ultrapassarão esse *primeiro ano de prova* sem incidir nas

---

131. Nélson Hungria, *Comentários ao Código Penal*, v. 2, p. 506.

infrações referidas, a menos que, prudentemente, passem esse período sem dirigir veículo automotor.

O ordenamento jurídico-penal alemão distingue *proibição* de conduzir — pena acessória — da *privação da permissão* de conduzir, que é medida de segurança. A *privação da permissão* se refere à capacidade deficiente do réu para dirigir veículo automotor. Já a *proibição para conduzir* é uma *advertência*, de ordem preventiva, imposta a motoristas que têm aptidão, mas que foram autores de infração grave no trânsito. Nesse caso, o condenado mantém a *permissão* para conduzir, porém não pode utilizá-la durante o período de condenação[132]. A *proibição de conduzir*, no Direito alemão, é pena, e a *privação da permissão* é medida de segurança, assim como, no Direito brasileiro, a *suspensão* de autorização ou de habilitação é pena e a *inabilitação* para dirigir veículo, quando utilizado como meio para a prática de crime doloso, é efeito, não automático, da condenação (art. 92, III, do CP).

O aumento da criminalidade no trânsito hoje é um fato incontestável. O veículo transformou-se em instrumento de vazão da agressividade, da prepotência, do desequilíbrio emocional, que se extravasam na direção perigosa de veículos. E uma das finalidades dessa sanção é afastar do trânsito os autores de delitos culposos, que, no mínimo, são *uns descuidados*. "Não há dever mais ajustado ao mister do motorista que o de ser cauteloso e, assim, respeitar a integridade física alheia"[133]. Não resta a menor dúvida de que, ao limitar sua aplicação aos *crimes culposos*, essa previsão mostrou-se extremamente tímida ante a magnitude da criminalidade praticada ao volante do automóvel. Embora a utilização de veículo como meio para a prática de *crime doloso* possa receber, como efeito da condenação, a *inabilitação* para dirigir veículos, contudo, como diz Enrique Cury[134], "a suspensão da permissão para dirigir constitui só um ensaio parcial na exploração de soluções penais melhores", além de, acrescenta, "resultar singularmente educativo, colaborando para o desenvolvimento das capacidades de autocontrole do condenado". A privação da permissão para conduzir veículos constitui um mal real capaz de traduzir a *reprovabilidade pessoal* e

---

132. H. H. Jescheck, *Tratado de derecho penal*, 1981, p. 1090-1091. Os tribunais alemães têm preferido a privação da permissão de conduzir por considerarem que o limite máximo de três meses da proibição de conduzir é muito curto para os fins preventivos, segundo afirma Jescheck.

133. Basileu Garcia, *Instituições de direito penal*, v. 1, p. 521.

134. Enrique Cury, Contribuição ao estudo da pena, *Revista de Direito Penal*, v. 11 e 12, 1973, p. 31.

de garantir eficazmente a proteção social, exigindo maior atenção de todos os condutores.

Essa sanção é aplicável ao condenado que, à época do crime, era autorizado ou habilitado à condução de veículos. Permitir sua aplicação àquele que venha a habilitar-se antes da sentença equivaleria a permitir que o infrator modifique, *a posteriori*, a sanção aplicável, em flagrante desrespeito ao princípio da reserva legal[135]. A aplicação da referida sanção não impede que a autoridade policial, administrativamente, determine a realização de novos exames de habilitação, com prévia apreensão do documento de habilitação. Por fim, em obediência ao *princípio da reserva legal*, com fundamento no art. 47, III, do CP, não pode ser aplicada a pena de suspensão da *permissão* para dirigir veículo (art. 148, § 2º, do CTB), uma vez que aquele dispositivo do Código Penal prevê somente a suspensão "de autorização ou de habilitação" para dirigir veículo.

d) *Proibição de frequentar determinados lugares*

Essa foi a "grande novidade" contemplada pela Lei n. 9.714/98 nessa modalidade de pena, a única efetivamente *restritiva de direitos*, dentre as novas espécies de penas "alternativas" acrescidas pela nova lei (aliás, esta seria restritiva de liberdade). Em relação à "nova alternativa", só temos a deplorar a *pobreza inventiva* do legislador, *incapaz* de "*criar*" qualquer coisa de razoável qualidade técnico-jurídico-penal.

Que o legislador das décadas de 30 e 40 pudesse pensar nessa forma de restrição da liberdade — como simples condição do *sursis* — pode até ser razoável, quando ainda se falava em "zona do meretrício", "casa de tavolagem" etc. Na atualidade, com a "concorrência desleal" que se instalou na sociedade não se pode mais falar de "zona do meretrício", pois está disseminada pela sociedade; "casa de tavolagem", por sua vez, é algo que nunca ficou bem esclarecido, pois nunca tivemos oportunidade de conhecer uma ou saber onde haja existido alguma. Ademais, as pessoas hoje não têm mais tempo e condição de frequentar lugares dessa natureza. Enfim, proibir de frequentar que lugar? Aquele em que eventualmente o crime foi cometido, quiçá, por puro "acidente", embora sem qualquer relação com a conduta delituosa, sem qualquer efeito ou influência criminógena? Assim, chegaríamos ao absurdo de ter de *proibir determinado motorista* de trafe-

---

135. Julio Fabbrini Mirabete, *Manual de direito penal*, 1990, v. 1, p. 268.

gar em certa rodovia onde eventualmente foi autor de um crime culposo etc., que, convenhamos, seria lamentável!

Cumpre ressaltar, igualmente, que a proibição não pode abranger lugares indeterminados, ou escolher aleatoriamente locais que se sabe o "beneficiário" possa eventualmente ter, querer ou precisar frequentar, seja por hábito, prazer, necessidade ou profissão. A *proibição de frequentar determinados lugares*, por preceito constitucional, deverá restringir-se àquele ou àqueles do cometimento do crime. No entanto, acreditamos, pela crítica que já endereçamos a essa esdrúxula "pena", que essa *proibição* não pode e não deve ser aplicada a *qualquer tipo de crime* ou de *infrator*. Precisa-se ter presente que, para se *justificar* a proibição de frequentar determinados lugares, é indispensável que exista, pelo menos em tese, uma *relação de influência criminógena* com o lugar em que a infração penal foi cometida e a personalidade e/ou conduta do apenado e que, por essa razão, se pretende proibir a frequência do *infrator-beneficiário* da alternativa à pena privativa de liberdade.

Na verdade, essa *proibição* pressupõe que o "lugar determinado" exerceu ou possa exercer alguma relação ou *influência criminógena* sobre o infrator. Portanto, *não será qualquer lugar* em que determinada infração foi cometida que poderá ser objeto dessa sanção proibitiva, mas será fundamental que tal local não tenha sido meramente ocasional, circunstancial ou acidental na ocorrência do fato delituoso. Da mesma forma, *não será qualquer infração penal* que poderá sofrer essa espécie de sanção, mas somente aquela que, por alguma razão, possa ter *alguma relação com o lugar* em que acabou sendo praticada. Finalmente, *não será qualquer infrator* que poderá receber essa indigitada sanção, como é o caso do *criminoso ocasional*, para o qual o "lugar do crime" será mais um detalhe meramente acidental, *sem qualquer influência criminógena* na formação, socialização ou *ressocialização* do infrator. Enfim, é indispensável que haja uma relação de integração-influência entre lugar-infração-delinquente, para *justificar* a imposição dessa ridícula "restrição de direito" (entenda-se de liberdade). Enfim, pelo menos isso — que poderíamos chamar de *finalidade preventivo-especial* — para *justificar* e *limitar* a aplicação dessa "monstruosa restrição de liberdade" travestida de "*restritiva de direitos*", na retórica do legislador brasileiro.

e) *Proibição de inscrever-se em concurso, avaliação ou exame públicos*[136]

Esta é a quinta espécie de pena de interdição temporária de direitos, ou seja, uma subespécie de pena restritiva de direitos, acrescida pela confusa Lei n. 12.550, de 15 de dezembro de 2011. Olvidou-se o legislador atual que as penas de interdição temporária de direitos são específicas, ao contrário das demais penas restritivas que são genéricas, aliás, exatamente o mesmo que aconteceu com o legislador que elaborou a Lei n. 9.714/98 (que acrescentou a "proibição de frequentar determinados lugares", como a quarta pena de interdição de direitos). Nos dois diplomas legais que acabamos de mencionar o legislador esqueceu-se de indicar em que hipóteses ou casos deveriam ser aplicadas, deixando uma lacuna em nosso Código Penal. Nesse sentido, destaque-se que as penas de interdição de direitos, originárias, constantes do art. 47, I, II e III, têm sua destinação específica prevista nos arts. 56 e 57 do mesmo diploma legal.

Logicamente, da forma como ficou redigida essa previsão legal — proibição de inscrever-se em concurso, avaliação ou exame públicos — surge apenas como se fosse mais uma das penas restritivas de direitos genéricas, permitindo ao julgador aplicá-la se quiser, pois pode preferir outra pena genérica. Com efeito, as penas de interdição temporária de direitos, constantes do art. 47 do Código Penal, desde a Reforma Penal de 1984, têm destinação específica, segundo previsões constantes dos arts. 56 e 57 do mesmo diploma legal. Contudo, por erro do legislador *ad hoc*, que desconhece a estrutura e a harmonia do Código Penal, as duas últimas penas de interdição temporária de direitos — proibição de frequentar determinados lugares e proibição de inscrever-se em concurso, avaliação ou exame públicos — não têm a natureza de penas específicas, como as primeiras três constantes do art. 47.

Por isso, embora a intenção do legislador — pelo que se depreende de seu texto e da oportunidade de sua publicação — tenha sido a fraude das provas do ENEM, a sua aplicação não é obrigatória. Ou seja, a proibição de inscrever-se em concurso, avaliação ou exame públicos poderá acabar, por opção do julgador, não sendo a pena aplicada para quem for condenado pelo crime descrito no art. 311-A (fraudes em certames de interesse público).

Enfim, paradoxos como esses decorrem de abusos e excessos das denominadas reformas pontuais que têm proliferado nos últimos anos, as

---

136. Espécie de pena de interdição temporária de direitos acrescida pela Lei n. 12.550/2011.

quais, como temos destacado insistentemente, acabam destruindo a harmonia e a coerência que qualquer diploma legal codificado deve ter.

6. Penas restritivas como incidente de execução

A *Reforma Penal de 1984* procurou *dinamizar* de tal forma a execução da pena, quer com a adoção do *sistema progressivo*, quer com a previsão das *conversões* que, afinal, a *pena cumprida* não será necessariamente a *pena aplicada* na sentença. Esse *dinamismo* caracteriza o que Francisco de Assis Toledo[137] chama de "pena programática", pois os *limites fixados* na sentença serão apenas os *limites máximos* e não os *limites definitivos*.

Além da aplicação, pelo *juiz da condenação*, das *penas restritivas de direitos*, na forma examinada, a *Lei de Execução Penal* (art. 180 da LEP) prevê outra possibilidade de aplicação, pelo *juiz da execução*, dessas mesmas sanções. Essa possibilidade, que a lei chamou também de *"conversão"*, que se opera já no curso do cumprimento da pena, constitui um *incidente de execução*, que exige a presença de requisitos próprios que serão examinados logo a seguir. Comentava-se que essa previsão legal seria de difícil ocorrência, visto que, normalmente, o *reincidente* sofreria pena superior a dois anos. Discordando desse entendimento, antes da vigência da Lei n. 9.714/98, fizemos o seguinte comentário, *in verbis*: "Isso não é bem verdade, pois, mesmo *reincidentes*, poderão receber penas a partir de três meses de detenção. Ainda que não seja muito frequente a ocorrência da hipótese legislada, não se pode negar sua extraordinária importância. É bom lembrar o seguinte: a) nenhum reincidente, tanto em crime doloso quanto em crime culposo, pode ter sua pena substituída por multa ou pena restritiva de direitos; b) nenhum réu reincidente em crime doloso poderá ter sua pena suspensa (*sursis*); c) e, finalmente, nenhuma dessas penas não substituídas ou não suspensas, inferiores a dois anos, poderão receber o livramento condicional. Se, por exemplo, no momento da aplicação da pena o sentenciado não satisfizer qualquer dos requisitos, quer para a substituição por pena restritiva de direitos, quer para a suspensão condicional, teria que cumprir a pena de prisão integralmente. Não se pode esquecer que o livramento condicional só é permitido para penas iguais ou superiores a

---

137. Francisco de Assis Toledo, Princípios gerais do novo sistema penal brasileiro, in *O direito penal e o novo Código Penal brasileiro*, p. 16. Já para Alberto Rufino as "penas programáticas" de Toledo parecem configurar mais claramente "penas finalísticas" (Bases axiológicas da Reforma Penal brasileira, in *O direito penal e o novo Código Penal brasileiro*, p. 41).

dois anos. E, ao contrário do que se imagina, não é tão raro a ocorrência de réus condenados a penas curtas de prisão que não satisfazem as exigências legais para a substituição ou para a suspensão da pena. Mesmo que os requisitos gerais estejam presentes é possível que, nas circunstâncias, a substituição ou a suspensão não sejam recomendáveis, ou como diz a lei, não sejam suficientes para a 'reprovação e prevenção do crime'".

No entanto, em face da nova lei, que *amplia* a possibilidade de *substituição* das penas privativas de liberdade para até quatro anos e *admite*, ainda que excepcionalmente, a concessão dessa substituição *inclusive para reincidentes em crime doloso*, agora, somos obrigados a concordar, de modo efetivo muito raramente haverá hipóteses que se enquadrem na previsão do art. 180 da LEP. Contudo, é importante manter viva essa previsão, para as eventualidades que vierem a ocorrer, como mais uma *alternativa* importante para afastar, sempre que possível, os efeitos deletérios da prisão. Essa pena privativa de liberdade de curta duração, que não pode ser *substituída* e tampouco *suspensa*, por faltar-lhe qualquer dos requisitos, terá uma oportunidade futura de ser revista em sua *execução* e, finalmente, ser *substituída* por uma *restritiva de direitos*. Serão necessários, contudo, os seguintes requisitos (art. 180 da LEP):

a) *que a pena não seja superior a dois anos* — Essa previsão, ao contrário daquela da anterior redação do art. 45 do Código Penal, não fala em "pena aplicada". Não estaria o legislador aqui referindo-se ao restante da pena? Admitimos, nessa hipótese, que a previsão não é clara e aceita interpretação extensiva. Significa dizer que a *pena aplicada* — não substituída nem suspensa — que se encontra em execução pode ter sido superior a dois anos, desde que o restante a cumprir esteja dentro desse limite;

b) *que a pena esteja sendo cumprida em regime aberto* — Nada impede que tenha *iniciado* seu cumprimento em qualquer outro regime e tenha chegado ao *aberto* por meio da *progressão*. Se assim não fosse, afastaria naturalmente o *reincidente*, que *nunca* poderá iniciar o cumprimento da pena em *regime aberto* (art. 33, § 2º, *c*, do CP);

c) *que já tenha sido cumprido um quarto da pena* — É necessário que o apenado tenha cumprido uma parcela da pena, no caso *um quarto*. Parte-se da *presunção* de que o cumprimento de um quarto da pena tenha contribuído na *retribuição do mal* causado e na *recuperação* do sentenciado. Esse requisito, não se pode negar, *tem objetivo eminentemente retributivo*;

d) *que os antecedentes e a personalidade do condenado recomendem a conversão* — Esse requisito segue a mesma filosofia adotada para as hipóteses de *substituição* das penas privativas de liberdade no momento da sentença (art. 44, III, do CP) e para a suspensão condicional da execução da pena (art. 77, II, do CP). Para atingir o *regime aberto*, o condenado terá de apresentar antecedentes que o recomendem (art. 114, II, da LEP). Ao condicionar a concessão dessa *conversão* à personalidade do sentenciado, não está a legislação brasileira consagrando o odioso *Direito Penal do autor*, mas tão somente possibilitando a quem apresenta menor grau de *dessocialização* cumprir o restante de sua sanção em liberdade. A intenção não é *discriminar* o apenado de acordo com a personalidade, mas apenas preservar a ordem jurídica e fazer a *reintegração social*, com o menor custo possível.

7. Conversão das penas restritivas de direitos

7.1. Novos aspectos relativos à conversão

A nova disciplina legal das penas *restritivas de direitos* traz uma série de novidades, que demandam alguma atenção dos operadores do direito. Relativamente à *conversão* dessas penas em *privativas de liberdade* não é diferente. Para simplificar o exame desses aspectos, destacamos, topicamente, as questões mais relevantes dessas inovações, antes de procedermos ao exame propriamente das causas, gerais e especiais, que autorizam a *conversão*.

7.1.1. Coercibilidade da conversão

Em determinadas circunstâncias, as *penas restritivas de direitos* podem ser *"convertidas"* em *pena privativa de liberdade* (arts. 44, §§ 4º e 5º, do CP e 181 e parágrafos da LEP), observada, segundo a nova legislação, a *"detração penal"* (art. 44, § 4º). Ao adotar as penas restritivas de direitos, como *substitutivas* da pena de prisão, era indispensável dotá-las de *coercibilidade*. E para isso nada melhor do que a previsão da possibilidade de *convertê-las* em pena privativa de liberdade. A *finalidade* da conversão, em outras palavras, é garantir o êxito das penas substitutivas.

7.1.2. Limite temporal da conversão e detração penal

A *conversão* deixou de ser pela pena *efetivamente* aplicada, independentemente do tempo de cumprimento da sanção restritiva, como ocorria na legislação revogada. Atendendo ao clamor da doutrina e jurisprudência adotou-se o *princípio da detração penal*, deduzindo-se o tempo de pena restritiva efetivamente cumprido.

Pela legislação revogada, fazia-se a "conversão" *pelo tempo de pena aplicada*, sem descontar o período cumprido de pena restritiva (antigo art. 45). Para afastar essa brutal injustiça, que já era duramente combatida por doutrina e jurisprudência, a nova lei adotou, com acerto, o *princípio da detração penal*, determinando, na *conversão* para pena privativa de liberdade, a *dedução do tempo cumprido* de pena restritiva de direitos (art. 44, § 4º). Em outros termos, se faz pelo restante da pena que faltava cumprir.

7.1.3. Ressalva: *quantum* mínimo de conversão

A afirmação de dever ser "respeitado o saldo mínimo de trinta dias de detenção ou reclusão" (art. 44, § 4º, *in fine*), segundo alguns entendimentos, refere-se ao mínimo de dias de penas alternativas cumprido para permitir a dedução da pena de prisão a converter. Ou seja, segundo esse entendimento, em cumprimento de pena restritiva de direitos inferior a 30 dias não poderia ser aplicada a "detração". Pensamos em sentido contrário: a ressalva referente ao "saldo mínimo de trinta dias de detenção ou reclusão", para permitir a detração, refere-se ao *período mínimo de pena restante para cumprir,* e não ao período de tempo já cumprido. *Saldo é o que falta para cumprir*, e nunca o tempo de pena restritiva já cumprido. Por isso, qualquer que seja o tempo cumprido, mesmo inferior a trinta dias, deverá ser deduzido da pena a converter, para não cumpri-la duas vezes. Por exemplo, indivíduo condenado a seis meses de prisão tem sua pena convertida em prestação de serviços à comunidade. *Nos últimos dias começa a descumprir* todas as restrições impostas. Ora, para se manter a *coercibilidade* do cumprimento das restrições impostas, essa conversão deverá ser, no mínimo, de trinta dias. Parece justo, pois a *finalidade salutar* dessa *ressalva* visa exatamente desestimular o *descumprimento injustificado*, nos últimos dias, da substituição. Antes, em outro extremo, pela lei revogada, a *conversão* era *pelo total da pena aplicada*, sem detração, independentemente da quantidade do tempo cumprido da pena restritiva de direitos, representando a mais flagrante injustiça, ao determinar o cumprimento dobrado da pena. Houve, com efeito, inegável avanço, que, neste particular, só merece aplausos.

7.1.4. Exclusão das penas pecuniárias da "conversibilidade" à pena de prisão

Afora *a proibição de "conversão em prisão" da pena pecuniária (só existia a pena de multa)*, consagrada pela Lei n. 9.268/96, as seguintes locuções do novo texto legal (art. 44, § 4º) caracterizam essa exclusão:

306

1ª) *descumprimento injustificado da "restrição imposta"*. Ora, nas *penas pecuniárias* (multa, prestação pecuniária e perda de bens e valores) não há "restrição imposta": ou cumpre ou não a prestação pecuniária, que não é *condicional*, como as outras *penas restritivas de direitos* que são, poderíamos dizer, "temporais", isto é, levam implícito na sua natureza uma referência de tempo.

Parece-nos que o fundamento de as *penas pecuniárias* (multa, prestação pecuniária e perda de bens e valores) não serem *conversíveis* em pena privativa de liberdade não reside na *mensurabilidade* ou *não mensurabilidade* destas (aliás, classificação altamente discutível), mas trata-se de fundamento *político-criminal* que, finalmente, procura adotar *princípio constitucional* que *proíbe prisão por dívidas*. Ademais, não nos convence a orientação que classifica as penas de *"prestação pecuniária e perda de bens e valores"* como *mensuráveis* e, contraditoriamente, a *pena de multa* como *"não mensurável"*. Afinal, quais seriam os critérios ou parâmetros utilizáveis para definir, distintamente, coisas, no caso, penas, da mesma natureza (pecuniárias)? Não é lógico nem coerente tratar desigualmente institutos ou espécies iguais ou, pelo menos, da mesma natureza ou da mesma espécie. Assim, o que serve para "classificar" a *pena de multa* tem de servir para "classificar" as demais *penas pecuniárias*, no caso, a prestação pecuniária e a perda de bens e valores.

Considerando que *mensurável* é aquilo que se pode *medir*, à evidência que todas as *penas pecuniárias* também *são mensuráveis,* com efeito, *todas* as penas pecuniárias são tão *mensuráveis* quanto quaisquer outras modalidades de sanções, sejam elas privativas de liberdade, restritivas de liberdade, restritivas de direitos, genéricas, específicas, temporais ou *atemporais*, enfim, seja lá a classificação que se queira utilizar. Apenas os critérios ou parâmetros de "mensuração" ou "medição" das *penas pecuniárias* podem ser diferentes de outras modalidades de penas, como, por exemplo, dias-multa, salário mínimo, valores, quantidade de valores, reais, dólares, UFIR etc. Até porque, a nosso juízo, pena "não mensurável" é inaplicável no direito brasileiro, por trazer em seu bojo o vício da inconstitucionalidade, violando o *princípio da reserva legal*, segundo o qual a *pena criminal* deve ser clara, precisa e determinada.

2ª) *dedução do "tempo cumprido" da pena restritiva de direitos.* Com exceção das *penas pecuniárias*, todas as demais (privativas de liberdade ou restritivas de direitos) têm, na expressão em voga, "mensuração temporal", isto é, têm fixado determinado *limite de tempo a cumprir*. Esse "detalhe" relativo a *tempo* ou *período de tempo* não existe nas *penas pecuniárias*, em nenhuma delas, seja qual for a denominação específica que se lhes dê. Enfim, pela própria natureza da pena pecuniária — em qualquer de suas modalidades —, não se configura a especificidade a deduzir de "tempo cumprido". Logo, a ausência desses *elementos temporais*, condicionantes, autorizadores da "conversão", constantes do dispositivo legal que disciplina a *conversibilidade* das penas restritivas de direitos (art. 44, § 4º), afastam, definitivamente, a possibilidade de converter as penas pecuniárias em pena privativa de liberdade.

7.2. Causas gerais de conversão

Ao adotar as *penas restritivas de direitos*, as quais dependem em grande parte da *autodisciplina* e do *senso de responsabilidade* do sentenciado, era indispensável dotá-las de *coercibilidade*. E, para isso, nada melhor do que a previsão da possibilidade de *convertê-las* em pena privativa de liberdade, representando a espada de Dámocles pairando sobre a cabeça do apenado. A *finalidade da conversão*, em outras palavras, é garantir o êxito das penas alternativas — *preventivamente* — com a *ameaça* da pena privativa de liberdade e — *repressivamente* — com a *efetiva conversão* no caso concreto. Essa possibilidade de *conversão* não deixa de ser, a exemplo dos "regimes penais de cumprimento de pena", uma *forma de regressão*, própria do *sistema progressivo*.

A nova disciplina sobre as *alternativas* à pena privativa de liberdade, trazida pela Lei n. 9.714/98, provavelmente apresente aqui uma das mais significativas e positivas de suas inovações, *corrigindo* uma das mais flagrantes injustiças que a disciplina da Reforma Penal de 1984, neste particular, apresentava, pois, atendendo aos reclamos dos operadores especializados desta seara do direito, a nova legislação adotou, acertadamente, o chamado *princípio da detração penal*, autorizando a *dedução do tempo cumprido* de pena restritiva de direitos. Assim, *fazendo-se necessária a conversão* da pena restritiva em privativa de liberdade, essa *conversão* operar-se-á somente pelo restante da pena a cumprir, desde que não inferior a trinta dias.

A *conversão*, disciplinada no texto legal revogado (Lei n. 7.209/84), quando ocorresse, deveria ser pela pena *efetivamente* aplicada, independentemente do tempo que a sanção restritiva tivesse sido cumprida. De um modo geral, os penalistas consideravam *injusto* esse rigorismo na "conversão"[138], que desconsiderava o tempo de pena restritiva já executado. E essa circunstância de considerar o tempo cumprido de pena restritiva de direitos ainda era agravada pelo fato de que a *pena privativa de liberdade* decorrente de conversão não pode ser objeto de *suspensão condicional da pena*, o que, aliás, era natural, pois, caso contrário, retiraria o *efeito coercitivo* que se pretendia dar à conversão. Imagine-se uma pena restritiva de direitos de *onze meses* de duração. No *décimo mês* o apenado sofre nova condenação e tem sua sanção restritiva convertida em privativa de liberdade: terá de cumprir integralmente a pena privativa de liberdade convertida, isto é, onze meses, apesar dos dez que já cumprira. Era efetivamente uma situação extremamente injusta. Comentando essa questão, sob a égide da legislação revogada, destacando a injustiça da previsão, afirmamos que a "*conversão decorrente de crime anterior*, fato para o qual o apenado não concorreu diretamente durante a execução da pena restritiva, que é a primeira hipótese prevista no art. 45 do Código Penal. Nesse caso, refletida no exemplo que acabamos de citar, em que a situação esteve fora do alcance do sentenciado, que, além de não ter contribuído presentemente para esse desfecho, tampouco podia impedir que tal acontecesse. Efetivamente é uma *iniquidade* a previsão legal que impede o desconto do tempo de pena já cumprido".

Enfim, os reclamos dos penalistas se fizeram ouvir e a nova legislação repara esse equívoco da legislação revogada, prevendo as seguintes hipóteses que podem levar à conversão à pena privativa de liberdade: uma obrigatória e outra facultativa.

1ª) *Descumprimento "injustificado" da restrição imposta* — Somente o descumprimento *injustificado* da restrição imposta leva à necessidade de *conversão obrigatória* (art. 44, § 4º). Por isso, o condenado deve, nesses casos, sempre ser "*ouvido*" pelo juiz, pois poderá *justificar* o descumprimento da condição.

Nessa hipótese, de *descumprimento injustificado da restrição imposta*, o resultado positivo ou negativo da postura no cumprimento das condições que lhe foram impostas como condição para obter a substituição de pena está, em regra, nas mãos do apenado, que conduzirá os contornos do seu futuro. O seu *comportamento* durante a execução da pena restritiva é que delimitará a extensão e intensidade da restrição de sua liberdade. Ali-

---

138. Alberto Silva Franco, *Temas de direito penal*, p. 138; Celso Delmanto, *Código Penal comentado*, 1988, p. 73; Julio Fabbrini Mirabete, *Execução penal*, p. 442.

ás, comportamento condizente com a ordem social e nos limites das disposições legais integra a filosofia que orienta a adoção de penas alternativas, e o *descumprimento da restrição imposta* revela despreparo, e não merecimento dessa benevolência.

Tendo adotado a *detração penal* na *conversão* de pena restritiva de direitos para pena privativa de liberdade, o legislador acautelou-se contra os "abusos de fim de festa", de pena cumprida, enfim, contra possíveis desrespeitos e descumprimentos das condições impostas, especialmente no final do cumprimento da pena, ressalvando que a pena convertida a ser cumprida deve ser, no mínimo, de trinta dias. Admitir, nesse caso, a *conversão*, sem a ressalva referida, que é uma espécie de *cláusula salvatória*, equivale a retirar o *caráter coercitivo* da prescrição legal, o que permitiria que o condenado ao aproximar-se do fim da execução da sua pena não tivesse nenhum receio em descumprir com a restrição imposta, e o Estado ficaria sem instrumento repressivo no exercício do seu poder de *imperium*, perdendo, inclusive, o controle da disciplina. Poderia, na verdade, transformar-se em um verdadeiro caos a fase terminal da execução da pena restritiva de direitos.

2ª) *Nova condenação por outro crime* — Nova condenação, por outro crime, passa a ser *causa de relativa obrigatoriedade de conversão* em pena de prisão, pelo restante da pena a cumprir (art. 44, § 5º), ao contrário do que ocorria com a legislação revogada, que determinava, nessa hipótese, a revogação obrigatória (art. 45, I, ora revogado). A nova legislação, assim como ocorria com a anterior, não faz distinção se a *nova condenação* decorre de crime anterior ou posterior à condenação que está sendo cumprida. Se a nova condenação decorrer de crime praticado posterior à condenação que está em cumprimento, estará plenamente *justificada* a *conversão*, pela inadequação do condenado à espécie de pena recebida.

No entanto, se essa nova condenação for consequência de crime praticado antes do início da execução da pena em curso, convém uma análise mais criteriosa sobre as duas condenações, as respectivas infrações, a personalidade do infrator, a necessidade de conversão e a possibilidade de as duas penas convertidas serem cumpridas simultaneamente. Por isso, na hipótese de sobrevir nova condenação, por outro crime, poderá haver duas alternativas: uma obrigatória e outra alternativa:

a) *condenação por crime praticado durante o cumprimento da pena alternativa* — Nessa hipótese, parece-nos que deve pesar, em princípio, a favor da conversão a recidiva penal, uma vez que com essa postura o apenado demonstrou que a *substituição* de sua condenação por pena restritiva de direitos não se comprovou como necessária e suficiente à prevenção e reprovação do fato delituoso. No entanto, pela dicção do texto legal (§ 5º), o aspecto fundamental para o magistrado decidir pela conversão ou não da pena em cumprimento será a possibilidade de o condenado "cumprir a pena substitutiva anterior". Em outros termos, será necessário verificar se as duas condenações — a anterior e a nova — são *compatíveis* entre si, isto é, se o condenado puder cumprir ambas *simultaneamente*; em caso afirmativo, em uma interpretação mais liberal, a pena restritiva em cumprimento não deverá ser convertida em pena de prisão.

b) *condenação por crime anterior* — Nesse caso, conforme já sustentávamos antes da vigência da Lei n. 9.714/98, em que o condenado não concorreu presentemente para esse desfecho e que também não podia mais impedir esse resultado — visto que pertencente ao passado —, a conversão da pena restritiva de direitos em privativa de liberdade representa uma *iniquidade*. Agora, pelo menos, a nova legislação cria a possibilidade de não ser necessária a conversão, desde que seja possível o cumprimento simultâneo da pena em cumprimento e da nova condenação.

A nova redação não faz referência ao fato de a *nova condenação* ter sido *suspensa* ou *substituída*, como ocorria na redação anterior. No entanto, são duas circunstâncias que (*suspensão* ou *substituição* da nova condenação), se existirem, *autorizam* a manutenção da pena substitutiva anterior. Enfim, para a *conversão* ter lugar é preciso que a nova pena aplicada não tenha sido *substituída* ou *suspensa* e não seja possível o *cumprimento simultâneo* das duas condenações (art. 44, § 5º, do CP).

Mas, enfim, essas são as *causas gerais de conversão*, isto é, destinadas a todas as modalidades de penas restritivas de direitos, previstas pelo Código Penal, excluídas, é claro, aquelas de *natureza pecuniária*, ainda que sejam, por definição legal, classificadas como restritivas de direitos. A Lei de Execução Penal, em seu art. 181 e parágrafos, prevê outras causas, específicas, para cada modalidade de pena restritiva, que chamamos de causas especiais de conversão. Aqui também houve uma lacuna na nova lei, que esqueceu de complementar esse artigo, acrescentando novas causas especiais de conversão para as novas penas restritivas de direitos (somente para aquelas genuinamente restritivas).

7.3. Causas especiais de conversão

1) *Para prestação de serviços à comunidade*

a) *Quando o condenado não for localizado por encontrar-se em lugar incerto e não sabido, ou desatender à intimação por edital.*

Essa primeira hipótese se refere a *duas situações distintas*. A primeira ocorre quando o condenado respondeu regularmente o processo, compareceu a todos os atos processuais ou esteve legitimamente representado. Contudo, no encerramento do feito, quando da intimação da sentença definitiva, para o seu cumprimento, o *apenado não é encontrado* e o oficial de justiça *certifica*, obedecendo às formalidades legais, que o ele se encontra "em lugar incerto e não sabido". Outra é a situação do *réu revel*, isto é, daquele que já se fizera revel no curso do processo. Apesar de ter demonstrado seu desapreço pela Justiça ao manter-se revel, mesmo assim se lhe oferece uma última oportunidade para beneficiar-se com uma pena alternativa, intimando-o por edital. Somente após o desatendimento desse derradeiro chamado terá lugar a *conversão* à pena privativa de liberdade.

Note-se que na primeira situação — por encontrar-se em lugar incerto e não sabido —, ocorrida apenas no momento da intimação para cumprimento da sentença, não há derradeira oportunidade com a intimação por edital. Inegavelmente é um tratamento discriminatório e injusto. Trata-se com mais rigor aquele que esteve sempre atento, que se curvou ante a magnitude da Justiça, que compareceu regularmente ao processo sempre que foi chamado. Ignora-se que pode ter havido razões justificáveis que o levaram a trocar de domicílio, sem que isso possa representar a intenção de furtar-se à aplicação da lei. A nosso juízo e em obediência ao *princípio da ampla defesa*, entendemos que, nesse caso, deve-se também *oportunizar a intimação por edital* para, só então, em não havendo comparecido, decretar-se a conversão.

b) *Não comparecer, injustificadamente, à entidade ou programa em que deva prestar serviço.*

Nessa hipótese, ao contrário da anterior, o apenado pode *justificar* o não comparecimento à entidade ou programa em que deva prestar serviço. Razões as mais diversas podem ter impedido que o apenado comparecesse ao local determinado, tais como saúde pessoal ou familiar, acidentes, greve geral dos meios de transportes coletivos etc. Naturalmente que caberá ao *juiz da execução*, ouvindo o Ministério Público, avaliar as *justificativas* apresentadas e decidir sobre sua *razoabilidade*. Logo, só o *não comparecimento injustificado* acarretará a conversão. Na dúvida sobre a autenticidade ou idoneidade das *justificativas apresentadas*, o magistrado deverá aceitá-las, com as advertências de praxe.

c) *Recusar-se, injustificadamente, a prestar o serviço que lhe foi imposto.*

Aqui também somente a *recusa injustificada* pode gerar a conversão. Não se pode esquecer que a lei determina que devem as "tarefas ser atribuídas segundo a aptidão do condenado", isto é, de acordo com a *capacitação profissional* do indivíduo. Desrespeitar as *habilitações pessoais* de cada um equivale a violentar o dom natural do ser humano, que encontra prazer na realização da atividade que conhece ou aprendeu a desenvolver. Logo, embora compareça ao local (entidade ou programa determinado), pode *recusar-se* a desempenhar a atividade determinada, por desconhecê-la ou não saber realizá-la ou simplesmente por não corresponder às suas *aptidões pessoais*. Por exemplo, um médico ou um engenheiro agrônomo condenado recebe, como pena de *prestação de serviços à comunidade*, "consertar telefones públicos". Ainda que possa ser uma tarefa fácil e que qualquer pessoa possa aprender a executá-la rapidamente, referido apenado, nas circunstâncias, pode *recusar-se* a realizar a tarefa imposta, porque não se adapta às suas *aptidões*, direito que lhe é assegurado pelo Código Penal (art. 46, § 3º). Exigir que o faça, apesar de inapto para a atividade, corresponde a impor-lhe uma *situação humilhante e vexatória*, vedada pelo Direito. Logo, eventual recusa, nessas circunstâncias, é plenamente *justificada* e não pode acarretar a *conversão* em pena privativa de liberdade.

d) *Praticar falta grave.*

As *faltas graves* previstas para o descumprimento das penas restritivas de direitos, por sua própria natureza, são distintas das previstas para penas privativas de liberdade. A prática de qualquer *falta grave autoriza* a conversão da pena restritiva de direitos em privativa de liberdade.

2) *Para limitação de fim de semana*

a) *Não comparecimento ao estabelecimento designado para o cumprimento da pena.*

Previsão semelhante a essa faz o "direito projetado" espanhol, que suspenderá o *arresto de fim de semana* se ocorrerem "duas ausências injustificadas", determinando seu cumprimento ininterruptamente[139].

Só que, para essa hipótese no Direito brasileiro, não está prevista a possibilidade de *justificar* o não comparecimento ao estabelecimento designado, como acontece no caso de *prestação de serviços à comunidade*. São

---

139. Art. 36, II, da Proposta de Anteprojeto de Código Penal espanhol.

situações semelhantes tratadas de forma diferenciada. Porém, em razão da similitude de situações e por questão de equidade, se estiver presente, comprovadamente, um motivo de força maior ou um caso fortuito, entendemos que será razão suficiente para *justificar* eventual não comparecimento ao local designado para cumprimento da pena de *limitação de fim de semana.*

b) *Recusa em exercer a atividade determinada pelo juiz.*

Essa hipótese, aparentemente, é igual à prevista na letra *c* da previsão para *prestação de serviços à comunidade.* Mas essa semelhança é apenas aparente, pois, enquanto aquela se refere a *atividades laborais* profissionalmente realizáveis, e, por isso, à necessidade de adaptar-se às aptidões do condenado, esta, ao contrário, refere-se a *"atividades educativas"* (art. 48 do CP), que são aplicadas pela administração da casa de albergado, mas são determinadas pelo juiz de execução. Nessa situação, *de atribuição de atividades educativas,* não há como *justificar* a recusa de sua execução, que é de *caráter compulsório,* e a sua eventual recusa é motivo suficiente para *conversão* em pena privativa de liberdade.

c) Como na hipótese de prestação de serviços à comunidade, se o apenado não for encontrado ou não atender intimação por edital, se praticar falta grave ou sofrer condenação por crime à pena privativa de liberdade, que não seja substituída ou suspensa, também causará a *conversão.* Essas situações já foram examinadas no item anterior.

3) *Para interdição temporária de direitos*

a) *Se o apenado exercer, injustificadamente, o direito interditado.*

Outra vez o legislador volta a permitir que eventual descumprimento da restrição possa ser *justificado.* Pode ocorrer, por exemplo, que um médico esteja *interditado,* temporariamente, de exercer sua profissão, mas, em uma emergência, surge uma pessoa em estado grave, entre a vida e a morte, que, se não receber atendimento médico imediato, poderá morrer. Nesses casos, evidentemente estaria *justificado* o descumprimento da restrição imposta, pois ocorre um "estado de necessidade", que, se pode excluir a antijuridicidade, com muito mais razão pode excluir a obrigatoriedade de abster-se do exercício de profissão, atividade ou ofício, em uma eventualidade.

b) Como nas demais modalidades de penas restritivas, a não localização do apenado, por encontrar-se em lugar incerto e não sabido, ou o não atendimento da intimação, por edital, gerará a *conversão.*

c) Como nas hipóteses anteriores, se praticar falta grave ou sofrer condenação por crime à pena privativa de liberdade, que não seja *suspensa*

314

ou *substituída*, também causará a *conversão*. Essas situações já foram examinadas.

8. Consentimento do condenado

Finalmente, o "direito projetado" espanhol condiciona a aplicação da pena de *arresto de fim de semana* ao "*consentimento do apenado*", consciente de que somente contando com a contribuição e boa vontade do sentenciado uma execução fracionada da pena privativa de liberdade terá condições de atingir algum sucesso[140]. Sainz Cantero[141], em 1970, já defendia o *reconhecimento desse direito* do sentenciado *de poder optar* pelo arresto de fim de semana ou pelo cumprimento da pena ininterruptamente.

Essa providência elogiável e de grande alcance terapêutico não foi adotada pelo legislador brasileiro. Embora se possa argumentar que o *consentimento do apenado* está implícito no comparecimento ao local e horário determinados ou no cumprimento das restrições impostas, essa assertiva, no entanto, não é verdadeira. Ao não comparecer ao local e horário determinados ou descumprindo alguma das condições impostas — mesmo que demonstrem a falta de consentimento com tal realidade de coisas —, acarretam a conversão da pena restritiva em privativa de liberdade. Não se pode negar que constitui uma consequência muito grave para demonstrar a *ausência de consentimento*, especialmente quando se teria, na origem, isto é, no momento da aplicação da pena, a possibilidade de conceder *sursis especial* ou mesmo o *sursis simples*.

A verdade é que a *aplicação das sanções ditas restritivas de direitos* não está condicionada ao *consentimento* do sentenciado, o que seria facilmente solucionável com regra semelhante à estabelecida no art. 113 da Lei de Execução Penal, para os casos de "regime aberto". Contudo, é indiscutível que o sucesso ou insucesso dessas modalidades de sanções está diretamente ligado *à aceitação e contribuição do sentenciado*, o qual, por meio dos assistentes técnicos (assistentes sociais, psicólogos e terapeutas etc.), deverá ser conscientizado da importância, sentido e finalidade das referidas penas alternativas. A única possibilidade de modificação da personali-

---

140. Sola Dueñas, García Arán, Hernán Hormázabal Malarée, *Alternativas a la prisión*, p. 23.

141. Sainz Cantero, Arresto de fin de semana y tratamiento del delincuente, *REP*, 1970, p. 1067.

dade, como dizia Manoel Pedro Pimentel[142], "reside na vontade da própria pessoa, na sua adesão à ideia de substituir ou alterar os seus padrões de conduta, os modelos e os valores que adotou, o que somente acontecerá se o impulso vier de dentro para fora do homem".

9. Crimes hediondos e a Lei n. 9.714/98

O propósito do legislador de agravar significativamente as sanções correspondentes àquelas infrações definidas como crimes hediondos e afins (Lei n. 8.072/90), elevando consideravelmente os limites das penas respectivas, é inegável. Na verdade, houve uma *obsessiva vontade* de exasperar brutalmente a punição de determinadas infrações penais, ignorando--se, inclusive, os princípios do bem jurídico e da proporcionalidade. A violência dessa política criminal funcional ganhou, digamos, certo tempero com o advento da Lei n. 9.455/97, admitindo a progressão nos crimes de tortura, que recebeu da Constituição brasileira tratamento assemelhado aos crimes hediondos. Há uma quase unanimidade nacional sobre o entendimento de que a Constituição fixou um *regime comum* para o crime de tortura, tráfico ilícito de entorpecentes e drogas afins, terrorismo e os definidos como crimes hediondos (art. 5º, XLIII), equiparando-os quanto a sua *danosidade social.*

Para esses crimes, enfim, a *política criminal* é de exasperação de penas e endurecimento dos regimes de encarceramento, e, no mínimo, de tentar dificultar a adoção do sistema progressivo. Em polo oposto está a *política criminal das penas alternativas* (Lei n. 9.714/98), que, satisfeitos determinados requisitos, procura *evitar o encarceramento*, prevendo alternativas que se consubstanciam nas penas "restritivas de direitos" e na *pena de multa.* Não se pode negar, à evidência, que a disciplina de *aplicação e execução de penas,* constante dos dois diplomas legais (Leis n. 8.072/90 e 9.714/98), é conflitante ou, no mínimo, *desuniforme*: um enfatiza e exaspera a aplicação da pena privativa de liberdade; outro prioriza *alternativas* à pena privativa de liberdade. A *política criminal descarcerizadora* adotada pela Lei n. 9.714/98 é incompatível com a *política de exasperação de pena* adotada pela lei dos *crimes hediondos* (8.072/90).

Se o *atual sistema jurídico-penal brasileiro* contivesse a *harmonia* que todo sistema jurídico deve ter, a interpretação sistemática levaria à seguinte conclusão: a exigência do cumprimento da pena em *regime fecha-*

---

142. Manoel Pedro Pimentel, *O crime e a pena na atualidade*, p. 186.

do, nesses crimes, impede que se apliquem penas alternativas; a inadmissibilidade dos regimes semiaberto e aberto, por coerência, afasta eventual possibilidade de aplicar penas alternativas; a maior lesividade social dessas infrações torna-as incompatíveis com a *política descarcerizadora* das *penas alternativas*, que pressupõe também a menor *danosidade social* das infrações que pretende abranger.

Contudo, essa *harmonia* não mais existe neste início de século e de milênio. O excesso de legislação extravagante, sem qualquer cientificidade, destruiu o que restava de harmonia e coerência no sistema criminal brasileiro, ignorou os *princípios da proporcionalidade, da razoabilidade e da lesividade do bem jurídico* e abandonou todo e qualquer critério que pudesse orientar a *primeira fase de individualização da pena*, a legislativa, renunciando, inclusive, o dever constitucional de adotar uma política criminal adequada aos postulados de um Estado Social e Democrático de Direito. Com efeito, a legislação sobre os *crimes hediondos*, a despeito de sua receptividade pela maioria dos tribunais superiores, viola as garantias jurídico-penais asseguradas na própria Constituição Federal em vigor. Nesse contexto e em razão da imperatividade da supremacia da Carta Magna, o eventual confronto político-criminal entre as Leis n. 8.072/90 e 9.714/98 deve ser decidido em prol desta última, que, além de garantista, vem a adequar-se aos postulados da atual Constituição[143].

Na verdade, a legislação ordinária somente não pode modificar aqueles postulados da Lei dos Crimes Hediondos que a própria Constituição estabeleceu, ou seja, "a lei considerará crimes inafiançáveis e insuscetíveis de graça ou anistia" (art. 5º, XLIII, da CF). Todos os demais *excessos* contidos na Lei n. 8.072/90 podem ser alterados por simples lei ordinária, tácita ou expressamente, consoante dispõe o art. 2º, § 1º, da Lei de Introdução às Normas do Direito Brasileiro. Nesse sentido, a Lei n. 9.714/98 derrogou parcialmente os §§ 1º, 2º e 3º do art. 2º da Lei n. 8.072/90, nas infrações penais praticadas sem violência ou grave ameaça, cuja pena concretizável, provavelmente, não ultrapassará quatro anos. Seria paradoxal negar *fiança* ou *liberdade provisória* ou determinar cumprimento em *regime integralmente fechado* a quem não será condenado à prisão.

Assim, a partir da Lei n. 9.714/98 aquelas infrações definidas como *crimes hediondos* ou *assemelhados*, que satisfizerem os requisitos exigidos pelo atual art. 44 do Código Penal, admitem a aplicação de penas restritivas

---

143. Nesse particular, retificamos o entendimento que sustentamos na edição anterior.

de direitos. Logo, a substituição de penas somente estará vedada quando a pena aplicada for superior a quatro anos ou o crime for daqueles praticados com violência ou grave ameaça. De plano, constata-se que o *tráfico ilícito de entorpecentes e drogas afins*, como regra, não é praticado com violência ou grave ameaça, incluindo-se, portanto, entre aquelas infrações que passam a admitir a substituição de penas.

Na realidade, a insensibilidade do legislador tem de ser temperada com a sensibilidade do julgador, especialmente naquelas regiões fronteiriças que a abstração legal não distingue; ninguém ignora que existem crimes hediondos e "crimes hediondos", e aí a figura do intérprete é fundamental, pois o rigorismo do legislador infraconstitucional, não raro, como afirma Assis Toledo, "tem estimulado excessos de certos promotores e de alguns juízes que não percebem, ou não distinguem convenientemente, a fronteira entre a doença do vício e a ganância do tráfico, capitulando e condenando por tráfico portadores de vício, a penas elevadas"[144]. A aplicação, nesses casos, da *pena substitutiva* é um bom instrumento para corrigir tais excessos.

Por outro lado, desde 1940, a prática de qualquer *ato libidinoso diverso da conjunção carnal, contra a vontade da vítima, constituiu atentado violento ao pudor* (art. 214), transformado em uma das modalidades de estupro (Lei n. 12.015/2009). Incluem-se nessa definição o beijo lascivo, os tradicionais "amassos", simples toques nas regiões pudendas, apalpadelas, entre outras, que a juventude moderna faz com frequência, especialmente nos carnavais. Seriam esses, afinal, os comportamentos a que a Lei dos Crimes Hediondos quer aplicar pena que varia entre 6 e 10 anos de reclusão? À evidência que não, embora integrem a tradicional definição típica que abrange sexo oral e sexo anal, que, quando praticados contra a vontade da vítima, constituem a violência mais indigna que pode ser impingida ao ser humano. No entanto, a distinção do desvalor que uns e outros comportamentos encerram é incomensurável. Se, nestes últimos exemplos, a gravidade da sanção cominada é razoável, o mesmo não ocorre em relação aos primeiros, que, confrontados com a gravidade da sanção referida, beiram as raias da insignificância. Nesses casos, sustentamos a possibilidade de desclassificar o fato para a contravenção de *importunação ofensiva ao pudor* (art. 61), quando ocorrer em lugar público ou acessível ao público; caso contrário, estando ausente a elementar típica relativa ao local, deve ser declarada a inconstitucionalidade da cominação legal, sem

---

144. Francisco de Assis Toledo, Aplicação da pena: pena alternativa ou substitutiva, in: Penas restritivas de direitos — críticas e comentários às penas alternativas, p. 147.

redução de texto, por violar os *princípios da proporcionalidade, da razoabilidade e da lesividade do bem jurídico*.

Concluindo, a aplicação das penas substitutivas nos crimes hediondos deve ser analisada casuisticamente, e, quando satisfizer os requisitos que a Lei n. 9.714 exige, sua aplicação será possível. Com efeito, os autores do crime de estupro (conjunção carnal, sexo anal, sexo oral etc.) certamente não merecerão penas substitutivas, quer pela violência do *modus operandi*, quer pelo patamar da pena aplicada (superior a quatro anos), quer por não satisfazerem os demais requisitos exigidos pelo art. 44 do CP. Aliás, nesse sentido também se manifesta Assis Toledo, afirmando que: "para os traficantes, exploradores do vício, verdadeiros mentores e responsáveis por essa praga que aflige a sociedade deste fim de século, não haverá certamente pena alternativa, seja pela normal elevação da pena concretizada, na sentença, acima do limite de quatro anos, seja pelas exigências do requisito do inciso III do art. 44, que eles, sem dúvida alguma, não preencherão, ante os motivos que os impelem e as circunstâncias que não os recomendam"[145].

10. Conflito político-criminal entre as Leis n. 9.714/98 e n. 9.099/95

Os dois diplomas legais — Leis n. 9.099/95 e n. 9.714/98 — adotam, em princípio, a mesma *política criminal descarcerizadora e despenalizadora*, na medida em que ambos buscam, sempre que possível, evitar o encarceramento do sentenciado, substituindo a pena privativa de liberdade por outras alternativas sancionatórias.

Contudo não atuam apenas na mesma faixa, quer de infrações, quer de sanções penais. A primeira limita-se às *infrações de menor potencial ofensivo* (ressalvada a hipótese de seu art. 89), cuja sanção não ultrapasse a dois anos de privação; a segunda, muito mais abrangente, destina-se à criminalidade média e até grave, na medida em que o limite de quatro anos não se refere à pena cominada, *in abstracto*, mas, ao contrário, contempla o limite máximo de pena concretizada na decisão final condenatória. Implica afirmar que infrações *abstratamente* puníveis com sanções de até oito ou dez anos podem, eventualmente, beneficiar-se com *penas alternativas*, v. g., os crimes de *furto qualificado* (art. 155, § 4º) ou *furto de veículo* (art. 155, § 5º), *receptação qualificada* (art. 180, § 1º), *favorecimento da prostituição* (art. 228), *tráfico de mulheres* (art. 231), *bigamia* (art. 235), *regis-*

---

145. Francisco de Assis Toledo, Aplicação da pena: pena alternativa ou substitutiva, p. 147.

tro de nascimento inexistente (art. 241), *parto suposto* (art. 242), *sonegação do estado de filiação* (art. 243), *incêndio* (art. 250), *explosão* (art. 251), *inundação* (art. 254), *corrupção ativa e passiva* (arts. 317 e 333). Com efeito, a nova previsão de penas "restritivas de direitos" abrange mais de noventa por cento das infrações tipificadas no Código Penal brasileiro, estando excluídos dessa política, basicamente, apenas os crimes contra a vida, os crimes contra o patrimônio praticados com violência (como roubo e extorsão), e o estupro, em razão da quantidade da pena. Afora essas infrações, somente algumas outras, que forem praticadas com violência ou grave ameaça à pessoa, estarão excluídas.

É exatamente essa diversidade de abrangência que acaba apresentando também certa diversidade de requisitos para a admissão de uma ou outra orientação político-criminal. Assim, qualquer *infração penal de menor potencial ofensivo*, independentemente de sua *forma de execução*, em princípio, será abrangida pela política criminal consensual da Lei n. 9.099/95. No entanto, a aplicação da *política criminal descarcerizadora* da Lei n. 9.714/98, para penas não superiores a quatro anos, exige que a infração penal não tenha sido praticada "com violência ou grave ameaça à pessoa" (art. 44, I, do CP). É prudente e racional que essa nova política, mais abrangente e mais audaciosa, venha enriquecida de requisitos necessários para autorizar a sua aplicação, pois de alguma forma e por algum meio se precisa filtrar os inconvenientes naturais de uma política extremamente abrangente, sob pena de se oficializar a impunidade e tornar impossível a convivência social.

Essas diversidades, naturalmente, deverão apresentar alguma dificuldade, algum conflito em algum ponto de estrangulamento das duas orientações liberais, que atuam, como já dissemos, em faixa própria. Nada impede, por exemplo, que, no rol das infrações definidas como de menor potencial ofensivo, existam algumas que possam ser praticadas "com violência ou grave ameaça à pessoa", e, a despeito dessa circunstância, continuem sendo definidas como infrações de menor potencial ofensivo. E, aí, nesses casos, aplicar-se-á a Lei n. 9.099/95 ou a Lei n. 9.714/98, que é posterior? Deixar-se-á de aplicar alternativas à pena privativa de liberdade, independentemente de a pena não ser superior a dois anos, ou não?

10.1. Lesão corporal leve dolosa, ameaça e constrangimento ilegal

Pela nova lei, não será admitida a *substituição* por pena restritiva de direitos para a infração penal de *lesão corporal leve dolosa* (art. 129, *ca-*

320

put), visto que se trata de *crime cometido com violência à pessoa* (art. 44, I). No entanto, esse crime não está afeto à Parte Geral do Código Penal e, em particular, à nova disciplina trazida pela Lei n. 9.714, pois trata-se de *infração penal de menor potencial ofensivo* (art. 61 da Lei n. 9.099/95), aplicando-se-lhe a *política criminal consensual* da referida lei. Enfim, permanece inalterado seu tratamento político-criminal.

Nos crimes de *ameaça* (art. 147) e de *constrangimento ilegal* (art. 146), as circunstâncias são semelhantes, na medida em que são praticados com *grave ameaça à pessoa*. Não se lhes aplicariam as novas "penas alternativas", pois o novo texto legal exclui da *substituição* os crimes praticados *com violência moral* (grave ameaça). Mas, a exemplo da *lesão corporal leve*, ambos, como *infrações de menor potencial ofensivo*, são da competência dos *Juizados Especiais Criminais* (art. 61 da Lei n. 9.099/95), cuja orientação *político-criminal* permanece inalterada. Na realidade, nos Juizados Especiais Criminais as "penas restritivas de direitos" têm *natureza alternativa*, enquanto no Código Penal (mesmo com a nova redação) elas são de *natureza substitutiva*. Em outros termos, nos Juizados Especiais Criminais não há aplicação de pena privativa de liberdade a ser substituída, partindo-se diretamente da cominação abstrata; já no sistema do Código Penal, concretiza-se a pena de prisão, que, a seguir, deve ser substituída.

Essa é, a nosso juízo, a interpretação mais razoável que se pode dar às hipóteses de *infrações de menor potencial ofensivo* que, eventualmente, sejam praticadas "com violência ou grave ameaça à pessoa". Seria um contrassenso uma lei nova, com objetivo nitidamente *descarcerizador*, que amplia a aplicação de alternativas à pena privativa de liberdade, por equívoco interpretativo obrigar a aplicação de pena privativa de liberdade às *infrações de menor potencial ofensivo*. Por isso, a nova disciplina das penas "restritivas de direitos" não incidirá nessas infrações, para limitar-lhes a exclusão da pena de prisão.

11. Limites das novas penas alternativas e a suspensão condicional do processo

Afinal, qual é o instituto mais benéfico, a *suspensão condicional do processo* (art. 89 da Lei n. 9.099/95) ou a *substituição da pena privativa de liberdade* aplicada? Sem sombra de dúvida, a *suspensão do processo* é instituto consideravelmente *mais liberal* do que a *substituição* das penas prisionais por restritivas de direitos. Ao contrário da *substituição*, em que haverá condenação, com todos os seus consectários, na *suspensão do pro-*

cesso, além da inexistência de decisão condenatória, não há processo, antecedentes criminais, pressuposto de reincidência etc. Logo, como a *suspensão condicional do processo* é um instituto mais *liberal*, deve, em princípio, a sua *concessão* ser mais *enriquecida* de exigências, para justificar o seu merecimento. Mas será que a regulamentação das duas hipóteses — *suspensão condicional do processo e aplicação das "penas alternativas"* — permite a adoção desse entendimento? Façamos um exame comparativo.

Os argumentos utilizados para justificar a exclusão dos crimes de *lesão corporal leve* (art. 129, *caput*, do CP), *constrangimento ilegal* (art. 146) e *ameaça* (art. 147) do âmbito de aplicação da Lei n. 9.714/98 e submetê-los à disciplina da Lei n. 9.099/95 *não servem* em relação ao instituto da *suspensão condicional do processo* (art. 89 da Lei n. 9.099/95). Embora os dois diplomas legais adotem a mesma orientação político-criminal, que pretende *despenalizar* e *descarcerizar*, sem *descriminalizar*, além de adotarem, indiscutivelmente, critérios e parâmetros díspares, destinam-se a faixas de criminalidade distintas: aquela se destina à criminalidade média e esta objetiva a micro e pequena criminalidade.

O argumento decisivo para se sustentar a impossibilidade de admitir que a disciplina da Lei n. 9.714/98 (que exclui as penas alternativas das infrações cometidas com violência ou grave ameaça à pessoa — art. 44, I, do CP) incida sobre crimes como *lesão corporal leve dolosa, constrangimento ilegal e ameaça*, entre outros, é exatamente o fato de tratar-se de *infrações de menor potencial ofensivo*, cuja *política criminal* é disciplinada diretamente pela Constituição Federal (art. 98, I). Referido argumento não serve, entretanto, porque a aplicação do instituto da suspensão do processo *não é um instituto genuíno* dos *Juizados Especiais Criminais*, isto é, não se limita às *infrações de menor potencial ofensivo*. Na verdade, a *suspensão condicional do processo* e a *natureza da ação penal* do crime de lesões leves ou culposas são dois institutos absolutamente independentes e autônomos, aplicáveis tanto nos *Juizados Especiais Criminais* como no juízo comum. Enfim, a previsão da *admissibilidade* da suspensão do processo está na Lei n. 9.099/95, como poderia estar em qualquer outro diploma legal; aproveitou-se, simplesmente, dessa lei para incluir no ordenamento jurídico brasileiro esse novo e elogiável instituto, a despeito de seus excessos liberalizantes.

Pode-se então concluir que, como a *suspensão condicional do processo* e a disciplina das *"novas" penas alternativas* são institutos que têm o mesmo propósito político-criminal descarcerizador, devem *harmonizar-se* e encontrar seu denominador comum dentro do próprio sistema jurídico-penal brasileiro. Contudo, ambos — a suspensão condicional do processo e a disciplina das novas penas alternativas — apresentam algumas dificuldades "operacionais", decorrentes da diversidade de *parâmetros adotados* (limites de pena *aplicada* e de pena *cominada*) e dos *requisitos de admissibilidade* de cada um, que precisam ser analisados.

11.1. Divergência quanto aos requisitos de admissibilidade

A nova disciplina das "penas alternativas" leva em consideração a *quantidade de pena aplicada — não superior a quatro anos —*, independentemente da natureza do crime (doloso ou culposo), enquanto a *suspensão condicional do processo* considera a *pena cominada* (nem poderia ser diferente, pois não haverá pena aplicada), cujo *limite mínimo* abstrato não seja superior a um ano. Assim, todas as infrações penais que, pela quantidade de pena cominada, admitem, em tese, a *suspensão condicional do processo* também estariam, em regra, dentro dos limites previstos para a eventual *substituição* (pena aplicada não superior a quatro anos). Por outro lado, uma infinidade de infrações penais que, pela quantidade de pena cominada — limite mínimo superior a um ano —, não admitem a suspensão condicional do processo poderá ter, naturalmente, a pena aplicada *substituída* por pena restritiva de direitos, pois a pena concretizada poderá ser "não superior a quatro anos". Não podem ter o processo suspenso — em razão da quantidade da pena —, porém, sobrevindo condenação, poderão beneficiar-se com a substituição da pena privativa de liberdade por uma restritiva de direitos, se o infrator satisfizer, logicamente, os demais requisitos. É mais uma das tantas antinomias denunciadas, consequente das ditas "reformas pontuais".

A grande divergência, porém, refere-se ao *modus operandi*, pois, se a *infração penal* for cometida com *violência ou grave ameaça à pessoa*, ficará inviabilizada a aplicação das ditas "*penas alternativas*", independentemente de a condenação situar-se no limite de até quatro anos de prisão. O instituto da *suspensão condicional do processo* não tem essa limitação impeditiva, relativamente à *forma de execução* do crime. A consequência dessa divergência na previsão dos requisitos de uma e outra hipóteses pode levar à seguinte situação: *infrações penais*, cujo limite mínimo inferior não seja superior a um ano, praticadas "com violência ou grave ameaça à pessoa", havendo *condenação*, não poderiam ser substituídas, em razão da "violência" à pessoa. Contudo, em razão da ausência dessa previsão, *infra-*

ções penais, cujo limite mínimo inferior não seja superior a um ano, mesmo praticadas com *"violência à pessoa"*, poderão, em princípio, beneficiar-se com a *suspensão do processo*, desde que, é lógico, estejam presentes os demais requisitos.

Trata-se, convenhamos, de um verdadeiro paradoxo: crimes que não admitem, em tese, a aplicação de pena substitutiva, em razão da sua gravidade — praticados com violência ou grave ameaça à pessoa —, podem beneficiar-se com a suspensão do processo! Exemplificativamente, podem-se destacar, dentre outras, as seguintes infrações: *perigo de contágio venéreo intencional* (art. 130, § 1º), *perigo de contágio de moléstia grave* (art. 131), *abandono de incapaz com lesão grave* (art. 133, § 1º), *exposição ou abandono de recém-nascido (com lesão corporal grave)* (art. 134, § 1º), *omissão de socorro* (art. 135, parágrafo único), *injúria real e "racial"* (art. 140, §§ 2º e 3º), *violação de domicílio* (art. 150, § 1º), para referir somente algumas. Essas infrações, entre outras, não admitem a pena substitutiva, mas podem beneficiar-se com a *suspensão condicional do processo*.

Como se vê, coerência, harmonia e sistematização são conceitos completamente desconhecidos do legislador brasileiro contemporâneo, que, ao que parece, pretendendo *justificar-se*, diariamente aprova uma lei criminal, destruindo, de forma paulatina, o que resta de harmonia e coerência no sistema criminal brasileiro. Essa contradição — concessão de benefícios maiores (suspensão do processo) para infrações mais graves (cometidas com violência), que não admitem benefícios menores (substituição da pena) — configura a mais flagrante violação do *princípio da proporcionalidade,* desrespeitando a importância do *bem jurídico*, atingindo as raias da inconstitucionalidade.

12. Novas penas alternativas e prisão processual: incompatibilidade

A liberdade é a regra, a prisão é exceção; pena restritiva de direitos é a regra, pena privativa de liberdade é exceção, quando não ultrapassar quatro anos. Logo, tanto na primeira exceção quanto na segunda sua aplicação deverá ser sempre devidamente fundamentada.

De certa forma, essa Lei n. 9.714/98, como tantas outras das chamadas "reformas pontuais", cria certa *desarmonia* no sistema penal brasileiro, que, na verdade, nunca foi tão *harmonioso* assim. Mas, enfim, havia uma boa *sistematização político-criminal* em nosso ordenamento jurídico-penal, que começou a desmoronar com a edição das Leis dos Crimes Hediondos (Lei n. 8.072/90), do Crime Organizado (9.034/95), Projeto de Lei dos Crimes de Especial Gravidade, lei que redefiniu as infrações patrimoniais

(9.426/96), do meio ambiente (9.605/98), entre outras. Agora, essa Lei n. 9.714, assistemática, acaba destruindo o que restava de harmonia e coerência no sistema criminal brasileiro, ignorando o *princípio da proporcionalidade,* com desrespeito à importância do bem jurídico, dificultando a aplicação do *sursis,* do *regime aberto* e da própria *prisão domiciliar,* equiparando ou superpondo *sanções penais* e *efeitos da condenação* (arts. 45, § 3º, e 91, II, ambos do Código Penal), desconhecendo e omitindo as remissões que se faziam indispensáveis a vários dispositivos do Código Penal e da Lei de Execução Penal, colidindo, de certa forma, *com a política criminal adotada pela Lei n. 9.099/95* e sua definição de *infrações de menor potencial ofensivo,* entre tantas outras dificuldades que não podem ser aqui examinadas. Pois todas essas questões exigirão demasiado esforço interpretativo e dogmático para se chegar, pelo menos, a um entendimento razoável do ordenamento jurídico-penal brasileiro, a partir da edição da Lei n. 9.714, aparentemente inofensiva.

Nesse contexto desarmonizado pela *fúria legiferante,* como já referimos, merece destacada atenção a correlação da nova disciplina das *penas alternativas* e as hipóteses da denominada prisão *ad cautelam.* Não se pode ignorar, à evidência, que toda lei quando entra em vigor insere-se no contexto do ordenamento jurídico positivo, produzindo alterações tácitas ou expressas.

A *prisão processual* (em flagrante, temporária, preventiva, decorrente de pronúncia ou sentença condenatória recorrível) somente se justifica se estiverem presentes os requisitos contidos nos arts. 312 e 313 do CPP. No entanto, como prisão *"ad cautelam"* só tem razão de ser se houver *probabilidade* de condenação e de frustração da futura execução dessa condenação. Ou seja, em termos bem esquemáticos, é indispensável a presença dos dois tradicionais requisitos de toda e qualquer medida cautelar: o *fumus boni iuris* e o *periculum in mora.* Tourinho Neto, em apertada síntese, define, com acerto, esses *pressupostos* da prisão provisória nos seguintes termos: *"fumus boni iuris,* isto é, deve haver uma probabilidade do direito pleiteado. Qual o direito que a acusação está pleiteando? A condenação. Se não houver essa probabilidade, não há o *fumus boni iuris.* E o *periculum in mora?* Haverá tal perigo, se o indiciado ou o réu praticar qualquer ato que impeça a regularidade da instrução; se o réu ou indiciado pretender se furtar à prisão. Não deve, porém, o juiz confundir determinado meio de defesa com embaraço à ação judicial"[146]. Nessa mesma linha já se manifestava

---

146. Fernando da Costa Tourinho Neto, Prisão provisória, *Revista de Informação Legislativa,* n. 122, abr./jun. 1994, p. 89-90.

Frederico Marques, *in verbis*: "a prisão cautelar tem por objeto a garantia imediata da tutela de um bem jurídico para evitar as consequências do *periculum in mora*. Prende-se para garantir a execução ulterior da pena, o cumprimento de futura sentença condenatória. Assenta-se ela num juízo de probabilidade: se houver probabilidade de condenação, a providência cautelar é decretada a fim de que não se frustrem a sua execução e seu cumprimento"[147].

Do exposto, conclui-se que se não houver o *fumus boni iuris*, isto é, a probabilidade de condenação à pena privativa de liberdade, e o *periculum in mora*, ou seja, o perigo de o infrator colocar em risco a ordem jurídica (art. 312 do CPP), é inadmissível a "prisão cautelar". Falta-lhe fundamento legal e constitucional, ou seja, não há legitimidade político-jurídica para restrição da liberdade antecipada. Com efeito, a *prisão processual*, que já era restrita pela sua excepcionalidade, está completamente afastada naquelas infrações que, teoricamente, podem receber uma pena alternativa. Como diagnostica Assis Toledo: "seria ilógico abolir-se a prisão como pena para certos fatos previstos como crime no Código Penal e, ao mesmo tempo, manter-se a prisão, na lei processual, a título de acautelar a futura execução de uma pena que, embora prevista em abstrato, deixou de existir ou de aplicar-se para certos casos ou para o caso concreto"[148].

Enfim, com a possibilidade de ser aplicada *pena restritiva de direitos* para condenações de até quatro anos, hoje, mais do que nunca, impõe-se o exame cauteloso da provável pena que, na hipótese de condenação, poderá ser aplicada. Essa prognose em benefício do cidadão é perfeitamente possível em razão do princípio da reserva legal, que possibilita saber antecipadamente a provável pena aplicável.

4ª Seção
OUTRAS PENAS ALTERNATIVAS

1. Síntese dos fundamentos da Exposição de Motivos relativos aos aspectos vetados

Este capítulo abordava somente aquelas penas alternativas que constavam do Projeto que redundou na Lei n. 9.714/98, as quais acabaram

---

147. José Frederico Marques, *Elementos de direito processual penal*, São Paulo, Bookseller, v. 4, p. 47.

148. Francisco de Assis Toledo, Aplicação da pena: pena alternativa ou substitutiva.

sendo vetadas pelo próprio Poder Executivo (autor do Projeto). A partir desta edição, incluímos um pequeno tópico relativo à pena de advertência aplicada ao porte de drogas para consumo próprio (art. 28 da Lei n. 11.343/2006).

O Projeto original, do próprio Poder Executivo, continha, dentre as chamadas *penas restritivas de direitos*, algumas sanções que, pode-se dizer, são de *natureza moral*, visto que a *reprimenda* limita-se a atingir aspectos éticos do infrator. À evidência que sanções dessa natureza destinar-se-iam a infratores que não apresentem nenhuma "dessocialização" e, consequentemente, não precisem ser "ressocializados", para os quais não se justifica uma sanção penal mais dura, cuja "finalidade principal", segundo a Exposição de Motivos da Lei n. 9.714/98, continua sendo a *reintegração social* do indivíduo (itens 3 e 4).

Na Exposição de Motivos, o Poder Executivo sustentou que *"o recolhimento domiciliar é outra forma adequada para evitar a prisão em regime aberto, quando o condenado estiver apto a assumir a responsabilidade"* (item 7). Em relação às *alternativas* penais de *caráter moral*, afirmou o seguinte: *"Outra inovação consiste na faculdade atribuída ao juiz de substituir a pena privativa de liberdade por advertência, frequência a curso ou submissão a tratamento, quando entender que a medida é suficiente, no caso de condenação inferior a seis meses... Justifica-se a medida, em face das amplas alternativas para as penas não superiores a um ano, criadas pela Lei n. 9.099, de 26 de setembro de 1995"* (item 13). Posteriormente, a Lei n. 11.313/2006 elevou para "penas não superiores a dois anos".

No entanto, a despeito de o Projeto de Lei n. 2.684/96 resultar da Mensagem do Poder Executivo n. 1.445/96, ao retornar para sanção presidencial, o próprio Poder Executivo houve por bem vetar algumas sanções que, inicialmente, havia proposto, quais sejam, o *recolhimento domiciliar,* a *advertência,* a *frequência a curso* e a *submissão a tratamento.* Embora pareça surrealista, a verdade é que o Projeto recebeu vetos do Poder Executivo, isto é, *o Poder Executivo vetou partes do seu próprio Projeto,* digamos que, em uma "ligeira instabilidade jurídica", decorrente, talvez, de "divergências domésticas" entre o Conselho Nacional de Política Criminal e o Gabinete da Presidência. O descompasso entre os fundamentos invocados na *Exposição de Motivos* e as "razões" dos vetos, aos mesmos temas, foram vazados nos termos abaixo transcritos.

2. Razões dos vetos presidenciais

Neste tópico, limitamo-nos a transcrever os vetos e seus fundamentos, para fazermos sua análise no tópico subsequente. Veja-se o texto literal:

> *Art. 43. (...)*
>
> *III — recolhimento domiciliar.*

Razões do veto

A figura do '*recolhimento domiciliar*', conforme a concebe o Projeto, não contém, na essência, o mínimo necessário de força punitiva, afigurando-se totalmente desprovida da capacidade de prevenir nova prática delituosa. Por isto, carente do indispensável substrato coercitivo, reputou-se contrária ao interesse público a norma do Projeto que a institui como pena alternativa.

> *Art. 44. (...)*
>
> *§ 1º Quando a condenação for inferior a seis meses, o juiz, entendendo suficiente, pode substituir a pena privativa de liberdade por advertência — que consistirá em admoestação verbal ao condenado — ou por compromisso de frequência a curso ou submissão a tratamento, durante o tempo da pena aplicada.*

Razões do veto

Em paralelismo com o recolhimento domiciliar, e pelas mesmas razões, o § 1º do art. 44, que permite a substituição de condenação a pena privativa de liberdade inferior a seis meses por advertência, também institui norma contrária ao interesse público, porque a admoestação verbal, por sua singeleza, igualmente carece do indispensável substrato coercitivo, necessário para operar, no grau mínimo exigido pela jurisdição penal, como sanção alternativa à pena objeto da condenação.

> *Art. 45. (...)*
>
> *§ 4º O recolhimento domiciliar baseia-se na autodisciplina e senso de responsabilidade do condenado. O condenado deverá, sem vigilância, trabalhar, frequentar curso ou exercer atividade autorizada, permanecendo recolhido nos dias ou horários de folga em residência ou qualquer local destinado à sua moradia habitual, conforme estabelecido na sentença.*

Razões do veto

O § 4º do art. 45 é vetado, em decorrência do veto ao inciso III do art. 43 do Projeto. Estas, Senhor Presidente, as razões que me levaram a vetar em parte o projeto em causa, as quais ora submeto à elevada apreciação dos Senhores Membros do Congresso Nacional".

No contexto da exposição, faremos o exame das partes mais significativas dessas "razões" e de suas contradições.

3. Recolhimento domiciliar

Com efeito, o Presidente da República, quando da edição da Lei n. 9.714, de 25 de novembro de 1998, vetou o dispositivo que previa o *recolhimento domiciliar* como *pena alternativa* (art. 43, III, do CP); em consequência, vetou também o § 4º do art. 45, que disciplinava a medida. O texto vetado, que é uma cópia fiel do disposto no art. 36 e seu § 1º do Código Penal, disciplinadores do *regime aberto* (mais uma prova da falta de criatividade do legislador contemporâneo), é o seguinte: "O recolhimento domiciliar baseia-se na autodisciplina e senso de responsabilidade do condenado. O condenado deverá, sem vigilância, trabalhar, frequentar curso ou exercer atividade autorizada, permanecendo recolhido nos dias ou horários de folga em residência ou qualquer local destinado à sua moradia habitual, conforme estabelecido na sentença".

Como já percebemos, o Poder Executivo, em sua Exposição de Motivos, na mensagem que originou a Lei n. 9.714/98, afirmou que "o recolhimento domiciliar é outra forma adequada para evitar a prisão em regime aberto, quando o condenado estiver apto a assumir a responsabilidade" (item 7). No entanto, após aprovado pelo Congresso Nacional, vindo para sanção, o próprio Poder Executivo *veta* a pena de "recolhimento domiciliar", que havia proposto, dando as seguintes razões: "A figura do 'recolhimento domiciliar', conforme a concebe o Projeto, não contém, na essência, o mínimo necessário de força punitiva, afigurando-se totalmente desprovida da capacidade de prevenir nova prática delituosa. Por isto, carente do indispensável substrato coercitivo, reputou-se contrária ao interesse público a norma do Projeto que a institui como pena alternativa". As *razões deste veto*, à evidência, chocam-se frontalmente com os *fundamentos invocados na Exposição de Motivos*, ambos da lavra do mesmo Poder, o Executivo.

Mas, afora esse paradoxo, o mais incompreensível é que o mesmo Presidente da República que *vetou* a pena de "recolhimento domiciliar", previsto no Projeto da Lei n. 9.714, de 25 de novembro de 1998, *sancionou* a mesma pena de "recolhimento domiciliar" (art.13) na Lei n. 9.605, de 12 de fevereiro do mesmo ano.

Será que, precisamos indagar, para o "infrator especial" da *criminalidade ambiental* o Poder Executivo não quis exigir o "mínimo necessário de força punitiva" — como refere nas razões do veto ao art. 43, III — que achou indispensável para "os infratores gerais", ou seja, comuns do ordenamento jurídico-penal? Qual seria o fundamento político-criminal que justificaria a previsão da pena de "recolhimento domiciliar" para os autores de crimes contra o *meio ambiente* (*para penas de até quatro anos*), mas que não autoriza a mesma espécie de pena alternativa para os autores de outras infrações penais? Recusamo-nos a acreditar que o fundamento esteja no fato de a *criminalidade ambiental* enquadrar-se, em regra, nos chamados *"crimes do colarinho-branco"*, enquanto as demais infrações estariam na vala comum da *criminalidade convencional*. Pode não ser, mas que parece, parece! Ou, refletindo melhor, o raciocínio pode ter sido o seguinte: como poderá a lei garantir a pena de "recolhimento domiciliar" para infratores comuns que, regra geral, nem sequer têm domicílio? Ora, hoje se lhes assegura a pena substitutiva de *recolhimento domiciliar*, amanhã estarão reivindicando *domicílio*, e isso, decididamente, não é possível!

Curiosamente, por fim, a *redação vetada* do art. 45, § 4º, do Código Penal tem exatamente a mesma redação sancionada do art. 13 da Lei n. 9.605/98, sendo cópia fiel uma da outra. Aliás, para sermos honestos, as redações respectivas apresentam *duas diferenças*: a redação vetada para o *Código Penal* tem um *ponto* (sinal gráfico) que o texto da *Lei Ambiental* não tem; e a segunda diferença é que o texto da Lei Ambiental, em seu final, adjetiva a sentença de "condenatória", enquanto no texto vetado essa adjetivação não existe. Essas são as *duas grandes diferenças* entre o texto sancionado em fevereiro e o texto vetado em novembro do mesmo ano.

Colocações como essas objetivam somente convidar os operadores do direito para uma reflexão sobre a *política criminal oficial*, a *coerência*, os critérios e cuidados que são adotados nas sanções e vetos presidenciais.

O veto presidencial a essa modalidade de pena, prevista desde o Projeto original da Lei n. 9.714/98, como *pena substitutiva*, não impede, no entanto, a aplicação normal da *prisão domiciliar*, nas *infrações ambientais*, com penas inferiores a quatro anos (arts. 13 e 7º, I, da Lei n. 9.605/98),

330

bem como naquelas hipóteses previstas no art. 117 da Lei de Execução Penal, que representa uma *subespécie do regime aberto*. Por isso, convém revisar, aqui, o que dissemos a respeito da *prisão domiciliar*, na forma disciplinada na LEP (Lei n. 7.210/84).

3.1. Prisão domiciliar disciplinada na Lei de Execução Penal

O regime aberto, *como gênero*, deverá ser cumprido em (a) *prisão--albergue*, (b) *prisão em estabelecimento adequado* e (c) *prisão domiciliar* (arts. 33, § 1º, *c*, do CP e 117 da LEP). Fácil é concluir que a *prisão domiciliar, no sistema brasileiro,* constitui somente *espécie* do *gênero aberto* e, como exceção, exige a presença de mais requisitos para a sua concessão.

A *prisão domiciliar*, indiscriminadamente concedida antes da vigência da lei anterior, com graves prejuízos à *defesa social*, recebeu restrições na Reforma Penal de 1984. Mas, apesar da crise pelo seu mau uso, o legislador brasileiro não a suprimiu. Ao contrário, adotou-a. Porém, restringiu e estabeleceu com precisão as suas hipóteses.

A Lei n. 7.210 afastou, peremptoriamente, a possibilidade de concessão de prisão domiciliar fora das hipóteses previstas no art. 117. Proibiu a praxe pouco recomendada de alguns magistrados que concediam a prisão domiciliar sob o argumento de que "não existia casa de albergado", com irreparáveis prejuízos para a defesa social e que, em muito, contribuiu para o desprestígio da Justiça Penal. A *Exposição de Motivos* foi incisiva nesse particular: "reconhecendo que a prisão-albergue não se confunde com a prisão domiciliar, o Projeto declara, para evitar dúvidas, que o *regime aberto* não admite a execução da pena em residência particular, salvo quando se tratar de condenado maior de setenta anos ou acometido de grave doença e de condenada com filho menor ou deficiente físico ou mental ou, finalmente, de condenada gestante (art. 116)". Trata-se, aí, de exceção plenamente justificada em face das condições pessoais do agente. No mesmo sentido é a lição de Reale Júnior e Dotti, que, comentando sobre a impossibilidade da concessão de *prisão domiciliar* fora das hipóteses excepcionadas pela Lei de Execução Penal, afirmam: "Por fora da legalidade, a prisão-albergue, porque o Estado não está provendo de meios a execução do regime aberto, seria o mesmo que abolir formalmente o regime fechado pela falta de condições humanas e materiais para a sua boa aplicação"[149].

---

149. Miguel Reale Júnior, René Ariel Dotti, Ricardo Antunes Andreucci e Sergio de Moraes Pitombo, *Penas e medidas de segurança no novo Código*, p. 66.

Esse argumento de Reale e Dotti é irrespondível. Quem ousaria deixar de recolher à prisão perigoso delinquente, condenado a cumprir pena em regime fechado, sob o argumento de que as prisões não oferecem boas condições humanas e materiais para recuperar criminosos? Ademais, diante do *sistema progressivo* adotado no Brasil, há um momento em que a pena, por meio da progressão, chega ao regime aberto. Então, como proceder? Conceder a *prisão domiciliar* indiscriminadamente, oficializando a impunidade? Acreditamos que essa não é a melhor solução, embora seja a mais fácil, com graves prejuízos à coletividade e à segurança pública.

Assim, apesar da existência ainda de algumas decisões em sentido contrário, a *prisão domiciliar* só poderá ser concedida nas hipóteses excepcionadas no art. 117 da LEP. Aliás, referido instituto foi regulado com mais liberalidade e amplitude do que a previsão feita pelo Código Penal argentino, que, para conceder a prisão domiciliar, limita a pena aplicada a seis meses de prisão e desde que se trate de mulher honesta ou pessoa maior de setenta anos ou valetudinária (art. 10 do CP argentino).

No início da década de noventa, o Supremo Tribunal Federal pôs termo às decisões controvertidas, decidindo que a *prisão domiciliar* somente será cabível nas hipóteses previstas no art. 117 da LEP. Por intermédio dos HC 69.119-6 (*DJ*, 29-5-1992) e 70.682-2 (*DJ*, 4-2-1994), a Segunda Turma do STF, por unanimidade[150], ratificou as decisões anteriores, assegurando que, não havendo casa de albergado, deve-se garantir ao preso o trabalho fora da prisão, com recolhimento noturno e em dias de descanso e feriados.

Contudo, as inegáveis deficiências do sistema penitenciário nacional e a conhecida má vontade do Poder Público em investir nesse setor obrigaram o Supremo Tribunal Federal a render-se à necessidade de flexibilizar a aplicação da prisão domiciliar, sempre que não houver possibilidade de cumprir a pena em regime aberto, por falta de casa de albergado ou estabelecimento adequado.

4. Advertência, frequência a curso e submissão a tratamento

4.1. A pena de "advertência"

O Projeto de Lei n. 2.684/96 continha, desde sua origem, a pena de *advertência* para sanções inferiores a seis meses, que consistiria em uma

---

150. *Lex-Jurisprudência,* 169/354 e 184/357.

admoestação verbal ao condenado (art. 44, § 1º), o que, como já afirmamos, acabou sendo vetado pelo próprio autor do projeto, o Poder Executivo.

A "advertência", como resposta penal, surgiu no Projeto de Código Penal alemão de 1936, nos §§ 60 a 63. Deveria incidir quando a *pena privativa de liberdade* aplicável ao autor *não fosse superior a um mês* ou a pena de multa não ultrapassasse a noventa quotas diárias. A *advertência* seria a única alternativa à pena tradicional, já que ainda não se admitia a *suspensão condicional da pena*, só mais tarde recepcionada pelo ordenamento jurídico alemão. Essa iniciativa político-criminal foi objeto de amplo debate na "Grande Comissão de Direito Penal", que, por diversas razões, recusou-a (Exposição de Motivos do Projeto de Código Penal alemão de 1962, p. 196)[151].

O *Projeto Alternativo do Código Penal alemão de 1966* retomou a ideia da "advertência", ampliando, contudo, demasiadamente sua aplicação, ou seja, desde que houvesse prognóstico favorável, condenado primário e a pena não fosse superior a um ano (AE, Exposição de Motivos, p. 113). Finalmente, a "advertência" acabou sendo admitida no direito alemão, a partir da Reforma Penal de 1975, em caráter excepcional, e dessa forma foi recepcionada pela jurisprudência alemã, atendendo à *prevenção geral* (§ 59, I e II, do CP alemão). Por último, em 1986, foi ampliada a *cláusula de merecimento* da "advertência" (§ 59, I, n. 2) e adaptada à nova redação dos §§ 56, II, e 57, II, devendo-se entender, segundo Jescheck, como uma indicação do legislador para que a *praxis forensis* passasse a aplicar mais frequentemente essa possibilidade "político-sancionadora"[152].

No caso brasileiro, qual seria o sentido e o conteúdo da *advertência,* que o texto original do Poder Executivo pretendia? Teria sentido semelhante àquela *advertência* da *audiência de leitura da decisão* que concede o *livramento condicional* (art. 137, I, da LEP)? Ou, quem sabe, teria o significado da *audiência de admoestação* do *sursis*, disciplinada no art. 160 da LEP? Aquela *advertência*, própria da *"cerimônia do livramento condicional"*, assume, nitidamente, o caráter de conselho, de orientação, de esclarecimento a quem já espiou, pelo menos, parte de sua privação, para que, no futuro, procure levar uma vida sem delinquir. A *advertência*, por sua vez, proferida na chamada *audiência admonitória* de concessão do *sursis*, con-

---

151. H. H. Jescheck, *Tratado de derecho penal.* parte general, 1993, p. 772.

152. Idem, ibidem, p. 772.

tém uma *ameaça* efetiva de revogação do *sursis* se, injustificadamente, as condições impostas não forem cumpridas. São, como se percebe, duas "advertências" com conteúdo e sentido completamente diferentes, embora nenhuma das duas tenha a natureza de sanção penal, como seria o caso da "advertência" que acabou sendo vetada.

Apesar de o texto legal vetado não ter definido o que significaria, isto é, qual seria o *sentido* e o *conteúdo* da tal "*admoestação verbal*", acreditamos que ela poderia consistir em uma solene e severa *censura oral condicionada*, dependendo das circunstâncias, ao indivíduo considerado *culpado*, como preveem o Código Penal alemão de 1975 (§ 59) e o Código Penal português (art. 60), entre outros diplomas legais alienígenas. Para Jescheck, a "*natureza jurídica da advertência não é nem pena e nem medida, mas uma reação jurídico-penal de caráter 'quase penal', visto que são fixadas a culpabilidade e a pena, expressando-se, também, na advertência, a desaprovação pública do fato, deixando-se, contudo, aberta a imposição da pena*"[153].

Na verdade, a "advertência", naquela concepção alemã, significa que a *culpabilidade* do autor foi reconhecida e que a *pena merecida* foi determinada na sentença, mas se suspende sua imposição e o autor recebe uma *censura*. O seu *caráter sancionador* — ou melhor, na linguagem do veto presidencial, o seu "*substrato coercitivo*"[154] — reside no pronunciamento da culpabilidade, na fixação da pena adequada ao injusto e à culpabilidade e na própria advertência, que substitui a pena originária. No entanto, a nosso juízo, esta medida alternativa, a *advertência*, para ser dotada de eficácia preventivo-especial, deveria ser *condicionada*, algo semelhante ao que ocorre, por exemplo, com o *sursis*. Ao contrário do que se depreende do veto presidencial, a *advertência* tem duplo efeito *retributivo-preventivo*: além de representar a *censura penal* pelo crime cometido (retribuição), pretende *prevenir* a prática de futuros crimes (prevenção especial). Assim, o caráter *preventivo-especial alternativo* da advertência consistiria em evitar os efeitos criminógenos da prisão ao beneficiário e conceder-lhe um período de prova, durante o qual demonstraria o acerto da substituição da pena aplicada na sentença condenatória.

A nosso juízo, a *reprimenda* é muito mais eficaz e contém, em seu bojo, fortes *efeitos preventivos*, que vão muito além, por exemplo, da autorização de *substituir* pena privativa de liberdade não superior a um ano por

---

153. H. H. Jescheck, *Tratado de derecho penal*. parte general, 1993, p. 773.

154. Razões do veto ao art. 44, § 1º.

pena de *multa*, para o caso de *condenado insolvente*. Pois esta *falaciosa punição pecuniária* para condenados insolventes só existe no Brasil, visto que, nos países sérios, a *pena de multa* só é aplicável para *condenados solventes*, sendo a "capacidade de pagamento" condição intrínseca para a aplicação dessa sanção. Pois aqui, no "país do faz de conta", "brinca-se de punir" aplicando-se *pena pecuniária* a "condenado insolvente" ou, em outros termos, aplica-se *pena inexequível*! Previsões legais como essas só prestam um grande "desserviço" à Justiça Criminal, já tão desacreditada e desmoralizada em termos de eficácia. Ademais, ao longo do tempo, têm criado situações constrangedoras aos magistrados, que, após longo e enfastioso processo, na condenação, acabam tendo, por determinação legal, de aplicar *pena de multa a réu insolvente*, apesar de existirem outras alternativas à prisão (como o "*sursis* especial" e as penas restritivas de direitos). Nesses casos, já presenciamos condenado (pessoa simples e inculta, normalmente) pedir ao magistrado se este não poderia aplicar-lhe uma pena que ele pudesse cumprir, pois a *multa* não poderia pagar. Constrangido, o magistrado, gentilmente, informa-lhe que não deve se preocupar, pois, se não puder, não precisa pagar a multa e nada acontecerá! Nessas circunstâncias, por falta de previsão legal, o magistrado não pode, sequer, fazer uma *advertência* ao condenado, sob pena de abuso de poder. Convenhamos, a pena de multa, na hipótese de réu insolvente, não é o que se poderia dizer "uma pena eficaz e séria" e, por conseguinte, invocando as razões do veto presidencial, "*também institui norma contrária ao interesse público, porque... por sua singeleza, igualmente carece do indispensável substrato coercitivo, necessário para operar, no grau mínimo exigido pela jurisdição penal, como sanção alternativa à pena objeto da condenação*" (razões do veto ao § 1º do art. 44).

Sempre combatemos, doutrinariamente, a *possibilidade jurídica* (a despeito da impossibilidade econômica) de *aplicar pena pecuniária* a *condenado insolvente*. Nesse sentido, tivemos oportunidade de afirmar que "a inexigibilidade ou inexequibilidade é a maior causa da ineficácia de qualquer norma jurídica, e não só da *pena de multa*. E a sua inaplicabilidade gera o desrespeito, o desmando e o abuso e, por isso, impera a impunidade. E a multa, da forma como era regulada no Código Penal de 1940, num País com economia deteriorada como o nosso, só podia ser o que temia Jescheck: *absolutamente ineficaz!*"[155]. Jescheck, na mesma linha, co-

---

155. Cezar Roberto Bitencourt, *Manual de direito penal.* parte geral, 1999, Cap. XXVIII.

mentando sobre o tema, afirma que "a eficácia político-criminal da pena de multa depende decididamente de que se a pague ou de que, em todo o caso, se a cobre"[156].

Nas pequenas infrações, hoje denominadas de menor potencial ofensivo, cuja pena *in abstracto* não é superior a um ano, a pena concretizada, seja por meio de *transação*, seja em razão de *condenação* na audiência de instrução e julgamento, como regra, não deverá superar os seis meses. Ora, doutrina e jurisprudência têm reconhecido que, para esses limites de sanções, não se justificam os efeitos devastadores da prisão. O Código Penal alemão de 1975 nos dá um bom exemplo, prevendo, para infrações puníveis com até seis meses de privação de liberdade, a possibilidade de aplicar a pena de *admoestação* (§ 59), pois, para aquele diploma legal, e conforme sustenta a doutrina alemã, *pena inferior a seis meses* somente se justifica quando "*circunstâncias especiais que residem no fato ou na personalidade do executor tornem inequívoca a necessidade de imposição da pena privativa de liberdade, para influir sobre o autor ou para defender a ordem jurídica*"[157].

Perde-se, a nosso sentir, uma grande oportunidade de evitar uma das tantas "falácias", "ficções" ou "faz de conta" na "esquizofrenia legiferante" brasileira e, em vez de aplicar *multa* ao *réu insolvente*, pelo menos, com a *pena de advertência*, poder-se-ia fazer uma *censura penal*, advertindo o infrator do erro cometido e da expectativa de que não volte a repeti-lo. Mas, enfim, qualquer coisa que dissermos não atingirá o nível nem terá a autoridade do magistério de Jescheck, que, por sua pertinência e cientificidade, preferimos transcrever na íntegra: "*A advertência suscitou forte crítica, mas sem razão. O legislador não 'falseou nem desfigurou' esta nova sanção, ao contrário, dentro da escalada de sanções, concebeu-a como exceção nos limites de sua discricionariedade. O próprio princípio de culpabilidade não resulta vulnerado, na medida em que a pena é fixada, segundo o reconhecimento da culpabilidade na sentença, e a renúncia à sua imposição fica na dependência de que o injusto e a culpabilidade apareçam claramente diminuídos em relação a outros casos semelhantes*"[158].

Na verdade, ao longo do tempo, tem-se constatado que existem situações, para determinados infratores, em que o simples ato de responder a

---

156. H. H. Jescheck, *Tratado de derecho penal*, p. 1083.

157. Hans Welzel, *Derecho penal alemán*, p. 341.

158. H. H. Jescheck, *Tratado de derecho penal*, p. 773.

um processo criminal já representa uma reprimenda extraordinária, sendo completamente desnecessário qualquer outro tipo de sanção. Para esses agentes, a *admoestação* seria, com certeza, a "pena necessária e suficiente" à prevenção e reprovação do fato delituoso. O fundamento de uma sanção desta natureza não reside no *fator negativo da punição*, mesmo alternativa à prisão, mas no *fator positivo* de o condenado, por sua própria escala de valores e esforço pessoal, comprovar, ao longo de certo tempo, que não merecia sanção mais grave. Claro que estamos pensando em uma "advertência condicionada", cuja aplicação evitaria a uniformidade tradicional dos meios punitivos (penas privativas de liberdade, restritivas de direitos e pecuniárias), ampliando a discricionariedade do juiz na busca de alternativas que melhor lhe possibilitem adequar o "mal justo da pena ao mal injusto do fato censurável", para usar a linguagem dos clássicos.

Sanções como a *advertência* deveriam ser aplicadas aos autores de pequenas infrações, que tenham agido com culpabilidade mínima, sejam portadores de irretocáveis antecedentes, de personalidade bem formada, que tenham agido por motivos relevantes e em circunstâncias favoráveis. Na verdade, essas sanções poderiam ser aplicadas àqueles infratores que, declaradamente, não necessitam ser "ressocializados" e, certamente, não voltarão a delinquir, pois a infração praticada não passou de "mero acidente de percurso". A própria lei poderia fixar *condições especiais* para permitir a aplicação dessas sanções, como ocorre, por exemplo, com o *"sursis* especial", para o qual se exige, além dos requisitos normais do *"sursis* simples", que o condenado tenha *reparado o dano*, salvo efetiva impossibilidade, além de lhe serem *favoráveis todas as circunstâncias* do art. 59.

Sanções dessa natureza, evidentemente, só se *justificam* quando o *prognóstico* da conduta social futura do condenado autorize a convicção de que a simples "advertência" contenha suficiente *substância preventiva* e que, no futuro, mesmo sem a aplicação de outra sanção, não voltará a praticar infrações penais. Não se pode perder de vista que as *finalidades* das *alternativas* não privativas de liberdade, como ocorreria com a *pena de advertência*, "são construtivas e não punitivas"[159], como indicam as Regras de Tóquio, em sua Seção V. Enfim, a pena privativa de liberdade continua como a espinha dorsal do sistema, mas deve ser reservada para os autores de infrações graves, que apresentem elevado grau de *dessocialização,* cuja periculosidade recomende seu isolamento da comunidade livre.

---

159. Damásio E. de Jesus, *Temas de direito criminal*, p. 182.

Por todo o exposto, ante um discurso oficial, liberal e progressista, defensor intransigente da adoção de alternativas à *falida pena privativa de liberdade*[160], reconhecidamente criminógena, pelo paradoxo que representa, deve-se lamentar profundamente os injustificáveis vetos presidenciais! Pois, como afirma Damásio de Jesus, com muita propriedade, "as Regras de Tóquio destacam a necessidade de se elaborar novas medidas inovadoras em resposta à variação das condições do sistema de Justiça Penal. O planejamento e a implementação de medidas não privativas de liberdade não devem ser considerados unicamente uma questão de Justiça Penal, ou, mais limitadamente, uma resposta a um problema delinquencial imediato"[161].

4.2. Pena de "frequência a curso"

As outras duas modalidades de penas — *frequência a curso* e *submissão a tratamento* — que constavam do § 1º do art. 44 também sofreram os *efeitos do veto* presidencial. No entanto, pelo texto das razões do veto ao dispositivo em exame, deve-se concluir que a *vontade presidencial* era de vetar somente a pena de "advertência". Logo, o veto dessas duas penas decorreu do fato de encontrarem-se previstas no mesmo parágrafo da *advertência*.

Embora sem ter realizado uma reflexão mais demorada, à primeira vista, uma sanção penal que consiste na determinação de "frequência a curso" parece-nos que encerra em si mesma certo *caráter infamante* e *discriminatório*. Afinal, que tipo de curso poder-se-ia obrigar o condenado a frequentar? Seria somente curso de informação ou de formação? Destinar-se-ia a qualquer condenado ou apenas aos não "letrados"? Qual seria a *finalidade da pena* de "frequência a curso"? Puramente "vindicativa" ou teria alguma *finalidade preventiva*? E aqueles que não precisassem ser "ressocializados", deveriam sofrer igualmente esse tipo de pena? Por fim, o condenado que recebesse esse tipo de sanção deveria ser considerado ignorante, inculto, dissidente ou simplesmente infrator?

Assim, na ausência de definição do sentido, conteúdo, finalidades, limites, condições e formas da referida pena, essas seriam algumas das questões que eventual aprovação de uma pena de "frequência a curso",

---

160. Para aprofundar os estudos, neste tema, veja-se a tradução de nossa tese de doutorado *Falência da pena de prisão — causas e alternativas*.

161. Damásio E. de Jesus, *Temas de direito criminal*, p. 203.

naturalmente, demandaria. Por isso, a despeito da involuntariedade, deve--se aplaudir o veto dessa pena.

4.3. Pena de "submissão a tratamento"

Finalmente, a pena de "submissão a tratamento" demandaria uma análise mais bem elaborada. No entanto, como foi vetada, limitar-nos--emos a algumas considerações. Como o texto vetado não definia em que consistiria a pena de "submissão a tratamento", devemos começar questionando a que "tipo de tratamento" referida pena pretendia submeter o condenado "beneficiado" com essa alternativa, involuntariamente vetada. Estaria referindo-se a "tratamento psiquiátrico"? Ou, quem sabe, seria "tratamento de drogo-dependência"? Ou, ainda, poderia ser o famigerado "tratamento ressocializador"? Em caso positivo, seria o "tratamento ressocializador máximo" ou o "tratamento ressocializador mínimo"?

Como se cuidava de pena, temos de afastar, de plano, o "tratamento psiquiátrico", porque, neste caso, tratar-se-ia de inimputáveis ou semi-imputáveis, para os quais já há disposição legal, prevendo a resposta penal adequada, que é a *medida de segurança*, independentemente da natureza ou quantidade de pena cominada.

Relativamente ao "tratamento de drogo-dependência", a legislação especial (art. 45, parágrafo único da Lei n. 11.343/2006) prevê o "tratamento médico" para aquele que for considerado inimputável, em razão de dependência, comprovada esta pericialmente. Mas, nesse caso, não haverá condenação, e o "tratamento" terá natureza de *medida de segurança* ambulatorial. Algo semelhante poderá ocorrer com a *embriaguez patológica* e o *alcoolismo crônico,* só que, nessas hipóteses, a resposta penal terá como fundamento o art. 26, *caput*, do CP, sendo aplicável, igualmente, *medida de segurança*. Logo, a dita pena de "submissão a tratamento" não poderia estar se referindo a estas hipóteses, que, independentemente da natureza e quantidade da pena cominada, seriam casos de *medidas de segurança*.

Assim, restaria somente o indigitado "tratamento ressocializador", pois, segundo a própria Exposição de Motivos, o objetivo principal da pena, falaciosamente, continua sendo "reintegrar o condenado ao convívio social" (item 3). Mas, somente para argumentar, se o "tratamento ressocializador" continua como o *principal objetivo da pena*, poderia esse *objetivo principal* ser erigido à própria condição de pena?

Deixamos claro, desde sempre, que advogamos pela redução drástica do uso da prisão como resposta penal, devendo limitar-se àqueles casos para os quais não há outra alternativa, quais sejam, para os autores de crimes graves ou que apresentem manifesta perigosidade[162]. A "ideologia do tratamento", que já conheceu sua evolução e queda vertiginosa nos países ocidentais, além de legitimar o sistema penitenciário, reforça os sistemas formais e informais de controle estatal em duplo sentido[163] — horizontal e vertical. *Horizontalmente*, por meio do incremento da função *assistencial pré-delitual* e *pós-penitenciária*. *Verticalmente*, melhorando as técnicas de incidência na esfera cultural das pessoas, representando, nos dois sentidos, uma excessiva intervenção do Estado na vida particular do cidadão.

O maior problema, no entanto, reside na dificuldade de se fixarem os limites de um sistema que pretende modificar a conduta das pessoas. Para que se evite uma eventual *robotização* ou, quem sabe, uma atividade puramente *ideologizadora* não se pode abrir mão da *segurança jurídica* e da *intervenção mínima*, para combater as tendências "psicossociais". Por isso, modernamente, já não se admite o chamado "tratamento ressocializador máximo", que pretende transformar a personalidade e o caráter do infrator, violando seu direito de escolha, seu direito de "ser diferente". Assim, admite-se a legitimidade de um "tratamento ressocializador mínimo", compreendido na atividade que pretenda orientar o condenado para que possa levar, no futuro, uma vida sem voltar a delinquir.

Em matéria de *ressocialização* não podem existir receitas definitivas, mas se deve operar somente com hipóteses de trabalho. O problema de *ressocialização* não pode ser resolvido com fórmulas simplistas. Se tudo for simples, incluídas as soluções, com certeza os resultados serão absolutamente insatisfatórios[164]. *A finalidade ressocializadora* não é a única, nem mesmo a *principal finalidade da pena*. A *ressocialização* é, isto sim, uma das finalidades que deve ser perseguida, na medida do possível[165]. Da mesma forma como não aceitamos o repúdio, puro e simples, do *objetivo ressocializador*, também não vemos como possível pretender que a *readaptação social* seja uma responsabilidade exclusiva das disciplinas penais, já

---

162. Cezar Roberto Bitencourt, *Falência da pena de prisão — Causas e alternativas.*

163. Borja Mapelli Caffarena, Sistema progresivo y tratamiento, in: *Lecciones de derecho penitenciario*, p. 142.

164. Friedrich Hacker, *Agresión (la brutal violencia del mundo moderno)*, p. 519.

165. Borja Mapelli Caffarena, Sistema progresivo..., in: *Lecciones de derecho penitenciario*, p. 170.

que isso suporia ignorar o sentido da vida e a verdadeira função das referidas disciplinas. Não se pode atribuir às disciplinas penais a responsabilidade exclusiva de conseguir a completa *ressocialização* do delinquente, ignorando a existência de outros programas e meios de controle social de que o Estado e a sociedade devem dispor com *objetivo ressocializador*, como são a família, a escola, a Igreja etc. A *readaptação social* abrange uma problemática que transcende os aspectos puramente penal e penitenciário[166]. Na busca da correção ou da readaptação do delinquente não se pode olvidar que estes objetivos devem subordinar-se à Justiça. Tal conceito é necessário dentro de qualquer relação e não deve ser interpretado sob um ponto de vista estritamente individual.

Modernamente, só se concebe o *esforço ressocializador* como *uma faculdade* que se oferece ao delinquente para que, por sua exclusiva vontade, ajude a si próprio. Acabar com a delinquência completamente e para sempre é uma *pretensão utópica*, visto que a *marginalização* e a *dissidência* são inerentes ao homem e o acompanharão até o fim da aventura humana na Terra. No entanto, essa circunstância não libera a sociedade do compromisso que tem perante o delinquente. Da mesma forma que *este* é responsável pelo bem-estar social de toda a comunidade, *esta* não pode desobrigar-se de sua responsabilidade perante o destino daquele[167].

Para concluir, uma *teoria da pena* que não queira ficar na *abstração* ou em *propostas isoladas*, mas que pretenda corresponder à realidade, tem, no dizer de Roxin, "que reconhecer as antíteses inerentes a toda a existência social para, de acordo com o *princípio dialético*, poder superá-las numa fase posterior; ou seja, tem de *criar* uma ordem que demonstre que, na realidade, um Direito Penal só pode fortalecer a *consciência jurídica da generalidade,* no sentido de prevenção geral, se, ao mesmo tempo, preservar a *individualidade* de quem a ele está sujeito; que o que a sociedade faz pelo delinquente também é, afinal, o mais proveitoso para ela; e que só se pode ajudar o criminoso a superar a sua *inidoneidade social* de uma forma igualmente frutífera para ele e para a comunidade se, a par da consideração da sua debilidade e da sua necessidade de *tratamento*, não se perder de vista a imagem da *personalidade* responsável para a qual ele aponta[168].

---

166. Manuel Lopes-Rey y Arrojo, *Teoría y práctica en las disciplinas penales*, p. 18.

167. Claus Roxin, Sentido e limites da pena estatal, *Problemas fundamentais de direito penal,* 1986, p. 42-43.

168. Idem, ibidem, p. 45.

5. Advertência e comparecimento a programa ou curso educativo (Lei n. 11.343/2006)

Antes de examinarmos a natureza da *advertência* e da *frequência a programa ou curso educativo* contidas no art. 28 da Lei n. 11.343/2006, convém esclarecer alguns aspectos que têm causado alguma desinteligência em setores da doutrina nacional sobre descriminalização, despenalização e descarcerização. Destacamos, desde logo, que o *porte de drogas para o próprio consumo* não foi descriminalizado, como se chegou a afirmar[169], pois continua tipificado como infração penal, e no direito positivo brasileiro há somente duas espécies de infrações penais: *crime* e *contravenção penal*. Na realidade, faltou coragem ao legislador brasileiro para adotar uma *política sanitarista* e reconhecer que o *consumo de drogas* é, antes de "caso de polícia", uma questão de saúde pública, preferindo manter uma política proibicionista. Houve, realmente, a *descarcerização* da conduta, com o afastamento de qualquer possibilidade de aplicação de pena privativa de liberdade, mesmo na hipótese de reincidência. Contudo, isso não pode ser confundido com *descriminalização*, tampouco com *despenalização* (no máximo, uma despenalização parcial, com afastamento da pena de prisão), pois foram mantidas, como consequência da conduta tipificada, as *penas* de advertência, de prestação de serviços comunitários e de frequência a programa ou curso educativo.

No entanto, setores significativos da doutrina nacional andaram sustentando que a Lei n. 11.343/2006 *descriminalizou* (total ou parcialmente) o *uso de drogas*, ao contrário da previsão contida no art. 16 da Lei n. 6.368/78. Vejamos algumas dessas respeitáveis posições doutrinárias a seguir:

Luiz Flávio Gomes[170] adota o seguinte entendimento: "A conduta descrita no art. 28, para nós, continua sendo ilícita (uma infração, aliás, uma infração penal *sui generis*). Tecnicamente, de acordo com nosso ponto de vista, isso significa que houve tão somente a descriminalização 'formal', não concomitantemente a legalização da posse de droga para consumo pessoal". E, logo adiante, esclarece Gomes o que seja, segundo sua concepção, *infração penal "sui generis"*: "... diante de tudo quanto foi exposto, conclui-se que a posse de droga para consumo pessoal passou a configurar

---

169. Luiz Flávio Gomes (org.). *Lei de Drogas comentada — Lei 11.343, de 23.08.2006*, p. 119.

170. *Lei de Drogas comentada*, p. 119-120.

uma infração *sui generis*. Não se trata de 'crime' nem de 'contravenção penal' porque somente foram cominadas penas alternativas, abandonando-se a pena de prisão. De qualquer maneira, o fato não perdeu o caráter de ilícito (recorde-se: a posse de droga não foi legalizada). Constitui um fato ilícito, porém, *sui generis*. Não se pode de outro lado afirmar que se trata de um ilícito administrativo, porque as sanções cominadas devem ser aplicadas não por uma autoridade administrativa, sim, por um juiz (juiz dos Juizados Especiais ou da Vara especializada) (*sic*). Assim, não é 'crime', não é 'contravenção' e tampouco é um 'ilícito administrativo': é um ilícito *sui generis*"[171].

Mas o que seria *uma infração penal "sui generis"*? Seria um neologismo jurídico-penal? Um neologismo dogmático? Uma infração penal "extralegal"? Em que dispositivos legais estaria prevista essa forma *sui generis* de infração penal? Quais seriam as suas consequências jurídicas? Por fim, os princípios da tipicidade e da reserva legal foram revogados? O princípio da reserva legal foi abolido dessa concepção?

Honestamente, temos grande dificuldade de entender o surpreendente entendimento de Luiz Flávio Gomes, e especialmente descobrir qual seria o conteúdo, natureza e função dessa nova espécie de "infração penal *sui generis*", desconhecida do ordenamento jurídico brasileiro; procuraremos fazer algumas especulações a respeito, partindo do óbvio: o nosso sistema jurídico adota um critério dualista, ao admitir somente duas espécies de infrações penais: *crime e contravenção penal*, ou seja, o ilícito penal só pode assumir o caráter de crime ou de contravenção, ou um ou outra, não havendo outra modalidade, ao contrário de alguns países europeus que adotam uma divisão tríplice, delito, crime e contravenção. Nesses países, distinguem-se crime e delito, como espécies do gênero infração penal, enquanto no nosso sistema crime e delito têm o mesmo significado. Assim, não sendo crime nem contravenção, não é infração penal ante a ausência absoluta de previsão legal.

Por fim, o grande argumento de Luiz Flávio Gomes para sustentar a configuração de uma "infração penal *sui generis*" reside, fundamentalmente, na não cominação de pena de prisão para a conduta tipificada no art. 28, *in verbis*: "O fundamento do que acaba de ser dito é o seguinte: por força da Lei de Introdução ao Código Penal (art. 1º), 'considera-se crime a infração penal a que a lei comina pena de reclusão ou detenção, quer isolada-

---

171. Luiz Flávio Gomes (org.), *Lei de Drogas comentada*, p. 122.

mente, quer alternativa ou cumulativamente com a pena de multa; contravenção, a infração a que lei comina, isoladamente, pena de prisão simples ou de multa, ou ambas, alternativa ou cumulativamente' (cf. Lei de Introdução ao Código Penal — Dec.-Lei 3.914/41, art. 1º)"[172].

O argumento de que o consumo de drogas teria sido descriminalizado porque a Lei de Introdução ao Código Penal definiu como crime somente a infração penal que recebe como sanção a pena de reclusão ou detenção, acrescida ou não de multa, *venia concessa*, não se sustenta, como demonstraremos a seguir. Convém destacar que, no início da década de quarenta do século passado, não se falava em nosso ordenamento jurídico em qualquer outra modalidade de sanção penal distinta da de prisão e da pecuniária (multa). Assim, essa afirmação da *lei de introdução* teve a pretensão única de distinguir *crimes* e *contravenções*, uma vez que prisão e multa eram as duas únicas espécies de sanções penais conhecidas até então. Com efeito, as modernas *penas alternativas* ou restritivas de direitos somente foram introduzidas em nosso Código Penal com a Reforma Penal de 1984 (Lei n. 7.209), ainda assim, não como penas autônomas, a exemplo de prisão e multa, mas somente como *penas substitutivas*; a ampliação dessas penas pela Lei n. 9.714/98 não mudou aquele panorama, pois manteve a natureza *substitutiva* de referidas sanções.

Alice Bianchini sustenta, por sua vez, que houve *abolitio criminis*, nos seguintes termos: "O art. 28 não pertence ao Direito Penal, sim, é uma infração do Direito judicial sancionador, seja quando a sanção alternativa é fixada em transação penal, seja quando imposta em sentença final (no procedimento sumaríssimo da lei dos juizados). Houve descriminalização substancial (ou seja: *abolitio criminis*)"[173]. Em sentido diametralmente oposto posicionou-se o Ministro Sepúlveda Pertence no voto condutor do RE 430.105-9, sustentando que "a conduta descrita no art. 16 da Lei 6.368/76 continua sendo crime sob a lei nova", concluindo, a nosso juízo com acerto, que não houve *abolitio criminis*[174]. Para aqueles que ainda se preocupam com a *mens legislatoris*, vale a pena destacar alguns aspectos do relatório do Deputado Paulo Pimenta, nos seguintes termos:

"Com relação ao crime de uso de drogas, a grande virtude da proposta é a eliminação da possibilidade de prisão para o usuário e dependente.

---

172. Luiz Flávio Gomes (org.), *Lei de Drogas comentada*, p. 121.

173. Idem, ibidem, p. 135.

174. STF, RE 430.105-9, rel. Min. Sepúlveda Pertence, j. 13-2-2007.

Conforme vem sendo cientificamente apontado, a prisão dos usuários e dependentes não traz benefícios à sociedade, pois, por um lado, os impede de receber a atenção necessária, inclusive com tratamento eficaz, e, por outro, faz com que passem a conviver com agentes de crimes muito mais graves.

Ressalvamos que não estamos, de forma alguma, descriminalizando a conduta do usuário — o Brasil é, inclusive, signatário de convenções internacionais que proíbem a eliminação desse delito. O que fazemos é apenas modificar os tipos de penas a serem aplicadas ao usuário, excluindo a privação da liberdade, como pena principal..."

A despeito de essa passagem não constituir *interpretação autêntica* e tampouco ter idoneidade para revelar a vontade do legislador, independentemente de sua inaptidão para vincular o sentido e o alcance normativo, serve, contudo, para afastar a apressada presunção de que foi produto de equívoco a inserção das condutas descritas no art. 28 em um capítulo destinado a crimes e penas. Em outros termos, o legislador brasileiro conscientemente quis *descarcerizar* (afastando a pena de prisão) a conduta do usuário, optando por uma posição intermediária entre o encarceramento e a descriminalização.

Por fim, a fragilidade do argumento de que a Lei de Introdução ao Código Penal só admite como crime condutas às quais sejam cominadas *penas privativas de liberdade* não resiste, pelo menos, a dois argumentos fundamentais: em primeiro lugar, referido diploma legal, por ser infraconstitucional, pode ser revogado por qualquer lei ordinária, inclusive tacitamente; em segundo, essa aparente incompatibilidade da Lei de Introdução ao Código Penal pode ser superada com sua adequação aos modernos tempos das penas alternativas, corolário da reconhecida *falência* da pena privativa de liberdade.

5.1. Natureza jurídica das sanções cominadas à infração cometida pelo usuário de drogas

Finalmente, a "advertência" é integrada ao nosso direito positivo, como *pena autônoma*, para o usuário de drogas, que tem conteúdo especificamente definido em lei (reserva legal): advertência "sobre os efeitos das drogas". Igual sorte ocorre com *frequência a programa ou curso educativo*, que passa a integrar o rol de penas consagradas em nosso sistema criminal. A sua aplicação significa que a *culpabilidade* do autor foi reconhecida e a *pena foi merecida*.

O § 6º do art. 28, referindo-se às penas cominadas no *caput* desse dispositivo, denomina-as "medidas educativas", enquanto o *caput* do mesmo dispositivo, ao elencar as "seguintes penas", denomina a terceira delas "*medida educativa* de comparecimento a programa ou curso educativo" (inciso III). Poder-se-ia questionar a natureza dessas sanções, se seriam penas ou medidas? No entanto, a despeito de algumas divergências sobre sua natureza[175], não temos dificuldade em reconhecer que se trata, inequivocamente, de *penas*, e não medidas, por uma série de razões, entre as quais destacamos apenas as mais significativas.

Vários aspectos levam-nos a essa conclusão: em primeiro lugar, o fator topográfico, considerando-se que o art. 28 se situa no capítulo que trata "dos crimes e das penas"; referido dispositivo tipifica as condutas ali descritas, e comina as respectivas sanções, as quais, no próprio *caput*, qualifica de "penas"; em segundo lugar, no § 3º, em que fixa o limite máximo de duração, novamente as trata por "penas". Ademais, não se pode esquecer que a consequência jurídica do crime, direta e imediata, é a *pena*, e não *medida* de qualquer natureza. Por fim, no art. 30, ao disciplinar o instituto da *prescrição*, volta o legislador a referir-se "a imposição e execução de penas". E, para concluir, o legislador teve o cuidado de dar disciplina especial à *prescrição*, que é um instituto extremamente relevante para a *pena criminal*, e não para *medida;* e, ainda, a invocação da interrupção prescricional com base no disposto no art. 107 do Código Penal, exclusividade das penas. Relembrando, finalmente, aquela passagem do relatório do Projeto da presente lei, do Deputado Paulo Pimenta, *in verbis*: "Ressalvamos que não estamos, de forma alguma, descriminalizando a conduta do usuário — o Brasil é, inclusive, signatário de convenções internacionais que proíbem a eliminação desse delito. O que fazemos é apenas modificar os tipos de penas a serem aplicadas ao usuário, excluindo a privação da liberdade, como pena principal...".

Não se desconhecem, evidentemente, as impropriedades terminológicas utilizadas pelo legislador, que ora se refere a *penas*, ora a *medidas*, ig-

---

175. Salo de Carvalho (*A política criminal de drogas no Brasil*, p. 266) reconhece como *medida* apenas a terceira sanção cominada (art. 28, III); Luiz Flávio Gomes (org.), *Lei de drogas comentada*, cit. Mesmo afirmando não se tratar de crime e tampouco de contravenção, Luiz Flávio Gomes sustenta tratar-se de infração penal *sui generis*, admitindo que as sanções elencadas no *caput* do art. 28 são "penas" (p. 133, 141 e 159).

norando que umas e outras têm sentido, finalidade e natureza distintos. Note-se que a impropriedade linguística do legislador é tanta que no art. 29 chega ao exagero de chamar de "medida educativa" a pena de *multa*, que, sabidamente, ontológica, jurídica e teleologicamente não tem esse sentido, e que, a consequência jurídica do crime, inegavelmente, é a *pena*, no caso, a *pecuniária*. Contudo, não surpreende a pequena desinteligência na interpretação quanto à natureza das consequências jurídicas do crime tipificado no art. 28, pois, a despeito da precisão terminológica exigida pela rebuscada dogmática da teoria geral do delito, decididamente, terminologia e técnica não têm sido o ponto alto do legislador brasileiro, desde a Reforma Penal de 1984 (Leis n. 7.209 e 7.210), última oportunidade em que se percebe o toque elaborado dos especialistas nos diplomas legais em matéria criminal, que justificava o velho brocardo jurídico de que "a lei não contém palavras inúteis ou desnecessárias". Enfim, a imprecisão legislativa, confundindo institutos com o emprego de termos de significados distintos, como *penas* e *medidas*, como se tivessem o mesmo sentido, demanda redobrado cuidado do intérprete para manter a pureza e precisão da ciência dogmático-penal.

5.2. Conteúdo da advertência sobre os efeitos das drogas e da medida educativa de comparecimento a programa ou curso educativo

Trata-se de espécies de *penas alternativas*, embora com destinação específica (porte de drogas para consumo pessoal), semelhantes às que foram vetadas quando da promulgação da Lei n. 9.714/98, conforme abordagem que fizemos na parte inicial deste capítulo. Resta-nos questionar, sucintamente, sobre o conteúdo dessas duas sanções alternativas, considerando-se que a outra alternativa — *prestação de serviços à comunidade* — já foi suficientemente debatida desde 1985, mas traz como inovação o local de seu cumprimento. Com efeito, esta sanção penal (pena) deve ser cumprida, preferencialmente, em entidades que se ocupem "da prevenção do consumo ou da recuperação de usuários e dependentes de drogas" (art. 28, § 5º).

Sustenta Salo de Carvalho, referindo-se à pena de advertência: "Tem-se que o ato de admoestação, em razão do caráter de reprovabilidade real ou simbólica, adquire natureza punitiva, adequando-se na proposital lacuna deixada pelo texto constitucional. Com a crise da pena privativa de liberdade e o movimento internacional de reforma dos sistemas punitivos, a Constituição abriu espaço à criação e à proposição de alternativas ao cárcere, apenas fixando os limites possíveis de punibilidade a partir do respeito à dignidade da pessoa humana e aos princípios norteadores da sanção como os princípios da proporcionalidade, da individualização, da personalidade e da humanidade"[176]. O caráter punitivo é da essência de toda e qualquer sanção penal, inclusive das tidas como alternativas à prisão; mas, além desse aspecto ontológico da sanção penal, deve-se buscar outro efeito que também emerge da essência dessa espécie de pena que traz em seu bojo o caráter censor, pois seria inconcebível aplicar pena de advertência que não trouxesse em seu interior a qualidade de censurabilidade. Na hipótese da advertência sobre os efeitos das drogas, o seu caráter moralista e normatizador é inquestionável.

No entanto, o sentido da *advertência sobre os efeitos das drogas* está mais para aquele que encerra a *advertência* da audiência de leitura da decisão que concede o *livramento condicional* (art. 137, I, da LEP), do que para aquele da *audiência de admoestação* do *sursis* (art. 160 da LEP). Pois a *advertência* da "cerimônia do livramento condicional", a exemplo da advertência sobre os efeitos das drogas, tem caráter de conselho, de orientação, de esclarecimento sobre os malefícios que as drogas causam, para que, no futuro, procure levar uma vida longe das drogas. Com efeito, essa *advertência* longe está de significar uma ameaça, como ocorre na denominada *audiência admonitória*, própria da concessão do *sursis*. No entanto, repetindo, nenhuma daquelas duas "advertências" tem a natureza de sanção penal, como esta que ora examinamos. A sua aplicação significa que a *culpabilidade* do autor foi reconhecida e que a *pena foi merecida*.

Embora o texto legal não faça nenhuma referência à forma de aplicação da *advertência*, acreditamos que ela deve consistir em uma *censura oral*, e, embora deva constar da ata da audiência (tão somente para efeitos de reincidência), não deve ser mencionado o conteúdo das palavras proferidas pelo magistrado, pois é da essência da pena de advertência não constar dos registros oficiais, embora isso não afaste seu caráter sancionador.

A pena de "comparecimento a programa ou curso educativo", definida pelo legislador na atual lei antidrogas, como *medida educativa*, assemelha-se à *frequência a curso* e *submissão a tratamento* — vetadas na Lei n. 9.714/98 (§ 1º do art. 44). As dúvidas que levantamos quando examinamos o diploma legal anterior parecem-nos que não existem neste novo diploma, ficando claro que se trata de cursos *educativo-informativos* sobre drogas.

---

176. Salo de Carvalho, *A política criminal de drogas no Brasil*, p. 265.

Programa e *curso educativo* são utilizados na lei como sinônimos, e ambos têm *natureza informativa*, visando orientar e informar o usuário sobre os malefícios que o uso de drogas produz à saúde do indivíduo, além dos possíveis reflexos na coletividade (saúde pública). Não afastamos, ao mesmo tempo, sua natureza *reabilitadora e terapêutica*, na linha sustentada por Salo de Carvalho: "O caráter reabilitador e terapêutico da medida educativa (prevenção especial positiva), associado à ideia prevalente no direito penal das drogas de associação entre usuário e dependente, cria na legislação pátria espécie atípica de medida, híbrido de medida de segurança e medida socioeducativa (*sic*), aplicada ao imputável incurso nas condutas do art. 28, *caput*, da Lei 11.343/06"[177], ressalvado nosso entendimento de que se trata efetivamente de pena criminal.

Não tendo estabelecido formas e critérios do comparecimento a *programa ou curso educativo*, devem-se aplicar, analogicamente, as previsões relativas à prestação de serviços à comunidade e à limitação a fim de semana, não podendo ser por prazo superior a cinco meses, como destaca Guilherme Nucci: "Desse modo, o juiz fixaria a obrigação de comparecimento a programa ou curso educativo pelo prazo mínimo de um dia (o que deve ser evitado, pois inócuo) até o máximo de cinco meses"[178]. Considerando que se trata de pena, e, por isso mesmo, restringe, de certa forma, a liberdade do indivíduo, não pode ultrapassar cinco meses, mesmo que o tratamento, *in concreto*, se revele incompleto. Será opção do usuário, se o desejar, continuar o tratamento em outro local.

5ª Seção
APLICAÇÃO SUBSTITUTIVA DAS PENAS RESTRITIVAS DE DIREITOS NAS LEIS N. 9.503/97 E 9.605/98

1. Considerações gerais

A questão a analisar, neste capítulo, é simplesmente se as penas "restritivas de direitos" do Código Penal, com seu caráter *substitutivo* ou *"al-*

---

177. Salo de Carvalho, *A política criminal de drogas no Brasil*, cit., p. 266.

178. Guilherme de Souza Nucci, *Leis penais e processuais penais comentadas*, cit., p. 307.

ternativo", aplicam-se ou não aos crimes definidos no Código de Trânsito Brasileiro (Lei n. 9.503/97) e na Lei Ambiental (Lei n. 9.605/98). Convém registrar, por oportuno, que ambas trazem *suas próprias penas restritivas de direitos*, com algumas diferenças, contudo: elas não são *alternativas* nem *substitutivas no Código de Trânsito*; vale dizer, a aplicação dessas penas, por si só, não afasta a *pena privativa de liberdade. A Lei Ambiental*, por seu lado, além de cominar as suas próprias penas restritivas de direitos, embora também com caráter *substitutivo*, tem parâmetros e limites diferentes daqueles estabelecidos no Código Penal. Daí a procedência do seguinte questionamento: esses dois diplomas legais — Leis n. 9.503/97 e 9.605/98 — admitiriam a aplicação de outras *penas restritivas de direitos*, seja em *caráter alternativo,* seja em *caráter substitutivo* das penas privativas de liberdade que cominam? Passamos a examinar essas questões a seguir.

2. A aplicação dos institutos penais da Lei n. 9.099/95 aos crimes tipificados no Código de Trânsito Brasileiro: interpretação do art. 291

O art. 291, *caput*, determina que se aplique, "no que couber", a Lei n. 9.099/95 (Lei dos Juizados Especiais). Segundo a dicção desse artigo, com a ressalva "no que couber", todos os institutos da Lei n. 9.099/95 são aplicáveis aos crimes definidos pelo CTB, desde que se enquadrem na definição de *infração de menor potencial ofensivo*.

O conceito do que vem a ser *infração de menor potencial ofensivo* é dado pelo art. 61 da Lei n. 9.099/95. A redação original do art. 61 estabelecia: "Consideram-se infrações penais de menor potencial ofensivo, para os efeitos desta Lei, as contravenções penais e os crimes a que a lei comine pena máxima não superior a um ano, excetuados os casos em que a lei preveja procedimento especial". Nesses termos, somente os crimes dos arts. 304, 305, 307, 309, 310, 311 e 312 do CTB eram considerados como de menor potencial ofensivo.

Por meio da Lei n. 10.259/2001, que dispõe sobre a instituição dos Juizados Especiais Cíveis e Criminais no âmbito da Justiça Federal, alterou-se o conceito de infração de menor potencial ofensivo, passando-se a considerar como tal "os crimes a que a lei comine pena máxima não superior a dois anos, ou multa", texto finalmente incorporado ao art. 61 da Lei n. 9.099/95 por meio da Lei n. 11.313/2006. Nesses termos, o rol de crimes de trânsito de menor potencial ofensivo foi ampliado, passando a abarcar os arts. 303, 304, 305, 307, 308, 309, 310, 311 e 312 do CTB, com *pena*

350

máxima cominada não superior a dois anos. Por via de consequência, são aplicáveis aos referidos crimes de trânsito os institutos penais e processuais penais previstos na Lei n. 9.099/95, isto é, além da proibição de *prisão em flagrante* delito e *arbitramento de fiança*, nos termos do art. 69 deste diploma legal, deverá ser lavrado o *Termo Circunstanciado*, para ser remetido ao Juizado Especial Criminal onde caberá a realização de audiência preliminar para composição de danos civis, e, estando presentes os requisitos, proposta de transação penal, conforme arts. 74 e 76 da Lei n. 9.099/95, respectivamente, além das regras que disciplinam o procedimento oral e sumaríssimo.

A previsão do *caput* do art. 291, embora correta, parece-nos absolutamente desnecessária, isto é, ainda que tal previsão não existisse, aplicar-se--iam as normas previstas na Lei n. 9.099/95 naqueles crimes que, é claro, se enquadrassem na definição de *infrações de menor potencial ofensivo*. Incidem sobre as infrações tipificadas nessa lei, como incidem em infrações tipificadas em qualquer outra lei, desde que apresentem a *pequena ofensividade lesiva* definida no art. 61 da Lei n. 9.099/95. Vamos mais longe, somente para raciocinar: admitamos que o Código de Trânsito Brasileiro contivesse uma norma que, expressamente, proibisse a aplicação do disposto na Lei n. 9.099/95. Como ficaria? Em razão dessa proibição expressa, em uma lei ordinária, não se poderiam aplicar os institutos da Lei n. 9.099/95?

Ora, pela Constituição (art. 98, I), os autores de *infrações de menor potencial ofensivo* têm direito à *transação penal*. Como ficaria, então, o infrator que praticasse uma *infração de menor potencial ofensivo* daquelas tipificadas no Código de Trânsito Brasileiro? Teria seu *direito constitucional* violado porque a *infração* que cometeu, a despeito de corresponder à definição de *menor potencial ofensivo*, está disciplinada em um diploma que proíbe a *transação penal*, em razão da política criminal idealizada pelo legislador ordinário? Qual é a diferença, para o *cidadão infrator,* se a *infração de menor potencial ofensivo*, por ele praticada, estiver prevista em uma lei extravagante ou no Código Penal? Não são todos iguais perante a lei? Se a infração por ele praticada é, por determinação da Lei Maior, de *menor potencial ofensivo*, em que é permitida a *transação penal* e, nesse caso, proibida a aplicação de pena privativa de liberdade, como fica? Os *princípios de legalidade* e do *devido processo legal* não são assegurados pela Constituição? Na verdade, o *cidadão infrator* tem direito ao tratamento preconizado pela Lei n. 9.099/95, independentemente de tratar-se de crime tipificado no Código Penal ou em qualquer lei extravagante.

Aliás, a Lei n. 9.099/95, que cumpriu mandamento constitucional instituindo os *Juizados Especiais Criminais* e disciplinando o instituto da *transação penal*, não fez qualquer ressalva relativamente a que diploma legal poderia tipificar aquelas infrações referidas na Constituição. Ademais, referida lei não tipifica crimes, define tão somente aqueles que são considerados de *pequena potencialidade lesiva*. Por fim, a Lei n. 9.099/95 é uma espécie de *lei delegada ou complementar*, na medida em que veio regulamentar uma previsão constitucional (art. 98, I, 2ª parte, da CF). Logo, a *transação penal* e o procedimento oral e sumariíssimo, nas *infrações penais de menor potencial ofensivo*, são *direitos públicos subjetivos* constitucionalmente assegurados ao cidadão infrator. Por isso, nessas circunstâncias, qualquer lei ordinária que pretender proibir ou suprimir esses direitos será absolutamente inconstitucional. O mesmo não ocorreria se o CTB proibisse, por exemplo, a aplicação da *composição cível "ex delicto"*, *na própria jurisdição criminal*, ou a aplicação do instituto da *suspensão condicional do processo* (arts. 74 e 89, ambos da Lei n. 9.099/95). A razão é simples: a criação e a aplicação desses dois institutos não decorrem diretamente de previsão constitucional: ambos situam-se na esfera infraconstitucional.

Após esses esclarecimentos iniciais, devem ser analisadas com maior acuidade as seguintes questões: a) quais são os crimes de menor potencial ofensivo tipificados no CTB; e b) qual o alcance da norma do art. 291 do CTB. Essa análise requer, contudo, uma exposição retrospectiva das sucessivas alterações legislativas, para o adequado entendimento da matéria.

2.1. Interpretação e aplicação do art. 291 e parágrafo único, conforme a redação originária do CTB (antes da alteração produzida pela Lei n. 11.705/2008)

Como indicamos *supra*, a Lei n. 10.259/2001, que dispõe sobre a instituição dos Juizados Especiais Cíveis e Criminais no âmbito da Justiça Federal, alterou o conceito de infração de menor potencial ofensivo, passando a considerar como tal "os crimes a que a lei comine pena máxima não superior a dois anos, ou multa". Antes de sua vigência, os crimes dos arts. 303 e 308 do CTB não eram de menor potencial ofensivo. Ainda assim, o parágrafo único (revogado pela Lei n. 11.705/2008) do art. 291 determinava que se aplicassem aos crimes dos arts. 303, 306 e 308 do CTB os institutos da composição civil, transação penal e da representação como condição de procedibilidade (arts. 74, 76 e 88 da Lei n. 9.099/95, respectivamente). Na medida em que não se tratavam de autênticas infrações de menor potencial ofensivo, somente esses três institutos passaram a ser aplicáveis aos arts. 303, 306 e 308 do CTB, de modo que o rito processual não havia sido modificado, isto é, para os crimes de lesão corporal culposa na direção de veículo automotor (art. 303), embriaguez ao volante (art. 306) e participação em competição não autorizada (art. 308) continuava sendo necessária a instauração de inquérito policial, o processamento do feito seria levado a cabo perante a vara criminal comum, sem adoção do rito sumaríssimo, e o julgamento dos recursos seguiria o rito estabelecido pelo Código de Processo Penal, sendo de competência dos Tribunais de Justiça e não das turmas recursais compostas por juízes de primeira instância. Nesses termos, estava claro que, apesar da previsão do art. 291 e seu parágrafo único, não estávamos diante de crimes de menor potencial ofensivo.

Esse tema suscitou, inclusive, um amplo debate na doutrina, uma vez que se considerava inconstitucional a aplicação diferenciada dos institutos despenalizadores da Lei n. 9.099/95 a crimes que não eram de menor potencial ofensivo; além de reputar-se incongruente a necessidade de representação como condição de procedibilidade da ação penal pública, bem como a possibilidade de composição civil dos danos para os crimes de embriaguez ao volante (art. 306) e participação em competição não autorizada (art. 308), por se tratarem de crimes que afetam bem jurídico supraindividual indisponível, a segurança viária[179].

Com a entrada em vigor da Lei n. 10.259/2001, parte da controvérsia foi resolvida, pois os crimes do art. 303 e 308 do CTB passaram a ser considerados como de menor potencial ofensivo, na medida em que a pena máxima a eles cominada não superava dois anos de detenção, sofrendo a partir de então a incidência das normas penais e processuais penais previstas na Lei n. 9.099/95[180]. Com isso, a regra do então vigente parágrafo

---

179. Já havíamos manifestado nosso posicionamento crítico acerca do tema em Cezar Roberto Bitencourt, *Tratado de direito penal*, Parte geral, 2012, v. 1, p. 695-704. Na doutrina brasileira confira também Luiz Flávio Gomes, CTB: Primeiras notas interpretativas, *Bol. IBCCrim*, n. 61, dez. 1997; Rui Stoco, Código de Trânsito Brasileiro: disposições penais e suas incongruências, *Bol. IBCCrim*, n. 61, dez. 1997; Julio Fabbrini Mirabete, Crimes de trânsito têm normas gerais específicas, *Bol. IBCCrim*, n. 61, dez. 1997; Maurício Antonio Ribeiro Lopes, *Crimes de trânsito*, São Paulo, Revista dos Tribunais, 1998, p. 54-62; Paulo José da Costa Jr. e Maria Elizabeth Queijo, *Comentários aos crimes do novo Código de Trânsito*, São Paulo, Saraiva, 1998, p. 24-27; Fernando Capez e Victor Eduardo Rios Gonçalves, *Aspectos criminais do Código de Trânsito Brasileiro*, São Paulo, Saraiva, 1998, p. 2-4; Fernando Capez, *Curso de Direito Penal, Legislação Penal especial*, 2. ed., São Paulo, Saraiva, 2007, v. 4, p. 260-261.

180. A fim de evitar interpretações dissonantes e contraditórias, alterou-se também a redação do art. 61 da Lei n. 9.099/95, que, com a entrada em vigor da Lei n. 11.313/2006,

único do art. 291 do CTB teria eficácia em relação ao crime do art. 306 — cuja pena máxima é de três anos de detenção, não se tratando, portanto, de crime de menor potencial ofensivo —, determinando que a ele se aplicassem as regras dos referidos arts. 74, 76 e 88 da Lei n. 9.099/95. Ademais, mantinham-se os efeitos do art. 88 da Lei n. 9.099/95 sobre o crime do art. 308, no que diz respeito à necessidade de representação, como condição de procedibilidade da ação penal.

Contudo, um setor significativo da doutrina[181] continuou criticando a possibilidade de aplicação dos institutos despenalizadores dos arts. 74 e 88 da Lei n. 9.099/95 aos crimes de embriaguez ao volante (art. 306) e participação em competição não autorizada (art. 308), uma vez que eles afetam bem jurídico supraindividual indisponível — a segurança viária —, não havendo uma vítima concreta, individualizada, com legitimidade para apresentar representação nem mesmo dano real a ser reparado, o que também inviabilizaria a possibilidade de composição civil dos danos. Nesses termos, os crimes tipificados nos arts. 306 e 308 do CTB deveriam ser considerados como de ação penal pública incondicionada, sem possibilidade de que eventual composição civil de danos pudesse impedir a instauração da ação penal. Acerca desse posicionamento da doutrina alguns esclarecimentos precisam ser feitos.

Como já havíamos indicado[182], a *composição cível* prevista no parágrafo único do art. 291 do CTB não tem nenhuma vedação constitucional e, ainda, ratifica uma *política de valorização da vítima*, iniciada com a Lei n. 9.099/95, com ótimos resultados. Aplaudimos, por isso, o acerto dessa cominação legal, mesmo que nem todas as *infrações* relacionadas no dispositivo em exame se caracterizassem como de *menor potencial ofensivo*.

---

passou a dispor expressamente: "Consideram-se infrações penais de menor potencial ofensivo, para os efeitos desta Lei, as contravenções penais e os crimes a que a lei comine pena máxima não superior a 2 (dois) anos, cumulada ou não com multa". Mas, cabe ressaltar que desde o advento da Lei n. 10.259/2001 o conceito de infração de menor potencial ofensivo foi modificado, passando a considerar-se como tal, tanto para as infrações penais de competência da Justiça Federal como para as infrações penais de competência da Justiça Estadual, as contravenções penais e os crimes a que a lei comine pena máxima não superior a 2 (dois) anos, cumulada ou não com multa.

181. Fernando Capez e Victor Eduardo Rios Gonçalves, *Aspectos criminais do Código de Trânsito Brasileiro*, cit., p. 3; Marcelo Cunha de Araújo, *Crimes de trânsito. Atualizado com a Lei n. 10.259/2001* (Juizados Especiais Estaduais e Federais), Belo Horizonte, Mandamentos, 2004, p. 93-98; Fernando Capez, *Curso de Direito Penal, Legislação Penal especial*, 2. ed., São Paulo, Saraiva, 2007, v. 4, p. 260-261.

182. Cezar Roberto Bitencourt, *Tratado de direito penal*, v. 1, p. 698.

Mas é evidente que só poderá haver *composição cível* se houver algum dano a reparar, pois embora exista o direito à reparação *ex delicto,* nem sempre essa reparação será possível, quer pela inexistência de dano reparável, quer pela inexistência *in casu* de vítima concreta a reclamar a reparação, como pode suceder nos crimes dos arts. 306 e 308 do CTB.

Em relação à alegada impossibilidade de aplicação do art. 88 da Lei n. 9.099/95 a esses crimes (embriaguez ao volante e participação em competição não autorizada), é necessário ponderar que o crime do art. 308 é de *perigo concreto*, e que durante a vigência do parágrafo único do art. 291, isto é, antes das alterações produzidas no CTB por força da Lei n. 11.705/2008, o crime do art. 306 *também era de perigo concreto.* Com efeito, na sua redação originária, o art. 306 tipificava o seguinte comportamento: "Conduzir veículo automotor, na via pública, sob a influência de álcool ou substância de efeitos análogos, *expondo a dano potencial a incolumidade de outrem"* (grifamos). Ante a necessidade da constatação do resultado de dano potencial à incolumidade de outrem, ou à incolumidade pública ou privada, haveria, necessariamente, *pessoas* ou *bens jurídicos* expostos a perigo, não sendo, portanto, de todo impossível a existência de *ofendidos* para *representar*, sejam as pessoas expostas a perigo, sejam os titulares dos bens expostos. Com efeito, como afirma Luiz Flávio Gomes, "... no processo penal, agora, para além de se provar que o sujeito dirigia o veículo embriagado, impõe-se demonstrar que concretamente sua conduta trouxe perigo para 'outrem'..."[183]. Pois esse "outrem" estará legitimado a *representar*, querendo, e a ausência de *representação criminal*, seja por falta de ofendidos, seja por falta de vontade de representar, impediria a instauração de ação penal, por ausência de uma *condição de procedibilidade.*

A outra conclusão não podíamos chegar, pois, a despeito do entendimento doutrinário em sentido contrário, sempre nos pareceu incongruente negar a existência ou a vigência do parágrafo único do art. 291 enquanto este não fosse expressamente revogado. Com efeito, de acordo com nosso entendimento, apesar da defeituosa técnica legislativa, sob o *aspecto processual* e *constitucional,* a previsão legal em exame constitui um *direito público subjetivo* do infrator de condicionar a sua responsabilização penal à satisfação de uma *condição de procedibilidade*, qual seja, a *representação criminal* de eventual ofendido ou seu representante legal. Suprimir, em nível de interpretação, essa *condição* ou "fazer de conta" que a lei não a

---

183. Luiz Flávio Gomes, CTB: primeiras notas..., *Boletim* cit., p. 5.

previu significa sustentar a violação do *princípio do devido processo legal* e equiparar-se àqueles que pregam, abertamente, "a necessidade de uma *responsabilidade objetiva*, com o abandono efetivo da *responsabilidade subjetiva* e *individual*[184]. Como tivemos oportunidade de afirmar, em nosso livro *Juizados Especiais Criminais*: "Esta nova orientação justificar-se-ia pela necessidade de um Direito Penal Funcional reclamado pelas transformações sociais: abandono de garantias dogmáticas e aumento da *capacidade funcional* do Direito Penal para tratar de complexidades modernas"[185]. Enfim, precisamos ter sempre presente que a tutela jurisdicional do direito é assegurada também ao infrator, pois, como afirma José Afonso da Silva, comentando o art. 5º, XXXV, da Constituição Federal: "Invocar a jurisdição para a tutela de direito é também direito daquele contra quem se age, contra quem se propõe a ação"[186].

Ademais, cabe registrar que a ausência de representação não implicaria, necessariamente, a impunidade do agente que conduzisse seu veículo alcoolizado ou sob o efeito de substância psicoativa, ou participasse em competição não autorizada, pois restaria a punição pela prática de *infração disciplinar gravíssima* prevista no art. 165, bem como nos arts. 173, 174 e 175 do CTB, com a imposição de severas sanções.

Por último, cabe analisar a possibilidade da transação penal, prevista no art. 76 da Lei n. 9.099/95, para o crime do art. 306 do CTB, cuja pena máxima é de 3 (três) anos, não sendo, portanto, infração de menor potencial ofensivo. Esta hipótese continuou sendo duramente criticada porque o legislador não respeitou o limite máximo da pena para aplicação de um instituto que só é cabível para infrações de menor potencial ofensivo. Alega-se, com razão, que a legislação infraconstitucional não deveria possibilitar distintas definições para o mesmo conceito de infração penal de menor potencial ofensivo, sob pena de aplicação desigual do previsto no art. 98, I, da Constituição Federal de 1988. Com efeito, de acordo com o nosso entendimento, a *transação penal* é instituto que a Constituição brasileira criou, exclusivamente, para as *infrações penais de menor potencial ofensivo*, definidas por lei (art. 98, I), como já afirmamos repetidas vezes. Tal preocupação tem razão de ser porque a *transação penal* é operacionalizada

---

184. Cezar Roberto Bitencourt, *Tratado de direito penal*, v. 1, p. 703.

185. Cezar Roberto Bitencourt, *Juizados Especiais Criminais Federais — Análise comparativa das Leis n. 9.099/95 e 10.259/2001*, p. 44.

186. José Afonso da Silva, *Curso de Direito Constitucional positivo*, 5. ed., São Paulo, Revista dos Tribunais, 1989, p. 372.

por meio de um procedimento "simples", em que o "devido processo legal", distinto do tradicional, é *específico* e tem outra estrutura, exclusivamente para as infrações de menor potencial ofensivo. Essa *simplificação procedimental* justifica-se em razão de pretender-se encontrar a solução mais eficaz e menos onerosa, no campo da microcriminalidade, preservando a *proporcionalidade* entre "infração — sanção penal"[187]. Por outro lado, como tivemos oportunidade de afirmar, "*devido processo legal* nada mais é que as formalidades que a lei processual estabelece como condição de imposição de sanções criminais. Nesses termos, a audiência preliminar, com a presença do juiz, do Ministério Público, das partes e advogados, constitui o '*devido processo legal*', para essa modalidade de prestação jurisdicional, mais branda, mais simplificada, sem pena de prisão, mas também com menores exigências formais"[188]. No entanto, para a pequena, média e grande criminalidade, o "devido processo legal" tem outra estrutura e outras formas procedimentais que devem ser respeitadas, sob pena de violarem-se os princípios penais garantistas.

Em suma, a nosso juízo, a previsão de *transação penal*, para os crimes que não sejam de menor potencial ofensivo é *inconstitucional*, argumento que com razão afastava, quanto a esse aspecto, a incidência do parágrafo único do art. 291 do CTB, no período em que referida norma esteve vigente. Todos os problemas suscitados pela infeliz redação do art. 291 e seu parágrafo único resultaram na sua alteração, cuja interpretação e aplicação serão analisadas na seguinte epígrafe.

2.2. Interpretação e aplicação do art. 291 após a alteração produzida pela Lei n. 11.705/2008

Com a entrada em vigor da Lei n. 11.705/2008, a popularmente conhecida "Lei seca", do art. 291 do CTB, passou a viger com a seguinte redação:

"*Art. 291. Aos crimes cometidos na direção de veículos automotores, previstos neste Código, aplicam-se as normas gerais do Código Penal e do Código de Processo Penal, se este Capítulo não dispuser de modo diverso, bem como a Lei n. 9.099, de 26 de setembro de 1995, no que couber.*

---

187. Cezar Roberto Bitencourt, *Tratado de direito penal*, v. 1, p. 699.

188. Cezar Roberto Bitencourt, *Juizados Especiais Criminais e alternativas à pena de prisão*, 3. ed., Porto Alegre, Livraria do Advogado Ed., 1997, cap. VII, nota n. 5.

§ *1º Aplica-se aos crimes de trânsito de lesão corporal culposa o disposto nos arts. 74, 76 e 88 da Lei n. 9.099, de 26 de setembro de 1995, exceto se o agente estiver:* (Renumerado do parágrafo único pela Lei n. 11.705, de 2008.)

I — sob a influência de álcool ou qualquer outra substância psicoativa que determine dependência; (Incluído pela Lei n. 11.705, de 2008.)

II — participando, em via pública, de corrida, disputa ou competição automobilística, de exibição ou demonstração de perícia em manobra de veículo automotor, não autorizada pela autoridade competente; (Incluído pela Lei n. 11.705, de 2008.)

III — transitando em velocidade superior à máxima permitida para a via em 50 km/h (cinquenta quilômetros por hora). (Incluído pela Lei n. 11.705, de 2008.)

§ *2º Nas hipóteses previstas no § 1º deste artigo, deverá ser instaurado inquérito policial para a investigação da infração penal".* (Incluído pela Lei n. 11.705, de 2008.)

Uma vez mais só temos que lamentar a má técnica do legislador penal e seu descomprometimento com os preceitos da dogmática penal. A crítica dirige-se ao texto do novo § 1º, e justifica-se por uma série de motivos. Inicialmente, porque é desnecessária a referência à aplicabilidade do disposto nos arts. 74 e 76 da Lei n. 9.099/95 aos crimes de lesão corporal culposa na direção de veículo automotor (art. 303 do CTB), porque se trata de crime de menor potencial ofensivo. A assertiva é desnecessária, nesse aspecto, por ser redundante. Quanto à afirmação da aplicabilidade do art. 88 da Lei n. 9.099/95 ao crime do art. 303 do CTB, só teria sentido enunciar essa regra com o intuito de esclarecer que o legitimado para representar contra o agente infrator é a própria vítima lesionada, afastando eventuais dúvidas sobre a afetação da segurança viária enquanto bem jurídico coletivo, e, consequentemente, a possibilidade de considerar o crime do art. 303 como de ação penal pública incondicionada.

Ademais, o § 1º é criticável porque se o que se pretendia era enunciar as exceções dos incisos I, II e III, isto é, os casos em que não cabe composição civil dos danos, transação penal e em que a ação penal é pública incondicionada, o legislador deveria ter agido de outra forma. Com efeito, os incisos I, II e III descrevem circunstâncias que revelam o maior desvalor do injusto praticado, tornando o resultado de lesões corporais culposas mais reprovável. Observe-se que os incisos I, II e III assemelham-se a comportamentos constitutivos de crimes tipificados no próprio CTB. Vejamos cada uma das hipóteses por separado.

a) O inciso I se refere à hipótese em que o agente estiver conduzindo sob a influência de álcool ou qualquer outra substância psicoativa que determine dependência. Como veremos mais adiante, o art. 306 do CTB tipifica, na sua nova redação, como crime de mera conduta perigosa, por sua potencial ofensividade à segurança viária, o simples fato de o agente "Conduzir veículo automotor com capacidade psicomotora alterada em razão da influência de álcool ou de outra substância psicoativa que determine dependência" (Redação dada pela Lei n. 12.760, de 2012). Antes da alteração, o art. 306 tipificava "Conduzir veículo automotor, na via pública, estando com concentração de álcool por litro de sangue igual ou superior a 6 (seis) decigramas, ou sob a influência de qualquer outra substância psicoativa que determine dependência".

b) Por sua vez, o inciso II se refere à hipótese em que o agente estiver participando, em via pública, de corrida, disputa ou competição automobilística, de exibição ou demonstração de perícia em manobra de veículo automotor, não autorizada pela autoridade competente. Como veremos mais adiante, o art. 308 tipifica como crime de perigo concreto "Participar, na direção de veículo automotor, em via pública, de corrida, disputa ou competição automobilística não autorizada pela autoridade competente, desde que resulte dano potencial à incolumidade pública ou privada".

c) Finalmente, o inciso III se refere ao caso em que o agente estiver transitando em velocidade superior à máxima permitida para a via em 50 km/h (cinquenta quilômetros por hora). Essa hipótese apresenta certo grau de semelhança ao crime do art. 311, que tipifica como crime de perigo concreto "Trafegar em velocidade incompatível com a segurança nas proximidades de escolas, hospitais, estações de embarque e desembarque de passageiros, logradouros estreitos, ou onde haja grande movimentação ou concentração de pessoas, gerando perigo de dano".

Sendo assim, o dogmaticamente correto seria erigir tais circunstâncias à categoria de *causa especial de aumento de pena*, ou, inclusive, *integrá-las na redação de modalidade qualificada de lesão corporal culposa na direção de veículo automotor*, de modo a afastar, categoricamente, os comportamentos descritos nos incisos I, II e III, que provocassem o resultado de lesão corporal culposa, da classe de infração de menor potencial ofensivo. Em outras palavras, se o resultado de lesão corporal culposa na direção de veículo automotor é imputável a um dos comportamentos perigosos descritos no art. 291, § 1º, I, II e III, do CTB, o crime cometido não deveria ser considerado como de menor potencial ofensivo. E isso porque o desvalor do injusto praticado enseja maior reprovabilidade social, autorizando o legislador penal a prescrever o aumento das penas abstratamente cominadas. O que merece reparos, pelo grave erro da atual previsão legal, é a possibilidade de negar aplicação de institutos da Lei n. 9.099/95, especialmente da transação penal, sem que haja alteração na pena máxima aplicável aos comportamentos descritos no § 1º do art. 291. Com efeito, se o legislador não determinou para essas hipóteses aumento de pena, continuamos diante de crime de menor potencial ofensivo, pois a pena máxima para o crime de lesão corporal na direção de veículo automotor, a teor do disposto no art. 303 do CTB, é de dois anos de detenção. Observe-se, ainda, que as hipóteses aqui analisadas sequer coincidem com as agravantes do art. 298 do CTB, nem mesmo com as causas de aumento de pena previstas no parágrafo único do art. 302 desse mesmo Diploma Legal.

Nesses termos, como já afirmamos *supra*, criar exceções na aplicação dos institutos penais e processuais penais aplicáveis a *crimes de menor potencial ofensivo* significa uma grave ofensa ao princípio da isonomia, e, especificamente, em face do art. 98, I, da CF/88, não é possível negar aos autores de *infrações de menor potencial ofensivo* o direito à *transação penal*, sob pena de incorrer em flagrante inconstitucionalidade. O legislador deveria ter agido, portanto, com melhor técnica legislativa, além de boa dose de bom senso, ao redigir o § 1º do art. 291 do CTB, para afastar, corretamente, do âmbito dos *crimes de menor potencial* ofensivo os comportamentos ali descritos, pois somente assim é legítimo preceituar a não incidência dos institutos da Lei n. 9.099/95.

2.3. Interpretação e aplicação do art. 291 após a entrada em vigor da Lei n. 12.971/2014

Com a Lei n. 12.971/2014 produziram-se novas alterações no Código de Trânsito Brasileiro, dispondo sobre sanções administrativas e sobre crimes de trânsito. Não houve retoque no art. 291, ora sob comento, mas algumas das modificações introduzidas nos arts. 302 e 308 repercutem na sua interpretação e aplicabilidade.

Inicialmente, há de se destacar que o comportamento tipificado no art. 308 deixou de ser considerado *crime de menor potencial ofensivo*, pois a pena privativa de liberdade aplicável passou a ser de detenção de 6 (seis) meses a 3 (três) anos, mantendo-se intacta a multa e suspensão ou proibição de se obter a permissão ou a habilitação para dirigir veículo automotor. Atendeu, assim, o legislador ao reclamo popular e setor da doutrina que defendia a inaplicabilidade dos institutos despenalizadores dos arts. 74 e 88 da Lei n. 9.099/95, ao delito de participação em competição não autorizada, em virtude da afetação de bem jurídico supraindividual indisponível — a segurança viária. Nesses termos, o crime passou a ser de ação penal pública incondicionada, sem possibilidade de que eventual composição civil de danos penais possa impedir a instauração da ação penal.

De outra parte, conforme enunciamos *supra*, o mais adequado para afastar, categoricamente, os comportamentos descritos nos incisos I, II e III do § 1º do art. 291, que provocassem o resultado de lesão corporal culposa na direção de veículo automotor, da classe de infração de menor potencial ofensivo, seria erigir tais circunstâncias à categoria de *causa especial de aumento de pena*, ou *integrá-las na redação de modalidade qualificada de lesão corporal culposa na direção de veículo automotor*, de modo que a pena máxima aplicável fosse superior a dois anos. Ocorre que, na recente reforma operada, teve o legislador a oportunidade de solucionar a referida problemática, mas, infelizmente, limitou-se a criar tipos penais qualificados, sem nenhum compromisso com a necessidade de harmonização do conjunto das normas penais presentes no CTB.

Com efeito, com a redação determinada pela Lei n. 12.971/2014, o art. 302, que tipifica o homicídio culposo na direção de veículo automotor, passou a contar com um tipo penal qualificado, com a introdução do novo § 2º, que prevê o seguinte:

> Se o agente conduz veículo automotor com capacidade psico-
> motora alterada em razão da influência de álcool ou de outra subs-
> tância psicoativa que determine dependência ou participa, em via, de
> corrida, disputa ou competição automobilística ou ainda de exibição
> ou demonstração de perícia em manobra de veículo automotor, não
> autorizada pela autoridade competente:
>
> Penas — reclusão, de 2 (dois) a 4 (quatro) anos, e suspensão ou
> proibição de se obter a permissão ou a habilitação para dirigir veí-
> culo automotor.

Se assim atuou com o homicídio culposo, de forma similar deveria ter agido em relação à lesão corporal culposa!

Somente um contexto concreto foi expressamente referido pelo legislador, na atual reforma do CTB, para afastar, inequivocamente, a incidência da Lei n. 9.099/95 sobre casos de lesão corporal culposa. Referimo-nos à hipótese em que a lesão corporal culposa é de *natureza grave* e ocorre como consequência da conduta do agente que *participa, na direção de veículo automotor, em via pública, de corrida, disputa ou competição automobilística não autorizada pela autoridade competente.* É que nesse caso caracterizar-se-á o novo tipo penal qualificado, previsto no § 1º do art. 308, introduzido pela Lei n. 12.971/2014, cuja pena de prisão é de três a seis anos de reclusão.

Como se observa, preocupou-se o legislador em esclarecer pontualmente os casos que, pela sua gravidade, não devem constituir infração penal de menor potencial ofensivo, deixando de harmonizar as regras do CTB que regulam o crime de lesão corporal grave na direção de veículo automotor. Deveria ter aproveitado a oportunidade para expurgar, definitivamente, os §§ 1º e 2º do art. 291, sistematizando as normas criminalizadoras e penalizadoras da lesão corporal culposa na direção de veículo automotor no âmbito do art. 303, por meio de técnica legislativa adequada, como seria o caso de previsão legal das circunstâncias contempladas no criticado § 1º do art. 291, sob a forma de causa especial de aumento de pena, ou de tipo penal qualificado.

Mas como essa não foi a opção do legislador, continuamos a nos deparar com um dispositivo legal de questionável aplicabilidade. Por um lado, porque o *caput* do art. 291 é, como indicamos anteriormente, absolutamente desnecessário e, por outro, porque os §§ 1º e 2º estabelecem exceções na aplicação dos institutos penais e processuais penais aplicáveis a *crimes de menor potencial ofensivo,* constituindo grave ofensa ao princípio da isonomia, e, especificamente, ao disposto no art. 98, I, da CF/88. Problemática que pelo menos se viu de alguma forma amenizada com a previsão legal do novo tipo penal qualificado no § 1º do art. 308 do CTB.

3. Aplicação *substitutiva* ou *alternativa* das penas "restritivas de direitos" nas infrações definidas na Lei Ambiental (Lei n. 9.605/98)

A Lei Ambiental prevê as suas próprias *penas restritivas de direitos,* e, o que é mais importante, com a mesma natureza *autônoma* e *substitutiva* daquelas previstas no Código Penal. No entanto, essa lei dispõe "de forma diversa" do Código Penal quanto ao conteúdo e aos limites das suas próprias *penas restritivas de direitos, elencadas em seu art. 8º:* "I — prestação de serviços à comunidade; II — interdição temporária de direitos; III — suspensão parcial ou total de atividades; IV — prestação pecuniária; V — recolhimento domiciliar". Por isso, além de não ser possível, também não é necessário aplicar, nas infrações definidas nessa lei, as penas restritivas de direitos previstas no Código Penal (art. 12).

Na Lei Ambiental, a pena privativa de liberdade "inferior" a quatro anos pode ser substituída por restritiva de direitos (art. 7º, I), ao contrário do Código Penal, que, agora, autoriza a *substituição* para pena não "superior" a quatro anos (art. 44, I). Por outro lado, para as penas superiores a um ano, o Código Penal exige que a *substituição* seja por duas penas: uma restritiva de direitos e multa ou duas restritivas de direitos (art. 44, § 2º), ao passo que essa lei não exige, nesses casos, que a *substituição* deva ser feita por duas penas. Logo, é inadmissível a aplicação subsidiária da previsão do Código Penal, porque essa lei "dispõe de forma diversa". Pela mesma razão, aquelas penas "restritivas de direitos", previstas no Código Penal e não repetidas na Lei n. 9.605/98, como *"perda de bens e valores"*, *"prestação de serviços de outra natureza"* e *"limitação de fim de semana"*, não podem ser aplicadas nas infrações definidas nesta última, que estabelece as suas próprias alternativas à pena de prisão, dispondo, em consequência, "de forma diversa".

3.1. Aplicação dos postulados da Lei n. 9.099/95 nas infrações penais definidas na Lei Ambiental (Lei n. 9.605/98)

A *solução consensual* de parte dos *conflitos sociais* definidos como crimes vem recebendo, paulatinamente, a preferência marcante do legislador contemporâneo. Prova disso ocorre também na recente legislação de proteção ambiental, que admite, com alguma alteração, a *transação penal* e a *suspensão condicional do processo*.

3.1.1. A transação penal na nova Lei Ambiental

Em princípio, a aplicação da *transação penal* nos crimes ambientais não oferece nenhuma dificuldade. Embora fosse desnecessária a previsão expressa da possibilidade de *transação*, em razão de sua origem constitucional, o legislador preferiu explicitá-la, aproveitando para *condicioná-la* "à prévia composição do dano ambiental". Com efeito, agora, nos termos do art. 27 da Lei n. 9.605/98, a *transação penal* depende de *prévia composição do dano ambiental*, a ser realizada nos termos do art. 74 da Lei n. 9.099/95, *salvo em caso de comprovada impossibilidade*. A novidade, pode-se afirmar, fica por conta da exigência de "prévia composição do dano".

Essa previsão legal demonstra que a *reparação do dano,* em termos de *justiça consensual,* tem funções e efeitos distintos, a saber: pela Lei n. 9.099/95, a *composição cível* do dano *ex delicto* extingue a punibilidade, via renúncia do direito de ação, nos crimes de ação pública condicionada à representação ou de exclusiva iniciativa privada. Já, se for crime de ação pública incondicionada, a *composição cível* não gera nenhum efeito extintivo. Na mesma Lei n. 9.099/95, a *reparação do dano* é a primeira *condição legal* obrigatória para se conceder a suspensão condicional do processo, de um lado; de outro, a *não reparação do dano* é a primeira causa de revogação obrigatória da suspensão do processo. Na Lei Ambiental em vigor, no entanto, a *reparação do dano* não tem nenhuma dessas funções, mas, ao contrário, é *pressuposto de admissibilidade* da transação. Em outros termos: primeiro se *formaliza* a composição do dano ambiental, depois se exerce o *direito de transigir,* quando as demais circunstâncias, claro, autorizarem. E mais: na hipótese de suspensão do processo, a extinção da punibilidade está condicionada à efetiva e completa reparação do dano, nos termos dos incisos do art. 28 da nova lei.

A *composição do dano* apresenta, no entanto, dois aspectos que precisam ser bem compreendidos, a saber: a *prévia composição ou prévia reparação do dano* e a *comprovada impossibilidade de composição do dano.*

3.1.2. Prévia composição ou prévia reparação do dano

Apesar da aparente clareza e simplicidade do art. 27, convém, no entanto, que sejamos prudentes ao analisá-lo, para que possamos encontrar o seu verdadeiro alcance. Por exemplo, como se deve interpretar a locução "desde que tenha havido *prévia composição* do dano ambiental, de que trata o art. 74..."? Estaria essa nova lei exigindo a *reparação prévia do dano,* efetivamente, para permitir a *transação penal,* ou apenas a condiciona à *composição do dano,* que pode ser representada pelo título judicial previsto no art. 74 da Lei n. 9.099/95, como ocorre nos próprios Juizados Especiais Criminais? Enfim, a Lei Ambiental adotou realmente a *política criminal consensual* inaugurada pela Lei n. 9.099/95, nas chamadas infrações de menor potencial ofensivo, como pensa Antonio Scarance Fernandes[189], ou procurou apenas retirar-lhe alguns institutos — *transação* e *suspensão do processo* —, dando-lhes absoluta autonomia, além de acrescentar-lhes algumas modificações? Essas questões exigem mais reflexão, e as

---

189. *Bol. IBCCrim,* n. 65, edição especial, abr. 1998, p. 4.

soluções, a nosso juízo, devem ser encontradas por meio de uma interpretação sistemática, como pretendemos fazer em toda esta análise.

Devemos iniciar esta reflexão lembrando que o art. 27 em exame, ao admitir a transação penal, exige, como condição, a existência de *prévia composição do dano ambiental, de que trata o art. 74 da mesma lei...*" (a Lei n. 9.099). O referido art. 74 da Lei n. 9.099/95, por sua vez, deixa muito claro que a "composição dos danos", homologada pelo juiz, por sentença irrecorrível, constitui *título judicial* exequível no cível. Reconhece, em outros termos, que a "composição dos danos" não se confunde com a atual e efetiva "reparação dos danos", pelo menos naquele momento processual, naquela audiência preliminar. "Compor", tal qual está empregado no art. 74 da Lei n. 9.099/95, tem o significado de *solução do conflito* no plano cível, de acerto entre as partes, de celebração de compromisso por meio do qual o autor da infração assume a responsabilidade de pagar o prejuízo causado pelo seu ato. Agora, a "reparação efetiva do dano", isto é, o *pagamento do acordado*, normalmente, ocorrerá em momento posterior, podendo, inclusive, ser parcelado. Aliás, *a previsão legal de que a composição dos danos, homologada pelo juiz, constitui título judicial* (art. 74) não permite outra interpretação. Se a *composição cível* exigisse o pagamento no ato, na própria audiência preliminar, não haveria razão nenhuma para considerá-la "título a ser executado no juízo cível competente".

Foi sábio, portanto, o legislador ao prever a simples *composição do dano*, já que a exigência da *efetiva reparação* inviabilizaria a *transação* e a própria *audiência preliminar*, e iria de encontro aos princípios da *celeridade* e *economia processuais*, orientadores dos Juizados Especiais Criminais. E não é outro o sentido que se pode dar à previsão do art. 27 da Lei n. 9.605/98, ao condicionar a transação "à prévia composição do dano ambiental". Em outros termos, primeiro se *formaliza a composição do dano* ambiental; depois, a seguir, *oportuniza-se a transação* penal. Enfim, se as partes não *compuserem* o dano ambiental, isto é, se não chegarem a um denominador comum sobre a forma, meios e condições de reparar o dano, não se poderá *transigir* quanto à sanção criminal. A forma de executar a composição poderá, inclusive, ser objeto da própria composição, por meio de cláusulas a serem cumpridas. Ou alguém ousaria afirmar que a *transação* somente poderá acontecer depois que o infrator houver reflorestado determinada área e que as novas árvores tenham atingido o mesmo porte das anteriores, por exemplo?

Por outro lado, só para reforçar, nos termos do parágrafo único do art. 74 da Lei n. 9.099/95, não é a efetiva reparação do dano, que pode até não acontecer, mas "o acordo homologado" que acarreta "a renúncia ao direito de queixa ou representação".

Com efeito, a Lei n. 9.605/98, em nosso entendimento, incorporou a *política criminal consensual* ao admitir, expressamente, os institutos da *transação penal* e da *suspensão do processo*. Como o legislador aqui não se preocupou em definir princípios orientadores, quer de direito material, quer de direito processual, fica afastada eventual autonomia ou independência dos institutos da transação e da suspensão condicional do processo. Assim, na ausência de disciplina especial, os dois institutos devem ser tratados como estão disciplinados na Lei dos Juizados Especiais Criminais, somente com os acréscimos previstos nos cinco incisos do art. 28 da nova lei.

Não cabe, ademais, falar em renúncia ao direito de queixa ou representação, em razão da composição dos danos, na medida em que todas as infrações da nova Lei Ambiental são de ação pública incondicionada (art. 26).

3.1.3. Comprovada impossibilidade de composição do dano

Ao ressalvar a "impossibilidade comprovada" de compor o dano, para admitir a transação penal, o legislador brasileiro respeitou um princípio elementar do sistema jurídico, qual seja, o de que o direito somente pode disciplinar a *atividade humana*, visto que os *processos naturais* não podem ser objeto de regulação pelo direito, porque são forças ou energias cegas[190]. De outra parte, ao tratar da responsabilidade penal ou da imputabilidade o Direito Penal afasta todo e qualquer resultado que decorrer de *caso fortuito* ou *de força maior*. Nessa linha de raciocínio, constatamos que não teria sentido determinar a realização do impossível, ignorar os limites da capacidade humana, punir o descumprimento de uma tarefa "comprovadamente impossível" etc. Ademais, é da tradição do nosso direito determinar a reparação do dano ou o pagamento da multa, *salvo efetiva impossibilidade* de fazê-lo (v. g., arts. 77, § 2º, e 83, IV, ambos do CP).

Mas, em termos de *composição do dano ambiental*, qual seria o sentido da previsão "salvo em caso de *comprovada impossibilidade*", referida no final do art. 27 da nova lei? Essa impossibilidade seria física, jurídica ou financeira? Ou todas as três?

Quando disciplina a *impossibilidade de reparação do dano*, o direito brasileiro, tradicionalmente, refere-se à *insolvência do devedor* (infrator),

---

190. Cezar Roberto Bitencourt, *Manual de direito penal*; Parte geral, 6. ed., 2000, v. 1, p. 177.

à sua falta de capacidade de pagamento, isto é, à *desproporção* entre a capacidade econômico-financeira do devedor e o valor do dano a ser reparado. A previsão do dispositivo em exame também tem essa conotação — *insolvência do infrator* —, mas vai muito além, pois, tratando-se de meio ambiente, o *dano causado* pode, algumas vezes, ser incomensurável e, outras vezes, apesar de mensurável, pode atingir proporções incalculáveis. Nas duas hipóteses — valor incomensurável ou proporções incalculáveis — pode surgir, com facilidade, a *impossibilidade de composição dos danos*. Como se faria, por exemplo, a reparação da poluição do Rio Guaíba, da poluição do ar em Cubatão, da destruição da selva amazônica etc.?

Enfim, quer pela *insolvência do infrator,* quer pela *irreparabilidade do dano,* pode configurar-se a previsão legal que ressalva "comprovada impossibilidade" de compor o dano ambiental, para, excepcionalmente, permitir a transação penal (art. 27, *in fine*).

3.1.4. A suspensão condicional do processo

"Art. 28. As disposições do art. 89 da Lei n. 9.099, de 26 de setembro de 1995, aplicam-se aos crimes de menor potencial ofensivo definidos nesta lei, *com as seguintes modificações..."* (grifei).

De plano pode-se afirmar que o art. 28 apresenta dois paradoxos, para dizer o mínimo: em primeiro lugar, a Lei Ambiental não define, em nenhum dos seus dispositivos, crimes ou infrações de menor potencial ofensivo; em segundo lugar, o instituto da suspensão condicional do processo, nos termos do art. 89 da Lei n. 9.099/95, não se limita às *infrações de menor potencial ofensivo*. Contudo, como o texto legal parece afirmar o contrário, precisamos analisá-lo detidamente.

O art. 28 exige uma extraordinária atenção do intérprete, sob pena de se lhe dar um sentido completamente fora do contexto jurídico-nacional. Por exemplo, qual será o sentido da expressão "aplicam-se aos crimes de menor potencial ofensivo definidos nesta Lei"? A rigor, essa lei *define* ou *redefine* o crime de menor potencial ofensivo? Admitindo-se — *ad argumentandum* — que tenha redefinido essa modalidade de infração penal, quais seriam seus novos parâmetros ou onde estaria tal definição?

À primeira vista, tem-se a impressão de que esse dispositivo restringiu a admissibilidade da suspensão do processo às "infrações de menor potencial ofensivo", definidas no art. 61 da Lei n. 9.099/95. Mas essa interpretação literal (método) conduziria a um resultado restritivo, que não se adequaria aos postulados da política criminal consensual atual, negando as finalidades pretendidas pelas Leis n. 9.099/95 e 9.605/98.

Teria ampliado a definição de "infrações de menor potencial ofensivo"? A nosso juízo, a Lei n. 9.605/98 não redefiniu o crime de menor potencial ofensivo, tendo adotado a concepção cristalizada na Lei n. 9.099. Não nos convence o respeitável entendimento de Ada Pellegrini Grinover, segundo o qual o art. 28 da lei citada "ampliou o conceito de infrações de menor potencial ofensivo, para efeito de caracterização dos crimes nela definidos, estendendo-a aos crimes em que a pena mínima cominada seja igual ou inferior a um ano (na prescrição do art. 89 da Lei n. 9.099/95, que o art. 28 da nova lei faz referência expressa)"[191].

Na verdade, a expressão "crimes de menor potencial ofensivo *definidos* nesta Lei", constante do art. 28, pode levar a equívocos, apresentando um sentido dúbio. Com efeito, a expressão "definidos nesta lei" não está se referindo à nova definição de infrações de menor potencial ofensivo, mas aos crimes *tipificados* por essa nova lei, dentre os quais estão os de menor potencial ofensivo. Ademais, as modificações acrescentadas pelo referido dispositivo encontram-se elencadas em cinco incisos. Examinando-se esses incisos, que alteram somente as condições a que se deve subordinar a suspensão condicional do processo, em nenhum deles se constata qualquer coisa que possa levar à interpretação de que houve ampliação ou redefinição do conceito de infração de menor potencial ofensivo, disciplinado no art. 61 da Lei n. 9.099/95. Se efetivamente o legislador pretendesse ampliá-la ou redefini-la, tê-lo-ia feito acrescentando mais um inciso ao artigo. No entanto, não o fez. Somente mais adiante, a Lei n. 11.313/2006, alterando a redação do art. 61 da Lei n. 9.099/95, elevou a pena para dois anos.

Essas dificuldades interpretativas, na realidade, decorrem da equivocada utilização, no texto do art. 28, da expressão "aos crimes de menor potencial ofensivo", para estabelecer o limite da admissibilidade da suspensão do processo. Mas esse "equívoco" do legislador, pouco afeito aos modernos institutos jurídicos, deve ser compreendido, visto que grande segmento dos operadores do direito, para os quais a exigência de conhecimento jurídico é bem maior, não raro, comete equívocos semelhantes ao referir-se aos institutos contemplados nos arts. 88 e 89 da Lei n. 9.099/95. Muitas vezes, num primeiro momento, muitos dos próprios intérpretes do direito, traídos pelo subconsciente, são levados a imaginar que a suspensão

---

191. Ada Pellegrini Grinover, *Bol. IBCCrim,* n. 68, p. 3.

do processo e a representação criminal, constantes dos dois dispositivos, são genuínas e exclusivas dos Juizados Especiais Criminais, o que não é verdade. Referidos institutos estão na Lei n. 9.099/95, como poderiam estar em qualquer outra, apenas, digamos assim, "pegaram uma carona" na Lei n. 9.099, aproveitando o ensejo reformista.

3.1.5. Limites constitucionais da transação penal

A Constituição da República autoriza a *transação penal*, nas infrações penais de menor potencial ofensivo, nas "hipóteses previstas em lei" (art. 98, I). A Lei n. 9.099/95, por sua vez, definiu essas infrações nos termos seguintes: "*Consideram-se infrações de menor potencial ofensivo, 'para os efeitos desta Lei', as contravenções penais e os crimes a que a lei comine pena máxima não superior a 1 (um) ano, excetuados os casos em que a lei preveja procedimento especial*" (art. 61).

"Para os efeitos desta Lei" — destacado do art. 61 referido — quer dizer *para as finalidades previstas na Constituição*, isto é, para permitir a *transação penal*, o *procedimento oral* e *sumariíssimo*, além da atribuição da competência recursal a juízes de primeiro grau, nas infrações de menor potencial ofensivo.

Nada impede, é certo, que, para outros efeitos, o legislador fixe outros critérios para determinar a definição ou extensão das infrações de menor potencial ofensivo[192], desde que não seja para permitir a *transação penal*. A utilização indiscriminada ou a elevação exagerada do conceito de *infração penal de menor potencial ofensivo* implicará a violação de inúmeras *garantias penais-constitucionais*, tais como *devido processo legal, ampla defesa* e *presunção de inocência*. Com efeito, a excepcional autorização da Constituição, permitindo a *transação penal*, limita-se às "infrações de menor potencial ofensivo", que exigem congruência, isto é, que sejam efetivamente de pequena potencialidade lesiva. É inadmissível, em outros termos, que, a cada dia, novos textos legais alterem, ao sabor dos interesses palacianos, a sua definição ou abrangência. Interpretação diversa direciona-se a um caminho perigoso, já que tal definição pode significar um caminho aberto para a supressão dos direitos e princípios fundamentais garantidores da liberdade do indivíduo e limitadores do poder repressivo estatal. Com a fúria legiferante que vivenciamos, não será surpresa que em pouco

---

192. Edilson Miguel da Silva Jr., *Crimes de trânsito*, cit., p. 8.

tempo se afastem tais garantias, com *falaciosas políticas criminais* de simplificação, redução, abreviação e remoção de obstáculos formais que impeçam uma funcional resposta penal.

Enfim, *infração de menor potencial ofensivo*, para efeito de *transação penal*, portanto, é somente aquela cuja pena máxima cominada não seja superior a um ano[193]. Juizados Especiais Criminais e transação penal são dois institutos intimamente relacionados à pequena ofensividade da infração penal. E somente para essas pequenas infrações a Constituição autoriza a simplificação procedimental da transação penal, de sorte que a sua ampliação não encontra amparo constitucional, ferindo o devido processo legal, a ampla defesa, a presunção de inocência e o princípio da culpabilidade.

6ª Seção
APLICAÇÃO DA PENA

1. Individualização da pena

Na Idade Média, o arbítrio judicial, imposto por exigências políticas da tirania, era produto de um regime penal que não estabelecia limites para a determinação da sanção penal. Se outra fosse a natureza humana, talvez esse fosse o sistema mais conforme à ideia retribucionista, isto é, à justa e rigorosa adequação da pena ao crime e ao delinquente. Contudo, a segurança jurídica e a garantia dos direitos fundamentais do cidadão exigem, com precisão e clareza, a definição de crimes e a determinação das respectivas sanções. A primeira reação do Direito Penal moderno ao *arbítrio judicial* dos tempos medievais foi a adoção da *pena fixa*, representando o "mal justo" na exata medida do "mal injusto" praticado pelo delinquente. Na verdade, um dos maiores males do Direito Penal anterior ao Iluminismo foi o excessivo poder dos juízes, exercido arbitrariamente, em detrimento da Justiça e a serviço da tirania medieval.

A iniquidade que resultava do exercício arbitrário do "poder de julgar" constituiu um dos maiores fundamentos do movimento liderado por Cesare de Beccaria visando à reforma do *Direito punitivo*. E a reação mais

---

193. Agora, é bem verdade, por obra da Lei n. 10.259/2001, esse patamar foi elevado para pena não superior a dois anos.

eficaz contra aqueles extremos seria naturalmente a limitação do arbítrio judicial, com a definição precisa do crime e um sistema rígido de penas fixas. Na concepção de Beccaria, seguindo a de Montesquieu, ao juiz não deveria sequer ser admitido interpretar a lei, mas apenas aplicá-la em seus estritos termos. Assim, a um sistema largamente aberto na dosagem da pena sucedeu um sistema de pena rigorosamente determinada, consubstanciado no Código Penal francês de 1791. Por esse novo sistema, a função do juiz limita-se à aplicação mecânica do texto legal. Mas logo se percebeu que, se a *indeterminação absoluta* não era conveniente, também a *absoluta determinação* não era menos inconveniente. Se a pena absolutamente indeterminada deixava demasiado arbítrio ao julgador, com sérios prejuízos aos direitos fundamentais do indivíduo, igualmente a pena absolutamente determinada impediria o seu ajustamento, pelo juiz, ao fato e ao agente, diante da realidade concreta.

Essa constatação determinou a evolução para uma indeterminação relativa: nem determinação absoluta, nem absoluta indeterminação. Finalmente, abriu-se um grande crédito à livre dosagem da pena, pelo juiz, estabelecendo o Código Penal francês de 1810 limites mínimo e máximo, entre os quais pode variar a mensuração da pena. Essa concepção foi o ponto de partida para as legislações modernas, fixando os limites dentre os quais o juiz deve — pelo princípio do livre convencimento — estabelecer fundamentadamente a pena aplicável ao caso concreto.

Essa orientação, conhecida como *individualização da pena*, ocorre em três momentos distintos: *individualização legislativa* — processo pelo qual são selecionados os fatos puníveis e cominadas as sanções respectivas, estabelecendo seus limites e critérios de fixação da pena; *individualização judicial* — elaborada pelo juiz na sentença, é a atividade que concretiza a individualização legislativa que cominou abstratamente as sanções penais, e, finalmente, *individualização executória*, que ocorre no momento mais dramático da sanção criminal, que é o do seu cumprimento.

Mas o que nos interessa, neste momento, é a *individualização judicial*, isto é, a aplicação da pena cominada.

2. Circunstâncias e elementares do crime

Os tipos penais descrevem as condutas ilícitas e estabelecem assim os seus elementos essenciais. Esses fatores que integram a descrição da conduta típica são as chamadas *elementares* do tipo, ou elementos essenciais constitutivos do delito. Como tivemos oportunidade de afirmar, "elementares do crime são dados, fatos, elementos e condições que integram determinadas figuras típicas. Certas peculiaridades que normalmente constituiriam circunstâncias ou condições podem transformar-se em elementos do tipo penal e, nesses casos, deixam de *circundar* simplesmente o injusto típico para integrá-lo"[194].

O tipo penal, além dos seus elementos essenciais, sem os quais a figura típica não se completa, pode ser integrado por outras circunstâncias acidentais que, embora não alterem a sua constituição ou existência, influem na dosagem final da pena. Essas circunstâncias são, como afirma Aníbal Bruno[195], "condições acessórias, que acompanham o fato punível, mas não penetram na sua estrutura conceitual e, assim, não se confundem com os seus elementos constitutivos. Vêm de fora da figura típica, como alguma coisa que se acrescenta ao crime já configurado, para impor-lhe a marca de maior ou menor reprovabilidade". Circunstâncias, na verdade, são dados, fatos, elementos ou peculiaridades que apenas *circundam* o fato principal. Não integram a figura típica, podendo, contudo, contribuir para aumentar ou diminuir a sua gravidade.

Para se distinguir uma *elementar* do tipo penal de uma simples circunstância do crime basta excluí-la, hipoteticamente; se tal raciocínio levar à descaracterização do fato como crime ou fizer surgir outro tipo de crime, estar-se-á diante de uma elementar. Se, no entanto, a exclusão de determinado requisito não alterar a caracterização do crime, tratar-se-á de uma circunstância do crime. Cumpre destacar, porém, que somente os tipos básicos contêm as elementares do crime, porquanto os chamados tipos derivados — qualificados — contêm circunstâncias especiais que, embora constituindo elementos específicos dessas figuras derivadas, não são elementares do crime básico, cuja existência ou inexistência não alteram a definição deste. Assim, as qualificadoras, como dados acidentais, servem apenas para definir a classificação do crime derivado, estabelecendo novos limites mínimo e máximo, cominados ao novo tipo.

Concluindo, as elementares são componentes do tipo penal, enquanto as circunstâncias são moduladoras da aplicação da pena, e são acidentais, isto é, podem ou não existir na configuração da conduta típica. As circunstâncias, que não constituem nem qualificam o crime, são conhecidas na

_____

194. Cezar Roberto Bitencourt. *Tratado de direito penal*. Parte geral, 22. ed., São Paulo, Saraiva, 2016, p. 577.

195. Aníbal Bruno, *Direito penal*, 1967, t. 3, p. 67.

doutrina como circunstâncias judiciais, circunstâncias legais e causas de aumento e de diminuição da pena.

3. Circunstâncias judiciais

Não se pode esquecer que os moduladores do art. 59 do CP, todos, constituem apenas — como afirmava Salgado Martins[196] — uma diretriz, traçam um roteiro, fixam critérios de orientação, indicam o caminho a ser seguido na adequação da pena ao fato e ao delinquente. Os elementos constantes no art. 59 são denominados *circunstâncias judiciais*, porque a lei não os define e deixa a cargo do julgador a função de identificá-los no bojo dos autos e mensurá-los concretamente. Não são efetivas "circunstâncias do crime", mas critérios limitadores da discricionariedade judicial, que indicam o procedimento a ser adotado na tarefa individualizadora da pena-base.

A Reforma Penal de 1984 acrescentou a "conduta social" e o "comportamento da vítima" aos elementos que constavam do art. 42 do Código Penal de 1940, além de substituir a "intensidade do dolo e o grau da culpa" pela culpabilidade do agente. Façamos a análise individual de cada um deles.

Culpabilidade — esse requisito — talvez o mais importante do moderno Direito Penal — constitui-se no balizador máximo da sanção aplicável, ainda que se invoquem *objetivos ressocializadores* ou de recuperação social. A *culpabilidade,* aqui, funciona como *elemento de determinação* ou de *medição* da pena. Nessa acepção, a culpabilidade funciona não como *fundamento da pena,* mas como *limite desta,* impedindo que a pena seja imposta *além* da medida prevista pela própria ideia de culpabilidade, aliada, é claro, a outros critérios, como importância do bem jurídico, fins preventivos etc. Por isso, constitui rematado equívoco, frequentemente cometido no cotidiano forense, quando, na dosagem da pena, afirma-se que "o agente agiu com culpabilidade, pois tinha a consciência da ilicitude do que fazia". Ora, essa *acepção de culpabilidade* funciona como *fundamento da pena*, isto é, como característica negativa da conduta proibida, e já deve ter sido objeto de análise juntamente com a tipicidade e a antijuridicidade, concluindo-se pela condenação. Presume-se que esse *juízo* tenha sido po-

---

196. Salgado Martins, *Sistema de Direito Penal brasileiro*, Rio de Janeiro, Konfino, 1957, p. 378.

sitivo, caso contrário nem se teria chegado à condenação, onde a culpabilidade tem função limitadora da pena, e não fundamentadora.

Na verdade, impõe-se que se examine aqui a maior ou menor censurabilidade do comportamento do agente, a maior ou menor reprovabilidade da conduta praticada, não se esquecendo, porém, a realidade concreta em que ocorreu, especialmente a maior ou menor exigibilidade de outra conduta. O dolo que agora se encontra localizado no tipo penal — na verdade em um dos elementos do tipo, qual seja, a ação — pode e deve ser aqui considerado para avaliar o grau de censurabilidade da ação tida como típica e antijurídica: quanto mais intenso for o dolo, maior será a censura; quanto menor a sua intensidade, menor será a censura.

Antecedentes — Por antecedentes devem-se entender os fatos anteriores praticados pelo réu, que podem ser bons ou maus. São maus antecedentes aqueles fatos que merecem a reprovação da autoridade pública e que representam expressão de sua incompatibilidade para com os imperativos ético-jurídicos. A finalidade desse modulador, como os demais constantes do art. 59, é unicamente demonstrar a maior ou menor afinidade do réu com a prática delituosa. Admitir certos atos ou fatos como antecedentes negativos significa uma "condenação" ou simplesmente uma violação ao princípio constitucional de "presunção de inocência", como alguns doutrinadores e parte da jurisprudência têm entendido, e, principalmente, consagra resquícios do condenável direito penal de autor.

De há muito a melhor doutrina sustenta o entendimento de que "inquéritos instaurados e processos criminais em andamento", "absolvições por insuficiência de provas", "prescrições abstratas, retroativas e intercorrentes" não podem ser considerados como "maus antecedentes" porque violaria a presunção de inocência. Sustentávamos tratar-se de equívoco, pois, ao serem admitidos como antecedentes negativos não encerram novo juízo de censura, isto é, não implicam condenação, caso contrário, nos outros processos, nos quais tenha havido condenação, sua admissão como "maus antecedentes" representaria uma nova condenação, o que é inadmissível. Por outro lado, a persistir esse entendimento mais liberal, sustentávamos, restariam como maus antecedentes somente as condenações criminais que não constituíssem reincidência. E, se essa fosse a intenção do ordenamento jurídico, em vez de referir-se "aos antecedentes", ter-se-ia referido "às condenações anteriores irrecorríveis".

Por isso, embora tenha sido válido, a seu tempo, hoje, em um Estado Democrático de Direito, é insustentável aquele entendimento de Nélson

Hungria[197], segundo o qual também devem ser apreciados como antecedentes penais os "processos paralisados por superveniente extinção da punibilidade antes de sentença final irrecorrível, inquéritos arquivados por causas impeditivas da ação penal, condenações ainda não passadas em julgado... processos em andamento, até mesmo absolvições anteriores por deficiência de prova".

Com efeito, sob o império de uma nova ordem constitucional[198], e "constitucionalizando o Direito Penal", somente podem ser valoradas como "maus antecedentes" decisões condenatórias irrecorríveis. Assim, quaisquer outras investigações preliminares, processos criminais em andamento, mesmo em fase recursal, não podem ser valorados como maus antecedentes[199]. Convém destacar, ademais, a necessidade de respeitar a limi-

---

197. Nélson Hungria, O arbítrio judicial na medida da pena, *Revista Forense*, n. 90/12, jan. 1943.

198. Ver, para aprofundar, Amilton Bueno de Carvalho e Salo de Carvalho, *Aplicação da pena e garantismo penal*, 2001.

199. Nessa linha, os próprios STF e STJ já tiveram oportunidade de se manifestar:

"Diante de vida pregressa irreprovável, o Juiz deve, tanto quanto possível e quase sempre o será, fixar a pena-base no mínimo previsto para o tipo, contribuindo, com isso, para a desejável ressocialização do sentenciado" (STF, *RT*, 731/497).

"*HABEAS CORPUS* — EXAME APROFUNDADO DE PROVAS — INADMISSIBILIDADE — INJUSTIFICADA EXACERBAÇÃO DA PENA PELO TRIBUNAL 'A QUO' COM BASE NA MERA EXISTÊNCIA DE PROCESSO DE QUE NÃO RESULTOU CONDENAÇÃO PENAL — OFENSA AO PRINCÍPIO CONSTITUCIONAL CONSAGRADO NO ART. 5º, LVII, DA CONSTITUIÇÃO — CONCESSÃO DE 'HABEAS CORPUS' DE OFÍCIO PARA RESTABELECER A PENA FIXADA NA SENTENÇA DE 1º GRAU. O ato judicial de fixação da pena não poderá emprestar relevo jurídico-legal a circunstâncias que meramente evidenciem haver sido, o réu, submetido a procedimento penal-persecutório, sem que deste haja resultado, com definitivo trânsito em julgado, qualquer condenação de índole penal. A submissão de uma pessoa a meros inquéritos policiais, ou, ainda, a persecuções criminais de que não haja derivado qualquer título penal condenatório, não se reveste de suficiente idoneidade jurídica para justificar ou legitimar a especial exacerbação da pena. Tolerar-se o contrário implicaria admitir grave lesão ao princípio constitucional consagrador da presunção de não culpabilidade dos réus ou dos indiciados (CF, art. 5º, LVII). É inquestionável que somente a condenação penal transitada em julgado pode justificar a exacerbação da pena, pois, com ela, descaracteriza-se a presunção 'juris tantum' de não culpabilidade do réu, que passa, então — e a partir desse momento — a ostentar o 'status' jurídico-penal de condenado, com todas as consequências legais daí decorrentes. NÃO PODEM REPERCUTIR CONTRA O RÉU SITUAÇÕES JURÍDICO-PROCESSUAIS AINDA NÃO DEFINIDAS POR DECISÃO IRRECORRÍVEL DO PODER JUDICIÁRIO, ESPECIALMENTE NAQUELAS HIPÓTESES DE INEXISTÊNCIA DE TÍTULO PENAL CONDENATÓRIO DEFINITIVAMENTE CONSTITUÍDO" (STF, HC 68465/DF, Rel. Min. Celso de Mello, *DJ*, 21 fev. 1992, p. 2694).

tação temporal dos efeitos dos "maus antecedentes", adotando-se o parâmetro previsto para os "efeitos da reincidência" fixado no art. 64 do CP, em cinco anos, com autorizada analogia. Advogando a mesma tese, sustenta Salo de Carvalho[200], *in verbis*: "o recurso à analogia permite-nos limitar o prazo de incidência dos antecedentes no marco dos cinco anos — delimitação temporal da reincidência —, visto ser a única orientação permitida pela sistemática do Código Penal".

Personalidade — Deve ser entendida como síntese das qualidades morais e sociais do indivíduo. Na lição de Aníbal Bruno[201], personalidade "é um todo complexo, porção herdada e porção adquirida, com o jogo de todas as forças que determinam ou influenciam o comportamento humano". Na análise da personalidade deve-se verificar a sua boa ou má índole, sua maior ou menor sensibilidade ético-social, a presença ou não de eventuais desvios de caráter de forma a identificar se o crime constitui um episódio acidental na vida do réu.

As infrações criminais praticadas pelo réu durante a menoridade, que, segundo o melhor entendimento, não podem ser admitidas como maus antecedentes, podem servir, contudo, para subsidiar a análise da personalidade do agente, assim como outras infrações criminais praticadas depois do crime objeto do processo em julgamento. Essas duas circunstâncias — infrações penais praticadas durante a menoridade ou depois do crime objeto do cálculo da pena — constituem elementos concretos reveladores da personalidade identificada com o crime, que não podem ser ignorados, embora não sejam fundamentais nessa valoração.

Conduta social — Deve-se analisar o conjunto do comportamento do agente em seu meio social, na família, na sociedade, na empresa, na associação de bairro etc. Embora sem antecedentes criminais, um indivíduo pode ter sua vida recheada de deslizes, infâmias, imoralidades, reveladores de desajuste social. Por outro lado, é possível que determinado indivíduo,

---

"RHC — processual penal — prisão para recorrer — a prisão para recorrer como a penal reclama necessidade e interesse público. Se o paciente respondeu o processo em liberdade, a restrição somente pode ser imposta havendo fato posterior. Ademais, inquérito policial e ação penal em curso representam hipóteses de trabalho. Não registram ainda definição da situação jurídica. Impossível, só por isso, configurarem maus antecedentes" (STJ, RHC 3494/SP, Rel. Min. Anselmo Santiago, *DJ* de 18-9-1995, p. 29996).

200. Amilton Bueno de Carvalho e Salo de Carvalho, *Aplicação da pena e garantismo penal*, 3. ed., 2004, p. 52; no mesmo sentido, José Antonio Paganella Boschi, *Das penas e seus critérios de aplicação*, p. 208.

201. Aníbal Bruno, *Direito penal*, 1984, v. 3, p. 154.

376

mesmo portador de antecedentes criminais, possa ser autor de atos bene-méritos, ou de grande relevância social ou moral. No entanto, nem sempre os autos oferecem elementos para analisar a conduta social do réu; nessa hipótese, a presunção milita em seu favor.

Os motivos determinantes — Os motivos constituem a fonte propulsora da vontade criminosa. Não há crime gratuito ou sem motivo. Como afirma Pedro Vergara[202], "os motivos determinantes da ação constituem toda a soma dos fatores que integram a personalidade humana e são suscitados por uma representação cuja ideomotricidade tem o poder de fazer convergir, para uma só direção dinâmica, todas as nossas forças psíquicas".

Para a dosagem da pena é fundamental considerar a natureza e qualidade dos motivos que levaram o indivíduo à prática do crime, que, na lição de Hungria[203], podem dividir-se, basicamente, em duas categorias: imorais ou antissociais e morais e sociais.

As circunstâncias do crime — As circunstâncias referidas no art. 59 não se confundem com as circunstâncias legais relacionadas expressamente no texto codificado (arts. 61, 62, 65 e 66 do CP), mas defluem do próprio fato delituoso, tais como forma e natureza da ação delituosa, os tipos de meios utilizados, objeto, tempo, lugar, forma de execução e outras semelhantes. Não se pode ignorar que determinadas circunstâncias qualificam ou privilegiam o crime ou, de alguma forma, são valoradas em outros dispositivos, ou até mesmo como elementares do crime. Nessas hipóteses, não devem ser avaliadas neste momento, para evitar a dupla valoração.

As consequências do crime — Não se confundem com a consequência natural tipificadora do ilícito praticado. É um grande equívoco afirmar — no crime de homicídio, por exemplo — que as consequências foram graves porque a vítima morreu. Ora, a morte da vítima é resultado natural, sem o qual não haveria o homicídio. Agora, podem ser consideradas graves as consequências, porque a vítima, arrimo de família, deixou ao desamparo quatro filhos menores, cuja mãe não possui qualificação profissional, por exemplo. Importa, é verdade, analisar a maior ou menor danosidade decorrente da ação delituosa praticada ou o maior ou menor alarma

---

202. Pedro Vergara, *Dos motivos determinantes no Direito Penal*, Rio de Janeiro, 1980, p. 563-4.

203. Nélson Hungria, O arbítrio judicial..., *Revista Forense*, n. 90, p. 14.

social provocado, isto é, a maior ou menor irradiação de resultados, não necessariamente típicos, do crime.

Comportamento da vítima — Estudos de vitimologia demonstram que, muitas vezes, as vítimas contribuem decisivamente na consecução do crime. Esses comportamentos são, não raro, verdadeiros fatores criminógenos, que, embora não justifiquem o crime, nem isentem o réu de pena, podem minorar a censurabilidade do comportamento delituoso, como, por exemplo, "a injusta provocação da vítima". A verdade é que o comportamento da vítima pode contribuir para fazer surgir no delinquente o impulso delitivo, podendo, inclusive, falar-se em "vítima totalmente inocente, a vítima menos culpada que o criminoso, a vítima tão culpada quanto o criminoso e a vítima totalmente culpada, como as divide Manzanera"[204].

3.1. Circunstâncias judiciais nos denominados "crimes societários"

Nenhuma das leis esparsas, especiais ou extravagantes consagram um modo especial de dosimetria penal, aplicando-se, por inteiro, as previsões contidas no Código Penal, quando mais não seja, por determinação da regra expressa no art. 12 do referido estatuto penal material. Dessa forma, *culpabilidade, antecedentes, conduta social, personalidade do agente, motivos, circunstâncias e consequências do crime* são exatamente as mesmas previstas no Código Penal, com os mesmos conteúdos, sentidos, funções, finalidades e limites que nesse diploma legal são concebidos. Nada autoriza, no ordenamento jurídico brasileiro, que se lhes deem dimensões outras que distingam da orientação consagrada na doutrina e jurisprudência nacionais, ao longo de sua história. Assim, é absolutamente equivocada e infundada a valoração dos predicados relacionados no art. 59 do Código Penal, consoante se depreende do seguinte enunciado:

"A *culpabilidade* foi normal para a espécie de delito. Todavia, considerando que a empresa gozava de boa saúde financeira, como visto, o delito torna-se mais reprovável do que o usual, o que prejudica o acusado. Os *antecedentes* também desfavorecem o acusado, que no interrogatório afirmou que existe sentença condenatória em Rio Grande (fl. 1481) ... As *circunstâncias do fato* prejudicam o acusado. É que, por ser Presidente da FIERGS, o réu deveria procurar apenas meios lícitos para desenvolver sua

---

204. Laercio Pellegrino, *RT*, 556/429.

empresa. Por ser um líder empresarial, o mau exemplo para outros empresários é fato que prejudica o acusado"[205].

Vale aqui, por óbvio, o que atrás dissemos sobre a *culpabilidade* como elemento de medição e limite da pena, que não pode ser medida pela "condição financeira da empresa" do sentenciado, pois se a "culpabilidade foi normal para a espécie de delito", não pode "prejudicar o acusado", nem tornar o delito "mais reprovável do que o usual", como afirmou referida decisão. Relativamente aos *antecedentes*, os Tribunais Superiores — STF e STJ — já pacificaram o entendimento de que somente condenações irrecorríveis podem ser consideradas como *maus antecedentes*, além da indispensabilidade de prova documental nos autos, sendo insuficiente eventual referência no interrogatório do acusado.

Mas o que mais choca no enunciado que destacamos no início deste tópico é a *valoração* referente às "circunstâncias do fato" (circunstâncias do crime para o texto legal), a terceira circunstância judicial considerada "negativa" para exasperar a pena-base. Com uma simples vista d'olhos constata-se que o prolator da referida decisão foi extremamente infeliz em sua valoração. No entanto, curiosamente, ratificando o entendimento do juiz sentenciante, em relação às "circunstâncias do crime", o Tribunal Regional Federal da 4ª Região, por meio da 7ª Turma Criminal, limitou-se a afirmar que: "Por fim, ainda quanto à pena-base, nenhum reparo na decisão monocrática que entendeu desfavorável as circunstâncias do crime, pois o apelante, conforme dispôs a sentença, era presidente da FIERGS, além de Presidente da Associação Nacional das Indústrias de Artefatos de Couro e Artigos de Viagem (fls. 1046/1049), cargos de inegável liderança no meio empresarial, de cujos ocupantes espera-se uma conduta de acordo com a lei"[206]. Por fim, a 5ª Turma do STJ, no HC 36.804, ratificou, nesse particular, as duas decisões anteriores, em relação às "circunstâncias do crime", consagrando o mais odioso *direito penal de autor*.

Na verdade, pedimos vênia para utilizar essas três decisões sobre os mesmos fatos do mesmo processo, em instâncias distintas, apenas para ilustrar a argumentação que passamos a desenvolver, por razões puramente didáticas.

O *status* pessoal ou profissional ou mesmo a posição que o eventual acusado ocupa na sociedade jamais poderá ser confundido com "circuns-

---

205. Ação Penal n. 2001.71.13.002013-5.
206. Apelação Criminal 2001.71.13.002013-5.

tâncias do crime", nos termos concebidos pelo art. 59 do Código Penal, conforme nossos comentários anteriores. Na realidade, qualquer principiante em matéria penal sabe que "as circunstâncias do crime" não se confundem com o *status* pessoal ou profissional do autor, sua condição particular, a função que exerce na coletividade, que, aliás, não têm nenhuma relação com o *fato delituoso* e, até por isso, não podem influir na sua punição, especialmente para agravá-la, sem previsão legal, como fizeram as decisões questionadas.

Trata-se de orientação identificada com o mais autêntico *direito penal de autor*, ressuscitado por movimentos neorraciais, que andam recrudescendo, perigosamente, em alguns países do continente europeu. Quer dizer, julga-se pelo que o indivíduo é *e não pelo que faz*, como um verdadeiro "direito penal do inimigo", que, de uma forma discriminatória, distingue entre "cidadãos" e "inimigos", tratando-se, com efeito, da desconsideração de determinada "classe de cidadãos" como portadores de direitos não iguais aos demais a partir de uma classificação que se impõe desde as instâncias de controle formal, *violando o sagrado princípio da igualdade*. É uma forma discriminatória e, diríamos, inclusive *ideologizada* que *elege*, no caso, o empresário, o produtor, o empreendedor como *inimigo da sociedade*, o grande causador da ruína do cidadão, que deve pagar, agora no banco dos réus, a qualquer custo.

Nessa linha de pensamento, com efeito, para as instâncias de controle *não importa o que se faz* (direito penal do fato), mas sim *quem faz*. Em outros termos, não se pune pela prática do fato, mas sim pela qualidade, personalidade ou caráter de *quem* faz, num autêntico Direito Penal de autor[207]. Esse tipo de interpretação, mesmo em decisões judiciais — preocupadas em destacar o *status* ou personalidade do acusado — vão muito além da intenção de controlar a criminalidade financeira ou tributária, pois representam, sem sombra de dúvida, a obediência a um modelo político-criminal violador não só dos direitos fundamentais do ser humano (em especial daquele que responde a processo criminal), mas também capaz de prescindir da própria consideração do acusado ou condenado como ser humano e pretende, inclusive, substituir um modelo de direito penal do fato por um modelo de direito penal de autor[208], proscrito nos Estados Democráticos de Direito.

---

207. José Miguel Zugaldía Espinar, *Fundamentos de Direito Penal*, Valencia, Tirant lo Blanch, 1993, p. 360.

208. Paulo César Busato, Regime disciplinar diferenciado, cit., p. 138.

4. Circunstâncias legais: atenuantes e agravantes genéricas

As agravantes e as atenuantes genéricas são chamadas de circunstâncias legais porque vêm expressamente relacionadas no texto legal: as agravantes nos arts. 61 e 62, e as atenuantes nos arts. 65 e 66, todos do Código Penal[209].

Como é natural, a preocupação com a dupla valoração afasta as circunstâncias que constituem ou qualificam o crime. Assim, na análise das agravantes e atenuantes deve-se observar sempre se não constituem elementares, qualificadoras, ou causas de aumento ou de diminuição de pena.

O Código não estabelece a quantidade de aumento ou de diminuição das agravantes e atenuantes legais genéricas, deixando ao *prudente* arbítrio do juiz, ao contrário do que faz com as majorantes e minorantes, para as quais estabelece os parâmetros de aumento ou de diminuição. No entanto, sustentamos que a variação dessas circunstâncias (atenuantes e agravantes) não deve chegar até o limite mínimo das majorantes e minorantes, que é fixado em um sexto. Caso contrário, as agravantes e as atenuantes se equiparariam àquelas causas modificadoras da pena que, a nosso juízo, apresentam maior intensidade, situando-se pouco abaixo das qualificadoras (no caso das majorantes). Em outros termos, coerentemente, o nosso Código Penal adota uma escala valorativa para agravante, majorante e qualificadora, que são distinguidas, umas das outras, exatamente pelo grau de gravidade que representam, valendo o mesmo, no sentido inverso, para as moduladoras favoráveis ao acusado, privilegiadora, minorante e atenuante.

4.1. Circunstâncias preponderantes no concurso de agravantes e atenuantes

Em um mesmo fato delituoso podem concorrer circunstâncias agravantes e atenuantes, que podem ser objetivas e subjetivas. O art. 67, nessa hipótese, determina que "a pena deve aproximar-se do limite indicado pelas circunstâncias preponderantes, entendendo-se como tais as que resultam dos motivos determinantes do crime, da personalidade do agente e da

---

209. Relativamente à reincidência, remetemos o leitor para o Capítulo XXVIII, do 1º volume do *Tratado*, no item 7, onde fazemos uma "Análise político-criminal da reincidência". *Vide*, igualmente: Salo de Carvalho, in Amilton Bueno de Carvalho e Salo de Carvalho, *Aplicação da pena e garantismo penal*, p. 61-70; Juarez Cirino dos Santos. *Direito penal*, p. 570: "A questão é simples: se a *prevenção especial* positiva de *correção do condenado* é ineficaz, e se a *prevenção especial* negativa de *neutralização do condenado* funciona, realmente, como *prisionalização deformadora* da personalidade do condenado, então a *reincidência real* não pode constituir *circunstância agravante*".

reincidência". Observe-se que o Código exemplifica como preponderantes as circunstâncias subjetivas.

A jurisprudência tem entendido historicamente que a menoridade — *que é um aspecto da personalidade* — é a circunstância mais relevante, até mesmo do que a reincidência. Acreditamos, no entanto, que essa maior relevância não é absoluta. Admitimos, é verdade, que em relação à reincidência a menoridade seja mais relevante. Porém, não podemos esquecer os motivos determinantes do crime, que podem assumir as mais variadas formas — podem ser nobres, fúteis, torpes, graves, imorais etc. — e, embora não justifiquem o crime, podem alterar profundamente a sua *reprovabilidade*, tanto que, em algumas hipóteses, *qualificam* (ex.: art. 121, § 2º, II) ou *privilegiam* (art. 121, § 1º) a conduta criminosa.

Assim, a nosso juízo, é natural que os motivos determinantes, que não qualifiquem ou privilegiem o crime, sejam considerados *preponderantes* em relação às demais circunstâncias legais, inclusive em relação à menoridade. E, ademais, no rol exemplificativo das circunstâncias preponderantes, os motivos são elencados em primeiro lugar, fato esse que não deixa de ser importante, pelo menos para aqueles que alegam que a personalidade é mais importante porque vem relacionada antes da reincidência. Por outro lado, como lembrava Mirabete, "não existe fundamento científico para a preponderância, em abstrato, de determinadas circunstâncias sobre as demais, sejam elas objetivas ou subjetivas, porque o fato criminoso, concretamente examinado, é que deve indicar essa preponderância"[210].

5. Causas de aumento e de diminuição da pena

Além das agravantes e atenuantes, há outras causas modificativas da pena, que o Código denomina *causas de aumento e de diminuição*, também conhecidas como *majorantes* e *minorantes*. As majorantes e minorantes são fatores de aumento ou redução da pena, estabelecidos em quantidades fixas (ex.: metade, dobro, triplo, um terço) ou variáveis (ex.: um a dois terços).

Alguns doutrinadores não fazem distinção entre as majorantes e minorantes e as qualificadoras. No entanto, as *qualificadoras* constituem verdadeiros tipos penais — tipos derivados — com novos limites, mínimo e máximo, enquanto as majorantes e minorantes, como simples causas mo-

---

210. Julio Fabbrini Mirabete, *Manual de direito penal*, 1990, v. 1, p. 296. O STF já decidiu que as agravantes preponderam sobre a menoridade, em HC 71.154-5 (*DJU* de 27-10-1994, p. 29162).

dificadoras da pena, somente estabelecem a sua variação. Ademais, as majorantes e minorantes funcionam como modificadoras na terceira fase do cálculo da pena, o que não ocorre com as qualificadoras, que estabelecem limites mais elevados, dentro dos quais será calculada a pena-base. Assim, por exemplo, enquanto a previsão do art. 121, § 2º, caracteriza uma qualificadora, a do art. 155, § 1º, configura uma majorante.

Por outro lado, as majorantes e as minorantes também não se confundem com as agravantes, e as atenuantes genéricas apresentam diferenças fundamentais em, pelo menos, três níveis distintos, a saber:

a) *Em relação à colocação no Código Penal*

1) As agravantes e as atenuantes genéricas localizam-se somente na Parte Geral do Código Penal (arts. 61, 62, 65 e 66). 2) As majorantes e as minorantes situam-se tanto na Parte Geral quanto na Parte Especial, sendo que elas situam-se nos próprios tipos penais.

b) *Em relação ao "quantum" de variação*

1) As agravantes e as atenuantes não fixam a quantidade de aumento ou de diminuição, deixando-a ao *"prudente* arbítrio" do julgador, não devendo, a nosso juízo, atingir um sexto da pena, que é o limite mínimo das majorantes e minorantes. 2) As majorantes e as minorantes, por sua vez, estabelecem, em quantidade fixa ou variável, o *quantum* de variação da pena.

c) *Em relação ao limite de incidência*

1) A doutrina tradicional historicamente sempre sustentou que as atenuantes e as agravantes não podem conduzir a pena para fora dos limites, mínimo e máximo, previstos no tipo penal infringido. Reinterpretando, no entanto, o texto da Reforma Penal de 1984, passamos a admitir que as atenuantes possam trazer a pena mínima para aquém do mínimo abstratamente cominado no tipo penal, como demonstraremos logo adiante. 2) As minorantes podem reduzir a pena para aquém do mínimo cominado ao tipo penal violado, como reconhecem unanimemente doutrina e jurisprudência. 3) As majorantes, segundo uma corrente minoritária, podem elevar a pena para além do máximo cominado no tipo penal infringido, enquanto para outra corrente majoritária, que adotamos, as majorantes não podem ultrapassar aquele limite.

6. Dosimetria da pena

A individualização da pena — uma conquista do Iluminismo — ganhou assento constitucional (art. 5º, XLVI, da CF), assegurando uma das chamadas garantias criminais repressivas, e, como tal, exige absoluta e completa fundamentação judicial. É verdade que o legislador abre um grande crédito aos juízes na hora de realizar o cálculo da pena, ampliando sua atividade discricionária. Contudo, como discricionariedade não se confunde com arbitrariedade, nosso Código Penal estabelece critérios a serem observados para a fixação da pena. Como afirmava Hungria[211], "o que se pretende é a individualização racional da pena, a adequação da pena ao crime e à personalidade do criminoso, e não a ditadura judicial, a justiça de *cabra-cega...*". Assim, todas as operações realizadas na dosimetria da pena, que não se resumem a uma simples operação aritmética, devem ser devidamente fundamentadas, esclarecendo o magistrado como valorou cada circunstância analisada, desenvolvendo um raciocínio lógico e coerente que permita às partes acompanhar e entender os critérios utilizados nessa valoração.

No entanto, a *individualização da pena*, segundo a Constituição (art. 5º, XXXIX e XLVI), encontra seus limites na lei ordinária. Por isso, é inconstitucional deixar de observar os limites legais, por violar os princípios da pena determinada e da sua individualização, incluindo-se, por conseguinte, nessa vedação *deixar de aplicar atenuante legal*, mesmo sob o pretexto de que a pena-base não pode ser fixada abaixo do mínimo cominado, posto que o art. 65 determina que as atenuantes "são circunstâncias que *sempre* atenuam a pena"[212]. Em outros termos, a aplicação das atenuantes é sempre obrigatória. Não se pode ignorar que previsão como essa contida nesse dispositivo do Código Penal assume a condição "normas complementares" (uma lei delegada *sui generis*), na medida em que cumpre a função de dar efetividade ao princípio *constitucional da individualização* da pena (art. 5º, XXXIX e XLVI).

O cálculo da pena, nos termos do art. 68 do CP, deve operar-se em três fases distintas: a *pena-base* deve ser encontrada analisando-se as circunstâncias judiciais do art. 59; a *pena provisória*, analisando-se as circunstâncias legais, que são as atenuantes e as agravantes; e, finalmente, chegar-se-á à *pena definitiva*, analisando-se as causas de diminuição e de aumento.

---

211. Nélson Hungria, O arbítrio judicial..., *Revista Forense*, n. 90, p. 10.

212. Ver, nesse sentido, decisões antológicas de Amilton Bueno de Carvalho, *Garantismo penal aplicado*, p. 15-31 e 67-74; Amilton Bueno de Carvalho e Salo de Carvalho, *Aplicação da pena e garantismo penal*, p. 114.

6.1. Pena-base: circunstâncias judiciais

Para se encontrar a *pena-base* devem-se analisar todos os moduladores relacionados no art. 59 do Código Penal, correspondendo, como refere Paganella Boschi, "à pena inicial fixada em concreto, dentro dos limites estabelecidos *a priori* na lei penal, para que, sobre ela, incidam, por cascata, as diminuições e os aumentos decorrentes de agravantes, atenuantes, majorantes ou minorantes"[213]. O Código não estabelece quais devem ser considerados favoráveis ou desfavoráveis ao réu, atribuindo tal função à natureza dos fatos e das circunstâncias, e conferindo ao juiz o dever de investigá-los durante a dilação probatória e, posteriormente, individualizá-los e valorá-los, na sentença. Na realidade, todos, conjuntamente, e quaisquer deles, isoladamente, podem ser favoráveis ou desfavoráveis ao réu. Por isso, embora formem um conjunto, devem ser analisados individualmente, sendo insuficiente, consoante reiterada jurisprudência, considerações genéricas e superficiais, ou mesmo conclusões sem embasamento legal.

A ausência de fundamentação ou de análise das circunstâncias judiciais ou mesmo a sua análise deficiente gera nulidade absoluta da decisão judicial. Há, no entanto, um entendimento jurisprudencial majoritário de que a falta de fundamentação na fixação da pena não gera nulidade se aquela for fixada no mínimo legal[214]. Esse é um entendimento que necessita ser revisto urgentemente ou, pelo menos, merece detida reflexão. É, no mínimo, uma posição questionável entender que a favor do indivíduo tudo é permitido, esquecendo-se que no outro polo da relação processual encontra-se a sociedade, representada pelo Ministério Público, que também tem o direito de receber um tratamento isonômico. A fixação da pena no limite mínimo permitido, sem a devida fundamentação, viola o *ius accusationis* e frauda o princípio constitucional da *individualização* da pena, que, em outros termos, significa dar a cada réu a sanção que merece, isto é, necessária e suficiente à prevenção e repressão do crime. Assim, deve-se entender que a ausência de fundamentação gera nulidade, mesmo que a pena seja fixada no mínimo, desde que haja recurso da acusação, logicamente.

Se todas as operadoras do art. 59 forem favoráveis ao réu, a pena-base deve ficar no mínimo previsto. Se algumas circunstâncias forem desfavoráveis, deve afastar-se do mínimo; se, contudo, o conjunto for desfavorável, pode aproximar-se do chamado termo médio, que, segundo a velha doutrina nacional, é representado pela média da soma dos dois extre-

---

213. José Antonio Paganella Boschi, *Das penas e seus critérios de aplicação*, p. 187.
214. *RTJ*, RHC 59.820.

mos, quais sejam, limites mínimo e máximo cominados. De regra, o cálculo da pena deve iniciar a partir do limite mínimo e só excepcionalmente, quando as circunstâncias do art. 59 revelarem especial gravidade, se justifica a fixação da pena-base afastada do mínimo legal.

Não se pode olvidar, por fim, que o art. 59 reúne oito moduladores que orientam a definição da pena-base, podendo-se atribuir, hipoteticamente, de um total máximo de dez pontos para o conjunto, apenas um e vinte e cinco para cada um, ou seja, um oitavo para cada modulador, significando que duas operadoras desfavoráveis, por exemplo, representam dois e meio negativos, restando sete e meio em favor do acusado. Enfim, esses critérios devem orientar o julgador, que não pode ignorar a totalidade de elementos relacionados no dispositivo referido, que, repita-se, devem ser analisados no seu conjunto.

6.2. Pena provisória: agravantes e atenuantes

Encontrada a pena-base, em seguida passa o julgador ao exame das circunstâncias legais, isto é, das atenuantes e agravantes, aumentando ou diminuindo a pena em certa quantidade, que resultará no que chamamos de *pena provisória*.

Nesta segunda operação devem-se analisar somente as circunstâncias legais genéricas, enfatizando-se as *preponderantes*, quando concorrerem agravantes e atenuantes. Nenhuma circunstância atenuante pode deixar de ser valorada, ainda que não seja invocada expressamente pela defesa, bastando que se encontre provada nos autos.

Acompanhamos no passado a corrente tradicional, segundo a qual as atenuantes e as agravantes não podiam levar a pena para aquém ou para além dos limites estabelecidos no tipo penal infringido, sob pena de violar o primeiro momento da *individualização* da pena, que é legislativo, privativo de outro poder, e é realizada por intermédio de outros critérios e com outros parâmetros, além de infringir os *princípios da reserva legal* e da *pena determinada* (art. 5º, XXXIX e XLVI, da CF), recebendo a pecha de inconstitucional, por aplicar pena não cominada. Quando a pena-base estivesse fixada no mínimo, impediria sua diminuição, ainda que se constatasse *in concreto* a presença de uma ou mais atenuantes, sem que isso caracterizasse *prejuízo* ao réu, que já teria recebido o mínimo possível.

Já há algum tempo revisamos nosso entendimento, acompanhando a melhor orientação doutrinária (e parte da jurisprudência), voltada para os

386

postulados fundamentais do Estado Democrático de Direito, que não transige com responsabilidade penal objetiva e tampouco com interpretações analógicas *in malam partem*; assim, acompanhamos o entendimento que sustenta a possibilidade de as *circunstâncias atenuantes* poderem trazer a pena aplicada para *aquém do mínimo legal*, especialmente quando, *in concreto*, existam causas de aumento.

6.2.1. Pena aquém do mínimo: uma garantia constitucional

O entendimento contrário à redução da pena para aquém do mínimo cominado partia de uma *interpretação equivocada*, que a dicção do atual art. 65 do Código Penal não autoriza. Com efeito, esse dispositivo determina que as *circunstâncias atenuantes* "sempre atenuam a pena", independentemente de já se encontrar no mínimo cominado. É irretocável a afirmação de Carlos Caníbal[215] quando, referindo-se ao art. 65, destaca que "se trata de norma cogente por dispor o Código Penal que 'são circunstâncias que sempre atenuam a pena'... e — prossegue Caníbal — norma cogente em direito penal é norma de ordem pública, máxime quando se trata de individualização constitucional de pena". A previsão legal, definitivamente, não deixa qualquer dúvida sobre sua *obrigatoriedade*, e eventual interpretação diversa viola não apenas o *princípio da individualização da pena* (tanto no plano legislativo quanto judicial) como também o *princípio da legalidade estrita*.

O equivocado entendimento de que "circunstância atenuante" não pode levar a pena para aquém do mínimo cominado ao delito partiu de *interpretação analógica* desautorizada, baseada na proibição que constava no texto original do parágrafo único do art. 48 do Código Penal de 1940[216], não repetido, destaque-se, na Reforma Penal de 1984 (Lei n. 7.209/84). Ademais, esse dispositivo disciplinava uma *causa especial* de diminuição de pena — quando o agente quis participar de crime menos grave —, mas impedia que ficasse abaixo do mínimo cominado. De notar que nem mesmo esse diploma revogado (parte geral) estendia tal previsão às *circunstâncias atenuantes*, ao

---

215. Carlos Roberto Lofego Caníbal, Pena aquém do mínimo — Uma investigação constitucional-penal, *Revista Ajuris*, Porto Alegre, v. 77, p. 82.

216. "Art. 48. (...) Atenuação especial da pena

Parágrafo único. *Se o agente quis participar de crime menos grave, a pena é diminuída de um terço até metade, não podendo, porém, ser inferior ao mínimo da cominada ao crime cometido.*"

contrário do que entendeu a interpretação posterior à sua revogação. Lúcido, também nesse sentido, o magistério de Caníbal quando afirma: "É que estes posicionamentos respeitáveis estão, todos, embasados na orientação doutrinária e jurisprudencial anterior à reforma penal de 1984 que suprimiu o único dispositivo que a vedava, por extensão — e só por extensão — engendrada por orientação hermenêutica, que a atenuação da pena por incidência de atenuante não pudesse vir para aquém do mínimo. Isto é, se está raciocinando com base em direito não mais positivo"[217].

Ademais, naquela orientação, a nosso juízo superada, utilizava-se de uma espécie *sui generis* de interpretação analógica entre o que dispunha o antigo art. 48, parágrafo único, do Código Penal (parte geral revogada), que disciplinava uma causa especial de diminuição, e o atual art. 65, que elenca as circunstâncias atenuantes, todas estas de aplicação obrigatória. Contudo, a não aplicação do art. 65 do Código Penal, para evitar que a pena fique aquém do mínimo cominado, não configura, como se imagina, *interpretação analógica*, mas verdadeira *analogia* — vedada em direito penal — para suprimir um direito público subjetivo, qual seja a *obrigatória* (circunstância que sempre atenua a pena) atenuação de pena. Por outro lado, a *analogia* não se confunde com a *interpretação analógica*. A *analogia*, convém registrar, não é propriamente forma ou meio de *interpretação*, mas de *aplicação* da norma legal. A função da analogia não é, por conseguinte, *interpretativa*, mas *integrativa* da norma jurídica. Com a analogia procura-se aplicar determinado preceito ou mesmo os próprios princípios gerais do direito a uma hipótese não contemplada no texto legal, isto é, com ela busca-se colmatar uma lacuna da lei. Na verdade, a *analogia* não é um *meio de interpretação*, mas de *integração* do sistema jurídico. Nessa hipótese, que ora analisamos, não há um texto de lei obscuro ou incerto cujo sentido exato se procure esclarecer. Há, com efeito, a ausência de lei que discipline especificamente essa situação[218]. Na verdade, equipararam-se coisas distintas, dispositivos legais diferentes, ou seja, artigo revogado (art. 48, parágrafo único) e artigo em vigor (art. 65); aquele se referia a uma *causa de diminuição* específica; este, às circunstâncias atenuantes *genéricas*, que são coisas absolutamente inconfundíveis; impossível, consequentemente, aplicar-se qualquer dos dois institutos, tanto da analogia

---

217. Carlos Roberto Lofego Caníbal, Pena aquém do mínimo..., *Revista Ajuris*, v. 77, p. 82.

218. Definição de analogia, que trabalhamos no *Tratado de direito penal*. Parte geral, 22. ed., São Paulo, Saraiva, 2016, p. 197.

quanto da interpretação analógica. A finalidade da *interpretação* é encontrar a "vontade" da lei, ao passo que o objetivo da *analogia*, contrariamente, é suprir essa "vontade", o que, convenhamos, só pode ocorrer em circunstâncias carentes de tal vontade.

Concluindo, o paralelo que poderia ser traçado limitar-se-ia ao que dispunha o art. 48, parágrafo único, na redação original do CP de 1940, com o art. 29, § 2º, da redação atual, pois ambos disciplinam a mesma situação: se o agente *quis* participar de crime menos grave — com a seguinte diferença: o dispositivo revogado adotava a *responsabilidade objetiva,* e o atual dá tratamento diferenciado ao *desvio subjetivo de condutas*; aquele proibia que a redução trouxesse a pena para aquém do mínimo cominado, ao passo que o atual determina expressamente que o agente responde pelo crime menos grave que quis cometer. Logo, tanto a analogia quanto a interpretação analógica são igualmente inaplicáveis[219].

Enfim, deixar de aplicar uma *circunstância atenuante* para não trazer a pena para aquém do mínimo cominado nega vigência ao disposto no art. 65 do CP, que não condiciona a sua incidência a esse limite, violando o *direito público subjetivo* do condenado à pena justa, legal e individualizada. Essa ilegalidade, deixando de aplicar norma de ordem pública, caracteriza uma inconstitucionalidade manifesta. Em síntese, não há lei proibindo que, em decorrência do reconhecimento de circunstância atenuante, possa ficar aquém do mínimo cominado. Pelo contrário, há lei que determina (art. 65), peremptoriamente, a diminuição da pena em razão de uma atenuante, sem condicionar seu reconhecimento a nenhum limite; e, por outro lado, reconhecê-la na decisão condenatória (sentença ou acórdão), somente para evitar nulidade, mas deixar de efetuar sua atenuação, é uma farsa, para não dizer fraude, que viola o princípio da reserva legal. Seria igualmente desabonador fixar a pena-base acima do mínimo legal, ao contrário do que as circunstâncias judiciais estão a recomendar, somente para simular, na segunda fase, o reconhecimento de atenuante, previamente conheci-

---

219. O recurso à analogia não é ilimitado, sendo excluído das seguintes hipóteses: a) *nas leis penais incriminadoras* — como essas leis, de alguma forma, sempre restringem a liberdade do indivíduo, é inadmissível que o juiz acrescente outras limitações além daquelas previstas pelo legislador. Em matéria penal, repetindo, somente é admissível a analogia quando beneficia a defesa; b) *nas leis excepcionais*, os fatos ou aspectos não contemplados pelas normas de exceção são disciplinados pelas de caráter geral, sendo desnecessário apelar a esse recurso integrativo (que pressupõe a não contemplação em lei alguma do caso a decidir); c) *nas leis fiscais* — estas têm caráter similar às penais, sendo recomendável a não admissão do recurso à analogia para sua integração.

da do julgador. Não é, convenhamos, uma operação moralmente recomendável, beirando a falsidade ideológica.

Por fim, e a conclusão é inarredável, a Súmula 231 do Superior Tribunal de Justiça, *venia concessa*, carece de adequado fundamento jurídico, afrontando, inclusive, os princípios da individualização da pena e da legalidade estrita[220].

Outro grande fundamento para admitir que as atenuantes possam trazer a pena para aquém do mínimo legal é principalmente a sua posição topográfica: são valoradas antes das causas de aumento e de diminuição; em outros termos, após o exame das atenuantes/agravantes, resta a operação valorativa das causas de aumento que podem elevar consideravelmente a pena-base ou provisória. Ademais, o texto atual do Código Penal (Lei n. 7.209/84) não apresenta qualquer empecilho que impossibilite o reconhecimento de qualquer atenuante, ainda que isso possa significar uma pena (base, provisória ou definitiva) inferior ao mínimo cominado no tipo penal.

Finalmente, quando houver duas qualificadoras, uma deverá ser valorada como tal e a outra deverá ser considerada como agravante genérica, desde que elencada tal circunstância, caso contrário deverá ser avaliada como circunstância judicial.

6.3. Pena definitiva

Na terceira e última fase do cálculo da pena analisam-se as causas de aumento e de diminuição. Essa terceira fase deve incidir sobre a pena até então encontrada, que pode ser a pena provisória decorrente da segunda operação, como também a pena-base se, no caso concreto, não existirem atenuantes ou agravantes. Se houver mais de uma majorante ou mais de uma minorante, as majorações e as diminuições serão realizadas, a princípio, em forma de cascata, isto é, incidirão umas sobre as outras, sucessivamente. Primeiro se aplicam as causas de aumento, depois as de diminuição.

Com efeito, concorrendo mais de uma causa de aumento ou de diminuição "previstas na parte especial, pode o juiz limitar-se a um só aumento ou a uma só diminuição, prevalecendo, todavia, a causa que mais aumente ou diminua" (art. 68, parágrafo único). Essa possibilidade destina-se exclusivamente às majorantes e minorantes previstas na Parte Especial do

---

220. Súmula 231: "A incidência de circunstância atenuante não pode conduzir à redução da pena abaixo do mínimo legal".

Código. Já as localizadas na Parte Geral deverão operar todas, incidindo umas sobre as outras, sem exceção, consoante expressa previsão legal.

Na ausência de agravantes e atenuantes e de majorantes e minorantes, a pena-base deve ser tornada definitiva. Na ausência apenas de majorantes ou minorantes, será então a pena provisória tornada definitiva. As majorações decorrentes do concurso formal próprio e da continuação delitiva incidirão sobre aquela que seria a pena definitiva, isto é, depois de realizadas todas as fases estabelecidas pelo art. 68, como se fosse uma quarta operação da dosimetria penal.

O magistrado deverá analisar, finalmente, quando a natureza do crime e a quantidade da pena privativa de liberdade permitirem, a possibilidade de *substituição* (art. 59, IV, do CP) ou de *suspensão da sua execução* (art. 157 da LEP). Nessas hipóteses, a decisão, concessiva ou negatória, deverá ser sempre devidamente motivada. Encontrada a pena definitiva, o juiz deverá fixar o *regime inicial* de cumprimento da pena privativa de liberdade, mesmo que ela venha a ser substituída ou suspensa, porque poderá haver conversão ou revogação da medida alternativa.

O STF sumulou que a *opinião do julgador* sobre a *gravidade em abstrato* do crime não constitui motivação idônea para a imposição de regime mais severo do que o permitido segundo a pena aplicada. Com efeito, a Súmula 718 tem o seguinte enunciado: "A opinião do julgador sobre a gravidade em abstrato do crime não constitui motivação idônea para a imposição de regime mais severo do que o permitido segundo a pena aplicada". Essa é uma das tantas súmulas com as quais, finalmente, o Supremo resolveu colocar um termo nas arbitrariedades infundadas, que davam azo apenas a "opiniões" pessoais de determinados julgadores, sem qualquer respaldo legal.

Além disso, segundo a Súmula 719, quando o juiz impuser *regime de cumprimento de pena mais severo do que a pena aplicada permitir*, deverá motivar sua decisão de maneira idônea. O enunciado da Súmula 719 — "A imposição do regime de cumprimento mais severo do que a pena aplicada permitir exige motivação idônea" — é dos mais infelizes que se pode imaginar. Ora, *venia concessa*, "regime de cumprimento de pena mais severo do que a pena aplicada permitir" é *ilegal* e não há motivação que possa legitimá--lo. Os parâmetros que permitem as espécies e a gravidade dos regimes de cumprimento de penas estão expressos em lei, conforme examinamos no *Tratado de direito penal*[221], para onde remetemos o leitor.

---

221. Parte geral, 22. ed., São Paulo, Saraiva, 2016.

Nesse sentido, esperamos que o Pretório excelso se dê conta da gravidade do equívoco que a Súmula 719 representa e a revogue o mais pronto possível.

7ª Seção
LIVRAMENTO CONDICIONAL

1. Origem e desenvolvimento do livramento condicional

Tal como ocorre com a suspensão condicional da pena, não há dados suficientes para se oferecer uma certeza absoluta sobre as origens mais remotas da liberdade condicional. Alguns sustentam haver encontrado reminiscências do instituto no *Direito Eclesiástico*, onde teria existido uma instituição similar ao livramento condicional, segundo afirma Federico de Córdova[222], que diz que o Direito Canônico praticou algumas formas de *Direito Penitenciário*. Essa afirmação não pode ser aceita, porque, como demonstramos no capítulo primeiro de nossa tese de doutorado[223], *a prisão* não foi conhecida no Direito antigo, como tampouco na Idade Média, onde a prisão era um parêntese para a *custódia dos delinquentes* até a imposição da pena a que foram condenados (morte, mutilações etc.). No entanto, entre as origens históricas da liberdade condicional merece destacar-se a fundação que o Papa Clemente XI fez em Roma, o *Hospício de São Miguel*: um misto de casa de correição de delinquentes jovens e de asilo para órfãos e anciões inválidos, sendo os primeiros submetidos a um tratamento propriamente penitenciário, em busca da *emenda moral*.

Os norte-americanos pretendem reivindicar para os Estados Unidos a origem do instituto e o relacionam com o *parol system*, implantado em 1876. Na verdade, segundo Cuello Calón, aparece nos Estados Unidos uma forma de *liberdade condicional* em 1825, na *Casa de Refúgio* de Nova York, e começa a funcionar no Estado do mesmo nome com a lei que criou o *Reformatório de Elmira* em 1869, e aí, onde alcançou grande desenvolvimento, recebe o nome de "liberdade sob palavra" e *parol system*.

---

222. Federico de Córdova, *Libertad condicional*, citado por Samuel Daien, Libertad condicional, p. 40.

223. Cezar R. Bitencourt, *Falência da pena de prisão — Causas e alternativas*, p. 11 e s.

Para muitos, as verdadeiras raízes do livramento condicional começam na França com a obra de Bonneville de Marsangy, *Institutions complémentaires du régime pénitenciaire*. A data desse surgimento é imprecisa. Cuello Calón, mesmo não aceitando a origem francesa do instituto, afirma que Boneville propugnou-o em 1847 e foi adotado por lei em 1850[224]. Para Daien[225], a "França estabeleceu a instituição em 1832 para os menores de idade recolhidos na prisão de Roquette (Paris), com o título de *Liberation Provisoire pour les jeunes détenus* e depois fê-la extensiva a todos os jovens e adultos de bom comportamento através das leis de 1850 e 1855". Em princípio utilizou-se nesse país como um prêmio aos delinquentes menores de 16 anos, pela boa conduta demonstrada durante a prisão. Os menores liberados ficavam submetidos à tutela e vigilância da *sociedade de jovens detidos*.

Em realidade — e nesse particular a maioria dos autores está de acordo —, a liberdade condicional teve sua origem nas colônias inglesas da Austrália, sendo conhecida com o nome de *ticket of leave system*, introduzida em 1840 por Macconochie, com a finalidade de promover a recuperação moral e social do criminoso e sua liberação antecipada sob vigilância, embora alguns autores, como Aníbal Bruno e Daien, recordando Mittermayer, refiram que "a liberdade condicional foi estabelecida pela primeira vez no ano de 1791, com o nome de *perdão judicial* para os condenados deportados pela Inglaterra para a Austrália"[226]. Depois, com o fracasso da deportação, o sistema introduzido na ilha de Norfolk por Macconochie foi adotado na Inglaterra.

Com pequenas diferenças de datas, os autores, em geral, aceitam a origem inglesa do instituto, que nasceu como complemento de uma legislação corretiva organizada.

O Brasil consagrou referido instituto no Código de 1890, mas sua aplicação efetiva somente foi possível com o Decreto n. 16.665, de 1924.

A introdução do instituto no continente europeu não foi consequência de providência prática, como ocorreu na comunidade britânica; foi fruto do trabalho de doutrinadores como Boneville e Mittermayer.

2. Conceito e caracteres da liberdade condicional

O livramento condicional, a última etapa do cumprimento de pena no sistema progressivo, abraçado em geral por todas as legislações penais mo-

---

224. E. Cuello Calón, *La moderna penología*, 1958, p. 535.
225. Samuel Daien, *Libertad condicional*, p. 45.
226. Idem, ibidem, p. 14.

dernas, é mais uma das tentativas para diminuir os efeitos negativos da prisão. Não se pode denominá-lo substituto penal, porque, em verdade, não substitui a prisão e tampouco põe termo à pena, mudando apenas a maneira de executá-la. Como diz Juarez Cirino dos Santos[227], "a liberdade condicional constitui a fase final desinstitucionalizada de execução da pena privativa de liberdade, com objetivo de reduzir os malefícios da prisão e facilitar a reinserção social do condenado (...)".

Na feliz definição de Cuello Calón[228], é "um período de transição entre a prisão e a vida livre, período intermediário absolutamente necessário para que o condenado se habitue às condições da vida exterior, vigorize sua capacidade de resistência aos atrativos e sugestões perigosas e fique reincorporado de modo estável e definitivo à comunidade (...)".

A concepção moderna de que a finalidade da pena é prevalentemente preventiva e visa também à reinserção social do condenado ou, como diz mais recentemente Muñoz Conde[229], pelo menos, evitar a "dessocialização", implica que, quando o apenado mostra-se reformado, a pena já não tem para ele nenhuma finalidade, e deve ser posto em liberdade. Como, no entanto, a reforma apresentada pode ser aparente ou simulada, a liberdade condicional apresenta-se como instrumento adequado, isto é, um período de prova durante o qual o beneficiário continua vigiado e sob condições, para demonstrar sua verdadeira recuperação. É a aprendizagem da nova vida em liberdade.

Em verdade, por tal instituto, o condenado a uma pena privativa de liberdade pode sair do estabelecimento antes do término fixado na sentença condenatória, claro, sempre que houver determinadas circunstâncias e sob certas condições. É uma antecipação, embora limitada, da liberdade. A liberação organizada sobre a base de um regime de assistência e vigilância do apenado durante certo prazo, com a possibilidade de reingresso na prisão em caso de má conduta, oferece ao réu mais possibilidade de reinserção, sem esquecer a sociedade, via prevenção geral. Mediante esse instituto, coloca-se no convívio social o criminoso que apresenta, em determinado momento do cumprimento da pena, suficiente regeneração. Para Jescheck[230], a liberdade condicional "pretende adaptar a duração do cumprimento da pena à evolu-

---

227. Juarez Cirino dos Santos. *Direito penal*, p. 258.
228. E. Cuello Calón, *La moderna penología*, p. 537.
229. F. Muñoz Conde, *Derecho penal y control social*, p. 117.
230. H. H. Jescheck, *Tratado de derecho penal*, 1981, v. 2, p. 1166.

ção do réu no estabelecimento penitenciário, estimulando-o, ao mesmo tempo, para que oriente seu destino durante o cumprimento com o comportamento positivo".

Enfim, a doutrina mais aceitável sobre a liberdade condicional é a que a considera como fase final da execução da pena privativa de liberdade e, portanto, como parte integrante desta.

3. Natureza jurídica da liberdade condicional

A liberdade condicional é um dos institutos que melhor refletem o espírito que orienta o Direito Penal moderno, embora, em princípio, contrarie a rigorosa exigência de justiça, que impõe o cumprimento integral da pena merecida, como insistiam os clássicos mais radicais. Durante longo tempo se concedeu a liberdade condicional por razões de economia ou para atenuar a enorme superpopulação das prisões. E também foi considerada, e ainda é, pelos *sistemas neoclássicos* como um favor ou benefício dispensado ao apenado como prêmio por sua boa conduta, determinando a concessão automática da liberdade, de tal modo que o preso considerava sua concessão como se fosse um direito estabelecido em seu favor.

Atualmente, as concepções sobre sua finalidade experimentaram uma mudança importante, perdendo aquele sentido de pura benevolência. Já na década de 30, Jagermann[231] defendia a ideia de que a liberdade condicional constituía um direito do apenado, desde que satisfizesse os requisitos legais; mas a doutrina, em geral, não aceitou a elevação de tal instituto à categoria de direito: admitiu somente a garantia do exame no tempo mínimo fixado em lei, por uma autoridade imparcial. E, desde então, se debate sobre a natureza jurídica do instituto.

Para muitos, não passa da última fase do tratamento penitenciário (sistema progressivo), que objetiva uma progressiva adaptação do apenado na vida em liberdade, constituindo uma fase de transição. Para a maioria dos autores italianos — segundo Giorgio Camerini[232] — é considerada como uma fase da execução da pena, que somente modifica o modo de executar-se em seu último período. No dizer de Soler[233], "durante esse tempo, o liberado está cumprindo pena". É uma medida finalística, integrada em um plano de

---

231. Eduardo Espínola Filho, *Código de Processo Penal brasileiro anotado*, p. 136.

232. Giorgio Camerini, *La grazia, la liberazione condizionale e la revoca anticipata delle misure di sicurezza*, p. 65-66.

233. Sebastian Soler, *Derecho penal argentino*, v. 1, p. 381; H. H. Jescheck, *Tratado de derecho penal*, p. 1166, "é uma medida de execução penal".

política criminal voltada fundamentalmente para a recuperação social do condenado, com certa parcela da pena necessária de Von Liszt.

Na atualidade, a doutrina brasileira, em sua grande maioria, tem defendido a concepção de que a liberdade condicional é *um direito público subjetivo do apenado*[234], desde que estejam satisfeitos os requisitos legais. Nesse momento, sustentam, deixa de ser um ato discricionário do juiz ou uma faculdade, para integrar-se ao direito de liberdade do indivíduo, que somente pode ser restringido por meio de imperativos legais. No dizer de Frederico Marques[235], os benefícios são também direitos, pois o campo do *status libertatis* se vê ampliado por eles, de modo que, satisfeitos seus pressupostos, o juiz é obrigado a concedê-los. Dotti[236], com uma posição mais atualizada, afasta-se da generalidade das demais definições e concebe a *liberdade condicional* como "uma medida penal de fundo não institucional, restritiva da liberdade de locomoção".

4. A liberdade condicional no Direito brasileiro

A ineficácia dos métodos tradicionais de execução da pena privativa de liberdade, demonstrada pela experiência, a necessidade de encontrar alternativas à prisão, quando possível, a redução do período de encarceramento, quando este é indispensável, levaram o legislador da Reforma de 1984 a tornar mais acessível o livramento condicional. Na impossibilidade de adotar a discutida *pena indeterminada*[237], reduziu consideravelmente o período de pena cumprida, como exigência mínima para a obtenção do benefício (art. 60, II, do CP de 1940).

O Código Penal de 1940 só admitia o livramento condicional para penas de reclusão ou de detenção superiores a três anos. Como a suspensão condicional (*sursis*) só era possível, no mesmo diploma legal, para penas

---

234. Celso Delmanto, Direitos públicos subjetivos do réu no Código Penal, *RT*, 554/466, 1981; Julio Fabbrini Mirabete, *Manual de direito penal*, 1990, v. 1, p. 323; Hélio Tornaghi, *Curso de processo penal*, p. 448. Em sentido contrário: Reale Júnior et alii, *Penas e medidas de segurança...*, p. 229; René Ariel Dotti, As novas linhas do livramento condicional e da reabilitação, *RT*, 593/300, 1985; Damásio E. de Jesus, *Direito penal*, v. 1, p. 543.

235. José Frederico Marques, *Tratado de direito penal*, v. 3, p. 262, 264 e 276.

236. René Ariel Dotti, *Reforma penal brasileira*, p. 426. No mesmo sentido Damásio E. de Jesus, *Direito penal*, v. 1, p. 543.

237. Basileu Garcia, *Instituições de direito penal*, v. 1, p. 629: "O livramento condicional aparece como uma das grandes providências inteligentemente concebidas no sentido de se conseguir, cada vez mais, na prática, a relativa indeterminação da sentença criminal".

de até dois anos, havia um *hiato* profundamente injusto para aqueles que fossem condenados a penas superiores a dois anos até três, inclusive. Ficavam definitivamente afastados tanto da suspensão condicional como do livramento condicional, devendo cumprir integralmente a pena a que fossem condenados. O natimorto Código Penal de 1969 corrigiu aquela falha, admitindo o livramento condicional ao sentenciado à pena privativa de liberdade igual ou superior a dois anos. Como referido Código não chegou a entrar em vigor, a Lei n. 6.416/77 introduziu a correção necessária no Código Penal de 1940, eliminando aquela situação contrastantemente injusta.

Assim, a pena *inferior a dois anos* pode beneficiar-se com a suspensão condicional, a *superior* a dois dispõe do livramento condicional e a pena de *dois anos exatos* pode beneficiar-se tanto com o livramento condicional como com a suspensão condicional; as circunstâncias e os fins da pena é que, na hipótese, indicarão a medida mais adequada.

A Lei n. 6.416/77 introduziu em realidade importantes modificações no instituto do livramento condicional: reduziu para dois anos o limite de pena aplicada, permitiu a soma de penas correspondentes a infrações distintas, afastou a observação cautelar e proteção do liberado da atribuição policial, admitiu a possibilidade de o juiz modificar as condições especificadas na sentença etc. Em linhas gerais, a Reforma de 1984, criada pela Lei n. 7.209, manteve a orientação do diploma de 1977 (Lei n. 6.416), com pequenas, embora sensíveis, alterações.

5. Requisitos ou pressupostos necessários

O livramento condicional é um dos institutos que mais se aproxima da orientação da "pena indeterminada", por meio da individualização executiva da pena, proporcionando ao sentenciado o contato direto deste com a comunidade livre durante um período experimental e condicional. Contudo, para que o sentenciado possa desfrutar do convívio social novamente, mesmo sob determinadas condições, necessita preencher alguns requisitos de natureza objetiva e subjetiva e, no caso dos chamados "crimes violentos", necessita de mais um requisito específico. Tais requisitos serão todos examinados a seguir.

5.1. Requisitos ou pressupostos objetivos

a) *Natureza e quantidade da pena*

Tal como ocorre com a suspensão condicional, somente a pena privativa de liberdade pode ser objeto do livramento condicional. Esse instituto somente poderá ser concedido à pena privativa de liberdade igual ou superior a dois anos (art. 83 do CP). A *soma de penas* é permitida para atingir esse limite mínimo, mesmo que tenham sido aplicadas em processos distintos. A soma de penas para fins de livramento condicional, que era uma *faculdade* concedida pelo art. 60, parágrafo único, do Código Penal de 1940, com a redação da Lei n. 6.416, foi transformada em *dever*. A partir da Lei n. 12.433/2011, o tempo remido pelo trabalho ou estudo também deve ser considerado na contagem de pena cumprida para a obtenção do livramento condicional (art. 128 da LEP).

Estão, consequentemente, afastadas desse instituto as penas restritivas de direito e a pena pecuniária. Não se fala das acessórias, porque foram abolidas do ordenamento jurídico brasileiro ordinário. Assim, as penas privativas de liberdade, ainda que somadas, que não atingirem o mínimo de dois anos e que não puderem se beneficiar com outras alternativas, tampouco poderão se beneficiar com o livramento condicional, devendo ser cumpridas integralmente.

b) *Cumprimento de parte da pena*

Para fazer jus ao livramento condicional, o apenado deve, obrigatoriamente, cumprir uma parcela da pena aplicada. Os *não reincidentes* em crime doloso e com *bons antecedentes* deverão cumprir mais de um terço da pena imposta, e o *reincidente* mais da metade. O Código Penal de 1940 exigia o cumprimento de mais da metade da pena para os não reincidentes e, para os reincidentes, mais de três quartos[238]. Não fazia distinção entre reincidentes em crime doloso (art. 60, I, do CP de 1940).

A Lei n. 8.072, de julho de 1990, que define os chamados *crimes hediondos* — ignorando o *sistema progressivo,* consagrado no ordenamento jurídico brasileiro —, determinava que a pena correspondente aos crimes hediondos, terrorismo, prática de tortura e tráfico ilícito de entorpecentes, deveria ser cumprida inicialmente em regime fechado (art. 2º, § 1º). Com o advento da Lei 11.464/2007, que alterou a redação do dispositivo antes citado, nos crimes hediondos a pena de prisão deve iniciar em regime fechado. A Lei n. 8.072/90 exige, em sua versão original, que o condenado *não reincidente específico* nesses crimes cumpra, pelo menos, dois terços da pena aplicada, para poder postular o livramento condicional.

---

238. Muñoz Conde mostra-se partidário da redução da pena cumprida, embora em outros percentuais (F. Muñoz Conde, adições e notas do tradutor no *Tratado de direito penal* de Jescheck, p. 1185).

Com a adoção do *sursis* para penas de até dois anos, e com a redução do período de cumprimento da pena aplicada para o livramento condicional, a reforma penal afasta a contundência das críticas dos defensores da *não fixação de limite mínimo de cumprimento*; na realidade, o apenado poderá conseguir o livramento condicional com o cumprimento de apenas oito meses de prisão (cumprimento de apenas um terço), considerando, inclusive, o tempo remido, nos termos do art. 128 da LEP, com redação da Lei n. 12.433/2011. Esse período de oito meses é inferior ao exigido por muitas legislações *que se dizem progressistas,* que, eventualmente, não estabelecem percentual de cumprimento da pena aplicada, mas que determinam, em regra, cumprimento mínimo de um ano, independentemente da quantidade de pena imposta; outras vezes, exigem um percentual maior de cumprimento, dois terços, por exemplo[239]. O elenco de penas criado pela Reforma Penal tornou desnecessária a ausência de fixação de um limite mínimo de cumprimento de pena para concessão do livramento: "multa substitutiva" para penas de até seis meses (art. 60, § 2º, do CP); "pena restritiva de direitos" para penas inferiores a um ano ou para crimes culposos (art. 44, I); "suspensão condicional" para penas de até dois anos (art. 77); "regime aberto" inicial para penas de até quatro anos; "regime aberto" como terceira fase possível no cumprimento da pena de prisão; e, finalmente, "livramento condicional" para penas a partir de dois anos, inclusive (art. 83), com cumprimento de apenas um terço (para os não reincidentes) ou metade (para os reincidentes).

Conclui-se que somente irá para a prisão quem dela efetivamente necessite. Procurou-se excluir da pena privativa de liberdade quem não demonstre necessidade de segregação, quer pela reiteração, quer pela gravidade comportamental, quer pelo grau de *dessocialização* que apresente. Enfim, reservaram-se as penas privativas de liberdade para os crimes mais

---

239. H. H. Jescheck, *Tratado de derecho penal*, p. 1166. A proposta de Anteprojeto do Novo Código Penal espanhol de 1983 determina, entre outros pressupostos, o cumprimento de três quartos da pena, desde que chegue ao mínimo de seis meses (art. 84, 2ª). No entanto, como exceção, pode-se citar o moderno Código Penal português de 1982, que concede a liberdade condicional para os condenados que cumprirem a metade da pena superior a seis meses (art. 61, 1). Porém é uma liberalidade puramente aparente, pois, para penas superiores a seis anos, somente poderão pleitear tal benefício depois de cumprirem cinco sextos da pena, se ainda não foram favorecidos com o benefício anterior (art. 61, 2). E o Código Penal italiano, por sua vez, somente concede a liberdade condicional para condenados primários que tenham cumprido mais da metade da pena de detenção superior a cinco anos.

graves e para os delinquentes perigosos ou que não se adaptem às outras modalidades de penas.

Acorde com a melhor orientação científica em matéria de *individualização da pena,* o sistema brasileiro *dá um tratamento diferenciado para os reincidentes em crimes dolosos daqueles que são reincidentes em crimes culposos.* Como a conduta dolosa, reiterada, é objeto de *maior reprovabilidade,* justifica-se, consequentemente, o rigor maior em sua sanção (reprovação); submete-se, ao mesmo tempo, ao princípio da proporcionalidade, à extensão e natureza da culpa. Com *a exigência expressa* de que o condenado *não seja reincidente em crime doloso* para ter direito ao livramento com o cumprimento de apenas um terço da pena imposta, permite, *a contrario sensu,* que o *reincidente em crime culposo,* teoricamente, possa ser beneficiado com referido instituto, cumprindo, igualmente, mais de um terço, desde que preencha os demais pressupostos.

Para integralizar o tempo mínimo de pena cumprida, além da determinação de *soma de penas* referentes a condenações distintas, são computadas também, via *detração penal,* a prisão provisória, administrativa e internação em hospitais de custódia e tratamento psiquiátrico (art. 42 do CP). A pena remida pelo trabalho é igualmente considerada para efeitos de livramento condicional (art. 128 da LEP).

Finalmente, não é necessário que o condenado passe pelos três regimes penais, isto é, que se encontre cumprindo a pena no regime aberto, ao contrário da previsão atual do Código Penal espanhol de 1995, que a condiciona à circunstância de a condenação encontrar-se no último estágio de cumprimento (art. 9º)[240]. Basta que preencha todos os pressupostos do art. 83 do Código Penal para ter direito à liberdade antecipada.

c) *Reparação do dano, salvo* efetiva *impossibilidade*

Um dos efeitos da condenação é a obrigação de reparar o dano causado pela infração penal (art. 91, I, do CP).

Há, atualmente, uma grande preocupação com a reparação do dano produzido pelo infrator. Não deixa de ser *uma pálida tentativa* de minimizar o esquecimento da vítima, que sofre diretamente as consequências do delito; nem mesmo as modernas legislações encontraram uma forma digna de restaurar o *status quo* do sujeito passivo do fenômeno criminal.

---

240. Angel Sola Dueñas, Mercedez García Arán, Hernan Hormazábal Malarée, *Alternativas a la prisión,* p. 91.

O legislador da reforma foi mais contundente na exigência da reparação do dano, ressalvando apenas a "efetiva" impossibilidade devidamente comprovada. Não mais admite aquele tradicional *atestado de pobreza*, de triste memória e que era suficiente para exonerar o infrator da responsabilidade reparatória[241]. A reparação do dano é uma obrigação civil decorrente da sentença penal condenatória, e o sentenciado que não puder satisfazê-lo deverá fazer *prova efetiva* dessa incapacidade, sendo inadmissíveis meras presunções ou ilações ou ainda injustificáveis atestados de pobreza.

Embora de grande importância em termos de *política criminal,* a exigência de *reparação do dano causado* pelo delito, especialmente em um ordenamento que não consagra a chamada *multa reparatória,* revela-se, na verdade, de pouco alcance prático, pois, de um modo geral, cumprem pena nas prisões os pobres e desfavorecidos, que são totalmente insolventes, sem a menor possibilidade de reparar o dano causado[242]. Aliás, essa é uma das razões que levam à complacência, hoje inadmissível, de muitos juízes, no exame da "capacidade de pagamento" do apenado, porque o atual ordenamento jurídico exige mais rigor no exame desse requisito.

5.2. Requisitos ou pressupostos subjetivos

Os requisitos subjetivos referem-se à pessoa do condenado, pois é *pressuposto básico* do livramento condicional que o liberado reingresse na sociedade livre em condições de tornar-se membro útil, produtivo e em reais condições de reintegrar-se socialmente. É necessário que esteja em condições de prover sua própria subsistência por meio do seu trabalho, sem necessidade de recorrer a atividade escusa[243]. Os requisitos subjetivos são: bons antecedentes, comportamento satisfatório durante a execução da pena, bom desempenho no trabalho atribuído e aptidão para o trabalho.

a) *Bons antecedentes*

Ao reduzir para um terço o lapso mínimo de cumprimento da pena para que o condenado *não reincidente em crime doloso* possa pleitear a liberdade antecipadamente, a lei acrescenta que deve ter, também, "bons antecedentes", sem os quais terá de cumprir, pelo menos, mais da metade da pena imposta. Assim, o condenado que houver praticado outras infra-

---

241. Ricardo Antunes Andreucci *et alii, Penas e medidas...*, p. 236.

242. Heleno Cláudio Fragoso, *Lições de direito penal*, v. 1, p. 391. A Lei n. 9.099/95, finalmente, *descobre* a vítima do crime.

243. Aníbal Bruno, *Direito penal*, 1967, v. 3, p. 183.

ções penais, que tiver respondido a outros inquéritos policiais, que se envolveu em outras infrações do ordenamento jurídico, que sofreu outras condenações (mesmo as que não caracterizem tecnicamente reincidência), que se dedicou ao ócio e à malandragem, enfim, que não tiver "bons antecedentes", não poderá se beneficiar do livramento condicional com somente o cumprimento mínimo de pena[244]. Em realidade, o *cumprimento de mais de um terço* é uma exceção, e como medida excepcional só terá lugar se preencher todos os requisitos expressamente exigidos. Assim, só terá direito quem *"não for reincidente em crime doloso e tiver bons antecedentes"*. Faltando um ou outro desses dois requisitos a exceção não se justifica e o condenado deverá cumprir mais da metade da pena.

Devem ser considerados como antecedentes, para essa finalidade, aqueles fatos ocorridos antes do início do cumprimento da pena, mesmo que tenham ocorrido após o fato delituoso que deu origem à prisão, o que já não pode ocorrer por ocasião da dosimetria e aplicação da pena. Os fatos ocorridos durante a prisão, além de não serem antecedentes, serão objeto de avaliação no requisito que trata da satisfatoriedade do comportamento prisional do recluso, e jamais como antecedentes penais, que não o são. Estes, como afirma Nilo Batista[245], "defluirão de uma apreciação globalizante da vida anterior do acusado, não se podendo cingir a um só aspecto (um eventual desajuste familiar, um eventual traço antissocial, um eventual precedente judicial etc.)".

Esse requisito, como se percebe, só interessa para o não reincidente em crime doloso; aquele que for reincidente, com ou sem bons antecedentes, deverá cumprir mais da metade da pena, pelo menos, para poder postular o livramento[246].

b) *Comportamento satisfatório durante a execução*

A previsão anterior exigia que o recluso tivesse "boa conduta carcerária", como se isso fosse uma tarefa fácil no ambiente deletério da prisão. O bom comportamento, com efeito, parecia exigir conduta irrepreensível, a inadmitir qualquer erro ou falta disciplinar. A *conduta satisfatória* reduz tal exigência, mas abrange todo o tempo da execução penal, e não somente o período de encarceramento.

---

244. Paulo José da Costa Jr., *Comentários ao Código Penal*, v. 1, p. 431.

245. Nilo Batista, Bons antecedentes — apelação em liberdade, in: *Decisões criminais comentadas,* p. 122.

246. Damásio E. de Jesus, *Direito penal*, v. 1, p. 544.

A nova previsão legal é mais realista e ao mesmo tempo mais abrangente, pois se preocupa com o comportamento do apenado dentro e fora do cárcere, ou seja, preocupa-se com seu comportamento no trabalho externo, na frequência a cursos de instrução e profissionalizantes, com os períodos de permissões de saídas e saídas temporárias, com o regime aberto etc. Enfim, preocupa-se não apenas com a "conduta carcerária", mas com toda a execução da pena, que hoje implica maior contato com o mundo exterior, ampliando o universo de observação da postura do futuro beneficiado. Oferece, ao mesmo tempo, maiores elementos para apreciar com mais segurança as reais condições do apenado para voltar a reintegrar-se à sociedade. A eventual prática de faltas disciplinares isoladas, de menor gravidade, que maculavam o prontuário do apenado e impediam o livramento condicional, não serão necessariamente obstáculos à progressão daquele ao último estágio do sistema progressivo. Importa, isto sim, a *capacidade de readaptação* social do condenado, que deve ser demonstrada e observada em suas diversas atividades diárias e em seus contatos permanentes com seus colegas de infortúnio, com o pessoal penitenciário e, particularmente, com os demais membros da comunidade exterior em suas oportunidades vividas fora do cárcere. Como ensina Fragoso[247], "a *boa conduta* foi aqui imaginada como indício de readaptação social, mas é bastante claro que o comportamento do condenado no ambiente carcerário pode não ter qualquer relação com a sua recuperação social. Trata-se de ambiente autoritário e anormal, que deforma a personalidade". Evidentemente que o bom ou mau comportamento dependerá, em grande parte, das condições materiais e humanas que a instituição oferecer e da política criminal empregada no objetivo ressocializador da pena privativa de liberdade, aliadas à complexa problemática que a instituição total representa, examinada no Capítulo IV de nossa tese doutoral.

c) *Bom desempenho no trabalho*

O trabalho prisional, que atualmente tem recebido contundentes críticas dos especialistas europeus, notadamente dos espanhóis[248], tem destacada importância no sistema brasileiro e é considerado como um dos fatores

---

247. Heleno Cláudio Fragoso, *Lições de direito penal*, v. 1, p. 390.

248. José L. de la Cuesta Arzamendi, Un deber (no obligación) y Derecho de los privados de libertad: el trabajo penitenciario, in *Lecciones de Derecho Penitenciario*, p. 113 e ss.

mais importantes na tarefa ressocializadora do delinquente[249], com elevada função pedagógica.

Esse requisito, inexistente no Código Penal de 1940, preocupa-se com o desenvolvimento da capacidade do indivíduo de autogerir-se, aptidão que lhe será indispensável na vida livre. Ao referir-se a "trabalho que lhe foi atribuído" fica claro que não se trata apenas das atividades laborais desenvovidas no interior do cárcere, mas também se refere ao trabalho efetuado fora da prisão, como, por exemplo, o *serviço externo*, tanto na iniciativa privada como na pública[250].

O trabalho, que não pode ser considerado como prêmio ou mesmo privilégio, é um fator que dignifica o ser humano e é instrumento de realização pessoal, além de apresentar-se como desestímulo à delinquência.

d) *Aptidão para prover a própria subsistência com trabalho honesto*

Esse requisito é consequência natural e direta do anterior. Da avaliação do desenvolvimento obtido no trabalho durante a fase de execução pode-se chegar a conclusões sobre as reais condições do sentenciado para prover sua subsistência e de sua família, mediante atividade lícita. Esse requisito, embora possa parecer tratar-se de uma *prognose*, na verdade, será calcado em observações reais. Será produto da avaliação do desempenho efetivo do recluso nas tarefas que lhe forem atribuídas, dentro e fora da prisão, as quais devem guardar direta relação com as condições e aptidões do sentenciado (art. 34, § 2º, do CP).

A lei não determina que o apenado deve ter emprego assegurado no momento da liberação. O que a lei exige é a aptidão, isto é, a disposição, a habilidade, a inclinação do condenado para viver à custa de seu próprio e honesto esforço. Em suma, de um trabalho honesto. Tanto isso é verdade que a lei estabelece como uma das condições obrigatórias do livramento "obter ocupação lícita, dentro de prazo razoável, *se for apto para o trabalho*" (art. 132, § 1º, *a*, da LEP). Constata-se, pois, que, além de não exigir a existência de emprego imediato, também não fixa prazo determinado para a obtenção de "ocupação lícita". Fala apenas em *prazo razoável*, e nem poderia ser diferente. Mas o que se deverá entender por *prazo razoável* para conseguir emprego em um país com tantos desempregados? Que

---

249. Julio Fabbrini Mirabete, *Execução penal*, p. 335; Carlos García Valdés, *Derecho penitenciario*, p. 313. "Praticamente todas as legislações penais dos países desenvolvidos contemplam a eficácia ressocializadora do trabalho."

250. Julio Fabbrini Mirabete, *Execução penal*, p. 335.

prazo será razoável em uma sociedade cheia de preconceitos com os estigmatizados pela prisão, onde os homens sem tal estigma passam meses sem conseguir um emprego? Como exigir que o egresso em exíguo tempo consiga o que milhares de pessoas passam a vida toda sem conseguir? Evidentemente que o bom-senso deverá prevalecer, aliás, o próprio legislador foi suficientemente sensato ao não fixar prazo para essa finalidade, preferindo adotar um "prazo razoável" como condição para justificar a vida em liberdade. Embora na prática, especialmente na comarca de Porto Alegre, se esteja concedendo um prazo de dois meses para essa missão, muitas vezes quase impossível, com possibilidade de prorrogação, entendemos que cada caso deve ser examinado de acordo com as circunstâncias gerais que o cercam. Parece-nos que deve ser considerada a *demonstração da efetiva procura de trabalho*, com a comprovação das reais tentativas efetuadas, enfim, a comprovação de que se não conseguiu emprego não foi por má vontade sua ou simples desinteresse em consegui-lo.

5.3. Requisito específico

Consciente da iniquidade e da disfuncionalidade do chamado sistema "duplo binário", a reforma adotou, em toda a sua extensão, o sistema "vicariante", eliminando definitivamente a aplicação dupla de pena e medida de segurança para os imputáveis e semi-imputáveis. Seguindo essa orientação, o *fundamento da pena* passa a ser *exclusivamente* a culpabilidade, enquanto a medida de segurança encontra justificativa somente na *periculosidade,* aliada à incapacidade penal do agente[251]. Na prática, a aplicação cumulativa de pena e medida de segurança nunca passaram de uma farsa, constituindo uma dupla punição ao condenado pela prática de um mesmo delito. Atualmente, o *imputável* que praticar uma conduta punível sujeitar-se-á somente à pena correspondente, o *inimputável*, à medida de segurança, e o *semi-imputável*, o chamado "fronteiriço", sofrerá pena ou medida de segurança, isto é, ou uma ou outra, nunca as duas, como ocorre no sistema duplo binário. As circunstâncias pessoais do infrator semi-imputável é que determinarão qual a resposta penal de que este necessita: se o seu estado pessoal demonstrar a necessidade maior de tratamento, cumprirá medida de segurança; porém, se, ao contrário, esse estado não se manifestar no caso concreto, cumprirá a pena correspondente ao delito praticado. Cumpre esclarecer, porém, que *sempre será aplicada a pena correspon-*

---

251. Julio Fabbrini Mirabete, *Manual de direito penal*, 1990, v. 1, p. 348-349.

dente à infração penal cometida, e somente se o infrator necessitar de "especial tratamento curativo", como diz a lei, será aquela convertida em medida de segurança (art. 98 do CP).

A eliminação da medida de segurança para os imputáveis e os fronteiriços não deixou a ordem jurídica desprotegida. Essa preocupação está consagrada no parágrafo único do art. 83 do Código Penal, o qual determina que "para o condenado por crime doloso, cometido com violência ou grave ameaça à pessoa, a concessão do livramento ficará também subordinada à constatação de condições pessoais que façam presumir que o liberado não voltará a delinquir". Essa precaução destina-se aos autores dos chamados "crimes violentos", e, como afirma a Exposição de Motivos, "tal exigência é mais uma consequência necessária da extinção da medida de segurança para o imputável" (item 74). Na verdade, os Códigos Penal e de Processo Penal de 1942 já adotavam previsão semelhante em seus arts. 60, II, e 715, parágrafo único, respectivamente, com a diferença de que se destinava a todos os condenados que se habilitassem ao livramento condicional. Aliás, a disposição é semelhante à que adotou o atual Código Penal espanhol de 1995 (art. 90, § 3º).

A polêmica em relação a esse "requisito específico" prende-se à forma ou meio que se deve utilizar para constatar a probabilidade de o apenado voltar ou não a delinquir. A causa dessa desinteligência decorre da modificação que o texto original do projeto sofreu por meio de emenda na Câmara dos Deputados, que deu a redação definitiva já referida. O texto, em sua redação original, determinava que a constatação da situação pessoal do apenado deveria *obrigatoriamente* efetuar-se mediante *exame pericial*, como deixa claro a Exposição de Motivos (item 73). Determinada corrente entende que, com a supressão do texto legal da exigência do exame pericial, este não pode mais ser realizado, pretendendo que o juiz forme sua convicção pelos elementos que o processo de execução oferecer[252], como se a realização de tal exame viesse em prejuízo do liberando. Essa interpretação, além de ferir os princípios da amplitude e liberdade de prova em matéria penal, consagrados pelos arts. 155 e 156 do Código de Processo Penal, contraria os princípios mais elementares de hermenêutica.

Em matéria criminal não se admitem as restrições à prova admitidas no Direito Civil, com exceção do estado das pessoas (art. 155 do CPP). O Processo Penal brasileiro confere ao juiz a "faculdade de iniciativa de provas complementares e supletivas", autorizando-lhe a, de ofício, determinar

---

252. Julio Fabbrini Mirabete, *Manual de direito penal*, v. 1, p. 327.

a realização daquelas que considerar indispensáveis para o esclarecimento de pontos relevantes. Seria um verdadeiro absurdo obrigar o juiz a incorrer em "provável erro" por proibi-lo de utilizar meio de prova *moralmente legítimo* e disponível, como é o caso de um exame pericial. A realização de tal exame não vincula o magistrado, apenas tem o mérito de oferecer-lhe mais elementos de convicção. A constatação por meio de perícia dará melhores condições ao juiz para verificar se o apenado superou as circunstâncias que o levaram a delinquir, se eliminou a agressividade que apresentava, em outras palavras, se se encontra a caminho da ressocialização. No dizer de Mirabete[253], que abandona a combatida posição anterior, "trata-se de meio de prova legítimo para a formação do convencimento do magistrado, que não pode ser obstado se não se mostra desarrazoado, nem configura constrangimento ilegal". Por outro lado, é um equívoco entender que com a simples supressão de uma exigência tenha-se criado, *ipso facto*, uma proibição. Não. Eliminou-se tão somente a obrigatoriedade da realização de tal exame. Substituiu-se a *obrigatoriedade* por uma *faculdade* e não por uma *proibição*: embora não se exija, também não se impede que o juiz determine a realização de perícia, se entender recomendável, nas circunstâncias, essa cautela para melhor avaliar o novo quadro do recluso. Paulo José da Costa Jr.[254], René Ariel Dotti[255], Damásio de Jesus[256], entre outros, adotam, a nosso ver, a melhor orientação, entendendo que a redação definitiva não proíbe a realização de exame pericial, sendo apenas facultado ao juiz usar desse meio de prova sempre que entender conveniente. Diante da orientação da reforma, evidentemente que a perícia recomendável deve ser o "exame criminológico", reservando-se o "exame psiquiátrico" para aqueles que cumprem medida de segurança.

Finalmente, integrando o livramento condicional o sistema progressivo, insere-se na disposição do parágrafo único do art. 112 da Lei de Execução Penal, que prevê a realização de exame criminológico, quando necessário[257].

6. Condições do livramento condicional

Pelo livramento condicional o liberado conquista a liberdade antecipadamente, mas em *caráter provisório* e sob condições. Visa esse institu-

---

253. Julio Fabbrini Mirabete, *Execução penal*, p. 336.
254. Paulo José da Costa Jr., *Comentários ao Código Penal*, v. 1, p. 432-433.
255. René Ariel Dotti, *Reforma penal brasileira*, p. 314.
256. Damásio E. de Jesus, *Direito penal*, v. 1, p. 545.
257. Jason Albergaria, *Comentários à Lei de Execução Penal*, p. 256.

to, acima de tudo, oportunizar a sequência do reajustamento social do apenado, introduzindo-o paulatinamente na vida em liberdade, atendendo, porém, às exigências de defesa social. O liberado será, em outras palavras, submetido à prova. E esse período de prova em nosso ordenamento jurídico corresponde ao tempo de pena que falta cumprir, ao contrário de algumas legislações penais, em que o período de prova tem outros limites de duração, independentemente do restante de pena a cumprir.

As condições a que fica submetido o liberado podem ser de caráter obrigatório ou facultativo e representam, na verdade, *restrições naturais* e *jurídicas* à liberdade de locomoção.

6.1. Condições de imposição obrigatória

As condições de caráter obrigatório estão previstas no art. 132, § 1º, da Lei de Execução Penal:

a) *Obter ocupação lícita, em tempo razoável, se for apto para o trabalho*; b) *comunicar ao juiz, periodicamente, sua ocupação*; c) *não mudar da comarca, sem autorização judicial.*

a) *Obter ocupação lícita, dentro de prazo razoável*

Ao examinarmos um dos requisitos subjetivos, "aptidão para prover a própria subsistência com trabalho honesto", fizemos referência a essa condição e discorremos mais especificamente sobre o que deve significar a expressão "dentro de prazo razoável", para onde fazemos remissão.

Contrariamente aos modernos entendimentos europeus, o trabalho continua a ser importante fator de recuperação do liberado[258] e está perfeitamente enquadrado no princípio que a doutrina denomina "programa mínimo"[259]. Utilizado durante a privação de liberdade, prossegue como um elo capaz de facilitar a identificação do apenado com o novo *status libertatis* que este começa a experimentar. As entidades assistenciais deverão prestar apoio ao egresso na difícil tarefa de conseguir trabalho honesto.

A Lei de Execução Penal teve o cuidado de preocupar-se com a *condição física e orgânica* do liberado, ressalvando a hipótese de este "não ser apto para o trabalho" (art. 132, § 1º). O Código Penal não previu essa pos-

---

258. Borja Mapelli Caffarena, *Principios fundamentales del sistema penitenciario español*, p. 218.

259. Borja Mapelli Caffarena, Sistema progresivo y tratamiento, in: *Lecciones de derecho penitenciario*, p. 153.

sibilidade. Porém, à evidência, as normas não são colidentes e a previsão da Lei de Execução Penal tem aplicação assegurada. Isso quer dizer que a eventual deficiência física do apenado — que o torne inapto para o trabalho —, por si só, não impedirá a obtenção do livramento condicional.

Enfim, o liberado deve, no menor tempo possível, obter ocupação lícita e informar aos órgãos de execução.

b) *Comunicar ao juiz, periodicamente, sua ocupação*

Essa condição complementa a anterior. O livramento condicional em verdade é uma espécie de *liberdade vigiada*. Além da vigilância e proteção cautelar das entidades próprias (patronato, assistência social e conselho da comunidade), necessita do *acompanhamento discreto* do juiz das execuções, que observará se o liberado continua a exercer regularmente a ocupação que obteve e as eventuais dificuldades encontradas. A continuidade no exercício da mesma atividade já é uma boa demonstração de adaptação à nova realidade. O juiz das execuções deve fixar o prazo máximo possível de intervalo para essas comunicações periódicas, de forma a não prejudicar a relação empregatícia do egresso (art. 26, II, da LEP) e ao mesmo tempo poder fazer o acompanhamento efetivo da sua evolução.

c) *Não mudar do território da comarca, sem prévia autorização judicial*

Embora não se trate de *exílio local*, essa determinação tem a finalidade de limitar o espaço territorial do sentenciado, facilitando seu acompanhamento. O que se proíbe é apenas a transferência de residência "sem prévia autorização do juiz da execução da pena", o que quer dizer que nada impede que nos dias de folga (feriados e fins de semana) o liberado possa fazer algumas incursões por outras comarcas. Tampouco se tolhe o direito daquele de buscar melhores condições de vida em outras localidades. A possibilidade de trocar de ares, reiniciar a vida em outras paragens, continua a existir. Apenas está condicionada a autorização prévia do juiz da execução. Isso quer dizer, embora a lei não o diga expressamente, que o liberado deve solicitar autorização judicial, fundamentando o pedido com a demonstração das eventuais vantagens que terá nessa mudança de domicílio. Nessa hipótese, se for autorizado ao egresso residir fora da jurisdição do juízo da execução, deverá ser remetida cópia ao juiz do lugar, bem como às autoridades que se incumbirem da observação cautelar e proteção (art. 133 da LEP). Perante esse juízo deverá prestar contas do cumprimento das condições impostas, devendo o liberado ser cientificado dessa obrigação.

Essas condições obrigatórias do livramento são tidas como condições gerais, pois são aplicadas a todos os liberados indistintamente.

6.2. Condições de imposição facultativa

Além das condições ditas obrigatórias, a lei prevê a possibilidade de aplicação de outras condições, chamadas *judiciais*, porque são eleitas pelo juiz e são de caráter facultativo. A *facultatividade* dessas condições se refere à sua imposição, e não ao seu cumprimento, pois o egresso para receber o livramento condicional assume o compromisso de cumpri-las, todas, rigorosamente (art. 137, III, da LEP). Entre essas condições, a Lei de Execução Penal exemplifica com as seguintes:

a) *Não mudar de residência sem comunicar ao juiz e às autoridades incumbidas da observação e proteção cautelar*

Essa condição é diferente daquela que exige prévia autorização do juiz para residir fora do território da comarca. Esta trata da mudança de residência dentro da própria comarca, e não depende de prévia autorização judicial: é suficiente que o liberado informe ao juiz e órgãos assistenciais o seu novo domicílio. Essa nova formalidade prende-se à necessidade de os órgãos de execução tornarem efetiva a assistência e fiscalização que lhes foi incumbida, e para isso é indispensável conhecer o domicílio do apenado.

b) *Recolher-se à habitação em hora fixada*

Essa obrigação somente deve ser imposta como complemento de garantia de determinados sentenciados e em relação a certos delitos. Mais do que nunca deve-se atender à personalidade do liberado, bem como sua saúde e condição física. A finalidade básica dessa condição é evitar que certos egressos frequentem ambientes pouco recomendáveis e desfrutem de más companhias, o que poderia facilitar a reincidência.

c) *Não frequentar determinados lugares*

A imaginação, a perspicácia e a sabedoria do magistrado deverão sugerir, em casos específicos, os locais que determinados apenados não deverão frequentar. Geralmente, são lugares constituídos de casas de tavolagem e mulheres profissionais, determinadas reuniões ou espetáculos ou diversões públicas noturnas, onde as companhias e o álcool são fortes estimulantes para romper a fronteira do permitido e podem prejudicar a moral, a integração social e o aprendizado ético-social. Porém, jamais se deverá proibir a participação generalizada em diversões, espetáculos e reuniões, pois o ser humano necessita dessa convivência e muitas delas têm inclusive caráter educativo e são capazes de elevar e enobrecer o espírito.

Essas são, contudo, algumas das condições possíveis de ser aplicadas, mas não as únicas. Nada impede que se estabeleçam outras, desde que, naturalmente, *sejam adequadas ao fato delituoso* e, especialmente, *à personalidade do agente*. As condições não podem ser ociosas, isto é, constituídas por deveres decorrentes de outras previsões legais, como, por exemplo, pagar as custas judiciais ou reparar o dano produzido pelo delito.

d) *Abstenção de práticas delituais*

Embora o Código Penal e a Lei de Execução Penal não estabeleçam como condição do livramento "abster-se de delinquir" e tampouco relacionem a prática de delitos como causa de revogação — quer obrigatória quer facultativa —, entendemos que o juiz pode e deve estabelecer como condição a "abstenção de práticas delituais". Não há qualquer impedimento legal quanto à aplicação de tal condição, de extraordinária importância prevencionista, que, descumprida, será apenas causa de revogação facultativa, e que, atualmente, constitui a condição fundamental do livramento nas modernas legislações[260]. Caso contrário, o liberado que praticar crime não correrá nenhum risco de ver seu benefício revogado, só "excepcionalmente poderá ter seu exercício suspenso" e aguardará a decisão final (art. 145 da LEP). A condição por nós sugerida amolda-se melhor às modernas legislações europeias que exigem como condição básica que o liberado não participe de infrações penais[261]. Aliás, o indivíduo que em liberdade condicional volta a delinquir não está recuperado e não merece a oportunidade recebida, pondo em risco a segurança social, contribuindo para aumentar o descrédito da Justiça Penal. Deve, necessariamente, ser afastado do convívio social por razões preventivas gerais e especiais.

Não se pode esquecer que o livramento condicional é *estágio* que interessa ao mesmo tempo à defesa da ordem jurídica e aos mais sagrados interesses do condenado. Assim, *pressuposto fundamental do livramento* é a *presunção de reinserção social do delinquente*. Nessa liberdade antecipada, provisoriamente, estimula-se a sequência da readaptação do liberado ao mesmo tempo que se lhe oferece uma oportunidade para provar sua capacidade de viver livremente em sociedade. O livramento condicional é

---

260. Angel Sola Dueñas et alii, *Alternativas a la prisión*, p. 90-91. No mesmo sentido, o art. 85 da Proposta de Anteprojeto de novo Código Penal espanhol.

261. Giuseppe Bettiol, *Direito penal*, v. 3, p. 225.

uma fase terminal de uma política de reformas pela qual se aposta na capacidade humana de readaptar-se e assumir posturas de acordo com as exigências sociais.

As condições judiciais podem ser modificadas no transcorrer do livramento, visando sempre atender aos fins da pena e à situação do condenado (art. 144 da LEP).

A eventual não aceitação das condições impostas ou alteradas torna sem efeito o livramento condicional, devendo a pena ser cumprida normalmente.

7. Causas de revogação do livramento condicional

Ao antecipar o retorno à liberdade do sentenciado mediante o cumprimento de condições, fazia-se necessário prever consequências efetivas ao eventual descumprimento dessas condições, que deram suporte a essa forma de execução penal. Para que a imposição de condições não se tornasse inócua era indispensável que fossem dotadas de coercibilidade: seu descumprimento pode levar à revogação da liberdade conquistada.

Além do descumprimento das condições legais ou judiciais, existem outras causas que, se ocorrerem, revogarão obrigatoriamente o livramento. As causas de revogação estão completamente integradas ao *sistema progressivo*, do qual o livramento condicional, como já referimos, constitui a última etapa, e é natural que possam, assim, determinar a regressão do liberado, levando-o a cumprir a pena em regime mais rigoroso.

Porém, nas hipóteses de revogação facultativa, o liberado deve ser ouvido antes da revogação. Nas causas de revogação obrigatória, por sua própria natureza (decisão condenatória irrecorrível), é desnecessária e inócua a ouvida do liberado.

7.1. Causas de revogação obrigatória

Quando ocorrerem as causas previstas no art. 86 e seus incisos do Código Penal, a revogação será consequência automática decorrente de imposição legal. Isso quer dizer que não ficará adstrita ao *prudente arbítrio do juiz* e, pela mesma razão, mostra-se dispensável a ouvida do liberado.

São duas as causas de revogação obrigatória, previstas no dispositivo referido:

a) *Condenação irrecorrível por crime cometido durante a vigência do livramento condicional*

Como já tivemos oportunidade de referir, a lei não estabelece como *condição* o dever de não delinquir, ao contrário da maioria das legislações europeias[262]. Falha que, no nosso entender, poderá ser suprida com uma *condição judicial*, reiteramos, sem prejuízo ao direito do liberado e em proteção à defesa social e objetivando ao mesmo tempo a prevenção especial. Tampouco estabelece como *causa* direta e "imediata" de revogação a simples *prática delitual,* mas apenas como causa "mediata", pois exige que haja condenação definitiva, com trânsito em julgado. Logo, não basta a prática de crime e nem mesmo a instauração de processo, mas somente "a decisão condenatória irrecorrível" tem o condão de revogar a liberdade condicional. Por outro lado, cumpre observar que somente a condenação à pena privativa de liberdade, ou seja, reclusão ou detenção, levará a essa revogação, algo inocorrente com as demais penas (multa e restritiva de direitos). Assim, será impossível a revogação do livramento com a simples prática de crime durante o período de prova.

É indiferente que se trate de crime doloso ou culposo. A lei não faz essa distinção.

Quando eventual condenação decorrer de contravenção penal ou então a sanção efetivamente aplicada for outra que não seja privativa de liberdade, a revogação não será compulsória.

A prática de crime é demonstração eloquente da não superação do *desvio social* do apenado e justifica a regressão penitenciária. O apenado que, encontrando-se em regime de livramento condicional, comete um novo delito comprova que não está em condições de usufruir desse excepcional estágio de uma nova política criminal. A repercussão negativa pela prática de crime durante o período de prova assume dimensões alarmantes e coloca em xeque o próprio sistema perante a opinião pública, que, de regra, é alimentada por manchetes escandalosas veiculadas por uma imprensa sensacionalista.

b) *Condenação por crime cometido antes da vigência do livramento condicional*

A outra hipótese de revogação obrigatória é a condenação irrecorrível decorrente de *crime praticado antes do início do livramento.* É possível

---

262. Angel de Sola Dueñas, Mercedez García Arán y Hernán Hormazábal Malarée, *Alternativas a la prisión*, p. 91; Giuseppe Bettiol, *Direito penal*, v. 3, p. 225.

que a ação penal de um crime anteriormente praticado só atinja a decisão final irrecorrível quando o seu autor já se encontre em liberdade condicional por outra condenação.

A causa da condenação é anterior ao benefício. Não houve recaída no delito e tampouco revelação de desadaptação ao instituto da liberdade condicional. Por isso, o legislador foi mais complacente com essa hipótese, admitindo a *soma* de penas da nova condenação com a anterior. Se o liberado tiver cumprido quantidade de pena que perfaça o mínimo exigido no total das penas — incluído o período em que esteve solto —, continuará em liberdade condicional, ou, então, regressará à prisão, e assim que completar o tempo poderá voltar à liberdade condicional. As somas das penas, ao contrário do que pensam alguns doutrinadores, devem ser da totalidade das penas aplicadas. O art. 84 do Código Penal não faz qualquer referência a "restante de pena", como imaginam referidos penalistas, e não cabe ao intérprete restringir onde a lei não restringe. Em realidade, a nova pena deve ser somada à que estava sendo cumprida, mas em suas totalidades. E, se o tempo de pena cumprido convalidar a concessão do livramento, a revogação não se operará. Não pode ser outra a interpretação da redação do dispositivo citado, que, aliás, já constava do Código de Processo Penal de 1942. Note-se que, quando se concedeu o livramento condicional, a infração referente à nova pena já havia ocorrido e, de regra, deve ser do conhecimento das autoridades da execução.

7.2. Causas de revogação facultativa

Ao lado das causas de revogação obrigatória (condenação irrecorrível), o Código Penal prevê outras hipóteses de revogação, contudo, facultativas. Ocorrendo uma das *causas facultativas,* o juiz poderá, em vez de revogar, advertir o liberado ou então agravar as condições do livramento. A gravidade da causa ocorrida, a situação penal do apenado e as consequências de seu comportamento são o que orientarão o magistrado sobre a decisão a tomar.

A *primeira causa* de revogação facultativa ocorre se o liberado "deixar de cumprir qualquer das obrigações constantes da sentença". Mas, quais seriam essas obrigações? Seriam aquelas condições *obrigatórias* contidas no art. 132, § 1º, da Lei de Execução Penal, ditas legais, e as *facultativas* previstas no § 2º do mesmo artigo, ditas judiciais, todas já examinadas.

O descumprimento de alguma das condições impostas revela o espírito de rebeldia do liberado e demonstra que não está readaptado à vida social, já que foi incapaz de submeter-se às regras mínimas estabelecidas na sentença.

A *segunda causa* de revogação facultativa se refere à "condenação, por crime ou contravenção, a pena que não seja privativa de liberdade".

Para essa hipótese é indiferente que a prática do crime ou da contravenção, que deu origem à nova condenação, tenha ocorrido antes ou durante a vigência do livramento.

A condenação por crime ou contravenção punidos com pena de multa ou restritiva de direitos é *causa facultativa* de revogação, porque se presume que se trata de conduta de menor censurabilidade e de consequências e repercussões igualmente menores. Contudo, a prática de nova infração penal, ainda que de natureza menos grave, indica a ausência de recuperação e pode aconselhar, teoricamente, a revogação do benefício.

O legislador da Reforma Penal de 1984 *incorreu* em evidente *esquecimento* ao não mencionar a "condenação por contravenção à pena privativa de liberdade" como causa de revogação facultativa. É notório o *esquecimento,* especialmente quando se constata que contravenção punida com pena restritiva de direitos e multa foi arrolada como causa de facultativa revogação. Essa lamentável omissão levou alguns doutrinadores[263] a sustentar que essa omissão legal não pode ser suprida pelo juiz ou outra forma de interpretação, para levar à revogação do livramento. O equívoco é manifesto, principalmente quando se verifica na Exposição de Motivos que o legislador pretendeu estabelecer como causa facultativa de revogação a condenação por contravenção, independentemente da espécie de sanção aplicada (item 76). A melhor orientação, a nosso juízo, seguem, entre outros, Mirabete[264] e Dotti[265], os quais sustentam que seria um absurdo pensar que a aplicação de pena menos grave (restritiva de direitos e multa) constitua causa de revogação facultativa e não ocorra o mesmo quando for imposta pena mais grave (privativa de liberdade).

Se o apenado sofrer pena privativa de liberdade — sem substituição ou suspensão — terá de cumpri-la. E essa obrigação, por si só, inviabiliza o livramento condicional, pela impossibilidade de cumprimento das condições

---

263. Damásio E. de Jesus, *Comentários ao Código Penal*, p. 732; Celso Delmanto, *Código Penal comentado*, p. 135.

264. Julio Fabbrini Mirabete, *Execução penal*, p. 353.

265. René Ariel Dotti, As novas linhas do livramento condicional e da reabilitação, RT, 593/299.

impostas. É impossível cumprir duas penas ao mesmo tempo, ainda que uma seja fora da prisão. Essa interpretação é confortada pelo disposto no art. 76 do Código Penal, que determina que, em caso de concurso de infrações, deve ser cumprida em primeiro lugar a pena mais grave, que, no caso em exame, seria a pena privativa de liberdade imposta. A única exceção prevista para cumprimento simultâneo de duas penas é o caso de penas restritivas de direitos, "quando forem compatíveis entre si" (art. 69, § 2º, do CP).

Assim, a condenação à pena privativa de liberdade (prisão simples) por motivo de contravenção também poderá levar à revogação do livramento condicional.

8. Suspensão do livramento condicional

Embora nosso ordenamento jurídico preveja a revogação *somente* quando houver condenação irrecorrível, admite, contudo, a "suspensão do exercício do livramento" (art. 145 da LEP). Essa *suspensão* não se confunde com a *revogação*, porque esta é *definitiva* e aquela é *provisória,* e ficará no aguardo da decisão final sobre o novo crime, que, se for condenatória, aí, sim, determinará a obrigatória revogação do benefício. Porém, se houver a prática de crime durante o livramento, ainda que tenha havido a suspensão deste com a "prisão preventiva" do liberado, se o período de prova se extinguir antes que se tenha iniciado "a ação penal", não será possível prorrogar o livramento condicional. O apenado terá de ser posto em liberdade imediatamente e a pena estará extinta, porque decorreu todo o período de prova sem causa para sua revogação. Frise-se que o art. 89 do Código Penal só admite a prorrogação do período de prova se o liberado estiver respondendo a "processo", o que não se confunde com a simples prática de infração penal ou então com inquérito policial ou qualquer outro expediente ou procedimento administrativo. Daí a grande importância da distinção entre a simples "suspensão" e a "revogação" propriamente dita. Por isso, defendemos a possibilidade de o juiz fixar, como *condição judicial,* a obrigação de "não delinquir". Como *condição judicial* seria causa de revogação facultativa. Assim, o juiz, nas circunstâncias, com a tradicional e discricionária prudência, deciria no caso concreto se deveria ou não revogar a liberdade condicional.

9. Efeitos de nova condenação

A confusa redação que recebeu o art. 88 do Código Penal, que praticamente repete o texto do art. 65 do Código Penal de 1940, pode gerar al-

416

guma perplexidade. Contudo, uma cuidadosa análise poderá torná-lo mais claro. Para sua melhor compreensão recomenda-se que se dividam em quatro hipóteses possíveis os efeitos da condenação:

1) condenação irrecorrível por crime praticado antes do livramento;

2) condenação irrecorrível por crime praticado durante o livramento condicional;

3) descumprimento das condições impostas;

4) condenação por contravenção.

Examinemo-las individualmente:

1) *Condenação irrecorrível por crime praticado antes do livramento condicional*

Nessa hipótese, o primeiro aspecto que chama a atenção é o fato de que o sentenciado, após a concessão da liberdade condicional, não praticou nenhum ato que o tornasse indigno desta. Na verdade, o sentenciado não concorreu, durante o livramento, para criar a situação que leva à revogação do benefício. A revogação ocorre por circunstâncias alheias ao seu procedimento e ao uso que fez da liberdade provisoriamente conquistada.

Pelas circunstâncias referidas não serem reveladoras da atual condição do liberado e por independerem da vontade da conduta deste, a hipótese recebe *tratamento excepcional*:

a) terá direito à obtenção de novo livramento, mesmo em relação à pena que estava cumprindo. A proibição de obter novo livramento não se estende à hipótese de condenação por crime cometido antes da vigência do período de prova;

b) as duas penas podem ser somadas para efeito de obtenção de novo livramento. Como já referimos, somam-se as duas penas integralmente. Se o tempo cumprido, incluído o período em que esteve solto, possibilitar o livramento, este nem será revogado, pois o apenado já cumpriu tempo suficiente para obter a liberdade antecipada;

c) o tempo em que esteve em liberdade condicional é computado como de pena efetivamente cumprida. Isso é consequência natural da não concorrência direta e atual do liberado na causa revogatória. Por outro lado, durante o livramento o apenado fazia a sua parte, isto é, cumpria regularmente as condições impostas, em outras palavras, estava cumprindo corretamente a sua pena. Assim, é justo que esse tempo seja considerado como de pena efetivamente cumprida.

2) Condenação irrecorrível por crime praticado durante a vigência do livramento

Essa hipótese é o *resultado do fracasso* da tentativa de possibilitar ao apenado o retorno antecipado ao convívio social. Aliás, como já afirmamos, na maioria das legislações, a simples prática de infração penal é suficiente para a revogação do benefício. A brasileira espera pela condenação definitiva para revogar o benefício. Nesse caso, os efeitos são mais drásticos — e nem poderia ser diferente:

a) impossibilidade de concessão de novo livramento em relação à mesma pena. Evidentemente que em relação à nova condenação, se for superior a dois anos, e após preencher todos os requisitos, poderá obter outra vez a liberdade antecipada. Contudo, a primeira pena, isto é, a anterior, terá de cumpri-la integralmente, e esse tempo não se somará à nova pena para a obtenção de novo benefício;

b) não se computa o tempo em que esteve solto, em liberdade condicional, como de pena efetivamente cumprida. Considera-se apenas o cumprimento efetivo, desprezando-se todo o período em que esteve submetido à prova. E o tempo a ser considerado para voltar a obter novo livramento condicional só pode se referir ao tempo referente à nova condenação e não ao da anterior.

3) Descumprimento das condições impostas na sentença

Nessa hipótese só haverá uma pena, a que estava sendo cumprida e que fora suspensa. A rebeldia do apenado obrigá-lo-á a cumpri-la integralmente, pois não poderá obter novo livramento em relação a essa pena e também não será considerado o tempo em que esteve submetido à prova (art. 142 da LEP).

4) Condenação por contravenção penal

Essa situação, que também poderá levar à revogação do livramento (art. 87 do CP), terá os mesmos efeitos que a revogação decorrente do descumprimento das condições: não será computado o tempo em que esteve solto e não poderá obter novo livramento em relação à mesma pena.

De todos os efeitos, o mais grave, sem dúvida, é a impossibilidade de voltar a beneficiar-se com um novo livramento em relação à mesma pena. A verdade é que, com a prática de crime durante o período de prova ou o descumprimento das condições impostas, o liberado *deixa de corresponder à expectativa que a sociedade alimentava* ao antecipar-lhe a liberdade. "Se o sujeito, censuravelmente, deu causa à perda de sua liberdade, não mais se lhe pode restituir tal condição, sob pena de intolerável renúncia ao dever de punir que é inerente ao Estado"[266]. Se voltou a delinquir perdeu a oportunidade que lhe fora concedida de livrar-se solto da pena e demonstrou que sua recuperação não havia sido atingida.

10. Prorrogação do livramento e extinção da pena

Outra vez a redação utilizada pela Reforma Penal — tanto no Código Penal como na Lei de Execução Penal — peca pela falta de clareza. O art. 90 do Código Penal e o art. 146 da Lei de Execução Penal afirmam que, se até o término do período de provas o livramento condicional não tiver sido revogado, considerar-se-á extinta a pena privativa de liberdade. A precisão desses dois dispositivos não impede que se choquem com a nebulosa redação do art. 89 do Código Penal, que diz, *in verbis*: "O juiz não poderá declarar extinta a pena, enquanto não passar em julgado a sentença em processo a que responde o liberado, por crime cometido na vigência do livramento". Mas, então, o que acontecerá com o livramento? O ordenamento jurídico não diz, nem o Código Penal nem a Lei de Execução Penal. Os doutrinadores têm sustentado que haverá *prorrogação do livramento,* enquanto estiver correndo processo por crime cometido durante a vigência daquele. Esclarecem, imediatamente, que *se prorroga somente o período de provas*, até decisão final, que, se for condenatória, revogará o livramento. As condições impostas — afirmam — não subsistirão[267]. Mas, afinal, que livramento condicional é esse sem nenhuma condição? Em realidade não há prorrogação de livramento algum. Apenas, diz a lei, não pode ser declarada extinta a pena privativa de liberdade, pois, se houver condenação, será revogada a liberdade condicional que estava suspensa, e o tempo correspondente ao período de prova não será considerado como de pena cumprida.

Era mais feliz o Código de Processo Penal (art. 733), que previa a extinção da pena, desde que tivesse expirado o prazo do livramento condicional sem revogação ou "que o liberado tivesse sido absolvido por infração cometida durante a vigência daquele". Contudo, o capítulo do Código de Processo Penal que trata do livramento condicional foi revogado pela Lei de Execução Penal (art. 204), que regulou integralmente aquele instituto.

---

266. Miguel Reale Júnior et alii, *Penas e medidas...*, p. 256.
267. Celso Delmanto, *Código Penal comentado*, p. 136.

Já em relação a processo por crime ocorrido antes da vigência do livramento a situação é outra. As consequências são diferentes. Em primeiro lugar, como já afirmamos, o tempo em que o liberado esteve submetido à prova é considerado como de pena efetivamente cumprida. Assim, chegando ao término do período de prova, deverá ser declarada extinta a pena, mesmo que o novo processo continue em andamento, pois, ainda que haja condenação, a pena anterior já estará cumprida. Não teria sentido, pois, "prorrogar" o período de prova.

Enfim, a denominada "prorrogação do livramento" somente poderá ocorrer em casos de processos por crimes praticados durante a vigência do período de prova. Tal efeito não se estende à prática de contravenções. Por outro lado, também não permanecem as condições impostas na sentença, quer sejam as legais, quer sejam as judiciais. O marco decisivo da extinção da pena é o limite do período de prova e não a data da declaração pelo juiz, que não tem natureza constitutiva.

BIBLIOGRAFIA

ALBERDI, Ricardo. El socialismo actual ante el hecho religioso. *Iglesia Viva*, n. 89-90, 1980.

ALBERGARIA, Jason. *Comentários à Lei de Execução Penal*. Rio de Janeiro, Aide, 1987.

ALMEIDA SALLES JR., Romeu de. *Curso completo de direito penal*. São Paulo, Saraiva, 1987.

ALTMANN SMYTHE, Julio. ¿Debe suprimirse la pena privativa de libertad y la prisión? *Revista Jurídica del Perú*, ano 17, 1975.

ALVAREZ ZABALA, Enrique. *Ensaio sobre las ideas filosófico-jurídicas de Protágoras*. Madrid, Imprenta Góngora, 1931.

ALVES DE FIGUEIREDO, Ariovaldo. *Comentários ao Código Penal*. São Paulo, Saraiva, 1985. v. 1.

ALVES JÚNIOR, Thomaz. *Anotações teóricas e práticas ao Código Criminal*. Rio de Janeiro, 1894. t. 1.

AMARISTA, Félix José. *Los terpenos: nueva forma de intoxicación carcelaria*. AICPC, 1968.

ANCEL, Marc. La noción del tratamiento en las legislaciones penales vigentes (tratamiento penitenciario). *REP*, 1968.

ANTON ONECA, José. Discurso leído en la apertura de curso académico de 1944-45 en la Universidad de Salamanca, 1944.

ANTON ONECA, José. *La prevención general y especial en la teoría de la pena*. Salamanca, 1944.

ANTON ONECA, José. Los fines de la pena según los penalistas de la Ilustración. *REP*, 1964.

ANTTILA, Inkeri. La ideología del control del delito en Escandinavia. Tendencias actuales, *Cuadernos de Política Criminal*, n. 28, Madrid, 1986.

ANTUNES ANDREUCCI, Ricardo et alii. *Penas e medidas de segurança*. Rio de Janeiro, Forense, 1985.

ANTUNES ANDREUCCI, Ricardo. O direito penal como justo. *Revista dos Tribunais*, n. 551, 1981.

ARENAL, Concepción. *Obras completas*; estudios penitenciarios. España, 1896. t. 5.

ARIEL DOTTI, René et alii. Execução penal no Brasil. Aspectos constitucionais e legais. In: *Sistema penal para o terceiro milênio*. Rio de Janeiro, Revan, 1991.

ARIEL DOTTI, René. As novas linhas do livramento condicional e da reabilitação. *Revista dos Tribunais*, n. 593, 1985.

ARIEL DOTTI, René. *Bases e alternativas para o sistema de penas*. São Paulo, Saraiva, 1980.

ARIEL DOTTI, René. *Código Penal anotado*. Rio de Janeiro, Forense, 1986.

ARIEL DOTTI, René. Novos caminhos da defesa social. *Revista dos Tribunais*, n. 611, set. 1986.

ARIEL DOTTI, René. *Penas e medidas de segurança*. Rio de Janeiro, Forense, 1985.

ARIEL DOTTI, René. *Reforma penal brasileira*. Rio de Janeiro, Forense, 1988.

ASÚA BATARRITA, Adela. Alternativas a las penas privativas de libertad y proceso penal. *CPC*, n. 39, 1989.

AULER, Hugo. *Suspensão condicional da execução da pena*. Rio de Janeiro, Forense, 1957.

BARATTA, Alessandro. Criminologia e dogmática penal. Passado e futuro do modelo integral da ciência penal. *Revista de Direito Penal*, Rio de Janeiro, Forense, n. 31, 1982.

BARATTA, Alessandro. El modelo sociológico del conflicto y las teorías del conflicto acerca de la criminalidad. *Doctrina Penal*, Argentina, v. 10, 1979.

BARATTA, Alessandro. Entrevista con Alessandro Baratta. *REP*, n. 241, 1989.

BARATTA, Alessandro. Integración-prevención; una nueva fundamentación de la pena dentro de la teoría sistémica (trad. García Mendes y Sandoval Huertas). *Doctrina Penal*, Buenos Aires, 1985.

BARBERO SANTOS, Marino. *Marginalización social y derecho represivo*. Barcelona, Bosch, 1980.

BARBERO SANTOS, Marino. *Política y derecho penal en España*. Madrid, Ed. Túcar, 1977.

BARTOLO. *Opera omnia*. Monaco, 1845.

BATISTA, Nilo. Bons antecedentes — apelação em liberdade. In: *Decisões criminais comentadas*. 2. ed. Rio de Janeiro, Liber Juris, 1984.

BATISTA, Nilo. *Temas de direito penal*. Rio de Janeiro, Liber Juris, 1984.

BAUMANN, Jurgen. ¿Existe actualmente la posibilidad de eliminar la pena privativa de libertad de hasta seis meses? In: *Libro homenaje al profesor Jimenez de Asúa* — problemas actuales de las ciencias penales y filosofía del derecho. Buenos Aires, Ed. Pannedille, 1970.

BECCARIA, Cesare. *De los delitos y de las penas*. Trad. Juan Antonio de las Casas. Madrid, Alianza Editorial, 1986 (há edições de 1968 e 1974).

BENTHAM, Jeremy. *El panóptico*; *el ojo del poder*. España, Ed. La Piqueta, 1979.

BENTHAM, Jeremy. *Principios de legislación y jurisprudencia*; extractados de las obras del filósofo inglés J. Bentham por Francisco Ferrer y Valls. Imprenta de Tomás Jordán, 1934.

BENTHAM, Jeremy. *Teorías de las penas y las recompensas*. Paris, 1826.

BERGALLI, Roberto. *¿Readaptación social por medio de la ejecución penal?* Instituto de Criminología de la Universidad Complutense de Madrid, 1976.

BERGER, Peter & LUCKMANN, Thomas. *La construcción de la realidad*. Argentina, Ed. Amorrotu, 1978.

BERGER, R. *Le système de probation anglais et le sursis continental*. Genève, 1953.

BERISTAIN, Antonio. *Ciencia penal y criminología*. Madrid, Tecnos, 1985.

BERISTAIN, Antonio. *Crisis del derecho represivo*. España, Ed. Cuadernos para el Diálogo, 1977.

BERISTAIN, Antonio. *Direito penal*. Trad. Paulo José da Costa Jr. e Alberto Silva Franco. São Paulo, Revista dos Tribunais, 1976. v. 3; 1977. v. 1.

BERISTAIN, Antonio. La multa penal y administrativa en relación con las sanciones privativas de libertad. *ADPCP*, n. 28, 1975.

BETTIOL, Giuseppe. *O problema penal*. Trad. Fernando de Miranda. Coimbra, Coimbra Ed., 1967.

BIBLIOGRAFIA

BITENCOURT, Cezar Roberto. *Falência da pena de prisão — Causas e alternativas*. São Paulo, Revista dos Tribunais, 1993.

BITENCOURT, Cezar Roberto. *Juizados Especiais Criminais Federais — Análise comparativa das Leis n. 9.099/95 e 10.259/2001*. 2. ed. São Paulo, Saraiva, 2005.

BITENCOURT, Cezar Roberto. *Lições de direito penal*. 2. ed. Porto Alegre, Livr. Acadêmica, 1993.

BITENCOURT, Cezar Roberto. *Manual de direito penal*. Parte geral. 3. ed. Porto Alegre, Livraria do Advogado Ed., 1997; 5. ed. São Paulo, Revista dos Tribunais, 1999; 6. ed. São Paulo, Saraiva, 2000.

BITENCOURT, Cezar Roberto. *Novas penas alternativas*. São Paulo, Saraiva, 1999.

BITENCOURT, Cezar Roberto. Penas pecuniárias. *Revista dos Tribunais*, São Paulo, n. 619, maio 1987.

BITENCOURT, Cezar Roberto. Regimes penais e exame criminológico. *Revista dos Tribunais*, São Paulo, n. 638, 1988.

BITENCOURT, Cezar Roberto. *Tratado de direito penal*. Parte geral. 16. ed. São Paulo, Saraiva, 2011, v. 1; 17. ed., 2012.

BITENCOURT, Cezar Roberto. *Tratado de direito penal*. Parte geral. 22. ed. São Paulo, Saraiva, 2016.

BITENCOURT, Cezar Roberto; BITENCOURT, Vania Barbosa Adorno. Em dia de terror, Supremo rasga a Constituição no julgamento de um HC. Conjur, 18 fev. 2016. Disponível em: https://www.conjur.com. br/2016-fev-18/cezar-bittencourt-dia-terror-stf-rasga-constituicao/. Acesso em: 9 out. 2016.

BRASIL AMERICANO, Odin I. *Manual de direito penal*. São Paulo, Saraiva, 1985. v. 1.

BRUNO, Aníbal. *Das penas*. Rio de Janeiro, Ed. Rio, 1976.

BRUNO, Aníbal. *Direito penal*. 3. ed. Rio de Janeiro, Forense, 1967. t. 2 e 3; 1984. v. 3.

BUENO ARUS, Francisco. ¿Tratamiento?. *Revista Eguzkilore*, n. 2, extraordinário, out. 1989.

BUENO ARUS, Francisco. El sistema de penas en el Proyecto de Código Penal de 1980. *Revista General de Legislación y Jurisprudencia*, Madrid, Ed. Reus, 1980.

BUENO ARUS, Francisco. Panorama comparativo entre los modernos sistemas penitenciarios. In: *Problemas actuales de las ciencias penales y filosofía del derecho*. Libro homenaje al prof. Jimenez de Asúa. Buenos Aires, Ed. Pannedille, 1970.

BUSTOS RAMIREZ, Juan. *Control social y sistema penal*. Barcelona, PPU, 1987.

BUSTOS RAMIREZ, Juan. *El pensamiento criminológico*. Barcelona, Ediciones Península, 1983. t. 2.

BUSTOS RAMIREZ, Juan. Estado actual de la teoría de la pena. In: *Bases críticas de un nuevo derecho penal*. Bogotá, Temis, 1982.

BUSTOS RAMIREZ, Juan. *Manual de derecho penal*. Barcelona, Ed. Ariel, 1984.

BUSTOS RAMIREZ, Juan; HORMAZABAL MALARÉE, H. Pena y Estado. In: *Bases críticas de un nuevo derecho penal*. Bogotá, Temis, 1982.

CABALLERO, Juan José. Sentido de la homosexualidad en la prisión. *CPC*, n. 9, 1979.

CABRAL DE MONCADA, Antonio. *A liberdade condicional*. Coimbra, Coimbra Ed., 1957.

CAMERINI, Giorgio. *La gracia, la liberazione condizionale e la revoca anticipata delle misure de simezza*. Padova, CEDAM, 1967.

CAMPOS PIRES, Ariosvaldo. O livramento condicional e a nova Parte Geral do Código Penal. *Revista dos Tribunais*, n. 631, 1988.

CARRANCA Y TRUJILLO, Raul. *Derecho penal mexicano*. México, Porrúa, 1977.

CARRARA, Francesco. *Programa de derecho criminal*. Trad. Ortega y Guerrero. Bogotá, Temis, 1956 (nova edição, 1979).

CARVALHO ROENICK, Hermann Homem. Os efeitos civis da sentença penal. *Ajuris*, Porto Alegre, n. 6, 1976.

CARVALHO, Amilton Bueno de. *Direito alternativo em movimento*. 3. ed. Rio de Janeiro, LUAM, 1999.

CARVALHO, Salo de. *A política criminal de drogas no Brasil*. 4. ed. Rio de Janeiro, 2007.

CARVALHO, Salo de. *Penas e medidas de segurança no direito penal brasileiro*. 2. ed. São Paulo, Saraiva, 2015.

CARVALHO, Salo de; CARVALHO, Amilton Bueno de. *Aplicação da pena e garantismo penal*, Rio de Janeiro, Lumen Juris, 2001; 3. ed. Rio de Janeiro, Lumen Juris, 2004.

CASAS FERNANDES. *Voltaire criminalista*. Madrid, 1931.

CASTILLO BARRANTES, Enrique. *Becker y Chapman. Criminólogos interaccionistas (el interaccionismo simbólico en criminología visto en dos de sus representantes)*. Costa Rica, ILANUD, 1980.

CASTILLO HERNANDEZ, Augusto. *La organización penitenciaria de Costa Rica*. Tesis presentada para obtener el título de licenciatura en Derecho. Costa Rica, 1972.

CASTILLON MORA, Luís. Crimen, personalidad y prisión. In: *Estudios penales; la reforma penitenciaria*. Universidad de Santiago de Compostela, 1978. v. 2.

CAVAN, Ruth Shonle & ZEMANS, Eugene. Marital relationships of prisoners in twenty-eight countries, 1958.

CERNICCHIARO, Luiz Vicente. *Direito penal na Constituição*. 2. ed. São Paulo, Revista dos Tribunais, 1991.

CHAMORRO PIÑERO, Jesús. La psicosis de prisión. *REEP*, 1952.

CHAUNU, Pierre. *El rechazo de la vida*. Madrid, ESPASA-CALPE, 1979.

CLEMMER, Donald. Imprisonment as a source of criminality. In: *Readings in criminology and penology*. USA, Ed. David. Dressler, 1964.

CLEMMER, Donald. *The prison community*. 2. ed. 1958.

COBO DEL ROSAL, Manuel; VIVES ANTON, Tomás. *Derecho penal*; *Parte General*. Universidad de Valencia, 1984.

COGAN, Arthur. Aferição da periculosidade para o livramento condicional. *Justitia*, São Paulo, v. 103.

COHEN, Stanley. Un escenario para el sistema penitenciario futuro. *NPP*, 1975.

CONTI, Hugo. La pena e il sistema penal del Codice italiano. In: *Enciclopedia del diritto penale italiano*. Milano, 1910. v. 10.

CORDOBA RODA, Juan. *LXXV años de evolución jurídica en el mundo* (obra coletiva). México, UNAM, 1979.

CORREIA, Eduardo. *Direito criminal*. Coimbra, Livr. Almedina, 1988.

COSTA JR., Paulo José da. *Comentários ao Código Penal*. São Paulo, Saraiva, 1986.

COSTA JR., Paulo José da. *Direito penal na Constituição*. 2. ed. São Paulo, Revista dos Tribunais, 1991.

COSTA JR., Paulo José da; QUEIJO, Maria Elizabeth. *Comentários aos crimes do novo Código de Trânsito*. São Paulo, Saraiva, 1998.

COSTA JUNIOR, Heitor. *Teoria dos delitos culposos*. Rio de Janeiro, Liber Juris, 1988.

COSTA, Fausto. *El delito y la pena en la historia de la filosofía*. México, UTEHA, 1953.

CRESSEY, Ronald; IRWIN, John. Thieves, convicts and inmate culture. In: *Social problems*. 1962.

CUCHE, Paul. *Traité de science et de legislation pénitentiaires*. Paris, 1905.

CUELLO CALÓN, Eugenio. *Derecho penal*. PG. Barcelona, Bosch, 1943.

CUELLO CALÓN, Eugenio. La intervención del juez en la ejecución de la pena. *ADPCP*, 1953.

CUELLO CALÓN, Eugenio. *La moderna penología*. Barcelona, Bosch, 1958 (reimpressão em 1974).

CUELLO CALÓN, Eugenio. Montesinos, precursor de la nueva penología. *REP*, 1962.

CUESTA ARZAMENDI, José de la. Un deber (no obligación) y derecho de los privados de libertad: el trabajo penitenciario. In: *Lecciones de derecho penitenciario* (obra coletiva). Madrid, Universidad de Alcalá de Henares, 1989.

CULBERTSON, Robert. The effect of institucionalization on the delinquent inmates self-concept. 1975.

CURY, Enrique. Contribuição ao estudo da pena. *Revista de Direito Penal*, Rio de Janeiro, n. 11/12, 1973.

DAGA, Luigi. El régimen abierto en Italia: aspectos generales, tendencias e indicaciones de la experiencia italiana. *REP*, n. 240, 1988.

DAIEN, Samuel. *Libertad condicional*. Buenos Aires, Ed. Bibliográfica Argentina, 1947.

DAIEN, Samuel. *Régimen jurídico y social de la libertad condicional*. Buenos Aires, Ed. Bibliográfica Argentina, 1947.

DAVIS, Angela. Prisioneros en rebelión. In: *Si llegan por ti en la mañana... vendrán por nosotros en la noche* (obra coletiva). México, Siglo XXI Ed., 1976.

DE GOOTE. *La locura a través de los siglos*. Barcelona, 1970.

DELMANTO, Celso. *Código Penal comentado*. Rio de Janeiro, Renovar, 1988.

DELMANTO, Celso. *Código Penal comentado*. São Paulo, Freitas Bastos, 1986.

DELMANTO, Celso. Direitos públicos subjetivos do réu no Código Penal. *Revista dos Tribunais*, n. 554, dez. 1981.

DI GENARO, Giuseppe; BONOMO, Massimo; BREDA, Renato. *Ordenamento penitenciario e misure alternative alla detenzione*. Milano, 1977.

DOÑATE MARTIN, Antonio. La "suspensión compuesta a prueba" y el "trabajo social al servicio de la comunidad". *III Jornadas Penitenciarias Andaluzas*. Sevilla, Junta de Andalucia, 1987.

DRAPKIN, Israel. El recluso penal, víctima de la sociedad humana. *ADP-CP*, 1977.

DURKHEIM, Émile. Dos leyes de la evolución penal. *REP*, 1970.

E. DE JESUS, Damásio. *Código Penal anotado*. São Paulo, Saraiva, 1989.

E. DE JESUS, Damásio. *Comentários ao Código Penal*. São Paulo, Saraiva, 1985. v. 2.

E. DE JESUS, Damásio. *Direito penal*. 12. ed. São Paulo, Saraiva, 1988. v. 1.

E. DE JESUS, Damásio. *Temas de direito criminal*. 1ª série. São Paulo, Saraiva, 1998.

ECHANO, Juan I. Crítica de la suspensión condicional de la pena a la luz del Código Penal alemán. *CPC*, n. 25, 1985.

ECHEVERRY, Alfredo. La controversia filosófica sobre la pena de muerte. *Boletín de la Comisión Andina de Juristas*, Lima, n. 12, out. 1986.

ESPÍNOLA FILHO, Eduardo. *Código de Processo Penal brasileiro anotado*. Rio de Janeiro, Ed. Rio, 1958.

FABBRINI MIRABETE, Julio. Crimes de trânsito têm normas gerais específicas, *Bol. IBCCrim*, n. 61, dez. 1997.

FABBRINI MIRABETE, Julio. *Execução penal*; comentário à Lei 7.210. São Paulo, Atlas, 1987.

FABBRINI MIRABETE, Julio. *Manual de direito penal*. 2. ed. São Paulo, Atlas, 1985. v. 1.

FARIA LEMOS, Geraldo de. As penas restritivas de direitos nos crimes culposos de trânsito. *Revista dos Tribunais*, n. 590, 1984.

FERNANDES RODRIGUEZ, Antonio. *Consideraciones sobre el delito y la pena*; ensayos penales. Universidad de Santiago de Compostela, 1974.

FERNANDEZ ALBOR, Augustín. Aspectos criminológicos de las penas privativas de libertad. In: *Estudios penales y criminológicos IV*. Universidad de Santiago de Compostela, 1981.

FERRAZ, Nelson. Aplicação da pena no Código Penal de 1984. *Revista dos Tribunais*, n. 605, mar. 1986.

FERREIRA, Gilberto. A prestação de serviços à comunidade como pena alternativa. *Revista dos Tribunais*, n. 647, 1989.

FERRI, Enrico. *Principios de derecho criminal*. Trad. José Arturo Rodrigues Muñoz. Madrid, Ed. Reus, 1933.

FERRI, Enrico. *Sociología criminal*. Trad. Antonio Soto y Hernandes. Madrid, Ed. Reus, 1908. t. 2.

FERRINI, Contardo. Diritto penale romano. In: *Completo trattato*. Milano, 1888.

FONTAN BALESTRA, Carlos. *Tratado de derecho penal*. Buenos Aires, 1970. t. 3.

FOUCAULT, Michel. *Historia de la locura en la época clásica*. México, 1967.

FOUCAULT, Michel. *Vigilar y castigar*. México, Siglo XXI Ed., 1976 (há também uma tradução brasileira: *Vigiar e punir*. Trad. Ligia M. Pondé Vassallo. 2. ed. Petrópolis, Vozes, 1983).

FRAGOSO, Heleno Claúdio. A reforma da legislação penal. *Revista de Direito Penal e Criminologia*, Rio de Janeiro, n. 35, 1985.

FRAGOSO, Heleno Claúdio. Alternativas da pena privativa de liberdade. *Revista de Direito Penal*, Rio de Janeiro, n. 29, 1980.

FRAGOSO, Heleno Claúdio. *Direito dos presos*. Rio de Janeiro, Forense, 1980.

FRAGOSO, Heleno Claúdio. *Lições de direito penal.* 7. ed. Rio de Janeiro, Forense, 1985. v. 1.

FREDERICO MARQUES, José. *Elementos de direito processual penal.* São Paulo, Bookseller, v. 4.

FREDERICO MARQUES, José. *Tratado de direito penal.* Rio de Janeiro, Forense, 1966. v. 3.

FREITAS BARBOSA, Marco Elias de. Da resposta penal na legislação de 1984. *Revista dos Tribunais*, n. 601, nov. 1985.

FREUD, Sigmund. *Tres ensayos sobre teoría sexual.* Madrid, Alianza Editorial, 1980.

FROMM, Erich. *El arte de amar.* España, Ed. Paidós Iberia, 1980.

GARABEDIAN, Peter G. Social roles in a correctional community. Journal of Criminal Law, Criminology & Police Science, 1964.

GARCIA ARAN, Mercedes et alii. *Alternativas a la prisión.* Barcelona, PPU, 1986.

GARCIA ARAN, Mercedes. Alternativas a la prisión. *Jornadas sobre Privaciones de Libertad y derechos humanos.* Barcelona, Ed. Hacer, 1987.

GARCIA ARAN, Mercedes. *Los criterios de determinación de la pena en el derecho español.* Barcelona, Universidad de Barcelona, 1982.

GARCIA BASALO, J. Carlos. El panóptico de Bentham. *REP*, 1957.

GARCIA BASALO, J. Carlos. La ejecución de la pena en Latinoamérica. *REP*, 1962.

GARCÍA RAMIREZ, Sergio. *La prisión.* México, Fondo de Cultura Económica, 1975.

GARCÍA VALDÉS, Alberto. Soluciones propuestas al problema sexual de las prisiones. *CPC*, n. 11, 1980.

GARCÍA VALDÉS, Carlos. *Comentarios a la ley general penitenciaria.* Madrid, Ed. Civitas, 1980.

GARCÍA VALDÉS, Carlos. *Derecho penitenciario.* Madrid, Ministerio de Justicia, 1989.

GARCÍA VALDÉS, Carlos. El nacimiento de la pena privativa de libertad. *CPC*, 1977.

GARCÍA VALDÉS, Carlos. *Estudios de derecho penitenciario.* Madrid, Tecnos, 1982.

GARCÍA VALDÉS, Carlos. *Hombres y cárceles*; *historia y crisis de la privación de libertad*. España, Ed. Cuadernos para el Diálogo (Colección Suplementos, n. 52), 1974.

GARCÍA VALDÉS, Carlos. *Introducción a la penología*. Madrid, Universidad de Santiago de Compostela, Instituto de Criminología, 1981.

GARCÍA VALDÉS, Carlos. La droga en las prisiones. *CPC*, n. 9, 1979.

GARCÍA VALDÉS, Carlos. *Regímenes penitenciarios de España*; *investigación histórica y sistemática*. Madrid, Universidad Complutense de Madrid, 1975.

GARCÍA VALDÉS, Carlos. *Revista de Estudios Penitenciarios*, n. 224-227.

GARCÍA VIDELA, Carlos. *El problema sexual en las prisiones*. La Plata, Universidad Nacional de la Plata, 1932.

GARCIA, Basileu. *Instituições de direito penal*. 6. ed. São Paulo, Max Limonad, 1982.

GARCIA, Basileu. Reforma da pena de multa. *Revista dos Tribunais*, n. 306, 1961.

GARCIA-PABLOS Y MOLINA, Antonio. La supuesta función resocializadora del derecho penal: utopía, mito y eufemismo. In: *Estudios penales*. Barcelona, Bosch, 1984.

GARCIA-PABLOS Y MOLINA, Antonio. Régimen abierto y ejecución penal. *REP*, n. 240, 1988.

GAROFALO, Rafael. *Estudios criminalistas*. Madrid, Tipográfica de Alfredo Alonso, 1896.

GAROFALO, Rafael. *La criminología*; *estudios sobre el delito y sobre la teoría de la represión*. España, Ed. La España Moderna, s. d.

GARRIDO GUZMAN, Luis. *Compendio de ciencia penitenciaria*. Universidad de Valencia, 1976.

GARRIDO GUZMAN, Luis. Los permisos penitenciarios. *REP*, extra, n. 1, 1989.

GARRIDO GUZMAN, Luis. *Manual de ciencia penitenciaria*. Madrid, Edersa, 1983.

GARRIDO MARTIN, José. Actuaciones para diminuir la oferta de drogas en centros penitenciarios. *REP*, n. 242, 1989.

GEIS, Gilbert. Pioneers in criminology — VII — Jeremy Bentham (1748-1832). 1955.

GIBBONS, Don C. *Delincuentes juveniles y criminales.* México, Fondo de Cultura Económica, 1974.

GILL, Howard. Correctional philosophy and architecture. 1962.

GIMBERNAT ORDEIG, Enrique. ¿Tiene un futuro la dogmática jurídico--penal? In: *Estudios de derecho penal.* 2. ed. Madrid, Ed. Civitas, 1981.

GIMBERNAT ORDEIG, Enrique. El sistema de penas en el futuro Código Penal. In: *Política criminal y reforma del derecho penal* (obra coletiva). Bogotá, Temis, 1982 (também: *Doctrina Penal*, 1979).

GLASER, Daniel. Enfoque sociológico del crimen y la corrección. *AI-CPC*, 1968.

GOFFMAN, Erving. *Internados*; *ensayo sobre la situación social de los enfermos mentales.* Argentina, Ed. Amorrotu, 1973.

GOMES, Luiz Flávio (org.). *Lei de Drogas comentada — Lei 11.343, de 23.08.2006.* 2. ed., São Paulo, Revista dos Tribunais.

GRAMATICA, Filippo. *Principii di difesa sociale.* Padova, CEDAM, 1961.

GRAMATICA, Filippo. *Principios de derecho penal subjetivo.* Madrid, Ed. Reus, 1941.

GRAMSCI, Antonio. *Política y sociedad.* Trad. Jordi Solé Tuara. Barcelona, Ed. Península, 1977.

GUSMÃO, Crisólito. *Suspensão condicional da pena.* Imprenta, Rio de Janeiro, 1926.

HACKER, Friedrich. *Agresión (la brutal violencia del mundo moderno).* Espanha, Grijalbo, 1973.

HASSEMER, Winfried. *Fundamentos de derecho penal.* Trad. Francisco Muñoz Conde e Arroyo Sapatero. Barcelona, Bosch, 1984.

HASSEMER, Winfried. Los fines de la pena en el derecho penal de orientación científico-social. Trad. María Tereza Castiñera. In: *Derecho Penal y Ciencias Sociales.* España, Ed. S. Mir Puig, 1982.

HAWKINS, Gordon. *The prison, police and practice, studies in crime and justice.* USA, The University of Chicago Press, 1976.

HENTIG, Hans von. *La pena.* Madrid, ESPASA-CALPE, 1967. v. 1.

HERNANDEZ, F. *La violencia en la cárcel venezolana.* Venezuela, AI-CPC, 1973.

432

HIBBER C. *Las raíces del mal; una historia social del crimen y su represión*. España, Ed. Luiz de Caralt, 1975.

HIGUERA GUIMERÁ, Juan Felipe. *La pena de arresto de fin de semana*. Madrid, Ministerio de Justicia, 1982.

HOLANDA FERREIRA, Aurélio Buarque de. *Novo dicionário da língua portuguesa*. 1. ed. 10. imp. Rio de Janeiro, Nova Fronteira.

HOOD, Roger & SPARKS, Richard. *Problemas clave en criminología*. España, Ed. Guadarrama, 1970.

HOPPER, Columbus B. The conjugal visit at Mississippi State Penitentiary. 1962.

HORMAZABAL MALARÉE, Hernán et alii. *Alternativas a la prisión*. Barcelona, PPU, 1986.

HULSMAN, Louk. Descriminalização (Trad. Yolanda Catão). *Revista de Direito Penal*, Rio de Janeiro, n. 9/10, 1973.

HULSMAN, Louk; BERNAT DE CELIS, J. *Sistema penal y seguridad ciudadana: hacia una alternativa*. Barcelona, Ed. Ariel, 1984.

HUNGRIA, Nélson. *Comentários ao Código Penal*. Rio de Janeiro, Forense, 1955. v. 2.

HUNGRIA, Nélson. *Novas questões jurídico-penais*. Rio de Janeiro, Ed. Nacional de Direito, 1945.

HUNGRIA, Nélson. O arbítrio judicial na medida da pena, *Revista Forense*, n. 90/12, jan. 1943.

IRURZUM, Victor. *La sociedad carcelaria*. Buenos Aires, Depalma, 1968.

IRWIN, John & CRESSEY, Donald. Thieves, convicts and inmate culture. In: *Social problems*. 1962.

JACOBS, James. Stratificacion and conflict among prison inmates. 1975.

JERVIS, Giovani. La tecnología de la tortura. In: *La ideología de las drogas y la cuestión de las drogas ligeras*. España, Ed. Anagrama, 1977.

JESCHECK, Hans H. Alternativas a la pena privativa de libertad y la moderna política criminal (trad. José Luís de la Cuesta Arzamendi). In: *Estudios penales y criminológicos*. España, Universidad de Santiago de Compostela, 1985. v. 3.

JESCHECK, Hans H. *Nueva dogmática penal y política criminal en perspectiva comparada*. ADPCP, 1986.

JESCHECK, Hans H. Rasgos fundamentales del movimiento internacional de reforma del derecho penal. *Doctrina Penal*, 1979.

JESCHECK, Hans H. *Tratado de derecho penal*. Parte general. Trad. da 4. ed. (1988), José Luis Manzanares Samaniego. Granada, Comares, 1993.

JESCHECK, Hans H. *Tratado de derecho penal*. Trad. S. Mir Puig e F. Muñoz Conde. Barcelona, Bosch, 1981.

JIMENEZ DE ASÚA, Luiz. *La ley y el delito*. Ed. Sudamericana, 1967.

JIMENEZ DE ASÚA, Luiz. *Tratado de derecho penal*. Buenos Aires, Losada, 1964.

JIMENEZ VILLAREJO, José. La droga en la institución carcelaria. *REP*, n. 237, 1987.

JOHNSON, E. Sociology of confinement: assimilation and the prison. 1961.

KANT, Immanuel. *Fundamentación metafísica de las costumbres*. Trad. García Morente. 7. ed. Madrid, ESPASA-CALPE, 1983.

KANT, Immanuel. *Principios metafísicos de la doctrina del derecho*. México, UNAM, 1978.

KARPMAN, Benjamín. *Perversión sexual y sexualidad carcelaria*. Argentina, Ed. Horme, 1974.

KAUFMANN, Hilde. *Principios para la reforma de la ejecución penal*. Buenos Aires, Depalma, 1977.

KENT, Jorge. *El patronato de liberados y el instituto de libertad condicional*. Buenos Aires, Ed. Astrea, 1974.

KENT, Jorge. *Sustitutivos de la prisión*. Buenos Aires, Abeledo-Perrot, 1987.

KERN, Fritz. *Derechos del rey y derechos del pueblo*. Trad. Angel Lopez--Arno. Madrid, 1955.

KLARE, Hugh. *Anatomy of prison*. London, Hutchinson, 1960.

KLUG, Ulrich. Para una crítica de la filosofía penal de Kant y Hegel (trad. Enrique Bacigalupo). In: *Libro homenaje al profesor Jimenez de Asúa*. Buenos Aires, Ed. Pannedille, 1970.

LADIRZABAL, Manuel de. *Discurso sobre las penas*. Separata de la *REP*, 1966, publicada em 1967.

LANDROVE DÍAZ, Gerardo. *Las consecuencias jurídicas del delito*. Barcelona, Bosch, 1976 e 1984.

LASALA, G. El teniente D. Francisco Abadía. *REP*, 1947.

LAURIA TUCCI, Rogério. *Persecução penal, prisão e liberdade*. São Paulo, Saraiva, 1980.

LAURIA TUCCI, Rogério. Suspensão condicional da pena. *Ajuris*, Porto Alegre, n. 23, 1981.

LEON SANCHES, José. *La isla de los hombres solos*. Costa Rica, Ed. Antonio Lehman, 1971.

LEPP, Ignace. *La nueva moral*. Argentina, Ed. Carlos Ohlé, 1964 (última ed. 1975).

LEVI ALESSANDRO. *Delito e pena nel pensiero dei greci*. Torino, 1903.

LEWIS GILLIN, John. *Criminology and penology*. USA, 1929.

LISZT, Franz von. *Tratado de derecho penal*. Trad. Luis Jimenez de Asúa. Madrid, Ed. Reus, 1929.

LOCARD, Henri. *Commentaire de la loi du 26 de Mars, 1891 (Loi Bérenger)*. Paris, Ed. Durand-Pedone Lauriel, 1891.

Lofego Caníbal, Carlos Roberto. Pena aquém do mínimo — Uma investigação constitucional-penal, *Revista Ajuris*, Porto Alegre, v. 77.

LOPES RIOCEREZO, J. María. El trabajo penal, medida de reeducación y corrección penitenciaria. *ADPCP*, 1963.

LOPES, Jair Leonardo. *Nova Parte Geral do Código Penal*. Belo Horizonte, Del Rey, 1985.

LOPEZ CALERA, Nicolas. Gramsci y el derecho. *Sistema*, Madrid, n. 10, 1979.

LOPEZ REY Y ARROJO, Manuel. *La Justicia Penal y la política criminal en España*. Madrid, Instituto de Criminología de la Universidad Complutense de Madrid, 1979.

LOPEZ REY Y ARROJO, Manuel. *Teoría y práctica en las disciplinas penales*, Costa Rica, ILANUD (n. 5), 1977.

LOPEZ REY Y ARROJO, Manuel. *Teoría, delincuencia juvenil, prevención, predicción y tratamiento*. España, Biblioteca Jurídica Aguilar, 1975.

LUCKMANN, Thomas. *La construcción de la realidad*. Argentina, Ed. Amorrotu, 1978.

LUZON PEÑA, Diego-Manuel. Prevención general, sociedad y psicoanálisis. *CPC*, Madrid, n. 16, 1982.

LYRA, Roberto. *Comentários ao Código Penal*. Rio de Janeiro, Forense, 1942.

LYRA, Roberto. *Novo direito penal*. Rio de Janeiro, Forense, 1980.

MACHADO, José Roberto. Direitos humanos: princípio da vedação do retrocesso ou proibição de regresso. Disponível em: <http://blog.ebeji.com.br/direitos-humanos-principio-da-vedacao-do-retrocesso-ou--proibicao-de-regresso/>. Acesso em: 17 fev. 2016.

MAGALHÃES NORONHA, E. *Curso de direito processual penal*. São Paulo, Saraiva, 1978.

MAGALHÃES NORONHA, E. *Direito penal*. 2. ed. São Paulo, 1963. v. 1.

MAGGIORE, Giuseppe. *Derecho penal*. Bogotá, Temis, 1954. v. 2.

MAGGIORE, Giuseppe. *Principii di diritto penale*. Bologna, Zanichelli, 1937. v. 1.

MAIA GONÇALVES, M. *Código Penal português*. 3. ed. Coimbra, Livr. Almedina, 1986.

MANZINI, Vicenzo. *Trattato de diritto penale*. Torino, 1934. v. 3.

MAPELLI CAFFARENA, Borja. Criminología crítica y ejecución penal. *Revista Poder y Control*, n. 0, 1986.

MAPELLI CAFFARENA, Borja. El régimen penitenciario abierto. *CPC*, n. 7, 1979.

MAPELLI CAFFARENA, Borja. *Las consecuencias jurídicas del delito*. Madrid, Ed. Civitas, 1990.

MAPELLI CAFFARENA, Borja. *Principios fundamentales del sistema penitenciario español*. Barcelona, Bosch, 1983.

MAPELLI CAFFARENA, Borja. Sistema progresivo y tratamiento. In: *Lecciones de derecho penitenciario* (obra coletiva). Madrid, Ed. Universidad de Alcalá de Henares, 1989.

MAQUEDA ABREU, Maria Luisa. *Suspensión condicional de la pena y probation*. Madrid, Ministerio de Justicia, 1985.

MARCO DEL PONT, Luís. *Penología y sistemas carcelarios*. Buenos Aires, Depalma, 1971.

MARCOS, Manuel. *El problema sexual en las prisiones*. Buenos Aires, Abeledo-Perrot, 1971.

MARSANGY, Bonneville de. *Amélioration de la loi criminelle*. Paris, 1864. t. 2.

MARTIN GARCIA, Alicia. El sistema de sanciones en el Código Penal sueco. *REP*, n. 237, 1987.

MARTINEZ DE SAMORA, Antonio. *La reincidencia*. Universidad de Murcia, 1971.

MARTINSON, Robert. The paradox of prison reform. In: *Philosophical perspectives on punishment*. USA, Ed. Gertrude Ezorsky, State University of New York Press, 1977.

MARX, Karl. *Il capitale*. Roma, 1970. v. 1.

MAURACH, Reinhart. *Tratado de derecho penal*. Trad. Juan Córdoba Roda. Barcelona, Ed. Ariel, 1962.

McCORKLE, Lloyd & KORN, Richard. Resocialization within walls. In: *Readings in criminology and penology*. USA, Ed. David Pressler, Columbia University Press, 1964.

MELOSSI, Dario & PAVARINI, Massimo. *Cárcel y fábrica; los orígenes del sistema penitenciario*, siglos XVI-XIX. 2. ed. México, Siglo XXI Ed., 1985.

MERMOUND, A. *Du sursis à la l'éxecution des peines*. Lausane, Imprimérie Ch. Viret-Genton, 1895.

MESTIERI, João. ¿Qué queda en pie de la resocialización?. *Revista Eguzklore*, n. 2, extraordinário, 1989.

MESTIERI, João. *Derecho penal; parte general*. 2. ed. Barcelona, PPU, 1985.

MESTIERI, João. Función fundamentadora y función limitadora de la prevención general positiva. *ADPCP*, 1986.

MESTIERI, João. *Introducción a las bases del derecho penal*. Barcelona, Bosch, 1976.

MESTIERI, João. *La función de la pena y la teoría del delito en Estado Social y Democrático de Derecho*. Barcelona, Bosch, 1982.

MESTIERI, João. *Teoria elementar de direito criminal*. Rio de Janeiro, Ed. J. Mestieri, 1990.

MIR PUIG, Carlos. *El sistema de penas y su medición en la reforma penal*. Barcelona, Bosch, 1986.

MIR PUIG, Santiago. *Derecho penal*. 2. ed. Barcelona, Promociones Publicaciones Universitarias, 1985,

MIR PUIG, Santiago. *La reincidencia*. Barcelona, Bosch, 1974.

MIRALLES, Tereza. El control formal: la cárcel. In: *Pensamiento criminológico*. Barcelona, Ed. Península, 1983. t. 2.

MIRANDA, M. Jesús. De la cárcel. *El Viejo Topo*, extra n. 7, 1979.

MONACO, Lucio. Las penas sustitutivas entre sistema penal "legal" y sistema "real". *Cuadernos de Política Criminal*, n. 29, 1986.

MONTERO, Dorado. *El Derecho protector de los criminales*. Madrid, 1916.

MONTESINOS, Manuel. Bases en que se apoya mi sistema penal. *REP*, 1962.

MONTESINOS, Manuel. *Reflexiones sobre la organización del presidio de Valencia*; *reforma de la dirección del ramo y sistema económico del mismo*. Valencia, Imprenta del Presidio, 1846 (reprodução em *REP*, 1962).

MORAES PITOMBO, Sergio et alii. *Penas e medidas de segurança*. Rio de Janeiro, Forense, 1985.

MORRIS, Norval. *El futuro de las prisiones*. México, Siglo XXI Ed., 1978.

MOUNIER, Emmanuel. *Manifiesto al servicio del personalismo*. España (t. 1 das *Obras completas*), 1974.

MULLER, Vera Regina. Prestação de serviços à comunidade como pena restritiva de direitos. *Ajuris*, n. 36, 1986.

MUÑOZ CONDE, Francisco. *Derecho penal y control social*. Jerez, Fundación Universitaria de Jerez, 1985.

MUÑOZ CONDE, Francisco. Función motivadora de la norma penal y marginalización. *Doctrina Penal*, Buenos Aires, 1978.

MUÑOZ CONDE, Francisco. *Introducción al derecho penal*. Barcelona, Bosch, 1975.

MUÑOZ CONDE, Francisco. La prisión como problema: resocialización versus desocialización. In: *La cuestión penitenciaria*. Papers d'Estudios y Formación, número especial, 1987.

MUÑOZ CONDE, Francisco. La resocialización del delincuente. Análisis y crítica de un mito. *CPC*, n. 7, Madrid, 1979.

MUÑOZ CONDE, Francisco. Notas en la traducción del *Tratado de derecho penal* de Jescheck, 1981.

NAGEL, Willian. Prison architeture and prison violence. In: *Prison violence* (obra coletiva). USA, 1976.

NETO, Francolino. *Penas restritivas de direitos na reforma penal*. 2. ed. Rio de Janeiro, Forense, 1987.

NEUMAN, Elías. *El problema sexual en las cárceles*. Argentina, Ed. Criminalia, 1965.

NEUMAN, Elías. *Evolución de la pena privativa de libertad y regímenes carcelarios*. Buenos Aires, Ed. Pannedille, 1971.

NEVILLE FIGGIS, John. *El derecho divino de los reyes*. Trad. Edmundo O'orgmann. México, Fondo de Cultura Económica, 1970.

NOGUEIRA, Paulo Lúcio. *Comentários à Lei de Execução Penal*. São Paulo, Saraiva, 1990.

NUÑEZ BARBERO, Ruperto. La concepción actual de la suspensión condicional de la pena y los modernos sistemas de pruebas. *REP*, n. 187, 1969.

PADOVANI, F. *L'utopia punitiva*. Milano, Giuffrè, 1981.

PAGANELLA BOSCHI, José Antonio. *Das penas e seus critérios de aplicação*. Porto Alegre, Livraria do Advogado, 2000.

PAGANELLA BOSCHI, José Antonio. *Execução penal; questões controvertidas*. Porto Alegre, 1989.

PAGANELLA BOSCHI, José Antonio; SILVA, Odir Odilon Pinto da. *Comentários à Lei de Execução Penal*. Rio de Janeiro, Aide, 1986.

PAGLIARO, A. *Principii di diritto penale*. Milano, 1980.

PAMERLE, Maurice. *Criminología*. Madrid, Ed. Reus, 1925.

PARK, James. The organization of prison violence. In: *Prison violence*. USA, University of Connecticut, 1976.

PAVARINI, Massimo & MELOSSI, Dario. *Cárcel y fábrica; los orígenes del sistema penitenciario*. 2. ed. México, Siglo XXI Ed., 1985.

PEREZ-LLANTADA, F. *Visión histórica de la responsabilidad penal*. Universidad Central de Venezuela, 1972 (Colección Cuadernos, n. 2).

PETERS, Karl. Observations sur les peines privates de liberté de courte durée. In: NEUMAN, Elías. *Evolución de la pena privativa de libertad y regímenes carcelarios*. Buenos Aires, Ed. Pannedille, 1971.

PIERANGELLI, José Henrique. Alguns aspectos do sistema de penas no Projeto de Código Penal. *Revista dos Tribunais*, n. 580, 1984.

PIERANGELLI, José Henrique. *Códigos Penais do Brasil; evolução histórica*. Bauru, Jalovi, 1980.

PIERANGELLI, José Henrique. Das penas e sua execução no novo Código Penal brasileiro. In: *O direito penal e o novo Código Penal brasileiro*. Porto Alegre, Sérgio A. Fabris, Editor, 1985.

PIMENTEL, Manoel Pedro. *O crime e a pena na atualidade*. São Paulo, Revista dos Tribunais, 1983.

PIMENTEL, Manoel Pedro. O drama da pena de prisão. In: *Reforma penal* (obra coletiva). São Paulo, Saraiva, 1985.

PIMENTEL, Manoel Pedro. Sistemas penitenciários. *Revista dos Tribunais*, São Paulo, n. 639, 1989.

PINATEL, Jean. *La sociedad criminógena*. España, Ed. Aguilar, 1979.

PINTO DA SILVA, Odir Odilon. *Comentários à Lei de Execução Penal*. Rio de Janeiro, Aide, 1986.

POLA, Giuseppe Cesare. *Comento alla legge sulla condanna condizionalle*. Torino, Fratelli Boca, 1905.

PRADO, Luiz Regis. Do sistema de cominação da multa no Código Penal brasileiro. *Revista dos Tribunais*, São Paulo, n. 650, dez. 1989.

PRADO, Luiz Regis. *Multa penal*. 2. ed. São Paulo, Revista dos Tribunais, 1993.

PRADO, Luiz Regis. *Pena de multa; aspectos históricos e dogmáticos*. São Paulo, 1980.

PRINS, Adolphe. *Science pénale et droit positif*. Bruxelles, 1899.

QUENTIN BURSTEIN, Jules. *Conjugal visits in prison; psychological and social consequences*. USA, 1977.

QUINTERO OLIVARES, G. *Derecho penal; parte general*. Barcelona, Ed. Gráficas Signo, 1986.

RADZINOWICZ, Léon. *En busca de la criminología*. Venezuela, Ed. de la Universidad Central de Venezuela, 1970.

RAMSEY, Paul. *El hombre fabricado*. España, Ed. Guadarrama, 1973.

RAVIZZA, A. et alii. *Novos rumos do sistema criminal*. Rio de Janeiro, Forense, 1983.

RAVIZZA, A. *La condanna condizionalle*. Milano, SEL, 1911.

REALE JÚNIOR, Miguel et alii. *Penas e medidas de segurança*. Rio de Janeiro, Forense, 1985.

RICO DE ESTASEN, José. El sistema penitenciario del Coronel Montesinos. *REEP*, 1958.

RICO, José María. Crimen, reación social y criminología en el Caribe. ILANUD, Costa Rica, n. 3, 1978.

RICO, José María. *Las sanciones penales y la política criminológica contemporánea*. México, Siglo XXI Ed., 1979.

RICO, José María. Medidas sustitutivas de la pena de prisión. *ADPCP*, n. 2, 1968.

RICO, José María. *Sanções penais*. Trad. Sergio Fragoso. Rio de Janeiro, Liber Juris, 1970.

RODRIGUES DE SOUZA, Alberto R. R. Bases axiológicas da reforma penal brasileira. In: *O direito penal e o novo Código Penal brasileiro*. Porto Alegre, Sérgio A. Fabris, Editor, 1985.

RODRIGUEZ DEVESA, J. M. *Derecho penal*; Parte General. Madrid, Ed. Gráfica Carasa, 1979.

RODRIGUEZ MANZANERA, Luis. *La crisis penitenciaria y los sustitutivos penales*. México, Instituto Nacional de Ciencias Penales, 1984.

RODRIGUEZ MOURULLO, Gonzalo. Algunas reflexiones sobre el delito y la pena en el Proyecto de Código Penal español. In: *Reforma penal y penitenciaria*. Universidad de Santiago de Compostela, 1970.

RODRIGUEZ MOURULLO, Gonzalo. *Derecho penal*. Madrid, Ed. Civitas, 1978.

RODRIGUEZ MOURULLO, Gonzalo. Directrices político-criminales del Anteproyecto de Código Penal. In: *Política criminal y reforma de derecho penal*. Bogotá, Temis, 1982.

RODRIGUEZ PANIAGUA, José María. *Historia de pensamiento jurídico*. Madrid, Facultad de Derecho de la Universidad Complutense de Madrid, 1984.

ROLDAN, Horácio. *Historia de la prisión en España*. Barcelona, PPU, 1988.

ROSAL BLASCO, Bernardo del. El tratamiento de los toxicómanos en las instituciones penitenciarias. *CPC*, n. 25, 1985.

ROSAL, Juan del. Sentido reformador del sistema penitenciario del Coronel Montesinos. *REP*, 1962.

ROUSSEAU, Jean-Jacques. *El contracto social*. España, 1979.

ROXIN, Claus. A culpabilidade como critério limitativo da pena. *Revista de Direito Penal*, São Paulo, n. 1/12, 1973.

ROXIN, Claus. *Derecho penal*. Fundamentos. La estructura de la teoría del delito. Trad. Diego Manuel Luzón Peña, Miguel Días y García Conlledo y Javier de Vicente Remensal. Madri, Civitas, 1997, t. 1

ROXIN, Claus. El desarrollo de la política criminal desde el Proyecto Alternativo. *Doctrina Penal*, Buenos Aires, 1979.

ROXIN, Claus. *Introducción al derecho penal y al derecho penal procesal*. Trad. Luis Arroyo Zapatero e Juan-Luis Gómez Colomer. Barcelona, Ed. Ariel, 1989.

ROXIN, Claus. La determinación de la pena a la luz de la teoría de los fines de la pena. In: *Culpabilidad y prevención en derecho penal*. Trad. Muñoz Conde. Madrid, Ed. Reus, 1981.

ROXIN, Claus. *Problemas básicos de derecho penal*. Trad. Diego Manuel Luzón Pena. Madrid, Ed. Reus, 1976 (há também uma edição portuguesa: *Problemas fundamentais de direito penal*. Trad. Ana Paula dos Santos e Luis Natscheradetz. Lisboa, Ed. Vega, 1986).

SAINZ CANTERO, José A. Arresto de fin de semana y tratamiento del delincuente. *REP*, 1970.

SAINZ CANTERO, José A. *La ciencia del derecho y su evolución*. Barcelona, Bosch, 1975.

SAINZ CANTERO, José A. La sustitución de la pena de privación de libertad. In: *Estudios penales*; *la reforma penitenciaria*. Universidad de Santiago de Compostela, 1978. v. 2.

SAINZ CANTERO, José A. *Lecciones de derecho penal*; Parte General. Barcelona, Bosch, 1979.

SAINZ CANTERO, José A. Posibilidades de aplicación de la pena de arresto de fin de semana en depósitos municipales: la cuestión en la comunidad autónoma andaluza. *III Jornadas Penitenciarias Andaluzas*. Sevilla, 1987.

SALEILLES, Raimond. *Individualization de la peine*. Paris, Ed. Félix Alcán, 1909.

SALILLAS, Rafael. Montesinos y el sistema progresivo. *REP*, 1962.

SALLES, José Luís. *Da suspensão condicional da pena*. Rio de Janeiro, Forense, 1945.

SANCHA MATA, Victor. Clima social: sus dimensiones en prisión. *REP*, n. 237, 1987.

SANCHEZ OSES, José. Jeremías Bentham y el derecho penal. *ADPCP*, 1967.

SANCHEZ, Eleuterio. *Camina o revienda*. Madrid, Editorial Bruguera, 1981.

SANTOS, Juarez Cirino dos. *Direito penal*. Rio de Janeiro, Forense, 1985.

SAUER, Guillermo. *Derecho penal*. Trad. Juan del Rosa y Cerezo Mir. Barcelona, Bosch, 1956.

SCHAFER, Stephen. *Introduction to criminology*. USA, Reton Publishing Company, 1976.

SCHRAG, Clarence. Leadership among prison in matter. In: *Readings in criminology and penology*. N. York-London, D. Dressler Columbia University Press, 1964.

SEELIG, Ernesto. *Tratado de criminología*. España, Instituto de Estudios Políticos, 1958.

SELLIN, Thorsten. Reflexiones sobre el trabajo forzado. *REP*, 1966.

SERRANO GOMEZ, Afonso. La criminología en los primeros autores clásicos. *ADPCP*, 1973.

SERRANO GOMEZ, Afonso. *Temas de Derecho Penal en la nueva Constitución española* (Coord. Tomaz R. Fernandez Rodriguez). Madrid, Universidad Estatal a Distancia, 1978. t. 2.

SERRANO GOMEZ, Afonso. V Congreso de la ONU sobre Prevención del Delito y Tratamiento del Delincuente. *REP*, 1976.

SHORT, René. *The care of long term prisoners*. England, 1979.

SILVA FRANCO, Alberto. *Temas de direito penal*. São Paulo, Saraiva, 1986.

SOARES, Orlando. *Comentários ao Código Penal*. Rio de Janeiro, Ed. Trabalhistas, 1985.

SOBREMONTE MARTINEZ, José Enrique. Proyecto (1980) de Código Penal y las penas cortas de prisión. *CPC*, n. 18, 1982.

SOLA DUEÑAS, Angel et alii. *Alternativas a la prisión*. Barcelona, PPU, 1986.

SOLER, Sebastian. *Derecho penal argentino*. 4. ed. Buenos Aires, Ed. Tipográfica Argentina, 1970. v. 2.

SPARKS, Richard & HOOD, Roger. *Problemas clave en criminología.* España, Ed. Guadarrama, 1970.

STORR, Antony. *La agresividad humana.* Madrid, Alianza Editorial, 1979.

STOYANOVITCH, Konstantin. *El pensamiento marxista y el derecho.* Trad. López-Acoto. Madrid. Siglo XXI, 1977.

STRATENWERTH, Gunter. Tendencias y posibilidades de una reforma del derecho penal. In: *Política criminal y reforma del derecho penal* (obra coletiva). Bogotá, Temis, 1982.

SUAREZ, Angel. *Libro blanco sobre las cárceles franquistas.* España, Ed. Ruedo Ibérico, 1976.

SUTHERLAND, Edwin & CRESSEY, Donald. *Principles of criminology.* USA, University of California, 1960.

SYKES, Gresham. *El crimen y la sociedad.* Argentina, Ed. Paidós, 1961.

SZNICK, Valdir. *Da pena de multa.* São Paulo, Livr. Editora Universitária, 1984.

TAVARES, Juarez. *Direito penal da negligência.* São Paulo, Revista dos Tribunais, 1985.

TAYLOR, I., WALTON, P. & YOUNG, J. *La nueva criminología.* Argentina, Ed. Amorrotu, 1977.

TEIXEIRA MOREIRA, Silvio. Penas pecuniárias. *Revista de Direito Penal*, n. 28, 1980.

TERRADILLOS BASOCO, Juan. *Las consecuencias jurídicas del delito.* Madrid, Ed. Civitas, 1990.

THURREL, Richard; HALLECK, Seymour; JOHNSEN, Arvin. *Psychosis in prison.* 1965.

TOLEDO Y UBIETO, Emilio Octavio de. *Sobre el concepto de derecho penal.* Madrid, Universidad Complutense de Madrid, 1981.

TOLEDO, Francisco de Assis. Aplicação da pena: pena alternativa ou substitutiva. In: *Penas restritivas de direitos — críticas e comentários às penas alternativas*, São Paulo, Revista dos Tribunais, 1999.

TOLEDO, Francisco de Assis. Princípios gerais do novo sistema penal brasileiro. In: *O direito penal e o novo Código Penal brasileiro* (obra coletiva). Porto Alegre, Sérgio A. Fabris, Editor, 1985.

TOMAS Y VALIENTE, Francisco. *El derecho penal de la monarquía absoluta.* Madrid, 1969.

TOME RUIZ, Amancio. El Coronel Montesinos. *REP*, 1945.

TORIO LOPEZ, Angel. El sustracto antropológico de las teorías penales. *Revista de la Facultad de Derecho de la Universidad Complutense de Madrid* (separata). Madrid, n. 11, 1986.

TORNAGHI, Hélio. *Curso de processo penal.* 4. ed. São Paulo, Saraiva, 1987.

TORO DEL MARZAL, A. Sistema de investigación del lenguage del delincuente. *REP*, 1975.

TOURINHO NETO, Fernando da Costa. Prisão provisória, *Revista de Informação Legislativa*, n. 122, abr./jun. 1994.

VALMAÑA OCHAÍTA, Silvia. *Sustitutivos penales y proyectos de reforma en el derecho penal español.* Madrid, Ministerio de Justicia, 1990.

VARGAS GENE, Joaquín. *La reforma penitenciaria.* Costa Rica, 1966.

VELASCO ESCASI, José. La historia de las psicosis de prisión durante el siglo XX. *REEP*, 1952.

VELOTTI, Giuseppe. La reeducación del condenado y el consejo de patronato. *AICPC*, 1969.

VERSELE, Carlos. *Conceptos fundamentales sobre planificación de la política criminal en América Latina.* Costa Rica, ILANUD, 1976.

WELZEL, Hans. Culpa e delitos de circulação. *Revista de Direito Penal*, Rio de Janeiro, n. 3, 1971.

WELZEL, Hans. *Derecho penal alemán.* Trad. Bustos Ramirez e Yañes Pérez. 3. ed. castellana. Santiago, Editorial Jurídica de Chile, 1987.

WETERS, Walter. Educación y pena. *REEP*, 1958.

WHITAKER, F. *Condenação condicional.* Rio de Janeiro, Freitas Bastos, 1930.

WILLFORD, Charles. Factors associated with the adoption of inmate code: a study of normative socialization. 1967.

WILSNACK, Richard. Explaining collective violence in prisons. Problems and possibilities. In: *Prison violence* (obra coletiva). USA, 1976.

WILSON, John & SNODGRASS, John. *The prison code in a therapeutic community.* 1969.

WOLFGANG, Marvin E. Quantitative analysis of adjustment to the prison community. 1961.

ZAFFARONI, Eugenio Raúl. *Tratado de derecho penal*. Buenos Aires, 1980. v. 1.

ZAPATERO SAGRADO, Ricardo. Argot y simbolismo penitenciario. *REP*, 1960.

ZULGALDIA ESPINAR, Augustín. Acerca de la evolución del concepto de culpabilidad. In: *Libro homenaje a Anton Oneca*. Salamanca, Ed. de la Universidad de Salamanca, 1982.

ZURITA GARCÍA, Juan. La redención de penas por el trabajo: controvertido origen y dudosa justificación actual. *REP*, n. 241, 1989.

PARTE II

PARTE II

CAPÍTULO 1

A PRISÃO IMEDIATA DOS CONDENADOS PELO JÚRI. REVISITANDO O CASO DA BOATE KISS (RS)

Alberto Zacharias Toron[1]

DUAS PALAVRAS SOBRE CEZAR ROBERTO BITENCOURT

Corria o ano de 2003, Bitencourt e eu havíamos sido eleitos para o Conselho Federal da OAB. Ele pelo Rio Grande do Sul e eu por São Paulo. Ele vinha precedido da grande e justa fama de ser um dos maiores penalistas do país. Para minha felicidade calhava de nos sentarmos em bancadas contíguas; ele na frente e eu atrás. Sem combinarmos, estávamos afinados na grande maioria das questões. Quem nos conhece, sabe que ele não é de briga, e nem eu (risos).

Aprendi muito com o Bitencourt. Bom papo, íntegro e sério, vim a me aproximar dele quando recebi a sua representação por sofrer uma espécie de campana por ordem do deplorável juiz Sérgio Moro, de triste memória, que, para encontrar o paradeiro de um cliente seu, havia mandado seguir os passos do advogado. O Conselho Federal representou ao CNJ e, lamentavelmente, passaram a mão na cabeça do juiz... O ovo da serpente estava sendo acalentado para, no futuro, permitir práticas mais ousadas e arbitrárias.

Noves fora, emocionei-me quando soube que sua filha mais nova batizou um de seus peixes com meu nome. Amizade selada eternamente. Sou seu leitor assíduo, fã incondicional do seu trabalho e companheiro de trincheiras. Sabendo do seu espírito guerreiro, ao invés de um tema dogmáti-

---

1. Advogado, Mestre e Doutor em Direito pela USP, Especialista em Direito Constitucional pela Universidade de Salamanca, Professor de Processo Penal da FAAP, ex-diretor do Conselho Federal da OAB e ex-presidente do IBCCrim.

co, escolhi um "tema quente", desses que desperta a raiva e faz crescer a vontade de lutar, que é a razão da nossa vida.

O PACOTE ANTICRIME E A PRISÃO APÓS O JÚRI

O então ministro da justiça de Bolsonaro havia preparado e submetido ao Congresso um duríssimo conjunto de medidas para combater a criminalidade. O remédio era conhecido desde a edição da lei dos crimes hediondos em 1990. Aumento de penas e endurecimento do regime carcerário, precedido do tratamento processual mais drástico. Havia exceções como o Acordo de Não Persecução Penal e a instituição do *plea bargain*, importado dos EUA.

Submetido ao Congresso, a proposta não vingou na íntegra; muito pelo contrário, os parlamentares aproveitaram a oportunidade para criar o juiz de garantias, o sistema da cadeia de custódia, aprimorar, restringindo, a prisão preventiva entre muitas outras coisas importantes e humanizadoras do sistema.

Uma das regras cardeais em matéria de prisão antes do trânsito em julgado, reafirmando o que já dispunha o art. 283 do Código de Processo Penal com a reforma de 2008, é a de que, salvo a hipótese de flagrante delito ou de prisão preventiva imposta fundamentadamente pela autoridade competente, só se prende após o trânsito em julgado da condenação. E o parágrafo 2º do art. 313 do CPP, como corolário, foi expresso em vedar a prisão *ante tempus* com a "finalidade de antecipação de cumprimento de pena". Todas essas regras, parece ocioso dizer, decorrem da presunção constitucional de inocência (CF, art. 5º, LVII).

Malgrado a clareza e correção dessas disposições, não se sabe se, num cochilo ou numa solução de compromisso, o legislador modificou a regra do art. 492, I, *e*, do CPP, para permitir a "execução provisória das penas" quando a condenação pelo Júri for igual ou superior a 15 (quinze) anos de reclusão. Seria o caso de se perguntar o porquê, num gesto de enorme incoerência, permitiu-se que o condenado a uma pena de 14 anos por um homicídio duplamente qualificado possa ficar em liberdade? Ou por que, essa regra, tão desavergonhadamente, desprezou a garantia constitucional da presunção de inocência até o trânsito em julgado?

Deixando de lado a incoerência, tanto o STF como o STJ, em sólidos precedentes, têm preterido a aplicação da regra do art. 492, I, *e*, do CPP, em razão da sua flagrante inconstitucionalidade. O Ministro *Celso de Mello*, no *leading case* sobre a matéria, ao julgar o **HC n. 174.759** foi expresso e contundente, sem divergência na 2ª Turma, ao proclamar a inadmissibilidade da prisão com natureza de execução provisória logo após o julgamento pelo júri quando ainda há a possibilidade de se recorrer. Se o réu estava em liberdade, salvo a ocorrência de fato novo justificador de sua prisão preventiva, não se pode restringir sua liberdade logo após o julgamento pelo Júri. Nas suas palavras:

> Em situações como essa, em que o réu responde ao processo penal em liberdade, a jurisprudência desta Corte tem-lhe garantido, ordinariamente, a subsistência dessa condição, vale dizer, a permanência em liberdade (HC 86.684/SP, Rel. Min. Eros Grau — HC 89.952/MG, Rel. Min. Joaquim Barbosa — HC 112.889/SP, Rel. Min. Cármen Lúcia — RHC 108.588/DF, Rel. Min. Celso de Mello, v.g.), salvo hipótese em que se justifique, com apoio em base empírica idônea, a imposição de prisão cautelar, que não se confunde com a execução provisória da pena (...) (STF, 2ª T., j. em sessão virtual de 2/10/2020 a 9/10/2020, *DJe* 22/10/2020).

E sobre a execução provisória da pena enfatizou que o "o Plenário do Supremo Tribunal Federal, ao julgar, em 7/11/2019, processos de controle normativo abstrato (ADC 43/DF, ADC 44/DF e ADC 54/DF, Rel. Min. Marco Aurélio), reconheceu, com eficácia geral e efeito vinculante, a plena legitimidade constitucional do art. 283 do CPP, na redação dada pela Lei n. 12.403/2011, tornando inadmissível, em consequência, por absolutamente inconstitucional, a figura anômala (e esdrúxula) da execução provisória de condenações penais recorríveis proferidas ou confirmadas por Tribunais de segundo grau". Donde se segue que, ao repelir a possibilidade de execução provisória, o STF "deixou assentado que essa tese transgride, de modo frontal, a presunção constitucional de inocência, que só deixa de subsistir ante o trânsito em julgado (que não pode ser fictício) da decisão condenatória (CF, art. 5º, LVII)".

Mas os áulicos da defesa da possibilidade da prisão logo após o julgamento pelo júri na forma estatuída pelo Pacote Anticrime apregoam que a decisão do júri é soberana e, por isso, a excepcionalidade da prisão desde logo se justifica. É grosseira a confusão tal como escrevi em outro artigo

451

para o *site* Conjur[2]. O núcleo duro desta garantia constitucional (CF, art. 5º, XXXVIII, *c*) tem a ver com a impossibilidade de o Tribunal de Apelação ou qualquer outro da República, inclusive superior, modificar o mérito da decisão do conselho de sentença. Já a possibilidade de recorrer em liberdade aparece entre nós com a Lei Fleury (Lei n. 5.941/73) e veio sucessivamente ampliada e reafirmada, indica apenas a suspensividade da executoriedade da condenação.

Dessa forma, soberania das decisões do Júri é uma coisa; execução imediata da sentença, como emanação do resultado do julgamento, é outra. Não se arranha a primeira se a prisão se dá após o julgamento da apelação ou mesmo após o trânsito em julgado da decisão.

Daí a jurisprudência consolidada nas duas Turmas especializadas em matéria penal do STJ ter, com total acerto, expresso a ideia de que a: "soberania dos veredictos não é absoluta e convive em harmonia com o sistema recursal desenhado pela Lei Adjetiva Penal. O fato de a Corte revisora, no julgamento de apelação contra decisão do Tribunal do Júri, não estar legitimado a efetuar o juízo rescisório, não provoca a execução imediata da sentença condenatória, pois permanece incólume a sua competência para efetuar o juízo rescindente e determinar, se for o caso, um novo julgamento, com reexame de fatos e provas" (**HC n. 438.088**, Rel. Min. Reynaldo Soares da Fonseca, *DJe* 1º/6/2018). Afora isso, há sempre a possibilidade de se anular o julgamento por vício formal (defeito nos quesitos submetidos aos jurados, respostas contraditórias, apartes repetidos e indevidos que impedem a parte de se manifestar etc.).

Como advertia Frederico Marques, a soberania das decisões do Júri não pode ser compreendida de modo metafísico, mas, sim, na forma da lei. Tanto que se admite, a despeito do dissenso após a reforma de 2011 no CPP, que introduziu a absolvição imotivada do acusado pelo júri, a interposição de apelação por parte do MP e da defesa contra as decisões reputadas "manifestamente contrárias" à prova dos autos (CPP, art. 593, III, *d*). Por outro lado, revisões criminais também podem ferir o mérito do veredito para absolver o peticionário, sem sujeitá-lo a novo júri (STF, **ARE n. 674.151**, Rel. Min. Celso de Mello, *DJe* 18/10/2013).

Ao tratar da garantia constitucional da soberania dos veredictos, a 1ª Turma do STF, tendo como relator o Min. Alexandre de Moraes, com pre-

---

2. www.conjur.com.br, "Soberania do júri e prisão antes do julgamento da apelação: ainda a Boate Kiss", publicado em 27/12/2021.

cisão, assinalou que a nota característica desta é a de ser "a única instância exauriente na apreciação dos fatos e provas do processo" e destacou a "impossibilidade de suas decisões serem materialmente substituídas por decisões proferidas por juízes ou Tribunais togados". O que, por óbvio, traduz uma "exclusividade na análise do mérito" (**RHC n. 170.559**, com voto convergente do Min. Luiz Fux; *DJe* 4/11/2020). Mas, temperando seu raciocínio, diz:

2. A introdução do quesito genérico na legislação processual penal (Lei n. 11.689, de 9 de junho de 2008) veio claramente com o intuito de simplificar a votação dos jurados — reunindo as teses defensivas em um quesito —, *e não para transformar o corpo de jurados em "um poder incontrastável e ilimitado"*.

3. Em nosso ordenamento jurídico, embora soberana enquanto decisão emanada do Juízo Natural constitucionalmente previsto para os crimes dolosos contra a vida, *o específico pronunciamento do Tribunal do Júri não é inatacável, incontrastável ou ilimitado, devendo respeito ao duplo grau de jurisdição*.

Ao relatar o **HC n. 100.693**, o Min. Luiz Fux, com clareza lapidar, sustentou que "o princípio da soberania dos veredictos não é infirmado por força da determinação legal de um novo julgamento pelo tribunal popular" (*DJe* 13/9/2001). Vale dizer, a apelação dos réus pode ter como consequência a anulação do julgamento por vício de forma (CPP, art. 593, III, *a*) ou mesmo de fundo (CPP, art. 593, III, *d*), *sem que isso interfira com a soberania dos jurados*. Mais, pode a sentença ser modificada quanto à fixação da pena quer porque mal aplicada (desproporcional, p. ex.), quer porque desconforme ao decidido pelos jurados (CPP, art. 593, III, *b* e *c*). Por outro lado, é importante ter presente que a qualificadora é *"elemento acidental do crime, e não circunstância da pena"* (STF, Pleno, **HC n. 66.334-6**, Rel. Min. Moreira Alves, *DJ* 19/5/1989), mas acolhida ou rejeitada pelo júri, só ele poderá revê-la. Portanto, eventual acolhimento ou rejeição de uma ou de todas as qualificadoras de forma manifestamente contrária à prova dos autos pode levar à determinação de novo júri.

Estabelecida a primazia do Conselho de Sentença para a decisão sobre o mérito da imputação, essência da garantia da soberania das suas decisões, impor o cumprimento da pena logo após a condenação dos réus, ou não, em nada altera a garantia em exame. Ao contrário. A executoriedade imediata da condenação, ainda sujeita à reexame em grau de apelação sob vários aspectos, esbarra, choca-se, com a garantia da presunção de inocência. Daí a dura advertência do Min. Celso de Mello:

> Não cabe invocar a soberania do veredicto do Conselho de Sentença para justificar a possibilidade de execução antecipada (ou provisória) de condenação penal recorrível emanada do Tribunal do Júri, eis que o sentido da cláusula constitucional inerente ao pronunciamento soberano dos jurados (CF, art. 5º, XXXVIII, *c*) não o transforma em manifestação decisória intangível, mesmo porque admissível, em tal hipótese, a interposição do recurso de apelação, como resulta claro da regra inscrita no art. 593, III, *d*, do CPP (STF, 2ª T., HC n. 174.759, j. em sessão virtual de 2/10/2020 a 9/10/2020, *DJe* 22/10/2020).

No seu voto vencedor, o Min. Gilmar Mendes destacou que na recente doutrina sobre a reforma realizada pela Lei n. 13.964/2019 (Pacote Anticrime) "há forte posicionamento no sentido da inconstitucionalidade da alteração realizada no art. 492, I, *e* (MENDES, Soraia; MARTÍNEZ, Ana Maria. **Pacote Anticrime**. Comentários críticos à Lei 13.964/19. São Paulo: Atlas, 2020. p. 94; DEZEM, Guilherme M.; SOUZA, Luciano A. **Comentários ao Pacote Anticrime**. Lei 13.964/19. São Paulo: RT, 2020. p. 142; NUCCI, Guilherme S. **Pacote Anticrime comentado**. Rio de Janeiro: Forense, 2020. p. 88-89)".

O Superior Tribunal de Justiça, nas duas Turmas especializadas em matéria penal, firmou o entendimento — correto, diga-se, — de que é **descabida** a execução provisória da sentença ante a força da presunção constitucional de inocência (**AgRg no RHC n. 130.301/MG**, Rel. Min. Ribeiro Dantas, *DJe* 20/9/2021 e, entre muitos outros, **AgRg no HC n. 530.499/ES**, Rel. Min. Rogério Schietti, *DJe* 28/5/2020).

A sólida doutrina e a existência de precedente no STF e inúmeros no STJ indicam a forte e mais do que justificada oposição à execução provisória da pena logo após a condenação pelo júri na forma preconizada pelo novo art. 492, I, *e*, do CPP. Não é por acaso que o STF, no **RE n. 1.235.340**, ao qual já se atribuiu Repercussão Geral (Tema n. 1.068), deverá se pronunciar sobre o tema tão sensível em matéria de respeito a direito fundamental de natureza processual. Não bastasse, há também duas Ações diretas de inconstitucionalidade questionando esse dispositivo legal (ADIs n. 6.735 e 6.783).

O JULGAMENTO DA BOATE KISS

Condenados a penas superiores a 15 anos os diferentes réus, o juiz que presidiu o júri determinou a prisão deles para o início da execução da pena. Antecipando essa possível ocorrência, um dos advogados impetrou um *habeas corpus* preventivo para impedir a prisão imediata (TJRS, **HC n. 70085490795**).

Na decisão da fina lavra do Des. Manuel José Martinez Lucas, além dos precedentes da própria Câmara e dele mesmo, colocou-se em evidência que estando o paciente em liberdade há vários anos e sem causar qualquer problema, a prisão logo após o julgamento pelo Júri não se justificava, mesmo porque, como já realçado acima, as duas Turmas especializadas em matéria penal do STJ firmaram o entendimento de que é **descabida** a execução provisória da sentença ante a força da presunção constitucional de inocência.

A decisão do Desembargador do TJRS poderia ser objeto de agravo interno, sim. Mas não poderia ser alvo de um mandado de segurança para lhe conferir eficácia suspensiva, pois, além de a liminar concedida no *habeas* não ser teratológica, o impediria a **Súmula 604** do STJ e, seja como for, a medida liminar concedida está em consonância com a jurisprudência do STJ.

O "DRIBLE DA VACA" DO MP

Sem poder arrostar a jurisprudência do STJ e não dispondo do mandado de segurança para reverter a liminar concedida em favor dos réus, a Procuradoria-Geral de Justiça do Ministério Público do Rio Grande do Sul, engenhosamente, invocou o disposto no art. 4º da Lei n. 8.437/92 para, sob o pretexto de ofensa à Constituição, diretamente no STF, requerer a Suspensão de Liminar.

Ocorre que a lei em questão dispõe *"sobre a concessão de medidas cautelares contra atos do Poder Público"*. Vale dizer, se uma medida liminar afetar o Poder Público (Administração), nos termos do seu art. 4º, compete *"ao presidente do tribunal, ao qual couber o conhecimento do respectivo recurso,* suspender, em despacho fundamentado, a execução da liminar **nas ações movidas contra o Poder Público**". O tema, com muita propriedade, foi trabalhado por Benedito Cerezzo Pereira Filho e João Pedro de Souza Mello, quando advertiram que o primeiro ponto obscuro é o da competência. No dizer dos autores:

O artigo 4º da Lei n. 8.437 de 1992 estabelece a competência para *"o presidente do tribunal ao qual couber o reconhecimento do respectivo recurso"*. Ora, o recurso cabível contra decisão monocrática do relator é o agravo regimental para o órgão colegiado que ele integra. A competência para julgar a suspensão seria, portanto, do presidente do próprio TJRS[3].

O segundo ponto levantado pelos autores é o de que a ação de *habeas corpus* não se amolda ao conceito de '*ação movida contra o Poder Público e seus agentes*', também exigido pelo art. 4º da Lei n. 8.437 de 1992. Vê-se claramente que o campo de incidência do referido dispositivo é o do processo civil e não o do penal. Não é por acaso que o § 1° do art. 4º da Lei n. 8.437/92 assinala aplicar-se "o disposto neste artigo à sentença proferida em processo de *ação cautelar inominada, no processo de ação popular e na ação civil pública*, enquanto não transitada em julgado"[4].

A verdade, como sublinhei em artigo publicado no **Jornal Folha de S. Paulo**, é que a suspensão de liminar prevista na Lei n. 8.437/92 presta-se a proteger a Administração Pública contra liminares absurdas que, para exemplificar, mandam o Estado pagar quantias elevadas a um particular. Não serve para limitar a garantia constitucional do *habeas corpus*, já que a decisão ali proferida não é contra o Poder Público[5]; é a favor dos acusados.

A propósito, a própria decisão citada na primeira decisão proferida pelo Min. Fux na **Suspensão de Liminar n. 1.504**, SS 846/DF, Rel. Min. Sepúlveda Pertence, atina com questão administrativa relativa à imposição de ônus ao governo federal. Nada a ver com o processo penal.

Abstraídas que pudessem ser essas questões, para se chegar diretamente ao STF seria necessário existir uma questão constitucional. Esta foi extraída da soberania do júri que estaria em pauta. Vimos acima que a soberania do júri, além de não ser absoluta, pois o veredito pode ser rescindido e os réus, pela forma ou pelo mérito, podem ser submetidos a novo júri. Portanto, nem de longe a questão da soberania do júri se coloca. O tema para o MPRS seria de índole ordinária, concernente à aplicação do art. 492, I, *e*, do CPP e nada mais.

Se tema constitucional existisse, este seria unicamente para a defesa dos acusados, concernente à ofensa à garantia da presunção de inocência.

Dessa forma, com artificialismo sobre artificialismo, conseguiu-se a proeza de: i. invocar-se uma lei que não se aplica ao processo penal, e ii.

---

3. www.conjur.com.br, "Outra vez a suspensão de liminar para mandar prender: o STF e o 'caso da Boate Kiss'", publicado em 7 de janeiro de 2022.

4. Idem.

5. "Boate Kiss: justiça para os condenados", publicado em 22/12/2021, p. A3.

sacar uma questão constitucional que não existia e, assim, obter-se diretamente a tutela do STF.

O Ministro Luiz Fux, no período do recesso, mesmo reconhecendo o caráter excepcional da contracautela (SS n. 5049-AgR, Rel. Min. Ricardo Lewandowski, *DJe* 16/5/2016), concedeu a liminar reclamada pelo MPRS e manteve os réus presos na **Suspensão de Liminar n. 1.504**. Ocorre que o TJRS, pouco tempo depois, veio a julgar o *habeas corpus*, portanto, já não mais se tratava de liminar e, por maioria de votos, confirmando a liminar, concedeu a ordem. O MPRS poderia interpor recurso especial contra esse acórdão, mas preferiu renovar sua pretensão diretamente no STF e reclamou novo provimento jurisdicional que, mais uma vez, pela pena do Presidente do STF, veio a ser deferido para se manterem presos os réus.

Malgrado o STF tenha precedentes da 1ª Turma afirmando a possibilidade de se executar a pena desde logo quando se trata de decisão emanada do júri, isso não outorgava *competência direta* ao STF para impor sua jurisprudência, que se apresentava dividida. O sistema de justiça impõe regras que devem ser observadas. É curioso que um Tribunal que tenha uma Súmula como a 691, a qual afasta a competência do STF para conhecer do *habeas corpus* impetrado contra liminar indeferida em outro tribunal superior, se permita conhecer de questão ainda não julgada no tribunal de origem e nem pelo STJ. Pior, o mesmo STF, com invulgar constância, tem proclamado, até em *habeas corpus*, a impossibilidade de se conhecer de matéria não apreciada pelas instâncias inferiores. Como pode conhecer, agora, diretamente da matéria posta pelo MPRS?

É o *"drible da vaca"*, como costuma dizer Lenio Streck.

PARA FINALIZAR

Quando monocraticamente se desprezam os precedentes do STJ e do próprio STF, aplicando-se uma lei que nada tem a ver com o processo penal, diminui-se o prestígio da própria Corte. Nesse caso, embora alguns tivessem aplaudido a decisão do ministro Luiz Fux, os editoriais dos principais jornais do país o criticaram. **O Estado de S. Paulo, O Globo** e a **Folha de S. Paulo**, em expressivos editoriais dos dias 16, 17 e 20/12 (*Estranha decisão no caso da Boate Kiss*), (*Foi atropelo mandar prender condenados por incêndio da Kiss*) e (*Populismo penal*), criticaram duramente a decisão do Presidente do STF, que suspendeu a liminar concedida em *habeas corpus* para os acusados pelo incêndio na Boate Kiss não serem presos logo após o julgamento pelo Júri.

As regras firmadas pelo Estado Democrático de Direito, inclusive os precedentes da própria Corte, devem ser respeitados. É preciso, igualmente, estabelecer freios para que a vontade pessoal de um ministro não possa se sobrepor à própria lei.

No aplaudidíssimo *Sapiens,* Yuval Harari chama a atenção para que "sistemas judiciais se baseiam em mitos jurídicos partilhados"[6]. Acreditamos na força da Constituição e das leis; na existência da justiça e nos direitos humanos. A força dessa crença, mais do que estabilizar a sociedade, oferece a perspectiva da sua melhora, do seu aprimoramento. Fosse diferente, quando dizemos que o Presidente da República, em um de seus muitos arroubos autoritários, ameaça fechar o STF ou impedir o programa de vacinas, invadindo as competências das unidades que compõem a federação, não haveria nada a falar ou a protestar. Valeria a força, a vontade do tirano. A lei, genericamente considerada, representa um dique à tirania ou, em outras palavras, a afirmação da liberdade, como advertia Kelsen[7].

BIBLIOGRAFIA

HARARI, Yuval. **Sapiens:** uma breve história da humanidade. 3. ed. Porto Alegre: L&PM, 2015.

KELSEN, Hans. **Teoria pura do direito.** 4. ed., trad. João Baptista Machado, Coimbra: Armênio Amado, 1979.

PEREIRA FILHO, Benedito Cerezzo; MELLO, João Pedro de Souza. **"Outra vez a suspensão de liminar para mandar prender: o STF e o 'caso da Boate Kiss'".** Conjur, 07 jan. 2022. Disponível em: www.conjur.com.br. Acesso em: 31/03/2022.

TORON, Alberto Zacharias. Boate Kiss: justiça para os condenados. **Jornal Folha de S. Paulo**, p. A3, 22 dez. 2021. Acesso em: 31/03/2022.

TORON, Alberto Zacharias. **Soberania do júri e prisão antes do julgamento da apelação: ainda a Boate Kiss.** Conjur, 27 dez. 2021. Disponível em: www.conjur.com.br. Acesso em: 31/03/2022.

---

6. HARARI, Yuval. **Sapiens:** uma breve história da humanidade. 3. ed. Porto Alegre: L&PM, 2015, p. 36.

7. KELSEN, Hans. **Teoria pura do direito.** 4. ed. trad. João Baptista Machado. Coimbra: Armênio Amado, 1979, p. 72.

CAPÍTULO 2

"FALÊNCIA DA PENA DE PRISÃO" – *30 ANOS DEPOIS, UMA HOME-NAGEM AO PROF. DOUTOR CEZAR ROBERTO BITENCOURT*

Alexandre Wunderlich[1]

1. NOTA DE HOMENAGEM

A obra *Falência da pena de prisão: causas e alternativas* completa três décadas desde a sua primeira publicação no Brasil. O livro de autoria do notável Professor Doutor Cezar Roberto Bitencourt é referência acadêmica obrigatória. Nos limites desta edição comemorativa, quero destacar o peso do texto, que se mantém atualíssimo e segue merecendo a leitura dos atores do sistema criminal e da comunidade jurídica em geral. Antes, contudo, preciso particularizar a minha relação com a obra e com o seu respeitado autor. Tomei contato com *Falência da pena de prisão* na metade da década de 1990, quando frequentei o Programa de Pós-Graduação em Ciências Criminais da Pontifícia Universidade Católica do Rio Grande do Sul, em Porto Alegre. Tive a honra de ser orientado pelo Professor Cezar Roberto Bitencourt em dissertação de mestrado, arguida pelos Professores Luiz Luisi e Miguel Reale Júnior. O desafio que me foi imposto, há mais de 20 anos, pelo então Professor orientador marcou minha atividade acadêmica. Anos mais tarde, fui convidado pela Escola de Direito da PUCRS a assumir a cadeira de Direito Penal do Professor Cezar Bitencourt, quando decidiu dedicar-se a outros projetos acadêmicos no plano nacional. Assim sendo, é indiscutível a importância do Professor Cezar Roberto Bitencourt na minha vida profissional, sendo ele peça-chave, também, no nascimento

---

1. Doutor em Direito, Professor de Direito Penal na Escola de Direito da Pontifícia Universidade Católica do Rio Grande do Sul [PUCRS] e no Mestrado Profissional em Direito do Instituto de Direito Público [IDP-Brasília], advogado.

459

do *Instituto Transdisciplinar de Estudos Criminais*, entidade que tive a satisfação de presidir.

A relação acadêmica com o Professor Cezar Roberto Bitencourt ultrapassou os limites do Programa de Pós-Graduação em Ciências Criminais da PUCRS. Tenho muita admiração e respeito pelo homenageado, que nunca negou um só dos meus tantos pedidos ao longo do tempo, seja na academia, na advocacia ou no campo da nossa fraterna amizade. Recebi apoio irrestrito do meu orientador, abrindo muitas portas e incentivando o meu amadurecimento intelectual junto da Escola de Direito da PUCRS, uma relação que foi por ele registrada em livro, 20 anos depois[2]. Foram dezenas de encontros jurídicos, seminários e palestras, parcerias em livros e participações em bancas de arguição, oportunidades em que tive o prazer de conviver com o Professor Cezar Roberto Bitencourt, uma figura extraordinária, generosa e que faz despertar em seus alunos o espírito *crítico* no estudo do Direito Penal.

Como não poderia deixar de ser, a *Falência da pena de prisão*, base da sua tese de doutoramento, conquistada com nota máxima sob a orientação do reconhecido Professor Doutor Francisco Muñoz Conde, na Universidade de Sevilha, deu início aos nossos diálogos sobre a construção de uma *Escola Crítica e Transdisciplinar de Ciências Criminais,* desde o Rio Grande do Sul, o que se concretizou com a criação da *Revista de Estudos Criminais*, que atualmente conta com mais de 80 volumes em 20 anos de produção científica[3].

Falência da pena de prisão parte de uma riquíssima pesquisa que perpassa a evolução dos sistemas sancionatórios penitenciários e das teorias da pena e que é finalizada com a declaração de seu estado falimentar, com a indicação de possíveis alternativas. A investigação tecnicamente rigorosa inaugurou um capítulo de significativa importância na *crítica* à

---

2. BITENCOURT, Cezar Roberto. Apresentação — um talento inexplorado, polido e aperfeiçoado no Programa de Ciências Criminais. *In:* CAVALCANTI, Fabiane; FELDENS, Luciano; RUTTKE, Alberto (Orgs.). **Garantias Penais:** estudos alusivos aos 20 anos de docência do professor Alexandre Wunderlich. Porto Alegre: Boutique Jurídica, 2019, p. 15-19.

3. A Revista de Estudos Criminais é resultado da conjugação de esforços de um grupo de egressos do PPGCCRIM da PUCRS, que desejava publicar um periódico de alta qualidade científica na área das ciências criminais. Idealizada em 1998, teve o seu primeiro volume publicado no ano de 2001. Atualmente, o periódico possui conceito *Qualis/CAPES A1* e é comercializada pela editora Tirant lo Blanch do Brasil (ISSN 1676-8698).

privação da liberdade no Brasil e mostrou a necessidade de humanização das nossas instituições penais[4].

De minha parte, como maneira de prestar homenagem, quero demonstrar a possibilidade-necessidade de correlação entre a anterior *crítica* do Professor Cezar Roberto Bitencourt (1993, no Brasil) e a proposta garantista de Luigi Ferrajoli (1989, na Itália). Sempre deixei clara a minha opção pelo garantismo, que me foi apresentado enquanto teoria de matriz iluminista pelo Professor Salo de Carvalho, no final da década de 90, em momento seguinte à leitura de *Falência da pena de prisão*. Então, parabenizando o festejado autor pela obra que agora completa 30 anos, no presente texto-homenagem pretendo agregar algumas breves observações sobre o garantismo penal e a indispensável redução da pena de prisão.

2. A EVOLUÇÃO DOS SISTEMAS PENITENCIÁRIOS EM FALÊNCIA DA PENA DE PRISÃO

Após um impressionante recorte histórico sobre a evolução da pena de prisão, Cezar Roberto Bitencourt avança no estudo dos diversos sistemas sancionatórios penitenciários, iniciando pelo *sistema pensilvânico* ou *celular*[5]. Em 1681, quando a Pensilvânia era colônia inglesa, Guilhermo

---

4. O Brasil modificou substancialmente o sistema de penas na grande Reforma Penal de 1984 — Parte Geral do Código Penal e da Lei de Execução Penal, Leis n. 7.209/84 e 7.210/84. Anos depois, as bases fundamentais da reforma foram absorvidas pela Constituição de 1988, fundamentalmente a partir da consagração do princípio da individualização da pena — desde a cominação, a aplicação e a sua execução. A Reforma Penal é fruto de um profícuo trabalho técnico iniciado em 1980, a partir da comissão de juristas presidida por Francisco Assis Toledo. Além do presidente, a comissão foi composta por Francisco Serrano Neves, Ricardo Antunes Andreucci, Miguel Reale Júnior, Rogério Lauria Tucci, René Ariel Dotti e Hélio Fonseca. Depois, os eméritos Professores Miguel Reale Júnior, René Ariel Dotti, Sérgio Pitombo e Ricardo Antunes Andreucci revisaram integralmente o projeto, o que culminou na atual Parte Geral do Código Penal.

5. Apesar do alegado surgimento das prisões nos Estados Unidos, os primeiros sistemas penitenciários tiveram inspiração no direito canônico e nos estabelecimentos europeus, especificamente da Holanda e da Inglaterra. Em 1681, o rei Carlos II ordenou que fosse aplicada a lei penal do país às colônias inglesas. Para atenuar a severidade da legislação, o fundador da colônia da Pensilvânia, Guilhermo Penn, propôs modificações na Assembleia Colonial. Segundo a pesquisa de Cezar Roberto Bitencourt, é o surgimento da chamada "Grande Lei", que atenuou o rigorismo imposto pela lei inglesa. Guilhermo Penn não conseguiu implantar plenamente o que almejava, mas serviu de inspiração pela sua forma mais humana de ver a punição, aplicando o uso da pena de prisão e restringindo a pena de morte. Com detalhes: BITENCOURT, Cezar Roberto. **Falência da pena de prisão: causas e alternativas**. 2. ed. São Paulo: Saraiva, 2001, p. 58.

Penn idealizou um sistema menos rígido que o imposto pela Inglaterra. O início do aprisionamento ocorria com o isolamento absoluto e sem qualquer possibilidade laboral, com incentivo à leitura religiosa e com rígida exigência de silêncio e meditação — um ambiente de eterna vigilância que pretendia a recuperação do indivíduo[6]. Em certa medida esse modelo recorria aos ideais pregados pelos reformadores Cesare Beccaria, John Howard e Jeremy Bentham[7]. Um modelo que foi sendo superado sobretudo em razão da impossibilidade de recuperação do apenado diante da severidade do isolamento total, que representava uma espécie de "tortura refinada", uma demonstração de sua inconveniência e inutilidade, na expressão de Cezar Roberto Bitencourt[8].

Da tentativa de superação dos efeitos negativos do *sistema celular* surge a proposta do *sistema auburniano*[9] — *silent system* —, que teve o Capitão Elan Lynds como figura de influência. Havia uma necessidade de substituição das penas capital e de castigos corporais pela pena de prisão, o que iniciou em 1796. Em 1816 foi autorizada a construção de uma penitenciária em Auburn. O sistema penitenciário de índole castrense, comandado por Lynds a partir de 1821, não tinha uma perspectiva reformadora do apenado. Nas palavras do gestor, "o castigo do chicote é o mais eficaz e ao mesmo tempo mais humano que existe; não é prejudicial à saúde e educa para uma vida espartana"[10]. Um pequeno avanço pode ser encontra-

---

6. BITENCOURT, Cezar Roberto. **Falência da pena de prisão**, cit., p. 59. Segundo a investigação do autor, na prisão de *Walnut Street* (1776) foi aplicado o sistema celular incompleto, no qual os criminosos mais perigosos eram submetidos ao absoluto isolamento. Esse sistema fracassou devido ao desmesurado crescimento da população carcerária, dentre outros fatores. No início do século XIX foram criadas duas novas penitenciárias que tinham o objetivo de viabilizar o isolamento absoluto do apenado. No primeiro momento o isolamento absoluto foi aplicado. Depois, como forma de aliviar a severidade e o rigorismo do sistema, permitiu-se o trabalho dentro da própria cela.

7. BITENCOURT, Cezar Roberto. **Falência da pena de prisão**, cit., p. 31-56. Adicionalmente, ver: GARCÍA RAMÍREZ, Sérgio. **Los reformadores: Beccaria, Howard y el derecho penal ilustrado**. Valencia: Tirant lo Blanch, 2014; no Brasil, ver DOTTI, René Ariel. **Curso de direito penal**. 6. ed. São Paulo: Revista dos Tribunais, 2018, p. 250 e s.

8. BITENCOURT, Cezar Roberto. **Falência da pena de prisão**, cit., p. 63.

9. BITENCOURT, Cezar Roberto. **Falência da pena de prisão**, cit., p. 70. Os apenados eram divididos em três categorias: uma de apenados mais persistentes, que ficavam em isolamento contínuo; outra de apenados menos incorrigíveis, que viviam nas celas de isolamento três dias da semana e tinham permissão para trabalhar e, ainda, uma de apenados que demonstravam possibilidades de correção, sendo imposto o isolamento noturno e permitindo o trabalho durante o dia ou eram destinados às celas individuais um dia na semana. O sistema de confinamento solitário foi abolido em 1824.

10. BITENCOURT, Cezar Roberto. **Falência da pena de prisão**, cit., p. 78.

do no fato de haver uma classificação da população carcerária e na exploração, ainda que extremamente excessiva, da atividade laboral pelo preso[11]. Cezar Roberto Bitencourt assevera que o preso não passava de um autômato. Contudo, na citação de Luís Garrido Guzmen, "o *sistema auburniano* — afastadas sua rigorosa disciplina e sua estrita regra do silêncio — constitui uma das bases do sistema progressivo, ainda aplicado em muitos países"[12].

O percurso histórico mostra que os sistemas sancionatórios progressivos tiveram maior adesão — sendo uma tendência ressocializadora iniciar o cumprimento da pena em regime mais rigoroso e concluí-lo no mais brando. A ideia central é corrigir, recuperar e preparar o apenado para a reinserção social. O sistema chamado *mark system* tem relevância nessa evolução. Trata-se de um sistema em que o cálculo do tempo de pena era fruto da soma do comportamento e do trabalho — um somatório proporcional ao crime cometido. Ao longo do cumprimento da pena, o apenado conquistava "vales" e construía sua progressão por bom comportamento e trabalho. Eventual falta do apenado acabava por prejudicar a equação. O resultado dessa relação crédito-débito resultaria na pena a ser efetivamente cumprida[13].

Outra fundamental contribuição veio de Walter Crofton que, aperfeiçoando o sistema inglês, deu origem ao chamado *sistema progressivo irlandês*[14]. O sucesso desse modelo influenciou inúmeros países, passando a

---

11. O sistema auburniano tinha excessiva preocupação com a exploração lucrativa da mão de obra carcerária, que teve como consequência a reintrodução do trabalho produtivo nas prisões (*Bridewell* e *Rasp-Huis*, respectivamente na Inglaterra e na Holanda). A questão é bem abordada no clássico trabalho de Dario Melossi e Massimo Pavarini sobre os mecanismos de produção capitalista e o desenvolvimento da instituição carcerária moderna (no Brasil: MELOSSI, Dario; PAVARINI, Massimo. **Cárcere e fábrica: as origens do sistema penitenciário (séculos XVI-XIX)**. Rio de Janeiro: Revan-ICC, 2006, p. 43 e s.).

12. BITENCOURT, Cezar Roberto. **Falência da pena de prisão**, cit., p. 78.

13. CARNEIRO, Augusto Accioly. **Os penitenciários**. Rio de Janeiro: Henrique Velho e Cia Editores, 1930, p. 138: "Começaram as observações sobre a evolução, o progresso que se operavam dentro da penitenciária e nelle iam exhibindo-se methodos regenerativos e observatorios, em que se assignalava a conducta de cada condenado por meio de classes e de marcas".

14. O sistema era dividido em fases: reclusão celular diurna e noturna e cumprimento em prisões centrais ou locais, com possibilidade de trabalho em fases progressivamente mais liberais, alcançadas pela conquista de "vales" ou "marcas". O comportamento e a passividade do apenado determinavam a progressão. Havia um período intermediário entre a reclusão e a liberdade condicional a ser cumprido em prisões especiais, com trabalhos ao ar livre e preferencialmente agrícola. Havia possibilidade de escolha da atividade laboral e

ser adotado em larga escala. Acredita-se que o *sistema irlandês* originou o sistema de individualização científica da pena, segundo explica Cezar Roberto Bitencourt[15]. Aqui, vale destacar o papel do Coronel Manuel Montesinos e Molina. O sucesso do método empreendido por Montesinos deriva da filosofia de recuperação do apenado pelo preparo profissional e pode ser medido pelos baixos índices de reincidência — redução de 30 ou 35% para 1%, sendo que, em alguns períodos, a reincidência chegou a desaparecer. Um modelo aplicado com severidade, mas dentro da legalidade e com respeito à dignidade do preso, sem tratamento difamante nos métodos disciplinares e com fins à ressocialização[16]. Para Manoel Pedro Pimentel, Montesinos, além de buscar o sentido reeducativo e ressocializador da pena, criou um sistema de trabalho em que o preso era remunerado e não simplesmente explorado[17]. Pela literatura, vejo Montesinos como um homem à frente de seu tempo. Suas ações contribuíram na criação de um ambiente

---

era possível ter contato com a sociedade até o recebimento de liberdade condicional. No livro de Paulo Domingues Vianna constam observações quanto à última fase: "Este ultimo periodo póde dar margem a incovenientes, não só em relação ao condemnado, como à sociedade, si não forem tomadas preocauções, pois que, embora solto, o condemnado terá de trabalhar para viver; mas terá de lutar com sérias dificuldades para obter trabalho, por toda parte encontrará prevenções e desconfianças" (VIANNA, Paulo Domingues. **Regimen penitenciario**. Rio de Janeiro: Jacinto Ribeiro dos Santos Editor, 1914, p. 14). No mesmo sentido, Álvaro Mayrink da Costa: "O sistema irlandês difere do progressivo inglês em dois pontos: o sistema inglês contém três fases de execução da pena, enquanto no irlandês há quatro. Há um período intermediário entre a prisão em comum em lugar fechado e o livramento condicional. Há nesta fase o trabalho externo que prepara o detido para a futura vida livre. No sistema progressivo irlandês, a fase baseada sobre o sistema auburniano *não é em si tão rigorosa como o sistema inglês. Os detidos não eram obrigados a guardar silêncio durante o trabalho" (COSTA*, Álvaro Mayrink da. **Criminologia**. 3. ed. Rio de Janeiro: Forense, 1982, v. I, t. II, p. 1.375).

15. BITENCOURT, Cezar Roberto. **Falência da pena de prisão**, cit., p. 89.

16. BITENCOURT, Cezar Roberto. **Falência da pena de prisão**, cit., p. 89. A narrativa mostra que em 1835 o coronel Montesinos teve a oportunidade de colocar seu pensamento em prática. Foi nomeado governador do Presídio San Agustín, em Valência, quando conseguiu disciplinar os apenados não ameaçando-os ou castigando-os, mas com sua autoridade moral. Havia um sentimento de esperança e a relação estava baseada nos sentimentos de confiança e estímulo — formação de uma autoconsciência. Segundo as palavras de Montesinos: "Convenceram-me enfim de que o mais ineficaz de todos os recursos em um estabelecimento penal, e o mais pernicioso também e mais funesto a seus progressos de moralidade, são os castigos corporais extremos. Esta máxima deve ser constante e de aplicação geral nestas casas, qual seja a de não envilecer mais aos que degradados por seus vícios vêm a elas (...), porque os maus tratamentos irritam mais que corrigem e afogam os últimos alentos de moralização".

17. BITENCOURT, Cezar Roberto. **Falência da pena de prisão**, cit., p. 81-94; com base no também brilhante trabalho de PIMENTEL, Manoel Pedro. Sistemas penitenciários.

mais favorável à evolução do pensamento científico sobre a individualização da pena de prisão e o seu cumprimento, estabelecendo uma progressividade que, em tese, permitiria a reintegração paulatina do apenado à sociedade[18].

No progresso histórico é perceptível o avanço científico nos estudos sobre a pena e o penitenciarismo. Há mais de 30 anos, o Professor Cezar Roberto Bitencourt apontou os vícios originários de um sistema progressivo, antecipando a inflamação de sua crise[19]: a ilusão de eficácia diante dos prejuízos advindos da forma inicial do cumprimento de pena — fechado; o afrouxamento do regime possui poucos vínculos com a melhora do apenado; não pode ser admitido como método social e o apenado não tem a liberdade para optar quanto a aceitar ou não a disciplina imposta e o problema das fases que são estabelecidas de forma estereotipada; dentre outros. Alguns problemas indicados pelo autor foram agudizados com o passar do tempo, sobretudo em razão do declínio da perspectiva ressocializadora e do agigantamento do sistema prisional.

3. GARANTISMO E PENA DE PRISÃO – NOTAS CRÍTICAS À PRO-GRESSIVIDADE E À FINALIDADE RESSOCIALIZADORA

A publicação de *Falência da pena de prisão* é anterior à obra referência sobre *garantismo*[20], de autoria do emérito Professor Luigi Ferrajoli. O estudo crítico do Professor Cezar Roberto Bitencourt guarda similitude com a forma de o mestre italiano enxergar o sistema criminal. Neste particular aspecto, como sublinhei, a minha opção pelo garantismo como referencial teórico é antiga e nasceu junto do Programa de Pós-graduação em Ciências Criminais da PUCRS. Como forma de homenagear a obra que completa 30 anos, pretendo agregar algumas notas sobre a crítica à pena de prisão originária do garantismo.

O livro que uso como base — *Diritto e ragione: teoria del garantismo penale* — tem algumas décadas de publicação (1989 na Itália, 1995 na

---

Revista dos Tribunais, São Paulo, n. 639, 1989, p. 254; PIMENTEL, Manoel Pedro. **O crime e a pena na atualidade**. São Paulo: Revista dos Tribunais, 1983, p. 139.

18. COSTA, Álvaro Mayrink da. **Criminologia**, p. 1.377-78.

19. BITENCOURT, Cezar Roberto. **Falência da pena de prisão**, cit., p. 96-97.

20. FERRAJOLI, Luigi. **Derecho y razón: teoria del garantismo penal**. Madrid: Trotta, 1997; **Derechos y garantias: la ley del más débil**. Madrid: Trotta, 1999; **Los fundamentos de los derechos fundamentales**. Madrid: Trota, 2001.

Espanha e 2002 no Brasil), mas se mantém íntegro e atual. *Direito e razão* possibilitou o ingresso no léxico jurídico e político da palavra *garantismo*, com o que se pretende designar um modelo de direito orientado a *garantir* direitos subjetivos[21]. Um modelo de direito que tem base, dentre outros fundamentos, na proposta de uma relação *biunívoca* entre garantias penais substanciais e garantias processuais e orgânicas, que fundamentam um programa de direito penal mínimo, cujo objetivo essencial é a minimização da violência punitiva[22]. Basicamente, as garantias substanciais só serão efetivas quando forem objeto de uma instrumentalidade na qual sejam asseguradas ao máximo a legalidade penal e processual penal, a imparcialidade, a veracidade e o controle: *"la correlación biunívoca entre garantías penales y procesales es el reflejo del nexo específico entre ley y juicio en matéria penal"*[23]. É nesse contexto que a proposta garantista critica o mito da ressocialização e defende uma redução substancial da pena de prisão, quem sabe para um prazo máximo de até 10 anos[24].

Das leituras sobre o pensamento de Luigi Ferrajoli surge a imposição de mudança no paradigma da *quantidade* e da *qualidade* da pena de prisão

---

21. FERRAJOLI, Luigi. Garantías y derecho penal. *In:* SOTOMAYOR ACOSTA, Juan Oberto (coord.). **Garantismo y derecho penal**. Bogotá: Temis, 2006, p. 3.

22. FERRAJOLI, Luigi. Garantías y derecho penal, cit., p. 4-5.

23. FERRAJOLI, Luigi. **Derecho y razón**, cit., p. 537.

24. FERRAJOLI, Luigi. **Derecho y razón**, cit., p. 414. Em resumo: "Por la reducción de las penas privativas de libertad. El límite máximo de diez años. Cuál podría ser, en una perspectiva de minimización de la pena, la duración máxima de la de cárcel? 'Ninguna pena privativa de libertad', escribió Vittirio Foa en 1949, pocos años después de su larga permanencia en las prisiones fascistas, 'debería superar los tres o, al máximo, los cinco años'; y poco antes, en la Asamblea Constituyente, Umberto Terracini, que también había pasado en prisión los veinte años de fascismo, había propuesto que la duración de la reclusión no superase el límite de los quince años. Pienso que la duración máxima de la pena privativa de libertad, culquiera que sea el delito cometido, podría muy bien reducirse, a corto plazo, a 10 años y acaso, a medio plazo, a un tiempo todavía menor; y que una norma constitucional debería sancionar un límite máximo, pongamos, de 10 años. Una reducción de este género supondría una atenuación no sólo cuantitativa sino también cualitativa de la pena, dado que la idea de reformar a la libertad después de un breve y no tras un largo acaso interminable período haría sin duda más tolerable y menos alienante la reclusión. Y sería posible por las mismas razones que están en la base de la crisis de la cárcel: la eficacia disuasoria y estigmatizante alcanzada, en la actual sociedad de los medios de comunicación, por el proceso y la condena, más que por la ejecución de la pena de libertad; el progreso cívico y cultural, que hace hoy intolerables los sufrimientos inútiles o en cualquier caso excesivos; el hecho de que, guste o no guste, en la actual sociedad informática las funciones de seguridad y de prevención general de los delitos tienden a ser satisfechas mucho más por las funciones de policía que por la amenaza de las penas (...)".

e de sua execução[25]. Nesse ponto, há uma crítica ao sistema progressivo que está centrada na falta de legitimação do Estado na administração de bônus e ônus pelo comportamento do apenado. Isto porque a lógica da progressividade no sistema prisional — melhor comportamento, menos pena; pior comportamento, mais pena — está vinculada, mais das vezes, à dinâmica administrativa das casas prisionais e, em certa medida, à discricionariedade de seus gestores. Entendo a proposta de um retribucionismo--garantista, teorizado por Ferrajoli, como a retribuição sendo uma espécie de garantia primária de legitimação interna do Direito Penal — a pena é um ato político e a função do Direito Penal é estabelecer freios à sanção, uma racionalização da pena independentemente de eventual mérito do apenado, no sentido de ver a pena como uma consequência direta do crime, afastado o direito penal do autor[26].

Especificamente no que tange à pena de prisão, por exemplo, a doutrina político-constitucional de Luigi Ferrajoli demonstra que não há justificativa para a fixação abstrata de uma pena mínima, sendo possível confiar ao julgador a escolha da pena abaixo do patamar máximo legal, sem vinculação, portanto, a um limite mínimo ou vinculado a um limite mínimo muito abaixo, conforme bem destaca o estudo precursor do Professor Salo de Carvalho[27].

É patente que precisamos desidratar o Direito Penal, dando início a um gradual processo de esvaziamento[28]. De igual maneira, é possível pen-

---

25. Por todos, ver a tese pioneira de Salo de Carvalho sobre o garantismo na execução penal no Brasil (CARVALHO, Salo de. **Pena e garantias: uma leitura do garantismo de Ferrajoli no Brasil**. Rio de Janeiro: Lumen Juris, 2003).

26. FERRAJOLI, Luigi. **Derecho y razón**, cit., p. 368. No mesmo sentido é o entendimento de René Ariel Dotti (DOTTI, René Ariel. **Curso de direito penal**, cit., p. 125).

27. CARVALHO, Salo de. **Pena e garantias**, cit., p. 195.

28. WUNDERLICH, Alexandre; CAVALCANTI, Fabiane. Populismo penal e descriminalização. *In:* VALENTE, Manuel Guedes Monteiro; WUNDERLICH, Alexandre. **Direito e liberdade: estudos em homenagem ao Prof. Nereu José Giacomolli**. São Paulo: Almedina, 2022, p. 139. Primeiro, porque sabe-se que o Direito Penal é o instrumento de controle social e de disciplina que deve ser utilizado com extrema moderação, sobretudo em razão da falência do sistema punitivo tradicional e da própria pena criminal. Segundo, é vital atacarmos a narrativa do populismo penal, reafirmando que o Direito Penal ainda é subsidiário e que o recurso à legalidade é fonte legítima de garantia ao cidadão e não o inverso. E, terceiro, porque ainda que a opção seja pela criminalização de condutas extremamente relevantes, é imperativo devolvermos a racionalidade ao sistema criminal, especialmente a partir do aperfeiçoamento do produto do processo legislativo, a fim de evitarmos o que se apresenta, claramente, como uma catástrofe. O texto revela essencial recuperarmos um movimento crítico de publicações científicas ocorrido no Brasil. "O ensaio resgata uma

sar em reduções quantitativas das penas criminais. Não se trata, como é comum hoje, de reduções por benefícios ofertados na execução penal e a partir de certa aparência de ressocialização, tratada como domesticação do apenado. Mas, sim, de reduções abstratas no tempo da pena de prisão, bem como de sua substituição nas hipóteses de crimes de pouca gravidade. Segundo Luigi Ferrajoli, isso só pode ocorrer a partir de um processo gradual, vinculado ao progresso cultural e à redução das bases sociais da violência, sendo a minimização progressiva da duração da pena de prisão uma etapa indispensável do processo[29]. Trata-se de um esforço à redução da violência no cumprimento da pena, com a imposição de um *modelo utilitarista garantista* — "*además del máximo bienestar posible de los no desviado, también el mínimo malestar necessário de los desviados*"[30].

4. O SISTEMA PROGRESSIVO — UMA EXPECTATIVA NÃO EXECUTADA PELO ESTADO

Será possível avaliar o sistema progressivo no cumprimento da pena de prisão no Brasil, uma vez que o Estado não executou o que disciplinou a legislação, especificamente na Parte Geral do Código Penal e na Lei de Execução Penal, Leis n. 7.209/84 e 7.210/84? Acredito que a resposta caminha no sentido da sua impossibilidade. É certo que o nosso país optou pelo correcionalismo, e as normas penais penitenciárias estabeleceram diversos instrumentos capazes de buscar a almejada reinserção social do apenado. Por exemplo, está previsto que os presos devem ser tecnicamente classificados e que passariam por exames criminológicos. Aos resultados científicos deve-se somar a possibilidade de progressividade do apenado. As leis, contudo, não saíram do plano formal. O que foi idealizado pelos reformadores, e garantido na legislação, simplesmente não foi operaciona-

---

série de trabalhos do final de década de 70 e do início dos anos 80, que já apontavam para a necessidade e urgência da construção de uma política de descriminalização, enquanto instrumento material para redução da extensão do sistema criminal."

29. FERRAJOLI, Luigi. **Derecho y razón**, cit., p. 414: "Esta reduccíon cuantitativa — no indirecta, a través de los actuales mecanismos discrecionales de indulgência previtos en la fase de ejecución, sino directa, mediante su substitución por tipos de penas más leves para los delitos menos graves — puede representar por tanto, a corto y medio plazo, un objetivo creíble de reforma penal. Por lo demás, la misma supercíon de la cárcel no podrá ser sino el fruto de un processo gradual, ligado al progreso cultural y la reduccción de las bases sociales de la violência. La progresiva minimización de la duración de la pena carcelaria es una etapa indispensable de ese proceso".

30. CARVALHO, Salo de. **Pena e garantias**, cit., p. 149.

lizado pelo Estado com o que, até hoje, somos reféns de uma mera *expectativa*. Para agravar a situação, além de não criar as possibilidades para o cumprimento da pena de prisão em progressividade, o próprio Estado criou obstáculos para tanto. Sem implantar o sistema de penas em progressividade — criado no plano legal em 1984 e que ganhou a salvaguarda da individualização da pena como direito fundamental em 1988 —, os governos brasileiros não aproveitaram a preciosa orientação cientifica dos reformadores, bem como não escutaram a doutrina publicada sobre a falência da pena de prisão. Resvalaram, cada governo ao seu tempo e a seu modo, no mais rasteiro Populismo Penal.

É verdade que a Constituição Federal definiu um tratamento mais severo aos crimes hediondos e equiparados, com cláusulas de inafiançabilidade, impossibilidade de graça ou anistia. Depois, a Lei dos Crimes Hediondos fomentou o uso do Direito Penal e despertou o Movimento da Lei e da Ordem no Brasil[31], impondo um regime prisional sem progressividade, *integralmente fechado*. A legislação hedionda de 1990 violou o sistema progressivo e só foi declarada inconstitucional pelo Supremo Tribunal Federal 16 anos depois, em 2006[32]. A Lei n. 8.072/90 passou pelas alterações das Leis n. 8.930/94, 9.677/98, 9.695/98, 12.015/09 e 13.964/19, que ampliaram o rol de hipóteses típicas. Além disso, também no âmbito dos crimes hediondos, houve substanciais mudanças na Lei de Execução Penal no que tange ao cumprimento da pena, alimentando, vez mais, o tresloucado endurecimento do sistema punitivo[33]. Em determinado momento, vale lem-

---

31. Por todos: FRANCO, Alberto Silva e outros. **Crimes hediondos**. 7. ed. São Paulo: Revista dos Tribunais, 2011, p. 139. No mesmo sentido, afirmando que a lei é o "marco simbólico do ingresso do Brasil no cenário internacional do grande encarceramento" está Salo de Carvalho (CARVALHO, Salo de. O encarceramento seletivo da juventude negra brasileira: a decisiva contribuição do Poder Judiciário. **Revista da Faculdade de Direito da UFMG**. Belo Horizonte, n. 67, jul./dez., 2015, p. 623).

32. *Leading case*: STF, Tribunal Pleno, HC 82.959-7/SP, Rel. Min. Marco Aurélio, j. em 23/02/06.

33. A Lei n. 13.964/19 revogou o art. 2º, § 2º, da Lei n. 8.072/90, que estabelecia a forma de progressão de regime prisional. A questão está regulada no art. 112 da Lei de Execução Penal: "a pena privativa de liberdade será executada em forma progressiva com a transferência para regime menos rigoroso, a ser determinada pelo juiz, quando o preso tiver cumprido ao menos: (...) IV — 30% da pena, se o apenado for reincidente em crime cometido com violência à pessoa ou grave ameaça; V — 40% da pena, se o apenado for condenado pela prática de crime hediondo ou equiparado, se for primário; VI — 50% da pena, se o apenado for: a) condenado pela prática de crime hediondo ou equiparado, com resultado morte, se for primário, vedado o livramento condicional; (...) VII — 60% da pena, se o apenado for reincidente na prática de crime hediondo ou equiparado; VIII — 70% da

brar, o legislador inovou com a Lei n. 9.455/97 — Lei da Tortura — e disciplinou que os condenados pela prática desse delito, equiparado a hediondo, cumpririam pena de prisão em regime inicialmente fechado. Um típico permissivo legal posterior. Em que pese a *novatio legis in mellius,* a interpretação da jurisprudência majoritária não foi favorável aos condenados pelos demais crimes hediondos[34]. Mais tarde, com o advento da Lei n. 9.714/98 — Lei das Penas Alternativas —, foi sustentada a possibilidade de aplicação de substitutivos à prisão no caso do crime hediondo de tráfico de substância entorpecente (antigo art. 12 da Lei n. 6.368/76) quando, em se tratando de tráfico bagatelar, por exemplo, a pena privativa de liberdade fosse fixada em patamar inferior a quatro anos (preenchidos os requisitos do art. 44 do CP). Outro permisso legal posterior que foi tratado com a costumeira interpretação restritiva pela jurisprudência.

A Lei dos Crimes Hediondos não passou de mera atitude simbólica do Poder Legislativo, o que acarretou resultados insatisfatórios, bem demonstrados pela doutrina e pelos dados do sistema prisional. O erro político-criminal foi indicado pelo Professor Miguel Reale Júnior e a mestre Paula Thieme Kagueiama em amplo e recente levantamento sobre o estado da arte do sistema criminal brasileiro, "sendo certo pelo sucedido desde 1990, quando da edição primeira da lei dos crimes hediondos, que a mera exacerbação da reprimenda penal, sem se ter eficiência na aplicação da norma incriminadora é absolutamente inócuo, não passando de simplória ilusão penal"[35].

Passados mais de 30 anos de *Falência da pena de prisão* — e da grande Reforma Penal e da Constituição Federal — as prisões seguem funcionando como depósitos de homens e mulheres em condições degradantes e inaceitáveis. O sistema de penas havia sido objeto de "primorosa reforma", o que só foi possível, segundo Nilo Batista, em razão da "criatividade", "erudição" e "sensibilidade" dos juristas que colaboraram na redação dos textos[36]. Tanto é verdade que as bases postas pelos legisladores de 1984 na

---

pena, se o apenado for reincidente em crime hediondo ou equiparado com resultado morte, vedado o livramento condicional; VIII — 70% da pena, se o apenado for reincidente em crime hediondo ou equiparado com resultado morte, vedado o livramento condicional".

34. Súmula 698 do STF: "não se estende aos demais crimes hediondos a admissibilidade de progressão no regime de execução da pena aplicada ao crime de tortura".

35. REALE JÚNIOR, Miguel; KAGUEIAMA, Paula. Desafios e desvios do sistema criminal brasileiro. **Revista dos Tribunais**. v. 1019/2020, p. 277 e s.

36. BATISTA, Nilo. **Apontamentos para uma história da legislação penal brasileira**. Rio de Janeiro: Revan, 2016, p. 129.

Parte Geral do Código Penal e na Lei de Execução Penal receberam dignidade constitucional em 1988. Além de tratarem de diversos pontos técnicos da Parte Geral, os reformadores[37] consagraram a responsabilidade subjetiva e substituíram o regime do duplo binário pelo vicariante e estabeleceram a forma de progressividade no cumprimento da pena de prisão, "a partir da quantidade de pena, conjugada à primariedade do condenado, estipulava-se o regime: fechado, semiaberto e aberto"[38].

Ainda antes da Constituição Federal, portanto, foram determinados vetores de racionalização da pena, definindo que o Juiz não só é o responsável pela sua aplicação e fixação, como também pela determinação do regime inicial de seu cumprimento, tendo como referencial a *proporcionalidade* fixada no *caput* do art. 59 do Código Penal[39]: necessário e suficiente para reprovação e prevenção do crime. A questão da individualização e da progressividade da pena está no âmago do sistema criado no Código Penal[40].

---

37. Por todos, ver: REALE JÚNIOR, Miguel; DOTTI, René Ariel; ANDREUCCI, Ricardo Antunes; PITOMBO, Sérgio de Moraes. **Penas e medidas de segurança no novo Código.** São Paulo: Forense, 1985; REALE JÚNIOR, Miguel. **Novos rumos do sistema criminal.** Rio de Janeiro: Forense, 1983; DOTTI, René Ariel. **Bases e alternativas para o sistema de penas.** São Paulo: Revista dos Tribunais, 1998.

38. BATISTA, Nilo. **Apontamentos para uma história da legislação penal brasileira**, p. 129.

39. CARVALHO, Salo de. **Penas e medidas de segurança no direito penal brasileiro.** 3. ed. São Paulo: Saraiva, 2020, p. 384 e s.; especificamente sobre a individualização e dosimetria da pena, ver também os imprescindíveis: AGUIAR JÚNIOR, Ruy Rosado de. **Aplicação da pena.** 5. ed. Porto Alegre: Livraria do Advogado, 2013, e BOSCHI, José Antonio Paganella. **Das penas e seus critérios de aplicação.** 8. ed. Porto Alegre: Livraria do Advogado, 2020.

40. Sobre o conteúdo do princípio previsto no inciso XLVI, do artigo 5º, da Constituição Federal, vale examinar a tese de outro aluno do Professor Cezar Roberto Bitencourt, Rodrigo Moraes de Oliveira, bem dirigida pelo orientador Professor Luciano Feldens no PPGCCRIM da PUCRS (OLIVEIRA, Rodrigo Moraes de. **Juízo e prisão. Ativismo judicial no Brasil e nos EUA.** Porto Alegre: Boutique Jurídica, 2018, p. 238 e s.). O autor faz detalhada narrativa histórica sobre o princípio da individualização da pena, na perspectiva *stricto sensu* e em *sentido lato*, tratando do "para quem" da pena e do "por que forma" da pena. Ou seja, "já tendo assegurado que a pena só pode recair sobre o indivíduo que tenha praticado o crime, a individualização, nesse momento, dirige-se ao legislador ordinário, ao juiz e à administração, ordenando os parâmetros que esses devem observar para as correspondentes previsão, medição e execução das penas". De igual maneira, registra as discussões nas Codificações Penais, o que diz ser "fruto direto da crítica iluminista", "no esforço humanitário por ela empreendido de abandono das penas atrozes, de abolição da pena de morte e, assim, de busca pela proporcionalidade".

A tese de Cezar Roberto Bitencourt tratou das causas da crise da pena de prisão e apontou, dentre outros fatores, que a duração da pena prisional seria reduzida com o tempo, o que poderia diminuir a probabilidade de emenda e beneficiar a reincidência. De igual modo, o aumento da expectativa de vida também traria a probabilidade de maior reincidência e haveria, por certo, um incremento de conscientização e sensibilidade social em relação aos direitos do homem condenado, impondo, eventualmente, limites à ressocialização. Uma pequena ressalva deve ser feita em relação ao primeiro argumento, uma vez que a esperada diminuição do tempo de apenamento não aconteceu. Aliás, a década de 1990, justamente após a publicação de *Falência da pena de prisão*, foi pródiga no recrudescimento penal. Foram décadas de ampliação acelerada do sistema punitivo, inclusive com o aumento do tempo de cumprimento máximo da pena de prisão — de 30 para 40 anos, que ocorreu recentemente por meio da Lei Anticrime[41].

5. PALAVRAS FINAIS — ESPERANÇA NO GARANTISMO

A expectativa criada para o período posterior à Constituição Federal foi no sentido do abandono das ideologias passadas, com a superação dos ranços dos regimes autoritários. Havia um ambiente democrático esperançoso, pois era projetada a materialização efetiva do Estado de Direito, que acabava de ser formalmente criado. Era previsível, especialmente para a geração de alunos do Professor Cezar Roberto Bitencourt, da qual faço parte, que o Brasil desenvolveria uma *política pública criminal* embasada nas recomendações constitucionais. Esperava-se que o Direito Penal fosse menos seletivo, menos estigmatizante, menos arbitrário e mais humano. Havia uma expectativa de bom tempo para a construção de um Direito Penal de *ultima ratio*. A época de abertura política inspirava a efetivação de direitos sociais, tornando mais realista a possibilidade de humanização das penas.

Contudo, depois de 30 anos da declaração da *Falência da pena de prisão* no Brasil pelo Professor Cezar Roberto Bitencourt, o que se constata é o aumento no ritmo da inflação penitenciária, fruto da soberba governamental que acredita na criminalização e no encarceramento em massa.

---

41. Na contramão das doutrinas de críticas de Cezar Roberto Bitencourt e de Luigi Ferrajoli, a recente Lei n. 13.964/19 alterou o artigo 75 do Código Penal brasileiro e ampliou o tempo máximo de cumprimento da pena privativa de liberdade de 30 para 40 anos.

Não humanizamos as penas, e a Constituição Federal revelou-se como um fraco operador de mudança, permitindo a convivência de permanências autoritárias[42].

Ainda assim, penso que é preciso (possível) termos esperança. Vale reforçar a necessidade de adesão ao que é proposto pelo programa garantista, como meio de construção de um núcleo ético-jurídico-social mínimo de preservação dos direitos humanos. No atual cenário brasileiro — em que imperam os discursos autoritários, de crise de legalidade e déficit de garantias, com ampliação da intervenção penal e falência carcerária — é necessária a leitura de *Falência da pena de prisão*, para que seja possível edificar, a partir da dura realidade, um rígido sistema de garantias. Seja pela sua impressionante construção histórica, por sua potente crítica, *Falência da pena de prisão* é uma obra atemporal, foge dos domínios do tempo e continuará, assim como a trajetória do homenageado Professor, inspirando gerações de penalistas e criminólogos.

BIBLIOGRAFIA

AGUIAR JÚNIOR, Ruy Rosado de. **Aplicação da pena**. 5. ed. Porto Alegre: Livraria do Advogado, 2013.

BITENCOURT, Cezar Roberto. Apresentação — um talento inexplorado, polido e aperfeiçoado no Programa de Ciências Criminais. *In*: CAVALCANTI, Fabiane; FELDENS, Luciano; RUTTKE, Alberto (orgs.). **Garantias penais**: estudos alusivos aos 20 anos de docência do professor Alexandre Wunderlich. Porto Alegre: Boutique Jurídica, 2019.

BITENCOURT, Cezar Roberto. **Falência da pena de prisão:** causas e alternativas. São Paulo: Revista dos Tribunais, 1993.

BITENCOURT, Cezar Roberto. **Falência da pena de prisão**: causas e alternativas. 2. ed. São Paulo: Saraiva, 2001.

BOSCHI, José Antonio Paganella. **Das penas e seus critérios de aplicação**. 8. ed. Porto Alegre: Livraria do Advogado, 2020.

CARVALHO, Salo de. O encarceramento seletivo da juventude negra brasileira: a decisiva contribuição do Poder Judiciário. **Revista da Faculdade de Direito da UFMG**. Belo Horizonte, n. 67, jul./dez., 2015.

---

42. WUNDERLICH, Alexandre. Os 30 anos da Constituição Federal e o atual estado do Direito Penal. **Revista Eletrônica** Ad Judicia — **Reaj, Escola Superior de Advocacia da OAB/RS**, v. 5, Porto Alegre, 2018.

CARVALHO, Salo de. **Pena e garantias**: uma leitura do garantismo de Ferrajoli no Brasil. Rio de Janeiro: Lumen Juris, 2001.

CARVALHO, Salo de. **Penas e medidas de segurança no direito penal brasileiro**. 3. ed. São Paulo: Saraiva, 2020.

COSTA, Álvaro Mayrink da. **Criminologia**. 3. ed. Rio de Janeiro, Forense, 1982.

COSTA, Luiz Eugênio de Moraes; MACEDO, Angenor Francisco de. **Noções de direito penal**: penologia. 2. ed. Rio de Janeiro: Jacintho Ribeiro dos Santos Editor, 1919.

DEL PONT, Luis Marcó. **Penalogia y sistemas carcelarios**. Buenos Aires: Depalma, t. I, 1974.

DOTTI, René Ariel. **Bases e alternativas para o sistema de penas**. São Paulo: Revista dos Tribunais, 1998.

DOTTI, René Ariel. **Curso de direito penal**. 6. ed. São Paulo: Revista dos Tribunais, 2018.

FERRAJOLI, Luigi. **Derecho y razón**: teoria del garantismo penal. Trad. Perfecto Andrés Ibáñez, Afonso Ruiz Miguel, Juan Carlos Bayón Mohino, Juan Terradillos Basoco e Rocio Cantanero Bandréset. Madrid: Trotta, 1997.

FERRAJOLI, Luigi. **Derechos y garantias**: la ley del más débil. Trad. Perfecto Andrés Ibánez e Andrea Greppi. Madrid: Trotta, 1999.

FERRAJOLI, Luigi. **Los fundamentos de los derechos fundamentales**. Madrid: Trota, 2001.

GARCÍA RAMÍREZ, Sérgio. **Los reformadores**: Beccaria, Howard y el derecho penal ilustrado. Valencia: Tirant lo Blanch, 2014.

MELOSSI, Dario; PAVARINI, Massimo. **Cárcere e fábrica**: as origens do sistema penitenciário (séculos XVI-XIX). Trad. Sérgio Lamarão. Rio de Janeiro: Revan-ICC, 2006.

MUÑOZ CONDE, Francisco. **Direito penal e controle social**. Trad. Cíntia Chaves. Rio de Janeiro: Forense, 2005.

NEUMAN, Elías. **Evolución de la pena privativa de libertad y regímenes penitenciarios**. Buenos Aires: Ediciones Pannedille, 1971.

OLIVEIRA, Rodrigo Moraes de. Existe um direito fundamental à ressocialização? *In*: CAVALCANTI, Fabiane; FELDENS, Luciano; RUTTKE, Alberto. **Garantias penais**: estudos alusivos aos 20 anos de docência do Professor Alexandre Wunderlich. Porto Alegre: Boutique Jurídica, 2019.

OLIVEIRA, Rodrigo Moraes de. **Juízo e prisão**: ativismo judicial no Brasil e nos EUA. Porto Alegre: Boutique Jurídica, 2018.

PIMENTEL, Manoel Pedro. **O crime e a pena na atualidade**. São Paulo: Revista dos Tribunais, 1983.

REALE JÚNIOR, Miguel. **Novos rumos do sistema criminal**. Rio de Janeiro: Forense, 1983.

REALE JÚNIOR, Miguel; DOTTI, René Ariel; ANDREUCCI, Ricardo Antunes; PITOMBO, Sergio de Moraes. **Penas e medidas de segurança no novo Código**. São Paulo: Forense, 1985.

REALE JÚNIOR, Miguel; KAGUEIAMA, Paula. Desafios e desvios do sistema criminal brasileiro. **Revista dos Tribunais.** v. 109, n. 1019, 2020.

VIANNA, Paulo Domingues. **Regimen penitenciário**: segundo as preleções do Dr. Lima Drumond. Rio de Janeiro: Jacintho Ribeiro dos Santos Editor, 1914.

WUNDERLICH, Alexandre. Sociedade de consumo e globalização: abordando a teoria garantista na barbárie. (Re)afirmação dos Direitos Humanos. *In*: SÁNCHEZ RUBIO, David; HERRERA FLORES, Joaquín; CARVALHO, Salo de (orgs.). **Anuário Ibero Americano de Direitos Humanos**. Rio de Janeiro: Lumen Juris, 2002.

WUNDERLICH, Alexandre. Movimento Antiterror: parecer sobre proposta de projeto para adminstracionalizar os benefícios da execução penal. **Revista de Estudos Criminais**, ITEC, 2005.

WUNDERLICH, Alexandre; CAVALCANTI, Fabiane. Populismo Penal e descriminalização. *In*: VALENTE, Manuel Guedes Monteiro; WUNDERLICH, Alexandre. **Direito e Liberdade — estudos em homenagem ao Prof. Nereu José Giacomolli**. São Paulo: Almedina, 2022.

CAPÍTULO 3

A "FALÊNCIA DA PENA DE PRISÃO" E O PROJETO RESSOCIALIZADOR NA REFORMA PENAL DE 1984

André Giamberardino[1]

Salo de Carvalho[2]

1. INTRODUÇÃO: COMEMORAR UMA TESE NECESSÁRIA

A *criminologia nasceu, se desenvolveu e permanece em crise* e possivelmente a *crise* é sua única variável constante (Carvalho; Achutti, 2021, p. 2). O *estado de crise* decorre do fato de a criminologia, como disciplina científica e autônoma, ter nascido nas entranhas de uma instituição cujo fracasso é igualmente a sua marca: a instituição carcerária. Na hipótese foucaultiana, "(...) logo a seguir a prisão, em sua realidade e seus efeitos visíveis, foi denunciada como o grande fracasso da justiça penal; (...) a crítica da prisão e de seus métodos aparece muito cedo, nesses mesmos anos de 1820-1845; ela aliás se fixa num certo número de formulações que — a não ser pelos números — se repetem hoje sem quase mudança nenhuma" (Foucault, 1987, p. 234). Em conclusão, Foucault indaga: "o pretenso fracasso não faria então parte do funcionamento da prisão?" (Foucault, 1987, p. 239).

Assim, os principais discursos criminológicos, ortodoxos e críticos, giram em torno ou partem da *questão carcerária*. Os estudos seminais da criminologia crítica se sustentam na coluna vertebral formada pelas obras de Rushe e Kirchheimer (*Punição e estrutura social*, 1939), Foucault (*Vigiar e punir*, 1975) e Melossi e Pavarini (*Cárcere e fábrica*, 1977). Em

---

1. Professor Adjunto da Faculdade de Direito da UFPR. Mestre (UFPR) e Doutor (UFPR) em Direito.

2. Professor Adjunto da Faculdade Nacional de Direito (UFRJ) e do Programa de Pós-Graduação em Direito da Unilasalle (RS). Mestre (UFSC) e Doutor (UFPR) em Direito.

suas primeiras manifestações, portanto, a *criminologia crítica se identifica como crítica da economia política do castigo.*

No Brasil, em paralelo à construção das bases teóricas e das discussões acerca das condições de possibilidade de uma criminologia crítica autônoma na periferia do capitalismo, sobretudo a partir dos textos de Lyra Filho (1967; 1972) e, posteriormente, Cirino dos Santos (1979; 1981; 1984), foram realizadas inúmeras explorações de campo para verificação das hipóteses da nova criminologia. Desde a sua emergência, a crítica brasileira entendeu como imprescindível a compreensão do funcionamento (empírico) do sistema punitivo, em especial dos sistemas de justiça criminal e penitenciário. Dentre as principais pesquisas desenvolvidas na década de 1970, destacam-se as de Augusto Thompson, Tereza Miralles, Julita Lengruber, Nilo Batista, Yolanda Catão, Elizabeth Sussekind, Wanda Cappeler, Sergio Tancredo, Cristina Rauter e do próprio Cirino dos Santos.

"A Questão Penitenciária" (1976), relato da experiência de Augusto Thompson na Superintendência do Sistema Penal da Guanabara, redigida no início dos anos 1970[3], junto com "Atitudes e Percepções da Mulher Detenta no Rio de Janeiro" (1973), de Tereza Miralles, e "Cemitério dos Vivos" (1983), investigação iniciada em 1976 por Julita Lengruber, constituem documentos históricos fundamentais para compreender a práxis crítica brasileira. São trabalhos de referência do ponto de vista teórico e metodológico e que demonstram, desde o empírico, as disfunções da pena de prisão, indícios já presentes na década de 1950 com o manifesto anticárcere "Penitência de um Penitenciarista" (1957), de Roberto Lyra (pai).

Desde o campo criminológico, esse conjunto de pesquisas consolidou uma primeira e original crítica da realidade carcerária nacional, sedimentando conceitos e metodologias que foram aprimorados em pesquisas empíricas posteriores (Sussekind, 2012, p. 11-21) não apenas nas prisões (Batista, 1979; Fragoso; Catão; Sussekind, 1980), mas ampliadas às demais instituições totais como os manicômios (Rauter, 1982) e as unidades de internação juvenil (Thompson, 1979).

Neste cenário no qual foram evidenciadas pela crítica criminológica as violências decorrentes da prisionalização, a Reforma Penal de 1984,

---

3. Na terceira edição do livro, Thompson justifica a necessidade de revisão do texto, sobretudo a sua segunda parte, intitulada "Sugestões para uma Reforma Penal", em razão do seu ceticismo quanto às políticas reformistas. Para demonstrar o equívoco das propostas apresentadas no texto original, acrescenta o capítulo "Irrecuperação Penitenciária" (Thompson, 1991, p. 109).

após inúmeras iniciativas legislativas na década anterior, soou como uma possibilidade real de humanização do sistema punitivo brasileiro. Na "Notícia Histórica" apresentada pelos reformadores, o novo sistema de penas proposto pela Lei n. 7.209/84 (Parte Geral do Código Penal) e pela Lei n. 7.210/84 (Lei de Execução Penal), "(...) traduz o ponto alto de um grande movimento que visa ajustar o nosso ordenamento positivo às contemporâneas exigências de proteção aos valores fundamentais à comunidade, de respeito ao patrimônio jurídico do Homem de modernidade científica" (Reale Jr.; Dotti; Andreucci; Pitombo, 1985, p. 1).

Ocorre que, uma década depois da Reforma, os sinais de que a crise apontada pela crítica era uma permanência restaram evidentes. E, neste ponto, a importância da tese de Cezar Bitencourt: *Falência da pena de prisão* incorpora o legado da crítica criminológica da década de 1970 e demonstra como a crise está para além das reformas penais. Embora o texto ainda guarde expectativas com as reformas humanitárias e demonstre algum ceticismo em relação ao abolicionismo (Bitencourt, 1993, p. 11-12), as constatações apresentadas por Cezar Bitencourt indicam que a falência é da própria possibilidade de humanização de instituições nos moldes carcerários, pois as violências institucionais persistem apesar da adoção do sistema correcional.

A hipótese bastaria para tornar o trabalho uma referência na literatura penológica latino-americana. Mas a tese vai além: problematiza o marco legal dos substitutivos penais que, no final da década de 1990, já irão demonstrar serem aditivos à pena de prisão, ou seja, alternativas à liberdade e não ao cárcere[4]; e articula os conhecimentos empírico e normativo, de forma a nutrir a dogmática de dados criminológicos, seguindo as diretrizes que já haviam sido fixadas desde os anos 1970 pelo seu orientador (Muñoz Conde, 1977).

---

4. "(...) a despeito da grande qualidade técnico-dogmática que representou essa reforma da Parte Geral do Código de 1940, a maior transformação consagrada pela Reforma Penal de 1984 — compelida pela síndrome da falência da pena de prisão — foi em relação à sanção penal. Evidentemente, sem chegar ao exagero da radical 'não intervenção', apresentou avanços elogiáveis na busca da desprisionalização de forma consciente e cautelosa. No entanto, a falta de vontade política, de dotação orçamentária, de infraestrutura, entre outros fatores, determinou a má aplicação das penas alternativas, ignorando-se os grandes avanços que a reforma trazia, deixando-se de aplicar as alternativas à prisão, quando não as aplicando equivocadamente" (Bitencourt, 2020, p. 1.357). Em sentido similar, Carvalho, 2000; Carvalho/Achutti, 2021.

Neste contexto, na linha de Calvino, a *Falência da pena de prisão* é uma "leitura de formação", um livro "(...) que nunca terminou de dizer aquilo que tinha para dizer"; um texto "(...) que persiste como rumor mesmo onde predomina a atualidade mais incompatível" (Calvino, 1991, p. 11-15). Por essas razões, como forma de homenagear o autor e a sua tese, propomos uma análise crítica do projeto de Reforma de 1984 e uma atualização do debate sobre abolicionismo penal.

2. REABILITAÇÃO SOCIAL E INTERVENCIONISMO ESTATAL

A nova forma de justificação das penas, no início do século XX, promoveu significativas alterações político-criminais após a Segunda Guerra. Ao longo do século XIX, a filosofia penal do liberalismo assistiu à disputa entre os discursos retributivo e intimidatório (prevenção geral negativa), um debate teórico que pode ser sintetizado na oposição Kant *versus* Beccaria e que marca o que pode ser definido como primeira modernidade penal (Carvalho, 2021).

Mas a concepção filosófica e o direcionamento político-criminal que conduzem à superação das justificativas retributivas e intimidatórias em favor da prevenção especial positiva estão intrinsecamente associados às transformações no perfil dos Estados, isto é, a reorientação na postura de intervenção estatal condiciona novos modelos de controle social. Embora seja possível imaginar (abstratamente) um modelo penológico de prevenção especial positiva não correcionalista, historicamente todos os sistemas correcionais foram legitimados por essa missão (Pavarini; Giamberardino, 2018, p. 33). A sobreposição do Estado intervencionista (*welfare*) ao Estado liberal alterou a expectativa quanto à atuação das instituições penais no controle do delito; e, para além da esfera política, no plano epistemológico a influência do positivismo e a consequente autonomização da criminologia em relação ao direito penal reforçou a concepção sobre a forma de ingerência do Estado na execução das punições.

Os discursos e as políticas de prevenção especial positiva tornam o delinquente o centro da resposta criminal (objeto de intervenção), o principal destinatário da ação estatal de reforma moral. Fundado em uma "etiologia das faltas" (Ruggiero, 2001), o paradigma *penal-welfare* (Garland, 2002) percebe o criminoso como um ser deficitário (*undersocialized*), com marcantes carências de ordem biopsicossocial que devem ser supridas pelas técnicas disciplinares da execução penal, notadamente pela intervenção do laboratório criminológico, de forma a evitar a reincidência.

Neste cenário, se o debate sobre a pena (finalidades e funções), nos séculos XVIII e XIX, era matéria dos pensadores do direito e da filosofia, no século XX, é compartilhado por profissionais das áreas da saúde mental e do serviço social. Psiquiatras, psicólogos, assistentes sociais e pedagogos ingressam com autoridade na discussão prático-teórica da punição introduzindo novos instrumentos para a realização da meta de reforma individual.

Assim, a estrutura *penal-welfare* produz um resultado híbrido que combina o *liberalismo*, caracterizado pelo princípio da legalidade, pelo processo formal e pelo castigo proporcional, com os compromissos *correcionalistas* baseados na reabilitação, no bem-estar e no conhecimento criminológico (Garland, 2002, p. 27). O *welfarismo* penal consagra-se, pois, como uma teoria penológica *e* uma prática criminológica que moldam a maneira de pensar os hábitos dos operadores e das autoridades encarregados de desenhar as políticas públicas punitivas no século XX, construindo uma *gramática* orientada à ressocialização. O novo sistema apresenta uma série de regras que estrutura a linguagem, o pensamento e as ações *standards* dos profissionais que atuam no campo punitivo (Garland, 2002, p. 38).

Em termos político-criminais, o modelo correcional da reabilitação social conduz a maioria das reformas penais dos países ocidentais na segunda metade do século passado. Logicamente que o percurso para a incorporação do correcionalismo em cada país foi distinto, sobretudo porque o seu vínculo com uma forma própria de Estado (intervencionista) requereu importantes investimentos para capacitação de profissionais e adequação de instalações — pense-se, p. ex., no peso da laborterapia para as políticas reabilitadoras e os recursos necessários para proporcionar atividades de formação para todos os detentos. Não por outra razão foi evidente o descompasso na efetivação da agenda *penal-welfare* entre os países ricos do Norte e os subdesenvolvidos e em desenvolvimento do Sul global.

3. A INSTITUCIONALIZAÇÃO FORMAL E A INEFETIVIDADE MATE-RIAL DO CORRECIONALISMO NO BRASIL: A REFORMA PENAL DE 1984 E A "FALÊNCIA DA PENA DE PRISÃO"

A maioria das reformas penais no Ocidente, notadamente aquelas realizadas nos países de tradição jurídica romano-germânica no pós-Segunda Guerra, foi conduzida pelo movimento da "Défense Sociale Nouvelle" protagonizado por Marc Ancel (1954) (Baratta, 1980, p. 43-50; Baratta, 2004, p. 444-456; Bitencourt, 1993, p. 121-131). O eixo central desta política criminal autointitulada humanitária e que adquiriu projeção internacional foi o da ressocialização do condenado (Bitencourt, 2020, p. 270). Ao seguir os rumos definidos pelo movimento europeu, a reforma penal brasileira de 1984 incorporou a pedagogia ressocializadora e seu instrumental normativo, baseado fundamentalmente (*primeiro*) na análise individual (diagnóstico) e definição do tratamento (prognóstico) ao condenado; e (*segundo*) na lógica da disciplina carcerária (meritocracia).

A adesão ao projeto da "Défense Sociale Nouvelle" foi identificada pela teoria penal brasileira (p. ex., Mirabete, 1995, p. 37-38) e assumida pelos próprios reformadores (Dotti, 1998). Não por outra razão, há referência ao movimento na Exposição de Motivos e os seus princípios estão expressos no texto da Lei de Execução Penal — "o sistema [de classificação dos presos] atende não somente aos direitos do condenado, como também, e inseparavelmente, aos interesses da defesa social" (Exposição de Motivos, § 29); "a execução penal tem por objetivo efetivar as disposições de sentença ou decisão criminal e proporcionar condições para a harmônica integração social do condenado e do internado" (Lei de Execução Penal, art. 1º).

No entanto, a ênfase no tratamento do delinquente (prevenção especial positiva) não ofuscou as demais funções da pena, notadamente as suas dimensões retributivas e dissuasivas (prevenção geral negativa). Isso porque, segundo Ancel, o movimento de defesa social não abdica de uma "política criminal de luta contra o crime", embora a principal arma dessa batalha seja a adoção de medidas voltadas ao delinquente "orientadas à prevenção da reincidência" (Ancel, 1987, p. 301).

A partir da "invenção penitenciária", o cumprimento das sentenças condenatórias foi encoberto pelo discurso da reforma do indivíduo ou da pena como terapia, deixando de lado a reprovação pelo ato criminoso. Assim, se no modelo tradicional o julgamento do caso estava concentrado no fato e a pena direcionada para a justa retribuição, no modelo de defesa social o que se procura é "restituição do ato à pessoa ou, mais precisamente, esse relacionamento existencial entre o fato e o seu autor, que as categorizações jurídicas impediam perceber (...)" (Ancel, 1987, p. 283). O exame científico do delinquente, elementar para o estabelecimento do programa ressocializador no interior da unidade carcerária deveria, pois, iniciar em momento anterior, durante a fase de julgamento, com o juiz realizando um trabalho cognitivo sobre a sua constituição biológica, reações psicológicas, história pessoal, situação social (Ancel, 1987, p. 284).

O desejo de maximização da reabilitação conduziu a um regime de penas indeterminadas, na medida em que para "reformar o sujeito" pelo encarceramento não faria sentido limitar o tempo de "tratamento" ao proporcionalmente fixado pela condenação. Nas palavras de Menninger, um dos principais defensores desta concepção, "se o recluso, como alguns dos pacientes psiquiátricos, não pode ser mudado por esforços genuínos para reabilitá-lo, devemos encarar o nosso fracasso e prever o seu confinamento indefinidamente continuado " (Menninger, 1988, p. 50-51). Assim, a punição torna-se uma medida de defesa social fundada mais no suposto perigo representado pelo perpetrador do que em sua real culpa.

Os princípios do correcionalismo, modelados pela "Défense Sociale Nouvelle", são regulados em inúmeros institutos da Lei de Execução Penal brasileira: (*primeiro*) nos instrumentos de classificação dos condenados (arts. 5º a 10); (*segundo*) na determinação de realização de exames gerais e criminológicos pelo centro de observação (arts. 96 a 98); (*terceiro*) na definição das sanções e recompensas disciplinares (arts. 53 a 56); e (*quarto*) na previsão de um sistema progressivo de penas baseado na transferência para regimes menos rigorosos (art. 112), na concessão de saídas temporárias (art. 120 a 125) e livramento condicional (art. 131 a 146), e na possibilidade de substituição da pena prisional por restritivas de direito no curso da execução (art. 148). Em relação à qualidade de vida prisional, a Lei de Execução Penal previu (*quinto*) atendimento às necessidades básicas de alimentação, vestuário e higiene (art. 12); (*sexto*) suporte médico, farmacêutico e odontológico (art. 14); (*sétimo*) assessoramento jurídico (art. 15); (*oitavo*) atividades de instrução escolar e formação profissional (art. 17); e (*oitavo*) direitos previdenciários (art. 23), religiosos (art. 24) e trabalhistas (arts. 28 a 37). Outrossim, em termos processuais, a reforma (*nono*) estabeleceu o controle judicial dos atos da administração carcerária e (*décimo*) alterou o *status* jurídico do preso, compreendido, desde então, como sujeito de direitos (e não mero objeto de intervenção punitiva).

A configuração legal da execução penal brasileira proposta na reforma de 1984 — com alguns avanços significativos, sobretudo em termos de garantia de direitos fundamentais e assistência básica — restou, porém, inviabilizada. Isto porque a validade das normas jurídicas não garante, *per se*, eficácia. Ademais, a própria implementação do Estado social brasileiro apresentou carências significativas. A falta de compromisso de distintos Governos (poder executivo) e as omissões no controle judicial em relação à efetividade dos direitos econômicos, sociais e culturais, sobretudo após a Constituição de 1988 e notoriamente no campo da execução penal (Bitencourt, 1993, p. 142-145), tornaram o Estado social brasileiro (e o seu projeto correcionalista, em consequência) um simulacro (Streck, 2002, p. 6.593;

Streck, 2003). Na leitura de Neves, nos países periféricos como o Brasil predomina uma "desconstitucionalização fática" voltada à manutenção do *status quo* social e que "serve à permanência das estruturas reais de poder, em desacordo com o modelo textual de Constituição, cuja efetivação relevante importaria profundas transformações sociais" (Neves, 1995, p. 158).

A análise criminológica da realidade penitenciária no Brasil indica, pois, essa histórica postura omissiva dos poderes constituídos em efetivar as diretrizes legais (Lei de Execução Penal) e constitucionais (princípio da humanidade das penas, vedação de penas cruéis e garantia da integridade física e moral dos presos, art. 5º, incisos XLVII e XLIX, Constituição). As evidências não são apenas apresentadas por especialistas (Batista, 2012; Bitencourt, 1993, p. 142-210; Bitencourt, 2020, p. 1.313-1.323; Carvalho, 2019; Pavarini/Giamberardino, 2018), centros de pesquisa (Fórum Brasileiro de Segurança Pública, 2021, p. 192-213) e organizações de direitos humanos (Anistia Internacional, 2018; Human Rights Watch, 2019, p. 91-101), pois a violação sistemática da própria legalidade foi reconhecida pela Suprema Corte ao declarar o estado de coisas inconstitucional da execução penal no país: "a conclusão deve ser única: no sistema prisional brasileiro, ocorre violação generalizada de direitos fundamentais dos presos no tocante à dignidade, higidez física e integridade psíquica. As penas privativas de liberdade aplicadas em nossos presídios convertem-se em penas cruéis e desumanas" (Supremo Tribunal Federal, 2015, p. 6-7). Não por outra razão, se é evidente que todo encarceramento nessas condições constitui uma pena cruel e desumana, os juízes se tornam autores mediatos de penas ilícitas e autores diretos do abandono de pessoas (Zaffaroni, 2021, p. 47).

Evidente, portanto, que as condições materiais da execução penal no Brasil inviabilizaram qualquer tentativa de implementação de efetivas políticas ressocializadoras. No entanto, como a estrutura normativa segue as premissas da prevenção especial positiva, o processo judicial na execução penal opera em um descolamento da realidade, visto que institutos como os da progressão de regime e do livramento condicional estão moldados pela lógica correcional. Assim, mesmo evidenciadas as condições degradantes de cumprimento de pena, a falta de atividade formativa (ensino formativo, profissionalizante ou laborterapia, p. ex.) e a ausência de apoio psicológico e social regular ao condenado e à sua família, a lei e os Tribunais exigem, como condição para progressão de regime e/ou liberdade sob condições, laudos criminológicos que atestem a "ressocialização" do condenado (neste sentido, Carvalho/Weigert, 2021; Carvalho, 2007; Guindani, 2007; Hoenish, 2007; Torres, 2007).

Dois desses problemas parecem ser centrais nesse contexto que reflete não apenas a permanente crise penitenciária brasileira, mas a de toda a América Latina: (*primeiro*) do ponto de vista criminológico, as condições degradantes impostas aos apenados e a impossibilidade material de se pensar qualquer política ressocializadora (Bitencourt, 1993, p. 124-132; 2020, p. 1.328-1.331; Pavarini; Giamberardino, 2018, p. 207-233); e (*segundo*) do ponto de vista jurídico-penal, a (i)legitimidade da exigência de indicativos ressocializadores para progressão de regime frente às condições reais de cumprimento de pena. Importante sublinhar, ainda, que a Constituição brasileira de 1988, diferente da maioria dos textos constitucionais dos países de tradição jurídica romano-germânica do pós-Guerra, não adotou, como justificativa e finalidade das penas, a ressocialização. No ponto, a Constituição, abdicando dos idealismos, aposta em uma postura realista ou agnóstica assentada na ideia de redução de danos (Carvalho, 2015, p. 243-269) — excepcionalidade da pena de prisão; vedação de penas cruéis e degradantes; garantia da individualização das penas e dignidade dos apenados —, embora, conforme indicado, bastante distante da realidade prisional.

4. O GIRO ENCARCERADOR (NEORRETRIBUTIVISMO) E A INEFETIVIDADE DOS SUBSTITUTIVOS PENAIS

Sublinham Pavarini e Giamberardino que apesar de as teorias de prevenção especial positiva terem sido céticas, no plano abstrato, quanto à possibilidade de ressocialização através da prisão, os sistemas correcionais de justiça penal jamais conseguiram renunciar ao cárcere. Pelo contrário, a recente história da punição demonstra que o correcionalismo difundiu e fortaleceu a pena de prisão, inclusive agregando ao arquipélago carcerário formas diversas de punir (Pavarini; Giamberardino, 2018, p. 34).

O paradoxo identificado pelos autores, porém, é o de que, mesmo dependente do cárcere, o correcionalismo estava moldado pelo otimismo de uma pena integradora e que implicava no envolvimento do corpo social no apoio ao apenado e na resposta ao delito (Pavarini; Giamberardino, 2018, p. 35). Apesar de ser inexequível materialmente a socialização através do cárcere e de ser questionável o projeto em relação aos limites constitucionais, sobretudo em razão das garantias aos direitos individuais dos condenados frente às políticas de condicionamento moral (Bitencourt, 1993, p. 128-130), o correcionalismo seguia uma diretriz inclusiva, decorrente de um projeto no qual Estado e sociedade assumiam o papel de protagonistas no tratamento do preso.

No entanto o giro punitivo enfrentado pelos países ocidentais a partir da década de 80, sob a liderança político-econômica dos Estados Unidos da América, redefiniu os fins da pena sob a lógica do neorretributivismo (paradigma do justo merecimento) e, em consequência, o papel dos atores da execução penal. O fenômeno do grande encarceramento foi amplamente descrito pela Criminologia do Norte global (Christie, 1993; Davis, 2003; Garland, 2002; Pratt, 2007; Wacquant, 2009; Young, 2007, dentre outros) e o seu impacto nos países do Sul foi igualmente explorado pelos criminólogos locais (Abramovay; Batista, 2010; Batista, 2012; Carvalho, 2019; Pavarini; Giamberardino, 2018, dentre outros).

No Brasil, as reformas político-criminais da década de 1990, inspiradas nos Movimentos de Lei e Ordem e de Tolerância Zero, agregaram às omissões históricas de déficit de vagas prisionais e de condições degradantes dos cárceres um aumento superlativo da população carcerária — de 51,1 presos por cem mil habitantes no ano da publicação da Lei de Execução Penal (1984) para 358,7 em 2020 (Fórum Brasileiro de Segurança Pública, 2021, p. 192). Assim, em acréscimo à ausência de condições materiais mínimas para o tratamento dos presos, foram encarceradas milhares de pessoas em condições subumanas. Importante frisar que este contexto de descaso e de agudização da barbárie no sistema carcerário brasileiro é marca de todos os governos do período pós-redemocratização, ou seja, atravessou políticas de distintas perspectivas econômicas e ideológicas (Carvalho, 2019).

Ademais, é igualmente fundamental destacar que apesar das inúmeras tentativas de efetivar as alternativas à prisão e ao processo penal, a política dos substitutivos penais seguiu o diagnóstico antecipado pela criminologia crítica desde Cohen: afinamento da malha e expansão da rede (Cohen, 1979). Inclusive os recentes projetos de justiça restaurativa encontram-se em risco, sobretudo em razão da adesão substantiva dos atores do processo penal brasileiro ao punitivismo (Carvalho; Achutti, 2021).

Tudo isso evidencia a crise do ideal de reabilitação como uma das dimensões da crítica global dos discursos de justificação da pena. Mas a crítica da pena não necessariamente descarta a reabilitação social como uma meta legítima (Bitencourt, 2020, p. 1.344-1.347), desde que seu significado seja totalmente reformulado e absorva a premissa de rejeição ao correcionalismo penal. É neste ponto que ganha força o abolicionismo penal, em sua dimensão positivo-transformativa, como ponto de conexão com a teoria da reabilitação social.

5. CONSIDERAÇÕES FINAIS: FALÊNCIA DA PRISÃO, REABILITAÇÃO SOCIAL E ABOLICIONISMO PENAL

Na abertura da Segunda Conferência Internacional sobre Abolicionismo Prisional, realizada em Amsterdã em 1985, René van Swaaningen sintetizou: o abolicionismo penal quer libertar a sociedade abolindo os meios penais de coerção, desconstruindo nosso pensamento punitivo e substituindo-os por meios reparadores (Bianchi; Swaaningen, 1986, p. 9). Nesse sentido, sabe-se que o sistema de justiça criminal é um problema social em si, não uma solução. Por essa razão, falar em abolicionismo penal é um exercício de imaginação e desconstrução da ideia de que não há outras formas de lidar com o problema do dano e da violência.

A tese central do abolicionismo penal é a de que o sistema de justiça criminal e suas penas não cumprem suas promessas; pelo contrário, causam novos problemas, são contraprodutivos. Há várias dimensões para o que se pode entender por abolicionismo penal: uma perspectiva teórica, uma nova linguagem, uma rede complexa de movimentos sociais, uma forma estratégica de engajamento político, um conjunto de valores e princípios ético-políticos ou simplesmente uma *práxis* revolucionária (Coyle; Scott, 2021).

O eixo comum dessas perspectivas é a resistência à expansão do sistema prisional e à desconstrução da lógica penal. E como o abolicionismo penal se conectaria com a teoria da reabilitação social? Primeiro, através da ressignificação do próprio conceito no plano normativo; em seguida, a construção de novas práticas e políticas voltadas ao fortalecimento dos laços sociais, à redução da desigualdade e à resolução de conflitos — "a mudança de uma ação punitiva para uma ação transformativa" (Coyle; Scott, 2021, p. 7) ou a busca de uma *justiça transformativa*.

Incorporando a crítica empírica e política da sociologia da prisão, qualquer projeto de reabilitação social deve conceber tais instituições como obstáculos e não como mecanismos de sua promoção. Sua concretização prática se dará, portanto, como políticas de redução de danos, combate à exclusão social e garantia de direitos sociais.

Aliás, este foi o propósito de importante contribuição de Baratta (1991), discutido por Bitencourt (2020, p. 1.331-1.344), ao propor um *con-*

ceito crítico de reintegração social. Em suma, Baratta afirma preferir o conceito de reintegração social — análogo ao conceito de reabilitação social — a outros como "ressocialização" ou "tratamento" justamente porque evita colocar o sujeito em posição passiva e as instituições em posição ativa, o que reproduziria resíduos anacrônicos da velha criminologia positivista. Nesta direção, "o conceito de reinserção social requer a abertura de um processo de comunicação e interação entre a prisão e a sociedade, no qual os cidadãos encarcerados na prisão se reconheçam na sociedade externa e a sociedade externa se reconheça na prisão" (Baratta, 1991, p. 255).

Há, portanto, uma mudança profunda quanto aos instrumentos que passam a ter por foco as condições materiais de exclusão e requerem a transformação não apenas do indivíduo, mas do meio social, da comunidade e, sobretudo, das instituições. Mas também há que se modificar os objetivos, que deixam de simplesmente girar em torno da redução da reincidência para projetar um sentido mais amplo e profundo de inclusão e garantia de acesso aos direitos. "Ressocialização" e "tratamento" passam a ser concebidos em termos de serviços e políticas públicas voltadas à educação, ao trabalho e à renda de condenados e egressos do sistema penitenciário.

No ponto, a perspectiva de Baratta é de certa forma incorporada por Bitencourt:

> "Assim como não aceitamos o repúdio, puro e simples, do *objetivo ressocializador*, também não vemos como possível pretender que a *readaptação social* seja uma responsabilidade exclusiva das disciplinas penais, visto que isso suporia ignorar o sentido da vida e a verdadeira função das referidas disciplinas. Não se pode atribuir às disciplinas penais a responsabilidade exclusiva de conseguir a completa *ressocialização* do delinquente, ignorando a existência de outros programas e meios de controle social de que o Estado e a sociedade devem dispor com objetivo ressocializador, como são a família, a escola, a Igreja etc. A *readaptação social* abrange uma problemática que transcende os aspectos puramente penal e penitenciário. Na busca da correção ou da readaptação do delinquente não se pode olvidar que estes objetivos devem subordinar-se à Justiça. Tal conceito é necessário dentro de qualquer relação, e não deve ser interpretado do ponto de vista estritamente individual" (Bitencourt, 2020, p. 1.345).

O projeto anunciado por Baratta, com a revisão semântica do próprio sentido de reintegração social, é coerente com a dimensão positiva do debate abolicionista que, embora presente, ganha novo fôlego no início deste século. Nas últimas décadas, uma nova geração de acadêmicos e ativistas enfatiza a dimensão positiva da abolição, indo além da mera *negatividade* (Scheerer, 1986, p. 12). Nestes termos, a pesquisa sobre o abolicionismo penal ampliou seu horizonte e se projetou nas próprias condições políticas e sociais que estruturam as práticas punitivas a serem abolidas. Trata-se de um olhar propositivo e holístico, voltado não simplesmente à supressão de práticas ou instituições, mas à transformação das condições materiais e das racionalidades que sustentam as instituições totais.

McLeod propõe um conceito de abolicionismo que compreenda "um conjunto de princípios e projetos positivos orientados para substituir uma constelação de outros projetos regulatórios e sociais para a aplicação da lei penal" (McLeod, 2015, p. 1.159). Em outras palavras, trata-se de reconhecer os danos causados pelas práticas punitivas e defender sua rejeição e substituição por alternativas razoáveis e factíveis diante de problemas que não são individuais, mas sociais, econômicos e políticos.

Além da supressão da instituição carcerária, o objetivo passa a ser a construção de uma sociedade que não necessite de prisões (Roberts, 2019, p. 6). O abolicionismo penal apresenta-se, pois, como uma instância política que deve enfrentar a demanda carcerária da sociedade e criar estratégias para reduzir as desigualdades sociais. Nesta perspectiva, o conceito de dano social é uma categoria-chave "para redefinir o vocabulário relacionado ao domínio semântico do crime e criar novas instituições" (Santorso, 2016, p. 15). A questão levantada é a de como "os objetivos declarados do direito penal podem ser abordados por meios inteiramente à parte da aplicação da lei criminal" (McLeod, 2015, p. 1.160).

Ao inspirar novas formas de organização social, a atitude abolicionista visa ativar os laços de solidariedade e abrir o debate sobre como construir um modelo de justiça alinhado com a ética abolicionista crítica. A propósito, a necessidade de construção de uma "democracia abolicionista" não é um debate exatamente novo se olharmos para a luta contra a escravidão no século 19 e os períodos subsequentes que mostraram como era necessário muito mais que a supressão formal das condições de escravização.

Du Bois enfatizou a importância de ações positivas e da criação de uma democracia irmanada com a consolidação política e cultural dos direitos e da igualdade, ou seja, a abolição como um projeto positivo que denominou de "abolition democracy" (Du Bois, 1935). Angela Davis trouxe o debate para a questão penal e confrontou o projeto com a existência do complexo penitenciário-industrial (Davis, 2003). O encarceramento em massa e a seletividade e a letalidade policiais seriam evidências do fracasso em construir uma "democracia da abolição" (ou "democracia abolicionista"[5]), entendida como ordem social capaz de superar o racismo, as injustiças sociais e incorporar a todos de maneira igualitária (Davis, 2005).

No Brasil, em 1883, Nabuco falou sobre a necessidade de uma "segunda abolição" após a supressão formal da política escravagista (Nabuco, 2000). Como é notório, a segunda abolição jamais ocorreu e o país luta até hoje pela consolidação política e cultural da igualdade e da solidariedade. O sistema penitenciário não é, pois, apenas um dos sintomas desta segunda abolição não realizada, mas um dos seus maiores obstáculos.

A ideia crítica de reabilitação social, sob este prisma, só fará sentido se orientada ética e politicamente para esta segunda abolição, ou seja, para a ativação de laços comunitários e a garantia de direitos de modo a conter e desconstruir o Estado Penal e suas racionalidades.

BIBLIOGRAFIA

ABRAMOVAY, Pedro; BATISTA, Vera Malaguti (orgs.). **Depois do grande encarceramento**. Rio de Janeiro: Revan, 2010.

AKBAR, Amna. An Abolitionist Horizon for (Police) Reform. **California Law Review**, v. 108, n. 6, 2020.

ANCEL, Marc. **A nova defesa social**. Rio de Janeiro: Forense, 1987.

ANCEL, Marc. **La défense sociale nouvelle**: un mouvement de politique humaniste. Paris: Cujas, 1954.

Anistia Internacional. **O Estado dos Direitos Humanos no Mundo** (Informe 2017/18), Rio de Janeiro, 2018.

BARATTA, Alessandro. Resocialización o Control Social: por un concepto crítico de "reintegración social" del condenado. *In*: ARAUJO JR., João Marcello (org.). **Sistema Penal para o Terceiro Milênio**: atos do Colóquio Marc Ancel. Rio de Janeiro: Revan, 1991.

BATISTA, Nilo. Aspecto da sexualidade nas prisões do Rio de Janeiro. **Revista de Direito Penal**, n. 28, 1979.

BATISTA, Vera Malaguti. **Introdução crítica à criminologia brasileira**. Rio de Janeiro: Revan, 2012.

---

5. Na versão brasileira, "abolition democracy" é traduzida como "democracia da abolição" (Davis, 2009), embora os autores prefiram o termo democracia abolicionista.

BIANCHI, Herman; SWAANINGEN, René van (eds). **Abolitionism**: towards a non-repressive approach to crime. Amsterdam: Free University Press, 1986.

BITENCOURT, Cezar R. **Falência da pena de prisão**: causas e alternativas. São Paulo: Revista dos Tribunais, 1993.

BITENCOURT, Cezar R. **Tratado de Direito Penal**: parte geral. v. 1. 26. ed. São Paulo: Saraiva, 2020.

BRASIL. Supremo Tribunal Federal. Medida Cautelar na Arguição de Descumprimento de Preceito Fundamental n. 347/Distrito Federal. Relator: Ministro Marco Aurélio. Plenário, Brasília, 9 set. 2015.

CALVINO, Italo. **Por que ler os clássicos**. 2. ed. São Paulo: Companhia das Letras, 1991.

CARVALHO, Salo; ACHUTTI, Daniel. Justiça restaurativa em risco: a crítica criminológica ao modelo judicial brasileiro. **Revista Sequência**, v. 42, n. 87, 2021.

CARVALHO, Salo de. Kant contra Beccaria (ou o alerta do liberalismo aos modelos de justiça penal premial). **Revista de Estudos Criminais**, v. 20, n. 80, 2021.

CARVALHO, Salo. A Estrutura Lógica e os Fundamentos Ideológicos do Sistema de Penas no Projeto de Lei Anticrime. **Revista da Faculdade de Direito UFPR**, v. 64, n. 3, 2019.

CARVALHO, Salo. **Antimanual de criminologia**. 5. ed. São Paulo: Saraiva, 2015.

CARVALHO, Salo. Substitutivos Penais na Era do Grande Encarceramento. *In*: ABRAMOVAY, Pedro V.; BATISTA, Vera Malaguti (orgs.). **Depois do Grande Encarceramento**. Rio de Janeiro: Revan, 2010.

CARVALHO, Salo. O (Novo) Papel dos Criminólogos na Execução Penal: as alterações estabelecidas pela Lei 10.792/03. *In*: CARVALHO, Salo (org.). **Crítica à execução penal**. 2. ed. Rio de Janeiro: Lumen Juris, 2007.

CHRISTIE, Nils. **A suitable amount of crime**. New York: Routledge, 2004.

CHRISTIE, Nils. **Crime control as industry**: towards gulags, western style? London: Routledge, 1993.

COHEN, Stanley. **The punitive city**: notes on the dispersal of social control. Contemporary Crises, v. 3, n. 4, 1979.

COYLE, Michael; SCOTT, David. Introduction: the six hues of penal abolitionism. *In*: COYLE, Michael; SCOTT, David. **The Routledge International Handbook of Penal Abolitionism**. New York: Routledge, 2021.

COYLE, Michael. **Talking Criminal Justice**: Language and the just society. New York, Routledge, 2013.

DAVIS, Angela. **Are prisons obsolete?** New York: Seven Stories Press, 2003.

DAVIS, Angela. **A Democracia da Abolição**: para além do império das prisões e da tortura. Rio de Janeiro: Difel, 2009.

DAVIS, Angela. **Abolition Democracy**: beyond empire, prisons, and torture. New York: Seven Stories Press, 2005.

DOTTI, Rene Ariel. **Bases alternativas para o sistema de penas**. São Paulo: Revista dos Tribunais, 1998.

DU BOIS, W. E. Burghardt. **Black reconstruction**. New York: Harcourt, Brace and Compan, 1935.

FÓRUM BRASILEIRO DE SEGURANÇA PÚBLICA. **Anuário Brasileiro de Segurança Pública 2020**, São Paulo: FBSP, 2021.

FOUCAULT, Michel. **Vigiar e punir**: história da violência nas prisões. 8. ed. Petrópolis: Vozes, 1987.

FRAGOSO, Heleno; CATÃO, Yolanda; SUSSEKIND, Elizabeth. **Direitos dos presos**. Rio de Janeiro: Forense, 1980.

GARLAND, David. **The culture of control**: crime and social order in contemporary society. Chicago: University of Chicago Press, 2002.

GUINDANI, Mirian. Tratamento Penal. *In*: CARVALHO, Salo (org.). **Crítica à execução penal**. 2. ed. Rio de Janeiro: Lumen Juris, 2007.

HOENISCH, Julio Cesar. A Psicologia entre Nuvens e Granito. *In*: CARVALHO, Salo (org.). **Crítica à execução penal**. 2. ed. Rio de Janeiro: Lumen Juris, 2007.

HULSMAN, Louk. Critical Criminology and the Concept of Crime. **Contemporany Crises**, v. 10, n. 1, 1986.

HULSMAN, Louk; BERNAT DE CELIS, Jacqueline. **Penas perdidas**: o sistema penal em questão. Rio de Janeiro: Luam Press, 1997.

HUMAN RIGHTS WATCH. **World Report**: events of 2018, United States of America, [New York]: Human Rights Watch, 2019.

IAB. Comissão de Criminologia. Indicação n. 086/2001: Parecer sobre o Projeto de Lei n. 2213/21, que altera a Lei n. 7.210/84, Lei de Execução Penal, a fim de estabelecer o exame criminológico como condição necessária à progressão ao regime aberto e à concessão de saída temporária aos apenados. Indicante: Marcia Dinis. Relatores: Mariana de Assis Brasil e Weigert e Salo de Carvalho. [S. l.], 2001.

LENGRUBER, Julita. **Cemitério dos vivos**: análise sociológica de uma prisão de mulheres. Rio de Janeiro: Achiamé, 1983.

LYRA FILHO, Roberto. **Criminologia dialética**. Rio de Janeiro: Borsoi, 1972.

LYRA FILHO, Roberto. **Perspectivas atuais da criminologia**: método, problemas e aplicações. Recife: Imprensa Oficial, 1967.

LYRA, Roberto. Penitência de um penitenciarista. *In*: LYRA, Roberto. **Novo Direito Penal**. v. 3. Rio de Janeiro: Borsoi, 1971.

MCLEOD, Allegra. Prison Abolition and Grounded Justice. **UCLA Law Review**, v. 62, 2015.

MELOSSI, Dario; PAVARINI, Massimo. **Cárcere e fábrica**: as origens do sistema penitenciário (séculos XVI-XIX). Rio de Janeiro: Revan, 2006.

MENNINGER, Karl. Therapy, not Punishment. *In*: BAIRD, Robert.; ROSENBAUM, Stuart (orgs.). **Philosophy of Punishment**. Buffalo, NY: Prometheus Books, 1988.

MIRABETE, Julio Fabrini. **Execução penal**: comentários à Lei 7.210/84. 5. ed. São Paulo: Atlas, 1995.

MIRALLES, Tereza. **Atitudes e percepções da mulher detenta no Rio de Janeiro**: relatório de pesquisa. Rio de Janeiro: PUC-Rio, 1973.

MUÑOZ CONDE, Francisco. Para uma Teoria Crítica do Direito Penal. **Revista de Direito Penal**, v. 24, 1977.

NABUCO, Joaquim. **O Abolicionismo**. São Paulo: PubliFolha, 2000.

NEVES, Marcelo. Constitucionalização Simbólica e Desconstitucionalização Fática: mudança simbólica da Constituição e permanência das estruturas reais de poder. **Revista Trimestral de Direito Público**, n. 12, 1995.

PAVARINI, Massimo; GIAMBERARDINO, Andre. **Curso de penologia e execução penal**. Florianópolis: Tirant lo Blanch, 2018.

PAVARINI, Massimo. Vivere una Città Sicura: idee per un progetto di prevenzione integrata in un quartiere cittadino. **Sicurezza e Territorio**, n. 1. Bologna: L'Angelo Azzurro, 1992.

PRATT, John. **Penal populism**. London: Routledge, 2007.

RAUTER, Cristina. **Criminologia e poder político no Brasil**. 1982, Dissertação (Mestrado em Filosofia) — Pontifícia Universidade Católica do Rio de Janeiro, Rio de Janeiro, 1982.

REALE JR., Miguel; DOTTI, René Ariel; ANDREUCCI, Ricardo; PITOMBO, Sergio de Moraes. **Penas e medidas de segurança no Novo Código**. São Paulo: Forense, 1985.

ROBERTS, Dorothy. Abolition Constitutionalism. **Harvard Law Review**, v. 133, 2019.

RUGGIERO, Vicenzo. **Crime and markets**: essays in Anti-Criminology. Oxford: Oxford University Press, 2001.

RUSCHE, Georg; KIRCHHEIMER, Otto. **Punição e estrutura social**. Rio de Janeiro: Freitas Bastos, 1999.

SANTORSO, Simone. The political instance of abolitionism: consideration on social justice and intersectionality. *In*: BECKMANN, Andrea; MOORE, John; WAHIDIN, Azrini (eds.) **Penal Abolitionism**: papers from the Penal Law, Abolition and Anarchism Conference. London: EG Press Limited, 2016.

SANTOS, Juarez Cirino. **A criminologia da repressão**: uma crítica ao positivismo em criminologia. Rio de Janeiro: Forense, 1979.

SANTOS, Juarez Cirino. **A criminologia radical**. Rio de Janeiro: Forense, 1981.

SANTOS, Juarez Cirino. **As raízes do crime**: um estudo sobre as estruturas e as instituições da violência. Rio de Janeiro: Forense, 1984.

SCHEERER, Sebastian. Towards Abolitionism. **Contemporary Crises**, v. 10, 1986.

STRECK, Lenio. Jurisdição Constitucional e Hermenêutica: Perspectivas e Possibilidades de Concretização dos Direitos Fundamentais-Sociais no Brasil. **Novos Estudos Jurídicos**, v. 8, n. 02, 2003.

STRECK, Lenio. **Jurisdição constitucional e hermenêutica**: uma nova crítica do direito. Porto Alegre: Livraria do Advogado, 2002.

SÜSSEKIND, Elizabeth. **Estratégias de sobrevivência e de convivência nas prisões do Rio de Janeiro**. 2015. Tese (Doutorado em História,

Política e Bens Culturais) — Centro de Pesquisa e Documentação de História Contemporânea do Brasil — CPDOC. Programa de Pós-Graduação em História, Política E Bens Culturais — Fundação Getulio Vargas, Rio de Janeiro, 2014.

THOMPSON, Augusto. **A questão penitenciária**. 3. ed. Rio de Janeiro: Forense, 1991.

THOMPSON, Augusto. O Trabalho na Funabem com Menores Infratores numa Visão Crítico-Criminológica. **Revista de Direito Penal**, n. 26, 1979.

TORRES, Andrea. A Lei de Execução Penal e as Atribuições do Serviço Social no Sistema Penitenciário. *In*: CARVALHO, Salo (org.). **Crítica à execução penal**. 2. ed. Rio de Janeiro: Lumen Juris, 2007.

VAN DIJK, Jan J. M.; WAARD, Jaap. A Two-Dimensional Typology of Crime Prevention Projects. **Criminal Justice Abstracts**, v. 23, n. 3, 1991.

WACQUANT, Loic. **Punishing the poor**: the neoliberal government of social insecurity. Duke: Duke University Press, 2009.

YOUNG, Jock. **The exclusive society**: social exclusion, crime and difference in Late Modernity. London: Sage, 2007.

ZAFFARONI, Eugenio Raúl. **Colonização punitiva e totalitarismo financeiro**: a criminologia do ser-aqui. Rio de Janeiro: Da Vinci, 2021.

CAPÍTULO 4

IL SIGNIFICATO DELLA PENA (E DELLA SUA RINUNCIA) NELL'ORDI-NAMENTO PENALE ITALIANO

Andrea R. Castaldo[1]

Quando si parla di 'sanzione penale' spesso si evoca l'idea di un castigo inflitto a chi ha commesso un fatto considerato socialmente e giuridicamente ingiusto; di conseguenza, la pena da irrogare viene qualificata come uno strumento di afflizione, di punizione riconducibile per sua natura all'area del diritto penale.

In realtà, il problema della giustificazione della pena ha da sempre abbracciato — ed abbraccia tutt'oggi — gli aspetti più disparati delle scienze comportamentali come la filosofia, la sociologia e finanche la psicologia.

Sebbene il trattamento punitivo trovi la sua *ratio* nella figura del reato, la quale è indissolubilmente legata a quella della pena, il suo valore sociale non può essere, infatti, disgiunto dal rapporto Stato-persona.

Fin dalle origini, il sistema delle sanzioni penali ha trovato dimora nella esigenza di una risposta sanzionatoria dello Stato sensibilmente severa, giacché dominata dall'esistenza di pene efferate e corporali, spesso infamanti.

Nel corso dei secoli, il mutamento dei valori socio-culturali, unitamente alle esigenze di garanzia sottese agli scopi che giustificano lo Stato ad infliggere pene nei confronti dell'essere umano, ha permesso una significativa mitigazione della durezza del sistema sanzionatorio penalistico, tanto da sfociare in un ordinamento in cui la pena detentiva ha guadagnato

---

1. Ordinario di Diritto Penale — Università degli Studi di Salerno. Segretario Generale per l'Europa I.C.E.P.S. (International Center of Economic Penal Studies).

spazio rispetto alle pene disumane del passato, raggiungendo l'importante traguardo dell'abolizione della pena di morte in molteplici Paesi[2].

L'uso della forza esercitata dallo Stato attraverso l'inflizione della pena nei confronti dei condannati ha subito, per l'effetto, un significativo ridimensionamento nella più risolutiva ottica di tutela dei diritti umani e della dignità personale, considerati come limiti invalicabili oltre i quali la potestà statale non può agire.

In Italia è la Costituzione a consacrare i confini della potestà punitiva dello Stato, la quale all'art. 27, comma 3 sancisce che *"le pene non possono consistere in trattamenti contrari al senso di umanità e devono tendere alla rieducazione del condannato"*.

La portata della funzione rieducativa della pena appare, dunque, chiara nei termini del precetto costituzionale, il quale impone al legislatore l'obbligo di avere costantemente di mira la risocializzazione del condannato nella predisposizione delle norme incriminatrici, individuandone sin dal principio i mezzi idonei alla sua realizzazione.

Il trattamento penale deve essere quindi ispirato a criteri di umanità per poter rappresentare compiutamente il necessario presupposto per il recupero sociale del condannato, al quale viene riconosciuto un vero e proprio "diritto alla rieducazione"[3].

Nella individuazione delle sanzioni penali il legislatore italiano è chiamato, pertanto, a rispettare i confini delimitati dall'art. 27, comma 3 Cost., non potendo prevedere pene con un carattere afflittivo lesivo del generale senso di umanità.

Attraverso questo principio, la Carta Costituzionale risponde alla componente di "esclusione" tipica della funzione punitiva, con l'arma "inclusiva" della risocializzazione di coloro che violano la norma penale, nel rispetto della funzione di prevenzione speciale che qualifica la pena come uno strumento per prevenire il compimento di ulteriori futuri reati da parte di chi — avendoli già commessi — ha subito la relativa condanna[4].

---

2. Sempre istruttivo l'insegnamento di C. Beccaria, **Dei delitti e delle pene**, Feltrinelli, Milano 2016.

3. Corte Costituzionale, sentenza n. 204 del 1974.

4. G. Marinucci, E. Dolcini, G.L. Gatta, **Manuale di diritto penale — Parte generale**, Milano 2020.

Il binomio reato-pena riesce a coniugarsi perfettamente con i limiti posti dal rispetto della dignità umana attraverso alcuni istituti che, sotto varie forme, delimitano l'attuale potere punitivo dello Stato italiano.

Di recente il legislatore ha introdotto nel novero dei delitti contro la persona il reato di tortura, il quale è stato posto a presidio assoluto della dignità umana.

Storicamente, questa brutale pratica è esistita per secoli, strumentalizzando l'essere umano per i propri fini, fino a ridurlo ad oggetto, a mero mezzo per perseguire scopi di natura politica; tuttavia, la funzione deterrente della pena-tortura è stata sconfessata già in epoca illuminista, nella quale prendeva piede la necessità di creare un sistema punitivo ispirato ai criteri di certezza e proporzionalità, nel pieno rispetto del senso di umanità.

Attualmente la dignità, intesa come valore intrinseco dell'esistenza umana, rappresenta la dimora di tutti i diritti dell'uomo, ecco perché la sua lesione costituisce una vera e propria ferita allo Stato di diritto.

In Italia il delitto di tortura è stato introdotto dalla Legge n. 110 del 2017, la quale -riflettendo compiutamente i principi democratici che governano la Nazione- ha ammesso per la prima volta il disvalore penale di tale condotta, oggi disciplinata dall'art. 613-*bis* del Codice penale, il quale punisce "*chiunque, con violenze e minacce gravi, ovvero agendo con crudeltà, cagiona acute sofferenze fisiche o un verificabile trauma psichico a una persona privata della libertà personale o affidata alla sua custodia, potestà, vigilanza, controllo, cura o assistenza, ovvero che si trovi in condizioni di minorata difesa*"[5].

---

5. Codice Penale, art. 613-bis: "Chiunque, con violenze o minacce gravi, ovvero agendo con crudeltà, cagiona acute sofferenze fisiche o un verificabile trauma psichico a una persona privata della libertà personale o affidata alla sua custodia, potestà, vigilanza, controllo, cura o assistenza, ovvero che si trovi in condizioni di minorata difesa, è punito con la pena della reclusione da quattro a dieci anni se il fatto è commesso mediante più condotte ovvero se comporta un trattamento inumano e degradante per la dignità della persona.

Se i fatti di cui al primo comma sono commessi da un pubblico ufficiale o da un incaricato di un pubblico servizio, con abuso dei poteri o in violazione dei doveri inerenti alla funzione o al servizio, la pena è della reclusione da cinque a dodici anni.

Il comma precedente non si applica nel caso di sofferenze risultanti unicamente dall'esecuzione di legittime misure privative o limitative di diritti.

Se dai fatti di cui al primo comma deriva una lesione personale le pene di cui ai commi precedenti sono aumentate; se ne deriva una lesione personale grave sono aumentate di un terzo e se ne deriva una lesione personale gravissima sono aumentate della metà.

Non è un caso che la novella legislativa sia approdata in Italia a seguito della condanna emessa nel 2015 dalla Corte Europea dei Diritti dell'Uomo[6], che ha sanzionato lo Stato italiano per la mancanza di adeguate ed effettive misure di prevenzione e repressione delle condotte di tortura, contrarie all'art. 3 della Convenzione Europea dei Diritti dell'Uomo e delle Libertà Fondamentali[7], il quale sancisce espressamente il divieto di tortura, ormai fondamento delle principali statuizioni internazionali già dal 1948[8], nonché oggetto di una specifica Convenzione[9] che l'Italia ha ratificato nel 1989.

Tecnicamente la tortura può essere definita come una inflizione deliberata di sofferenze fisiche e/o psichiche che può assumere -ed ha assunto in passato- carattere repressivo.

L'incompatibilità tra diritto e tortura ha, in realtà, origini molto lontane, prevedibili già nella loro semantica: il termine diritto deriva, infatti, dalla parola *directum*, vale a dire dritto, retto, mentre quello della tortura trova il fondamento nel concetto di *tortus,* il cui significato è torcere, piegare.

Se dai fatti di cui al primo comma deriva la morte quale conseguenza non voluta, la pena è della reclusione di anni trenta. Se il colpevole cagiona volontariamente la morte, la pena è dell'ergastolo".

6. Corte Europea dei Diritto dell'Uomo, sez. I, sentenza 07 aprile 2015, ricorso n. 6884\11, Cestaro c. Italia.

7. Convenzione Europea dei diritti dell'uomo e delle libertà fondamentali, art. 3: "Nessuno può essere sottoposto a tortura né a pena o trattamento inumani o degradanti".

8. 1948: Convenzione delle Nazioni Unite per la prevenzione e punizione del crimine di genocidio; Dichiarazione universale dei diritti dell'uomo delle Nazioni Unite;1949: Convenzioni di Ginevra; 1950: Convenzione europea per la salvaguardia dei diritti dell'uomo e delle libertà fondamentali del Consiglio d'Europa; 1956: Convenzione supplementare delle Nazioni Unite sull'abolizione della schiavitù, del commercio di schiavi e sulle istituzioni e pratiche assimilabili alla schiavitù; 1957: le Regole minime standard delle Nazioni Unite per il trattamento dei prigionieri;1965: Convenzione delle Nazioni Unite sull'eliminazione della discriminazione razziale; 1966: Patto internazionale sui diritti civili e politici delle Nazioni Unite;1975: Dichiarazione delle Nazioni Unite sulla protezione di tutte le persone sottoposte a tortura o altri trattamenti o pene crudeli, inumani e degradanti;1977: Protocolli addizionali alle Convenzioni di Ginevra; 1979: Codice di condotta delle Nazioni Unite per i funzionari che applicano la legge; 1981: Carta africana sui diritti dell'uomo e dei popoli dell'Organizzazione dell'Unità Africana; 1982: Principi di etica medica relativi al ruolo del personale sanitario, in particolare medici, nella protezione dei prigionieri e dei detenuti contro la tortura e gli altri trattamenti o punizioni crudeli, inumani o degradanti delle Nazioni Unite; 1998: Statuto di Roma.

9. Convenzione per la prevenzione della tortura e delle pene o trattamenti crudeli, inumani o degradanti. Conclusa a New York il 10 dicembre 1984, è entrata in vigore il 27 giugno 1987.

Tale incompatibilità non si esaurisce, però, nella semplice etimologia, estendendosi inevitabilmente anche al profilo giuridico, nella complessa e delicata tematica della misura della erogazione della pena; pensiamo ad un sistema legale moderno in cui la sanzione penale è circoscritta in ogni suo aspetto da una legge generale e astratta, ispirata ai principi di uguaglianza e proporzionalità, mentre nella tortura la pena è una sanzione imprevedibile, la cui "misura" è lasciata al mero arbitrio del torturatore.

Una imprevedibilità di tal natura non poteva e non può trovare accoglimento in uno Stato di diritto, che ha il dovere di sanzionare e non ignorare anche quelle condotte che potrebbero rappresentare la sua più grande negazione (come è accaduto per la tortura), laddove ad essere offeso è il bene giuridico della dignità umana, perno di ogni società democratica.

Ed è proprio questa la chiave di lettura utilizzata dal legislatore italiano, il quale, in forza di una idea di risocializzazione del condannato e promozione della sua dignità, continua ad ampliare il novero degli istituti premiali di diritto penale che mirano ad una eliminazione o quantomeno ad una significativa riduzione del rigore punitivo nel rispetto dei diritti inalienabili della persona.

La recente riforma che l'Italia ha adottato in materia, spinta dalle pressioni provenienti dalle Istituzioni UE, è stata approvata con la Legge n. 134 del 23 settembre 2021 (la cd. Riforma Cartabia), la quale ha individuato tra i principali obiettivi l'introduzione di una disciplina organica della giustizia riparativa, ispirata alla composizione del rapporto tra vittima e reo mediante strumenti differenti da quelli tipizzati nei "classici" procedimenti penali.

Il primo istituto oggetto di normazione, che ben si inserisce nella cornice mitigatrice del potere punitivo italiano, è rappresentato dalla speciale causa di non punibilità per particolare tenuità del fatto, attualmente disciplinata dall'art. 131-*bis* c.p.[10], ispirata ai principi politico-criminali di proporzione e di *extrema ratio* del ricorso alla sanzione penale.

---

10. Art. 131-*bis* Codice penale: "Nei reati per i quali è prevista la pena detentiva non superiore nel massimo a cinque anni, ovvero la pena pecuniaria, sola o congiunta alla predetta pena, la punibilità è esclusa quando, per le modalità della condotta e per l'esiguità del danno o del pericolo, valutate ai sensi dell'articolo 133, primo comma, l'offesa è di particolare tenuità e il comportamento risulta non abituale.

L'offesa non può essere ritenuta di particolare tenuità, ai sensi del primo comma, quando l'autore ha agito per motivi abietti o futili, o con crudeltà, anche in danno di animali, o ha adoperato sevizie o, ancora, ha profittato delle condizioni di minorata difesa della vittima, anche in riferimento all'età della stessa ovvero quando la condotta ha cagionato o

Introdotto dal D.Lgs. n. 28/2015, l'istituto in analisi individua situazioni in cui l'ordinamento rinuncia a punire l'autore di un fatto antigiuridico e colpevole in ragione dell'esiguità del fatto ovvero della particolare tenuità dell'offesa, che presuppone una valutazione in concreto da parte del giudice sulle modalità della condotta e il *quantum* del danno o del pericolo provocati.

La norma in vigore prevede l'applicabilità di tale istituto ai reati per i quali è prevista la pena detentiva non superiore nel massimo a cinque anni, ovvero la pena pecuniaria sola o congiunta alla predetta pena. Le condizioni di operatività di questa causa di esclusione della punibilità dimostrano la potenziale portata applicativa anche per reati piuttosto gravi in astratto, i quali, comprendendo ipotesi di realizzazione in concreto moderate, imporrebbero al giudice una chiara rinuncia a punire.

In aggiunta alla tenuità dell'offesa, l'istituto di cui all'art. 131-*bis* c.p. richiede la non abitualità del comportamento del soggetto agente; la scelta del legislatore si fonda sulla funzione special-preventiva cui deve uniformarsi il trattamento punitivo. Il richiamo alla "particolare tenuità del fatto" nei casi in cui una offesa tenue sia realizzata in un contesto connotato da un comportamento criminoso abituale impedisce la rinuncia dello Stato al potere punitivo.

La *ratio* della norma risiede nell'idea che il reato non può essere inteso come un monolite, ma va considerato come entità misurabile e gradua-

---

da essa sono derivate, quali conseguenze non volute, la morte o le lesioni gravissime di una persona. L'offesa non può altresì essere ritenuta di particolare tenuità quando si procede per delitti, puniti con una pena superiore nel massimo a due anni e sei mesi di reclusione, commessi in occasione o a causa di manifestazioni sportive, ovvero nei casi di cui agli articoli 336, 337 e 341-bis, quando il reato è commesso nei confronti di un ufficiale o agente di pubblica sicurezza o di un ufficiale o agente di polizia giudiziaria nell'esercizio delle proprie funzioni e nell'ipotesi di cui all'articolo 343.

Il comportamento è abituale nel caso in cui l'autore sia stato dichiarato delinquente abituale, professionale o per tendenza ovvero abbia commesso più reati della stessa indole, anche se ciascun fatto, isolatamente considerato, sia di particolare tenuità, nonché nel caso in cui si tratti di reati che abbiano ad oggetto condotte plurime, abituali e reiterate.

Ai fini della determinazione della pena detentiva prevista nel primo comma non si tiene conto delle circostanze, ad eccezione di quelle per le quali la legge stabilisce una pena di specie diversa da quella ordinaria del reato e di quelle ad effetto speciale. In quest'ultimo caso ai fini dell'applicazione del primo comma non si tiene conto del giudizio di bilanciamento delle circostanze di cui all'articolo 69.

La disposizione del primo comma si applica anche quando la legge prevede la particolare tenuità del danno o del pericolo come circostanza attenuante".

bile, che in quanto tale può portare a formulare un vero e proprio giudizio di inoffensività[11].

La previsione di un istituto come quello della particolare tenuità del fatto esprime, pertanto, la volontà dello Stato di escludere dal sistema penale quelle condotte che possono rivelarsi di modesto impatto lesivo, il cui grado di offensività è talmente basso da non meritare il trattamento punitivo.

La citata riforma del sistema penale ha coinvolto direttamente questa causa di esclusione della punibilità, prevedendo all'art. 1, comma 21 una rimodulazione dell'ambito di applicazione dell'istituto sotto tre diversi profili: a) rimuovendo il limite di pena edittale detentiva non superiore nel massimo ad anni 5 e sostituendolo con la pena detentiva non superiore nel minimo ad anni 2, sola o congiunta a pena pecuniaria; b) ampliando il novero delle esclusioni di cui al secondo comma dell'art. 131-*bis* del codice penale, vale a dire delle ipotesi in cui l'offesa non può essere ritenuta di particolare tenuità; c) dando rilievo alla condotta riparativa susseguente al reato, necessaria per la valutazione del carattere di particolare tenuità dell'offesa.

L'elemento innovativo più apprezzabile dell'istituto, che risponde alle logiche di offensività in concreto delle condotte umane tipizzate nelle norme incriminatrici, è sicuramente quella che ha investito il primo comma dell'art. 131-*bis* c.p.

Se è vero che l'istituto si fonda sul disvalore trascurabile del fatto, il quale impone la rinuncia alla punizione da parte del potere giudiziario, la scelta del legislatore di ancorare il parametro ostativo non più al massimo, bensì al minimo edittale previsto per il reato dimostra come il potere punitivo dello Stato è giusto ed efficace nel momento in cui viene esercitato per reprimere quelle condotte considerate *ex se* bisognose di punizione, che, anche nella loro minore estrinsecazione fattuale, denotano un'offesa significativa, dunque meritevole di pena.

La rimodulazione dell'art. 131-*bis* c.p. si pone in linea sia con la necessità di risocializzazione del reo attraverso l'uso dell'incisivo strumento penale, che con lo spirito di implementazione degli istituti di giustizia riparativa, a fronte dei classici trattamenti punitivi.

Esistono, tuttavia, altre forme di intervento riparatorio nelle quali lo Stato rinuncia alla pena e al suo potere sanzionatorio, in luogo di diverse

---

11. Grosso, **La non punibilità per particolare tenuità del fatto**, in *Dir. pen. proc.*, 2015.

modalità di composizione di quelle fratture che la commissione di un reato provoca tra autore, vittima e società.

Tra queste si segnalano istituti appartenenti al diritto processuale penale come il patteggiamento[12], strumento attraverso il quale le parti del processo definiscono di comune accordo la pena da irrogare nei confronti dell'imputato, o l'archiviazione, atto con cui l'autorità giudiziaria — al termine delle indagini preliminari, in presenza di determinate condizioni e su richiesta del Pubblico Ministero — dispone l'interruzione del procedimento penale senza che venga formulata un'accusa nei confronti dell'indagato.

---

12. Codice di procedura penale, art. 444: "L'imputato e il pubblico ministero possono chiedere al giudice l'applicazione, nella specie e nella misura indicata, di una sanzione sostitutiva o di una pena pecuniaria, diminuita fino a un terzo, ovvero di una pena detentiva quando questa, tenuto conto delle circostanze e diminuita fino a un terzo, non supera cinque anni soli o congiunti a pena pecuniaria.

1-bis. Sono esclusi dall'applicazione del comma 1 i procedimenti per i delitti di cui all'articolo 51, commi 3-bis e 3-quater, i procedimenti per i delitti di cui agli articoli 600-bis, 600-ter, primo, secondo, terzo e quinto comma, 600-quater, secondo comma, 600-quater.1, relativamente alla condotta di produzione o commercio di materiale pornografico, 600-quinquies, nonché 609-bis, 609-ter, 609-quater e 609-octies del codice penale, nonché quelli contro coloro che siano stati dichiarati delinquenti abituali, professionali e per tendenza, o recidivi ai sensi dell'articolo 99, quarto comma, del codice penale, qualora la pena superi due anni soli o congiunti a pena pecuniaria.

1-ter. Nei procedimenti per i delitti previsti dagli articoli 314, 317, 318, 319, 319-ter, 319-quater e 322-bis del codice penale, l'ammissibilità della richiesta di cui al comma 1 è subordinata alla restituzione integrale del prezzo o del profitto del reato.

2. Se vi è il consenso anche della parte che non ha formulato la richiesta e non deve essere pronunciata sentenza di proscioglimento a norma dell'articolo 129, il giudice, sulla base degli atti, se ritiene corrette la qualificazione giuridica del fatto, l'applicazione e la comparazione delle circostanze prospettate dalle parti, nonché congrua la pena indicata, ne dispone con sentenza l'applicazione enunciando nel dispositivo che vi è stata la richiesta delle parti. Se vi è costituzione di parte civile, il giudice non decide sulla relativa domanda; l'imputato è tuttavia condannato al pagamento delle spese sostenute dalla parte civile, salvo che ricorrano giusti motivi per la compensazione totale o parziale. Non si applica la disposizione dell'articolo 75 comma 3. Si applica l'articolo 537-bis.

3. La parte, nel formulare la richiesta, può subordinarne l'efficacia alla concessione della sospensione condizionale della pena. In questo caso il giudice, se ritiene che la sospensione condizionale non può essere concessa, rigetta la richiesta.

3-bis. Nei procedimenti per i delitti previsti dagli articoli 314, primo comma, 317, 318, 319, 319-ter, 319-quater, primo comma, 320, 321, 322, 322 -bis e 346-bis del codice penale, la parte, nel formulare la richiesta, può subordinarne l'efficacia all'esenzione dalle pene accessorie previste dall'articolo 317-bis del codice penale ovvero all'estensione degli effetti della sospensione condizionale anche a tali pene accessorie. In questi casi il giudice, se ritiene di applicare le pene accessorie o ritiene che l'estensione della sospensione condizionale non possa essere concessa, rigetta la richiesta".

La logica sottesa al secondo strumento risponde perfettamente alle esigenze di relegazione della pena detentiva alla stregua di *extrema ratio*, in ossequio alle prescrizioni costituzionali.

Prima della Legge 134/2021 (riforma cd. Cartabia), la regola di giudizio per l'archiviazione di un procedimento penale era fondata sulla inidoneità degli elementi probatori raccolti dal Pubblico Ministero nel corso delle indagini preliminari a sostenere l'accusa in giudizio.

Attualmente, il legislatore ha ridefinito i criteri decisori, qualificando il concetto di idoneità nei termini di una "ragionevole previsione di condanna"[13].

Nell'ordinamento italiano, infatti, la fase delle indagini preliminari ha un esito vincolato per il Pubblico Ministero, il quale è chiamato ad esercitare l'azione penale attraverso uno dei modi previsti dalla legge oppure a richiedere l'archiviazione al Giudice per le indagini preliminari (GIP) in presenza di determinati requisiti fattuali e giuridici.

I presupposti di fatto che legittimano l'applicabilità dell'archiviazione si concretizzano nell'infondatezza della notizia di reato, da valutarsi caso per caso dal Pubblico Ministero, al quale è richiesto di formulare un giudizio di superfluità della fase dibattimentale, che si riflette nelle ipotesi di inutilità del potere punitivo.

Tra i presupposti di diritto, invece, espressamente indicati dal legislatore all'art. 411 c.p.p.[14], non può sottacersi il richiamo alla retrocessione del potere punitivo in presenza di un'ipotesi di reato caratterizzata da par-

---

13. Legge n. 134 del 23 settembre 2021, articolo 1, comma 9; Dossier n. 267/3 del 31 luglio 2021, **Riforma del processo penale**, Senato della Repubblica e Camera dei deputati.

14. Codice di procedura penale, art. 411: "1. Le disposizioni degli articoli 408, 409 e 410 e 410-bis si applicano anche quando risulta che manca una condizione di procedibilità, che la persona sottoposta alle indagini non è punibile ai sensi dell'articolo 131-bis del codice penale per particolare tenuità del fatto, che il reato è estinto o che il fatto non è previsto dalla legge come reato.

1-bis. Se l'archiviazione è richiesta per particolare tenuità del fatto, il pubblico ministero deve darne avviso alla persona sottoposta alle indagini e alla persona offesa, precisando che, nel termine di dieci giorni, possono prendere visione degli atti e presentare opposizione in cui indicare, a pena di inammissibilità, le ragioni del dissenso rispetto alla richiesta. Il giudice, se l'opposizione non è inammissibile, procede ai sensi dell'articolo 409, comma 2, e, dopo avere sentito le parti, se accoglie la richiesta, provvede con ordinanza. In mancanza di opposizione, o quando questa è inammissibile, il giudice procede senza formalità e, se accoglie la richiesta di archiviazione, pronuncia decreto motivato. Nei casi in cui non accoglie la richiesta il giudice restituisce gli atti al pubblico ministero, eventualmente provvedendo ai sensi dell'articolo 409, commi 4 e 5".

ticolare tenuità, così come sancito dal richiamato articolo 131-*bis* del Codice penale.

Il legame tra i due istituti trova fondamento nella ricerca del giusto contemperamento tra le istanze che entrano in gioco per effetto della commissione di un reato (interesse pubblico dello Stato a punire il reo, obbligatorietà dell'azione penale e funzione rieducativa della pena contrapposti ai fondamentali principi espressi nelle forme dei diritti e libertà inviolabili).

Anche attraverso il meccanismo dell'archiviazione il sistema penale dimostra quanto sia importante rinunciare ad esercitare il potere punitivo, in forza di una idea di promozione e rispetto della dignità umana. Non sempre la pena è, infatti, la risposta più efficace per lo Stato e per il colpevole, nell'ottica della risocializzazione; basti pensare alle situazioni nelle quali lo Stato delimita il perimetro di applicabilità della sanzione penale, in quanto utile per la società e per il reo, riconoscendo i confini del suo potere, che non possono e non devono oscurare la dignità umana.

La strada seguita dal legislatore, in ipotesi del genere, è quella di evitare il rigore punitivo ove sia possibile raggiungere il medesimo obiettivo di rieducazione attraverso istituti di giustizia riparativa, che, non incidendo significativamente sulla categoria dei diritti inviolabili dell'essere umano, sono in grado di punire ugualmente il soggetto con una forza sanzionatoria più tenue.

Una definizione del concetto di *Restorative Justice* viene offerta dalle fonti sovranazionali: la direttiva UE 2012/29 descrive la giustizia riparativa come *"qualsiasi procedimento che permette alla vittima e all'autore del reato di partecipare attivamente, se vi acconsentono liberamente, alla risoluzione delle questioni risultanti dal reato con l'aiuto di un terzo imparziale"*[15].

Dalla descrizione offerta dalla norma europea emerge come la giustizia riparativa proponga un approccio al reato complementare alla pena e volto ad offrire risposte adeguate ai bisogni di giustizia di tutti i protagonisti della vicenda penale.

La riparazione del danno, infatti, mentre promette una riduzione della domanda di punizione che la vittima avanza nei confronti dell'autore del reato rispondendo alle logiche tipiche di prevenzione generale della pena, al contempo consente di formulare una prognosi più favorevole delle futu-

---

15. Direttiva UE 2012/29, approvata il 25 ottobre 2012, in vigore dal 15 novembre 2012, art. 2 c.1, lett d).

re condotte del reo, il quale, partecipando attivamente al suo reinserimento nella società, garantisce la funzione di prevenzione speciale della pena[16].

Molteplici sono gli istituti che si muovono in tale direzione; tra questi, quello nel quale è maggiormente evidente l'impronta della *restorative justice* è senza dubbio la sospensione del procedimento con messa alla prova dell'imputato, disciplinata dall'articolo 168-*bis* del Codice penale[17].

Evidente l'ispirazione ad esigenze di deflazione processuale — di riflesso, penitenziaria — e ricomposizione non punitiva del conflitto tra autore e vittima del reato.

Attraverso tale strumento, l'imputato può chiedere di essere affidato al servizio sociale per lo svolgimento di un programma di trattamento che comporta *"condotte volte a promuovere, ove possibile, la mediazione con la persona offesa, (…) la prestazione di condotte volte all'eliminazione delle conseguenze dannose o pericolose derivanti dal reato, (…) l'affidamento dell'imputato al servizio sociale che può implicare, tra l'altro, attività di volontariato di rilievo sociale"*.

---

16. G. Marinucci, E. Dolcini, G.L. Gatta, **Manuale di diritto penale — Parte Generale**, Milano 2020.

17. Codice Penale, art. 168-*bis*: "Nei procedimenti per reati puniti con la sola pena edittale pecuniaria o con la pena edittale detentiva non superiore nel massimo a quattro anni, sola, congiunta o alternativa alla pena pecuniaria, nonché per i delitti indicati dal comma 2 dell'articolo 550 del codice di procedura penale, l'imputato può chiedere la sospensione del processo con messa alla prova.

La messa alla prova comporta la prestazione di condotte volte all'eliminazione delle conseguenze dannose o pericolose derivanti dal reato, nonché, ove possibile, il risarcimento del danno dallo stesso cagionato. Comporta altresì l'affidamento dell'imputato al servizio sociale, per lo svolgimento di un programma che può implicare, tra l'altro, attività di volontariato di rilievo sociale, ovvero l'osservanza di prescrizioni relative ai rapporti con il servizio sociale o con una struttura sanitaria, alla dimora, alla libertà di movimento, al divieto di frequentare determinati locali.

La concessione della messa alla prova è inoltre subordinata alla prestazione di lavoro di pubblica utilità. Il lavoro di pubblica utilità consiste in una prestazione non retribuita, affidata tenendo conto anche delle specifiche professionalità ed attitudini lavorative dell'imputato, di durata non inferiore a dieci giorni, anche non continuativi, in favore della collettività, da svolgere presso lo Stato, le regioni, le province, i comuni, le aziende sanitarie o presso enti o organizzazioni, anche internazionali, che operano in Italia, di assistenza sociale, sanitaria e di volontariato. La prestazione è svolta con modalità che non pregiudichino le esigenze di lavoro, di studio, di famiglia e di salute dell'imputato e la sua durata giornaliera non può superare le otto ore.

La sospensione del procedimento con messa alla prova dell'imputato non può essere concessa più di una volta".

L'art. 168-*bis*, c. 1, c.p. subordina, inoltre, la concessione della messa alla prova alla prestazione di lavoro di pubblica utilità, consistente nello svolgimento di un'attività non retribuita in favore della collettività.

L'ambito di operatività è circoscritto dal legislatore, il quale prevede che l'imputato possa chiedere la sospensione del processo con messa alla prova *"nei procedimenti per reati puniti con la sola pena edittale pecuniaria o con la pena edittale detentiva non superiore nel massimo a quattro anni, sola, congiunta o alternativa alla pena pecuniaria"*.

Anche la messa alla prova è stata oggetto di attenzione riformativa da parte del legislatore italiano, il quale con la Legge 134/2021, all'art. 1, c. 22, ha esteso l'ambito di applicabilità dell'art. 168-*bis* c.p. a specifici reati puniti con pena edittale detentiva non superiore nel massimo a sei anni, che si prestino a percorsi risocializzanti o riparatori compatibili.

Nella medesima ottica special-preventiva il legislatore ha ampliato la legittimazione a proporre lo strumento deflattivo anche al Pubblico Ministero, in passato escluso dal potere di iniziativa.

La scelta normativa ha assorbito quel potenziale strumento denominato 'archiviazione meritata', previsto nell'originaria proposta di legge. L'istituto, infatti, prevedeva che il Pubblico Ministero (ovvero l'indagato) potesse chiedere l'archiviazione del procedimento, subordinandola *"all'adempimento di una o più prestazioni a favore della vittima o della collettività, individuate tra quelle previste dalla legge, quando si procede per i reati puniti con la sola pena edittale pecuniaria o con la pena editale detentiva non superiore nel massimo a quattro anni sola, congiunta o alternativa alla pena pecuniaria"*.

Presentando, tuttavia, molteplici analogie con la messa alla prova e considerata l'efficienza in termini di risultati registrati dal suo concreto utilizzo, il legislatore ha preferito rafforzare le condizioni di operatività di quest'ultima, assorbendo i caratteri dell'archiviazione meritata, non più utile alle esigenze di celerità ambite dal processo penale.

Non vi è dubbio che l'adozione sempre più incisiva di strumenti processuali di tal natura è la prova del cambio di rotta del procedimento penale italiano, non più incentrato sull'irrogazione di una pena in chiave retributiva, tradizionalmente legata ad esigenze di giustizia assoluta e avulsa da qualsiasi interesse per la vita futura del reo, bensì caratterizzato da maggiore sensibilità rispetto all'adozione di percorsi alternativi, orientati a perseguire l'obiettivo costituzionale della rieducazione del reo attraverso strumenti slegati dal circuito detentivo.

Lo scopo della rieducazione su base volontaria viene perseguito attraverso il reinserimento nel contesto economico e sociale del condannato[18]. Lo svolgimento di prestazioni di volontariato — riparative e rieducative — mira a prevenire la commissione di nuovi reati non più tramite la "classica" minaccia della pena, bensì grazie al recupero e alla riaffermazione dei valori condivisi dalla società civile.

Il rispetto della dignità umana e dei diritti inviolabili dell'uomo trova il suo riconoscimento, altresì, nell'ordinamento penitenziario.

La Legge 26 luglio 1975, n. 354, che disciplina l'ordinamento penitenziario e l'esecuzione delle misure privative e limitative della libertà, nonché il relativo regolamento di esecuzione (d.P.R. 29 aprile 1976, n. 431, abrogato e sostituito dal d.P.R. 30 giugno 2000, n. 230), si sono sforzati di dare vita ad un sistema realmente ispirato alle indicazioni costituzionali di rieducazione e risocializzazione del condannato[19].

Il legislatore del 1975 si è preoccupato, infatti, di indebolire l'azione "desocializzante" del carcere, evitando ai condannati che vi facevano ingresso quei brutali effetti di annientamento della personalità, diretti unicamente ad alimentare le già esistenti forme di contagio criminale[20].

Non a caso è contemplato come primario criterio direttivo il "trattamento rieducativo", espressamente sancito all'art. 1, c. 1, Legge 354/75[21],

---

18. Corte Costituzionale, sentenza n. 126 del 1983.
19. Costituzione italiana, art. 27, comma 3.
20. D. Pulitanò, **Diritto penale**, 447 ss.
21. Legge 26 luglio 1975, n. 354, art. 1: "Il trattamento penitenziario deve essere conforme ad umanità e deve assicurare il rispetto della dignità della persona.

Il trattamento è improntato ad assoluta imparzialità, senza discriminazioni in ordine a nazionalità, razza e condizioni economiche e sociali, a opinioni politiche e a credenze religiose.

Negli istituti devono essere mantenuti l'ordine e la disciplina. Non possono essere adottate restrizioni non giustificabili con le esigenze predette o, nei confronti degli imputati, non indispensabili ai fini giudiziari.

I detenuti e gli internati sono chiamati o indicati con il loro nome.

Il trattamento degli imputati deve essere rigorosamente informato al principio che essi non sono considerati colpevoli sino alla condanna definitiva.

Nei confronti dei condannati e degli internati deve essere attuato un trattamento rieducativo che tenda, anche attraverso i contatti con l'ambiente esterno, al reinserimento sociale degli stessi. Il trattamento è attuato secondo un criterio di individualizzazione in rapporto alle specifiche condizioni dei soggetti".

secondo cui: "*il trattamento penitenziario deve essere conforme ad umanità e deve assicurare il rispetto della dignità della persona*".

Allo stesso modo, il legislatore ha cercato di salvaguardare i rapporti sociali del condannato, dandogli la possibilità di avere dei colloqui telefonici, contatti riservati con i parenti, accesso a radio, televisione e giornali[22], prevedendo che il trattamento rieducativo sia attuato secondo un "criterio di individualizzazione in rapporto alle specifiche condizioni dei soggetti", teso al loro reinserimento sociale.

Uno dei primi passi per assicurare il rispetto del fine rieducativo è rappresentato proprio dalla garanzia di individualizzazione del trattamento sanzionatorio. Riconoscere ai condannati un trattamento punitivo adeguato si pone, infatti, come naturale attuazione e sviluppo dei principi costituzionali, tanto di origine generale come il principio di uguaglianza, quanto di matrice puramente penale[23].

Plasmare le risposte punitive ai casi concreti contribuisce a rendere, del resto, quanto più possibile "personale" la responsabilità penale in

---

22. Legge 26 luglio 1975, n. 354, art. 18: "I detenuti e gli internati sono ammessi ad avere colloqui e corrispondenza con i congiunti e con altre persone, anche al fine di compiere atti giuridici.

I colloqui si svolgono in appositi locali sotto il controllo a vista e non auditivo del personale di custodia. Particolare favore viene accordato ai colloqui con i familiari.

L'amministrazione penitenziaria pone a disposizione dei detenuti e degli internati, che ne sono sprovvisti, gli oggetti di cancelleria necessari per la corrispondenza.

Può essere autorizzata nei rapporti con i familiari e, in casi particolari, con terzi, corrispondenza telefonica con le modalità e le cautele previste dal regolamento.

I detenuti e gli internati sono autorizzati a tenere presso di sé i quotidiani, i periodici e i libri in libera vendita all'esterno e ad avvalersi di altri mezzi di informazione.

La corrispondenza dei singoli condannati o internati può essere sottoposta, con provvedimento motivato del magistrato di sorveglianza, a visto di controllo del direttore o di un appartenente all'amministrazione penitenziaria designato dallo stesso direttore.

Salvo quanto disposto dall'articolo 18-bis, per gli imputati i permessi di colloquio fino alla pronuncia della sentenza di primo grado, la sottoposizione al visto di controllo sulla corrispondenza e le autorizzazioni alla corrispondenza telefonica sono di competenza dell'autorità giudiziaria, ai sensi di quanto stabilito nel secondo comma dell'articolo 11. Dopo la pronuncia della sentenza di primo grado i permessi di colloquio sono di competenza del direttore dell'istituto. Le dette autorità giudiziarie, nel disporre la sottoposizione della corrispondenza a visto di controllo, se non ritengono di provvedervi direttamente, possono delegare il controllo al direttore o a un appartenente alla amministrazione penitenziaria designato dallo stesso direttore. Le medesime autorità possono anche disporre limitazioni nella corrispondenza e nella ricezione della stampa".

23. Corte Costituzionale, sentenza n. 50 del 1980.

ossequio a quanto stabilito dall'art. 27, c. 1, Cost.[24], rappresentando il perfetto strumento per una determinazione della pena quanto più possibile finalizzata alla rieducazione del condannato, nella cornice di cui all'art. 27, c. 3, Cost.

L'obiettivo principale che si è prefigurato il legislatore nella redazione della norma sull'ordinamento penitenziario è stato quello di prevedere ed assicurare un trattamento finalizzato a modificare gli atteggiamenti criminali del condannato non già attraverso forme coattive, bensì mediante trattamenti istruttivi e professionalizzanti che possano, in concreto, permetterne una valida risocializzazione.

Tra gli strumenti alternativi alla detenzione, la Legge 354/75 ha previsto diversi istituti potenzialmente utili alla rieducazione del reo in chiave special-preventiva, in grado cioè di aiutare il reo nel reinserimento in società.

L'affidamento in prova al servizio sociale, disciplinato dall'art. 47 Legge 354/75[25], permette al condannato di essere sottoposto ad un periodo

---

24. Costituzione italiana, art. 27, comma 1: "La responsabilità penale è personale".

25. Legge 26 luglio 1975, n. 354, art. 47: "1. Se la pena detentiva inflitta non supera tre anni, il condannato può essere affidato al servizio sociale fuori dell'istituto per un periodo uguale a quello della pena da scontare.

2. Il provvedimento é adottato sulla base dei risultati della osservazione della personalità, condotta collegialmente per almeno un mese in istituto, nei casi in cui si può ritenere che il provvedimento stesso, anche attraverso le prescrizioni di cui al comma 5, contribuisca alla rieducazione del reo e assicuri la prevenzione del pericolo che egli commetta altri reati.

3. L'affidamento in prova al servizio sociale può essere disposto senza procedere alla osservazione in istituto quando il condannato, dopo la commissione del reato, ha serbato comportamento tale da consentire il giudizio di cui al comma 2.

4. Se l'istanza di affidamento in prova al servizio sociale è proposta dopo che ha avuto inizio l'esecuzione della pena, il magistrato di sorveglianza competente in relazione al luogo dell'esecuzione, cui l'istanza deve essere rivolta, può sospendere l'esecuzione della pena e ordinare la liberazione del condannato, quando sono offerte concrete indicazioni in ordine alla sussistenza dei presupposti per l'ammissione all'affidamento in prova e al grave pregiudizio derivante dalla protrazione dello stato di detenzione e non vi sia pericolo di fuga. La sospensione dell'esecuzione della pena opera sino alla decisione del tribunale di sorveglianza, cui il magistrato di sorveglianza trasmette immediatamente gli atti, e che decide entro quarantacinque giorni. Se l'istanza non è accolta, riprende l'esecuzione della pena, e non può essere accordata altra sospensione, quale che sia l'istanza successivamente proposta.

5. All'atto dell'affidamento è redatto verbale in cui sono dettate le prescrizioni che il soggetto dovrà seguire in ordine ai suoi rapporti con il servizio sociale, alla dimora, alla libertà di locomozione, al divieto di frequentare determinati locali ed al lavoro.

6. Con lo stesso provvedimento può essere disposto che durante tutto o parte del periodo di affidamento in prova il condannato non soggiorni in uno o più comuni, o soggiorni

di prova di durata pari a quella della pena detentiva che avrebbe dovuto scontare, durante il quale è affidato al servizio sociale ed è chiamato a rispettare obblighi e divieti imposti per il buon esito dell'affidamento.

Una seconda misura alternativa alla classica pena detentiva è la detenzione domiciliare *ex* art. 47-*ter* Legge 354/75[26], che prevede la possibi-

---

in un comune determinato; in particolare sono stabilite prescrizioni che impediscano al soggetto di svolgere attività o di avere rapporti personali che possano portare al compimento di altri reati.

7. Nel verbale deve anche stabilirsi che l'affidato si adoperi in quanto possibile in favore della vittima del suo reato ed adempia puntualmente agli obblighi di assistenza familiare.

8. Nel corso dell'affidamento le prescrizioni possono essere modificate dal magistrato di sorveglianza.

9. Il servizio sociale controlla la condotta del soggetto e lo aiuta a superare le difficoltà di adattamento alla vita sociale, anche mettendosi in relazione con la sua famiglia e con gli altri suoi ambienti di vita.

10. Il servizio sociale riferisce periodicamente al magistrato di sorveglianza sul comportamento del soggetto.

11. L'affidamento é revocato qualora il comportamento del soggetto, contrario alla legge o alle prescrizioni dettate, appaia incompatibile con la prosecuzione della prova.

12. L'esito positivo del periodo di prova estingue la pena e ogni altro effetto penale.

12-bis. All'affidato in prova al servizio sociale che abbia dato prova nel periodo di affidamento di un suo concreto recupero sociale, desumibile da comportamenti rivelatori del positivo evolversi della sua personalità, può essere concessa la detrazione di pena di cui all'articolo 54. Si applicano gli articoli 69, comma 8, e 69-bis nonché l'articolo 54, comma 3".

26. Legge26 luglio 1975, n. 354, art. 47: "1. La pena della reclusione non superiore a quattro anni, anche se costituente parte residua di maggior pena, nonché la pena dell'arresto, possono essere espiate nella propria abitazione o in altro luogo di privata dimora ovvero in luogo pubblico di cura, assistenza o accoglienza, quando trattasi di:

a) donna incinta o madre di prole di età inferiore ad anni dieci, con lei convivente;

b) padre, esercente la potestà, di prole di età inferiore ad anni dieci con lui convivente, quando la madre sia deceduta o altrimenti assolutamente impossibilitata a dare assistenza alla prole;

c) persona in condizioni di salute particolarmente gravi, che richiedano costanti contatti con i presidi sanitari territoriali;

d) persona di età superiore a sessanta anni, se inabile anche parzialmente;

e) persona minore di anni ventuno per comprovate esigenze di salute, di studio, di lavoro e di famiglia.

1-bis. La detenzione domiciliare può essere applicata per l'espiazione della pena detentiva inflitta in misura non superiore a due anni, anche se costituente parte residua di maggior pena, indipendentemente dalle condizioni di cui al comma 1 quando non ricorrono i presupposti per l'affidamento in prova al servizio sociale e sempre che tale misura sia idonea ad evitare il pericolo che il condannato commetta altri reati. La presente disposizione non si applica ai condannati per i reati di cui all'articolo 4-bis.

lità di espiare la pena della reclusione non superiore a quattro anni, nonché la pena dell'arresto, nella abitazione del condannato o in altro luogo di privata dimora ovvero in luogo pubblico di cura, assistenza o accoglienza, in presenza delle condizioni espressamente indicate dalla norma. Si tratta, in effetti, di una modalità meno afflittiva di esecuzione della pena detentiva, nata con scopi assistenziali ed umanitari, la quale ha assunto nel tempo aspetti sempre più vicini e congrui alla ordinaria finalità rieducativa[27].

Accanto agli istituti che il legislatore qualifica come 'alternativi alla detenzione', si colloca la cd. semilibertà, misura che per eccellenza presenta i classici connotati della modalità esecutiva della pena detentiva, rappresentando un fondamentale correttivo dei suoi effetti desocializzanti.

1-ter. Quando potrebbe essere disposto il rinvio obbligatorio o facoltativo della esecuzione della pena ai sensi degli articoli 146 e 147 del Codice penale, il tribunale di sorveglianza, anche se la pena supera il limite di cui al comma 1, può disporre la applicazione della detenzione domiciliare, stabilendo un termine di durata di tale applicazione, termine che può essere prorogato. L'esecuzione della pena prosegue durante la esecuzione della detenzione domiciliare. 1-quater. Se l'istanza di applicazione della detenzione domiciliare é proposta dopo che ha avuto inizio l'esecuzione della pena, il magistrato di sorveglianza cui la domanda deve essere rivolta può disporre l'applicazione provvisoria della misura, quando ricorrono i requisiti di cui ai commi 1 e 1-bis. Si applicano, in quanto compatibili, le disposizioni di cui all'articolo 47, comma quarto.

2. (Abrogato).

3. (Abrogato)

4. Il tribunale di sorveglianza, nel disporre la detenzione domiciliare, ne fissa le modalità secondo quanto stabilito dall'articolo 284 del codice di procedura penale. Determina e impartisce altresì le disposizioni per gli interventi del servizio sociale. Tali prescrizioni e disposizioni possono essere modificate dal magistrato di sorveglianza competente per il luogo in cui si svolge la detenzione domiciliare.

5. Il condannato nei confronti del quale é disposta la detenzione domiciliare non é sottoposto al regime penitenziario previsto dalla presente legge e dal relativo regolamento di esecuzione. Nessun onere grava sull'amministrazione penitenziaria per il mantenimento, la cura e l'assistenza medica del condannato che trovasi in detenzione domiciliare.

6. La detenzione domiciliare é revocata se il comportamento del soggetto, contrario alla legge o alle prescrizioni dettate, appare incompatibile con la prosecuzione delle misure.

7. Deve essere inoltre revocata quando vengono a cessare le condizioni previsti nei commi 1 e 1-bis.

8. Il condannato che, essendo in stato di detenzione nella propria abitazione o in un altro dei luoghi indicati nel comma 1, se ne allontana, é punito ai sensi dell'articolo 385 del Codice penale. Si applica la disposizione dell'ultimo comma dello stesso articolo.

9. La denuncia per il delitto di cui al comma 8 importa la sospensione del beneficio e la condanna ne importa la revoca. 9-bis. Se la misura di cui al comma 1-bis è revocata ai sensi dei commi precedenti la pena residua non può essere sostituita con altra misura".

27. Corte Costituzionale, sentenza n. 350 del 2003.

Disciplinato dagli artt. 48 e ss. Legge 354/75, il regime di semilibertà consiste nella concessione al condannato — e all'internato — di trascorrere parte della giornata fuori dall'istituto di pena, *"per partecipare ad attività lavorative, istruttive o comunque utili al reinserimento sociale"*.

Proprio queste due ultime misure alternative alla detenzione sono state destinatarie della già menzionata Riforma Cartabia (Legge 134/2021), che ha ampliato la portata applicativa della detenzione domiciliare e della semilibertà, nell'ottica sempre più dominante del superamento dell'idea che la reclusione sia l'unica vera risposta al reato, valorizzando piuttosto le molteplici strade alternative alla detenzione, sconfessando la risalente convinzione che la certezza della pena debba coincidere con la certezza del carcere.

L'art. 1, c. 17, lett. e) della citata Legge 134/2021 riconosce, infatti, al giudice penale la possibilità di sostituire la pena detentiva con quella della semilibertà e della detenzione domiciliare in presenza di ben due condizioni: *"quando ritenga di dover determinare la durata della pena detentiva entro il limite di quattro anni"* e quando tali sanzioni possono contribuire concretamente alla rieducazione del condannato, nell'ottica di una funzione special preventiva della pena, da intendersi quale strumento di prevenzione del pericolo che il reo possa commettere altri reati in futuro[28].

Le valutazioni politico-criminali espresse dal legislatore attraverso lo strumento della riforma del sistema penale — processuale e sanzionatorio — dimostrano la pacifica tendenza dell'intero ordinamento giuridico ad assumere il finalismo rieducativo della pena in tutte le fasi del trattamento punitivo, anche e soprattutto in quella conclusiva della esecuzione della pena, dove del resto non sarebbero ammissibili differenti tipologie di scopo.

La logica rieducativa rappresenta, pertanto, il filo conduttore dell'intero percorso penitenziario, che realizza compiutamente, mediante i suoi strumenti risocializzanti, l'imperativo costituzionale.

È stata la stessa Corte Costituzionale a chiarirlo agli inizi degli anni '90, mutando completamente rotta rispetto ai suoi precedenti in materia nell'affermare che *"la necessità costituzionale che la pena debba «tendere» a rieducare, lungi dal rappresentare una generica 'tendenza' riferita solo

---

28. Legge n. 134 del 23 settembre 2021, art. 1, c. 17, lett. c): "prevedere che le sanzioni sostitutive delle pene detentive brevi possano essere applicate solo quando il giudice ritenga che contribuiscano alla rieducazione del condannato e assicurino, anche attraverso opportune prescrizioni, la prevenzione del pericolo che egli commetta altri reati; disciplinare conseguentemente il potere discrezionale del giudice nella scelta tra le pene sostitutive".

al trattamento, indica invece proprio una delle qualità essenziali e generali che caratterizzano la pena nel suo significato ontologico, accompagnandola da quando nasce, fino a quando in concreto si estingue"[29].

L'orientamento costituzionalistico del diritto penale e della politica criminale in generale hanno ritrovato proprio nella Carta fondamentale la giusta bussola per garantire una concreta umanizzazione del trattamento sanzionatorio e punitivo per coloro che agiscono *contra ius*.

La volontà del Costituente di consacrare nel testo la necessità di prevedere una pena che fosse diretta alla rieducazione del condannato (art. 27, c. 3, Cost.) e al suo recupero sociale riflette il rilievo fondante, strettamente legato all'ispirazione personalistica e solidaristica del nostro Stato sociale di diritto.

È in tale ottica che si può con forza affermare che forme socialmente più costruttive di composizione del conflitto tra reo, vittima e società possono servire allo scopo rieducativo in modo più efficace rispetto alle sanzioni puramente afflittive, subìte passivamente dall'autore del reato[30].

BIBLIOGRAFIA

BECCARIA, Cesare. **Dei delitti e delle pene**. Milano: Feltrinelli, 2016.

CORTE EUROPEA DEI DIRITTI DELL'UOMO. Sez. I. Sentenza 07 aprile 2015, ricorso n. 6884/11, *Cestaro c. Italia*.

GROSSO, C. **La non punibilità per particolare tenuità del fatto**. *Diritto penale e processo*, [S. l.], 2015.

MARINUCCI, Giorgio; DOLCINI, Emilio; GATTA, Gian Luigi. **Manuale di diritto penale — Parte generale**. Milano: Giuffrè, 2020.

MONGILLO, Vincenzo. La finalità rieducativa della pena nel tempo presente e nelle prospettive future. **Critica del diritto**, 2009.

PULITANÒ, Domenico. **Diritto penale**. Torino: Giappichelli, 2023.

---

29. Corte Costituzionale, 3 luglio 1990, n. 313, in *Foro it.*, 1990, I, 2386.

30. V. Mongillo, *La finalità rieducativa delle pena nel tempo presente e nelle prospettive future*, in *Critica del diritto*, I,II,III,IV Gennaio-Dicembre 2009.

CAPÍTULO 5

CONFISCO ALARGADO — ART. 91-A DO CÓDIGO PENAL

Cândido Albuquerque[1]

Sérgio Rebouças[2]

1. CONSIDERAÇÕES INICIAIS: CONCEITO, ANTECEDENTES E CONTEXTO INTERNACIONAL E NACIONAL ATÉ O ADVENTO DA LEI N. 13.964/2019. QUESTIONAMENTO DA CONSTITUCIONALIDADE DA NORMA DO ART. 91-A DO CÓDIGO PENAL

A Lei n. 13.964/2019, que ficou conhecida como "Lei Anticrime", acrescentou ao Código Penal o art. 91-A com a previsão e a disciplina, entre os *efeitos da condenação*, do instituto do *confisco alargado*, ou *perda alargada*: "na hipótese de condenação por infrações às quais a lei comine pena máxima superior a 6 (seis) anos de reclusão, poderá ser decretada a perda, como produto ou proveito do crime, dos bens correspondentes à

---

1. Doutor em Educação Jurídica e Mestre em Direito pela Universidade Federal do Ceará (UFC). Professor Associado de Direito Penal na Faculdade de Direito da Universidade Federal do Ceará (UFC). Reitor da Universidade Federal do Ceará (2019-2023). Diretor da Faculdade de Direito da Universidade Federal do Ceará (2011-2019). Livre-Docente em Direito pela Universidade Estadual Vale do Acaraú (UVA). Presidente (1995-1997) da Ordem dos Advogados do Brasil — Secção Ceará. Conselheiro Federal (2013-2015) da Ordem dos Advogados do Brasil. Autor do livro **O sigilo no inquérito policial e o direito à ampla defesa** (Malheiros, 2017). Advogado criminalista.

2. Doutor *cum laude* em Direito Penal pela Universidade de Sevilla (US). Mestre em Direito pela Universidade Federal do Ceará (UFC). Professor Adjunto de Direito Processual Penal na Faculdade de Direito da Universidade Federal do Ceará (UFC). Autor dos livros **Direito Penal, parte geral** (Tirant lo Blanch, 2020) e **Curso de Direito Processual Penal** (JusPodivm, 2017) e de diversos artigos publicados em revistas nacionais e internacionais especializadas nas ciências criminais. Advogado criminalista. Membro da Associação Internacional de Direito Penal, do Instituto Brasileiro de Ciências Criminais e do Instituto Nordeste de Direito Penal Econômico.

diferença entre o valor do patrimônio do condenado e aquele que seja compatível com o seu rendimento lícito" (art. 91-A, *caput*).

Trata-se da *perda*, oriunda de condenação definitiva pela prática de determinado crime (com pena máxima cominada superior a seis anos), de bens correspondentes à *diferença* entre o valor total do patrimônio do condenado e o valor dos ativos cuja origem possa ser demonstrada como lícita. Essa diferença constitui uma *parcela patrimonial sem origem lícita demonstrada*, que se presume como "produto ou proveito", embora não diretamente relacionada à prática criminosa objeto da condenação.

Como *antecedentes* desse regime, têm-se as chamadas "10 Medidas contra a Corrupção" apresentadas pelo Ministério Público Federal. Nos termos dessa proposta, designada por "Medida 10 — Recuperação do produto derivado do crime": "Em síntese, essa figura permite que se dê perdimento à diferença entre o patrimônio de origem comprovadamente lícita e o patrimônio total da pessoa que é condenada definitivamente pela prática de crimes graves e que ordinariamente geram grandes lucros, como crimes contra a Administração Pública e o tráfico de drogas. Essa medida, que encontra similar em muitos países, como Portugal, França, Itália, Alemanha, Reino Unido e EUS, segue diretrizes de tratados em que o Brasil é signatário. Por atingir apenas o patrimônio de origem injustificada, vários tribunais no mundo já reconheceram que tal medida se harmoniza com os princípios constitucionais basilares em regimes democráticos"[3].

Objeto também do posterior "Pacote Anticrime" (Projeto de Lei n. 882/2019), o confisco alargado acabou inserido no capítulo da Parte Geral do Código Penal sobre os efeitos da condenação pela Lei n. 13.964/2019, com uma configuração em parte distinta da proposta original.

Nesse contexto, pende de julgamento, pelo Plenário do Supremo Tribunal Federal, a Ação Direta de Inconstitucionalidade n. 6.304/DF[4], ajuizada pela Associação Brasileira dos Advogados Criminalistas (ABRACRIM), que alega a inconstitucionalidade de vários dispositivos da Lei n. 13.964/2019, entre eles o art. 91-A acrescido ao Código Penal. A autora da ação direta está representada pelo Professor Cezar Roberto Bitencourt, homenageado nesta coletânea. Na inicial afirma-se o seguinte:

---

3. "10 Medidas contra a Corrupção — Ministério Público Federal". Disponível em: https://dezmedidas.mpf.mp.br/apresentacao/conheca-as-medidas.

4. STF, Tribunal Pleno, ADI 6.304/DF, Rel. Min. Luiz Fux, pendente de julgamento.

"...a pretexto de alterar alguns dispositivos do Código Penal, além de outros diplomas legais, o legislador desrespeita a carta constitucional, invade a privacidade dos cidadãos, viola garantias constitucionais, inclusive o sigilo bancário-financeiro e, sem justa causa, chafurda a vida pregressa, revolve as declarações de imposto de renda, cria o mais escancarado e ilegal 'confisco de bens e valores' do cidadão, procurando acobertá-lo sob a denominação de 'efeitos da condenação', mesmo sem qualquer vínculo com determinada infração penal específica, que porventura alguém possa ser condenado. Em outros termos, usa eventual condenação por qualquer crime, como desculpa, para realizar as invasões e violações supra referidas injustificadamente inclusive incorrendo em [in]constitucionalidade como estamos demonstrando. (...)

Dito de outra forma, insere no âmbito do direito penal, que é formal, preventivo e garantista, matéria de direito fiscal-tributário, para 'confiscar patrimônio individual', mesmo sem relação com eventual condenação por qualquer crime a pena superior a seis anos, ilícita e imoralmente atribuindo a denominação, inverídica e, genericamente, de 'produto ou proveito' de crime. (...) Nem a Receita Federal tem esse direito de, sem causa efetiva, vasculhar o passado, a privacidade e o patrimônio de qualquer cidadão, a pretexto de obrigá-lo a comprovar, aleatoriamente, o seu patrimônio, principalmente ante a inexistência de vínculo com alguma infração penal que, porventura, possa ser condenado. (...) Trata-se, na verdade, da odiosa 'pena de confisco', que, de há muito, foi proscrita do Direito Penal moderno, inclusive com previsão expressa em textos constitucionais, para assegurar sua extirpação para sempre dos Estados democráticos de direito, como pretende ser a República Federativa do Brasil"[5] (p. 8-9 da inicial).

Observa-se também que: "o 'novo confisco' não tem nenhum parâmetro, seja da limitação do quanto confiscar, seja quanto à natureza do produto a ser confiscado, posto que todo ele não é vinculado a infração penal (natureza, espécie ou gênero) a que o cidadão tenha sido condenado. Ademais, como proceder a apuração do patrimônio lícito, ou separá-lo daquele que as autoridades repressoras consideram mal havido?" (p. 15 da inicial).

---

5. Inicial da Ação Direta de Inconstitucionalidade n. 6.304/DF, em trâmite no Supremo Tribunal Federal e ali pendente de julgamento. Disponível em: https://redir.stf.jus.br/estfvisualizadorpub/jsp/consultarprocessoeletronico/ConsultarProcessoEletronico.jsf?seqobjetoincidente=5843708.

Efetivamente, há diversos e justificáveis *questionamentos* à constitucionalidade da *perda alargada*, por mais que o instituto já se tenha imposto como realidade consolidada em certas esferas de criminalidade, de natureza ou com repercussões econômicas. Sinal expressivo desse cenário é a Diretiva n. 2014/42/União Europeia, do Parlamento e do Conselho Europeu, cujas diretrizes foram recentemente implantadas em vários sistemas europeus, como será oportunamente examinado neste artigo, a partir do exemplo do sistema penal espanhol.

O contexto particular da diretiva no âmbito da União Europeia associa-se à finalidade geral de eliminação do lucro e recuperação do produto e do proveito criminoso como uma das medidas de combate ao crime organizado internacional. Conforme expresso no item (1) da Diretiva n. 2014/42/União Europeia: "A criminalidade internacional organizada, incluindo organizações criminosas do tipo máfia, tem por principal objetivo o lucro. Por conseguinte, as autoridades competentes deverão dispor dos meios necessários para detectar, congelar, administrar e decidir a perda dos produtos do crime. Todavia, *para prevenir eficazmente e combater a criminalidade organizada haverá que neutralizar os produtos do crime, alargando, em certos casos, as ações desenvolvidas a quaisquer bens que resultem de atividades de natureza criminosa*"[6] [destacamos].

A exata compreensão do sentido, do alcance e dos limites do instituto, entretanto, é fundamental para que se encontre um sistema compatível com a ordem constitucional, sem desvirtuamentos e imprecisões, como infelizmente ocorreu com o modelo adotado no art. 91-A do Código Penal brasileiro. Quando menos, impõe-se uma interpretação adequada acerca da aplicabilidade do instituto, de modo a buscar uma compatibilidade possível com o sistema constitucional e, particularmente, os direitos e garantias individuais do acusado e do condenado.

Desde logo, observe-se que o confisco regulado no art. 91-A, *caput*, difere daquele objeto do § 5º do mesmo artigo. No primeiro caso (art. 91-A, *caput*), trata-se de instituto de aplicabilidade que se pretende geral, obedecido somente o parâmetro de pena máxima superior a 6 (seis) anos cominada ao crime objeto da condenação. Nessa hipótese, tem-se uma extensão do confisco clássico do produto ou proveito do crime (art. 91, II, *b*, Código Penal).

---

6. Diretiva 2014/42/EU do Parlamento Europeu e do Conselho, de 3 de abril de 2014, sobre o congelamento e a perda dos instrumentos e dos produtos do crime na União Europeia. Disponível em: https://eur-lex.europa.eu/legal-content/PT/TXT/PDF/?uri=CELEX:32014L0042.

Já a hipótese do § 5º do art. 91-A diz respeito à expropriação de instrumentos utilizados por organizações criminosas, ainda que não sejam de fabrico ou manejo proibidos. Essa espécie constitui uma extensão do confisco clássico de instrumentos do crime (art. 91, II, *a*, Código Penal) *no âmbito específico do crime organizado*.

Nesse cenário, importa entender a natureza jurídica e as finalidades do instituto da perda alargada, de modo a discutir e a estabelecer as condições e as esferas materiais de sua aplicabilidade controlada no sistema penal brasileiro, caso superada a questão sobre a sua constitucionalidade.

2. NATUREZA E ASPECTOS DO CONFISCO OU PERDA ALARGADA

O confisco é *alargado* porque vai além da perda do produto e do proveito do crime objeto da sentença condenatória transitada em julgado (art. 91, CP), para alcançar outros ativos do patrimônio do condenado, de valor correspondente aos bens cuja procedência não possa ser demonstrada por fontes lícitas. Em outros termos, aproveita-se o cenário da condenação criminal definitiva para expropriar o agente de bens correspondentes ao valor cuja proveniência lícita ele não consiga comprovar. Em última análise, esse valor, sem origem lícita demonstrada, *presume-se* um proveito ou produto do crime, pelo menos na disciplina normativa brasileira, em que se estabelece uma hipótese de decretação da "perda, *como produto ou proveito do crime*"[7].

Ao analisar a natureza jurídica da *perda alargada*, observa Pedro Caeiro que se trata de *medida materialmente administrativa* "aplicada por ocasião de um processo penal", consistindo em uma "conjugação, sem dúvida, peculiar, que se deve também à incomum circunstância de o confisco ter por objeto bens e direitos que, por definição, *não são* provenientes do crime *sub judice* e, consequentemente, não exibir uma ligação direta com o fato criminoso (e com a responsabilidade por ele gerada) que permita concebê-lo como uma reação *criminal*"[8].

---

7. Para um exame do instituto no Direito Penal comparado, consulte-se: LUCCHESI, Guilherme Brenner. Confisco alargado: análise das medidas para a recuperação de bens de origem lícita na experiência comparada americana. *In:* LEITE, Alaor; TEIXEIRA, Adriano (Orgs.). **Crime e Política:** Corrupção, financiamento irregular de partidos políticos, caixa dois eleitoral e enriquecimento ilícito. Rio de Janeiro: FGV Editora, 2017, p. 415-434.

8. CAEIRO, Pedro. Sentido e função do instituto da perda de vantagens relacionadas com o crime no confronto com outros meios de prevenção da criminalidade reditícia

A esse respeito, a aplicação de uma sanção de natureza penal *não* poderia fundar-se na vinculação *presumida* entre os bens sem procedência lícita comprovada e o crime objeto da condenação. Assim, tem-se na hipótese uma medida *administrativa, ensejada pela* condenação criminal, mas *fundada diretamente na ausência de demonstração da licitude de parte do patrimônio do condenado*, e não diretamente na própria prática criminosa objeto da sentença condenatória. De acordo com Caeiro, a causa da medida não é um *fato* (típico, ilícito e culpável) *punível*, mas um *patrimônio incongruente*[9]. Como será adiante demonstrado, porém, a incongruência do patrimônio precisa estar caracterizada em seu vínculo com alguma atividade criminosa.

A natureza administrativa da medida não lhe subtrai o caráter de *efeito da condenação*, ainda que *não* automático, já que a decretação judicial depende, como analisado a seguir, de requerimento circunstanciado do Ministério Público quando do oferecimento da denúncia. De toda sorte, sem uma condenação criminal, não é possível decretar a perda alargada, segundo o regime agora introduzido no Direito Penal brasileiro. Assim, o confisco alargado *decorre da condenação*, embora *não do crime objeto da sentença condenatória*. De toda sorte, a ausência de vínculo com uma prática criminosa determinada e certificada em decisão jurisdicional penal gera problemas de origem quanto à admissibilidade da expropriação de patrimônio com essa base.

3. ÂMBITO DE APLICAÇÃO MATERIAL DO INSTITUTO: O CRITÉRIO QUANTITATIVO (ART. 91-A, *CAPUT*, CÓDIGO PENAL) E O QUALITATIVO (DIREITO COMPARADO). EXIGÊNCIA DE DEMONSTRAÇÃO SUFICIENTE DO VÍNCULO DO PATRIMÔNIO INCONGRUENTE COM ATIVIDADE CRIMINOSA ASSOCIÁVEL À DO CRIME OBJETO DA CONDENAÇÃO

A perda alargada não pode ter aplicação indistinta, para qualquer condenação criminal. A esse respeito, a lei brasileira adotou um critério exclusivamente *quantitativo e abstrato*, estabelecendo a aplicabilidade do con-

---

(em especial, os procedimentos de confisco *in rem* e a criminalização do enriquecimento "ilícito". *In:* LEITE, Alaor; TEIXEIRA, Adriano (Orgs.). **Crime e Política:** Corrupção, financiamento irregular de partidos políticos, caixa dois eleitoral e enriquecimento ilícito. Rio de Janeiro: FGV Editora, 2017, p. 363-414, esp. p. 401-402.

9. CAEIRO, Pedro. Sentido e função do instituto da perda de vantagens relacionadas com o crime no confronto com outros meios de prevenção da criminalidade reditícia (em especial, os procedimentos de confisco *in rem* e a criminalização do enriquecimento "ilícito", cit., p. 363-414, esp. p. 400.

fisco alargado para os casos de condenação por crime a que se comine pena máxima superior a 6 (seis) anos (art. 91-A, *caput*, CP). A gravidade do crime, portanto, se afere somente pelo patamar abstrato da pena máxima aplicável, sem que se leve em conta qualquer aspecto referente à natureza e às repercussões do crime.

Além disso, não se considera nenhum fator de gravidade concreta da prática criminosa que é objeto da condenação: independentemente da pena concretamente aplicada, o confisco *alargado* é possível, alcançando o valor do patrimônio incongruente (sem origem lícita demonstrada) do sujeito, se o crime objeto da condenação tiver pena máxima abstrata superior a 6 (seis) anos. Assim, sem uma restrição de caráter qualitativo, seria possível, por exemplo, utilizar uma condenação por lesão corporal qualificada (art. 129, § 2º, do Código Penal — pena máxima de oito anos) ou por outro crime sem natureza nem repercussões econômicas, como base para expropriar toda a parte do patrimônio do sujeito correspondente ao valor dos bens sem origem lícita demonstrada, embora não tenham qualquer relação com o crime objeto da sentença condenatória definitiva. Sobre este último ponto, porém, como demonstrado adiante, não se pode abandonar o referencial de vínculo do patrimônio incongruente com alguma atividade criminosa, algo a que uma interpretação apressada, descontextualizada e puramente literal da norma do art. 91-A do Código Penal poderia conduzir.

Nesse contexto, também quanto ao critério quantitativo, o caminho adotado na reforma do sistema brasileiro é inadequado e problemático, especialmente por sua excessiva abrangência. O melhor sistema, como revela o Direito Penal comparado, seria a *especificação de crimes com repercussões econômicas*, que, por suas características de injusto e seus particulares efeitos, pudessem justificar a extensão da perda de bens sem origem ilícita demonstrada ou do valor equivalente. O critério puramente quantitativo, de pena máxima cominada, não justifica, por si, a medida excepcional e extrema de expropriação alargada.

Entendemos, a esse respeito, que a necessidade, a adequação e a proporcionalidade do instituto da perda alargada impõem, mesmo no Direito Penal brasileiro, a identificação de caráter e de efeitos econômicos no crime objeto da condenação, não bastando, portanto, o mero aspecto quantitativo fixado no art. 91-A do Código Penal. Trata-se de mais um parâmetro mínimo na busca de possível compatibilização do instituto com a ordem constitucional brasileira, que não admite uma expropriação patrimonial de tal amplitude, descontrolada e sem justa causa.

A título comparativo, o art. 127 *bis* do Código Penal espanhol, acrescentado pela Lei Orgânica n. 1/2015, especifica as condenações pelos seguintes crimes, passíveis de decretação do confisco (*decomiso*) alargado: delitos de tráfico de órgãos de seres humanos; delitos relativos à prostituição e à exploração sexual e corrupção de menores e delitos de abusos e agressões sexuais a menores de dezesseis anos; alguns delitos informáticos; delitos contra o patrimônio e a ordem socioeconômica nos casos de continuidade delitiva e reincidência; delitos relativos a insolvências puníveis; delitos contra a propriedade intelectual ou industrial; delitos de corrupção nos negócios; uma das formas de delito de receptação; delitos de *lavagem* (*blanqueo*) de capitais; delitos contra a Fazenda Pública e a Seguridade Social; alguns delitos contra os direitos dos trabalhadores; delitos contra os direitos dos cidadãos estrangeiros; alguns delitos contra a saúde pública; delitos de falsificação de moeda; delitos de corrupção (*cohecho*); delitos de malversação; delitos de terrorismo; delitos cometidos no seio de uma organização ou grupo criminoso.

Esse regime segue o parâmetro *qualitativo* fixado pela Diretiva n. 2014/42/União Europeia, do Parlamento e do Conselho Europeu, cujo art. 5º, *1*, ao dispor sobre a *perda alargada*, estabelece o seguinte: "Os Estados-Membros tomam as medidas necessárias para permitir a perda, total ou parcial, dos *bens pertencentes a pessoas condenadas por uma infração penal que possa ocasionar direta ou indiretamente um benefício econômico*, caso um tribunal, com base nas circunstâncias do caso, inclusive em factos concretos e provas disponíveis, como as de que o valor dos bens é desproporcionado em relação ao rendimento legítimo da pessoa condenada, conclua que os bens em causa provêm de comportamento criminoso" [destacamos].

A diretriz, assim, é a de que o crime objeto de condenação tenha natureza e desdobramentos econômicos, de modo a justificar a expropriação alargada de outros bens do patrimônio do sujeito vinculados a uma atividade criminosa.

Para além do critério qualitativo, o outro ponto essencial é o do vínculo dos ativos confiscados com *alguma atividade criminosa*, ainda que não, por definição do próprio instituto, com aquele específico crime que serviu de base para a condenação. De acordo com o art. 91-A do Código Penal brasileiro, bastaria, para o confisco, a não demonstração da origem lícita do patrimônio, havendo, a esse respeito, até mesmo inversão do ônus da prova (art. 91-A, § 2º, Código Penal).

A admissibilidade de um instituto *como efeito de uma condenação criminal*, todavia, não pode prescindir da demonstração suficiente do vínculo do bem expropriado com alguma atividade criminosa. Não se pode simplesmente adotar uma interpretação literal da regra do art. 91-A para aceitar a simples expropriação de um patrimônio sem origem lícita demonstrada, independentemente do vínculo dos respectivos bens com uma atividade criminosa. Nesse ponto, a Diretiva n. 2014/42/União Europeia, do Parlamento e do Conselho Europeu fixa a exigência de *conclusão*, pelo tribunal, *com base nas circunstâncias do caso, inclusive em factos concretos e provas disponíveis, de que os bens provêm de comportamento criminoso* (art. 5º, *1*). É o mínimo que se poderia aceitar. Não basta, portanto, a mera ausência de demonstração da origem lícita. Com esse sentido simplório, a regra do art. 91-A é realmente inconstitucional. Espera-se que, no âmbito da ADI 6.304/DF, o Plenário do Supremo Tribunal Federal pelo menos fixe interpretação conforme a Constituição para garantir parâmetros controláveis de aplicação do instituto da perda alargada com base no art. 91-A do Código Penal.

Assim, sustenta-se aqui que não é suficiente, para justificar a perda alargada, a condenação pelo crime de maior gravidade relativa (pena máxima superior a 6 anos) associada à simples ausência de demonstração da origem lícita de parte do patrimônio. O mero *patrimônio incongruente* não está necessariamente vinculado a atividades criminosas e não basta, por si só, para justificar a expropriação de bens.

Mas não é só. Por mais que, conceitualmente, os bens objeto de confisco alargado não tenham relação demonstrada com o crime objeto da condenação, é necessário seu vínculo (demonstrado) com alguma atividade criminosa, passível, ademais, de associação (indiciária e indireta) com o fato que serviu de base para a sentença condenatória.

Faz-se necessária, nesse contexto, a existência de uma associação *temporal* entre o patrimônio incongruente (sem origem lícita demonstrada) e a atividade criminosa do condenado. Assim, exige-se que a aquisição dos bens integrantes do patrimônio não demonstrado esteja de algum modo associada — ainda que possa ser anterior — ao início das atividades criminosas do agente, de tal maneira a justificar, *por aproximação indiciária*, a *presunção* do vínculo entre um e outro, como base suficiente para uma medida administrativa (caso do confisco alargado), embora não para uma sanção penal. Não se olvide que, nos termos já do *caput* do art. 91-A, a decretação é da perda dos bens *como produto ou proveito do crime*, o que reclama alguma aproximação vinculativa.

4. ABRANGÊNCIA DO "PATRIMÔNIO DO CONDENADO" PASSÍVEL DE PERDA ALARGADA (ART. 91-A, § 1º, CÓDIGO PENAL)

Conforme visto no tópico anterior, reclama-se um vínculo entre o patrimônio sem origem lícita demonstrada e uma atividade criminosa do condenado. Cumpre então considerar os critérios para a identificação desse vínculo, inclusive sob o ponto de vista temporal, além de outras circunstâncias, com base na prova disponível no processo.

Os parâmetros do *vínculo temporal* estão assim especificados no art. 91-A, § 1º, do Código Penal: "Para efeito da perda prevista no caput deste artigo, entende-se por patrimônio do condenado todos os bens: I — de sua titularidade, ou em relação aos quais ele tenha o domínio e o benefício direto ou indireto, na data da infração penal ou recebidos posteriormente; II — transferidos a terceiros a título gratuito ou mediante contraprestação irrisória, a partir do início da atividade criminal". Trata-se, antes de tudo, de aproximações entre a atividade criminosa e os ativos suspeitos, que, sem origem lícita demonstrada, justificam a expropriação de bens do sujeito em valor equivalente.

Como acima observado, no regime brasileiro não houve a preocupação de deixar expressa a necessidade de aproximações indiciárias entre a atividade criminosa e os ativos objeto de confisco alargado. Essa exigência, no entanto, é irrecusável, constituindo mesmo parâmetro mínimo para que se chegue a justificar a medida de perda alargada. A tendência mundial não se desliga dessa lógica. A título de referência, mais uma vez, o art. 5º da Diretiva n. 2014/42/UE, do Parlamento e do Conselho Europeu, indica claramente isso, como parâmetro regulador para os Estados da União Europeia: "Os Estados-Membros tomam as medidas necessárias para permitir a perda, total ou parcial, dos bens pertencentes a pessoas condenadas por uma *infração penal que possa ocasionar direta ou indiretamente um benefício econômico*, caso um tribunal, *com base nas circunstâncias do caso, inclusive em factos concretos e provas disponíveis*, como as de que o valor dos bens é desproporcionado em relação ao rendimento legítimo da pessoa condenada, *conclua que os bens em causa provêm de comportamento criminoso*" [destacamos]. Segue essa linha, em particular, o Código Penal espanhol, cujo art. 127 *bis*, incluído pela Lei Orgânica n. 1/2015, dispõe: "O juiz ou tribunal ordenará também o confisco dos bens, efeitos e ganhos pertencentes a uma pessoa condenada por algum dos seguintes delitos, *quando resolva, a partir de indícios fundados, que os bens provêm de uma atividade delitiva*, e não se comprove sua origem lícita".

Ademais, de acordo com o inciso II do art. 91-A, considera-se como integrante do patrimônio do agente, passível de expropriação alargada, o bem sem origem lícita demonstrada que haja sido transferido para terceiro a título gratuito ou mediante contraprestação irrisória. Essa disciplina tem a finalidade clara de pôr ao alcance do poder confiscatório bens objeto de transações fraudulentas, orientadas à "blindagem" do patrimônio real do agente.

Mais uma vez, porém, o regime carece da necessária disciplina da possibilidade de alcance do patrimônio de terceiros. Seria necessária a definição de critérios justificadores dessa extensão adicional do confisco. Tome-se como referência, a esse respeito, o art. 6º da Diretiva n. 2014/42/União Europeia, do Parlamento e do Conselho Europeu: "1. Os Estados--Membros tomam as medidas necessárias para permitir a perda dos produtos ou dos bens cujo valor corresponda a produtos que, direta ou indiretamente, foram transferidos para terceiros por um suspeito ou arguido, ou que foram adquiridos por terceiros a um suspeito ou arguido, pelo menos nos casos em que o terceiro sabia ou devia saber que a transferência ou a aquisição teve por objetivo evitar a perda, com base em circunstâncias e factos concretos, nomeadamente o facto de a transferência ou aquisição ter sido feita a título gracioso ou em troca de um montante substancialmente inferior ao do valor de mercado. 2. O n. 1 deve ser interpretado de forma a não prejudicar os direitos de terceiros de boa-fé".

Exigem-se elementos consistentes no sentido de que o terceiro conhecia e tomou parte na ação destinada a evitar a perda do patrimônio transferido. De igual modo, não são alcançáveis bens do terceiro de boa-fé. Sem esses parâmetros, não há base mínima para justificar a medida. Outra exigência, decorrente do sistema, é de que, havendo requerimento de confisco alargado, o terceiro seja chamado ao processo, para exercício do contraditório.

Outra lamentável omissão legislativa diz respeito à previsão de um procedimento de chamamento do terceiro ao processo, para que possa se manifestar sobre a pretensão de confisco alargado de bem de sua titularidade formal.

A propósito, diversamente do que ocorreu em outros sistemas, a tentativa da reforma de implantar um modelo de perda alargada no Brasil, além de realizada com — talvez insuperáveis — defeitos de definição dos próprios pressupostos e requisitos materiais de aplicabilidade da medida, não foi acompanhada de uma regulação correlata no âmbito processual penal. Por exemplo, não se versou sobre a aplicabilidade de medidas cautelares assecuratórias patrimoniais (sequestro, arresto) correspondentes ao efeito de confisco alargado, o que poderá gerar problemas, em particular, quanto à possibilidade de aplicação do sequestro durante a fase de persecução penal.

5. REQUISITOS E PROCEDIMENTO. REQUERIMENTO CIRCUNSTANCIADO E GARANTIA DO CONTRADITÓRIO (ART. 91-A, § 3º, CÓDIGO PENAL). INVERSÃO DO ÔNUS DA PROVA (ART. 91-A, § 2º, CÓDIGO PENAL). APLICAÇÃO DA MEDIDA NA SENTENÇA (ART. 91-A, § 4º, CÓDIGO PENAL)

Sob o pressuposto da compatibilização do instituto da perda alargada com o sistema constitucional de direitos e garantias, o que reclamaria pelo menos a adoção de critérios especiais não contemplados pela literalidade da norma do art. 91-A, cumpre na sequência apreciar os requisitos e o procedimento da aplicabilidade da medida como efeito da condenação.

O confisco alargado não é efeito automático da condenação. Sua aplicabilidade depende de *requerimento circunstanciado do Ministério Público*, na oportunidade do oferecimento da denúncia, conforme o disposto no art. 91-A, § 3º, do Código Penal: "A perda prevista neste artigo deverá ser requerida expressamente pelo Ministério Público, por ocasião do oferecimento da denúncia, com indicação da diferença apurada". Exige-se, assim, que o acusador público já individualize o valor da *diferença apurada*, correspondente à parte do patrimônio do acusado sem proveniência lícita demonstrada.

A exigência legal de requerimento do Ministério Público atende à *garantia*, para o acusado, do exercício do *contraditório*, não só quanto à origem dos ativos questionados, mas também quanto à diferença apurada. Nos termos do art. 91-A, § 2º, do Código Penal, "o condenado poderá demonstrar a inexistência da incompatibilidade ou a procedência lícita do patrimônio".

A fórmula utilizada no art. 91-A, *caput*, é problemática ao indicar, como hipótese justificadora e objeto da perda alargada, os "bens correspondentes à diferença entre o valor do patrimônio do condenado e aquele [valor] que seja compatível com o seu [do condenado] rendimento lícito". Não se deve entender daí que a simples indicação genérica de incompatibilidade entre o patrimônio total do sujeito e seus rendimentos possa ensejar a medida confiscatória. Faz-se *necessária a apuração e a individualização de bens e de valores, apresentando-se uma diferença específica e líquida*.

Nessas condições, diante da indicação de um patrimônio incongruente, o acusado tem a oportunidade de demonstrar-lhe a origem lícita. Trata-se de uma hipótese de *inversão do ônus probatório*. Diante da ausência de demonstração da licitude, presume-se a ilicitude, podendo o acusado afastar essa presunção ao demonstrar a compatibilidade entre seus rendimentos e o patrimônio questionado ou a proveniência lícita dos próprios bens.

Esse é um dos pontos mais questionados pela doutrina, não só pela sujeição do acusado a um ônus de prova negativa, com ofensa à presunção de inocência e ao *in dubio pro reo*, mas também pela subversão à "lógica da própria economia de mercado, segundo a qual se presume a licitude do patrimônio privado dos cidadãos, até prova em contrário produzida pelos órgãos do Estado, especialmente por meio do Ministério Público", como asseveram Juarez Cirino dos Santos e June Cirino dos Santos. Ainda segundo os mesmos juristas, "num país caracterizado pela cultura e pelo mercado informal de trabalho, em que a propriedade de coisas móveis é transferida pela simples tradição, a inversão do ônus da prova do Estado para o condenado, além de contrariar princípios do processo civil e, em especial, do processo penal, pode criar dificuldades ou obstáculos instransponíveis para o cidadão, especialmente quando está em jogo ou está privado de um bem maior: a liberdade"[10].

A crítica é pertinente, mas as dificuldades, considerando o sistema já em vigor, podem ser amenizadas por um maior rigor judicial na apreciação do vínculo indiciário, sobretudo de ordem temporal, entre o patrimônio incongruente e o início das atividades criminosas do agente, de modo a justificar a presunção. Não se pode conceber um sistema em que a mera não demonstração da origem dos bens, no cenário de uma condenação criminal, mas sem uma aproximação probatória de vínculo entre um objeto e outro, seja suficiente para permitir o confisco. Embora se trate de uma medida administrativa, e não de uma sanção penal, esse efeito confiscatório não pode cumprir-se sem uma base suficiente a amparar a presunção, uma vez que a perda *decorre* da condenação criminal.

---

10. CIRINO DOS SANTOS, Juarez; CIRINO DOS SANTOS, June. Reflexões sobre confisco alargado. **Boletim do Instituto Brasileiro de Ciências Criminais**, n. 277, dez. 2015.

Se o acusado tiver êxito em seu exercício probatório, a medida não será decretada, mesmo em caso de condenação. Do contrário, "na sentença condenatória, o juiz deve declarar o valor da diferença apurada e especificar os bens cuja perda for decretada", como dispõe o art. 91-A, § 4º, do Código Penal.

Não se compreenda daí, porém, que a simples ausência de demonstração da origem pelo condenado acarretará, automaticamente, a procedência do pedido do Ministério Público. Como antes observado, o juiz deverá apreciar a existência de alguma aproximação temporal entre os bens e a atividade criminosa e verificar se há, realmente, uma diferença apurada. Presentes esses pressupostos, a medida deverá ser decretada quando o acusado não tiver demonstrado a procedência lícita do patrimônio questionado.

Assim, não se pode entender a hipótese como pura presunção derivada da inexistência de demonstração, pelo condenado durante o processo, da origem lícita dos bens indicados pelo Ministério Público. Tem a parte acusadora o ônus de demonstrar o vínculo entre os bens indicados (patrimônio sem origem lícita comprovada) e alguma atividade criminosa do condenado, associável ao crime objeto da condenação, de modo a justificar a expropriação alargada de bens correspondentes a esse valor.

6. PERDA DOS INSTRUMENTOS UTILIZADOS PARA A PRÁTICA DE CRIMES POR ORGANIZAÇÕES CRIMINOSAS E MILÍCIAS (ART. 91-A, § 5º, CP)

O § 5º do art. 91-A do Código Penal trata de hipótese de confisco alargado diversa da abordada nos tópicos anteriores (art. 91-A, *caput*, Código Penal): "Os instrumentos utilizados para a prática de crimes por organizações criminosas e milícias deverão ser declarados perdidos em favor da União ou do Estado, dependendo da Justiça onde tramita a ação penal, ainda que não ponham em perigo a segurança das pessoas, a moral ou a ordem pública, nem ofereçam sério risco de ser utilizados para o cometimento de novos crimes".

Não se trata aqui de patrimônio sem origem ilícita demonstrada, mas dos próprios *instrumentos* utilizados na prática de crimes por organizações criminosas e milícias.

O art. 91, II, *a*, do Código Penal já estabelece, como efeito da condenação, a perda em favor da União *dos instrumentos do crime, desde que consistam em coisas cujo fabrico, alienação, porte ou detenção constitua fato ilícito.*

Agora, *sem mais esse condicionamento de ilicitude do fabrico ou do manejo*, o art. 91-A, § 5º, fixa a perda *também* dos instrumentos utilizados por organizações criminosas e milícias na prática *de crimes, ainda que não haja afetação à segurança das pessoas, à moral ou à ordem pública, nem risco de uso para a prática de novos crimes*. Trata-se de outra hipótese de *perda estendida ou alargada*, o que explica seu tratamento em um parágrafo do art. 91-A.

Assim, mesmo que o instrumento não seja de fabrico, alienação, porte ou detenção ilícita, está sujeito a confisco. Interessa apenas que o objeto haja sido *instrumento da prática do crime* por uma organização criminosa ou milícia privada. Por exemplo, se uma aeronave foi utilizada na prática de tráfico de drogas por uma organização criminosa, está sujeita a confisco *como instrumento de crime*, embora seu fabrico, alienação, porte e detenção não constituam fato ilícito. No caso, a perda independe de perigo à segurança das pessoas, à moral ou à ordem pública, ou ainda de risco de cometimento de novos crimes.

Além disso, a norma alude a instrumentos usados na prática *de crimes*, e não somente na do crime objeto da condenação, o que enfatiza o aspecto peculiar de confisco *alargado*, próprio das medidas reguladas no novo art. 91-A do Código Penal. Identifica-se aí um objetivo particular de desestruturação de organizações criminosas e de milícias, privando-as de todo instrumental usado na prática de crimes. Deve-se exigir a prova de que o instrumento foi efetivamente utilizado em prática criminosa pela organização ou milícia.

Outra novidade é o destinatário do confisco: não necessariamente a União, como na medida expropriatória de instrumentos ilícitos (art. 91, II, *a*, CP), mas a União ou o Estado, conforme a condenação provenha da Justiça Federal ou da Justiça Estadual (art. 91-A, § 5º, CP).

7. CONSIDERAÇÕES FINAIS

O exame sobre a constitucionalidade do confisco ou perda alargada, objeto do art. 91-A do Código Penal, não se restringe à existência, à legitimidade e à admissibilidade do instituto em si mesmo, como instrumento de combate a crimes de repercussões econômicas e ao crime organizado, devendo-se considerar também a forma e abrangência da regulação concreta da medida em cada sistema.

Assim, embora no Direito Penal comparado se encontre uma aplicabilidade já consolidada do instituto, como demonstram as diretrizes e sistemas referenciados neste artigo, a reforma instituída no Direito brasileiro pela Lei n. 13.964/2019 estabeleceu uma previsão e uma disciplina lacunosas da *perda alargada*, comportando interpretações capazes de conduzi-la a uma aplicação descontrolada e de intolerável amplitude. A literalidade do art. 91-A acrescentado ao Código Penal brasileiro não está afinada com os próprios parâmetros essenciais do instituto nos modelos comparados, tomando-se como referência a Diretiva 2014/42/EU, do Parlamento Europeu e do Conselho.

Para que se encontre uma via de compatibilização mínima com a ordem constitucional, é imprescindível restringir a aplicabilidade da medida a crimes de natureza e de repercussões econômicas (critério qualitativo), com superação do critério meramente quantitativo fixado no *caput* do art. 91-A. Além disso, exige-se a demonstração probatória suficiente do vínculo dos bens expropriados *com alguma atividade criminosa*, embora não diretamente aquela objeto da própria condenação (já que se trata de perda *alargada*), não bastando, portanto, a mera existência de uma parte patrimonial sem origem lícita demonstrada. Reclama-se também que a atividade criminosa vinculada esteja associada, no plano indiciário e indireto pelo menos, ao crime objeto da condenação.

No contexto da perda alargada, a norma do § 5º do art. 91-A é a mais justificável, ao regular hipótese diversa das demais, à luz do objetivo de desestruturação de organizações criminosas pela extensão do confisco aos *instrumentos* por ela utilizados em suas atividades, ainda que tais instrumentos não sejam de fabrico ou de manejo ilícitos (o que já está abrangido pelo confisco clássico), nem afetem a segurança das pessoas, a moral ou a ordem pública, nem possam ser usados para a prática de novos crimes.

BIBLIOGRAFIA

CAEIRO, Pedro. Sentido e função do instituto da perda de vantagens relacionadas com o crime no confronto com outros meios de prevenção da criminalidade reditícia (em especial, os procedimentos de confisco *in rem* e a criminalização do enriquecimento 'ilícito'. *In:* LEITE, Alaor; TEIXEIRA, Adriano (Orgs.). **Crime e Política**: Corrupção, financiamento irregular de partidos políticos, caixa dois eleitoral e enriquecimento ilícito. Rio de Janeiro: FGV Editora, 2017.

CIRINO DOS SANTOS, Juarez; CIRINO DOS SANTOS, June. Reflexões sobre confisco alargado. **Boletim do Instituto Brasileiro de Ciências Criminais**, São Paulo, n. 277, dez. 2015.

LUCCHESI, Guilherme Brenner. Confisco alargado: análise das medidas para a recuperação de bens de origem lícita na experiência comparada americana. *In:* LEITE, Alaor; TEIXEIRA, Adriano (Orgs.). **Crime e Política**: Corrupção, financiamento irregular de partidos políticos, caixa dois eleitoral e enriquecimento ilícito. Rio de Janeiro: FGV Editora, 2017.

REBOUÇAS, Sérgio. **Direito Penal, Parte Geral.** São Paulo: Tirant lo Blanch, 2020.

MINISTÉRIO PÚBLICO FEDERAL. **10 Medidas contra a Corrupção**. Disponível em: https://dezmedidas.mpf.mp.br/apresentacao/conheca-as-medidas. Acesso em: 31/03/2022.

SUPREMO TRIBUNAL FEDERAL. **Inicial da Ação Direta de Inconstitucionalidade n. 6.304/DF**. Disponível em: https://redir.stf.jus.br/estfvisualizadorpub/jsp/consultarprocessoeletronico/ConsultarProcessoEletronico.jsf?seqobjetoincidente=5843708. Acesso em: 31/03/2022.

UNIÃO EUROPEIA. Parlamento Europeu; Conselho. **Diretiva 2014/42/EU do Parlamento Europeu e do Conselho, de 3 de abril de 2014, sobre o congelamento e a perda dos instrumentos e dos produtos do crime na União Europeia**. Disponível em: https://eur-lex.europa.eu/legal-content/PT/TXT/PDF/?uri=CELEX:32014L0042. Acesso em: 31/03/2022.

CAPÍTULO 6

¿NOS OLVIDAMOS DE LA ECONOMÍA?

Eugenio Raúl Zaffaroni[1]

1. Hace treinta años que el colega, profesor e investigador Cezar Roberto Bitencourt presentó su rica tesis doctoral en Sevilla sobre la *Falência da pena de prisão*, que se fue convirtiendo en un clásico hasta alcanzar su quinta edición[2].

En el momento de su primera edición, cuando despuntaba la última década del siglo pasado, se podían observar los signos alarmantes de lo que sería el curso posterior del ejercicio real del poder punitivo en nuestra región, que se agudizarían hasta llegar a la lamentable situación actual: incremento incesante de la prisionización y continuidad y aumento de los altos porcentajes de *presos sin condena*[3], sobrepoblación penal, disparidad entre el crecimiento del número de presos y de funcionarios penitenciarios, control interno de las prisiones por bandas organizadas de presos, frecuente violencia interna entre esas bandas con resultados altamente letales y, en síntesis, degradación de las prisiones de la región hasta aproximarse a verdaderos campos de concentración[4].

---

1. Profesor Emérito de la Universidad de Buenos Aires.
2. Cezar Roberto Bitencourt, **Falência da pena de prisão, Causas e alternativas**, 5ª edição, São Paulo, 2017.
3. El porcentaje de presos no condenados en Latinoamérica es endémico: cfr. Carranza — Mora — Houed — Zaffaroni, **El preso sin condena en América Latina y el Caribe**, San José, 1983. Las investigaciones posteriores muestran un agravamiento del fenómeno en las cuatro décadas posteriores, cfr. Elías Carranza, **Sobrepoblación carcelaria en América Latina y el Caribe, ¿Qué hacer? ¿Qué no hay que hacer? El caso de México**, en Revista de Derecho Penal y Criminología, La Ley, Bs. As., 2020.
4. Sobre los alarmantes datos de sobrepoblación Elías Carranza, op. cit.; también sobre prisiones en Brasil, Autores varios, **Penas ilícitas y hermenéutica jurídica. Un análisis a propósito de las medidas de la CorteIDH respecto del IPPSC**, Bs. As., 2020.

La criminología sociológica de las últimas décadas del siglo pasado[5] nos aportaba varios elementos de crítica para evaluar este panorama, tanto en la observación *microsocial,* principalmente con los aportes del interaccionismo simbólico, y más ampliamente con el concepto de *biopoder* y otros por obra de Foucault. En cuanto al marco *macrosocial,* la crítica del norte se referenciaba de preferencia en el marxismo no institucionalizado de Frankfurt, con lo que en buena medida se desplazaba hacia una crítica al capitalismo, lo que con frecuencia conducía a cierta impotencia, pues sugería que toda alternativa debía postergarse hasta el advenimiento de un cambio radical de sistema.

De todas formas, no sólo la criminología crítica sociológica, sino directamente la propia sociología general más o menos tradicional, bastaba para demoler los dogmas acerca de la pena en que se apoyaba la dogmática jurídico-penal[6], elaborada a partir del idealismo cognoscitivo y de preferencia del neokantismo sudoccidental[7].

El penalismo veía peligrar su impresionante edificio conceptual tan pacientemente elaborado y, para evitar el colapso, no hallaba otra solución que atrincherarse en esas teorías del conocimiento para cerrar el paso a la *invasión sociológica* en la medida en que sus datos pudiesen verificar la falsedad de sus dogmas básicos. De este modo estigmatizó toda deslegitimación del poder punitivo como supuesto *reduccionismo sociológico*.

Cabe observar que la sociología de los *padres europeos* (Weber, Durkheim, Simmel, Tarde) había impactado a otras ramas del derecho desde mucho antes[8], pero nunca al saber jurídico-penal, en razón de la mayor vulnerabilidad de su legitimación de la pena frente a los datos de la reali-

---

5. Muy buenas síntesis en Massimo Pavarini, **Introduzione a la criminologia**, Firenze, 1980; Rosa del Olmo, **América Latina y su criminología**, México, 1981; Lola Aniyar de Castro/Rodrigo Codino, **Manual de Criminología Sociopolítica**, Bs. As., 2013, pp. 27 y ss.; v. las referencias también en Gabriel Ignacio Anitua, **Historias de los pensamientos criminológicos**, Buenos Aires, 2005, pp. 351 y ss.

6. En particular lo había puesto de manifiesto Alessandro Baratta en **Criminología crítica y crítica del derecho penal: introducción a la sociología jurídico penal**, Buenos Aires, 2004, aunque también en trabajos anteriores.

7. El neokantismo penal dio lugar a construcciones liberales, como las de Gustav Radbruch y Max Ernst Mayer, pero también a un desarrollo adecuado a la legislación nazi, como las de Edmund Mezger y Wilhelm Sauer, entre otros muchos de su tiempo (al respecto, nuestro ensayo **Doctrina Penal Nazi. La dogmática penal alemana entre 1933 y 1945**, EDIAR, Bs. As., 2017).

8. Recordemos el realismo jurídico norteamericano (Holmes y Pound) y la confrontación entre *formalismo* y *antiformalismo,* que fue el gran debate jurídico y sociológico

dad social. Por eso, es posible sostener que el penalismo casi inventó una *sociología propia*, en la particular versión etiológica del positivismo peligrosista — como la de Ferri -, al margen de la de los clásicos anteriores o contemporáneos a la primera guerra, pese a que no faltaron algunos atisbos de una aproximación más correcta por la época[9], pero que no tuvieron mucho eco en las academias de su tiempo.

Al descartarse la versión etiológica positivista de una sociología a la medida de la legitimación policial y colonial de la pena, se optó por obturar selectivamente toda posibilidad de entrada de datos sociales deslegitimantes de sus dogmas, derivando lógicamente su función a partir de las premisas de inventados estados inexistentes (el ético kantiano, el *racional hegeliano*, el *moralizante krausista*, el *terapéutico resocializador*, etc.)[10].

De este modo, el saber jurídico-penal elabora su dogmática y la dirige a los jueces para que la conviertan en jurisprudencia, o sea, en actos de gobierno de los estados reales, preservándose meticulosamente de cualquier dato o información perturbadora proveniente de la sociología.

Pero, por otro lado, en la sociología no faltan fuertes corrientes que, desde puntos de partida opuestos, también parecen elaborar sus construcciones al margen de la economía, sea porque sin detenerse en su dinámica aceptan sin más la crítica al *capitalismo tardío* de la escuela de Frankfurt o porque la excluyen conforme a los planteos *sistémicos* que partieron de Parsons y fueron renovados en Alemania por Luhmann.

Por su parte, también la economía — especialmente en versión neoliberal — pretende reducirse a una construcción matemática o lógica[11] cuyo valor de verdad sería la completividad lógica del modelo (no contradicción), al margen de todo dato social, increíblemente despreciado como *empírico*[12].

---

jurídico del siglo XX, con Kantorowicz, Ehrlich, Gierrke, Geny, Hauriou, Duguit, Gurvitch y otros por el lado *antiformalista*.

9. Fr. M. Vaccaro, **Genesi e funzioni delle leggi penali**, Torino, 1889; sobre todo, W. Bonger, *Criminality and economic conditions*, 1916.

10. Cfr. n. artículo **Derecho Penal y Criminología Sociológica**. *Integración y desintegración*, en "Criminología y derecho penal para el debate. Homenaje a Roberto Bergalli", Bogotá, 2021, pp. 97-118; también en "Derechos en acción", La Plata, año 5 nº 16, 2020.

11. Cfr. Piketty, Thomas, **El capital en el siglo XXI**, Bs. As., 2014, p. 47.

12. V. el extraño criterio sostenido por un discípulo de von Mises: Murray N. Rothbanrd, **La gran dewpresión**, Madrid, 2020, p. LVI.

De este modo, hay un saber penal, otro económico y otro sociológico, que ignoran los datos que se podrían aportar entre sí y se limitan a sostener su valor científico sólo porque lo que dicen no es contradictorio, o sea, porque lógicamente cierra el *orden jurídico normativo*, el *sistema social* o el *aparato matemático* de la economía.

Sin duda que en los tres campos del conocimiento se observa un *solipsismo científico* que, si bien su propósito manifiesto sería el afán por preservar su propio horizonte de proyección de supuestas invasiones reduccionistas (*sociologización* del derecho, *economización* de la sociología y *politización* de la economía), no puede ignorarse su resultado político, sea éste procurado intencionalmente o no, pero que siempre consiste en la supresión o exclusión de ámbitos de la realidad del mundo en cuanto a l explicación y valoración de *hechos de poder*.

Dicho de otra manera: cuando excluimos un dato o información porque de lo contrario no *cierra* un pensamiento, es porque nos obstinamos en afirmar ese pensamiento o porque lo queremos orientar funcionalmente hacia determinado objetivo, que siempre es *político* en cuanto al gobierno de la *polis*.

En este sentido es obvio que todo lo referido al ejercicio del poder punitivo es clave para el poder político en general y, por ende, un saber jurídico-penal que excluye los datos sociológicos acerca del ejercicio real del poder punitivo en la sociedad, responde a una obcecación o a una legitimación intencional de un poder político ejercido con determinados objetivos.

En otros trabajos nos ocupamos de esta distorsión de la realidad por parte del saber jurídico-penal, que es el más vulnerable a crítica sociológica en razón de que, a diferencia de los otros campos del saber jurídico, carece de toda certeza directamente en lo que hace a la naturaleza y objetivos de su sanción, lo que se evidencia en el abanico de *teorías de la pena* que discute como problema *penal* sin advertir que está discutiendo nada menos que teorías del estado[13].

Pero la crítica *macrosocial* a ese ejercicio proveniente de la criminología sociológica tampoco aportó soluciones en la medida en que, remitiéndose a la crítica del capitalismo de la escuela de Frankfurt, llevaba a la impotencia. Dijimos que unos alucinaban estados inexistentes y otros

---
13. Cfr. **Derecho Penal y Criminología Sociológica. Integración y desintegración**, cit.

soñaban estados futuros, pero a ambos les escapa la realidad del poder en nuestro mundo.

2. El *solipsismo científico* afecta las relaciones entre diferentes ámbitos del conocimiento, pero en el momento actual, para una correcta valoración crítica del ejercicio del poder punitivo tanto en el hemisferio norte como en nuestro sur, es indispensable prestar especial atención a la interferencia que produce en la relación de la sociología con la economía. Si la sociología neutraliza la información económica con planteos *sistémicos* o se remite y agota únicamente en una crítica ideológica *macrosocial* como la de Frankfurt, cuando la criminología apoya en ella su crítica, es obvio que reflejará esta carencia.

Cabe precisar que el *solipsismo científico* no ha sido la regla en las relaciones entre estos campos del conocimiento, donde aparece casi como una novedad, puesto que desde sus orígenes cercanos se tendieron puentes entre ellos. En principio, casi no se recuerda que buena parte de los *padres fundadores* del Iluminismo penal (Beccaria, Sonnenfels, Filangieri, los Verri, etc.) fueron grandes economistas[14].

Por otro lado, si bien Marx asignó un papel central a la economía en la sociedad y con eso abrió frontalmente el debate contra el idealismo — al punto que la sociología posterior parece una discusión con Marx -, la incorporación de la dimensión económica de ningún modo se agota en la sociología de esta vertiente y en las disputas acerca de su pensamiento o entre *marxistas*, pues sería absurdo pasar por alto que los *padres fundadores* de la sociología moderna también la incorporaban a su área de conocimiento y le asignaban un papel sumamente relevante.

Más cercanamente fueron muchos los autores (como Thorstein Veblen[15] o Joseph Schumpeter[16]) que desde diferentes perspectivas volvieron al tema y, menos aún se debe ignorar que hoy la sociología económica alcanza un desarrollo considerable, especialmente a partir de la obra del húngaro Karl Polanyi[17], del norteamericano Mark Granovetter[18] y del ale-

---

14. Cfr. n. artículo ¿Prisión o confiscación del valor?, en la revista "Ciencia Jurídica", Universidad de Guanajuato, año 10, nº 19, 2021.

15. V. su **Teoría de la clase ociosa**, de 1899 (México, 2004).

16. V. En particular **Il capitalismo può sopravvivere? La distruzione creatrice e il futuro dell'economia globale**, Milano, 2010; sobre su pensamiento, Guido Vestuti, *Schumpeter teorico dell'economia*, Roma, 1968.

17. V. **La gran transformación**, México, 1991.

18. V. **La forza dei legami deboli**, Napoli, 1998.

mán Wolgang Streeck[19], por no citar más que algunos sociólogos que insisten en el concepto de *embeddedness* (incorporación, inclusión o incrustación) de la actividad económica en lo social.

Si bien es imposible en este espacio abarcar toda la sociología que se elabora respetando la *embeddedness* de la economía, sobrevolaremos aquí con la brevedad del caso, el curso que señala Wolfgang Streeck, solo como demostración de la necesidad de profundizar el tema en futuras y más precisas investigaciones. De este modo pretendemos mostrar que sin la *embeddedness* es prácticamente imposible explicar los hechos del poder general y punitivo, cuya comprensión es el presupuesto indispensable para una correcta empresa crítica.

3. El planteo de Streeck es de naturaleza *macrosociológica*, pero al no eludir la dimensión económica de los fenómenos mediante una construcción ideológica o suprimirla apelando al *solipsismo científico*, brinda una explicación más completa de las notorias variables del poder real que inciden en el punitivo.

No es posible insertar en un marco *macrosocial* las diferentes variables selectivas del poder punitivo en el norte y en nuestro sur, sin una explicación de la dinámica del poder mundial y de sus consecuencias para las democracias del norte y para nuestras *protodemocracias* del sur, pues fenómenos tales como el desprestigio de la política, la creciente indiferencia electoral, el deterioro de los estados de derecho, la manipulación del judicial, repercuten directamente sobre el poder punitivo.

Cabe insistir en que esta elemental afirmación obedece a que el poder punitivo es un *hecho político* que tiene lugar en el marco de poder de cada país y región que, a su vez, se encuadra en el marco del poder mundial y nada de eso se comprende sin la inserción de la dimensión económica de los fenómenos en la sociología. Cuando la sociología deja de hacerlo, renuncia a incorporar una dimensión de la realidad y, por ende, sus resultados no agotan la explicación del poder en general y del punitivo en particular, incapacitándose para someterlo a una crítica adecuada a la realidad óntica del poder.

Al insertar la economía en la sociología, Streeck hace notar que el capitalismo y la democracia no son muy compatibles, desde que uno pulsiona por la obtención de mayores ganancias y la otra por una mejor y

---
19. Wolfgang Streeck, ¿Cómo terminará el capitalismo? Ensayos sobre un sistema en decadencia, Madrid, 2017.

mayor distribución de la riqueza; uno pretende una sociedad clasista y la otra una más igualitaria; uno quiere concentrar riqueza y la otra repartir un poco más.

En el siglo XIX, el capitalismo del hemisferio norte se enfrentó a los reclamos obreros mediante el poder punitivo, criminalizó socialismo, al anarquismo, a las huelgas y al sindicalismo. Los estados del norte optaron por la ideología *spenceriana*, que legitimaba tanto al poder policial represor de los obreros y pobres en las metrópolis del norte, como a los intereses de las oligarquías neocoloniales en nuestro sur, donde la criminología etiológica biologista cobraba mayor tinte racista, en coincidencia con la jerarquización social heredada del colonialismo originario[20].

El positivismo peligrosista en el norte se explica en este contexto de confrontación del capitalismo incipiente con las fuerzas igualitaristas de la democracia, a las que reprimía policialmente. Al mismo tiempo, legitimaba el colonialismo, que es la ocupación policial del sur, directo en África y en parte de Asia y por medio de las oligarquías locales en nuestra América. Fue una corriente claramente policial y racista que respondía al momento económico de un capitalismo en etapa de acumulación y a un colonialismo extractivo y succionador del sur neocolonizado.

En la primera guerra europea el capitalismo debió adaptarse a las exigencias bélicas. Por un error de cálculo se creyó que la guerra duraría unos meses y sería una confrontación de ejércitos, cuando en verdad requirió el compromiso de todas las economías nacionales del norte.

La *gran guerra* de 1914-1918 acabó dejando a Europa arrasada, a Rusia con una guerra civil posrevolucionaria y dando lugar a un fuerte desplazamiento del poder económico hacia Estados Unidos, conforme a una desregulación que daba libertad al capitalismo para acumular riqueza. Su alegre festival especulativo de los años veinte desembocó en la *gran depresión*, cuyas consecuencias europeas fueron el nazismo y el fascismo.

En la primera posguerra el poder punitivo en las sociedades del norte neocolonizador regresó al preiluminismo con una selectividad abierta y confesamente política: aniquilamiento de los *inferiores degenerados* o *sin*

---

20. Esta característica racista se observa en nuestros primeros criminólogos, cfr. José Ingenieros, **La evolución de las ideas argentinas**, Buenos Aires, 1961; del mimo, **La evolución sociológica argentina. De la barbarie al imperialismo**, Buenos Aires., 1910; Raimundo Nina Rodrigues, **Os africanos no Brasil**, Revisão e prefácio de Homero *Pires*, São Paulo, 1932; del mismo, **As raças humaas e a responsabilidade penal no Brasil**, Bahia, 1894.

valor vital mediante la eugenesia negativa[21], persecución y muerte de opositores y críticos[22] y, en general el rechazo y eliminación de todos los límites liberales[23].

Para superar el trance de 1929, el keynesianismo promovió una entente bastante original del capitalismo con la democracia que se extendió por todo el hemisferio norte en la posguerra. Si bien en este compromiso la democracia no renunciaba a sus objetivos igualitarios ni el capitalismo a los de sus mayores ganancias, la primera ponía freno al segundo y éste a las tendencias radicales de la primera, generando un equilibrio difícil, aunque interesante.

Este matrimonio bastante forzado entre intereses económicos contrapuestos permitió la aparición de las sociedades democráticas capitalistas del norte (estados de bienestar o *welfare States*), evitando grandes eclosiones violentas. La situación de armisticio se mantuvo durante las *tres décadas de oro* del crecimiento de posguerra, hasta que comenzó a deteriorarse en los setenta del siglo pasado.

La extensión a todo el norte del modelo keynesiano de equilibrio recíproco entre pulsiones enfrentadas fue posible porque en la última posguerra las organizaciones sindicales eran fuertes, reinaba una general antipatía hacia el capitalismo que, además, confrontaba en el mundo bipolar con el estalinismo. Para salvarse, el capitalismo aceptó las limitaciones políticas democráticas que permitieron la convivencia bajo la forma de los estados de bienestar y las sociedades de consumo del hemisferio norte. Si bien en las *tres décadas de oro* siguieron los forcejeos entre las pulsiones de cada parte, en especial huelgas, se resolvían por medio de arbitrajes judiciales.

4. Pero en los setenta del siglo pasado se desaceleró el crecimiento y, para no reducir ganancias ni romper del todo con la democracia, el capitalismo optó por abandonar definitivamente el patrón oro y la prudencia en sus gastos, pasando a emitir papel moneda, es decir, a producir inflación

---

21. Fue ampliamente difundida en los Estados Unidos, donde casi todos los estados tuvieron leyes de castración forzada, cfr. Edwin Black, **War against the Weak, Eugenics and America's Campaign to Create a Master Race,** New York, 2004. La práctica genocida del nazismo respecto de enfermos incurables y terminales fue precedida al final de la priera guerra por el artículo póstumo de Karl Binding junto al médico Alfred Hoche, **La licencia para la aniquilación de la vida sin valor de vida,** Buenos Aires, 2009.

22. No escapó Estados Unidos a esta tendencia: cabe recordar el caso de Sacco y Vanzetti de 1921.

23. El extremo aberrante en el nazismo, cfr. n. ensayo **Doctrina penal nazi. La dogmática penal alemana entre 1933 y 1945,** Bs. As., 2017.

como remedio coyuntural[24]. De este modo, no afectó mayormente a las sociedades de consumo del norte ni a sus estados de bienestar.

En la posguerra el poder punitivo en el hemisferio norte cedió en represión, se humanizó en alguna medida y, si bien mereció la crítica sociológica, esta se limitaba más bien a la llamada *criminología liberal* (interaccionista y fenomenológica), cuya crítica no llegaba al marco macrosocial, en tanto que la criminología llamada *radical* se dirigía contra el entero sistema capitalista, referenciada de preferencia en la escuela de Frankfurt.

El norte no tenía urgencia en reformas inmediatas, dado que el nivel represivo de su poder punitivo había disminuido enormemente en relación con el de preguerra. La crítica sociológica a ese ejercicio del poder punitivo — en especial anglosajona — fue la que nos llegó desde el norte durante nuestro período neocolonial de dictaduras de seguridad nacional: nos llegaban los elementos críticos al ejercicio del poder punitivo propio de las grandes democracias capitalistas del norte, cuando en nuestra región se lo ejercía de modo informal y manifiestamente político, paralelo y subterráneo.

Como la inflación (fabricación de dinero) en el norte no podía seguir el infinito, sus límites se hicieron sentir en la década del ochenta, por lo que en los noventa se echó mano a un nuevo parche de emergencia. Ante la imposibilidad de emitir más dinero, se convirtió al dinero en *mercancía*, comprándolo y vendiéndolo mediante el crédito o endeudamiento, o sea, en lugar de dinero se mercantilizaban promesas de pago futuro en dinero.

Esto provocó la rápida hipertrofia del aparato financiero del capitalismo, conocida como *financiarización de la economía*, que hizo que el capitalismo productivo perdiese la hegemonía del poder económico, que pasó a depender de las decisiones de los bancos privados y centrales, de los ejecutivos de las grandes corporaciones transnacionales y de algunos organismos supranacionales.

En este período eclosionó la cuestión de la responsabilidad penal de las personas jurídicas, legitimada con la *función manifiesta* de instrumento de las democracias para contener el poder económico de las grandes corporaciones transnacionales empoderadas. Su *función latente* económica era la de valerse de la selectividad del poder punitivo para eliminar a los más vulnerables, en este caso las pequeñas y medianas empresas; el poder punitivo era económicamente funcional al proceso de concentración de riqueza.

---

24. Cfr. Kwasi Kwarteng, **El oro y el caos. Quinientos años de imperialismo, deudas y derrumbes**, Madrid, 2015.

Dado que el endeudamiento comprometía cada vez más los PBI de los estados del norte alcanzando porcentajes astronómicos de éstos, los acreedores desconfiaban crecientemente de la recuperación de sus inversiones financieras. Como por mayores riesgos deben pagarse mayores intereses, al final de la escalada nadie parecía estar en condiciones de pagar. Los intereses de los créditos del tesoro norteamericano eran bajos (pues China era su mayor tenedora), el último recurso fue atraer la inversión con los altos intereses de las hipotecas *subprime*. Se trató de una verdadera *macroestafa*, porque era evidente que el precio de los inmuebles y lo intereses hipotecarios no podían crecer al infinito.

Dado que la deuda es una promesa de ganancia futura dependiente del crecimiento del PBI, al estancarse éste y pretender responder a las promesas impagas con más promesas de pago menos confiables, con el esperable resultado de la estafa de las hipotecas y producida la *gran recesión* del 2008, fue inevitable que desde entonces se tratase de volver a la senda conservadora y convertir a los estados del norte en *consolidadores*, es decir, en instrumentos para generar confianza en el pago de las deudas que hiciesen bajar los porcentajes comprometidos de PBI mediante la reducción del gasto público.

Los estados son ahora forzados a aceptar las condiciones que el capitalismo financiero les impone desde organismos internacionales como el Fondo Monetario Internacional o la autoridad económica de la Unión Europea, que son quienes deciden los famosos ajustes presupuestarias en detrimento de la inversión social exigida por las democracias. Pese a todo, esto no disminuyó sensiblemente los niveles de endeudamiento ni produjo un aumento de la producción, que hasta 2019 permanecía estancado, pero aumentaron los coeficientes de Gini, es decir, la desigualdad social.

5. Esta era la situación a comienzos del 2020, hasta que la pandemia agravó el cuadro, pues descendió la producción — antes estancada — y aumentó aún más la concentración de riqueza: en los dos últimos años los pocos ricos se volvieron más ricos y los muchos pobres más pobres, no sólo entre habitantes del norte y del sur sino también entre los del propio norte, con la sabida relación directa que media entre las expectativas de vida y el nivel de ingresos[25]. También el capitalismo ganó una buena cuota de descrédito debido a que su incontrolada pulsión de mayor ganancia se puso en demasiada evidencia cuando ni siquiera la limitó con motivo de la

---

25. Sobre esto, Göran Therborn, **La desigualdad mata**, Madrid, 2020.

producción y reparto de vacunas y la manipulación de sus oligopolios de comunicación frente a la catástrofe. No dejó de aprovechar la desgracia planetaria para aumentar sus ganancias.

En todo este curso, las democracias vieron debilitarse progresivamente su poder de contención de la pulsión de mayor ganancia del capitalismo, hasta llegar hoy a su nivel más bajo. El sindicalismo del norte perdió poder, ente otras cosas porque la inclusión de la mujer en el mercado laboral no fue ninguna generosa opción igualitaria del capitalismo en respuesta a las demandas de igualdad frente a la subhumanización histórica de la mujer, sino la ampliación de la oferta de fuerza laboral para debilitar los reclamos y obtener mano de obra más barata. En algunos exponentes del capitalismo financiero rebrota ahora el patriarcado, cuando las mujeres asumen mayor protagonismo y reclaman iguales condiciones laborales.

Como las decisiones de economía política ya no se toman por los parlamentos ni por los gobiernos locales de los estados, sino por organismos internacionales y por los bancos centrales *independientes*, que son los encargados de cuidar los intereses financieros, las democracias están muy lejos de estos órganos y, por ende, la política local perdió importancia y los partidos se desprestigiaron. Se vote a quien se vote, las autoridades democráticamente electas son incapaces de limitar las pulsiones de mayor ganancia del capital financiero transnacionalizado. Esto fomenta un marcado desinterés público por las elecciones, contempladas cada vez más como un espectáculo o un juego deportivo y surgen figuras grotescas que atraviesan como cometas el firmamento electoral.

De este modo, el actual capitalismo financiero se liberó de las trabas que la democracia oponía a sus pulsiones de creciente e ilimitado aumento de ganancia y que había dado lugar a las grandes sociedades capitalistas democráticas del norte. Además de la financiarización de la economía con la insólita conversión del dinero en mercancía, también mercantilizó el trabajo y la naturaleza, entes que jamás pueden ser verdaderas mercancías. Con la mercantilización de esta última pone en peligro la existencia misma de la especie humana[26].

6. Como vimos, con la inflación de los años setenta se intentó compensar la desaceleración del crecimiento productivo, con el endeudamiento de

---

26. Entre muchos, Naomi Klein, **Esto lo cambia todo: el capitalismo contra el clima**, Paidos Ibérica, 2015. Este negacionismo señalado fuertemente por el Papa Francisco en la Encíclica *Laudato si*, n. 59.

los noventa los males de la inflación y, desde el 2008, con la consolidación mediante ajustes presupuestarios, los del endeudamiento abusivo. Por ende, el capitalismo avanza mediante parches que permiten transitar emergencias, pero todos provisorios y poca duración, pues acaban por acarrear mayores males y ahora, el recurso al que se está apelando después de la gran recesión de 2008, amenaza con provocar un auténtico colapso, al que el capitalismo marcha sin que nada ponga límite a su endógena e inevitable tendencia a mayores ganancias, como respondiendo a una íntima vocación suicida.

Los ajustes y su consiguiente polarización de la riqueza no pueden seguir al infinito sin provocar crecientes y violentas eclosiones sociales. Un niño sin contención de grupo de crianza familiar o sustituto acaba muy mal; y un adicto a cualquier tóxico sin ningún control que le limite el consumo es un suicida.

Con las democracias reducidas a la impotencia para limitar las pulsiones endógenas de mayor ganancia se rompe el precario equilibrio de las democracias capitalistas del norte y, disuelto el difícil matrimonio de otrora, el capitalismo financiero avanza conforme a su carácter antidemocrático, elitista y autoritario. De allí que la ideología autodenominada *neoliberal* — que racionaliza y legitima al capitalismo hacia su suicidio[27] — sea el discurso con que en nuestro tiempo deben confrontar los Derechos Humanos.

Desde la perspectiva actual, parece que lo único que puede salvar al capitalismo en el mundo es un nuevo empoderamiento de la democracia, para que ésta recupere el poder de acotar sus pulsiones endógenas autodestructivas. De lo contrario, su supervivencia parece problemática.

Pero a estar a los datos que indican no ya el estancamiento mundial del producto sino su descenso, junto a la exigua o inexistente reducción del endeudamiento y a la creciente polarización de riqueza (coeficientes de Gini en rápido ascenso), todo indica que la reconciliación del capitalismo con la democracia parece muy poco probable.

De no producirse este nuevo milagro, dada la inusitada gravedad de la crisis provocada por el actual capitalismo financiero, ésta amenaza con ser terminal. Pero en ese caso, como no hay otro sistema alter-

---

27. En este sentido, siempre es instructiva la lectura de sus *evangelistas,* como Ludwig von Mises (**La mentalidad anticapitalista**, Madrid, 1995) y sobre todo Friedrich von Hayek (**Camino de servidumbre**, Madrid, 2011).

nativo al capitalista disponible — con posibilidades reales de reemplazo —, no faltan quienes prevén un período de caos económico y político resultante del suicidio del capitalismo y de la impotencia y desprestigio de la democracia.

En el norte está cundiendo la alarma ante la incertidumbre del momento y esa amenaza de un período de caos de consecuencias imprevisibles. Fenómenos como Trump, los *populacherismos* europeos, los movimientos *anarcocapitalistas* y *antivacunas*, la supresión de los máximos en los aportes privados a las campañas políticas[28] y otros muchos, son signos que llevan a algunos científicos sociales del norte a hablar de *posdemocracias* o hasta a pronosticar un período de *barbarie*.

7. El endeudamiento astronómico llegó a *nuestro sur* latinoamericano de la mano de inescrupulosos y espontáneos agentes del capitalismo financiero del norte y dio lugar a la etapa geopolítica del actual *tardocolonialismo financiero*. A esta nueva modalidad del colonialismo ofrecen resistencia los movimientos populares y nacionales de nuestra región, a los que los agentes coloniales procuran destruir.

Entre otros recursos, estos movimientos son combatidos con la creación de realidades únicas por los oligopolios de medios de comunicación, entramados con los espontáneos y corruptos agentes locales de los intereses de las grandes corporaciones del norte. Es notorio que estos monopolios mediáticos asumen el papel de partidos políticos, en este caso de los mal llamados *de derecha*.

En realidad, la opción *derecha e izquierda* es en el sur un simplismo inadecuado para explicar la confrontación actual, porque la llamada *derecha* del sur la componen en verdad los corruptos y espontáneos agentes locales de los intereses *endeudadores* que postulan la desregulación total de la economía, la privatización indiscriminada, el despilfarro de la propiedad estatal y la entrega de las riquezas naturales, conforme a los designios del capital financiero transnacional. El modelo de sociedad que intentan estructurar en nuestra región incorporaría a un treinta por ciento de la po-

---

28. En 2010 la Suprema Corte norteamericana eliminó todo tope a las contribuciones de personas jurídicas a campañas electorales, con el argumento de que gozan de los mismos derechos que las personas físicas, lo que Obama calificó como *un duro golpe a la democracia* (*The New York Times*, 23 de enero de 2010). Sobre este fenómeno, Jane Mayer, **Dark Money. How a secretive Group of billionaires is trying to buy political control in the US**, London, 2016.

blación y excluiría — como *material subhumano sobrante* — al setenta por ciento restante, o sea, la famosa *sociedad 30/70*[29].

El poder punitivo regional, en el marco del tardocolonialismo financiero encubierto bajo la máscara de la ideología autodenominada *neoliberal*, se orienta hacia dos objetivos básicos, completamente diferentes de los que persigue por ahora en las democracias en vías de deterioro del hemisferio norte.

Ante todo — a diferencia del norte — el poder punitivo del sur es predominantemente *informal*, o sea, que en buena parte no es habilitado por jueces, lo que se traduce en alta letalidad (ejecuciones sin proceso), arbitrariedad policial y tortura. En cuanto a su ejercicio *formal*, su objetivo es la contención de la masa poblacional excluida, para lo cual prisioniza masivamente a hombres jóvenes, con escasa o nula instrucción, provenientes de barrios precarios y por delitos contra la propiedad o de distribución minorista de tóxicos, a los que se secuestra en prisiones degradas a campos de concentración.

En esos establecimientos se les condiciona la subjetividad para que asuman como propio el rol desviado y, al liberarlos al poco tiempo — dada la gravedad media o inferior de los delitos — y con una incapacidad laboral inherente a la previa estigmatización punitiva, regresen a sus barrios precarios para robar a sus vecinos. De este modo se introducen contradicciones violentas entre los excluidos que debilitan su sentimiento de pertenencia comunitaria, impiden el diálogo y la concientización grupal indispensables para organizar la resistencia y la consiguiente adopción de opciones políticas coherentes.

El otro objetivo del poder punitivo del sur es la eliminación de opositores políticos, para lo cual se combinan en cuadrilla o asociación ilícita los llamados *periodistas, comunicadores* y *formadores de opinión* de los antes mencionados monopolios o partidos políticos mediáticos, agentes de servicios secretos o de inteligencia y sectores de jueces y de los ministerios públicos, dando lugar a lo que se conoce como *lawfare*, por lo general con pretexto de supuesta *corrupción*. De este modo se criminaliza a los dirigentes opositores y se los proscribe electoralmente[30].

---

29. Cfr. Hans-Peter Martin—Harald Schumann, **Die Globalisierungsfalle**, Hamburg, 1996.

30. Cfr. E. R. Zaffaroni/Cristina Caamaño/Valeria Vegh Weis, Lawfare, Buenos Aires, 2020.

Los ajustes presupuestarios en detrimento de la inversión social y tecnológica y la desregulación y privatización de todo lo imaginable, en sociedades con enormes desigualdades como las de nuestra América, con *protodemocracias* no bien asentadas y que nunca fueron demasiado fuertes, puede decirse -sin mucho margen de error- que representan un adelanto del momento de caos que temen los científicos sociales del norte.

Esta diferencia tan marcada entre los objetivos y métodos del poder punitivo en el sur y en el norte se explica en el marco de un fenómeno nuevo en toda la historia del colonialismo: las fuerzas que producen el caos en las colonias son las mismas que avanzan para producirlo en las metrópolis. Esta particularidad obedece a que las corporaciones transnacionales del capitalismo financiero del norte carecen de nacionalidad, limitándose a utilizar a los estados de sus domicilios como instrumentos o medios para la obtención de sus mayores ganancias[31].

A diferencia del imperialismo neocolonial, que conducían políticos del norte en beneficio de sus establishments, ahora los capitalistas tienen como rehenes a esos políticos y de ese modo mediatizan a los estados conforme a sus intereses financieros. Es un grave error confundir el domicilio con la nacionalidad de las corporaciones financieras transnacionales.

8. Como la selectividad es una característica estructural del ejercicio del poder punitivo, que opera *activamente* en cuando a la selección criminalizante de vulnerables, pero también *omisivamente* en cuando a la no criminalización de invulnerables, asume diferentes direcciones que, en el norte presentan en la actualidad nuevas modalidades.

En cuanto a selección criminalizante *activa*, además de no conocer el poder punitivo informal en la misma medida que el sur, su ejercicio formal en los Estados Unidos tiene una marcada inclinación a la prisionización de afroamericanos y latinos, en tanto que en Europa varía, aunque con marcada tendencia a la sobrerepresentación de extracomunitarios en la población prisional, en algún caso reflejando las consecuencias de la islamofobia.

En cuanto a la no criminalización de invulnerables, el poder punitivo del norte es tan selectivo como el del sur, pues pone estricto cuidado en la impunidad de los *chief executive officers* de las corporaciones transnacionales y de sus coautores y cómplices. Estos personajes, que rara vez se

---
31. Cfr. William I. Robinson, **El capitalismo global y la crisis de la humanidad**, México, 2021; en análogo sentido, Tzvetan Todorov, **I nemici intimi della democrazia**, Garzanti, 2012, p. 120.

conocen en los medios de comunicación, no son los dueños del capital — como en el capitalismo productivo de otrora — sino tecnócratas que tienen por misión obtener la mayor ganancia en el menor tiempo, pues en caso de no hacerlo son de inmediato reemplazados.

Para cumplir su mandato estos tecnócratas violan toda normativa e incurren en delitos, algunos de dimensión astronómica, como macroestafas como la del 2008, administraciones fraudulentas de economías del sur, explotación de trabajo esclavo a distancia mediante tercerización en países del sur, corrupción de funcionarios en el sur y en el norte, instigación a golpes de estado, etc. La función le obliga a ser *creativos*, en el sentido de Merton, que caracterizaba a los delincuentes como innovadores en las vías de ascenso social[32].

De este modo, el capitalismo financiero del norte se convierte en la mayor y más poderosa red de *organiced crime* del planeta, encubierta por receptación mediante una cadena de refugios fiscales que ofrecen el servicio de reciclaje de dinero, tanto para los responsables de esos delitos como para sus espontáneos agentes del sur y para su la fabulosa evasión fiscal[33]. Cabe observar que la selectividad omisiva de invulnerables del norte alcanza en el sur ribetes de escándalo y deteriora la función del judicial, en ocasiones hasta asignarle el carácter de un auténtico aparato de encubrimiento.

Cuando ocasionalmente alguno de estos hechos es atrapado por el poder punitivo formal del norte o del sur, por lo general se trata de un caso de violación de las propias reglas de la criminalidad financiera organizada, o bien, de alguien que entró en competencia con otro y perdió en la pugna. Estos casos son mostrados por los partidos políticos mediáticos del sur como prueba de una supuesta igualdad en el reparto del poder punitivo.

9. Todo lo que hemos referido en cuanto al poder punitivo en el norte y en el sur, no sería comprensible sin la incorporación de la dimensión económica del marco de poder mundial y regional en que tienen lugar esos fenómenos.

---

32. Es bueno recordar que el propio Merton sostuvo la imposibilidad de distinguir económicamente entre crimen organizado, corrupción política y negocios ilícitos (Robert K. **Teoría y estructura sociales**, México, 1970, pág. 152).

33. V los datos consignados en E. R. Zaffaroni — **Ílison** Dias dos Santos, **La nueva crítica criminológica. Criminología en tiempos de totalitarismo financiero**, Buenos Aires, 2019.

Por cierto, el presente esbozo deja fuera innúmeras reflexiones y campos de investigación, pero este sobrevuelo permite alertar a la crítica criminológica de nuestros días acerca de la ineludible necesidad de la *embeddedness* de la economía en la sociología como imprescindible presupuesto de una crítica que nutra de datos sociales también a un *penalismo integrado* que se anime a asomarse por sobre las murallas lógicas de su solipsismo científico.

De todas formas, es suficiente lo señalado para preguntarse, a treinta años de la obra del querido colega Bitencourt: **¿Habrá fallado** el *realidad la pena de prisión? ¿Acaso no continuará siendo eficazmente funcional a los objetivos de la desregulación económica?*

BIBLIOGRAFIA

BARATTA, Alessandro. **Criminología crítica y crítica del derecho penal: introducción a la sociología jurídico penal**. Buenos Aires: Siglo XXI de España Editores, S.A., 2004.

BINDING, Karl; HOCHE, Alfred. **La licencia para la aniquilación de la vida sin valor de vida.** Buenos Aires: Ediar, 2009.

BITENCOURT, Cezar Roberto. **Falência da pena de prisão: causas e alternativas**. 5. ed. São Paulo: Saraiva, 2017.

BLACK, Edwin. **War against the Weak, Eugenics and America's Campaign to Create a Master Race.** New York: Dialog Press, 2004.

BONGER, Willem. **Criminality and economic conditions**, W. Heinemann, 1916.

CARRANZA, Elías. Sobrepoblación carcelaria en América Latina y el Caribe, ¿Qué hacer? ¿Qué no hay que hacer? El caso de México. **Revista de Derecho Penal y Criminología**, La Ley, 2020.

CARRANZA, Elías; MORA, Luis Paulino; HOUED, Mario; ZAFFARONI, Eugenio Raúl. **El preso sin condena en América Latina y el Caribe.** San José: ILANUD, 1983.

DE CASTRO, Lola Aniyar de; CODINO, Rodrigo. **Manual de Criminología Sociopolítica.** Buenos Aires: Ediar, 2013.

GRANOVETTER, Mark. **La forza dei legami deboli**. Napoli: Liguori, 1998.

HAYEK, Friedrich von. **Camino de servidumbre**. Madrid: Alianza Editorial Sa, 2011.

INGENIEROS, José. **La evolución de las ideas argentinas**. Buenos Aires: Editorial Futuro, 1961.

INGENIEROS, José. **La evolución sociológica argentina. De la barbarie al imperialismo**. Buenos Aires: Librería J. Menéndez, 1910.

KLEIN, Naomi. **Esto lo cambia todo**: el capitalismo contra el clima. Barcelona: Paidos Ibérica, 2015.

KWARTENG, Kwasi. **El oro y el caos**: Quinientos años de imperialismo, deudas y derrumbes. Madrid: Turner, 2015.

MARTIN, Hans-Peter; SCHUMANN, Harald. **Die Globalisierungsfalle**. Reinbek bei Hamburg: Rowohlt, 1996.

MAYER, Jane. **Dark Money**: how a secretive group of billionaires is trying to buy political control in the US. London: Scribe, 2016.

MERTON, Robert K. **Teoría y estructuras sociales**. México: Fondo de Cultura Económica, 1970.

MISES, Ludwig von. **La mentalidade anticapitalista**. Madrid: Unión Editorial, 1995.

OLMO, Rosa del. **América Latina y su criminología**. Imprenta: Mexico, Siglo Veintiuno, 1981.

PAVARINI, Massimo. **Introduzione a la criminología**. Firenze: Le Monnier, 1980.

PIKETTY, Thomas. **El capital en el siglo XXI**. Buenos Aires, Fondo de Cultura Económica, 2014.

POLANYI, Karl. **La gran transformación**. México: Quipu editorial, 1991.

ROBINSON, William I. **El capitalismo global y la crisis de la humanidad**. México: Siglo XXI Editores, 2021.

RODRIGUES, Raimundo Nina. **As raças humanas e a responsabilidade penal no Brasil**. Bahia: Imprensa Popular, 1894.

RODRIGUES, Raimundo Nina. **Os africanos no Brasil, Revisão e prefácio de Homero Pires**, São Paulo. Companhia Editora Nacional, 1932.

ROTHBANRD, Murray N. **La gran dewpresión**. Madrid: Unión editorial, 2020.

SCHUMPETER, Joseph. **Il capitalismo può sopravvivere? La distruzione creatrice e il futuro dell'economia globale**. Milano: Rizzoli, 2010.

STREECK, Wolfgang. ¿Cómo terminará el capitalismo? Ensayos sobre un sistema en decadencia. Madrid: Traficantes de sueños, 2017.

THERBORN, Göran. La desigualdad mata. Madrid: Alizanza Editorial, 2020.

TODOROV, Tzvetan. I nemici intimi della democrazia. Milano: Garzanti, 2012.

VACCARO, Angelo M. Genesi e funzioni delle leggi penali. Torino: Fratelli Bocca, 1889.

VEBLEN, Thorstein. Teoría de la clase ociosa. México: Fondo de cultura económicade, 1899.

ZAFFARONI, Eugenio Raúl. Doctrina penal nazi. La dogmática penal alemana entre1933 y 1945. Buenos Aires: Ediar, 2017.

ZAFFARONI, Eugenio Raúl. ¿Prisión o confiscación de valor?. Ciencia Jurídica, [S. l.], v. 10, n. 19, p. 21-52, 2021. DOI: 10.15174/cj.v10i19.369. Disponível em: https://www.cienciajuridica.ugto.mx/index.php/CJ/article/view/369. Acesso em: 31/03/2022.

ZAFFARONI, Eugenio Raul. CAAMAÑO, Cristina; WEIS, Valeria Vegh. ¡Bienvenidos al lawfare!: manual de pasos básicos para demoler el derecho penal. Buenos Aires: Capital Intelectual, 2020.

ZAFFARONI, Eugenio Raul; SANTOS, Ílison Dias dos. La nueva crítica criminológica. Criminología en tiempos de totalitarismo financiero. Buenos Aires: Ediar, 2019.

CAPÍTULO 7

ALGUNAS REFLEXIONES SOBRE LA PENA DE PRISIÓN PERPETUA Y OTRAS SANCIONES SIMILARES A ELLA

Francisco Muñoz Conde[1]

1. Conocí a Cezar Roberto Bitencourt en el Congreso de Penalistas Brasileños que se celebró en Capâo de Canoa, en marzo de 1987. En aquellas fechas, tras la desaparición de la Dictadura militar y reinstaurado un régimen democrático, se había aprobado en Brasil una Constitución que asentaba el Ordenamiento jurídico brasileño, y, por tanto, también el Derecho penal, en los principios de un Estado de Derecho. También por esas fechas había entrado en vigor una Parte General del Código penal que asumía además de los Principios básicos de legalidad, ofensividad y culpabilidad, una moderna concepción de la teoría general del delito, de acuerdo con los parámetros más avanzados de la Dogmática penal; y, sobre todo, lo que es más importante desde el punto de vista del principio de humanización del Derecho penal, un sistema de penas que posibilitaba junto al castigo justo y proporcionado a la gravedad del delito, la reinserción social del delincuente.

Para alcanzar esta meta, o al menos para evitar en la medida de lo posible el efecto desocializador que tiene la pena de prisión se preveía un sistema de sustitución de las penas cortas de prisión por sanciones menos desocializadoras, como la multa y la condena condicional. La evolución de la pena privativa de libertad hacia un sistema más humano y resocializador no era más que una consecuencia de la crisis que había venido experimentando en los años anteriores no sólo en Brasil o en España, sino en todo el mundo, la pena de prisión. Y éste fue el tema que tras algunas conversaciones que mantuvimos durante el trascurso de aquel Congreso, eligió Cezar

---

1. Catedrático de Derecho penal, Universidad Pablo de Olavide, Sevilla/España.

para realizar bajo mi orientación su tesis doctoral en la Universidad de Sevilla, que culminó brillantemente en 1992 con un trabajo sobre "Evolución y crisis de la pena privativa de libertad", publicado posteriormente en Brasil con el título de "Falência da Pena de Prisâo: Causas e Alternativas".

Para llevar a cabo ese proyecto, Cezar tuvo que reorganizar su vida, personal, familiar y profesional y trasladarse por sus propios medios a la bella capital andaluza en cuya Universidad tradicional, yo era catedrático y director del Departamento de Derecho penal. Desde entonces se estableció entre nosotros una relación de amistad y entendimiento personal que fue mucho más allá de la puramente académica y que sigue hoy fortalecida por el paso de los años y por las otras muchas tareas que hemos realizado en común tanto en España, como en Brasil, asistiendo a Congresos, impartiendo en coautoría conferencias. y clases en Cursos de Posgrado y maestrías, que luego han dado lugar a diversas publicaciones conjuntas

La idea fundamental de Cezar cuando vino a Sevilla era poner de relieve la crisis de la pena privativa de libertad y la posibilidad de, a través de una crítica acabada y profunda, ofrecer alternativas al menos en lo que se refiere a las penas cortas de prisión, tal como se propone en los Ordenamientos penales más avanzados.

En realidad, este tipo de penas, normalmente previstas para delitos menos graves y para delincuentes primarios y/o jóvenes, han sido incluso eliminadas en algunos Ordenamientos penales cuando son penas inferiores a tres o seis meses, ofreciendo en todo caso alternativas para las que superan ese tiempo para evitar su cumplimiento efectivo, es decir, la entrada en prisión, con instituciones como la condena condicional, según el modelo anglosajón de la "probation" o el francés de la ·sursis", la multa en su versión de cuotas temporales calculadas según el nivel económico del condenado, o el trabajo en beneficio de la comunidad, entre otras.

Lo mejor que se puede decir de estas alternativas es no sólo que evita los inconvenientes, los costes y los efectos desocializadores de la prisión, sino también que tiene unas cotas de reincidencia en los beneficiarios muy inferiores a las de los que realmente cumplen estas penas. Desde este punto de vista, se puede decir que la tesis doctoral de Cezar Bitencourt, luego convertida en una excelente monografía publicada en Brasil, no solo fue pionera en la doctrina penal brasileña, sino también que constituyó y constituye una buena prueba de las crisis de la pena de prisión en su conjunto, como pena principal en la prevención y represión de la delincuencia.

Ciertamente hay que reconocer que hoy por hoy es difícil por no decir imposible renunciar a la pena de prisión como sanción principal para los delitos más graves y para los delincuentes reincidentes y con peor pronostico de reinserción social. En este ámbito, lo más que se puede pretender es ofrecer posibilidades de liberación anticipada, una vez cumplida una parte importante, al menos la mitad o tres cuartas partes de la pena impuesta, y un sistema penitenciario progresivo que evite en lo posible la desocialización del condenado, ofreciendo programas de reinserción social dentro de la prisión mediante el trabajo, el tratamiento psicológico, los permisos de salida y un régimen abierto que permita el trabajo fuera de la prisión.

Sin embargo, a diferencia de lo que sucede con las penas de prisión de corta duración, la opinión pública y en general la clase política y los Gobiernos son mucho más renuentes a ofrecer alternativas que permitan reducir la duración o atenuar el cumplimiento de la pena de prisión de larga duración. La razón principal de esta actitud es principalmente la gravedad del delito por el que el preso fue condenado y la alarma que produce en la opinión pública que personas que han cometido graves delitos puedan estar al poco tiempo en libertad o semilibertad, con el riesgo adicional de que puedan volver a cometerlo. Evidentemente, este rechazo social y político, más bien de carácter emocional que racional, es más frecuente en relación con determinados delitos y tipos de delincuentes, como son los delitos, llamados "hediondos" en Brasil, crímenes brutales contra la vida, contra la libertad sexual, en sus formas más violentas, el crimen organizado y el narcotráfico a gran escala; pero es mucho menor respecto a los condenados por graves delitos de corrupción política que a veces son tolerados o gozan de la más absoluta impunidad, por más que las penas legalmente asignadas a los mismos sean también de larga duración.

En todo caso, entre los penitenciaristas hay acuerdo en que las penas de prisión de larga duración, aún más en su forma de prisión perpetua, tienen graves inconvenientes tanto desde el punto de vista de la organización de la convivencia en una prisión de máxima seguridad, como por sus efectos negativos en la personalidad del condenado, que termina a la larga convirtiéndose en un simple objeto, sin ninguna esperanza de poder volver a vivir una vida en libertad sin delito. La prevención general intimidatoria, la satisfacción de las tendencias punitivas en la sociedad, fomentada a veces por algunos medios de comunicación, convierten la pena de prisión de larga o permanente duración en un centro de "exclusión social", donde van a parar los delincuentes provenientes de los estratos más bajos y económicamente más débiles de la sociedad. Ejemplos de esto los tenemos cada vez con mayor frecuencia en casi todos los Ordenamientos jurídicos, incluido el brasileño con la Ley sobre "crímenes hediondos", ampliamente criticada cuando fue aprobada por Cezar Bitencourt, y en otros muchos países, como España, Alemania o Francia, en los que la pena de prisión perpetua funciona de hecho como una "pena de muerte en vida", una vez que incluso constitucionalmente se eliminó la pena de muerte. La culminación de todo ello esto es la situación de los detenidos en la Base norteamericana de Guantánamo, acusados de graves delitos de terrorismo, sin que haya recaído sobre ellos sentencias condenatorias firmes, o que cuando ha sido condenados lo han sido con procedimientos judiciales extraordinarios ante Tribunales militares en los que no se respetan los derechos fundamentales del acusado, o incluso se admiten pruebas incriminatorias basadas en la tortura. Estos casos son la expresión más clara de un "Derecho penal del enemigo", que ha sido, con razón, criticada por amplios sectores de la doctrina penal española, hispanoamericana y brasileña.

Por todo ello, aprovecho la ocasión que me ofrece este merecido Homenaje a mi querido discípulo y amigo, Cezar Roberto Bitencourt, para, siguiendo con su crítica a la pena privativa de libertad, criticar también las penas privativas de libertad de larga duración, sobre todo cuando, como sucede con la pena de prisión perpetua, son contrarias al principio humanitario de la reinserción social del condenado, que debe seguir siendo también un principio inspirador y limitador del poder punitivo del Estado.

2. En el ámbito de las sanciones penales, la prisión perpetua y las sanciones similares a ella, bien como penas de prisión de duración excesiva, bien por la vía indirecta de las medidas de seguridad de duración indeterminada, son, junto a la pena de muerte en los países en los que aún está vigente, la máxima representación del poder punitivo del Estado. Su justificación se encuentra tanto en la idea talional del "ojo por ojo diente por diente", cuando se trata de la pena de muerte aplicada al asesino, como en el retribucionismo extremo, rayano en la venganza, de que "él que la hace la paga", y que si no con la privación de su vida debe pagar al menos con la privación de su libertad el resto del tiempo que aún le quede por vivir.

La prisión perpetua y la pena de muerte, en los países en lo que todavía se aplica, son, en mi opinión, el símbolo de una concepción del poder punitivo del Estado que desprecia la dignidad humana del delincuente, negándole el derecho más elemental de todos, el derecho a la vida en el caso de la pena de muerte, o el derecho también fundamental a poder modificar su comportamiento y su sistema de valores mientras viva, convirtiéndolo con la prisión perpetua en un muerto en vida, despojándolo de todos los demás derechos que le corresponden como ser humano, entre otros el de la esperanza de poder recuperar algún día, aunque sea lejano, la libertad y de vivir en condiciones de igualdad con sus semejantes.

A diferencia de lo que sucede con la pena de muerte, que progresivamente va desapareciendo como pena en el ámbito del Derecho comparado, la prisión perpetua sigue aun teniendo gran predicamento e incluso se la considera como el sustituto ideal de la pena de muerte en los países en los que ésta ha sido abolida. Es más, en otros en los que la prisión perpetua no existe son muchas las voces que se pronuncian a favor de su introducción en el catálogo de las penas aplicables a algunos delitos especialmente graves. Sin ir más lejos ésta fue la propuesta que hizo en su día en España el Partido Popular, cuando estaba en la oposición, y luego, tras haber alcanzado la mayoría absoluta en las elecciones generales de noviembre del 2011, la introdujo, si bien con algunas matizaciones, en la reforma del Código penal que se produjo en 2015.

Ciertamente, para evitar las objeciones que en su contra ya se formulaban entonces en buena parte de la doctrina penal española, y sobre todo la evidente contradicción con el art.25, 1 de la Constitución española que dice que las penas y medidas privativas de libertad "estarán orientadas primordialmente a la reinserción social del condenado", sustituyó el nombre de prisión perpetua por el de "prisión permanente revisable".

La posibilidad de que la misma sea revisable, a partir de un cumplimiento mínimo de veinte y cinco años, no deja de ser, a mi juicio, un eufemismo para salvar la contradicción que supone con el principio de reinserción social del condenado que se asigna a la pena de prisión y a las medidas de seguridad privativas de libertad en el ya referido art. 25, 1 de la Constitución española. Y es esto lo que provocó que por parte de algunos partidos políticos, una vez que se aprobó la introducción de esta pena en el Código penal español en 2015, se presentara un recurso de inconstitucionalidad. Son muchas las razones en las que se apoya este recurso, a las que después aludiré. Sin embargo, ha sido esta posibilidad de "revisión" a partir de un determinado plazo de cumplimiento lo que ha determinado que recientemente el Tribunal constitucional español haya considerado que la misma es conforme con la Constitución y, por tanto, al art.25 1, basándose para ello principalmente en que la posibilidad de su revisión periódica una vez que el penado haya cumplido una parte relevante de la pena impuesta deja a salvo el derecho del condenado a su reinserción social (Sentencia del Tribunal constitucional de España 6 octubre del 2021, en la que, si bien sólo por mayoría y con el voto en contra de tres magistrados, consideró que la prisión permanente revisable constituye una pena proporcionada y no vulnera los principios de reeducación y reinserción social proclamados por la Constitución).

Una vez resuelto este tema por el máximo Tribunal competente en esta materia, no voy a discutir en este momento la, a mi juicio, dudosa constitucionalidad de una pena de prisión "permanente" a la que, aunque se le añada el calificativo de "revisable" como posibilidad hipotética de que algún día deje de serlo, no deja de ser desde un principio, cundo se impone en una sentencia por el tribunal competente, una pena destinada a prolongarse indefinidamente en el tiempo y, por tanto, perpetua.

Independientemente de esta tacha de inconstitucionalidad que acompaña, cual pecado original a esta forma de prisión perpetua encubierta que es la pena de prisión permanente revisable del Código penal español, hay otras muchas razones para rechazar, desde el punto de vista jurídico penal, su existencia, a las que seguidamente aludiré. En el fondo, son las razones que igualmente se pueden esgrimir contra otras penas o medidas privativas de libertad que aunque formalmente no sean perpetuas, lo son realmente por su extensa duración que puede prolongarse más allá de la duración normal de la vida de una persona; pues no cabe duda que penas que vayan más allá de 30, 40 o 50 años (en algunos países incluso de aún mayor duración) funcionan de hecho como una verdadera prisión perpetua.

Es verdad que pesar de las numerosas críticas que ha recibido la pena de prisión, cualquiera que sea su duración, ésta sigue ocupando a comienzos del siglo XXI un lugar preeminente en el catálogo de penas de casi todos los Códigos penales del mundo. Históricamente se la consideró incluso como un progreso frente a otro tipo de penas más radicales, como las corporales y la de muerte, ya que, además de ser aparentemente más humana, tiene la ventaja de ser graduable en su duración y poder determinarse de acuerdo con la gravedad del delito y la culpabilidad de su autor. Los inconvenientes e incomodidades que su cumplimiento produce en el condenado, en su vida, en su entorno familiar o profesional, y los efectos desocializadores que la misma tiene, no se consideran por muchos como un defecto, sino como algo inevitable inherente a la propia naturaleza de la prisión, que además de asegurar la persona del delincuente, tiene un fuerte efecto intimidatorio frente a la generalidad. Es verdad que todavía, al menos teóricamente, también se le asigna una función preventiva especial positiva (resocializadora), que está perdiendo cada vez mayor peso en favor de una función aseguradora e incluso inocuizadora de la persona del delincuente.

Este efecto preventivo especial negativo que provoca la desocialización y deterioro en la personalidad del recluso, es claramente incompatible con el fin resocializador; de ahí que sean los propios penitenciaristas quienes consideren que, al menos por lo que respecta a las penas de prisión excesivamente largas, debe recortarse su duración, dándosele al recluso la posibilidad de que, por su buen comportamiento en prisión y por su voluntad de reinserción, pueda conseguir una liberación anticipada o algún tipo de atenuación del rigor penitenciario, obteniendo permisos de salida de fin de semana, la clasificación en tercer grado, el traslado a un centro de régimen abierto, etc. Naturalmente, también hay quienes consideran que tales reducciones o atenuaciones del cumplimiento de una pena de prisión de larga duración suponen un debilitamiento de la eficacia preventiva general intimidatoria que deben tener las penas, tanto más cuando se trata de penas graves porque graves son también los delitos que las han provocado. Pero incluso los más fervorosos partidarios de la pena de prisión admiten la liberación anticipada después de haberse cumplido por lo menos dos terceras partes de la pena que le fue impuesta.

Ante este panorama desolador que presentan la pena de prisión en general y sobre todo las de larga duración en particular, parece que antes de introducir la más grave de todas, la prisión perpetua, debería mirarse si el efecto político criminal que se pretende alcanzar con ella, que no puede ser otro que la intimidación y una mayor eficacia en la lucha contra el delito, es compatible con el derecho fundamental del condenado a su reinserción social, siquiera como posibilidad u horizonte de poder volver a vivir en sociedad una vida sin delitos, que no puede ser destruido por un intento propagandístico político para aquietar la sensación de impunidad y de ineficacia que a veces se extiende tras la comisión de algún grave delito que, por las razones que sean, no es castigado o no lo es suficientemente a los ojos de la opinión pública. La demagogia punitiva que tras la prisión perpetua o de su versión edulcorada como "prisión permanente revisable" se esconde, a veces azuzada por medios de comunicación irresponsables o con una clara orientación conservadora y reaccionaria, no pretende otra cosa, por esta y otras vías similares, que dar la sensación de que el endurecimiento del sistema punitivo es la única solución a los problemas de diversa índole que aquejan a cualquier país, sobre todo si éste se encuentra en una difícil coyuntura económica y social.

Es cierto que, a pesar de todos los inconvenientes señalados, la prisión perpetua, tras la abolición de la pena de muerte, en los países en los que ha sido abolida, constituye hoy en muchos Ordenamientos jurídicos la reacción social punitiva más grave que legalmente se puede imponer al autor de un delito. De hecho constituye una muerte en vida y puede producir el mismo o mayor grado de aflicción que la pena de muerte misma. En los países en los que existe, normalmente está reservada sólo para los delitos más graves (asesinato, genocidio) como pena única no graduable. De ahí que haya sido objeto de críticas por no poder adaptarse a las particularidades del caso concreto y a las circunstancias personales del delincuente. Vista desde el punto de vista puramente dogmático penal, la prisión perpetua (revisable o no), tiene el inconveniente de que impide al Juez una ponderada determinación o medición de la pena de acuerdo con las circunstancias concurrentes, que pueden ser también atenuantes. Incluso la determinación de sus presupuestos, es decir, de los elementos que configuran el tipo penal del delito en el que se aplica esta pena, por ejemplo en el asesinato u homicidio cualificado, es a veces objeto de discusión y de interpretaciones contradictorias tanto en la doctrina, como en la jurisprudencia- Asi, por ejemplo, en el Código penal español, la aplicación de la prisión permanente revisable depende de que además de la tipificación del hecho como asesinato concurran además otras circunstancias agravantes específicamente definidas, por ejemplo la de ser la víctima menor de dieciséis años o una persona especialmente vulnerable, pero precisamente esta misma circunstancia es la que hace que el hecho se califique como asesinato por haberse aplicado previamente la agravante específica del delito de asesinato que es la alevosía, Y entonces se plantea si esa misma circunstancia puede ser valorada también como una agravación adicional que permite la aplicación de la prisión permanente revisable, o si, por el contrario, la doble valoración de la misma infringe el principio de "*ne bis in idem*". Similares problemas interpretativos plantea la agravante de haber sido condenado el sujeto por varios delitos de asesinato, cuando esos asesinatos se han cometido simultaneamente y se están juzgando en un mismo proceso, y no han sido juzgados y condenados en anteriores procesos-Lo menos que se puede pedir al legislador es que ya que opta por introducir la pena de prisión permanente revisable para el delito de asesinato, es que determine con la mayor claridad los presupuestos que permiten su aplicación, evitando así las dudas interpretativas y la jurisprudencia contradictoria que ya se está dando en estos casos.

En todo caso, la principal objeción contra la prisión perpetua, revisable o no, sigue siendo que es incompatible con la resocialización, pues la posibilidad de su revisión para que deje de ser perpetua o permanente es algo aleatorio que no se puede ser tenido en cuenta en el momento en que se impone judicialmente. A partir de ese momento, cualquier intervención o tratamiento del condenado, muestre o no éste señales de arrepentimiento por el delito por el que fue condenado, modifique o no su conducta y su sistema de valores, es una hipótesis contingente que solo tras muchos años de permanencia en la cárcel podrá verificarse, con toda seguridad por un tribunal distinto al que impuso la condena. Esto vulnera también el principio de seguridad jurídica al dejar indeterminada en un principio la duración efectiva de la pena que el sujeto tendrá que cumplir, y poner de hecho en manos del sistema penitenciario la determinación de este importante extremo.

Por otra parte, como cualquier especialista o profesional del sistema penitenciario sabe, una privación de libertad que dure indefinidamente, convierte al condenado en un recluso incómodo, conflictivo, con un comportamiento agresivo contra sí (proclividad al suicidio más que en otros reclusos) y contra los demás.

De ahí que en algunos países donde formalmente existe la prisión perpetua, como es el caso de Alemania, se haya planteado también su posible inconstitucionalidad. Es verdad que el Tribunal Constitucional Federal Alemán consideró que era constitucional, pero siempre que se pueda conceder al condenado a la misma la libertad condicional a partir de los quince años de cumplimiento, y que para preparar la libertad condicional se traslade al condenado a un establecimiento abierto, se le concedan permisos de salida, etc. En todo caso, esta "revisibilidad" de la prisión perpetua, que es lo que ha hecho que en el Derecho penal español se la disfrace con el nombre de "prisión permanente revisable", demuestra la mala conciencia que tiene el Tribunal constitucional alemán con esta pena, lo que probablemente ha hecho que en este país prácticamente no haya nadie en estos momentos en sus prisiones que lleve más de treinta años, ni siquiera los temidos miembros del Ejército Rojo que en los años 70 del pasado siglo cometieron terribles atentados terroristas.

En otros países, en los que se mantiene también dicha pena, se regula expresamente que no puede durar más de treinta años (Francia); y, en general, mediante indultos y diversas medidas se la convierte de hecho en una prisión temporal, aunque obviamente muchas veces el recluso llegue a morir antes de ser liberado.

En realidad, se puede decir que en los países en los que existe, la prisión perpetua, a pesar de su nombre, no es efectivamente perpetua, permitiendo que el condenado pueda contribuir a su hipotética liberación dando pruebas de que puede volver a una vida en libertad sin delitos y mostrando voluntad de reinsertarse. En la medida en que exista esa posibilidad la prisión perpetua sólo lo es de nombre, pero no en la práctica, teniendo su mantenimiento en el catálogo del sistema de penas un valor más simbólico que real.

Por supuesto que cabe también que la prisión sea efectivamente perpetua y que sólo termine con la muerte del condenado, treinta, cuarenta, cincuenta o sesenta años después de su condena; pero igual que sucede con la pena de muerte, ello es producto de una concepción de la pena como simple eliminación, exterminio, inocuización o incapacitación total del condenado, incompatible con el marco normativo de las Declaraciones Internacionales de Derechos Humanos, en las que el respeto a la dignidad del ser humano, también del delincuente, es el eje principal en torno al que debe girar la regulación legal del sistema de reacción punitiva frente al delito.

Otra objeción contra la prisión perpetua o permanente revisable es que afecta desigualmente e incide con una mayor gravedad en el delincuente joven que en el que ya tiene una cierta edad. Si la pena de prisión perpetua se impone a una persona cuando es joven, éste puede llegar a morir de viejo encerrado en una celda el resto de sus días. En cambio, el condenado a esta pena que ya tiene cuarenta, cincuenta o más años, no va a cumplir más allá de los veinte o treinta que aún le queden de vida, que es lo que normalmente dura una pena de prisión de larga duración. Por tanto, la prisión perpetua podrá ser efectivamente perpetua sólo para los delincuentes jóvenes, en un tramo de edad comprendido entre los dieciocho y treinta años. ¿Satisface esta discriminación la idea de justicia y el principio de igualdad?

Una ulterior cuestión es si la prisión perpetua, revisable o no, disminuye realmente las cifras en el ámbito de la criminalidad en la que esta pena se aplica. Es evidente que no sólo en la opinión pública, sino también en algunas teorías políticocriminales (Tolerancia cero, Derecho penal del enemigo), se pretende configurar la prisión como una institución que, por lo menos respecto a los condenados por los delitos más graves, tenga funciones puramente inocuizadoras, apartando al condenado, igual que con la pena de muerte, del resto de la sociedad durante todo lo que le quede de vida. Pero hasta el momento presente ninguna investigación empírica ha conseguido aportar pruebas de que con ello se haya conseguido reducir las cuotas de criminalidad violenta. Lo que sí se ha conseguido en los últimos años es un aumento del índice de población penitenciaria y una mayor conflictividad en los centros penitenciarios. Este es un extremo que todavía tendrá que ser investigado de forma empírica por las instituciones gubernamentales encargadas de la Estadísticas criminales, ofreciendo sus resultados a la opinión pública, sin ningún tipo de ocultación de los verdaderos datos, evitando cualquier manipulación basada en el oportunismo político. Si en algo puede ayudar la investigación empírica criminológica a la Política criminal y, en última instancia, al Derecho penal, es precisamente en la demostración del efecto que tiene el aumento de la gravedad de las penas en la disminución de las cifras de criminalidad, informando de ello sin ningún tipo de ocultamiento o manipulación a la opinión publica.

3. Pero el debate sobre la prisión perpetua no debe impedir que se abra otro debate más amplio sobre las penas de prisión de larga duración que en la práctica equivalen a la propia prisión perpetua, o sobre otro tipo de sanciones penales como las medidas de seguridad privativas de libertad, que sin ser teóricamente penas, pueden ser tan gravosas y tan de larga duración como la prisión perpetua. De hecho, las penas de prisión de larga duración (treinta, cuarenta años), como prevé para algunos supuestos el Código penal español, son auténticas penas de prisión perpetua. También producen el mismo efecto la acumulación de diversas penas aunque no sean de muy larga duración, en los casos de concurso de varios delitos (falsedades-estafas con múltiples perjudicados, robos, violaciones, etc.), o la llamada "doctrina Parot" elaborada por el Tribunal Supremo español para evitar que los beneficios penitenciarios puedan computarse en el máximo de duración de la prevista legalmente, computándolos por separado a cada una de las penas a las que el delincuente haya sido castigado. Con ello se viene a acoger *in totum*, la bárbara praxis norteamericana, llamada *true in sentencing*; es decir, que la pena de prisión impuesta nominalmente por el Juez se cumpla íntegramente, sin ningún tipo de reducción de su duración por buena conducta, buenas perspectivas resocializadoras, o por simples razones humanitarias. La finalidad que se persigue con ello es la misma que la que persigue con la prisión perpetua, y naturalmente excluye cualquier posibilidad de reinserción en la ejecución de estas penas.

El art. 78 del Código penal español se hace eco de este movimiento, al establecer que en los casos de concurso real de delitos, si «la pena a cumplir resultase inferior a la mitad de la suma total de las impuestas, el Juez o Tribunal, atendida la peligrosidad criminal del penado, podrá acordar motivadamente que los beneficios penitenciarios y el cómputo de tiempo para la libertad condicional se refieran a la totalidad de las penas impuestas en las sentencias, sin perjuicio de lo que, a la vista del tratamiento, pueda resultar procedente». Se trata con ello de evitar que, en casos de varios asesinatos, delitos de terrorismo, etc., el límite temporal máximo de cumplimiento de la pena de prisión, que en el Código penal español no puede ser, en principio, de más de veinte, y en algunos delitos y en caso de concurso entre ellos, de veinticinco, treinta o incluso cuarenta años, se pueda ver reducido por beneficios penitenciarios o por la concesión de la libertad condicional, que en este caso se refieren a la totalidad de las penas impuestas en las sentencias y no al límite máximo de cumplimiento legal determinado. Por la doctrina española se ha señalado ya repetidas veces que este precepto es difícilmente compatible con la finalidad de reinserción social establecida en el art. 25,2 de la Constitución, de ahí que para evitar la tacha de inconstitucionalidad, tanto el inciso último de este primer párrafo del art. 78, como su párrafo segundo dejen abierta la posibilidad de que "valorando, en su caso, las circunstancias personales del reo, la evolución del tratamiento reeducador y el pronóstico de reinserción social", se pueda aplicar el régimen general de cumplimiento. Lo que una vez demuestra que ni siquiera en este caso se renuncia completamente a la posibilidad de reinserción del condenado a una larga pena privativa de libertad.

4. También debe advertirse que existen otro tipo de sanciones, teóricamente no punitivas, como son las medidas de seguridad privativas de libertad, que cuando son de duración perpetua o indeterminada tiene los mismos defectos que la prisión perpetua o las penas de prisión de larga duración y se exponen a las mismas o a mayores objeciones de carácter constitucional. Me refiero concretamente a la medida de seguridad que se introdujo en Alemania en la época nacionalsocialista, en 1933, el llamado "internamiento en custodia de seguridad" (*"Sicherungsverwahrung"*). Esta medida se aplica a sujetos multirreincidentes, cuando tras el cumplimiento de una pena de prisión superior a dos años subsiste la peligrosidad criminal del sujeto. Este sistema que, en todo caso, ya las últimas decisiones del Tribunal Constitucional Federal Alemán, venía estando sujeto a un estricto control judicial y a una revisión anual del pronóstico de la peligrosidad del condenado, finalmente ha sido suspendido, porque además de ir muchas veces contra el principio de proporcionalidad, al permitir una larga o indefinida privación de libertad para sujetos que no han cometido delitos graves, se apoya en unas bases científicamente poco fundadas como es el pronóstico de peligrosidad criminal de un sujeto.

Todavía más objetable es la aplicación retroactiva que en su día se hizo en Alemania del internamiento en custodia de seguridad, que hasta una reciente sentencia del Tribunal europeo de Derechos humanos, que anuló anteriores decisiones del Tribunal Constitucional Federal Alemán, se aplicaba también cuando el sujeto, que no había sido condenado a esta medida en el momento de la sentencia, estaba a punto de salir en libertad tras el cumplimiento de la pena que le fue impuesta en su día, basándose para ello en la existencia una peligrosidad que en este caso ya no era la posdelictual, sino una predelictual con la que se intentaba prevenir un delito que aún no se había cometido. En todo caso, conviene no olvidar, y como aviso a navegantes que preconizan, quizás con nostalgia, una vuelta a este tipo de sanciones y a leyes de peligrosidad como la de Peligrosidad y rehabilitación social, vigente en España durante la Dictadura franquista, que esta medida fue introducida en el Código penal alemán en 1933 por el régimen nacionalsocialista, que hizo de ella una fuente para el internamiento en campos de concentración y luego el exterminio ("*Ausmerzung*") de los delincuentes habituales y reincidentes, a los que un famoso penalista Edmund Mezger, llamaba eufemísticamente "extraños a la comunidad", para cuyo "tratamiento" redactó en 1943/44 junto con el criminólogo Franz Exner, un Proyecto genocida de exterminio de todos los que molestaban o perturbaban el "excelente" orden social que preconizaba el régimen nacionalsocialista.

En mi opinión, el internamiento en custodia de seguridad, además de por su origen espurio, es también criticable porque en fondo no es más que una prisión perpetua encubierta y, de hecho, no tiene otra finalidad que la meramente asegurativa, sin el menor interés en la reinserción social del sometido a ella.

El sistema alemán incurría además, a mi juicio, en el defecto, ya denunciado desde hace tiempo, que tiene el sistema dualista puro, admitiendo, por un lado, que la pena viene limitada en su gravedad y extensión por la culpabilidad del autor del delito, para imponer luego una medida de seguridad de duración indeterminada basada sólo en el (incierto) pronóstico de su peligrosidad. El "fraude etiquetas" que este dualismo extremo supone, sólo puede ser corregido con el llamado sistema vicarial, en el que la medida de seguridad, caso de que sea necesario imponerla para precaver una peligrosidad del autor del delito, tiene que ser ejecutada antes que la pena, y su duración, que no puede ser superior a la de la pena misma, debe ser computada en la duración de la pena.

Este sistema vicarial que fue acogido en el art.6 del Código penal español de 1995, no ha causado en la práctica, a pesar de las críticas que se han formulado contra el mismo, ningún incremento de la criminalidad o de la inseguridad ciudadana, o en todo caso no mayor que la que provoca la salida de la prisión de quienes sólo fueron condenados a esta pena.

Otra cosa es que el sistema de cumplimiento, tanto de la pena, como de la medida de seguridad pueda ser deficiente o insuficiente para conseguir la rehabilitación del sujeto. Pero en este caso, y tratándose, por ejemplo, de una peligrosidad basada en una enfermedad mental sobrevenida, queda abierta la posibilidad del internamiento a través del correspondiente procedimiento judicial civil de incapacitación, o, en los demás casos, asumir el riesgo de reincidencia que siempre puede darse tanto en el que sale tras haber cumplido su pena de prisión, como en el que sale después de haber cumplido la medida de seguridad. Lo que no parece lícito es hacer recaer en el condenado los fallos del sistema de rehabilitación de los Centros en los que se cumplen las penas y/o medidas privativas de libertad, convirtiéndolo en un "chivo expiatorio" del sentimiento de miedo e inseguridad ciudadana, muchas veces fomentado por los medios de comunicación cuando, tras el cumplimiento de una larga pena de prisión, sale libertad, tras haber cumplido la pena, un sujeto que fue condenado por un asesinato terrorista o por varios delitos de violación.

5. A mi juicio, la proporcionalidad de la reacción, sea pena o medida o medida de seguridad, con el delito cometido es un ingrediente fundamental de la idea de Justicia y, por tanto, del Estado de Derecho. En el ámbito de los delitos de menor gravedad esto supone que la pena o medida de seguridad no pueda prolongarse más allá del máximo que permita el marco penal asignado al delito, pero una vez cumplida la pena de prisión impuesta, ¿qué sentido tiene prolongar la privación de libertad? La peligrosidad criminal ciertamente puede subsistir, sobre todo si las condiciones que llevaron al sujeto a delinquir (miseria, desempleo, conflictos familiares) siguen existiendo, pero el riesgo de que el sujeto vuelva a delinquir puede ser aminorado con otro tipo de medidas no necesariamente privativas de libertad, similares a las existentes en el sistema de la "probation", como el tratamiento ambulatorio, la presentación a las Autoridades durante algún tiempo, la prohibición de visitar determinados lugares, la ayuda a buscar un trabajo, etc, pero en lugar de como una forma adicional de control tras el cumplimiento de la pena, como una parte del tratamiento y como un requisito para pasar al tercer grado penitenciario, como preparación a la libertad durante el período de libertad condicional.

Y en el caso de los delitos graves el sistema de control adicional una vez cumplida la pena debe ser el mismo, aunque aquí las penas de prisión sin ser perpetuas, pueden tener una duración tan larga (veinte, treinta o más años), por lo que no parece que sea necesaria una prolongación adicional de la privación de libertad.

Por supuesto, que no me olvido de las víctimas, que deben ser siempre adecuadamente compensadas y ayudadas con medios de carácter reparador bien a costa del delincuente, bien, cuando esto no sea posible, del propio Estado, pero a las que realmente no se les ayuda, como se les quieres hacer creer, simplemente con el incremento de la gravedad de las sanciones. Como tampoco me olvido de que en casos de delitos graves o incluso muy graves (asesinatos, secuestros, robos y violaciones con resultado de muerte, asesinatos en serie, genocidios y crímenes contra la humanidad), la idea de Justicia, la retribución, la prevención general y probablemente la especial también, exigen una respuesta punitiva contundente que no debe dejar ninguna duda sobre la gravedad de estos hechos, y mucho menos ningún resquicio para la impunidad, tan frecuente por lo demás no tanto respecto a los delincuentes comunes, como respecto a los tiranos y dictadores de todo el mundo (algunos de ellos celebrados como héroes por buena parte de sus conciudadanos, o reconvertidos a la democracia cuando el cambio político así lo requiere).

Pero también aquí debe haber unos límites que además de la proporcionalidad tengan en cuenta derechos humanos elementales como la dignidad humana que los delincuentes no respetaron, pero que el Estado sí está obligado a respetar. La retribución y la prevención general deben tener unos límites que, en última instancia, no son otros que los de la propia dignidad humana, de la que no debe privarse nunca ni al más peligroso de los delincuentes. Y, en todo caso, después de treinta años o más años de cumplimiento efectivo de una pena de prisión ¿qué necesidad hay de seguir privando de libertad al ya anciano, probablemente debilitado en su salud física y mental? Y al que milagrosamente haya conseguido durante ese tiempo rehabilitarse y haya modificado su actitud frente a sus semejantes, ¿por qué hay que seguir privándole de libertad tras el cumplimiento de una larga pena de prisión?

Obviamente, todas estas consideraciones no han hecho mella en el legislador español que en las sucesivas reformas (mas de treinta!) que ha hecho en los últimos años del Código penal de 1995, no ha hecho otra cosa que aumentar el tiempo de duración de la pena de prisión hasta llegar con la reforma del 2015 a esa extramente encubierta prisión perpetua que es la "prisión permanente revisable", que ha sido recientemente validada por el Tribunal constitucional en la sentencia antes referida.

No cabe duda de que este incremento del rigor punitivo, que en muchos países culmina todavía con la pena de muerte, puede ser acogido en un primer momento de un modo positivo por la opinión pública que cree ver en ello una forma eficaz de luchar contra la delincuencia, pero que a la larga verá que salvo en algún caso puntual de un grave delito que haya tenido una gran repercusión social y mediática (acto terrorista con varias víctimas, secuestro, violación y asesinato), la criminalidad en conjunto no solo no disminuye, sino que incluso aumenta, sobre todo si las condiciones sociales de miseria e injusticia social siguen existiendo o incluso son peores que antes de que se hicieran las reformas penales que precisamente estaban encaminadas a reducir la delincuencia.

Ejemplos de ese tipo se pueden encontrar en casi todos los países en los que las reformas penales llevadas a cabo en los últimos años no han tenido otro objeto que incrementar el rigor punitivo hasta límites difícilmente compatibles con los principios del Estado de Derecho, sin que por ello hayan disminuido los niveles de criminalidad. Lo que de nunca podrán ocultar esas reformas, además de su ineficacia preventiva general y preventiva especial, son las graves objeciones que contras las mismas se pueden hacer tanto desde el punto de vista jurídico penal, como jurídico constitucional, al conculcar principios básicos del Estado de Derecho que son hoy en día, y esperamos que sigan siendo por mucho tiempo, la mejor forma de garantizar los derechos fundamentales de todos los ciudadanos, incluidos los de los que hayan cometido un delito y sean condenados por ello.

CAPÍTULO 8

NUMERUS CLAUSUS COMO PATAMAR MÍNIMO DE RESPEITO À DIGNIDADE DO PRESO[1]

Jacinto Nelson de Miranda Coutinho[2]
Nikolai Olchanowski[3]
Thiago Cochenski Borba[4]

1. INTRODUÇÃO

Há 30 anos, Cezar Roberto Bitencourt concluía, com acerto, que a pena de prisão era fadada à falência. O ambiente carcerário é cruel e desumano, não apenas nas situações peculiares de *"alguns países"*, mas de forma *"rotineira, tanto em nações desenvolvidas como em subdesenvolvidas"* (Bitencourt, 2001, p. 156).

---

1. Dedicamos este pequeno ensaio ao querido amigo e ilustre professor doutor Cezar Roberto Bitencourt, a quem devotamos imenso respeito e muita admiração.

2. Professor Titular de Direito Processual Penal da Faculdade de Direito da Universidade Federal do Paraná (aposentado). Professor do Programa de Pós-graduação em Ciências Criminais da Pontifícia Universidade Católica do Rio Grande do Sul — PUCRS. Professor do Programa de Pós-graduação em Direito da Faculdade Damas, Recife. Professor do Programa de Pós-graduação em Direito da UNIVEL, Cascavel. Especialista em Filosofia do Direito (PUCPR); Mestre (UFPR); Doutor (Università degli Studi di Roma "La Sapienza"). Presidente de Honra do Observatório da Mentalidade Inquisitória. Advogado. Membro da Comissão de Juristas do Senado Federal que elaborou o Anteprojeto de Reforma Global do CPP, hoje Projeto 156/2009-PLS. E-mail: jnmc@uol.com.br.

3. Doutorando em Direito pela Universidade Federal do Paraná. Mestre em Direito pela Universidade Federal do Paraná. Especialista em Direito Penal e Criminologia pelo ICPC (Curitiba-PR). Advogado. E-mail: nikolai.olchanowski@gmail.com.

4. Acadêmico de Direito na Universidade Federal do Paraná, com mobilidade acadêmica na Alma Mater Studiorum Università di Bologna. E-mail: thiagocborba@gmail.com.

Em 2015, o Supremo Tribunal Federal, com evidente atraso, reconheceu, em medida liminar na ADPF 347, que o sistema penitenciário brasileiro, em particular, vive um *Estado de Coisas Inconstitucional*.

Reconheceu a Corte a existência de uma situação de generalizada violação dos direitos fundamentais dos presos, na medida em que as penas privativas de liberdade, em manifesta violação ao art. 5º, XLVII, da Constituição da República, são, na prática, cruéis, degradantes e desumanas.

Nesse cenário — de Estado de Coisas Inconstitucional — um dos fundamentos da República do Brasil é continuamente violado: a dignidade da pessoa humana (art. 1º, III, da Constituição da República).

A curto prazo (e, claro, sem que isso impeça questionar se a pena de prisão não é *sempre* e *inerentemente* cruel, em perene violação ao precitado art. 5º, XLVII, da Constituição da República), *a medida prática adequada para se ter respeito (mínimo) à dignidade é restringir o número de presos à quantidade de vagas disponíveis no sistema prisional.*

Partindo-se do fundamento kantiano da dignidade, a proposta é a aplicação do princípio *numerus clausus*, o qual, embora não seja suficiente, parece representar um passo importante na direção imposta pela Constituição.

2. KANT E A DIGNIDADE

Bitencourt (2001, p. 108-111) discute com propriedade a teoria da pena em Kant, sempre lembrado como um dos expoentes da vertente retributiva das teorias de justificação da pena. As críticas tecidas a essa tentativa de justificação são conhecidas e bem trabalhadas por Bitencourt (2001, p. 114-115), especialmente a partir de Ulrich Klug.

Alvaro Pires (1998, p. 78), porém, constatou que a existência de uma teoria retributiva kantiana não impede que se aborde o problema da pena — e da prisão — desde uma perspectiva da filosofia *política* kantiana. Ora, a punição nunca foi, mesmo na própria Metafísica dos Costumes (Kant, 2008), imperativo categórico, mas sim um imperativo hipotético pragmático (PIRES, 1998, p. 75).

É que, como se sabe, o pensamento político kantiano é inserto no quadro de um liberalismo *político*, preocupado, essencialmente, em oferecer uma organização de Estado capaz de garantir os direitos dos indivíduos.

Tendo em vista a necessidade de se justificar a limitação do uso "eternamente potencial" da força, Kant (2008, p. 153-175) julga imperioso o recurso a um Estado jurídico (sinônimo, em Kant, de Direito Público).

Somente nesse Estado é que o indivíduo deteria os atributos fundamentais de *liberdade legal, igualdade civil* e *independência civil*.

A necessidade de se atingir esses atributos, entretanto, decorre de uma característica inata, qual seja, a dignidade humana. Trata-se de uma característica intrínseca e irrenunciável, que se extrai do imperativo categórico (*"Age apenas segundo uma máxima tal que possas ao mesmo tempo querer que ela se torne lei universal"*; Kant, 1995, p. 59) e, expressamente, do imperativo prático supremo: *"O imperativo prático será pois o seguinte: — Age de tal maneira que uses a humanidade, tanto na tua pessoa como na pessoa de qualquer outro, sempre e simultaneamente como fim e nunca simplesmente como meio"* (Kant, 1995, p. 66). Isso porque a Lei Moral é uma determinação incondicionada da razão, motivo pelo qual a dignidade humana é de respeito imperativo por todos: *tratar cada pessoa como um fim em si mesma, nunca como meio* (Hill JR., 2014, p. 215).

A afirmação da dignidade humana não é desprovida de consequências práticas. O primeiro Imperativo Categórico orienta a avaliação de qualquer pretensão de interferência na esfera de direitos de uma pessoa e, no limite, em que medida o uso da força estatal é permitido.

Ora, justamente pelo fato de a dignidade humana orientar todas as interferências estatais nos direitos individuais é que sempre se atribuiu o papel de *ultima ratio* ao Direito Penal e à pena criminal (Miranda Coutinho, 2007, p. 139).

O quadro atual, porém, é de lotação dos cárceres e das penitenciárias, convertidos em verdadeiros depósitos humanos; e ali se aninha o problema. A *mercadoria* lá depositada é *gente*, ainda (e sempre) dotada da dignidade de todos os humanos.

No *Estado de Coisas Inconstitucional* do sistema prisional brasileiro, conforme reconhecido pelo Supremo Tribunal Federal, está o primeiro e mínimo passo que se deve dar, se os arts. 1º, III,[5] e 3º[6], da CR, ainda tiverem validade; e isso significa não depositar mais *gente* onde não há espaço.

---

5. **Art. 1º, da CF**. A República Federativa do Brasil, formada pela união indissolúvel dos Estados e Municípios e do Distrito Federal, constitui-se em Estado Democrático de Direito e tem como fundamentos:

(...)

III — a dignidade da pessoa humana;

6. **Art. 3º, da CF**. Constituem objetivos fundamentais da República Federativa do Brasil:

3. O *NUMERUS CLAUSUS*

Em poucas palavras, o princípio *numerus clausus* proíbe que o número de presos em um estabelecimento penal supere o número de vagas disponíveis. O Supremo Tribunal Federal, no julgamento do HC n. 143.988, definiu o princípio como uma "estratégia de gestão" carcerária que impede a superlotação do sistema prisional.

Segundo Rodrigo Roig (2014), a tese teve origem a partir de propostas do deputado francês Gilbert Bonnemaison em 1989, quando denunciou a situação de superlotação das prisões francesas e encaminhou ao Ministro da Justiça um relatório com propostas para a modernização do serviço público penitenciário.

Anos depois, em junho de 2000, Roig (2014) relata que foi instaurada uma Comissão de Inquérito na Assembleia Nacional Francesa acerca da situação das prisões no país, oportunidade em que, em relatório final, o princípio *numerus clausus* recebeu novo destaque. No texto final, o relatório destacou que é necessário "ter a coragem de considerar que a capacidade atual dos estabelecimentos penitenciários constitui um limite inultrapassável, a se impor às autoridades judiciárias e penitenciárias" (ROIG, 2014, p. 106). Não obstante os esforços de determinados grupos políticos na França, a ideia do *numerus clausus* não acabou convertida em lei no país, mas gerou reflexos em outras jurisdições, como nos Estados Unidos, Holanda, Noruega, Suécia e Dinamarca[7], além do Brasil.

Como se observa de sua proposição inicial, a ideia do *numerus clausus* tem sua essência na dignidade da pessoa humana (CABRAL, 2017;

I — construir uma sociedade livre, justa e solidária;

II — garantir o desenvolvimento nacional;

III — erradicar a pobreza e a marginalização e reduzir as desigualdades sociais e regionais;

IV — promover o bem de todos, sem preconceitos de origem, raça, sexo, cor, idade e quaisquer outras formas de discriminação.

7. Conforme relata Roig (2014), o *numerus clausus* foi experimentado na Holanda, Noruega, Suécia e Dinamarca através de uma espécie de "lista de espera", com o escalonamento do ingresso de presos no sistema penal. Nos EUA, por sua vez, encontrou expressão em decisão de uma Corte Federal na Califórnia que julgou haver sério caso de superlotação nas prisões do estado, determinando a redução do número de presos para 137.5% de sua capacidade em até dois anos. Posteriormente, a decisão foi confirmada pela Suprema Corte dos EUA, que seguiu, por maioria, o voto do Justice Anthony Kennedy de que a decisão da Corte na Califórnia foi necessária para remediar a violação aos direitos constitucionais dos presos no estado.

ROIG, 2014) e, caso venha de fato a limitar a interferência estatal na esfera de direitos de uma pessoa, sua consequência prática evidencia a impossibilidade de uma custódia estatal em condições degradantes.

3.1. Fundamentos legais e o princípio numerus clausus na jurisprudência do Supremo Tribunal Federal

Em uma primeira análise, a Lei de Execução Penal oferece fundamentos idôneos para embasar a aplicação do princípio no direito brasileiro: o art. 66, VI[8], estabelece o dever do juízo da execução de zelar pelo correto cumprimento da pena; o art. 85[9], por sua vez, obriga o estabelecimento penal a ter lotação compatível com sua estrutura e finalidade[10]; e o art. 185[11] proíbe que a pena seja cumprida em condições que vão além daquelas fixadas na sentença.

O *numerus clausus* chegou ao Supremo Tribunal Federal de forma gradual, com seus reflexos sendo aos poucos incorporados à jurisprudência da Corte. Sua primeira manifestação se deu no voto do Min. Ricardo Lewandowski no julgamento da Medida Cautelar na ADPF 347, que reconheceu a existência de um *Estado de Coisas Inconstitucional* em relação ao sistema prisional brasileiro. Conforme sustentou o Ministro, há hoje no Conselho Nacional de Justiça o Programa Cidadania nos Presídios, por meio do qual se determina que os juízes da execução penal observem o princípio da capacidade prisional taxativa, que traduz o *numerus clausus*

---

8. **Art. 66, da LEP**. Compete ao Juiz da execução:
(...)
VI — zelar pelo correto cumprimento da pena e da medida de segurança;

9. **Art. 85, da LEP**. O estabelecimento penal deverá ter lotação compatível com a sua estrutura e finalidade.

Parágrafo único. O Conselho Nacional de Política Criminal e Penitenciária determinará o limite máximo de capacidade do estabelecimento, atendendo a sua natureza e peculiaridades.

10. Em tese de titularidade, resumia René Ariel Dotti (1980, p. 50): "Basta verificar que a esperança (honesta ou simulada) de alcançar a 'recuperação', 'ressocialização', 'readaptação', 'reinserção' ou 'reeducação social' e outras designações otimistas de igual gênero, penetrou formalmente em sistemas normativos com proclamações retóricas em modernas constituições, códigos penais e leis penitenciárias sem que a execução prática das medidas corresponda aos anseios de 'recuperação' que não raramente se exaurem na literalidade dos textos".

11. **Art. 185, da LEP**. Haverá excesso ou desvio de execução sempre que algum ato for praticado além dos limites fixados na sentença, em normas legais ou regulamentares.

de maneira simples: "não se pode mandar para um estabelecimento prisional mais pessoas do que ele comporta".

Posteriormente, no julgamento da Suspensão de Liminar nº 823/ES, também em voto do Min. Ricardo Lewandowski, em 24/3/2015, a ideia do *numerus clausus* foi novamente objeto de debate, ainda que sem a menção expressa ao princípio. No caso, foi mantida decisão do TJ-ES que determinou a interdição provisória da Unidade de Atendimento Inicial a menores (UNAI) no ES e reforma em suas propriedades para que observasse o número máximo de internos, com a remoção de menores infratores, diante do cenário de superlotação existente (mais que o dobro de sua capacidade), além de outras situações degradantes.

Já em 29/6/2016, a Suprema Corte aprovou a Súmula Vinculante n. 57[12], que, em relação aos regimes aberto e semiaberto, proibiu o cumprimento da pena em regime mais gravoso pela simples falta de vagas. Assim, segundo o acórdão no RE 641.320/RS, o déficit de vagas deveria ser suprido por meio: a) da saída antecipada; b) da liberdade mediante monitoramento ou prisão domiciliar; e c) de penas restritivas de direito ou estudo para os que passam ao regime aberto.

Em seguida, no julgamento do HC n. 143.988, de relatoria do Min. Edson Fachin, em 24/8/2020, o princípio *numerus clausus* foi destacado como "estratégia de gestão" que estabelece que "a cada entrada em unidade prisional há, ao menos, uma saída, permitindo-se, assim, a estabilização ou diminuição da população reclusa, de modo a evitar a superlotação de cadeias, penitenciárias e unidades de internação". Tratava-se de caso envolvendo a Unidade de Internação Regional Norte — Uninorte, localizada em Linhares/ES, a qual apresentava severo quadro de superlotação e diversas violações reconhecidas pela Corte Interamericana de Direitos Humanos (CIDH).

Diante desse cenário, o STF concedeu *habeas corpus* coletivo e determinou a aplicação do *numerus clausus* no âmbito da Uninorte, fixando-se algumas alternativas para sua implementação (com modalidades preventiva, direta ou progressiva): reavaliação dos adolescentes internados por infrações cometidas sem violência ou grave ameaça; transferência dos sobressalentes para outras unidades; conversão de interações em interna-

---

12. **Súmula Vinculante n. 57**. A falta de estabelecimento penal adequado não autoriza a manutenção do condenado em regime prisional mais gravoso, devendo-se observar, nessa hipótese, os parâmetros fixados no RE 641.320/RS.

ções domiciliares; e, subsidiariamente, inclusão em programa de meio aberto. Ao final, propôs-se a criação de um Observatório Judicial sobre o cumprimento das internações socioeducativas na forma de comissão temporária, a ser instituído no âmbito do CNJ, o que deu ensejo à Resolução n. 367/2021.

3.2. A questão nas cortes internacionais de direitos humanos

Também a Corte Interamericana de Direitos Humanos (CIDH) já aplicou o *numerus clausus* em algumas oportunidades, algumas das quais, inclusive, em processos contra o Estado brasileiro, ainda que sem menção expressa ao princípio.

Dentre eles, destaca-se o Caso do Instituto Penal Plácido de Sá Carvalho (IPPSC), na cidade do Rio de Janeiro, que apresentava situação crítica de superlotação (com ocupação de 198% de sua capacidade), insalubridade e violência. Após a visita por uma delegação da CIDH ao IPPSC, foi editada Resolução em 22/11/2018 que constatou que "o único meio para fazer cessar a continuação da eventual situação ilícita frente à Convenção Americana consiste em procurar a redução da população do IPPSC" (CIDH, 2018, p. 23). Para tanto, proibiu o ingresso de novos presos no IPPSC e determinou que o Estado "compute em dobro cada dia de privação de liberdade cumprido no IPPSC, para todas as pessoas ali alojadas, que não sejam acusadas de crimes contra a vida ou a integridade física, ou de crimes sexuais, ou não tenham sido por eles condenadas [...]" (CIDH, 2018, p. 27).

Em relação ao princípio *numerus clausus*, o caso evidencia, antes de tudo, a urgência da CIDH em fazer cessar o ingresso de novos presos no IPPSC, diante da flagrante situação de violação de direitos humanos verificada. Por sua vez, revelou-se, assim como o STF, um exercício de ponderação por parte da CIDH ao considerar "radical" eventual decisão de imediata liberdade de todos os presos do IPPSC diante da ilicitude da pena cumprida, pois poderia causar um alarme social e males ainda maiores. Ao invés, optou-se por reduzir as penas aplicadas diante de tais ilicitudes, com ulteriores restrições aos presos por crimes contra a vida e a integridade física, ou de natureza sexual, que deveriam se sujeitar a exame criminológico para avaliar o possível cômputo da pena em dobro.

Questão semelhante já foi enfrentada pela Corte Europeia de Direitos Humanos (CEDH) no caso Torreggiani e outros *v.* Itália[13], em que se perquiriu a existência de condições degradantes de cumprimento da pena nas penitenciárias italianas de Busto Arsizio e Piacenza, em violação ao art. 3º, da Convenção Europeia de Direitos Humanos[14]. Segundo a CEDH, em Busto Arsizio eram mantidos três presos em uma cela de 9 m², enquanto em Piacenza eram seis presos em cela do mesmo tamanho[15]. À época, já havia sido declarado *estado de emergência* na Itália em relação à situação carcerária, já que as prisões naquele país contavam com uma média de 151% de lotação, sendo quase metade (42%) dos detentos presos provisórios. Ao final, a Itália foi condenada ao pagamento de indenizações a cada um dos recorrentes e a instituir um programa efetivo para a reparação das situações de superlotação carcerária (CEDH, 2013).

O caso italiano é emblemático, especialmente se visto desde a perspectiva brasileira. Ora, a Corte Europeia condenou um Estado por alocar três presos em um espaço de 9m²! A situação, que pareceria irrisória se comparada à situação dos cárceres brasileiros, vai de encontro ao que aqui se disse desde o início: o respeito à dignidade humana, consubstanciado em condições mínimas para o cumprimento da pena de prisão, é inegociável. Se não há espaço adequado, não se pode inserir *mais uma pessoa.*

3.3. Aplicação prática do princípio numerus clausus e a Resolução CNJ n. 367/2021

A ideia de que ninguém será inserido no sistema penitenciário sem que haja uma vaga disponível parece simples. Impeditivos à sua implementação, em uma primeira análise, aparentam derivar apenas de escolhas políticas. No entanto, em um sistema penal sobrecarregado como o brasileiro, é necessária a construção de algumas soluções mais elaboradas sobre como se faz possível operacionalizar o princípio na prática.

---

13. Casos similares já foram julgados pela CEDH, como, por exemplo: Karalevi ius *v.* Lituânia (2005); Kantyrev *v.* Rússia (2007); e Sulejmanovic *v.* Itália (2009).

14. **Art. 3º, da Convenção Europeia de Direitos Humanos — Proibição da tortura.** Ninguém pode ser submetido a torturas, nem a penas ou tratamentos desumanos ou degradantes.

15. Além do confinamento em espaço inadequado, a CEDH também destacou que, em ambas as penitenciárias, o acesso a banhos foi limitado durante vários meses (com falta de água quente) e as celas não continham iluminação natural por conta das barras metálicas nas janelas.

Roig (2014) identifica três principais modalidades de aplicação do *numerus clausus*: a) preventiva, com a vedação de novos ingressos e transformação do encarceramento em prisão domiciliar; b) direta, por meio do indulto ou prisão domiciliar àqueles mais próximos de atingir o prazo legal para a liberdade; e c) progressiva, mediante um sistema de progressões de regime em cadeia até a liberação das vagas necessárias.

Essas modalidades podem ser observadas na Resolução CNJ n. 367/2021, que, em cumprimento da decisão do STF no HC n. 143.988, instituiu a Central de Vagas no Sistema Estadual de Atendimento Socioeducativo, "responsável pela gestão e coordenação das vagas em unidades de internação, semiliberdade e internação provisória do Sistema Estadual de Atendimento Socioeducativo"[16]. Dentre os objetivos do serviço, fixados no art. 6º, da Resolução[17], destacam-se aqueles voltados a impedir a superlotação das unidades (incs. I e V).

Dessa forma, em casos de superação do percentual de 100% de ocupação, foi prevista a criação de listas de espera contendo a relação de ado-

---

16. **Art. 2º, da Resolução CNJ n. 367/2021**. Entende-se por Central de Vagas o serviço responsável pela gestão e coordenação das vagas em unidades de internação, semiliberdade e internação provisória do Sistema Estadual de Atendimento Socioeducativo.

Parágrafo único. A Central de Vagas, de competência do Poder Executivo, será responsável por receber e processar as solicitações de vagas formuladas pelo Poder Judiciário, cabendo-lhe indicar a disponibilidade de alocação de adolescente em unidade de atendimento ou, em caso de indisponibilidade, sua inclusão em lista de espera até a liberação de vaga adequada à medida aplicada.

17. **Art. 6º, da Resolução CNJ n. 367/2021**. São objetivos gerais da Central de Vagas:

I — assegurar que a ocupação dos estabelecimentos socioeducativos não ultrapasse o número de vagas existentes;

II — prezar para que a definição da capacidade real de vagas dos Sistemas Estaduais de Atendimento Socioeducativo observe a separação de vagas entre internação provisória, semiliberdade, internação e internação-sanção, bem como a separação entre vagas femininas e masculinas, observados, ainda, os critérios de idade, compleição física e gravidade da infração;

III — garantir que nenhum adolescente ingresse ou permaneça em unidade de atendimento socioeducativo sem ordem escrita da autoridade judiciária competente;

IV — registrar os dados dos pedidos de solicitação, a fim de permitir fluxo contínuo de produção de dados estatísticos e informações acerca da gestão de vagas, lotação das unidades e lista de espera, resguardando o sigilo e a proteção dos dados pessoais dos adolescentes e seus familiares;

V — impedir a superlotação das unidades, evitando a degradação do sistema socioeducativo; e

VI — promover o fortalecimento da socioeducação.

lescentes que aguardam entrada no sistema. Enquanto aguarda por nova vaga, o art. 9º, da Resolução, determina que o adolescente seja mantido em "programa de meio aberto", mediante decisão judicial fundamentada, com reavaliação de sua situação a cada 150 dias. Observa-se aqui, portanto, a aplicação da modalidade do *numerus clausus* preventivo, com a vedação da entrada de novos internos nas unidades enquanto não surgirem vagas.

Por óbvio, a proibição da presença de um número maior de internos que comporte o estabelecimento cria situação de difícil gerenciamento por parte do juiz da execução, o qual deverá avaliar quais dos reeducandos recolhidos nas unidades deveriam passar ao meio aberto para a entrada de outros. Em casos de ocupação máxima, o art. 12, da Resolução, possibilita ao magistrado: a) priorizar pedidos de extinção, substituição ou suspensão de medidas socioeducativas; b) reavaliar em audiência as medidas aplicadas para certos internos; c) transferir adolescentes para outras unidades próximas à residência de seus familiares; e d) adotar quaisquer outras medidas aptas a reduzir a lotação.

Ao comentar a decisão do STF no HC n. 143.988, que deu ensejo à Resolução, Giamberardino (2021, p. 186) enxerga a iniciativa com otimismo:

> Embora a decisão diga respeito aos adolescentes em conflito com a lei, o que invoca a prioridade absoluta com base constitucional no art. 227 da CF, a decisão é uma demonstração da viabilidade de aplicação do princípio do *numerus clausus* também no sistema penitenciário. Afinal, a proteção máxima garantida pelo art. 227 da CF não guarda uma relação de prejudicialidade com a vedação às penas cruéis (art. 5º, XLVII, CF), também garantida pela Constituição, e fragilizada pela superlotação.

Por outro lado, em relação ao sistema penitenciário como um todo, a situação parece ser mais complexa. Conforme o Levantamento Nacional de Informações Penitenciárias de janeiro a julho de 2021 do Ministério da Justiça, o país contava até o fim do período analisado com 820.689 presos com alguma privação de liberdade, sendo 674.163 presos (nas esferas estadual e federal) em celas físicas, com 332.480 em regime fechado. Do total de vagas disponíveis (sem a separação por regime), haveria um déficit de 189.663 vagas no sistema penitenciário, sendo mais da metade nas prisões em regime fechado (com um déficit de 98.087 vagas) e presos provisórios (com déficit de 47.359 vagas), situação que se reflete em todos os estados.

Assim como indica a análise de Cabral (2017) acerca do Projeto de Lei do Senado n. 513, que buscou instituir o *numerus clausus* no sistema penal brasileiro, a simples adequação dos presos atuais em regime fechado ao número de vagas representaria, ao menos, a obrigatória progressão de regime antecipada, indulto ou prisão domiciliar de 98.087 reeducandos, sem considerar os demais regimes prisionais. O número expressivo demonstra a falência da administração do sistema penitenciário nacional como atividade ressocializadora, de todo impossibilitada pelo simples número escasso de vagas no sistema.

4. FECHAMENTO

Desde a tese do ilustre Prof. Dr. Cezar Roberto Bitencourt — há trinta anos — uma coisa é certa: o número de reclusos só aumentou, sempre agudizando a situação.

Tal aumento, por outro lado, sempre dentro de "crises econômicas", nunca permitiu a previsão e aplicação efetiva de medidas ressocializadoras, de modo a que se pudesse verdadeiramente falar — no Brasil — de falência delas. Afinal, vai à falência a empresa que existe e, sendo assim, a própria metáfora perde consistência (Miranda Coutinho, 2007, p. 140).

Em verdade, não é que nunca se tomou medidas ressocializadoras; sim, elas existiram e existem, embora sejam sempre grandes exceções; e não raro sabotadas por falta de dinheiro, estímulo e uma política positiva de apoio concreto. O melhor exemplo são as APACs, Associação de Proteção e Assistência aos Condenados. Elas não têm tudo; e não escapam das críticas. Mas têm aquilo sem o que se não consegue ressocializar ninguém: uma execução penal que engaja o sujeito do inconsciente. Assim, o preso adere porque mete o seu desejo na condução da execução da pena; da própria pena. E isso é possível fazer sem a "docilização" que as medidas estatais pretendem. No fundo, trata-se de uma maior compreensão do ser humano como ele é — independentemente de ser um condenado, porque no caso há de se retirar o preconceito —, ou seja, detentor de desejos com os quais deve conviver, e não um autômato capaz de ser programado. Reduzi-lo dessa forma é enxovalhá-lo, humilhá-lo, de modo — isso sim — a satisfazer o gozo punitivista de alguns. No caso, portanto, é preciso investir nele; com aquilo que só dele depende. Não é, pois, difícil de entender a equação: *"um sistema penal humilhante, que desacate a humanidade de seus condenados, só produz neles a necessidade de voltar a impor respeito pela violência de seus atos"* (Calligaris, 2008, p. 193).

Em suma, a conclusão da falência das medidas ressocializadoras pode servir — e bem — aos punitivistas mal-intencionados, ou seja, que nunca quiseram e não querem promover medidas que possam engajar os presos e, assim, efetivamente, levar a uma ressocialização. É simples: se faliu, pensam que nada mais se tem para fazer; como se o discurso servisse para encobrir a realidade e retirar a carga de compromisso que pesa sobre o administrador.

Tudo ao contrário. E é o próprio cárcere que tem mostrado, algumas vezes, um retorno digno à vida social, retorno que o sujeito encontra por si só — não raro contra a atuação dos órgãos do Estado — participando de cultos e missas. Religiões e seitas têm funcionado pela crença; mas têm funcionado e, assim, têm permitido, quase sempre com um suporte qualificado da família, uma tentativa de retorno não inglório.

Eis, então, por que se em muito para pensar e realizar, o que só se terá com um engajamento de todos os que lidam com as questões criminais.

Na questão dos *numerus clausus*, então, ela (a limitação do número de reclusos) parece ser tão só como um começo, sem o qual, contudo, não se pode pretender qualquer atitude honesta contra o *estado de coisas inconstitucional*.

A superlotação, por si só, aniquila qualquer atividade tendente a melhorar a execução penal; e deveria envergonhar a todos que têm vergonha para sentir.

BIBLIOGRAFIA

BITENCOURT, Cezar Roberto. **Falência da pena de prisão**. Causas e alternativas. 2. ed. Saraiva: São Paulo, 2001.

BRASIL. Departamento Penitenciário Nacional. **Levantamento Nacional de Informações Penitenciárias**: Período de Janeiro a Julho de 2021. Disponível em: https://www.gov.br/depen/pt-br/servicos/sisdepen. Acesso em: fev. 2022.

BRASIL. Supremo Tribunal Federal. ***Habeas Corpus*** **n. 143.988/ES**. Relator: Ministro Edson Fachin, Segunda Turma, julgado em 24/8/2020. Disponível em: https://redir.stf.jus.br/paginadorpub/paginador.jsp?docTP=TP&docID=753732203. Acesso em: fev. 2022.

BRASIL. Supremo Tribunal Federal. **Suspensão de Liminar n. 823/ES**. Relator: Ministro Ricardo Lewandowski, Segunda Turma, julgado em 24/3/2015. Disponível em: http://www.defensoria.es.def.br/site/wp-

-content/uploads/2020/01/TORTURA-STF-Supens%C3%A3o-de-Liminar-823-Unidade-de-Atendimento-Inicial-UNAI-DP-ES-maus-tratos-e-dignidade-da-pessoa-humana-Decis%C3%A3o.pdf. Acesso em: fev. 2022.

BRASIL. Supremo Tribunal Federal. **Medida Cautelar na ADPF 347**. Relator: Ministro Marco Aurélio de Mello. Voto Ministro Ricardo Lewandowski. Tribunal Pleno, julgado em 9/9/2015. Disponível em: https://redir.stf.jus.br/paginadorpub/paginador.jsp?docTP=TP&docID=10300665. Acesso em: fev. 2022.

BRASIL. Supremo Tribunal Federal. **Recurso Extraordinário n. 641.320**. Relator: Ministro Gilmar Mendes. Tribunal Pleno, julgado em 11/5/2016. Disponível em: https://jurisprudencia.stf.jus.br/pages/search/sjur352985/false. Acesso em: fev. 2022.

CABRAL, Thiago Colnago. Teoria do "numerus clausus" na execução penal. O sistema prisional e a imprópria solução do PLS n. 513. Belo Horizonte: **Amagis Jurídica,** v. 1, n. 14, p. 233-250, jan./jun. 2017.

CORTE EUROPEIA DE DIREITOS HUMANOS. **Torreggiani e outros v. Itália**. Julgado em 8/1/2013. Disponível em: https://hudoc.echr.coe.int/eng?i=001-115937. Acesso em: fev. 2022.

CORTE INTERAMERICANA DE DIREITOS HUMANOS. Resolução da Corte Interamericana de Direitos Humanos de 22 de novembro de 2018. Julgado em 22/11/2018. Disponível em: https://www.corteidh.or.cr/docs/medidas/placido_se_03_por.pdf . Acesso em: fev. 2022.

DOTTI, René Ariel. **Bases e alternativas para o sistema de penas**. Curitiba: Editora Litero-Técnica, 1980.

GIAMBERARDINO, André. **Comentários à Lei de Execução Penal**. 3. ed. Belo Horizonte: CEI, 2021.

HILL JR., Thomas E. Kantian perpectives on the rational basis of human dignity. *In:* DUWELL, Marcus (ed.). **The Cambridge Handbook of Human Dignity. Interdisciplinary Perspectives.** Cambridge: Cambridge University Press, 2014.

KANT, Immanuel. **A metafísica dos costumes**. 2. ed. Bauru: EDIPRO, 2008.

KANT, Immanuel. **Fundamentação da Metafísica dos Costumes**. Porto: Porto Editora, 1995.

MIRANDA COUTINHO, Jacinto Nelson de. O gozo pela punição (em face de um estado sem recursos). *In:* MIRANDA COUTINHO, Jacinto

Nelson de; MORAIS, Luis Bolzan de; STRECK, Lenio Luiz (orgs.). **Estudos constitucionais**. Rio de Janeiro: Renovar, 2007.

PIRES, Alvaro P. Kant face à la justice criminelle. *In*: DEBUYST, Christian; DIGNEFFE, Françoise; PIRES, Alvaro P. **Histoire de savoir sur le crime e la peine.** Tome II: La rationalité et la naissence de la criminologie. Les presses de l'Université d'Ottawa, Les Presses de l'Universtité de Montréal, De Boeck Université, 1998,

ROIG, Rodrigo Duque Estrada. Um princípio para a execução penal: *numerus clausus*. **Revista Liberdades**, São Paulo, n. 15, p. 104-120, jan./abr. 2014.

CAPÍTULO 9

DROGAS: ATÉ QUANDO A PROIBIÇÃO GENOCIDA?

Juarez Cirino dos Santos[1]

1. CRIMINALIZAÇÃO DAS DROGAS

1.1. A imagem pública da criminalização

O genocídio de jovens pobres negros da periferia das grandes cidades brasileiras é o produto social de uma política irracional sobre substâncias psicoativas, difundido por um discurso moralista: a) o consumo de drogas produz dependência; b) o uso de drogas leves, como a marijuana, conduz ao uso de drogas pesadas, como a heroína, a cocaína, o *crack*; c) o consumidor de drogas é um viciado e, nessa condição, um dependente; d) a dependência de droga é um sintoma patológico somente curável por tratamento institucional; e) o viciado-dependente é um ser social improdutivo, comprometido em carreiras criminosas desenvolvidas em subculturas desviantes. Essa imagem do cenário da droga legitima a política punitivista do Estado capitalista, marcada pela intervenção policial violenta nas áreas urbanas pobres, cujo efeito reverso é o reforço da imagem do cenário da droga que inspira a política punitivista[2].

1.2. A imagem científica sobre drogas

A imagem oficial do cenário da droga está em diametral contradição com dados de pesquisas empíricas atuais, que revelam um quadro muito

---

[1]. Professor de Direito Penal da UFPR, Presidente do ICPC — Instituto de Criminologia e Política Criminal, Advogado Criminal e autor de vários livros nas áreas de Direito Penal e de Criminologia.

[2]. BARATTA, Alessandro. Introducción a la Criminología de la Droga. *In:* **Criminología y sistema penal** (Compilación in memoriam). Montevideo/Buenos Ayres: Julio César Faira, Editor, 2004, p. 112 s.

diferente: a) a maioria dos consumidores de drogas não é dependente, os usuários de substâncias psicoativas não vivem em subculturas desviantes e não costumam ter comportamento antissocial; b) os consumidores de substâncias psicoativas têm planos de vida produtiva ou desenvolvem carreiras profissionais normais, com empenho pessoal e responsabilidade social — na verdade, são homens e mulheres comuns com motivos racionais e emocionais para produzir estados psíquicos de prazer e relaxamento; c) a dependência não é uma patologia, nem representa déficit pessoal ou social necessitado de tratamento; d) enfim, a maioria dos consumidores é capaz de controlar o consumo da maioria das drogas ilícitas, como marijuana, heroína, cocaína ou *crack*[3], assim como a imensa maioria da população é capaz de controlar as drogas lícitas, como fumo e álcool.

1.3. A política punitivista: droga como problema de polícia

A política punitivista do sistema capitalista globalizado define droga como problema de polícia, enfrentado com prisões de traficantes e apreensões de substâncias entorpecentes — uma política ineficaz e contraprodutiva, segundo a crítica científica. Uma pesquisa empírica de Dan Werb *et alii*, com a contribuição de 50 colaboradores, abrangendo o período de 1990 a 2010 (publicada em 2013), com o objetivo de avaliar (i) o preço e a pureza das drogas ilegais e (ii) o impacto das intervenções oficiais para redução do suprimento/oferta de drogas ilegais, é o mais contundente libelo contra a política proibicionista[4]: a) nos EUA, no período de 1990 a 2007, os preços de mercado foram reduzidos na proporção de 81% para a heroína, de 80% para a cocaína e de 86% para a *cannabis*, enquanto a pureza das drogas aumentou na proporção de 60% para a heroína, de 11% para a cocaína e de 161% para a *cannabis*; b) na Europa, no mesmo período, os preços de mercado foram reduzidos na proporção de 74% para os opiáceos e de 51% para a cocaína; c) na Austrália, no período de 2000 a 2010, os preços de mercado foram reduzidos na proporção de 14% para a

---

3. BARATTA, Alessandro. Introducción a la Criminología de la Droga. *In*: **Criminología y sistema penal** (Compilación in memoriam). Montevideo/Buenos Ayres: Julio César Faira, Editor, 2004, p. 113.

4. WERB, Dan *et alii*. The temporal relationship between drug supply indicators: an audit of international government surveillance systems. *In*: **British Medical Journal**, 2013. Ver: http://dx.doi.org/10.1136/bmjopen-2013-003077. Também SCHEERER, Sebastian. Limites sociais e legais da reforma da legislação de drogas. *In:* **O Criminólogo alemão: uma jornada com Sebastian Scheerer**. Tradução: Amós Caldeira. Revisão: Ricardo Genelhú. São Paulo: USP, 2018.

cocaína e de 49% para a heroína e a *cannabis*; d) finalmente, nos mesmos períodos, ocorreu ampliação do volume de drogas ilegais apreendidas nas regiões de produção e nos mercados domésticos de comércio e consumo. Em resumo: a pesquisa constatou a ampliação dos investimentos e dos esforços oficiais para redução do suprimento global de drogas ilegais, por um lado, e a ampliação da quantidade e da qualidade das drogas ilegais, com redução do preço no mercado internacional, por outro lado. Sebastian Scheerer, comentando a pesquisa, emite um juízo definitivo[5]:

> Apesar de gastar trilhões e trilhões de dólares a oferta de droga cresceu consideravelmente para maconha, cocaína, metanfetamina, *ecstasy*, tudo. Ao invés de menos droga tem havido mais drogas entre 1990 e 2010. [...]. Tem havido mais drogas, drogas mais puras e elas ficaram mais baratas, apesar dos bilhões e trilhões de dólares investidos no combate às drogas. [...]. Não há indicação de que mesmo gastando todo dinheiro do mundo nós chegaríamos ao resultado desejado pela proibição.

A pesquisa revela o fracasso do controle do mercado de drogas ilegais, demonstrando que a política de proibição das drogas é uma estratégia errada[6]. Além disso, um dos efeitos inevitáveis da política proibitiva é a destruição da saúde e da vida do povo: a maioria das drogas é adquirida nas ruas dos centros urbanos, em condições de desconhecimento da qualidade das drogas pelo consumidor. Afinal, se a qualidade das drogas ilícitas não pode ser controlada pelo Estado, então danos à saúde ou a morte de usuários são resultados inevitáveis[7]. Mais ainda: a política de proibição corrói o Estado de Direito e os métodos bélicos de *guerra às drogas* produzem a *policialização do processo penal*, como demonstram procedimentos oficiais de quebras de sigilo (bancário, fiscal e de dados), de conduções coercitivas de acusados sem recusa de comparecimento (consideradas inconstitucionais pelo STF), de contraespionagem de agentes policiais infiltra-

---

5. SCHEERER, Sebastian. Limites sociais e legais da reforma da legislação de drogas. *In*: **O Criminólogo alemão: uma jornada com Sebastian Scheerer**. Tradução: Amós Caldeira. Revisão: Ricardo Genelhú. São Paulo: USP, 2018.

6. ARGUELLO, Katie Silene Cáceres. Guerra às drogas ou racismo de Estado? A necropolítica de segurança pública. *In*: C**Criminologia contemporânea: crítica às estratégias de controle social**. Helena Schiessl Cardoso, Leandro Gornicki Nunes e Luana de Carvalho Silva Gusso (Orgs.). Rio de Janeiro: Lumen Juris, 2018, p. 142 e s.

7. KARAM, Maria Lucia. "Guerra às drogas" e saúde: os danos provocados pela proibição. *In*: **Atendendo na guerra: dilemas médicos e jurídicos sobre o** crack. Lucília Elias Lopes e Vera Malaguti Batista (Orgs.). Rio de Janeiro: Revan, 2014, p. 281.

dos, de interceptações telefônicas sem prova do fato, ou sem indícios de autoria, ou sem processo penal instaurado, ou de delação premiada obtida por coação física ou pela tortura de prisões cautelares.

1.4. O racismo da política de drogas

A política proibitiva tem coisas ainda piores — por exemplo, a violência da polícia e das forças armadas nas invasões bélicas da periferia urbana, em que o pretexto declarado de guerra às drogas determinou a militarização da segurança pública das comunidades do Alemão e de mais 36 favelas do Rio de Janeiro, com ampliação da matança do povo, geralmente com características de execução: matança de homens (99,3%), de jovens (81,8%) e de negros (77,2%), com a letalidade de 4.224 pessoas em 2016, e de mais de 5.000 pessoas em 2017. A descrição de Katie Argüello sintetiza o modo e os efeitos da ocupação militar das favelas[8]:

> Empresas privadas, meios de comunicação e o braço armado do Estado trabalharam conjuntamente para militarizar favelas, para manter a vigilância ostensiva e opressiva dos moradores das favelas, em nome da falida "guerra às drogas". Foram muitos relatos sobre brutalidades, roubos, extorsões, torturas, assassinatos cometidos por policiais, sem que os meios de comunicação hegemônicos sequer noticiassem.

O Rio de Janeiro foi o laboratório das UPPs (Unidades Policiais de Pacificação), reproduzidas no Paraná como UPS (Unidades Paraná Seguro), promovendo o projeto neoliberal de redução de investimentos em áreas de educação, saúde e serviços sociais básicos, com paralisação de empresas públicas, expansão do desemprego e da miséria do povo. O enfrentamento da questão social com a repressão militarizada da guerra às drogas contra as comunidades periféricas agravou todos os problemas locais: as comunidades periféricas das grandes capitais, produtos do descaso do governo e dos grupos econômicos dominantes com as camadas pobres do povo, transformaram-se no objetivo estratégico da campanha de cerco e aniquilamento do capital financeiro internacional, no Brasil e em todo o

---

8. ARGUELLO, Katie Silene Cáceres. Guerra às drogas ou racismo de Estado? A necropolítica de segurança pública. *In:* CARDOSO, Helena Schiessl; NUNES, Leandro Gornicki; GUSSO, Luana de Carvalho Silva (Orgs.). **Criminologia contemporânea: crítica às estratégias de controle social**. Rio de Janeiro: Lumen Juris, 2018, p. 153.

Mundo[9]. No âmbito internacional, basta ver a estatística do racismo da política de drogas nos EUA, origem do modelo internacional de proibição, que mostra o seguinte: os usuários de drogas ilícitas contam 2 milhões de negros e 10 milhões de brancos — estes consomem 5 vezes mais marijuana, 4 vezes mais cocaína e a maior parte do *crack*, mas a punição dos usuários de drogas americanos mostra 62,7% de negros e apenas 36,7% de brancos, uma óbvia indicação do racismo da justiça criminal americana[10].

2. ALTERNATIVAS POLÍTICAS POSSÍVEIS: DESCRIMINALIZAR OU LEGALIZAR?

Douglas Husak faz uma distinção entre propostas de *descriminalização* e propostas de *legalização* de substâncias psicoativas[11]:

> Admitidamente, comentadores de ambos os lados deste debate têm contribuído para a confusão, usando termos como criminalizar e descriminalizar em modos diferentes e inconsistentes. Às vezes eles têm usado o termo descriminalizar em intercâmbio com legalizar. [...]. Aqui, eu uso o termo legalização de droga para referir um sistema em que produção e venda de drogas não são ofensas criminais.

2.1. As ações possíveis

Na concepção de Husak, o verbo **descriminalizar** é empregado para designar a ação de desfazer o crime, mas em relação às substâncias entorpecentes geralmente se limita ao *consumo* de drogas, excluindo as ações de *produção* e de *venda* de drogas, como aconteceu com a proibição do álcool nos EUA, no período da *lei seca* vigente entre 1919 e 1933; por outro lado, o verbo **legalizar** é mais amplo, porque se a produção e a venda não constituem crimes, o consumo de substâncias psicoativas não pode ser proibi-

---

9. Ver **Nota da Diretoria do ANDES-SN sobre a intervenção militar no Rio de Janeiro**, publicada em 19/2/2018. Também ARGUELLO, Katie Silene Cáceres. Guerra às drogas ou racismo de Estado? A necropolítica de segurança pública. *In*: CARDOSO, Helena Schiessl; NUNES, Leandro Gornicki; GUSSO, Luana de Carvalho Silva (Orgs.). **Criminologia contemporânea: crítica às estratégias de controle social**. Rio de Janeiro: Lumen Juris, 2018, p. 146 e s.

10. HUSAK, Douglas e NARNEFFE, Peter de. **The Legalization of Drugs.** Cambridge: Cambridge University Press, 2006, p. 91-92.

11. HUSAK, Douglas e NARNEFFE, Peter de. **The Legalization of Drugs**, cit., p. 3 (tradução do autor).

do. A legalização da produção e da venda permite o consumo de substâncias psicoativas como atividade recreativa de mudança do estado psíquico, mediante sensações de prazer, de euforia, de relaxamento etc.[12]. A psicologia ensina que o aparelho psíquico é regido pelo princípio do prazer, impulso fundamental ou valor intrínseco da atividade psíquica, a única razão para se fazer alguma coisa na vida, como mostra qualquer reflexão sobre a ação humana[13].

2.2. A legalização das drogas

A legalização das drogas tem por objetivo realizar um *valor de uso* recreativo, que permite alterar o humor individual em determinada direção, hoje concebido como autêntico direito do cidadão: a marijuana produz relaxamento, o LSD cria diversão, o *ecstasy* e as anfetaminas geram energia e assim por diante. O uso moderado dessas drogas determina, segundo comprovada experiência científica, aumento do autocontrole do comportamento — e não redução ou perda de controle, conforme equivocada crença comum[14]. Aliás, o desejo de alteração do humor constitui impulso normal em todo cidadão, tão importante como satisfazer a fome ou o desejo sexual[15]. Segundo estudos sociológicos, vivemos um período de civilização marcado por conceitos novos: a cultura de consumo produz mudança de valores e a sociedade de consumo se orienta por valores novos de excitação, emoção e aventura, em substituição aos valores tradicionais de autoridade, obediência e disciplina[16]. A legislação do futuro deverá legalizar o consumo de substâncias psicoativas, porque mudanças culturais radicais exigem radicais mudanças de regras. Na Holanda, por exemplo (o mesmo ocorre com Portugal, Uruguai, Canadá e, de modo especial, em muitos Estados americanos), a legalização da marijuana e do haxixe permite seu consumo em cafés licenciados — não obstante, a taxa de consumo das drogas legalizadas da Holanda continua inferior à taxa de consumo dessas mesmas drogas ilegais nos EUA, assim como a taxa de consumo de heroí-

---

12. HUSAK, Douglas e NARNEFFE, Peter de. **The Legalization of Drugs**, cit., p. 86.

13. FREUD, Sigmund. **Formulierungen über die zwei Prinzipien des Psychischen Geschehens.** Fischer Verlag 1989, v. III.

14. HUSAK, Douglas e NARNEFFE, Peter de. **The Legalization of Drugs,** cit., p. 91 e s.

15. WEIL, Andrew. **The Natural Mind.** Boston: Houghton Mifflin, 1986.

16. HUSAK, Douglas e NARNEFFE, Peter de. **The Legalization of Drugs**, cit., p. 97 e s.

na e de cocaína (também ilegais na Holanda) é inferior à taxa americana[17]. Estes são dados da realidade, e não especulação, enfatiza Douglas Husak. Posições conservadoras, geralmente moralistas e desinformadas, continuam afirmando que a legalização ou a descriminalização aumenta o consumo e o abuso de drogas, ou que o uso recreativo tem origem em pressões de grupo, ou indica alienação ou imaturidade pessoal, ou é produto de compulsão, de ignorância ou de simples depressão e, de qualquer forma, constitui sintoma patológico necessitado de tratamento. A teoria criminológica revela a falta de fundamento científico dessas opiniões, carentes de comprovação em pesquisas empíricas sérias, e acrescenta alguns argumentos relevantes: a) a criminalidade ligada às drogas é a primeira explicação da superlotação carcerária; b) a punição da criminalidade de drogas não protege o adolescente, como pretende o discurso oficial, e não previne a criminalidade, como proclama a ideologia punitivista; c) a droga lícita do álcool responde pela imensa maioria da criminalidade violenta, enquanto os efeitos psíquicos das drogas ilícitas estão na origem de uma minoria ínfima de violência criminal; d) os tributos sobre drogas legalizadas constituem extraordinária fonte de renda pública, aplicável na saúde e na educação da população, como ocorre com o álcool e o fumo; e) a massa de financiamento internacional da guerra às drogas amplia a corrupção e o abuso de poder das autoridades do Estado, ameaçando a democracia nas áreas subdesenvolvidas e dependentes da periferia do sistema capitalista; f) por último, a proibição legal é fator de menor influência no consumo de drogas, enquanto medidas sociais são fatores mais efetivos, como programas educativos, restrição de compra por idade, limitações de tempo e lugar para uso e venda de drogas, ou determinação de atividades incompatíveis com uso e venda de drogas (por exemplo, dirigir veículo).

3. O CASO BRASILEIRO

A Lei de Drogas brasileira de 2006 introduziu uma diferença radical entre a posse de pequena quantidade e o tráfico de substâncias entorpecentes: a) a posse de pequena quantidade para uso pessoal exclui a prisão, mas a lei brasileira não descriminalizou o usuário, porque aplica penas de advertência, de prestação de serviço a comunidade e programas educativos; b) em compensação, o tráfico é punido com penas duríssimas: a pena co-

---

17. HUSAK, Douglas e NARNEFFE, Peter de. **The Legalization of Drugs**, cit., p. 104 e s.

minada é de 5 a 15 anos de reclusão (art. 33, da Lei n. 11.343/2006), agravada pela proibição de fiança, sursis, graça, indulto, anistia, liberdade provisória, conversão em restritivas de direito (art. 44) e, por último, o livramento condicional exige cumprimento de dois terços da pena, mas é negado ao reincidente específico (art. 44, parágrafo único), com resultado prático de ampliação do encarceramento e da população carcerária: em julho-dezembro de 2019, a prisão por tráfico representa 20,28% da população carcerária (200.583 presos)[18]. A distinção legal entre usuários e traficantes produziu outras consequências nefastas: a) a indeterminação legal da pequena quantidade do uso pessoal transferiu para o policial de rua a decisão de prender ou não em flagrante o usuário — como diz Salo de Carvalho, *"o primeiro filtro sempre será o policial"* -, hoje controlada pelo juiz da audiência de custódia, mas sempre sob a influência de metarregras fundadas em *"imagens e representações sociais de quem são [...] os traficantes e os consumidores"*[19]; b) a ampliação da pena do tráfico produziu a demonização do traficante[20], cuja matança é determinada por simples suspeita policial, agravada por uma lógica racista: se é negro, é traficante; se é branco, é usuário.

3.1. As cracolândias brasileiras

As cracolândias, espaços sociais de comércio e consumo de *crack*, se situam em áreas urbanas pobres das grandes cidades brasileiras, em geral carentes de serviços públicos básicos e habitadas por uma população majoritária de afrodescendentes, são consideradas fontes da criminalidade pelo discurso oficial. O programa do governo federal *"Crack, é possível vencer"* marca uma fase do processo de militarização da segurança pública[21], cujo objetivo declarado é erradicar o consumo do *crack*. Em visita à

---

18. Dados do Departamento Penitenciário Nacional (atualizados em 24/6/2020).

19. CARVALHO, Salo de. Nas trincheiras de uma política criminal com derramamento de sangue: depoimento sobre os danos diretos e colaterais provocados pela guerra às drogas. *In*: LOPES, Lucília Elias; BATISTA, Vera Malaguti (Orgs.). **Atendendo na guerra: dilemas médicos e jurídicos sobre o** crack. Rio de Janeiro: Revan, 2014, p.196-7.

20. BATISTA, Vera Malaguti. Atendendo na Guerra. *In*: LOPES, Lucília Elias; BATISTA, Vera Malaguti (Orgs.). **Atendendo na guerra: dilemas médicos e jurídicos sobre o** crack. Rio de Janeiro: Revan, 2014, p. 308.

21. MACERATA, Iacã; DIAS, Rafael; PASSOS, Eduardo. Paradigma da Guerra às drogas, políticas de ordem e experiências de cuidados na cidade dos megaeventos. *In*: LOPES, Lucília Elias; BATISTA, Vera Malaguti (Orgs.). **Atendendo na guerra: dilemas médicos e jurídicos sobre o** crack. Rio de Janeiro: Revan, 2014, p. 21-22.

favela da Maré, no Rio de Janeiro, Carl Hart definiu o programa deste modo: não se trata de retórica, mas de guerra real das forças da ordem contra a comunidade da favela. As forças militares de ocupação social justificam a intervenção nas periferias urbanas pobres pela necessidade de restaurar a ordem e de combater a violência determinada pelo *crack*, mas realizam uma guerra celebrizada pela matança indiscriminada dos moradores que dizem proteger[22]. A taxa de homicídios, calculada por 100 mil habitantes, é alarmante: a) 22-27 mortos, de 1990 a 2003; b) 31 mortos, em 2017; 25 mortos, em 2018. Somente a Polícia cometeu 6.100 homicídios em 2018 (a maioria, execução extrajudicial), 6 vezes superior aos EUA, sendo 3/4 das vítimas desarmadas. O argumento do extermínio é simples: a violência do tráfico determina a política oficial de guerra às drogas, justificada como necessária para proteção das favelas[23]. Há décadas o Brasil vive a tragédia genocida da guerra às drogas promovida pelo governo federal[24], legitimada por um discurso ilusório que exclui ou prejudica a solução dos problemas reais do povo: assim, sobre os traficantes, disse o Presidente Bolsonaro: os *"caras vão morrer na rua igual barata, pô!"*; e o ex-governador Witzel sentenciava: *"A polícia vai mirar na cabecinha e ... fogo!"*. Como diz Hart, qualquer tentativa de apresentar o *crack*, ou qualquer droga, como o maior problema da população, é desonesta ou ingênua[25]. Neste ponto, as perguntas de Vera Malaguti Batista são o melhor diagnóstico da política de drogas: *para que serve a nossa política criminal de drogas?* As perguntas subsequentes da socióloga completam o diagnóstico: serve para expandir o mercado de armas, legitimar a truculência contra pobres e indesejáveis, brutalizar a polícia e aumentar as mortes de policiais, transformar o policial em matador de pobres, ampliar as execuções ilegais, legitimar as milícias e, enfim, introduzir o *crack* na economia de varejo no Rio de Janeiro[26].

---

22. ARGUELLO, Katie Silene Cáceres. Guerra às drogas ou racismo de Estado? A necropolítica de segurança pública. *In*: CARDOSO, Helena Schiessl; NUNES, Leandro Gornicki; GUSSO, Luana de Carvalho Silva (Orgs.). **Criminologia contemporânea: crítica às estratégias de controle social**. Rio de Janeiro: Lumen Juris, 2018, p. 152 e s.

23. HART, Carl L. **Drug use for Grown-Ups**. New York: Penguin Press, 2021, p. 564-72

24. BATISTA, Nilo. Política criminal com derramamento de sangue. **Revista Brasileira de Ciências Criminais**, 1997, v. 5, n. 20, p. 129-146.

25. HART, Carl L. **Drug use for Grown-Ups**, cit., p. 574-75.

26. BATISTA, Vera Malaguti. Atendendo na Guerra. *In:* LOPES, Lucília Elias; BATISTA, Vera Malaguti (Orgs.). **Atendendo na guerra: dilemas médicos e jurídicos sobre o** crack. Rio de Janeiro: Revan, 2014, p. 320-1.

3.2. Comunicações científicas sobre drogas

O livro *Drug use for Grown-Ups* (2021) de Carl Hart, notável neurocientista da Universidade de Columbia, EUA, especializado em neuropsicofarmacologia, fulmina opiniões de senso comum do mundo oficial americano, que definem a adição à droga como doença mental e difundem a informação de que o uso regular de droga produz dano ao cérebro. Hart mostra que a política proibitiva se baseia em informações falsas — por exemplo, o consumo de *crack* ou de cocaína produziria extrema violência, morte prematura e adição logo na primeira dose[27].

> Eu espero que meu trabalho atual como acadêmico e cientista ajude a acertar as contas [com o *crack*]. Eu dei milhares de doses de *crack* a pessoas como parte de minha pesquisa e estudei cuidadosamente suas respostas imediatas e posteriores, sem incidentes [...]. Contrário à crença popular, os efeitos produzidos pelo *crack* são predominantemente positivos. Meus participantes de pesquisa reportam consistentemente sentimentos de bem-estar e de prazer depois de tomar a droga. Prazer é uma boa coisa, algo que devia ser abraçado [...]. Mas eu sei que existem aqueles que se agarram obstinadamente à crença de que o prazer induzido pelo *crack* é tão pesado que dirige a maioria dos usuários ao consumo descontrolado. Os dados dizem outra coisa [...]. O fato é que em torno de 80% de todos os usuários de drogas ilegais usam drogas sem problemas, tais como adição. Em outras palavras, nós sabemos inequivocamente que os efeitos do *crack* têm sido ridiculamente exagerados; o *crack* não é mais danoso do que cocaína em pó. Eles são, de fato, a mesma droga.

E, dizendo que o papel do cientista é corrigir falsas ideias e equívocos da imprensa, afirma: não existe nenhuma evidência científica de que o uso recreativo de droga produz anormalidades no cérebro; ao contrário, técnicas modernas de imagens estruturais e funcionais do cérebro humano não indicam alteração, atrofia, deterioração ou redução do cérebro pelo uso regular de drogas. A evidência científica sobre a *Methamphetamine* ou *MDMA*, por exemplo, não só exclui danos ao cérebro, como demonstra efeitos positivos de euforia, ampliação da energia, da concentração e da empatia pessoal[28].

---

27. HART, Carl L. **Drug use for Grown-Ups**, cit., p. 257 (tradução do autor).
28. HART, Carl L. **Drug use for Grown-Ups**, cit., p. 362-68.

3.3. A legalização do uso de substâncias psicoativas

A legalização do uso adulto da *cannabis sativa* nos EUA, a partir de 2016, é uma realidade concreta nos Estados de Alaska, Colorado, Oregon, Washington, Califórnia, Maine, Massachusetts, Nevada, Baltimore, Brooklyn, Manhattan e Philadelphia — e a tendência é a extensão da legalização a todos os estados americanos. Hoje, verifica-se acelerada erosão da retórica de que a marijuana seria a maior produtora de violência na história humana, ou de que seu uso causa paranoia e outras psicoses. Afinal, pesquisas recentes demonstram que nem sequer a heroína — referida no discurso oficial como droga pesada — produz adição: o discurso de adição imediata após a primeira dose, ou que doses maiores causam com frequência a morte, não é verdadeiro[29]. A experiência científica tem mostrado que a heroína é uma droga segura, empregada como medicamento antidepressivo e antipsicótico, com a maior eficácia contra sintomas esquizofrênicos ou psicoses, em geral. Ao contrário, os efeitos dominantes de drogas como marijuana, heroína, cocaína são positivos: as pessoas ficam mais altruístas, empáticas e eufóricas, com maior interação social e até mesmo melhor desempenho sexual[30]. Mais uma vez, o conhecimento científico experimental de Carl Hart aponta na direção de uma política criminal sadia em matéria de droga[31].

As drogas descritas neste livro deveriam ser reguladas e legalmente disponíveis para consumo adulto. Nós já adotamos esta abordagem com álcool, tabaco, e, mais recentemente, em um punhado de Estados, com a marijuana. Os benefícios são numerosos. Para iniciantes, a disponibilidade de drogas preenche a promessa da Constituição, de permitir adultos responsáveis de buscar a felicidade como bem entenderem. Em adição, um esquema de droga legalmente regulado criaria numerosos empregos e geraria milhares de milhões de dólares em receita fiscal anual. Portanto, um tal esquema reduziria marcantemente as mortes relacionadas a drogas causadas por overdoses acidentais. Uma enorme proporção destas mortes é causada por substâncias adulteradas adquiridas no mercado ilícito. Um mercado regulado, com padrões de qualidade uniformes, colocaria um fim virtual ao consumo de drogas contaminadas e reduziria fatais overdoses acidentais de droga.

---

29. HART, Carl L. **Drug use for Grown-Ups**, cit., p. 247-57.
30. HART, Carl L. **Drug use for Grown-Ups**, cit., p. 275 e s.
31. HART, Carl L. **Drug use for Grown-Ups**, cit., p. 314.

4. CONCLUSÃO

O Estado brasileiro ainda ignora os avanços do conhecimento científico sobre substâncias psicoativas em todo o mundo, ou as transformações da política criminal de drogas em países do centro e da periferia do sistema capitalista planetário; ao contrário, prefere implementar a mais irracional legislação e a mais violenta prática bélica contra a juventude pobre e negra das comunidades periféricas das grandes cidades — aliás, uma política penal suicida, somente superada pela insanidade da política de drogas das Filipinas, que pune com a pena de morte a posse de alguns gramas de qualquer droga para uso próprio. O legislador brasileiro precisa paralisar a destruição social provocada pelo modelo irracional da vigente Lei de Drogas, seguindo a tendência humanista da legislação de inúmeros países, como Canadá, Uruguai, Portugal, Holanda, Espanha e muitos outros. Se assim não for, a inércia legislativa explicará o inevitável sentimento de culpa do legislador pelos procedimentos biopolíticos de *deixar morrer* ou, mesmo, pelas práticas disciplinares de *fazer morrer* a juventude pobre e negra das zonas periféricas dos grandes centros urbanos do País[32]. Hoje, a mudança do modelo repressivo suicida vigente não é nem mesmo uma questão de audácia política: é uma simples questão de sensibilidade humana para fazer cessar a matança de jovens negros pobres das periferias urbanas, o trágico efeito social da necropolítica de drogas que infelicita o País[33].

BIBLIOGRAFIA

ARGUELLO, Katie Silene Cáceres. Guerra às drogas ou racismo de Estado? A necropolítica de segurança pública. *In*: CARDOSO, Helena Schiessl; NUNES, Leandro Gornicki; GUSSO, Luana de Carvalho Silva (Orgs.). **Criminologia contemporânea:** crítica às estratégias de controle social. Rio de Janeiro: Lumen Juris, 2018.

BARATTA, Alessandro. Introducción a la Criminología de la Droga. *In*: BARATTA, Alessandro. **Criminología y sistema penal (Compilación in memoriam).** Montevideo/Buenos Ayres: Julio César Faira, Editor, 2004, p. 112-138.

---

32. FOUCAULT, Michel. **Naissance de la biopolitique.** Paris: Seuil/Gallimard, 2004, *Leçon de 14.03.1979.* p. 221-244.

33. Ver BATISTA, Nilo. **Prefácio em "Atendendo na guerra: dilemas médicos e jurídicos sobre o** crack". Rio de Janeiro: Revan, 2014, p. 7.

BATISTA, Nilo. Prefácio. *In:* LOPES, Lucília Elias, BATISTA, Vera Malaguti (orgs). **Atendendo na guerra**: dilemas médicos e jurídicos sobre o "crack". Rio de Janeiro: Revan, 2014.

BATISTA, Nilo. Política criminal com derramamento de sangue. **Revista Brasileira de Ciências Criminais**, São Paulo, v. 5, n. 20. 1997.

BATISTA, Vera Malaguti. Atendendo na Guerra. *In*: LOPES, Lucília Elias, BATISTA, Vera Malaguti (orgs). **Atendendo na guerra**: dilemas médicos e jurídicos sobre o "crack". Rio de Janeiro: Revan, 2014.

CARVALHO, Salo de. Nas trincheiras de uma política criminal com derramamento de sangue: depoimento sobre os danos diretos e colaterais provocados pela guerra às drogas. *In*: LOPES, Lucília Elias, BATISTA, Vera Malaguti (orgs). **Atendendo na guerra**: dilemas médicos e jurídicos sobre o "crack". Rio de Janeiro: Revan, 2014.

FREUD, Sigmund. **Formulierungen über die zwei Prinzipien des Psychischen Geschehens.** Frankfurt am Main: Fischer Verlag, 1989, v. III.

FOUCAULT, M. **Naissance de la biopolitique**. [s.l.] Companyédition EHESS/Gallimard/Seuil, 2004.

HART, Carl L. **Drug use for Grown-Ups.** New York: Penguin Press, 2021.

HUSAK, Douglas; NARNEFFE, Peter de. **The Legalization of Drugs.** Cambridge: Cambridge University Press, 2006.

KARAM, Maria Lucia. "Guerra às drogas" e saúde: os danos provocados pela proibição. *In:* BATISTA, Vera Malaguti; LOPES, Lucília Elias (Orgs.). **Atendendo na guerra**: dilemas médicos e jurídicos sobre o "crack". Rio de Janeiro: Revan, 2014.

MACERATA, Iacã; DIAS, Rafael; PASSOS, Eduardo. Paradigma da Guerra às drogas, políticas de ordem e experiências de cuidados na cidade dos megaeventos. *In*: LOPES, Lucília Elias, BATISTA, Vera Malaguti (Orgs). **Atendendo na guerra**: dilemas médicos e jurídicos sobre o "crack". Rio de Janeiro: Revan, 2014.

SCHEERER, Sebastian. **Limites sociais e legais da reforma da legislação de drogas.** *In:* "O Criminólogo alemão: uma jornada com Sebastian Scheerer". Tradução: Amós Caldeira. Revisão: Ricardo Genelhú. São Paulo: USP, 2018.

WEIL, Andrew. **The Natural Mind.** Boston: Houghton Mifflin, 1986.

WERB, Dan et al. The temporal relationship between drug supply indicators: an audit of international government surveillance systems. **BMJ Open**, v. 3, n. 9, p. e003077, ago. 2013.

CAPÍTULO 10

A QUESTÃO DA MAIORIDADE PENAL

Juarez Tavares

Quando se começa a discutir acerca da maioridade penal, o debate é conduzido, geralmente, sob forte impacto emocional. Em todos os lugares, por força de uma indução sistemática dos meios de comunicação de massa, pretende-se impor sua redução, como forma de fornecer ao Estado meios mais adequados a enfrentar a criminalidade decorrente de atos cometidos por adolescentes e mesmo por pré-adolescentes. Essa não é, porém, uma questão puramente brasileira. Está presente em outros países. Para se ter uma ideia da importância do tema, basta passar os olhos sobre os projetos de reforma da legislação penal mundial, todos tendentes a discipliná-lo de modo diverso do que consta da lei positiva. Esse olhar, porém, pode causar surpresas. Em alguns países, as propostas são muito diferentes daquelas de que se tem notícia no Brasil. No Japão, por exemplo, a maioridade penal foi aumentada para 20 anos. Na Alemanha, já há algum tempo, por meio das reformas de 1923, 1953 e 1990, foram sendo aumentadas as idades limites para a imputação criminal plena e a alteração das respectivas consequências: de 12 para 14 anos, depois de 14 para 18 anos e, finalmente, com a extinção da internação indeterminada. Na mesma Alemanha, convém relatar, há também projetos que pretendem, simplesmente, tornar todos os menores imputáveis desde seu nascimento, com a eliminação dos respectivos estatutos e sua submissão às normas do direito penal comum. Assim, o projeto de Roger Kusch[1], um político conservador de Hamburgo, o qual teve, contudo, um rechaço veemente da comunidade jurídica[2]. Pelo radica-

---

1. KUSCH, Roger. **Plädoyer für die Abschaffung des Jugendstrafrechts**, NStZ, 2006, p. 65.
2. Para a crítica contundente: OSTENDORF, Heribert. **Gegen die Abschaffung des Jugendstrafrechts oder seiner Essentiala**, NStW, 2006, p. 320.

lismo, que poderia contentar os meios de comunicação, esse projeto parece ser mais um jogo de cena do que uma proposta séria. Independentemente desse radicalismo, o que se nota é que o tema da maioridade penal ultrapassou as fronteiras do direito penal e está na ordem do dia das discussões parlamentares, às vezes como coisa séria, outras, como mera proposta demagógica e populista. No Brasil, a Comissão de Constituição e Justiça da Câmara dos Deputados aprovou, por maioria, uma proposta de emeda constitucional no sentido de reduzir a maioridade penal de 18 para 16 anos. Outras propostas também foram aventadas para diminuir a maioridade penal em face de determinados crimes considerados mais graves. No entanto, é da tradição da legislação brasileira, desde o Código Penal de 1940, fixar a maioridade penal aos 18 anos, sem qualquer exceção. Aos adolescentes infratores se aplica o Estatuto da Criança e do Adolescente, de 1990, que não prevê pena de prisão, e só admite a internação nos casos de reincidência (reiteração) em faltas graves. O Código Penal do Peru, da mesma forma, fixa a maioridade penal aos 18 anos (art. 20.2) e o Código de los Niños y Adolescente, em boa hora, revogou as disposições contidas nos Decretos Legislativos 895 e 899[3].

Mas é preciso ressaltar, até pelos projetos de reforma penal, que a questão da maioridade penal perpassa, de qualquer modo, pelo conceito, pela estrutura e pelo significado da imputabilidade penal. Não é, pois, puro assunto de política criminal, de criminalidade ou de criminalização. Afastando o tema das discussões políticas e emocionais e, assim, do senso comum, deve-se partir, portanto, primeiramente, da análise da imputabilidade penal; depois, da relação entre os estatutos jurídicos para adultos e adolescentes; finalmente, para uma definição acerca dos princípios que devem reger a responsabilidade penal de adolescentes.

Sem pretender incursionar pela história da humanidade, pode-se iniciar a análise da imputabilidade a partir do iluminismo. No primeiro parágrafo de sua obra mais divulgada, ADORNO e HORKHEIMER assinalam que: "No sentido mais amplo do progresso do pensamento, o iluminismo tem perseguido sempre o objetivo de livrar os homens do medo e de investi-los na posição de senhores"[4]. Essa é, na verdade, a consequência mais evidente da concepção que alicerça a condição humana na razão, que tem

---

3. DEFENSORIA DEL PUEBLO. **El sistema penal juvenil en el Per**u. Lima, 2000, p. 28 e s.
4. ADORNO/HORKHEIMER. **Dialética do esclarecimento. Fragmentos filosóficos**. Rio de Janeiro: Zahar, 1985, p. 21.

em KANT sua máxima expressão intelectualizada. Segundo KANT "o iluminismo é a saída do homem de sua menoridade (...). A menoridade é a incapacidade de se servir de seu entendimento sem a direção de outrem"[5]. Vê-se, então, que o iluminismo é o movimento da razão e que o conceito de razão está centrado no entendimento. O próprio KANT o esclarece: "A razão tem, portanto, por seu único objeto o entendimento e sua aplicação funcional, e, como este unifica sua diversidade por meio de conceitos, reúne, por seu lado, a diversidade dos conceitos por meio de ideias, de modo a fixar uma unidade coletiva determinada como fim das ações do entendimento, as quais, além disso, dizem respeito a uma unidade distributiva"[6]. Está claro, então, que se a razão constitui a mola mestra do iluminismo e se esse tem o entendimento como seu único objeto dentro de um sistema, todos os princípios da imputabilidade e, consequentemente, da responsabilidade devem estar sedimentados nesse entendimento. Ainda tomando as lições de ADORNO e HORKHEIMER: "O entendimento imprime na coisa, como qualidade objetiva, a inteligibilidade, nela encontrada pelo juízo subjetivo, antes mesmo que ela adentre o próprio ego. Sem esse esboço, em suma, sem a intelectualidade da percepção, nenhuma impressão se ajustaria ao conceito, nenhuma categoria ao modelo, e, muito menos, o pensamento teria qualquer unidade, para não falar da unidade do sistema, ao qual tudo estaria, porém, dirigido"[7]. Essa assertiva conduz a estabelecer também um parâmetro essencial da responsabilidade, que se espraiou depois para a ciência do direito penal: o conceito de conduta. À medida que o entendimento representa a essência da autonomia e, portanto, da maturidade, é possível eliminar do âmbito da responsabilidade qualquer reprovação ao simples *status*. A pessoa só é responsável por sua conduta e não por suas condições pessoais, sociais ou políticas. Só a conduta será capaz de fornecer o dado empírico que irá nortear a percepção do entendimento como unidade racional. O trabalho fundamental da ciência seria, assim, proceder à unidade do pensamento para com a realidade empírica. Todo o trabalho da ciência da modernidade foi dirigido a encontrar essa unidade, que, inicialmente estaria encerrada nas chamadas leis naturais, mas que, depois, se viu praticamente posta em cheque, quando se descobriu que,

---

5. KANT, Immanuel. **Beantwortung der Frage: Was ist Aufklärung, Werke in sechs Bänden.** Köln: Könemann, p. 162.

6. KANT, Imannuel. **Kritik de reinen Vernunft. Gesammelte Werke.** Braunschweige: Ideenbrücke Verlag, 2016, p. 1.159. Edição Kindle.

7. ADORNO/HORKHEIMER. **Dialética do esclarecimento**, cit., p. 82.

pelo menos, para as ciências sociais, a diversidade passou a ser a regra. Traçados esses contornos essenciais do iluminismo, pode-se ver como esses se projetam no conceito de imputabilidade penal.

Inicialmente, podem ser referidos, quanto a isso, dois autores italianos, que se destacaram como os grandes juristas de seu tempo: CARMIGNANI e CARRARA. Para ambos, a responsabilidade penal teria por base a responsabilidade moral, a qual estaria orientada pelo entendimento.

Assim dizia CARMIGNANI: "O homem é o sujeito das leis, enquanto seja um ente governável, mas nenhuma ação pode ser civilmente imputada se não for, ao mesmo tempo, moralmente imputável"[8].

Do mesmo modo CARRARA: "A imputabilidade e a imputação moral não possuem outra condição senão a de que o homem que foi causa material de um fato tenha sido também sua causa moral"[9]. Como consequência, nas próprias palavras de CARRARA: "A lei rege o homem enquanto é este um ser moralmente livre; portanto, a ninguém se pedirão contas a respeito de um evento de que tenha sido causa puramente física, sem que lhe seja, absolutamente, causa moral"[10].

Como causa moral de um evento se entendia, então, a força subjetiva, que congrega todos os elementos que compõem o ato interno, relacionado à inteligibilidade e à liberdade. Nessas condições, a determinação da maioridade penal seria também um juízo moral, assentado na razão, a qual não poderia se afastar do grau de entendimento como seu objeto direto.

Nesse ponto, novamente CARRARA, ao tecer consideração acerca da limitação da imputabilidade: "Daí a subdivisão do grau sob a relação de força moral subjetiva do delito, segundo deriva a degradação do estado do intelecto, ou do estado de liberdade existente no agente"[11]. De conformidade com isso, distinguia ele três estágios na diminuição da imputabilidade pela idade: a infância (dos 7 aos 12 anos), a impuberdade (dos 12 aos 14 anos) e a menoridade (dos 14 aos 18 anos)[12]. A distinção desses segmentos é, portanto, bastante antiga. Antes de CARRARA, CARMIGNANI já di-

---

8. CARMIGNANI, Giovanni. **Elementos de derecho criminal**. Bogotá: Temis, 1979, p. 37.

9. CARRARA, Francesco. **Programa do curso de direito criminal** Tradução de José Luiz Franceschini e Prestes Barra. São Paulo: Saraiva, 1956, p. 40.

10. CARRARA, Francesco. **Programa do curso de direito criminal**, cit., p. 43.

11. CARRARA, Francesco. **Programa do curso de direito criminal**, cit., p. 364.

12. CARRARA, Francesco. **Programa do curso de direito criminal**, cit., p. 169.

zia: "Nós aderimos prazerosamente à opinião daqueles que sustentam que, em tempos plenos de entendimento e de malícia, a menoridade deve terminar aos 18 anos"[13].

A influência do pensamento iluminista se exerceu também na doutrina alemã. Assim, leciona FEUERBACH: "Uma vez que o fim da lei penal não é outro senão o de impedir as lesões jurídicas mediante a ingerência no potencial volitivo, a aplicação de toda lei penal está condicionada à existência de uma vontade ilícita, como causa (intelectual, psicológica) do crime. A relação de um fato punível (objetivo) com uma determinação de vontade do autor contrária à lei penal (como sua própria causa) se chama **imputação**, e o estado (exterior ou interior) de uma pessoa, em virtude do qual se lhe possa imputar um fato, **imputabilidade**"[14]. Ademais, sustenta ele não haver imputação: a) quando a infração não resultar de uma completa intervenção da vontade; b) ou em face de estados de ânimo não culpáveis, nos quais a possibilidade da consciência da punibilidade fique excluída. Por outro lado, também segue ele uma antiga fórmula da Constituição Criminal Carolina de 1532, segundo a qual são inimputáveis todas as pessoas que não tenham o domínio de seu sentido. Com base nessa ideia, considera ele não serem imputáveis os infantes e os púberes até os 14 anos[15].

O legado iluminista, apesar de amparado em uma pretensão jamais alcançada, porque limitada em si mesma pela complexidade do conceito de razão, no qual se baseava, de qualquer sorte, deixou uma contribuição positiva: a elevação da pessoa como condição do processo de imputação e sua subordinação a conceitos ainda hoje presentes, como o domínio do sentido da respectiva conduta, que representa, sem dúvida, um embrião da moderna teoria do domínio do fato. Deixando de lado a grande influência hegeliana no direito penal do século XIX, a qual irá ser decisiva para o aprimoramento do conceito de ação e de imputação, pode-se ver como os princípios iluministas vão sendo substituídos, gradativamente, por enunciados cada vez mais distantes do entendimento e, consequentemente, da razão. Com efeito, sob a influência da enorme produção de bens da sociedade capitalista, o positivismo passa a conceituar a imputabilidade exclusivamente a partir da causalidade, como capacidade de delinquir, como capaci-

---

13. CARMIGNANI, Giovanni. **Elementos de derecho criminal**, cit., p. 70.

14. FEUERBACH, Anselm Ritter von. **Lehrbuch des gemeinen in Deutschland gültigen peinlichen Recht.**, Giessen: Heyer, 1828, p. 62 (§ 84).

15. FEUERBACH, Anselm Ritter von. **Lehrbuch des gemeinen in Deutschland gültigen peinlichen Rechts**, cit., p. 66 (§ 90).

dade de produzir dano, ora na forma de uma perigosidade, ora na forma de uma dirigibilidade. À medida que se situe a imputabilidade sob o aspecto exclusivo da causalidade individual, tem-se uma acolhida maior do conceito de perigosidade. Caso, porém, se dilua a causalidade em torno da estabilidade social, como condição, portanto, de uma capacidade produtiva mais refinada, tem-se acentuada a concepção de dirigibilidade.

São por demais conhecidos os conceitos de perigosidade e, também, sua origem nas obras de GAROFALO e FERRI. Fora, assim, desses autores, pode-se proceder a uma derivação a outras facetas do positivismo. Inicialmente, com a Escola Sociológica Francesa e, depois, com a Escola Sociológica Alemã. A Escola Sociológica Francesa trabalha o fato proibido e seu autor em face dos princípios de adaptação e coesão social. Para GABRIEL TARDE, um dos expoentes dessa escola, a imputabilidade estaria subordinada a duas condições: a similitude social e a identidade pessoal. Imputável seria quem fosse idêntico a si mesmo, no momento do fato e, também, quando pudesse se disciplinar pelas normas que lhe fossem assimiladas, em uma determinada sociedade[16]. O louco seria, pois, inimputável porque no momento do fato não se poderia manifestar dentro de sua identidade; do mesmo modo, um indígena seria inimputável numa sociedade que lhe fosse estranha, porque, por sua diversidade, não poderia se orientar por suas normas (falta de similitude social). Nesse âmbito, as crianças e os adolescentes também seriam inimputáveis porque, em face de um desenvolvimento ainda imaturo, não poderiam ser tidos como portadores de uma identidade definida. Para haver imputabilidade seria necessário possuir, de qualquer modo, uma personalidade estável.

Na vertente alemã da escola sociológica, entendia VON LISZT haver imputabilidade quando ao autor se reconhecesse uma certa constituição psíquica, que lhe possibilitasse realizar sua conduta social. Portanto, imputabilidade seria, no dizer de VON LISZT "a capacidade de realizar uma conduta social, ou de assentar um determinado fim que corresponda às exigências de uma vida humana coletiva sob o Estado. Somente quando essa capacidade subsista ou esteja presente poder-se-á imputar-se uma conduta social como culpabilidade. Quando falte, inteira ou duradouramente, uma capacidade de adaptação social não haverá mais sentido pretender instituir uma motivação para tanto, por meio da ameaça de pena ou

---

16. TARDE, Gabriel. **Criminalité comparée**. Paris: Felix Alcan, 1886, p. 33 e s.

de sua execução"[17]. Portanto, o autor imputável, segundo o entendimento da Escola Sociológica alemã, seria aquele capaz de reconhecer o significado antissocial de sua conduta. Não haveria imputabilidade quando ao autor fosse impossível reconhecer essa condição de se ver determinado pelas normas que regem sua conduta social. Relativamente às crianças e aos adolescentes, do mesmo modo que os italianos, os seguidores da escola os subdividiam em três estágios, conforme o código prussiano: de absoluta inimputabilidade (com idade inferior a 12 anos), de relativa imputabilidade (com idade entre 12 e 18 anos) e maioridade plena a partir dos 18 anos. Embora não fizesse uma crítica da lei, VON LISZT entendia que a maturidade a ser definida em relação aos menores entre 12 a 18 anos não poderia se afastar do conceito de capacidade de adaptação normativa. Justamente, por isso, fazia uma exigência de que, nesse caso, a determinação de sua maturidade fosse de tal ordem que lhe capacitasse conhecer a punibilidade do fato, inclusive suas consequências mais gravosas, isto é, não bastaria conhecer o caráter criminoso do fato, seria necessário saber que o fato fosse punível com determinada sanção[18].

Depois do regresso ao mundo normativo, o conceito de imputabilidade passou a ser inferido da própria definição legal de inimputabilidade. Por via inversa, a imputabilidade pode ser compreendida, assim, como o conjunto de condições pessoais que dão ao agente a capacidade de entender o caráter criminoso do fato e determinar-se de acordo com esse entendimento. Embora essa fórmula seja uma fórmula prática, apta a atender a uma aplicação da lei, em sua generalidade, será preciso ainda verificar como se poderá enfocar de outro modo o conceito de imputabilidade. A pergunta é justamente essa: é possível outro conceito de imputabilidade?

Ao disciplinar o conceito de inimputabilidade, mediante a asserção de elementos biológicos e psicológicos em face da norma, o legislador atendeu ao propósito de não polemizar acerca dos atributos positivos desse conceito. Contentou-se em fornecer aos destinatários da lei o que lhes possibilitasse imediata compreensão e praticidade. Mas quando se trate de verificar uma possível alteração legislativa, o conceito prático é insuficiente. Será preciso percorrer um caminho maior e desenvolver a discussão em torno do próprio comportamento humano.

---

17. LISZT, Franz von. **Lehrbuch des deutschen Strafrechts**. Berlin: Guttentag, 1914, p. 168.
18. LISZT, Franz von. **Lehrbuch des deutschen Strafrechts**, cit., p. 172.

Nos conceitos de imputabilidade, que se formularam, se perderam ou se perpetuaram na doutrina penal, pode ser observado um denominador comum: sua vinculação a um conceito de ação instrumental. Talvez, por isso, não puderam e ainda não podem esses conceitos servir de parâmetro ou de fundamento para definir a própria questão da maioridade penal.

A ação instrumental é aquela que tem como fundamento a relação entre meio e fim. A deu um tiro em B e produziu-lhe a morte. Esse é o modelo básico de ação instrumental. Aplicado esse conceito à imputabilidade, pode-se dizer que A é imputável porque sabia, no momento do fato, que realizar uma ação de matar constitui um ato criminoso e, de conformidade com esse entendimento, podia determinar sua conduta. Toda a discussão em torno da imputabilidade fica resumida, assim, a associar a capacidade de entender e de querer aos elementos da relação entre meio e fim. A relação entre meio e fim, por seu turno, no exemplo dado, nada mais será do que a conduta de A atirar contra B e produzir-lhe a morte. Essa abordagem do direito em face de uma ação instrumental é bastante prática, porque, em primeiro lugar, faz da análise da imputabilidade uma questão do caso concreto e, em segundo lugar, dispensa outros fundamentos além daqueles inseridos na norma penal. Mas, apesar disso, é insuficiente para abranger toda a complexidade do conceito, da estrutura e dos fundamentos da imputabilidade, que devem estar presentes numa discussão em torno da alteração da maioridade penal.

Mesmo sem ser um sociólogo, VON LISZT alertava, ainda que muito superficialmente, que a imputabilidade estaria vinculada a uma conduta social. Sob seu ponto de vista, a questão da imputabilidade não poderia ser resumida no entendimento e autodeterminação de uma ação instrumental. É curioso observar isso, porque VON LISZT mesmo acolhia um conceito de ação causal instrumental como conduta punível. Pode-se dizer, então, que o conceito de imputabilidade já induzia a doutrina, nessa época, a uma discussão maior. E isso só seria possível com a superação do conceito de ação instrumental, que irá se dar, justamente, com o conceito de ação social proposto por MAX WEBER, alguns anos depois. Ao tratar das ações sociais, principalmente no âmbito econômico, demonstra MAX WEBER que essas não seguem uma linha direta como numa relação entre causa e efeito. As ações sociais percorrem outro caminho, mais complexo: as ações sociais são ações estratégicas. São ações que têm como pressuposto a relação entre os agentes, não como relação de causa e efeito, mas, sim, como relação de oportunidade, de avaliação dos meios, de cálculo acerca das consequências, de subordinação a regras comuns. Dirigir automóvel no trânsito de uma cidade ou numa estrada é uma ação social, que não se resume ao domínio do veículo e à habilidade do motorista de chegar rapidamente ao seu destino, mas que está subordinada a regras de condução em face de outros motoristas. O que assinala a característica básica dessa ação não é, pois, a causalidade, mas sua atenção ao comportamento dos outros. Nesse sentido, diz MAX WEBER: "A ação social (incluindo-se aí a omissão ou tolerância) pode estar orientada para uma conduta esperada de outrem, passada, presente ou futura. (...) O outro pode ser um determinado indivíduo, conhecido, ou muitos outros indeterminados ou totalmente desconhecidos"[19]. Continua MAX WEBER: "Nem toda espécie de conduta — mesmo uma conduta externa — não o será se estiver orientada exclusivamente à expectativa do comportamento de objetos puramente materiais. E uma conduta interna só o será quando estiver orientada à conduta dos demais"[20].

Por sua vez, o chamado giro linguístico, a partir do interacionismo simbólico e com a teoria dos atos de fala, pode demonstrar a correção dessa consideração da ação estratégica, a qual não se resume à mera causalidade, mas deve ser compreendida como uma forma de comunicação. Assim como a norma também constitui uma forma de comunicação entre o Estado e os cidadãos, a conduta destes não pode ser caracterizada apenas por seu aspecto material. Antes mesmo da contribuição da filosofia da linguagem e do interacionismo simbólico, WELZEL já havia intuído a insuficiência do dogma causal no direito penal. A deficiência do finalismo se deu, no entanto, por haver insistido na conceituação de conduta a partir de sua relação entre meio e fim, ainda que não causal.

Ao invocar, aqui, novamente o conceito de ação, parece que nos afastamos do objeto próprio do tema, que diz respeito a uma questão de imputabilidade, para voltar às intermináveis discussões entre causalistas e finalistas. Mas a pergunta imediata que se formula será a seguinte: afinal, o que tem a ver o conceito de ação com a imputabilidade e mais ainda com a maioridade penal?

Nesse ponto, vale recordar uma velha lição de meu antigo professor JESCHECK de que o conceito de ação não é, apenas, um dado retórico, mas, sim, um elemento essencial para possibilitar a harmonia, a coerência

---
19. WEBER, Max. **Wirtschaft und Gesellschaft**. Tübingen: Mohr, 1922, p. 11.
20. WEBER, Max. **Wirtschaft und Gesellschaft**, cit., p. 11.

e a estruturação do próprio sistema de delito[21]. Caso contrário, todos os penalistas estariam vivendo uma manifesta alucinação. Seria mesmo incompreensível que se gastasse tanto tempo e tantas linhas para impor determinado conceito, sem que este tivesse qualquer utilidade. O conceito de ação, portanto, dá significado aos elementos do delito, como a tipicidade, a antijuridicidade e a culpabilidade, e, também, constitui um meio de ligação entre eles. Não se poderia cogitar, por exemplo, do conceito e do tratamento do erro de proibição, que relaciona a culpabilidade à antijuridicidade, se não se tivesse um elemento catalizador dessa relação, que é precisamente o conceito de ação.

Se o conceito de ação é elemento essencial para a construção do sistema de delito, dele não pode se alienar o próprio conceito de imputabilidade. Como o conceito de ação é um conceito complexo, ainda não totalmente digerido pela doutrina penal, os códigos, em geral, não o buscam definir positivamente, nem o fazem, por via de consequência, com o conceito de imputabilidade.

Há uma velha e sempre repetida lição de que a presunção legal é de que todos são, de um modo geral, imputáveis. Daí não se ocupar o código do conceito de imputabilidade, que estaria desde logo pressuposto, mas, sim, de sua negação, ou seja, dos elementos definidores de sua exclusão. Pode ser até que essa velha lição tenha produzido o efeito de evitar que o legislador se perdesse no emaranhado de questões definidoras instáveis e pudesse, concretamente, se servir de elementos empíricos mais evidentes do que aqueles que resultariam de uma definição positiva da imputabilidade. Fazendo-se, contudo, uma análise mais acurada da relação entre ação e imputabilidade, pode-se chegar à conclusão diversa. Se a configuração do delito está na dependência de um conceito de ação — e desde muito tempo o legislador não pode criar delito a partir de um simples estado ou identidade de uma pessoa, senão em face de sua conduta — e este conceito é que irá demarcar as zonas de ilicitude que deverão ser traçadas pelo legislador, está claro que o enunciado de um conceito de imputabilidade ou mesmo de inimputabilidade constitui também um contorno do próprio injusto penal. Se esse conceito constitui um contorno do injusto penal, deve ter sua interpretação subordinada ao complexo de proibição ou determinação da norma penal. Nesse sentido, se o que vale modernamente no âmbito das relações sociais é uma ação estratégica ou, segundo outra perspectiva, comunicativa,

---

21. JESCHECK, Hans-Heinrich; WEIGEND, Thomas. **Lehrbuch des Strafrechts**. Berlin: Duncker & Humblot, 1996, p. 218 e s.

também o conceito de imputabilidade será aquele que atentar para as relações entre o sujeito imputado e os demais. Para a determinação da imputabilidade deve-se ter em vista, então, a relação entre norma penal, como forma de comunicação anônima, de um lado, e a orientação que dela pode receber o imputado, de outro lado. A norma não é, assim, um mero enunciado do que é proibido ou mandado. A norma é um elemento de referência para a orientação da conduta de cada um. Nessa base, na qualidade dessa referência e na capacidade de cada um de internalizar os elementos informadores de conduta é que deve se assentar a imputabilidade. Quando MAX WEBER formulou o conceito de ação social deixou bem claro que sua orientação em face dos demais não se resumiria a pessoas determinadas ou conhecidas, mas, também, se estenderia a pessoas completamente desconhecidas e indeterminadas. Atualizando essas lições em vista da moderna conceituação de ação performática, tem-se que a orientação da atividade em face dos demais, desconhecidos, só pode ser feita se todos estiverem no âmbito de um processo de comunicação. Há, pois, para que essa orientação se concretize e, assim, se verifique uma ação social, a necessidade de um instrumento que possa servir de referência entre pessoas anônimas. E esse instrumento, em uma sociedade complexa, só pode ser a norma. Acolhendo-se, assim, um conceito performático de ação, poder-se-á compreender a norma também como elemento social integrador. Mas se a norma é um elemento social integrador, deverá ter questionada, de modo constante, sua própria legitimidade, que já não decorreria de sua simples legalidade ou da observância formal do processo de sua produção, do chamado processo legislativo, mas, sim, de sua capacidade comunicativa, ou seja, na descrição precisa e induvidosa do que é proibido ou mandado, de modo a poder ser incorporada ao entendimento de seus destinatários. Isso terá enorme importância na configuração de todos os delitos, principalmente dos delitos omissivos, os quais estão subordinados a condições pessoais e materiais, a partir de idoneidade da ação determinada para evitar a lesão do bem jurídico. A norma deve ser capaz de traçar objetos de orientação de conduta, sem rodeios, armadilhas ou incertezas. Voltando ao citado exemplo da direção de veículos: quando alguém dirige um automóvel pelas ruas de uma cidade, comunica-se com os demais por meio da norma, que traça, segundo suas regras, os elementos pelos quais deva orientar sua conduta. Caso não existisse essa forma de comunicação, seria impossível a circulação de veículos. As regras são claras e se estendem a todos os condutores: dirigir na sua mão de direção, obedecer a sinalização, manter a velocidade recomendada etc. Quando um veículo, mantendo-se na sua mão de direção, cruza com outro numa curva, já espera que o outro condutor também assim o proceda e, diante dessa expectativa, segue adiante. A execução da ação de dirigir é, no caso, uma ação performática, porque não se limita a uma relação entre meio e fim, mas leva em conta a conduta dos demais participantes no trânsito e, também, a aceitação das regras que a disciplinam. O próprio princípio da confiança não poderia ser formulado, caso o condutor não aceitasse as regras de direção e tampouco acreditasse que outros o fariam.

No âmbito do delito, observa-se a mesma estrutura: alguém será imputável quando possa conhecer a norma e por ela se orientar em face dos demais. Nesse passo, a própria norma delimita o âmbito dos autores: só poderá dirigir quem tenha sido aprovado num exame de habilitação. Para a norma de trânsito e, assim, para fundar a responsabilidade dos motoristas, a imputação tem por base não apenas a capacidade material de conduzir, mas também a capacidade de orientar essa condução conforme suas regras. Caso alguém dirija sem ter habilitação, a responsabilidade pela infração de trânsito pode recair sobre o proprietário do veículo, que assim o permitiu, o que demonstra que, nesse caso, não vale apenas a capacidade de conduzir, mas, também, a capacidade atestada de se orientar normativamente.

Por outro lado, convém salientar o seguinte: da mesma forma que a imputabilidade não pode se basear numa ação instrumental, sua determinação, sob o enfoque de uma ação performática, deve ser efetivada também mediante a subordinação a determinadas regras, que antecipadamente possam testar a legitimidade da norma proibitiva ou mandamental. A questão da imputabilidade, assim, não é uma questão que possa ser reduzida a um dado normativo. O dado normativo é essencial para demonstrar que o tema da imputabilidade não é um tema isolado da teoria do delito. Mas, por seu turno, o tema da imputabilidade é também e antes de tudo uma questão inserida no chamado mundo da vida (**Lebenswelt**), de que fala HABERMAS. O mundo da vida, que é o mundo real no qual os indivíduos realizam suas condutas e se orientam por pontos de referência, nem sempre coincide com aquela abstração inferida da norma. HABERMAS invoca o mundo da vida como o terreno que sedimenta o discurso normativo e impõe, justamente, como legitimidade desse discurso, uma série de regras triviais e não triviais capazes de adequá-lo ao comportamento esperado de outrem, em termos de um determinado consenso[22]. Ademais, pode-se verificar pelos estudos da criminologia contemporânea, principalmente, pelo estudo das

---

22. HABERMAS, Jürgen. **Theorie des kommunikativen Handeln.** Tomo 2, Frankfurt am Main: Suhrkamp, 1988, 209.

subculturas e das regras que regem certos grupos sociais marginalizados, que as pessoas, nessas condições, elegem muitos valores fora dos esquemas dominantes na sociedade e no Estado, que atuam mais em grupo do que individualmente, que se envolvem em relações de solidariedade independentemente da avaliação que o Estado possa emitir sobre o comportamento de seus companheiros. Isso quer dizer que a emissão de um juízo de imputabilidade não pode desconsiderar esses dados, porque a orientação normativa só será legítima se puder também contemplar o dissenso. E o dissenso é próprio do mundo da vida. Num estudo pioneiro realizado na cidade de Frankfurt am Main, durante alguns anos, sob a coordenação de HUBERT BESTE, pode-se ver como pessoas das mais diversas nacionalidades e origens se uniam para uma autoproteção em face da polícia, como se agrupavam em certos territórios, como disciplinavam suas condutas em face dos demais, sem se vincularem às normas estatais, e como superavam coletivamente suas discriminações. Todos realizavam ações performáticas, ao seu modo, mas sob a perspectiva de sobrevivência num mundo que não lhes inspirava confiança[23]. Ao tratar, assim, da imputabilidade, não será possível desconsiderar esse mundo da vida, se se quiser admitir que se vive num Estado democrático de direito.

    Ocupando-se do tema da imputabilidade e tendo em conta sua relação com a própria estrutura do injusto penal, e mais ainda com a própria realidade social, destaca JUAN BUSTOS RAMIREZ que: "Nessa nova concepção de imputabilidade, como um problema social e, definitivamente, político, estão influindo notavelmente as novas orientações em matéria de sociologia da subcultura e da antipsiquiatria. Do ponto de vista da sociologia das subculturas, se deduz que o indivíduo atua em grupo, às vezes em vários grupos, e que esses grupos recebem uma consciência valorativa e de ação que pode coincidir, diferenciar-se ou rechaçar uma colocação valorativa hegemônica nesse momento no Estado. O homem está, pois, imerso numa rede social que configura sua visão valorativa e por isso mesmo a sua responsabilidade como ator social. Logo, dentro de uma sociedade democrática pluralista há que se partir do fato de que o sujeito pertence a diferentes âmbitos culturais dentro da sociedade, que não podem ser passados por alto na sua judicialização"[24].

---

    23. BESTE, Hubert. **Morphologie der Macht. Urbane "Sicherheit" und die Profitorientierung sozialer Kontrolle**. Opladen: Leske + Budrich, 2000, p. 396 e s.
    24. RAMÍREZ, Juan Bustos. **Manual de derecho penal, parte general**. Barcelona: Ariel, p. 331.

Sob esse enfoque, JUAN BUSTOS RAMIREZ define, a seguir, a imputabilidade como "um juízo de incompatibilidade da consciência social de um sujeito em seu atuar frente ao ordenamento jurídico"[25]. Mais adiante, assinala: "Por isso, o juízo de imputabilidade não é de caráter abstrato ou geral, mas sempre individual e concreto a uma situação determinada, a um fato determinado (não pode se referir nem ao futuro nem ao passado — tendência ínsita à defesa social e às medidas de segurança em um sistema binário ou de mão dupla)"[26].

Nessa visão, o juízo de imputabilidade é, pois, um juízo político. Se é um juízo político, antes de ser tratado como matéria penal, deve levar em conta não apenas a dissintonia entre a consciência social de um grupo ou de um indivíduo para com a consciência valorativa dominante, mas principalmente os encargos estatais no sentido de sua integração. Se o que anima o comportamento das pessoas no mundo da vida é a orientação em face dos elementos que o compõem, para que essa consciência social adversa, de que fala BUSTOS RAMIREZ, se integre no sistema democrático, será preciso, antes de se cuidar de exercer a ampliação dos juízos penais de condenação, que o Estado se encarregue de demonstrar que havia envidado todos os esforços para diminuir as contradições sociais antagônicas, que impedem ou dificultam essa integração. Com isso, desenvolve-se um conceito de imputabilidade sediado em uma ação performática global. Quando se fala de globalidade, não se está tratando de globalização. A expressão tem aqui outro significado, de não aferir a imputabilidade exclusivamente em face de uma ação instrumental, mas, sim, dentro de um contexto mais amplo do que os próprios limites impostos pelo direito. Poder-se-ia, talvez, invocar para tanto uma fórmula hegeliana de que o particular (o dado concreto das condições pessoais) só adquira sentido em face de sua relação com o todo (o mundo da vida). O todo, aqui, não é uma entidade abstrata, mas, sim, o resultado de todas as particularidades dos objetos singulares. O todo como um elemento integrador de sentido. Há uma crítica que se faz a HEGEL e que parece ser indevida, de que para ele o que vale é o universal, unicamente. Mas o universal em HEGEL jamais foi concebido como um todo abstrato. Como diz SCHNÄDELBACH, embora se tenha a tendência de, ao diferenciar-se entre o todo e a parte, conferir ao universal uma qualidade autônoma, isso como resultado de observações puramente práticas em torno dos objetos, jamais se deverá entender o todo como algo absolu-

---

25. RAMÍREZ, Juan Bustos. **Manual de derecho penal, parte general**, cit., p. 332.
26. RAMÍREZ, Juan Bustos. **Manual de derecho penal, parte general**, cit., p. 332.

tamente independente das partes e nem as partes como objetos singulares idealizados[27]. Se a imputação tem por base a pessoa individual, essa individualidade não pode constituir uma entidade igualmente idealizada e independente do contexto no qual ela executa suas tarefas vitais. Compreender essa realidade constitui um elemento importante para proceder à integração entre pessoa e norma.

Traçados esses pressupostos, pode-se, então, trabalhar a questão da maioridade penal.

Inicialmente, há que se fazer uma advertência para que as coisas sejam colocadas nos devidos lugares. Em nenhum país, e muito menos no Brasil, a fixação da maioridade em 18 anos implica uma completa irresponsabilidade do adolescente infrator. A idade influencia apenas a adoção de um determinado regime jurídico. Aos que completam 18 anos aplica-se o regime jurídico do Código Penal; aos que se situarem entre 12 e 18 anos aplica-se o regime jurídico do Estatuto da Criança e do Adolescente. Portanto, em qualquer caso, os adolescentes são responsabilizados por seus atos; só variam as medidas aplicadas. O problema, então, da alteração da maioridade penal nada tem a ver com a chamada impunidade, locução que está na moda para incentivar qualquer endurecimento do sistema penal. Tem a ver com a diferenciação da imputabilidade e sua subordinação a regimes jurídicos igualmente diferenciados. Aos 18 anos, perde-se a condição de adolescente e se passa a reger pelas normas da imputabilidade penal; antes disso, se rege pela imputabilidade de adolescentes. Há, portanto, juízos diversos de imputabilidade, conforme as características das respectivas pessoas e sua relação com os contextos sociais a que pertencem. Esses juízos podem variar de país para país, mas em sua maioria se disciplinam pelos mesmos parâmetros, que são aqueles já manejados desde o século XVIII: infantes até 12 anos; adolescentes de 12 a 18; e maiores de 18 em diante.

O problema da maioridade penal está, assim, assentado numa questão política: se o Estado quer manter para certas pessoas — dentro de uma determinada faixa etária — um regime de tratamento e recuperação, como consequência de um juízo especial de imputabilidade, ou se quer incluí-las no sistema geral de encarceramento, sob o enfoque de um juízo de imputabilidade geral. Essa opção política corresponde a uma finalidade que o

---

27. SCHNÄDELBACH, Herbert. **Georg Wilhelm Friedrich Hegel zur Einführung**. Hamburg: Junius, 2011, p. 15.

próprio Estado se atribui, de acreditar que possa tratar os menores de 18 anos com medidas de recuperação e integração ou de decidir abandoná-los ao regime punitivo geral, com todas as consequências maléficas do sistema. Essa opção irá indicar se, efetivamente, o Estado está preocupado com seus futuros cidadãos ou se quer apenas se valer de sua força punitiva.

Em ambos os formatos de imputabilidade — geral (adultos) ou especial (adolescentes) — os enunciados têm, essencialmente, a mesma natureza. São juízos políticos que levam em conta a capacidade de entender e de se autodeterminar em face do contexto.

Relativamente aos menores de 18 anos, além de todas aquelas particularidades da imputabilidade penal, convém acrescentar ainda mais alguma coisa.

Em primeiro lugar, apesar de todos os esforços dos meios de comunicação em sentido contrário, ainda não se definiu de modo absoluto a idade limite da maioridade. Constitui mero argumento retórico afirmar-se, intuitivamente, que um adolescente de 16 anos tem plena capacidade de entender o caráter criminoso do fato e de se determinar de acordo com esse entendimento.

Em segundo lugar, também constitui mero argumento retórico afirmar que o Estado tem que diminuir a idade da imputabilidade em face da crescente criminalidade juvenil. Em todos os países e, também, no Brasil, embora muitos adolescentes se envolvam em práticas criminosas, as estatísticas criminais (principalmente as levadas a efeito pelo Observatório Criminológico da Universidade de Málaga) demonstram o contrário: que a participação de adolescentes na criminalidade geral é numericamente insignificante. Recentemente, os dados da UNICEF indicam um percentual de apenas 1% de delitos de homicídio praticados por adolescentes no Brasil, o que escancara a falácia da argumentação dominante. Segundo a Estatística Policial da Alemanha (**Polizeilische Kriminalstatistik**), a partir de 2002 vem se apresentando uma queda significativa de atos infracionais cometidos por jovens. O mesmo fenômeno ocorre na Espanha. Em face disso e levada em conta a chamada carga delitiva (**Kriminalitätsbelastung**), é importante consignar a observação de CANO PAÑOS: "Partindo dos conhecimentos da criminologia no âmbito da delinquência infantil, observa-se como esta, na maioria dos casos, se apresenta como um fenômeno ubíquo, normal, episódico e de caráter de bagatela". Ou seja: "A chamada **Jugendkriminalität** abarca, por regra geral, figuras delitivas de caráter leve, as quais são cometidas de modo espontâneo. Isso faz com que esses fatos, na maioria dos casos, chamem a atenção mais facilmente e sejam assim rapidamente descobertos pela polícia. Ao contrário, a criminalidade adulta abarca um leque mais amplo, sendo menos visível, portanto, mais difícil de controlar pela polícia"[28]. Por outro lado, é preciso considerar que, para se equacionar de modo correto o aumento de participação de adolescentes na prática de crimes, não basta verificar o número de infrações cometidas, mas, sim, a relação desse número com o número da população juvenil. Nos países com população mais idosa, claro está que o número da população jovem será menor e menor será também o número das infrações cometidas. Em países com população mais jovem, essa relação numérica tem que variar. No Brasil, por exemplo, segundo informações dos institutos de estatística, inclusive do CNJ, a relação entre o número de infrações e o número da população juvenil é de 0,5%, o que corresponde a 10% da criminalidade geral, índice inferior ao da Alemanha.

Em terceiro lugar, a alteração do regime jurídico de tratamento pelo de encarceramento não irá implicar uma diminuição do número de crimes, irá apenas satisfazer a sentimentos de vingança. Na Alemanha, cujos índices são um pouco maiores do que no Brasil, as propostas de alteração para um regime jurídico mais rigoroso são intensamente criticadas. Em trabalho realizado pelo magistrado da juventude em Berlin, STEPHAN KUPERION, com o sociólogo JOST REINECK, sobre a criminalidade juvenil, demonstra-se a necessidade de substituir medidas mais duras por uma efetiva intervenção preventiva, principalmente mediante soluções sobre a evasão escolar.[29] Essa conclusão é corroborada por MAREN WEISS, em sua análise sobre o papel de uma escola com perfeita integração sobre a contenção de atos desviantes. Diz WEISS que "em aulas com muitas jovens que cumprem as normas, encontramos uma maior proporção de jovens que passaram de 'infratores' para 'não infratores' ao longo do quinto e sexto anos"[30]. Assim, o juiz CHRISTOPH FRANK, antigo Presidente da Associação dos Magistrados alemães, declara taxativamente o seguinte: "A discussão simula um contexto humano, que não existe. A fórmula de

---

28. CANO PAÑOS, Miguel Angel. Es conveniente un endurecimiento del Derecho penal juvenil? Una toma de posición critica. *In:* **Anuario de derecho penal y ciencias penales**, volume LV, 2002, p. 285 e s.

29. https://www.bpb.de/politik/innenpolitik/gangsterlaeufer/201438/mehr-konsequenz-nicht-mehr-haerte.

30. WALLNER, Susanne; WEISS, Maren; REINECKE, Jost; STEMMLER, Mark. **Devianz und Delinquenz in Kindheit und Jugend**. Wiesbaden: Springer Fachmedien, 2019, p. 263. Edição do Kindle.

que penas mais graves produziriam maior intimidação e, assim, menos crimes é simplesmente falsa. A política se submete, aqui, a uma renovada tentativa de confundir as questões do direito penal com as manchetes jornalísticas. O tema é, no entanto, muito sério para ser sempre instrumentalizado antes das eleições"[31].

Em quarto lugar, o juízo de imputabilidade, por ser um juízo político que implica uma mudança de atitudes frente ao infrator — de substituir seu tratamento por um encarceramento -, deve atentar para as condições reais de subsistência dos imputados, de suas relações de vida, de suas influências, de seu quadro de valores, de sua marginalização social, de seus déficits de inteligência e compreensão, de sua inserção prematura no mercado de trabalho para a própria sobrevivência e, principalmente, das condições que lhes devam ser fornecidas para a estabilidade e formação de sua personalidade.

Duas considerações são importantes. Não há um indicador preciso de que, em certa idade, alguém adquire plena maturidade. A maturidade está sempre na dependência de um juízo, que se pauta por certos parâmetros dominantes. Pode ser que um adolescente tenha maturidade para certos atos e não para outros, pode internalizar preceitos e regras de conduta de seu grupo ou de sua comunidade, mas não da ordem jurídica. Essa diversidade conduz inevitavelmente a uma instabilidade do juízo de imputabilidade. Diante dessa instabilidade, se a ordem jurídica quer trabalhar sob parâmetros definidos, nada mais correto do que estabelecer uma idade biológica para o início da maturidade, e cuja tradição em quase todos os países fixou em 18 anos. Por outro lado, o psicólogo WINNICOTT bem demonstra como demora o período de adolescência e como esse período é desgastante para o menor, o qual ainda não dispõe de recursos para enfrentá-lo, e cujos limites se situam em torno de 20 anos. Diz WINNICOTT: "O adolescente, ou o menino ou a menina que ainda estão em processo de crescimento, ainda não pode assumir responsabilidade pela crueldade, pelo sofrimento, pelos homicídios e assassinatos que o panorama mundial oferece. (...) Nesse sentido, a maturidade corresponde à vida posterior, e não se pode esperar que o adolescente enxergue além do estágio seguinte: o período em torno de vinte anos"[32].

---

31. https://dokument.pub/corax-3-2013-jugendkriminalitt-flipbook-pdf.html.

32. WINNICOTT, D. W. **Tudo começa em casa**. Trad. Paulo Sandler. São Paulo: Martins Fontes, 2011, p. 160.

A outra consideração advém de uma ponderação de DIRK FABRICIUS, catedrático de direito penal e de psicologia em Frankfurt. Ao analisar a relação entre vida social e aprendizado, faz ver que, se, de um lado, será possível afirmar que um adolescente de 16 anos saiba que determinado fato é proibido e criminoso, de outro, por força de sua própria personalidade ainda instável, será incapaz de orientar sua conduta de acordo com esse entendimento. Ademais, justamente para possibilitar o processo de aprendizado e orientação, compreende FABRICIUS a importância do grupo.

Diz FABRICIUS: "A liberdade diante da coação exercida pela filiação grupal é importante para a individualidade (Haller, 2005, p. 74) e apenas existirá até o ponto em que, dentro do grupo, puderem ser reduzidas as 'coações grupais', que, nas organizações hierárquicas, vêm acopladas às estruturas de comando e obediência. Com isso, o indivíduo pode ressurgir com seu 'verdadeiro ego' e, com sua ajuda, podem ser reduzidos os efeitos tóxicos das identidades coletivas. Para navegar entre as diversas identidades coletivas, entre o direito e as pretensões do próprio indivíduo, tanto o **ego** quanto o **superego** pressupõem um sistema normativo e também um intacto e próprio sentimento"[33]. Em outro estudo, mostra FABRICIUS como o reconhecimento se processa dentro dos grupos: "Uma comunidade funcional, na qual cada um encontra um lugar e o reconhecimento, conforme suas capacidades, possibilidades e desejos, torna possível aproveitar os recursos individuais para a sobrevivência. Um grupo, que pode manter o equilíbrio entre a autoafirmação e o reconhecimento, possibilita aos indivíduos perceberem adequadamente a realidade e, também, alcançarem a compreensão no debate, no debate dos sonhos". Também aqui a autoatenção não é ameaçada. Em tal grupo, passado, presente e futuro podem ser representados"[34]. Portanto, a integração do adolescente ao sistema jurídico não se faz mediante a repressão, mas sim por meio da conjugação de sua confiança em substituir os valores de grupos por valores estatais, sob a perspectiva de que possa desenvolver sua personalidade sem medo e sem coações. Para que isso se torne possível, a atuação estatal deve possuir uma

---

33. FABRICIUS, Dirk. "É apenas..." **Identidade, traição e direito**. Trad. Juarez Tavares. *In*: MIRANDA COUTINHO, Jacinto Nelson de; HARTMANN, Helen et al. **Direito e psicanálise**: interseções e interlocuções a partir de "o caçador de pipas" de Khaled Housseini. Rio de Janeiro: Lumen Juris, 2009, p. 1-22.

34. FABRICIUS, Dirk. A destruição da comunidade por mecanismos de defesa individuais e coletivos. *In*: MIRANDA COUTINHO, Jacinto Nelson de. **Direito e psicanálise**. Rio de Janeiro: Lumen Juris, 2011, p. 139.

forma de eficácia de modo a fazer com que o jovem se veja reconhecido como pessoa.

Com isso, já se pode ver como a questão da maioridade não é uma questão que possa ser resolvida por simples opção de política criminal, nem deve ser discutida sob excitação emocional, ou derivar de propostas eleitoreiras e populistas, ou ater-se a lugares comuns ou a opiniões focadas em dados aparentes e falsos. Inicialmente, passa pela alteração do conceito de imputabilidade, depois, pela superação do conceito de ação instrumental; finalmente, por dados empíricos concretos acerca do desenvolvimento da pessoa.

Nesse ponto, convém assinalar ainda uma ponderação de CORNELIUS PRITTWITZ: "Os jovens jamais foram pequenos adultos e não o serão, em que pese à nossa impressão de que se comportam como adultos. Ao contrário, seu ingresso no mundo dos adultos é na atualidade ainda mais difícil. Os processos de aprendizagem da vida adulta — para poder alcançar uma vida satisfatória — não somente começam prematuramente como também — segundo demonstram os neurocientistas — não estão completamente acabados aos 18 anos"[35].

Por outro lado, PRITTWITZ traz também à discussão um dado relevante: a diluição dos meios de controle informal. Diz PRITTWITZ: "As instâncias informais da sociedade têm perdido influência; isso tem provocado uma demanda de intervenção estatal, e o modelo punitivo (e, em particular, das penas privativas de liberdade) em geral não resolve o problema; ao contrário, produz uma nova e mais grave criminalidade. (...) Meter alguém na prisão não é uma reação muito inteligente; meter um adolescente na prisão é no mínimo uma reação imprudente, é gerar os delinquentes de amanhã"[36].

Nessas condições, pode-se registrar o seguinte: a) a inserção do adolescente na vida adulta passa por enormes dificuldades; b) segundo as contribuições da neurociência, só se deve acolher uma capacidade plena a partir dos 18 anos de idade; c) os controles informais perderam hegemonia; d) o tratamento da imputabilidade deve levar em conta o contexto e as dificuldades de adaptação do adolescente na vida coletiva; e) a criminalidade

---

[35]. PRITTWITZ, Cornelius. La justicia penal de menores en Alemania. *In*: BORALLO, Enrique Anarte (Org.). **Tendencias de la justicia penal de menores. Una perspectiva comparada**. Valencia: Tirant lo Blanch, 2010, p. 21-36.

[36]. PRITTWITZ, Cornelius. La justicia penal de menores en Alemania, cit., p. 36.

atribuída no Brasil aos adolescentes é insignificante em relação aos adultos e não discrepa da de outros países; f) o encarceramento impede e destrói a formação de personalidade de crianças e adolescentes. Com base nesse registro, já se possibilitam algumas conclusões acerca do tema da maioridade penal e que podem ser as seguintes:

a) Antes de qualquer modificação legislativa, é fundamental que se institua um constante acompanhamento de crianças e adolescentes para o efeito de nutrir sua formação, a ser efetuado esse acompanhamento pela família, pela escola, por organismos civis ou mesmo pelo grupo, cabendo ao Estado assegurar as condições materiais para a execução desse programa.

b) Manter a diferenciação rigorosa entre os regimes jurídicos destinados a adultos e adolescentes, com base no critério mais seguro da idade biológica dos 18 anos para início da maioridade, de modo a eliminar a perspectiva de que uma criança ou um adolescente possa ser objeto de um programa encarcerador que destrua as possibilidades de evolução de sua personalidade.

c) Ampliar as bases materiais dos institutos e estabelecimentos de assistência disciplinados no Estatuto da Criança e do Adolescente, reduzindo, cada vez mais, as internações desnecessárias e instituindo um programa efetivo de recuperação e não uma casa de tortura ou sofrimento.

Em resumo, pode-se dizer: para adolescentes infratores, mais compreensão, mais assistência, mais educação, mais recuperação, mais Estatuto e menos Código Penal.

BIBLIOGRAFIA

ADORNO, Theodor W; HORKHEIMER, Max. **Dialética do esclarecimento. Fragmentos filosóficos.** Rio de Janeiro: Zahar, 1985.

BESTE, Hubert. **Morphologie der Macht. Urbane "Sicherheit" und die Profitorientierung sozialer Kontrolle.** Opladen: Leske + Budrich, 2000.

CANO PAÑOS, Miguel Angel. ¿Es conveniente un endurecimiento del Derecho penal juvenil? Una toma de posición critica. **Anuario de derecho penal y ciencias penales,** Madrid, v. LV, p. 287-320, 2002.

CARMIGNANI, Giovanni. **Elementos de derecho criminal.** Bogotá: Temis, 1979.

CARRARA, Francesco. **Programa do curso de direito criminal**. Tradução: José Luiz Franceschini e Prestes Barra, São Paulo: Saraiva, 1956.

DEFENSORÍA DEL PUEBLO (Perú). **El sistema penal juvenil en el Perú**. Lima: Defensoría del Pueblo, 2000.

FABRICIUS, Dirk. A destruição da comunidade por mecanismos de defesa individuais e coletivos. *In*: MIRANDA COUTINHO, Jacinto Nelson de. **Direito e psicanálise**. Rio de Janeiro: Lumen Juris, 2011.

FABRICIUS, Dirk. "É apenas..." Identidade, traição e direito. Trad. Juarez Tavares. *In*: MIRANDA COUTINHO, Jacinto Nelson de; HARTMANN, Helen et al. **Direito e psicanálise**: interseções e interlocuções a partir de "o caçador de pipas" de Khaled Housseini. Rio de Janeiro: Lumen Juris, 2009.

FRANK, Christoph. Disponível em: https://dokument.pub/corax-3--2013-jugendkriminalitt-flipbook-pdf.html.

FEUERBACH, Anselm Ritter von. **Lehrbuch des gemeinen in Deutschland gültigen peinlichen Rechts**. Giessen: Heyer, 1828, p. 62 (§ 84).

HABERMAS, Jürgen. **Theorie des kommunikativen Handelns**. Tomo 2, Frankfurt am Main: Suhrkamp, 1988.

JESCHECK, Hans-Heinrich; WEIGEND, Thomas. **Lehrbuch des Strafrechts**. Berlin: Duncker & Humblot, 1996.

KANT, Immanuel. **Beantwortung der Frage: Was ist Aufklärung? Werke in sechs Bänden**. Köln: Könemann.

KANT, Immanuel. **Kritik de reinen Vernunft. Gesammelte Werke**. Braunschweige: Ideenbrücke Verlag, 2016, p. 1.159. Edição Kindle.

KUPERION, Stephan; REINECKE, Jost. Mehr Konsequenz, nicht mehr Härte. undeszentrale für politische Bildung (bpb). Disponível em: https://www.bpb.de/politik/innenpolitik/gangsterlaeufer/201438/mehr--konsequenz-nicht-mehr-haerte. Acesso em: 31/03/2022.

KUSCH, Roger. **Plädoyer für die Abschaffung des Jugendstrafrechts**. NStZ, 2006.

LISZT, Franz von. **Lehrbuch des deutschen Strafrechts**. Berlin: Guttentag, 1914.

OSTENDORF, Heribert. **Gegen die Abschaffung des Jugendstrafrechts oder seiner Essentiala**. NStW, 2006.

PRITTWITZ, Cornelius. La justicia penal de menores en Alemania. *In*: BORALLO, Enrique Anarte (Org.). **Tendencias de la justicia penal**

de menores. Una perspectiva comparada. Valencia: Tirant lo Blanch, 2010.

RAMÍREZ, Juan Bustos. **Manual de derecho penal, parte general.** Barcelona: Ariel, 1989.

SCHNÄDELBACH, Herbert. **Georg Wilhelm Friedrich Hegel zur Einführung.** Hamburg: Junius, 2011.

TARDE, Gabriel. **Criminalité comparée.** Paris: Felix Alcan, 1886.

WALLNER, Susanne; WEISS, Maren; REINECKE, Jost; STEMMLER, Mark. **Devianz und Delinquenz in Kindheit und Jugend.** Wiesbaden: Springer Fachmedien, 2019, p. 263. Edição do Kindle.

WEBER, Max. **Wirtschaft und Gesellschaft.** Tübingen: Mohr, 1922.

WINNICOTT, D. W. **Tudo começa em casa.** Tradução de Paulo Sandler. São Paulo: Martins Fontes, 2011.

CAPÍTULO 11

RELATÓRIO FALIMENTAR DA PENA DE PRISÃO

Paulo César Busato[1]

INTRODUÇÃO

Data do apagar das luzes do século XX, mais precisamente em 1992, a defesa da tese na Universidade de Sevilla, e consequente publicação do livro *Falência da pena de prisão*[2], ponto de inflexão entre teoria da pena e a criminologia, além de constituir verdadeira obra-prima de nosso homenageado. Com impactantes clareza e lucidez, Cezar Bitencourt lançou um severo olhar crítico para a prisão, mostrando-a como um instituto esvaziado e completamente sem sentido.

Deveria ter sido este um *turning point* para todo o discurso criminológico e de teoria da pena no Brasil.

No entanto, infelizmente, ainda não é isso que se vê.

É comum, tanto nas artes quanto na ciência, que uma obra de referência somente seja reconhecida como tal com a passagem do tempo. Existe, em ambos os campos, uma certa falta de consciência de estar vivendo um momento histórico. Passados, porém, cerca de 30 anos, já era tempo de que as discussões no campo criminológico e de teoria da pena no Brasil tivessem se transformado em outra coisa, por influência daquele marco. Infelizmente, não é o que se vê.

---

1. O autor é Doutor pela Universidad Pablo de Olavide, de Sevilla, Espanha, Professor da UFPR e Membro do Ministério Público do Estado do Paraná.
2. Veja-se BITENCOURT, Cezar Roberto. **Falência da pena de prisão**. 5. ed. São Paulo: Saraiva, 2017.

Com rara exceção[3], a criminologia brasileira parece majoritariamente ancorada no século XIX[4] e ainda presa a um discurso sobre o abolicionismo do Direito penal a partir da abolição da pena de prisão[5].

---

3. Nota dissonante no cenário criminológico brasileiro é a obra de Leandro Ayres França, onde se destaca FRANÇA, Leandro Ayres e CARLEN, Pat. **Criminologias alternativas**. Porto Alegre: Canal Ciências Criminais, 2017.

4. Isso se nota na base confessadamente marxista que aparece em autores como SANTOS, Juarez Cirino dos. **A criminologia radical**. 2. ed. Rio de Janeiro-Curitiba: Lumen Juris-ICPC, 2006, p. 2; SANTOS, Juarez Cirino dos. **A criminologia da repressão**. Rio de Janeiro: Forense, 1979, p. 32; BATISTA, Vera Malaguti. **Introdução crítica à criminologia brasileira**. Rio de Janeiro: Revan, 2011, p. 79, e DIETER, Maurício Stegemann. **Política criminal atuarial**. Rio de Janeiro: Revan, 2013, p. 227. Não há, obviamente, inconveniente algum na assunção de tais bases, não fosse a pretensão de que tais argumentos tenham alguma serventia para solucionar problemas contemporâneos onde o arquétipo de sociedade, há muito, superou o modelo capital x trabalho e estabeleceu novas engrenagens do binômio inclusão-exclusão, tais como a ética do consumo que aparece em BAUMAN, Zygmunt. **Globalização**. Trad. de Marcus Penchel. Rio de Janeiro: Jorge Zahar, 1999, p. 102, e LIPOVETSKY, Gilles. **Os tempos hipermodernos**. Trad. de Luís Felipe Sarmento. Lisboa: Edições 70, 2011, p. 35 e s.; decididores x decididos LYOTARD, Jean François. **La condición postmoderna**. 8. ed., Trad. de Mariano Antolin Rato. Madrid: Cátedra, 2004, p. 35; estrangeiros e integrados BHABHA, Homi K. **Nuevas minorias, nuevos derechos**. Trad. de Hugo Salas. Buenos Aires: Siglo Veinteiuno, 2013, p. 25 e s., e a "nova pobreza", a questão feminista, as desigualdades geracionais, regionais e religiosas, BECK, Ulrich. **La sociedad del riesgo**. Trad. de Jorge Navarro, Barcelona: Paidós, 1998. Particularmente interessantes para o exato assunto aqui referido são os comentários de Bauman em BAUMAN, Zygmunt. **La libertad**. Trad. de Antonio Bonanno. Buenos Aires: Losada, 2007, p. 177 e s., ao referir que "esse lugar central que ocupava no passado — durante a primeira parte da história do capitalismo — o trabalho, entendido como esforços compartilhado e coordenado tendente à produção da riqueza mediante a aplicação do esforço humano [...] servia como foco natural para a cristalização do dissenso social, e como campo de batalha onde se podia dar saída aos conflitos". É pautado "ao contrário, em uma vida guiada pela 'ética do consumo' [...] no melhor dos casos, instrumental [...] A realidade, tal como a experimenta o consumidor, é uma busca de prazer. A liberdade tem a ver com a escolha entre satisfação maior ou menor, y a racionalidade com escolher a primeira ao invés da segunda. Para o sistema de consumo, um consumidor feliz em gastar é uma necessidade; para o consumidor individual, gastar é um dever, talvez o mais importante dos deveres. Há uma pressão para gastar: a nível social, a pressão da rivalidade simbólica, da autoconstrução mediante a aquisição de distinção e diferença, da busca da aprovação social por meio do estilo de vida e do pertencimento simbólico". Está claro, na obra do autor, que não se pode buscar soluções para o futuro no passado, como revelado em especialmente, BAUMAN, Zygmunt. **Retrotopia**. Cambridge: Polity Press, 2017, p. 153 e s. O mundo passa por uma metamorfose (veja-se, sobre o assunto, BECK, Ulrich. **Metamorfose do mundo**. Trad. de Maria Luíza de A. Borges. Rio de Janeiro: Zahar, 2018) e esta classe de transformação em outra coisa torna inócuos para a vida da borboleta, aos fatores condicionantes da vida da lagarta.

5. Veja-se, a respeito, por todos, SANTOS, Juarez Cirino dos. **Direito penal. Parte geral**. 2. ed. Rio de Janeiro-Curitiba: Lumen Juris-ICPC, 2007, p. 478 e s.

De forma idêntica, o cenário monográfico acerca de pena ainda mal consegue se desvencilhar de repetir críticas à prisão[6], jamais passando de ecos do paradigma oferecido por Bitencourt, sem avançar nada para o campo propositivo.

Cada um desses blocos oferece a desculpa perfeita para que o outro ande em círculos, afinal, os criminólogos vão dizer que seguem discutindo *prisão x abolicionismo*, porque esta é a pena por excelência para os penalistas e estes seguem afirmando que apenas debatem o cenário criminológico que lhes toca viver. Ademais, ambos contam com mais um "reforço argumentativo" para sua inércia: a lei e a *praxis* forense. Os juízes seguem aplicando preferencialmente as regras do Código.

Acontece que é sabido que o movimento legislativo é sempre o último. É da pressão doutrinária que se gera a crise jurisprudencial e dessa irritação do sistema que surge o remédio personificado na reforma legislativa.

Este breve estudo se propõe a lançar sugestões sobre o futuro no plano dogmático, uma proposta sobre qual se pretende fomentar a discussão. Parte-se de um olhar crítico — na linha do nosso homenageado — para cada um desses pontos.

Porém, toma-se a iniciativa sempre com a adoção de uma perspectiva propositiva, no sentido da construção de algo diferente, melhor e mais humano, em resumo, algo na direção do famoso vaticínio de Radbruch[7].

1. O PEDIDO DE FALÊNCIA: A PENA É NECESSÁRIA?

O ponto de partida é, naturalmente, o pensamento sobre o seu produto final. É preciso ter em mente que *Direito penal produz pena*. Com a possível e ocasional exceção da medida de segurança, a pena é, e sempre foi, o único produto final do Direito penal. Ou seja: o Direito penal não

---

6. Veja-se, por exemplo, MORELLO, Rodrigo. **Crítica interdisciplinar da pena de prisão**. Rio de Janeiro: Lumen Juris, 2005; MARQUES, Oswaldo Henrique Duek. **Fundamentos da pena**. São Paulo: Martins Fontes, 2008, e BOZZA, Fábio da Silva. **Teoria da pena. O discurso criminal**. Rio de Janeiro: Lumen Juris, 2013, entre outros.

7. "[...] o desenvolvimento do direito penal está destinado a dar-se, um dia, para além já do próprio direito penal. Nesse dia a sua verdadeira reforma virá a consistir, não tanto na criação dum direito penal *melhor* do que o actual, mas na dum direito de *melhoria* e de conservação da sociedade: alguma coisa de melhor que o direito penal e, simultaneamente, de mais inteligente e mais humano do que ele". RADBRUCH, Gustav. **Filosofia do Direito**. Trad. de Cabral de Moncada. 6. ed. Coimbra: Arménio Amado, 1979.

constitui direitos, nem gera nenhuma classe de efeito positivo, senão todo o contrário. A pena sempre foi uma aflição.

Se há a expectativa que se consiga qualquer coisa com o Direito penal para além da pena é uma expectativa frustrada *ab initio*.

A pena é um mal. Se não é um mal em si, é um mal para quem a sofre. É, no mínimo, um símbolo de reprovação pelo comportamento do criminoso, uma representação da necessidade de que o grupo social exerça uma espécie de controle sobre um indivíduo que se desvia do comportamento socialmente adequado.

Assumida essa premissa, carece de sentido falar, em termos penais, em *princípio de proteção deficiente*, afinal, só se protege as pessoas com a constituição de direitos positivos — que jamais virão de uma sentença penal condenatória — e a *culpa*, em qualquer sentido que se tome da palavra, estará sempre associada à prática de algo reprovado[8].

As perguntas quem cabem então são: precisamos desse mal? Esse mal é necessário para convivermos? Deve ter limites? Quais?

A resposta negativa é possível e só conduz coerentemente ao abolicionismo. Este é o único desdobramento coerente da resposta negativa, pois, se não precisamos da pena e ela é o único produto do Direito penal, não precisamos do Direito penal. Em consequência, não tem sentido sequer que o abolicionista estude Direito penal, pois, se ele não serve para nada, menos ainda servirá como objeto do estudo do abolicionista[9].

Mas desta resposta derivam outras perguntas: se não é necessária pena alguma, criar-se-á um vácuo de controle? Existindo algum controle social, este será exercido por outra coisa que não a pena? Esta outra coisa virá do Estado? Ou no vácuo da ausência de um controle social oficial, instaurar-se-á um controle social paralelo, retornando à lei do mais forte? Se o abolicionismo é correto, então o fim da pena seria o fim do crime e da

---

8. A expressão *culpa* vem do latim e significa "Responsabilidade por uma ação que ocasiona dano ou prejuízo a outra pessoa [...] Ato ou omissão repreensível ou criminosa; falta voluntária, delito, crime: pagar por uma culpa. Ação que ocasiona propositalmente danos a outrem. Sentimento doloroso de quem se arrependeu de suas ações [...] Não cumprimento de algum mandamento ou preceito religioso; pecado. Motivo ou razão que dá origem a algo ruim". Dicionário Aurélio, *online* (https://www.dicio.com.br/culpa/) consultado em 8/2/2022.

9. Nota-se o imenso esforço de quem se nomina abolicionista em justificar porque segue escrevendo sobre dogmática penal. Veja-se, por exemplo, SANTOS, Juarez Cirino dos. **Direito penal**, cit., p. 478 e s.

própria criminologia? Ou seguiriam os criminólogos abolicionistas estudando o nada? E, principalmente: podemos abolir o Direito penal agora, imediatamente?

O fato é que onde há interação social há normas para regular a convivência. Remetendo ao clássico de Daniel Defoe, enquanto Robinson Crusoé estava sozinho na ilha, as regras eram absolutamente desnecessárias, ele estava completamente livre. Quando chegou o selvagem *Sexta-feira*, mesmo diante das dificuldades de entendimento, as regras passaram a existir e essas regras foram pautadas segundo a forma de vida e de convivência entre ambos. A convivência social, enquanto o homem for gregário, dependerá sempre de normas, que traduzem a forma de vida dos participantes. E a própria existência das regras — como disse Wittgenstein[10], ao demonstrar que não é a regra que determina o curso da ação — implica que elas possam ser cumpridas ou violadas, já que é o uso que cria o significado da regra.

As violações das normas podem ser absorvidas, encampadas pela sociedade ou rejeitadas por terem ultrapassado o umbral de tolerabilidade.

E esse é o ponto. O que ultrapassou o tolerável em nossa sociedade? O Direito penal, a pena ou a prisão? Eles são a mesma coisa?

É bastante óbvio que a pena de prisão faliu, conforme explicitado por Bitencourt[11].

Contudo, é correto dizer, a partir da falência da pena de prisão, que, como consequência, a pena (em geral) faliu? Ou que o Direito penal faliu?

Se o Direito penal fosse o mesmo que a pena e a pena fosse o mesmo que a prisão, o discurso abolicionista faria algum sentido, mas parece que isso não é correto.

A pena de prisão é atualmente um absurdo, mas existem outras formas de exercício do controle social punitivo estatal. Ou seja: há mais penas que simplesmente a prisão. Portanto, o discurso de que a falência da pena

---

10. "Nosso paradoxo é esse: uma regra não poderia determinar o curso de uma ação porque todo o curso de ação pode fazer-se concordar com a regra. A resposta era: Se tudo pode fazer-se concordar com a regra, então também pode fazer-se discordar. [...] há uma captação da regra que não é uma interpretação, senão que se manifesta, caso a caso de aplicação, no que chamamos 'seguir a regra' e no que chamamos 'contrariá-la'" WITTGENSTEIN, Ludwig. **Investigaciones filosóficas**. Barcelona: Crítica, 2002, item 201 e 202, p. 283.

11. O autor refere que a pena de prisão está em xeque em todos os seus aspectos, quais sejam, a teoria, os princípios, os fins e a sua própria execução, BITENCOURT, Cezar Roberto. **Falência da pena de prisão**, cit., p. 161.

de prisão conduz ao abolicionismo é não apenas simplista, mas completamente falacioso, já que falseia a premissa fundamental, partindo de que pena é prisão.

Consequentemente, ainda que seja certo que o Direito penal só produz pena, não é correto afirmar que o Direito penal só produz prisão. Portanto, concluir que é necessário abolir o Direito penal porque a prisão faliu é igualmente falacioso.

Mesmo admitindo que um dia o Direito penal será substituído por algo melhor e mais humano do que ele, é preciso pensar pragmaticamente no que é possível fazer agora.

O Direito penal não é uma ciência, mas uma *praxis*, que tem por objetivo a solução de casos práticos. Assim, ao lado do que podemos pensar para o longo prazo, é preciso também cumprir o prazo forense das alegações finais e dos recursos que estão fluindo nos escritórios e gabinetes de todo dia. É preciso pensar o Direito penal do futuro mediato, mas também o do futuro imediato.

Enquanto não somos civilizados suficientemente para abandonar por completo qualquer forma de controle social punitivo, fazemos o que?

Essa é a pergunta que a renitência crítica do abolicionismo é completamente incapaz de responder.

Se a resposta à pergunta sobre a pena é: — sim, precisamos ainda de alguma pena, pois do contrário, na ausência do exercício deste controle, instaura-se o caos; a consequência passa a ser a necessidade de explicar por que necessitamos dela, qual o seu fundamento, para que serve.

2. A DECRETAÇÃO DA FALÊNCIA: POR QUE E PARA QUE? BREVE REFLEXÃO SOBRE O FUNDAMENTO DA PENA

Retribuição e prevenção são falácias discursivas.

É correto pensar que o condenado pode sentir que a sociedade lhe retribuiu o mal praticado. Quando o criminoso sofre a pena, algumas pessoas, além dele próprio, podem ver esta circunstância como uma retribuição. Algumas pessoas também podem intimidar-se ao ver uma pena contra aplicada. Pode ser que o efeito de intimidação alcance algum indivíduo além do próprio apenado. E pode ser que o apenado também interprete isso como algo que ocorrerá no futuro, caso seu comportamento se repita. Muito raramente, especialmente no nosso sistema punitivo, alguém pode se ressocializar com a pena, mas é possível que exista alguém que, no extremo, tenha obtido conhecimento de um ofício em uma colônia penal agrícola ou industrial que permita inclusão no trabalho no futuro. Pode ser que a sociedade sinta que a norma segue vigente com a aplicação de penas.

Tudo isso são efeitos que — cumulativamente ou não —, ocasionalmente, a pena pode produzir. Porém, não devemos confundir os efeitos produzidos pela pena com sua razão de existir.

A razão de existir da pena é a realização coletiva de um controle social que a sociedade considera como intolerável, daquilo que passou do umbral de tolerabilidade, a violação da estrutura normativa de convivência[12].

Essa, aliás, por razões de coerência, deve ser a mesma função do Direito penal, pois se deslocada a função da pena em relação à do Direito penal, termina-se com um resultado assaz curioso e inexplicável ao destinatário da norma. É possível imaginar aonde se pode chegar quando se atribui responsabilidade a alguém por uma determinada razão ou fundamento e, depois, quando se chega à consequência de tal responsabilidade, se lhe justifica por outra[13].

A proteção seletiva de bens jurídicos é a forma de controle social das situações intoleráveis. Este é reconhecido pela doutrina como fundamento, a justificativa, a razão de existir do Direito penal. Ora, se esse é o móvel e o filtro da dogmática jurídico-penal, deve ser, também, da consequência de sua aplicação. Ou seja, a missão do Direito penal deve obrigatoriamente coincidir com a missão da pena. Se as normas penais se estabelecem, de regra, através de preceitos e sanções e o conteúdo dos primeiros é o que determina o sistema de imputação, até por uma questão de coerência interna da própria norma, deve haver coincidência entre os fundamentos da pena e do Direito penal.

A razão de existir da pena é — e só pode ser — idêntica à razão de existir do Direito penal, que é a realização coletiva do controle social do intolerável. Assim, a finalidade da pena não é mais do que manter o controle social do intolerável, através da proteção seletiva de bens jurídicos.

---

12. Desenvolvi amplamente o tema em BUSATO, Paulo César. **Direito penal. Parte Geral**. 5. ed. São Paulo: GEN-Atlas, 2020, Capítulo 15, item 5.

13. Isso é o que faz, por exemplo, Roxin. Compare-se as duas seguintes passagens ROXIN, Claus. **Derecho penal. Parte General**. Tomo I. Trad. de Diego-Manuel Luzón Peña; Miguel Díaz y García Conlledo e Javier de Vicente Remesal. Madrid: Civitas, 1997, p. 51-52, 65-67 e 93-103.

Então, o passo seguinte é uma reflexão sobre qual seria a pena necessária. Qual seria a razão de reprovação que, ao mesmo tempo, fundamenta as consequências públicas de tal reprovação.

Vejamos.

3. HABILITAÇÕES DE CRÉDITO: QUAL PENA É NECESSÁRIA?

Assim, tentando ser propositivo no enfrentamento da questão sobre qual pena é necessária no contexto de controle social do intolerável, parece óbvio que é aquela que mais adequadamente realize esse controle social.

E é importante notar que esse controle social se exerce de modo, progressivamente, cada vez menos interventivo. O convite não é para olhar-se a história da pena a partir do nosso horizonte de vida, pois ela será muito parecida entre o dia que a nascemos e o dia em que morrermos. A história civilizatória do Direito penal — nesse ponto em paralelo com a proposição de Elias[14] — é a história de sua progressiva diminuição de intensidade. Afinal, o que transparece do processo civilizador é que existe um *sentido* na história, pois a observação de alguns fenômenos de modo isolado no tempo, faz com que eles, à primeira vista, não apresentem claro o seu sentido; mas quando examinados na escala do tempo de longo prazo, na *curva de civilização*, revelam a inteireza de seu perfil. É isso que se nota nas penas. Se cada época teve suas modalidades características e isoladamente analisadas, elas não transmitem sentido algum, em uma *curva civilizatória*, elas são um símbolo claro de compressão e abrandamento.

Mas vista desde um ponto de vista do processo civilizatório, é possível enxergar a pena já como pena corporal, de morte, mutilações e galés; ou as penas de degredos, como desterro, exílio e perda da paz[15]. Do mesmo modo, a prisão já foi pena principal, no momento em que havia uma associação entre o tempo medido em horas como forma de trabalho em sentido produtivo e a mesma mensuração de tempo em sentido controlador[16].

---

14. ELIAS, Norbert. **O processo civilizador**. Trad. de Ruy Jungman. Rio de Janeiro: Jorge Zahar Editor, 1994, p. 109.

15. Veja-se, sobre as penas na antiguidade, BITENCOURT, Cezar Roberto. **Falência da pena de prisão**, cit., p. 28 e s.

16. Veja-se, sobre o tema, a pena na idade moderna em BITENCOURT, Cezar Roberto. **Falência da pena de prisão**, cit., p. 37 e s. Também e no mesmo sentido, são ilustrativos: MELOSSI, Dario e PAVARINI, Massimo. **Cárcere e Fábrica**. Trad. de Sérgio Lamarão. Rio de Janeiro: Revan, 2006, p. 31 e s., e RUSCHE, Georg e KIRCHHEIMER,

Nem cabe discutir, porque é a premissa inicial deste trabalho, a evidência de que a prisão, como pena, faliu. Todos sabemos, ao menos a partir do seminal livro de Bitencourt, que a pena de prisão faliu. Aliás, até mesmo os defensores de fundamentos clássicos para a pena — prevenção e retribuição — como o positivista Ferrajoli, já se manifestaram no sentido de que "a pena privativa de liberdade [...] já não parece, por sua vez, idônea — enquanto não pertinente ou desnecessária — para satisfazer nenhuma das duas razões que justificam a sanção penal"[17].

É fácil ver isso quando se constata algumas evidências criminológicas, tais como o fato de que o cárcere se converteu em um ponto de agregação de facções criminosas, operando como o lugar onde cada um que ingressa se vê compelido, por questões de sobrevivência, a aderir a um grupo criminoso mais amplo; mormente quando se percebe que é de dentro dos próprios presídios que se controla, por via cibernética, a prática da maior parte dos delitos realizados fora dele. O Estado, de fato, não exerce controle algum sobre os encarcerados[18].

A questão passa a ser: o que representa a pena no nosso tempo? O que deve ser o modelo de exercício do controle social punitivo, em uma sociedade da modernidade reflexiva[19], que tem por característica ser líquida[20], adaptável, cibernética e cujas relações sociais não são medidas no mesmo tempo-espaço do século XVII?

A pena necessária será aquela que represente algum controle social — realizado por representantes da vontade popular democraticamente organizada — exercido sobre as condutas que se desviem do padrão almejado por esta mesma sociedade.

4. LIQUIDANDO O PASSIVO: BREVES NOTAS PROPOSITIVAS

Desviando-se, pois, das críticas parnasianas, que se contentam com a iconoclastia, sem propor nada no lugar do destruído, reservo estas derra-

---

Otto. **Punição e Estrutura Social**. Trad. de Gizlene Neder. Rio de Janeiro: Revan, 2004, especialmente p. 43 e s.

17. FERRAJOLI, Luigi. **Direito e razão: teoria do garantismo penal**. Trad. de Ana Paula Zomer, Fauzi Hasan Choukr, Juarez Tavares e Luiz Flávio Gomes. São Paulo: Revista dos Tribunais, 2002, p. 330.

18. Veja-se, a respeito, GONÇALVES, Antonio Baptista. **PCC e facções criminosas: a luta contra o Estado pelo domínio do poder**. São Paulo: Thomson-Reuters Brasil, 2020.

19. Sobre o tema, BECK, Ulrich. **La sociedad del riesgo**, cit.

20. Veja-se BAUMAN, Zygmunt. **Modernidade líquida**. Trad. Plínio Dentzien. Rio de Janeiro: Zahar, 2001.

deiras linhas para orientar-me em fórmulas propositivas para o sistema penal, quer seja referindo-me ao Direito penal material, quer seja com relação ao processo penal.

O presente e o futuro da pena — e a consequente sobrevivência do Direito penal — encontra-se nas penas restritivas de direitos.

Devemos progressivamente abandonar a ideia de prisão que é obviamente um fracasso retumbante, que é um projeto que não se encaixa na sociedade de comunicação do século XXI, que parece desconectada de tudo, e migrarmos para a restrição de direitos.

Obviamente, reserva-se ao Direito penal a tarefa da cominação das restrições de direitos mais graves, pois as menos graves resvalam a outros ambientes como o direito administrativo sancionador e afins.

O exercício do controle social do intolerável deve se pautar no menor custo social tanto para o condenado quanto para os demais. Esse é o ponto de partida. Isso se pode fazer através de um esquema de restrição de direitos com três requisitos.

Primeiro: um grande acervo de penas restritivas de direitos nas mãos do juiz. Afinal de contas, se constituímos tantas relações de direitos através de outros ramos do Direito e o Direito penal é essencialmente sancionatório, por que há tantas restrições e limitações acerca dos direitos que podem ser restringidos pelo Direito penal?

O acervo das penas restritivas de direitos nas mãos dos juízes hoje em dia é absolutamente tímido.

Segundo: o fundamento que o juiz deve dar para a pena deve ser explicitado individualmente, em respeito ao princípio da culpabilidade, que é a expressão que não só identifica o Direito penal frente os outros ramos do Direito, como também é a expressão do princípio da democracia internalizado no campo penal.

Cada cidadão, tem direito a uma demanda perante o Estado, no sentido de que sua pena seja ajustada individualmente a ele.

Esta necessidade de fundamentação individual, atrelada ao princípio de culpabilidade, é o que permitiria ao juiz — ao mesmo tempo em que o obrigaria — à escolha de determinada restrição de direitos aplicável a cada caso concreto.

Terceiro: esse fundamento deve discutir os fatores criminógenos que correspondem aos interesses da sociedade dentro do estudo do caso, tudo em torno do exercício que se pretende de controle social do intolerável.

É fácil traduzir este aspecto em termos concretos. Imagine-se, por exemplo, o caso de um delito de um funcionário público, como a prevaricação. O que precisa ser controlado, o que realmente interessa à sociedade é que a prestação do serviço público seja escorreita. Isso é o que deve ser "controlado". Visto assim, obviamente a pena de prisão nada oferece, porque, cumprida esta, o funcionário que prevaricou remanescerá em contato com a administração pública e o serviço público remanescerá em risco de ser mal prestado. Em contraposição, a restrição de direitos do afastamento do funcionário em face da administração pública — uma restrição de direitos — produz o efeito concreto do controle que se pretende exercer. Ou ainda, pense-se em quem pratica o delito de exposição a venda de produtos impróprios para o consumo. O que interessa à população é que tal pessoa não possa mais vender produtos ao público e não que fique presa. Assim também, frente à pena, interessa mais à sociedade que o maltratador doméstico seja compelido a afastar-se de sua família e que o condutor do veículo atropelador não conduza mais veículos e não que eles sejam conduzidos à prisão.

Um alinhamento dessa ordem deve ser espraiado, ainda, para o processo penal.

Desperta profunda curiosidade que a cautelar principal do processo penal siga sendo, desde Sócrates[21] até os nossos dias, a prisão.

Se a história da pena é a história de sua progressiva amenização, partindo desde a pena de morte e mutilações e chegando às restrições de direitos, chama a atenção que a cautelar processual que pretende garantir o provimento final do processo penal, que é a pena, siga sendo a mesma desde antanho. Se fazia sentido prender Sócrates na ilha de Creta para aguardar sua condenação à morte por envenenamento, pouco sentido faz manter alguém preso para terminar condenando-o ao monitoramento eletrônico, à perda da habilitação ou do cargo público.

Aliás, remonta ao clássico escrito de Ferrajoli[22] a demonstração da inutilidade da prisão cautelar. O autor aponta que as supostas *necessidades* da prisão preventiva, são pouco mais que *conveniências*, já que, obviamen-

---

21. Sócrates foi condenado à morte, mas a sentença, que de praxe se executava imediatamente, não pôde ser aplicada, pois a cidade de Atenas estava em seu período de purificação, o que implicou que ele tivesse que aguardar vários dias para beber cicuta. Neste período, foi colocado em uma gruta, com um dos pés preso a uma corrente, ou seja, permaneceu preso. Veja-se em PLATÃO. **A apologia de Sócrates**. Trad. de André Malta, Porto Alegre: LP&M, 2013.

22. FERRAJOLI, Luigi. **Direito e razão**, cit., p. 442-448.

te, o suposto prognóstico de repetição da delinquência vem de encontro ao princípio de presunção de inocência, que deve prevalecer[23]. O risco de deterioração da prova pode ser suprido com a produção antecipada daquelas que correm risco de perecer e a manutenção sob detenção do acusado somente as horas ou dias necessários para produzir a prova cujo risco se prenuncia[24]. Quanto ao risco de fuga do acusado, os mecanismos de monitoramento eletrônico e vigilância cibernética de dados (quebras de sigilo em geral) são completamente capazes de estabelecer, em cada momento, onde se encontra o sujeito e, ainda que assim não seja, a reclusão autoimposta por quem tem que escapar de uma vigilância desta natureza traduz em si mesma uma pena quase idêntica à que seria a de prisão[25].

Apesar de tudo isso, e não obstante seja a prisão hoje apenas uma entre muitas opções à disposição do juiz[26], segue sendo a opção preferencial da *praxis* forense[27]. É chegada a hora do seu completo banimento.

---

23. FERRAJOLI, Luigi. **Direito e razão**, cit., p. 445-446.
24. FERRAJOLI, Luigi. **Direito e razão**, cit., p. 447.
25. FERRAJOLI, Luigi. **Direito e razão**, cit., p. 448.
26. Veja-se, a respeito, o leque de medidas cautelares à disposição do juiz no Código de Processo Penal brasileiro, desde o advento da Lei n. 12.403/2011: Art. 319 — São medidas cautelares diversas da prisão: I — comparecimento periódico em juízo, no prazo e nas condições fixadas pelo juiz, para informar e justificar atividades; II — proibição de acesso ou frequência a determinados lugares quando, por circunstâncias relacionadas ao fato, deva o indiciado ou acusado permanecer distante desses locais para evitar o risco de novas infrações; III — proibição de manter contato com pessoa determinada quando, por circunstâncias relacionadas ao fato, deva o indiciado ou acusado dela permanecer distante; IV — proibição de ausentar-se da Comarca quando a permanência seja conveniente ou necessária para a investigação ou instrução; V — recolhimento domiciliar no período noturno e nos dias de folga quando o investigado ou acusado tenha residência e trabalho fixos; VI — suspensão do exercício de função pública ou de atividade de natureza econômica ou financeira quando houver justo receio de sua utilização para a prática de infrações penais; VII — internação provisória do acusado nas hipóteses de crimes praticados com violência ou grave ameaça, quando os peritos concluírem ser inimputável ou semi-imputável (art. 26 do Código Penal) e houver risco de reiteração; VIII — fiança, nas infrações que a admitem, para assegurar o comparecimento a atos do processo, evitar a obstrução do seu andamento ou em caso de resistência injustificada à ordem judicial; IX — monitoração eletrônica.
27. O **G1** [http://g1.globo.com/politica/noticia/2015/06/numero-de-presos-dobra--em-10-anos-e-passa-dos-600-mil-no-pais.html], em matéria publicada em 23/6/2015, apontou que, então, 39% dos presos no Brasil seriam provisórios; em matéria publicada pela revista **Consultor Jurídico** [http://www.conjur.com.br/2014-nov-27/37-submetidos--prisao-provisoria-nao-sao-condenados-prisao], em 27/11/2014, apontava que se revela que 37% dos imputados submetidos à prisão provisória não são condenados à prisão, sendo que deste total 17% foram absolvidos e o restante recebeu penas restritivas de direitos e medidas alternativas e na mesma revista **Consultor Jurídico** [https://www.conjur.com.br/2017-dez-08/brasil-maior-populacao-carceraria-mundo-726-mil-presos], em 8/12/2017,

CONCLUSÃO

Portanto, parece claro, no que respeita à prisão, que conduzir alguém ao cárcere implica mantê-lo lá, eventualmente, por até 40 anos — conforme o art. 75 do Código Penal. Isso é uma tragédia para toda a cidadania, mesmo que não façamos mais do que olhar para nosso próprio umbigo.

Afinal, se em algum momento o condenado voltará a conviver conosco, ele será precisamente o desconhecido que se senta ao nosso lado no cinema, no estádio de futebol ou no ônibus; aquele que cruza a rua na faixa ao nosso lado; aquele que caminha conosco pela praça.

Portanto, visto desde um ponto de vista absolutamente egoísta, é fácil que qualquer pessoa tire suas próprias conclusões acerca se se prefere que esses transeuntes desconhecidos tenham acabado de sair do cárcere ou do cumprimento de uma restrição de direitos.

A pena que interessa a todos é outra pena que não a prisão; é uma pena que realize de fato, criminologicamente, o controle social do intolerável.

Esta deve ser constituída com muito mais variantes do que se tem agora.

Claro que é uma tarefa propositiva que supõe um desenho legislativo muito amplo a ser debatido.

No mesmo sentido, urge um redesenho processual de exigência de fundamentos de acordo com o caso concreto na atividade de criminalização secundária.

O impulso, no entanto, está dado.

Parece que as restrições de direitos hão de ser o ponto de inflexão do futuro debate sobre novas teorias da pena, sobre novas modalidades de pena e sobre uma nova aproximação entre a dogmática e a criminologia, que pode servir de fonte de orientação tanto para o processo de criminalização prismática — indicando as restrições de direitos adequadas para a realização do controle do intolerável, pautando e limitando a intervenção estatal com foco no mínimo dano social e do próprio apenado — como no

---

mostrava-se que no Brasil tínhamos 726.712 mil presos, e que a porcentagem de presos provisórios seria de cerca de 40%. No último levantamento oficial do Governo, pelo Infopen, efetuado em 2020 [https://www.gov.br/pt-br/noticias/justica-e-seguranca/2020/02/dados-sobre-populacao-carceraria-do-brasil-sao-atualizados], apontava-se que o Brasil possuía uma população prisional de 773.151 pessoas em unidades prisionais, mais 758.676 pessoas presas em delegacias de polícia, perfazendo um total de 1.531.827 pessoas detidas, das quais um total de presos provisórios de aproximadamente 33%.

processo de criminalização secundária, pautando os fundamentos obrigatórios das escolhas judiciais acerca da pena aplicada.

A pena será sempre um mal, pois toda *imposição* é intrinsecamente um mal, mas o mal nesse caso pode ser socialmente útil. No momento em que o mal imposto não é socialmente útil, ou ele se transforma em outra coisa, ou é aniquilado por sua absoluta inutilidade.

Essa inutilidade da prisão, aliás, tinha sido o alerta muito bem lançado por nosso homenageado, antes mesmo da virada do século. Se a agenda legislativa e forense está atrasada, impõe-se que isso não se repita, quando menos, no ambiente acadêmico.

Assim, se a falência da pena de prisão foi decretada na majestosa obra de nosso homenageado, apurados os credores e distribuídos os créditos, espera-se seja reconhecida e liquidada a privação da liberdade, seja acolhido e homologado este relatório pela doutrina em geral para que finalmente seja publicado em lei.

BIBLIOGRAFIA

BATISTA, Vera Malaguti. **Introdução crítica à criminologia brasileira**. Rio de Janeiro: Revan, 2011.

BAUMAN, Zygmunt. **Globalização**. Tradução de Marcus Penchel. Rio de Janeiro: Jorge Zahar, 1999.

BAUMAN, Zygmunt. **La libertad**. Tradução de Antonio Bonanno. Buenos Aires: Losada, 2007.

BAUMAN, Zygmunt. **Modernidade líquida**. Tradução de Plínio Dentzien. Rio de Janeiro: Zahar, 2001.

BAUMAN, Zygmunt. **Retrotopia**. Cambridge: Polity Press, 2017.

BECK, Ulrich. **La sociedad del riesgo**. Tradução de Jorge Navarro. Barcelona: Paidós, 1998.

BECK, Ulrich. **Metamorfose do mundo**. Tradução de Maria Luíza de A. Borges. Rio de Janeiro: Zahar, 2018.

BHABHA, Homi K. **Nuevas minorias, nuevos derechos**. Tradução de Hugo Salas. Buenos Aires: Siglo Veinteiuno, 2013.

BITENCOURT, Cezar Roberto. **Falência da pena de prisão**. 5. ed., São Paulo: Saraiva, 2017.

BOZZA, Fábio da Silva. **Teoria da pena. O discurso criminal.** Rio de Janeiro: Lumen Juris, 2013.

BUSATO, Paulo César. **Direito penal. Parte geral.** 5. ed., São Paulo: GEN-Atlas, 2020.

DIETER, Maurício Stegemann. **Política criminal atuarial.** Rio de Janeiro: Revan, 2013.

ELIAS, Norbert. **O processo civilizador.** Tradução de Ruy Jungman. Rio de Janeiro: Jorge Zahar Editor, 1994.

FERRAJOLI, Luigi. **Direito e razão: teoria do garantismo penal.** Tradução de Ana Paula Zomer, Fauzi Hasan Choukr, Juarez Tavares e Luiz Flávio Gomes. São Paulo: Revista dos Tribunais, 2002.

FRANÇA, Leandro Ayres; CARLEN, Pat. **Criminologias alternativas.** Porto Alegre: Canal Ciências Criminais, 2017.

GONÇALVES, Antonio Baptista. **PCC e facções criminosas:** a luta contra o Estado pelo domínio do poder. São Paulo: Thomson-Reuters Brasil, 2020.

LIPOVETSKY, Gilles. **Os tempos hipermodernos.** Tradução de Luís Felipe Sarmento. Lisboa: Edições 70, 2011.

LYOTARD, Jean François. **La condición postmoderna.** Tradução de Mariano Antolin Rato. Madrid: Cátedra, 2004.

MARQUES, Oswaldo Henrique Duek. **Fundamentos da pena.** São Paulo: Martins Fontes, 2008.

MELOSSI, Dario e PAVARINI, Massimo. **Cárcere e fábrica.** Tradução de Sérgio Lamarão. Rio de Janeiro: Revan, 2006.

MORELLO, Rodrigo. **Crítica interdisciplinar da pena de prisão.** Rio de Janeiro: Lumen Juris, 2005.

PLATÃO. **A apologia de Sócrates.** Tradução de André Malta. Porto Alegre: LP&M, 2013.

RADBRUCH, Gustav. **Filosofia do Direito.** Tradução de Cabral de Moncada. 6. ed., Coimbra: Arménio Amado, 1979.

ROXIN, Claus. **Derecho penal. Parte General.** Tomo I. Tradução de Diego-Manuel Luzón Peña; Miguel Díaz y García Conlledo e Javier de Vicente Remesal. Madrid: Civitas, 1997.

RUSCHE, Georg; KIRCHHEIMER, Otto. **Punição e estrutura social.** Tradução de Gizlene Neder. Rio de Janeiro: Revan, 2004.

SANTOS, Juarez Cirino dos. **A criminologia da repressão**. Rio de Janeiro: Forense, 1979.

SANTOS, Juarez Cirino dos. **A criminologia radical**. 2. ed., Rio de Janeiro-Curitiba: Lumen Juris-ICPC, 2006.

SANTOS, Juarez Cirino dos. **Direito penal. Parte geral**. 2. ed., Rio de Janeiro-Curitiba: Lumen Juris-ICPC, 2007.

WITTGENSTEIN, Ludwig. **Investigaciones filosóficas**. Barcelona: Crítica, 2002.

CAPÍTULO 12

ACORDO DE NÃO PERSECUÇÃO PENAL FINALMENTE ROMPE PARADIGMAS CONFLITIVOS

Rogério Sanches Cunha

1. INTRODUÇÃO

A prática de uma infração penal confere ao Estado o direito de processar o criminoso e aplicar-lhe a sanção abstratamente cominada. É uma forma de retribuir o mal causado e um meio — supostamente eficaz — de inibir a reincidência. Para isso, exige-se o devido processo legal, que se encerra com a sentença, ato judicial que impõe a pena individualizada de acordo com a gravidade do crime e as condições pessoais do condenado.

No Brasil, em regra, as penas abstratamente previstas na lei penal são privativas de liberdade e/ou multa, não havendo cominação de penas restritivas de direitos, quase sempre substitutivas da reclusão, detenção ou prisão simples. As penas restritivas de direitos, aliás, foram hidratadas recentemente, em especial com o advento da Lei n. 9.714, de 1998. É de todos conhecida a deficiência das condições penitenciárias existentes em nosso país, colocando em xeque a eficiência e a eficácia das penas privativas de liberdade. Buscam-se incessantemente alternativas para essa espécie de sanção penal, notadamente as de curta duração. É nesse espírito que as penas restritivas ganharam importância. Ainda assim, há alguns anos diversas iniciativas vêm sendo adotadas para evitar inclusive o processo penal.

No ano de 1995 criam-se no nosso ordenamento dois importantes instrumentos de consenso, que buscam impedir ora o processo, ora a imposição de pena. Refiro-me à transação penal e à suspensão condicional do processo, ambas disciplinadas pela Lei n. 9.099.

A transação penal (art. 76) consiste na composição entre o Ministério Público e o autor do fato delituoso, ao qual são propostas medidas despenalizadoras. É cabível se à infração penal for cominada pena não superior a dois anos. Como se trata de composição, ou seja, o autor do fato deve aceitar os termos propostos pelo Ministério Público, que não chega nem mesmo a oferecer denúncia, as medidas impostas não são consideradas, em termos estritos, sanções penais, às quais o agente só se submete por meio de condenação, que por sua vez pressupõe o devido processo legal. Em razão disso, embora a transação possa fazer com que o agente cumpra medida na prática equivalente a uma pena (como prestação de serviços à comunidade ou pagamento de prestação pecuniária), não pode fazer incidir nenhum dos efeitos decorrentes da pena. Quem aceita a transação penal não reconhece a culpa (*lato sensu*), não pode depois ser considerado reincidente, nem é marcado por maus antecedentes.

Já a suspensão condicional do processo (art. 89) consiste em obstar, por dois a quatro anos, o andamento do processo relativo a crime a que a lei comine pena mínima não superior a um ano. Uma vez que aceite o benefício, o agente é submetido a um período de prova com as seguintes condições: I — reparação do dano, salvo impossibilidade de fazê-lo; II — proibição de frequentar determinados lugares; III — proibição de ausentar-se da comarca onde reside, sem autorização do Juiz; IV — comparecimento pessoal e obrigatório a juízo, mensalmente, para informar e justificar suas atividades. Durante esse período, não corre a prescrição. Diferentemente da transação penal, a suspensão condicional do processo é proposta no momento em que o Ministério Público oferece a denúncia.

Mais recentemente, a Lei n. 13.964/19 trouxe outro importante instrumento de consenso que evita a submissão do autor de um crime ao processo: o acordo de não persecução penal (ANPP), sobre o qual nos debruçaremos mais detalhadamente. A sua importância pode ser antecipada com a seguinte conclusão: o ANPP rompe paradigmas, criando campo fértil para que a justiça consensual seja a regra no nosso ordenamento, e a conflitiva a exceção, reservada para crimes notadamente mais graves.

2. ACORDO DE NÃO PERSECUÇÃO PENAL (ANPP)

Tomado pelo espírito de justiça consensual, o acordo de não persecução penal (ANPP) é um ajuste obrigacional celebrado entre o órgão de acusação e o investigado (assistido por advogado), devidamente homologado pelo juiz, no qual o indigitado assume sua responsabilidade, aceitando cumprir, desde logo, condições menos severas do que a sanção penal aplicável ao fato que lhe seria imputado no processo.

É importante lembrar que o ANPP foi criado, de forma pioneira e corajosa, pelo Conselho Nacional do Ministério Público (CNMP), mais precisamente através da Resolução 181/17, depois alterada pela Resolução 183/18, cujos contornos, em grande parte, foram repetidos no art. 28-A do CPP, que atualmente disciplina a matéria. A citada resolução, contudo, teve, em pouco tempo de vigência, sua constitucionalidade questionada pela AMB (ADI 5790) e pela OAB (ADI 5793). Em resumo, a AMB se insurgiu "porque a despeito de agora haver a submissão ao Poder Judiciário do acordo firmado, é inegável que diante da inexistência de lei dispondo sobre ela, resultará uma insegurança jurídica sem tamanho, diante da possibilidade de magistrados recusarem ou aceitarem esses acordos, com base exclusivamente no fato de a Resolução não poder dispor sobre a matéria sem prévia previsão legal". No mesmo sentido a OAB: "o texto fere os princípios de reserva legal, segurança jurídica, extrapolando também o poder regulamentar conferido ao CNMP". A violação da reserva legal, como se percebe, era o grande motivo de irresignação dos críticos. Agora, com a introdução do instituto no CPP, a crítica desaparece.

Outro argumento ventilado pelos críticos foi a violação do princípio da obrigatoriedade da ação penal. De fato, a maioria dos manuais ensina que, de acordo com esse princípio, presentes as condições da ação o Ministério Público é obrigado a agir, a ingressar com a ação penal, a não ser em determinados casos expressamente previstos em lei, como na possibilidade de transação penal nas infrações penais de menor potencial ofensivo (art. 76 da Lei n. 9.099/95). Para corrente diversa, mais moderna, a obrigatoriedade deve ser revisitada, não podendo ser encarada como uma imposição cega de fazer a mesma coisa sempre e a todo custo, inclusive contra os próprios objetivos que fundamentam o princípio da legalidade. O promotor de Justiça Rodrigo Cabral alerta que a ideia importante da obrigatoriedade é a que não pode o Ministério Público, sem justa causa, simplesmente abrir mão de dar uma resposta às investigações penais maduras e viáveis que se encontram em seu poder (Acordo de não persecução penal — Um panorama sobre o acordo de não persecução penal. 1. ed. Salvador: Ed. JusPodivm, 2018, p. 40). Assim, tal interpretação deixa claro que o Ministério Público não pode conceder favores ilegítimos para determinadas pessoas. Tem o promotor de Justiça o dever de agir. Mas como agir? A resposta depende da política criminal eventualmente adotada pela instituição. Pode agir oferecendo transação penal ao autor de uma infração de menor potencial ofensivo (art. 76 da Lei n. 9.099/95); ou propondo acordo de não persecução penal; ou ajuizando a ação penal (denúncia-crime). Em qualquer caso, o Ministério Público age buscando a solução mais promissora para tornar nosso sistema penal um pouco mais efetivo e com respostas mais adequadas.

O oferecimento do acordo é prerrogativa institucional do Ministério Público, não um direito subjetivo do investigado. Nesse sentido já temos precedentes dos nossos Tribunais. Com efeito, o acordo de não persecução penal assemelha-se a um termo de ajustamento de conduta (TAC), mas aplicado no campo criminal. Tratando-se de modalidade de justiça negocial, assemelha-se aos princípios e postulados básicos da transação penal e da suspensão condicional do processo. Portanto, tal como já pacificado no Superior Tribunal de Justiça e no Supremo Tribunal Federal no caso da transação penal e do *sursis* processual, também o ANPP deve ser encarado como poder-dever do Ministério Público e não como um direito público subjetivo do investigado.

A respeito da obrigatoriedade de propositura de acordo pelo Ministério Público, vale ressaltar o voto do então Ministro do Tribunal Constitucional, Ayres Britto, em julgado que tratava de suspensão condicional do processo e que, pela natureza do instituto, pode ser aqui utilizado: "não há que se falar em obrigatoriedade do Ministério Público quanto ao oferecimento do benefício da suspensão condicional do processo. Do contrário, o titular da ação penal seria compelido a sacar de um instrumento de índole tipicamente transacional, como é o *sursis* processual. O que desnaturaria o próprio instituto da suspensão, eis que não se pode falar propriamente em transação quando a uma das partes (o órgão de acusação, no caso) não é dado o poder de optar ou não por ela". (HC 84.342/RJ, Rel. Min. Ayres Britto, j. 12/4/2005). Nesse sentido é também a lição de Ada Pellegrini Grinover, Antônio Magalhães Gomes Filho, Antônio Scarance Fernandes e Luiz Flávio Gomes: "(...) Pensamos, portanto, que o 'poderá' em questão não indica mera faculdade, mas um poder-dever, a ser exercido pelo acusador em todas as hipóteses em que não se configurem as condições do § 2º do dispositivo" (Juizados Especiais Criminais. 5. ed. RT, 2005, p. 153). Entender o acordo de não persecução como uma obrigatoriedade seria o mesmo que "estabelecer-se um autêntico princípio da obrigatoriedade às avessas" (SOUZA, Renee do Ó; DOWER, Patrícia Eleutério Campos. Acordo de não persecução penal — Algumas respostas sobre o acordo de não persecução penal, organizadores Rogério Sanches Cunha e outros, Salvador: JusPodivm, 2017, p. 123). E, a respeito, decidiram o STF e o STJ:

O Poder Judiciário não pode impor ao Ministério Público a obrigação de ofertar acordo de não persecução penal. Não cabe ao Poder Judiciário, que não detém atribuição para participar de negociações na seara investigatória, impor ao MP a celebração de acordos. Não se tratando de hipótese de manifesta inadmissibilidade do ANPP, a defesa pode requerer o reexame de sua negativa, nos termos do art. 28-A, § 14, do CPP, não sendo legítimo, em regra, que o Judiciário controle o ato de recusa, quanto ao mérito, a fim de impedir a remessa ao órgão superior no MP. Isso porque a redação do art. 28-A, § 14, do CPP determina a iniciativa da defesa para requerer a sua aplicação (STF: HC 194.677/SP, Rel. Min. Gilmar Mendes, j. 11/5/2021).

Com efeito, não obstante o entendimento da combativa Defensoria Pública do Estado de São Paulo, foram apresentadas justificativas concretas para o não oferecimento do acordo de não persecução penal, inclusive, após confirmação da autoridade máxima do Ministério Público do Estado de São Paulo, de modo que, conforme foi anteriormente mencionado, o instituto é resultante de convergência de vontades (Ministério Público e acusado), não podendo afirmar que se trata de um direito subjetivo do acusado, podendo ser proposto quando o *Parquet*, titular da ação penal pública, entender preenchidos os requisitos fixados pela Lei n. 13.964/19 no caso concreto, o que não ocorreu na hipótese (STJ: HC 584.843/SP, Rel. Min. Reynaldo Soares da Fonseca; decisão monocrática, j. 24/6/2020).

Dessa forma, no espaço de discricionariedade regrada (poder-dever) que lhe concede a legislação e a própria concepção do ANPP, o Ministério Público pode se negar a formular proposta ao investigado, pois deve ponderar previamente e fundamentar se o acordo "é necessário e suficiente para a reprovação e prevenção do crime" (condição subjetiva e cláusula aberta de controle — *caput* do art. 28-A), no caso concreto.

3. ANPP. PRESSUPOSTOS

A necessidade e a suficiência para prevenir e reprovar o crime não são as únicas balizas para o oferecimento do acordo. São ainda pressupostos cumulativos, todos previstos, mesmo que implicitamente, no *caput* do art. 28-A:

a) Existência de procedimento investigatório. A segurança de que existe um procedimento formalizado é importante para os atores do sistema criminal, evitando abusos do Estado e ao mesmo tempo permitindo a transparência na negociação. Seja inquérito policial, seja procedimento investigatório presidido pelo órgão de execução do Ministério Público, deve existir procedimento oficial devidamente instaurado para nele as partes ajustarem as condições adequadas e necessárias para o ANPP.

b) Não ser o caso de arquivamento dos autos. O ANPP pressupõe justa causa para a denúncia-crime, leia-se, mínimo de suporte fático, aquele início de prova (mesmo que indiciária) capaz de justificar a oferta da instância penal. No dizer de Afrânio Silva Jardim, "Esse suporte probatório mínimo se relaciona com os indícios da autoria, existência material do fato típico e alguma prova de sua antijuridicidade e culpabilidade" (Direito processual penal. 8. ed., Rio de Janeiro: Forense, 1999, p. 175).

c) Cominada pena mínima inferior a 4 (quatro) anos e o crime não for cometido com violência ou grave ameaça à pessoa. Para aferição da pena mínima cominada ao delito são consideradas as causas de aumento e de diminuição aplicáveis ao caso concreto (§1º). Portanto, tomando como norte a pena mínima abstratamente cominada ao delito, presente causa de aumento variável, deve-se utilizar a menor fração; no caso de diminuição variável, a maior fração. Imaginemos uma causa de aumento variando de 1/6 a 2/3. Temos de aplicar o aumento de 1/6. Se a causa de diminuição varia entre 1/6 e 2/3, considera-se a fração de 2/3. Só assim o operador chega na pena mínima abstratamente possível para a infração penal em tese praticada pelo investigado.

Percebam que o legislador proíbe o ANPP no caso de crime cometido com violência ou grave ameaça a pessoa. Para nós, a violência que impede o ajuste é aquela presente na conduta, e não no resultado. Logo, o homicídio culposo, por exemplo, admite o ANPP. Nesse sentido, inclusive, é o teor do Enunciado n. 74 do CAO-Crim, produzido pelo Ministério Público do Estado de São Paulo: "é cabível o acordo de não persecução penal nos crimes culposos com resultado violento, pois, nesses delitos, a violência não está na conduta, mas no resultado não querido ou não aceito pelo agente, incumbindo ao órgão de execução analisar as particularidades do caso concreto".

Mas a pena mínima inferior a quatro anos e a inexistência de violência ou grave ameaça podem não ser suficientes para garantir a propositura do acordo. É preciso sempre ter em mente que o *caput* do art. 28-A admite o ANPP "desde que necessário e suficiente para reprovação e prevenção do crime". Há crimes que, por sua natureza, independentemente da pena cominada ou da forma de execução, são incompatíveis com instrumentos despenalizadores. A orientação conjunta n. 1 da PGJ/SP e da CGMP/SP, por exemplo, aconselha aos órgãos de execução do Ministério Público em São Paulo que o ANPP e outros instrumentos de consenso (como transação penal e suspensão condicional do processo) sejam evitados em casos envolvendo crimes de racismo (Lei n. 7.716/89 e art. 140, § 3º, do Código Penal), uma vez que são "desproporcionais e incompatíveis com infração penal dessa natureza, violadora de valores sociais". Aliás, como veremos à frente, o próprio art. 28-A exclui a possibilidade do ANPP em favor do agressor nos crimes praticados no âmbito de violência doméstica ou familiar, ou praticados contra a mulher por razões da condição de sexo feminino.

d) O investigado tiver confessado formal e circunstanciadamente a prática do crime. Importante alertar que, apesar de a lei pressupor a confissão, não há reconhecimento expresso de culpa pelo investigado. Há, se tanto, uma admissão implícita de culpa, de índole puramente moral, sem repercussão jurídica. A culpa, para ser efetivamente reconhecida, demanda o devido processo legal. Não por acaso, o § 12 dispõe que "A celebração e o cumprimento do acordo de não persecução penal não constarão de certidão de antecedentes criminais, exceto para os fins previstos no inciso III do § 2º deste artigo".

A confissão de que trata o *caput* do art. 28-A deve ser entendida como aquela realizada pelo investigado ao Ministério Público no momento da celebração do acordo. Essa confissão independe de uma eventual negativa de confissão perante a autoridade policial no ato do interrogatório realizado no curso da investigação preliminar ou do inquérito policial, pois, nessa fase, o investigado pode utilizar-se do seu direito de permanecer silente, conforme lhe é assegurado constitucionalmente. O silêncio do investigado, de acordo com a franquia do art. 5º, LXIII, da CF, não pode ser utilizado para prejudicá-lo, uma vez que a nova regra do CPP indica um procedimento específico, inclusive com momento adequado, para a formalização do ajuste que pressupõe a confissão. A confissão, assim, deve ser tratada como pressuposto para o ANPP, seja ela realizada perante a autoridade policial, seja perante o Ministério Público. No entanto, a ausência na fase policial não implica, por si só, a inviabilidade da proposta. Mas note-se que, se não houve confissão à autoridade policial, o Ministério Público não é obrigado a notificar o investigado para lhe indagar a respeito de seu interesse em confessar para celebrar o acordo de não persecução.

No caso de concurso de agentes, não se pode considerar circunstanciada a confissão que não inclui a delação dos demais envolvidos na infração penal, dentro dos limites do conhecimento do imputado. Celebrado o ANPP com o indiciado que tenha confessado e delatado os demais investigados, pode o Ministério Público arrolá-lo na denúncia, para que seja ouvido na instrução processual como "informante". Se, pelas peculiaridades do caso concreto, for possível verificar que a extinção da punibilidade, em razão do cumprimento integral do ANPP, se dará em momento anterior ao da realização da instrução processual, o Ministério Público pode requerer ao juiz, antes da assinatura final do acordo, a produção antecipada da oitiva do "informante", nos termos do inciso I do art. 156 do CPP. Nesse caso, deve o membro do Ministério Público:

i) já ter esclarecido o indiciado e sua defesa sobre os termos do ANPP, incluindo a necessidade de confissão formal e circunstanciada dos fatos;

ii) colher a confissão/delação;

iii) colher a concordância do investigado em antecipar seu depoimento judicial;

iv) requerer ao juiz a produção antecipada de provas;

v) por fim, havendo a antecipação da prova, com a confirmação da confissão/delação, firmar o acordo com o investigado e sua defesa e apresentá-lo para homologação judicial.

Se, posteriormente, houver o descumprimento das condições, a prova antecipada não poderá ser valorada e deverá ser excluída do processo em que tenha sido produzida, sendo vedado seu uso como prova emprestada.

4. ANPP. AUDIÊNCIA DE CUSTÓDIA

São muito comuns as situações em que alguém é preso em flagrante e encaminhado à audiência de custódia. Seria possível a propositura do acordo já nesse ato judicial? Afinal, pode-se aproveitar o momento especial em que estão presentes o juiz, o promotor de Justiça e o advogado/defensor para estabelecer os termos e as condições do acordo e evitar inclusive uma extensa investigação policial. Há iniciativas para admitir o ANPP já na audiência de custódia, como, por exemplo, a Resolução 357/20 do CNJ, que, ao disciplinar a audiência de custódia por videoconferência, permite ao Ministério Público a propositura do acordo de não persecução.

Essas iniciativas são louváveis sob a perspectiva de que buscam garantir maior celeridade no tratamento de crimes de menor gravidade. Não obstante, podem ser criticadas porque a imediatidade da audiência de custódia impede que o Ministério Público analise com cautela as circunstâncias do crime e proponha o acordo adequado. Além disso, as condições a que se submete o indivíduo preso em flagrante e levado a uma audiência podem impedir que ele e seu defensor avaliem com segurança os termos do acordo proposto. De qualquer forma, para que o acordo seja proposto na audiência de custódia é imprescindível que o promotor de Justiça atuante naquele momento tenha atribuição para analisar a justa causa da ação penal, isto é, que seja o promotor natural.

5. ANPP E *EMENDATIO E MUTATIO LIBELLI*

Outra questão interessante é a possibilidade de propor o acordo de não persecução penal em decorrência de *emendatio libelli* e de *mutatio libelli*. Na disciplina da *emendatio libelli*, o art. 383, § 1º, do CPP dispõe que "Se, em consequência de definição jurídica diversa, houver possibilidade de proposta de suspensão condicional do processo, o juiz procederá de acordo com o disposto na lei". E, no que concerne à *mutatio libelli*, o art. 384, § 3º, dispõe que se aplica a mesma regra. Os dispositivos silenciam a respeito do acordo de não persecução penal (art. 28-A do CPP), mas, a nosso ver, pode o juiz, por analogia, adotar o mesmo procedimento. O CAO-Crim do Ministério Público de São Paulo tem inclusive orientação nesse sentido: "se, ao final da instrução, verificar-se a ocorrência de *emendatio libelli* ou *mutatio libelli,* que altere a classificação jurídica do crime, a ponto de tornar possível o ANPP, é perfeitamente viável sua celebração" (Boletim Criminal Comentado, n. 99).

6. ANPP. CONDIÇÕES

Como já alertado acima, compreende-se o acordo de não persecução penal como um ajuste obrigacional celebrado entre o órgão de acusação e o investigado (assistido por advogado), devidamente homologado pelo juiz, no qual o indigitado assume sua responsabilidade, aceitando cumprir, desde logo, condições menos severas de uma sanção penal. As condições do acordo, ajustadas cumulativa ou alternativamente, estão estampadas nos incisos que se seguem ao *caput* do art. 28-A:

I — reparar o dano ou restituir a coisa à vítima, exceto na impossibilidade de fazê-lo. Na linha de outros instrumentos despenalizadores, o ANPP prestigia a vítima, colocando a reparação do dano ou restituição do objeto do crime como condição para o ajuste. Há certa controvérsia sobre a possibilidade de o ajuste abranger o dano moral. Para uma corrente, o dano moral, por guardar íntima relação com a dor e o sofrimento experimentado pela vítima, não encontraria, no processo penal, o *locus* adequado para debate. Mas há quem — a nosso ver com razão —, embora reconhecendo a dificuldade em se estabelecer o *quantum*, não afaste de plano essa possibilidade, dependendo sempre da cuidadosa análise do fato concreto, em especial da gravidade do ilícito, da intensidade do sofrimento, da condição socioeconômica do ofendido e do ofensor, do grau de culpa etc., observados os parâmetros monetários estabelecidos pela jurisprudência para casos similares. Na seara da justiça consensual, tais dificuldades ficam quase superadas, pois o valor a título de dano moral será discutido com a efetiva participação do ofensor.

Reparem que a impossibilidade de reparar o dano ou restituir a coisa à vítima não impede a formalização do ANPP, conclusão extraída da parte final do inciso I. Nesse caso, o Ministério Público pode fixar outras condições, desde que proporcionais e compatíveis com a infração penal imputada (inc. V). Quando se pode dizer impossível a reparação do dano? Vale, aqui, transcrever as lições de Renee de Ó Souza e Patrícia Eleutério Campos Dower:

> É certo que, salvo algumas raras exceções ("infrações penais há que originam tão somente a pretensão punitiva, como ocorre, por exemplo, em certos casos de tentativa branca, no crime impossível, nos crimes contra a paz pública, em alguns crimes contra a administração da justiça"), a prática de um delito acarreta não somente o surgimento da pretensão punitiva do Estado, mas também a obrigação de reparar os danos por ele gerados.
>
> Assim, como primeira situação de impossibilidade de reparar o dano, de se citar os casos tais, em que não se verifica a ocorrência de um dano, em que pese tenha ocorrido o delito. Há situações outras, em que a reparação do dano é impossível em razão do perecimento do objeto tutelado, que não pode mais ser recomposto, típico caso de alguns crimes ambientais em que, uma vez ocorrida a degradação, não há mais possibilidade de retorno ao *status quo ante*.
>
> Por fim, pode-se ainda evidenciar a impossibilidade de reparar o dano decorrente de incapacidade financeira do investigado. Em referidas situações, assim como ocorre naquelas relativas à suspensão condicional do processo, em que o acusado tem a possibilidade de

não ter o benefício revogado, caso comprove motivo justificado para a não reparação do dano, tal fator não seria peremptoriamente impeditivo da realização do acordo.

Emergindo mencionada situação, pontos relevantíssimos devem ser considerados: (a) incumbe ao investigado a prova cabal de sua vulnerabilidade financeira, não bastando a mera alegação; (b) deve o agente ministerial, convencido e seguro da situação de insolvência do investigado, atentar-se para a conveniência de propor o cumprimento de outra condição, desde que proporcional e compatível com a infração penal aparentemente praticada (*Acordo de não persecução penal — Algumas respostas sobre o acordo de não persecução penal.* 3. ed. Ed. JusPodivm, 2019, p. 162).

II — renunciar voluntariamente a bens e direitos indicados pelo Ministério Público como instrumentos, produto ou proveito do crime. Temos, nesta condição, um confisco aquiescido, no qual o investigado voluntariamente renuncia a bens e direitos, como objetos utilizados para executar a infração penal (instrumentos do crime), objetos conseguidos diretamente com a atividade criminosa (produto do crime) ou bens conseguidos com a utilização do produto criminoso (proveito do crime).

III — prestar serviço à comunidade ou a entidades públicas por período correspondente à pena mínima cominada ao delito, diminuída de um a dois terços, em local a ser indicado pelo juízo da execução, na forma do art. 46 do Decreto-lei n. 2.848, de 7 de dezembro de 1940 (Código Penal).

IV — pagar prestação pecuniária, a ser estipulada nos termos do art. 45 do Decreto-lei n. 2.848, de 7 de dezembro de 1940 (Código Penal), a entidade pública ou de interesse social, a ser indicada pelo juízo da execução, que tenha, preferencialmente, como função proteger bens jurídicos iguais ou semelhantes aos aparentemente lesados pelo delito. Nos incisos III e IV temos condições inspiradas em sanções alternativas tradicionalmente utilizadas pelo juiz criminal para evitar a pena de prisão. Deve ser alertado, contudo, que essas condições não têm a natureza de pena, mas de cláusula que estabelece uma obrigação para que ocorra o negócio jurídico. Tanto é assim que, descumprida a condição ajustada, o Ministério Público deve oferecer denúncia e perseguir a devida condenação.

Diante desse quadro, fica fácil perceber o equívoco do legislador ao determinar que a concretização do acordo se dê no juízo das execuções penais (art. 28-A, § 6º). Erro crasso. Na vara de execução penal deve ser executada a sanção penal. No ANPP não temos sanção penal imposta (e nem seria possível, pois isso ofenderia o devido processo legal). A execução do acordo deveria ficar a cargo do Ministério Público (como determina a Res. 181/17 do CNJ) ou, no máximo, do juízo de conhecimento.

V — cumprir, por prazo determinado, outra condição indicada pelo Ministério Público, desde que proporcional e compatível com a infração penal imputada. Este inciso deixa claro que o rol de condições do art. 28-A é meramente exemplificativo. Outra condição indicada pelo Ministério Público, desde que proporcional e compatível com a infração penal imputada, pode ser ajustada. Sobre os limites da liberdade de negociar, novamente trazemos à baila as lições de Renee de Ó Souza e Patrícia Eleutério Campos Dower, comentando dispositivo semelhante na Resolução 181/17, berço do ANPP:

> Nesse modelo de solução de litígios, a liberdade de negociar é considerada ponto central, seja porque diretamente ligada a autonomia da vontade, seja porque é parte da convergência de vontades e da cooperação necessária para a tutela do bem jurídico pretendida no caso concreto. É por isso que se diz que, no modelo de justiça consensual, vige o princípio do devido processo consensual, estruturado pela autonomia da vontade, princípio da eficiência, da lealdade e da boa-fé objetiva.
>
> A liberdade de negociar implica em relativa liberdade de conteúdo do acordo, que não pode ser igualado a um contrato de adesão, caracterizado pela fixação pasteurizada e meramente formal das condições a serem prestadas pelo investigado. Nem tampouco são permitidas condições que produzam violações a direitos fundamentais ou desproteção do bem jurídico tutelado pela norma penal aparentemente violada no caso.
>
> Assim, como primeiro limite às condições ajustáveis em um acordo, não são possíveis prestações que atinjam direitos de terceiros e/ou absolutamente vedadas pelo ordenamento jurídico, como aquelas consideradas cruéis, cumpridas por outra pessoa que não o investigado, com castigos físicos etc. Também não são permitidas prestações que impliquem violações a valores sociais de modo que deve ser resguardado o núcleo protetivo da dignidade da pessoa humana. Sobre esse aspecto, dada a imperiosa necessidade de compatibilizar interesses sociais e autonomia da vontade, resta imprescindível que seja assegurada uma decisão consciente e voluntária, que não afronte o

interesse público, razão pela qual as prestações devem ser acompanhadas de medidas de garantia (*safeguards*) para evitar abusos. Nisso se vislumbra a maior função da decisão homologatória, prevista implicitamente no § 5º do art. 18 da Resolução 181/2017. O Judiciário exerce neste ato verdadeira função homologatória de resguardo dos direitos fundamentais.

Respeitados aqueles limites acima, há, todavia, necessidade de a decisão ser autocontida, de modo a permitir que as condições sejam fixadas a partir das livres escolhas das partes, o que desloca a análise acerca da legalidade do ajuste para as particularidades do caso concreto, de modo a assegurar a solução mais conveniente e oportuna, exatamente como prevê o art. 723, parágrafo único, do CPC. O *standard* decisório é pautado pelo exame do atendimento aos interesses específicos das partes envolvidas, pois, caso não atendidas, evidenciar-se-ia desinteresse pelo acordo ou criação de situações ineficientes ou injustas. Sobreleva-se, neste aspecto, a análise a partir do princípio da juridicidade que permite sejam levados em consideração os elementos materiais contidos no sistema jurídico em seu aspecto substancial, de modo que devem ser admitidas as prestações sociais que levem a tutela penal do bem jurídico contido na infração penal imputada ao investigado.

Respeitados os limites acima, nem sempre claros, é verdade, podem ser fixadas outras condições ou medidas de interesse social que atendem a tutela do direito subjacente à infração penal praticada, embora seja recomendável a utilização de condições prestacionais semelhantes àquelas penas alternativas já previstas na legislação penal como, por exemplo, limitação de final de semana, interdição temporária de direitos, proibição de frequentar determinados lugares etc. As prestações também podem abranger obrigações que produzam efeito prático equivalente aos efeitos extrapenais, tais como perda do cargo, inabilitação para exercício de cargo etc., e, ainda, aqueles de natureza extrapatrimonial.

Assim sendo, de forma resumida, a variedade e adaptabilidade das condições a serem estipuladas no acordo de não persecução podem experimentar relativas inovações e ampliações desde que i) a prestação avençada não seja proibida; ii) não atinja direito de terceiros; iii) não viole valores sociais e nem a dignidade da pessoa humana; iv) seja resguardada a consciência e voluntariedade do investigado; v) seja amparada pela juridicidade que permite sejam levados em consideração os elementos materiais contidos no sistema jurídico em seu aspecto substancial e vi) implique em recomposição social do bem jurídico tutelado pela norma penal aparentemente violada (ob. cit., p. 179-180).

7. ANPP. PRESSUPOSTOS NEGATIVOS (PROIBIÇÕES)

O § 2º do art. 28-A dispõe sobre as circunstâncias que inviabilizam o acordo de não persecução penal (há quem diga que se trata de um rol de pressupostos negativos). Não cabe o ANPP nos crimes de menor potencial ofensivo, situação na qual tem lugar a transação penal. As condições pessoais do investigado também podem servir de impedimento para o ajuste (reincidência ou existência de elementos probatórios que indiquem conduta criminal habitual, reiterada ou profissional, exceto se insignificantes as infrações penais pretéritas). O fato de o agente ter sido beneficiado nos 5 (cinco) anos anteriores ao cometimento da infração, em acordo de não persecução penal, transação penal ou suspensão condicional do processo é igualmente um obstáculo. Também o é a prática de crime no âmbito de violência doméstica ou familiar, ou contra a mulher por razões da condição de sexo feminino, em favor do agressor.

A referência à "condição de sexo feminino" corresponde, inegavelmente, à violência de gênero. Comentando o dispositivo legal, Rodrigo Leite Ferreira Cabral conclui que a vedação é de natureza objetiva e leciona:

É dizer, para sua identificação, não se deve levar em consideração as razões subjetivas do agente para cometer o delito. O que se deve analisar é se o fato, objetivamente, importou em diminuição, inferiorização ou no seu tratamento da mulher objeto, desde uma perspectiva intersubjetiva e cultural. Melhor explicando. Nossa sociedade, nosso contexto significativo, permite muito bem avaliar quando um ato delitivo manifesta uma forma de diminuição, humilhação e objetificação da mulher. Não será, pois, um insondável desejo do agente que permitirá afastar ou incluir essa circunstância. (...) Portanto, para avaliar se a conduta do agente se deu por razões da condição de sexo feminino da vítima não se terá que buscar em suposto mundo psicológico do agente, mas sim verificar o contexto da ação cometida e se ela, desde uma perspectiva intersubjetiva, consubstanciou a razão do delito. Repita-se. A prática de um delito por razões do sexo feminino da ofendida constitui uma privação de direitos que representa limitação do *status* social da vítima, pois esta não é vista como um parceiro de sociedade, como alguém que está em pé de igualdade com os demais. Ser vítima de um delito pelo simples fato de ser mulher importa em uma séria degradação normativa, em que a pessoa se olha no espelho e vê alguém de menor hierarquia social, o que acarreta uma perda da autoestima pessoal, uma desvalorização social. (...) Por essas razões é que se tem certo que é de natureza objetiva a vedação prevista no inciso IV, § 2º, do art. 28-A, do Código de Processo Penal. (...) Em suma, sempre que o delito for cometido contra mulher, por razões da condição de sexo feminino, pouco importando se é no âmbito doméstico ou familiar, se é com violência ou não, está vedada a celebração do acordo de não persecução penal (Manual do Acordo de Não Persecução Penal, Editora JusPodivm, Edição 2020, p. 104/106).

Para nós, o não cabimento do ANPP depende da demonstração de que o agente, no seu atuar criminoso, foi movido pelo menosprezo, discriminação ou preconceito quanto ao sexo feminino.

8. ANPP E SUA HOMOLOGAÇÃO

O ANPP é formalizado nos próprios autos do procedimento investigatório conduzido pelo Ministério Público (PIC) ou do inquérito policial (IP), devendo conter a qualificação completa do investigado, as condições do acordo, eventuais valores a serem restituídos e as datas para cumprimento. O ajuste deve ser firmado pelo membro do Ministério Público, pelo investigado e seu defensor. Embora a vítima não participe da solenidade, nem mesmo assinando o documento, a lei determina que se a intime da homologação do acordo e de seu descumprimento, caso ocorra (§ 9º).

A homologação não se faz em um simples despacho do juiz. O art. 28-A estabelece uma verdadeira solenidade para esse ato. O juiz marca audiência para verificar a legalidade do acordo e a voluntariedade, por meio da oitiva do investigado na presença de seu defensor. A *ratio legis* fica bem clara. Confere-se ao juiz, com a oitiva do investigado (compromissário) e de seu defensor, a salutar possibilidade de avaliar se o acordo foi celebrado voluntariamente. Essa é a razão pela qual a lei não dispõe sobre a presença do proponente do acordo (Ministério Público) na audiência, mas somente do indigitado e seu defensor. Note-se que o legislador empregou o vocábulo "juiz" em sentido amplo, que, por óbvio, também abrange o relator da persecução penal de competência originária de um tribunal. Aliás, de forma a espancar qualquer dúvida, a Lei n. 13.964/19 alterou a Lei n. 8.038/90, cujas normas são usadas para os processos perante o Superior Tribunal de Justiça e o Supremo Tribunal Federal, nela acrescentando novo parágrafo ao art. 1º, que estabelece expressamente o ANPP nos crimes praticados por autoridades com foro por prerrogativa de função.

Ao analisar o acordo, o juiz pode:

a) homologá-lo, devolvendo os autos ao Ministério Público para que inicie sua execução perante o juízo de execução penal (§ 6º);

b) se considerar inadequadas, insuficientes ou abusivas as condições dispostas, devolvê-lo ao Ministério Público para que seja reformulada a proposta, com a concordância do investigado e seu defensor (§ 5º). Tendo a concordância do investigado, o caso é de retratação. Ou o Ministério Público reabre as negociações, ou oferece a denúncia-crime.

c) se entender que não é caso de acordo, devolver os autos ao Ministério Público para que analise a necessidade de complementação das investigações ou ofereça denúncia (§ 8º). Mas e se o Ministério Público discordar do juiz e insistir no acordo já assinado? Reparem que, aqui, nesta situação, apenas o juiz se recusa a seguir. As partes (inclusive investigado e defensor) insistem. Não se confunde com a anterior. Percebe-se, portanto, um indisfarçável conflito entre o promotor de Justiça e o juiz. E quem resolve o impasse?

De acordo com a Res. 181/17 do CNMP, tratando-se de divergência envolvendo o juiz e o titular da ação penal, responsável pela implementação da política criminal adotada pela instituição ministerial, a solução deve ser dada pelo órgão superior do Ministério Público (PGJ, nos estados, Câmara de Revisão, no âmbito da União). Com efeito, o critério para aferir a conveniência de oferecer a proposta, sempre visando à repressão e à prevenção do delito, é tarefa do Ministério Público no exercício de sua Anklagemonopol (art. 129, I, da CF), isto é, de seu monopólio da ação penal pública (ROXIN, Claus; SCHÜNEMANN, Bernd. Strafverfahrensrecht. 27. ed. München: Beck, 2012, p. 75). No sistema acusatório, entende-se que não pode o juiz emitir decisão a respeito de tal conveniência, razão pela qual, em caso de divergência de opinião com o órgão ministerial, o correto é o encaminhamento ao órgão revisional do próprio Ministério Público.

Esse entendimento não é propriamente novo, visto ser de há muito seguido nos casos da suspensão condicional do processo e da transação penal. Nesse sentido, o enunciado da Súmula 696 do Supremo Tribunal Federal: "Reunidos os pressupostos legais permissivos da suspensão condicional do processo, mas se recusando o promotor de justiça a propô-la, o juiz, dissentindo, remeterá a questão ao procurador-geral, aplicando-se por analogia o art. 28 do Código de Processo Penal".

A Lei n. 13.964/19, contudo, preferiu "escalar" para a solução desse conflito o próprio Judiciário. A decisão do juiz que recusa a homologação (§ 7º) deve ser contestada mediante recurso em sentido estrito (art. 581, XXV, do CPP). Essa arquitetura, entretanto, nos parece equivocada e inconstitucional, violando não somente o sistema acusatório, mas a independência do Ministério Público (arts. 127, *caput* e § 1º, e 129, I, da CF). Importante destacar, nesse ponto, a sempre pertinente lição de Ferrajoli, citada pelo STF na ADI 4.414:

> A separação entre as funções de acusar, defender e julgar é o signo essencial do sistema acusatório de processo penal (art. 129, I, CRFB), tornando a atuação do Judiciário na fase pré-processual somente admissível com o propósito de proteger as garantias fundamentais do investigado (FERRAJOLI, Luigi. *Derecho y Razón — Teoría del Garantismo Penal*. 3. ed. Madrid: Trotta, 1998, p. 567).

Diante desse quadro, sugerimos, desde o início, por analogia, aplicar o art. 28-A, § 14, do CPP (ou, enquanto perdurar a redação antiga, o próprio art. 28). É esse o espírito, como já alertado acima, da Súmula 696 do STF, que trata da suspensão condicional do processo.

Para fomentar o debate, pedimos licença ao leitor para trabalhar um caso hipotético, sem pretender infantilizar o raciocínio, mas sim para torná-lo mais claro: Fulano, primário e portador de bons antecedentes, está sendo investigado pelo crime do art. 306 do Código de Trânsito Brasileiro (embriaguez ao volante). Trata-se de infração penal cometida sem violência ou grave ameaça, com pena mínima inferior a 4 anos. Em tese, admite o ANPP. O ajuste, assinado pelo promotor de Justiça, pelo investigado e por seu advogado, é encaminhado ao juiz, que se recusa a homologar, julgando descabido o acordo em crimes dessa natureza. Esse conflito, como previsto no CPP, deve ser resolvido pelo Tribunal de Justiça.

Imaginemos que a Corte dê razão ao juiz, retornando os autos ao promotor de Justiça natural para o oferecimento da denúncia. Este, contudo, insiste em não oferecê-la e promove o arquivamento. Ao juiz, convicto de que o órgão de execução do MP deve agir de outra forma, resta qual postura? Não existe alternativa: deve-se aplicar o art. 28 do CPP. Na redação antiga desse dispositivo (ainda vigente por conta de liminar que suspende a eficácia da redação nova — ADIs 6.298, 6.299, 6.300 e 6.305), o juiz, considerando improcedentes as razões invocadas pelo promotor de Justiça, fará a remessa do inquérito ou das peças de informação ao procurador-geral, e este oferecerá a denúncia, designará outro órgão do Ministério Público para oferecê-la ou insistirá no pedido de arquivamento, ao qual só então estará o juiz obrigado a atender. Na redação nova, o juiz inconformado sequer será cientificado. É que, ordenado o arquivamento do inquérito policial ou de quaisquer elementos informativos da mesma natureza, o órgão do Ministério Público comunica a vítima, o investigado e a autoridade policial e encaminha os autos para a instância de revisão ministerial para fins de homologação, na forma da lei.

Apenas em um caso nos parece pertinente o recurso em sentido estrito como instrumento de resolução do conflito: quando o magistrado se recusa a homologar o ANPP fundamentado na falta de justa causa para o acordo, prenúncio de que também não receberia eventual denúncia-crime. Mais um exemplo para ilustrar nosso raciocínio. O Ministério Público celebra acordo num crime de falsidade documental, tendo a confissão do investigado, sem que tenha sido efetuada a perícia. O juiz, convicto de que a prova da materialidade em crimes dessa natureza depende de perícia, recusa a homologação. Nesse ato, o magistrado já deixa evidente que rejeita não apenas o acordo nessas condições, mas também uma eventual denúncia, que se basearia nos mesmos elementos.

9. ANPP. (DES)CUMPRIMENTO

Para extinguir a punibilidade, o ANPP deve ser fielmente adimplido. Descumpridas quaisquer das condições voluntariamente ajustadas, o Ministério Público comunica o juiz para que decrete a rescisão, possibilitando ao titular da ação penal o oferecimento da denúncia. Em que pese a redação do § 10 do art. 28-A, não estamos diante de um simples comunicado, mas de verdadeiro requerimento ministerial para que o juiz rescinda a avença. A decisão judicial, inclusive, tem natureza constitutiva negativa (e não meramente declaratória).

Antes da rescisão, obviamente, o compromissário deve ser chamado e ouvido, garantindo-se o contraditório e a ampla defesa, tendo em vista que somente o descumprimento injustificado gera a rescisão. Se o acordo for de fato rescindido, o descumprimento pode ser utilizado pelo Ministério Público, dentro do seu poder discricionário, para a recusa da suspensão condicional do processo (§ 11).

Note-se que a possibilidade de o compromissário justificar o descumprimento de alguma das condições do acordo abre espaço para a novação. Trata-se de operação jurídica típica do direito das obrigações, que impõe uma nova condição para o acordo, substituindo e extinguindo obrigação anterior e originária. A novação pode evitar a rescisão. Por óbvio, sua eficácia depende de homologação judicial, nos termos dos §§ 4º e seguintes.

Se o juiz indeferir o pleito do Ministério Público para a rescisão do acordo, parece cabível o agravo em execução, tendo em vista que, na arquitetura imposta pelo legislador na construção do art. 28-A, a execução do ANPP se dá na vara de execução penal.

Nos termos do § 13 do art. 28-A, cumprido integralmente o ANPP, o juiz competente decreta a extinção da punibilidade. A lei adota solução diversa da Resolução 181/17 do CNMP, segundo a qual, uma vez cumprido o acordo, o Ministério Público promove o arquivamento da investigação.

Quem é o juiz competente de que trata o § 13? Na linha da opção do legislador na Lei n. 13.964/19, é o da execução penal. Na prática, todavia, muitas vezes o juiz da execução fiscaliza o ajuste, mas o reconhecimento do cumprimento do acordo, com a consequente extinção da punibilidade, fica a cargo do juiz da homologação.

Enquanto o acordo de não persecução penal está sendo executado não corre o prazo prescricional, como dispõe o art. 116, inc. IV, do CP. Há aqui um detalhe importante: suponhamos que Fulano tenha praticado um furto qualificado antes da Lei n. 13.964/19, causando um sério prejuízo financeiro à vítima. Relatado o inquérito, Fulano, confesso, mostra interesse em celebrar o ANPP com o Ministério Público. Sugere, inclusive, o parcelamento da dívida em 60 meses. O Ministério Público concorda em celebrar o ANPP, inclusive fazendo constar do seu teor o parcelamento da reparação do dano conforme solicitado. Encaminhado ao Judiciário, o acordo é homologado. Nesse caso, a prescrição corre durante o cumprimento? De fato, o art. 116, inc. IV, do CP, incluído pela Lei n. 13.964/19, diz que durante o cumprimento do ANPP não corre a prescrição. Contudo, o crime mencionado foi cometido antes da citada lei. A nosso ver, a causa suspensiva não pode retroagir para alcançar fato passado. Em situações como essa, o promotor de Justiça deve ficar atento. Demonstrado o risco da prescrição, pode discordar do parcelamento solicitado ou da própria celebração do ANPP.

10. ANPP. DIREITO INTERTEMPORAL

Finalmente, algumas notas a respeito do direito intertemporal e da possibilidade de propor o acordo de não persecução em investigações e processos já andamento quando entrou em vigor a Lei n. 13.964/19.

Para os inquéritos policiais em andamento antes da vigência da Lei n. 13.964/19, o Ministério Público pode verificar se o investigado confessou a prática do crime. Se tiver confessado, e for cabível o ANPP, pode ser designada data para a propositura do acordo. Se o investigado não tiver confessado, pode ser oferecida a denúncia, salvo se o Ministério Público considerar viável a notificação do investigado para comparecer e se manifestar a respeito de seu interesse em confessar e celebrar o acordo.

Caso o processo já esteja em curso, com denúncia recebida antes da vigência da Lei n. 13.964/19, a nosso ver pode ser proposto o ANPP, inclusive por ocasião da audiência de instrução, devendo-se verificar se os requisitos estão presentes, inclusive a existência de confissão. Na esfera de sua independência funcional, o membro do Ministério Público pode propor o acordo caso o acusado se disponha a confessar no ato da audiência.

Mas não podermos ignorar que nos tribunais superiores a matéria não é pacífica. O STF e o STJ têm precedentes no sentido de que a aplicação retroativa do acordo de não persecução penal deve respeitar o recebimento da denúncia:

> Processo penal. Agravo regimental em *habeas corpus*. Falsidade ideológica. Uso de documento falso. *Acordo* de não *persecução penal. Retroatividade* até o recebimento da denúncia. 1. O *acordo de não persecução penal* (ANPP) aplica-se a fatos ocorridos antes da Lei n. 13.964/19, desde que não recebida a denúncia. Precedentes. 2. Agravo regimental a que se nega provimento (STF: HC 206.113 AgR/PR, Rel. Min. Roberto Barroso, j. 23/11/2021).

> Direito penal e processual penal. Agravo regimental em *habeas corpus*. Acordo de não persecução penal (art. 28-A do CPP). *Retroatividade* até o recebimento da denúncia. 1. A Lei n. 13.964/19, no ponto em que institui o *acordo de não persecução penal* (ANPP), é considerada lei penal de natureza híbrida, admitindo conformação entre a *retroatividade* penal benéfica e o *tempus regit actum*. 2. O ANPP se esgota na etapa pré-processual, sobretudo porque a consequência da sua recusa, sua não homologação ou seu descumprimento é inaugurar a fase de oferecimento e de recebimento da denúncia. 3. O rece-

bimento da denúncia encerra a etapa pré-processual, devendo ser considerados válidos os atos praticados em conformidade com a lei então vigente. Dessa forma, a *retroatividade* penal benéfica incide para permitir que o ANPP seja viabilizado a fatos anteriores à Lei n. 13.964/19, desde que não recebida a denúncia. 4. Na hipótese concreta, ao tempo da entrada em vigor da Lei n. 13.964/19, havia sentença penal condenatória e sua confirmação em sede recursal, o que inviabiliza restaurar fase da *persecução penal* já encerrada para admitir-se o ANPP. 5. Agravo regimental a que se nega provimento com a fixação da seguinte tese: "o *acordo de não persecução penal* (ANPP) aplica-se a fatos ocorridos antes da Lei n. 13.964/19, desde que não recebida a denúncia". (STF: HC 194.464 AgR/SC, Rel. Min. Roberto Barroso, j. 11/11/2020).

1. O art. 28-A do Código de Processo Penal, introduzido pela Lei n. 13.964/19, que passou a vigorar a partir de 24/1/2020, traz norma de natureza híbrida, isto é, possui conteúdo de Direito Penal e Processual Penal. 2. Infere-se da norma despenalizadora que o propósito do acordo de não persecução penal é o de poupar o agente do delito e o aparelho estatal do desgaste inerente à instauração do processo-crime, abrindo a possibilidade de o membro do Ministério Público, caso atendidos os requisitos legais, oferecer condições para o então investigado (e não acusado) não ser processado, desde que necessário e suficiente para reprovação e prevenção do crime. Ou seja: o benefício a ser eventualmente ofertado ao agente sobre o qual há, em tese, justa causa para o oferecimento de denúncia se aplica ainda na fase pré-processual, com o claro objetivo de mitigar o princípio da obrigatoriedade da ação penal. 3. Se, por um lado, a lei nova mais benéfica deve retroagir para alcançar aqueles crimes cometidos antes da sua entrada em vigor — princípio da retroatividade da *lex mitior*, por outro lado, há de se considerar o momento processual adequado para perquirir sua incidência — princípio *tempus regit actum*, sob pena de se desvirtuar o instituto despenalizador. 4. Ao conjugar esses dois princípios, tem-se que é possível a aplicação retroativa do acordo de não persecução penal, desde que não recebida a denúncia. A partir daí, iniciada a persecução penal em juízo, não há falar em retroceder na marcha processual. 5. Agravo regimental desprovido (STJ: AgRg no HC 628.647/SC, Rel. Min. Nefi Cordeiro, j. 9/3/2021).

Mas, se admitida a retroatividade aos processos em andamento, o limite deve ser a sentença condenatória.

Com efeito, em que pese corrente em sentido contrário, não cabe o ANPP na fase de recurso. A afirmação de que se trata de norma mista ou híbrida significa que pode ser aplicada aos casos em andamento, ou seja, anteriores ao início de eficácia do art. 28-A, mesmo que superada a etapa de oferecimento da denúncia. Trata-se, é certo, de momento de transição, e a aplicação aos casos em curso tem o condão apenas de dar tratamento isonômico em relação aos casos anteriores ainda sem oferecimento da inicial acusatória. Mas, insistimos, há de se estabelecer um limite, que deve levar em conta a compatibilidade entre o aspecto processual do instituto e a etapa em que se encontra o processo. E, nesse ponto, não há dúvida de que o limite é a prolação da sentença condenatória.

Ora, um dos pressupostos exigidos pelo art. 28-A para que seja possível o acordo de não persecução penal é a confissão formal e circunstanciada. Essa exigência legal traz maior respaldo aos elementos indiciários que, a essa altura, já indicam ter o acusado cometido o crime. Também revela que o indiciado está efetivamente disposto a colaborar com o Ministério Público aceitando sua responsabilidade e ganhando em troca uma moratória, condicionada ao cumprimento do que for acordado. Não se pode ignorar, ademais, que a confissão permanece nos autos e, em caso de descumprimento e oferecimento da denúncia, pode ser utilizada para formação da convicção do julgador, desde que respeitados os mandamentos do art. 155 do CPP. A ausência de confissão, mesmo depois de vencida toda a etapa processual, revela a completa ausência de intenção de colaboração por parte do acusado.

Pode-se argumentar que a ausência de confissão se deu num contexto em que não havia sido realizada a importante modificação do CPP, que inscreveu em lei o acordo de não persecução; e que, nos termos do art. 616 do CPP, o acusado pode ser novamente interrogado mesmo depois da sentença. Quanto ao primeiro argumento, verifica-se que a confissão do acusado, depois da sentença, já não tem serventia alguma para o Ministério Público, visto já ter perdido todo seu valor político-criminal e epistemológico — a confissão vem depois que as consequências penais já são conhecidas pelo réu. Nessas circunstâncias, é grande a possibilidade de que o agente tenha, não a intenção de colaborar com a Justiça e assumir a responsabilidade pelo crime, mas somente o propósito de obter o benefício e evitar os efeitos da condenação. No mais, observe-se que o interrogatório somente deve ser colhido depois da sentença se, na fase anterior, o acusado não teve a oportunidade de narrar sua versão ou se o tribunal *ad quem* julga o interrogatório tardio importante para a busca da verdade. Não é do que se trata.

Mas ainda que, durante a instrução, o acusado tenha confessado, também não é possível a celebração do acordo já na fase recursal, e por uma simples razão: já se esgotou a jurisdição ordinária, não havendo razões jurídicas para o retorno dos autos ao primeiro grau, até porque a sentença, hígida, válida, proferida sem qualquer mácula, não pode ser anulada. Diga-se, aliás, que essa discussão já foi travada em nossos tribunais, em outro momento, a respeito de instituto semelhante, por se tratar de forma de justiça negociada: a suspensão condicional do processo. Naquela oportunidade, o Supremo Tribunal Federal concluiu que a Lei n. 9.099/95 — também de conteúdo misto e cujo art. 89 trazia *lex mitior* no seu aspecto penal — não poderia ser aplicada depois da condenação penal, *in verbis:*

> A suspensão condicional do processo — que constitui medida despenalizadora — acha-se consubstanciada em norma de caráter híbrido. A regra inscrita no art. 89 da Lei n. 9.099/95 qualifica-se, em seus aspectos essenciais, como preceito de caráter processual, revestindo-se, no entanto, quanto às suas consequências jurídicas no plano material, da natureza de uma típica norma de direito penal, subsumível à noção da *lex mitior*.
>
> A possibilidade de válida aplicação da norma inscrita no art. 89 da Lei n. 9.099/95 — que dispõe sobre a suspensão condicional do processo penal (*sursis* processual) — supõe, mesmo tratando-se de fatos delituosos cometidos em momento anterior ao da vigência desse diploma legislativo, a inexistência de condenação penal, ainda que recorrível. Condenado o réu, ainda que em momento anterior ao da vigência da Lei dos Juizados Especiais Criminais, torna-se inviável a incidência do art. 89 da Lei n. 9.099/95, eis que, com o ato de condenação penal, ficou comprometido o fim precípuo para o qual o instituto do *sursis* processual foi concebido, vale dizer, o de evitar a imposição da pena privativa de liberdade. Precedente (HC 74.463/SP, Rel. Min. Celso de Mello, j. 10/12/1996).

Insistimos, portanto, que o marco final para que se possa celebrar o acordo de não persecução penal deve ser a sentença condenatória. Isso porque, uma vez já tendo sido proferida a sentença, o acusado não pode mais efetivamente colaborar com o Ministério Público por meio de sua confissão, que é, como já visto, um importante trunfo político-criminal para a celebração do acordo.

11. CONCLUSÃO

Espero ter, com o presente texto, contribuído para a aplicação do ANPP. É evidente que os instrumentos negociais, há tempos presentes no processo cível, cumprem expectativas dos indivíduos e agentes político-econômicos, porque abreviam o tempo para a solução do conflito e atendem a um prático cálculo de utilidade social. O consenso entre as partes se estabelece em um ambiente de coparticipação racional, mediante vantagens recíprocas que concorrem para uma aceitabilidade no cumprimento da medida mais efetiva, sentimento que eleva o senso de autorresponsabilidade e comprometimento com o acordo, atributos que reforçam a confiança no seu cumprimento integral.

O processo penal carecia de um instrumento como o ANPP. Inegavelmente, o acordo de não persecução penal traz economia de tempo e recursos para que o sistema de justiça criminal exerça, com a atenção devida, uma tutela penal mais efetiva nos crimes que merecem esse tratamento.

BIBLIOGRAFIA

CABRAL, Rodrigo Leite Ferreira. **Acordo de não persecução penal — Um panorama sobre o acordo de não persecução penal**. Salvador: Ed. JusPodivm, 2018.

CABRAL, Rodrigo Leite Ferreira. **Manual do Acordo de Não Persecução Penal.** Salvador: Ed. JusPodivm, 2020.

CUNHA, Rogério Sanches. **Código de Processo Penal e Lei de Execução Penal comentados**. 5. ed. Salvador: Ed. JusPodivm, 2022.

DOWER, Patrícia E. Campos; SOUZA, Renee de Ó. **Acordo de não persecução penal — Algumas respostas sobre o acordo de não persecução penal**. Salvador: Ed. JusPodivm, 2017.

ROXIN, Claus; SCHÜNEMANN, Bernd. **Strafverfahrensrecht**. 27. ed. München: Beck, 2012.

CAPÍTULO 13

FALÊNCIA DA PENA DE PRISÃO – OS TRINTA ANOS DA OBRA DO PROFESSOR CEZAR ROBERTO BITENCOURT

Rômulo de Andrade Moreira[1]

> Liberdade? É o meu último refúgio, forcei-me à liberdade e aguento-a não como um dom, mas com heroísmo: sou heroicamente livre. E quero o fluxo. Não é confortável o que te escrevo. Não faço confidências. Antes me metalizo. E não te sou e me sou confortável; minha palavra estala no espaço do dia[2].

Há trinta anos, em 1992, o Professor Cezar Roberto Bitencourt defendeu a sua tese de doutoramento na Universidade de Sevilla, na Espanha, sob a orientação do Professor Francisco Muñoz Conde, intitulada de "Evolución y crisis de la pena privativa de libertad", com a qual obteve nota máxima, *cum laude*.

Alguns anos depois, a tese constituiu a base do livro editado e publicado no Brasil, *Falência da pena de prisão: causas e alternativas.*

Como escreveu Paulo Busato, o Professor Bitencourt "sempre foi um penalista adiante de seu tempo, sendo um dos primeiros autores brasileiros que, logo após a abertura democrática, encarregou-se de buscar a atualização das matrizes penais, trazendo à baila as discussões mais atuais do Direito Penal do fim do *século XX, traduzindo artigos de autores espanhóis e até de*

---

1. Procurador de Justiça do Ministério Público do Estado da Bahia e Professor de Direito Processual Penal da Universidade Salvador — UNIFACS.
2. LISPECTOR, Clarice. **Água Viva**. Rio de Janeiro: Rocco, 1998, p. 16.

autores alemães, como Hassemer, a partir de publicações espanholas, trazendo para o Brasil uma importante visão política para as ciências penais"[3].

Para Caffarena, esta obra, escrita por um "jurista e penalista comprometido com a realidade política e social de nossos dias", traduz um trabalho feito a partir de "uma investigação completa, rigorosa e científica de uma das questões mais controvertidas do Direito Penal de nossos tempos"[4].

A obra está dividida em cinco capítulos, todos eles com uma abordagem profunda dos respectivos temas.

No primeiro capítulo, o Professor Bitencourt trata da história e evolução da pena de prisão, desde a Antiguidade até a Idade Moderna, passando, evidentemente, pela Idade Média, e finalizando com a análise das ideias dos três grandes reformadores: Cesare Beccaria, John Howard e Jeremy Benthan.

Na Antiguidade, segundo o autor, desconheceu-se "totalmente a privação de liberdade estritamente considerada como sanção penal, embora seja inegável que o encarceramento de delinquentes existiu desde tempos imemoráveis, não tendo, porém, caráter de pena, repousando em outras razões"[5].

Na verdade, a privação de liberdade naquele período histórico, antes de ser uma sanção pela prática de algum delito, "era uma espécie de antessala de suplícios, como forma de, torturando, descobrir a verdade".

(Aqui abre-se um parênteses, a propósito da verdade, pois, ainda hoje, e talvez mais do que nunca, vê-se alguém defendendo o protagonismo do Juiz no processo penal, muitas vezes a partir da ideia de que se deve buscar uma verdade real, legitimadora de toda e qualquer possibilidade de atuação jurisdicional, ainda que meramente persecutória).

Neste aspecto, faz-se referência a Muñoz Conde, especialmente quando afirma que "o processo penal em um Estado de Direito não somente deve procurar o equilíbrio entre a busca da verdade e a dignidade dos acusados, mas também deve entender a verdade mesma, não como uma verda-

---

3. BUSATO, Paulo. Trecho do prólogo da obra coletiva coordenada por Paulo José Freire Teotônio, **Elementos do Direito Penal Contemporâneo — Estudos em Homenagem a Cezar Roberto Bitencourt**. Curitiba: Editora Prismas, 2016.

4. CAFFARENA, Borja Mapelli. Trecho do prólogo da obra **Falência da pena de prisão**: causas e alternativas. São Paulo: Saraiva, 2001.

5. BITENCOURT, Cezar Roberto. **Falência da pena de prisão**: causas e alternativas. São Paulo: Saraiva, 2001, p. 4 e s.

de absoluta, mas como o dever de apoiar uma condenação somente quando, indubitável e intersubjetivamente, possa se dar como provado o fato. Tudo o mais é puro fascismo e representa a volta aos tempos da Inquisição, dos quais se supõe termos felizmente saído"[6].

Mais grave ainda, conforme Ferrajoli, é quando se busca a verdade material ou substancial, certamente aquela "carente de limites e de fins legais, alcançável a partir de qualquer meio e perseguida fora de regras e controles, degenerando-se em um juízo de valor amplamente arbitrário do fato, resultando inevitavelmente numa concepção autoritária e irracionalista do processo penal".

Para o jurista italiano, contrariamente, a verdade formal ou processual é alcançada "mediante o respeito a regras precisas, relativas somente aos fatos e circunstâncias penalmente relevantes. Esta verdade não pretende ser a verdade; não pode ser obtida mediante indagações inquisitivas alheias ao objeto processual, estando condicionada em si mesma pelo respeito aos procedimentos e às garantias da defesa. É, em suma, uma verdade mais controlada quanto ao método de aquisição, nada obstante mais reduzida quanto ao conteúdo informativo de qualquer hipotética 'verdade substancial'"[7].

Afinal, conforme ensina Jacinto Coutinho, "o discurso sobre a Verdade/verdade é eficaz e seduz as pessoas que buscam nele o arrimo necessário para sua segurança"[8].

Feita esta pequena observação sobre a questão da verdade e o direito, volta-se para a obra do professor Bitencourt que, citando especialmente as civilizações mais antigas como o Egito, a Pérsia, a Babilônia, Roma e a Grécia, observa que pelos "vestígios que nos chegaram dos povos e civilizações mais antigas, confirma-se a finalidade que atribuíam primitivamente à prisão: lugar de custódia e tortura".

Neste aspecto, o jurista observa que Platão propunha três tipos de prisão: "uma na praça do mercado, que servia de custódia; outra, denominada *sofonisterium*, situada dentro da cidade, que servia de correção, e uma terceira destinada ao suplício, que, com o fim de amedrontar, deveria constituir-se

---

6. MUÑOZ CONDE, Francisco. **Búsqueda de la verdad en el Proceso Penal.** Buenos Aires: Depalma: 2000, p. 107.
7. FERRAJOLI, Luigi. **Derecho y razón.** Madrid: Editorial Trotta, 1998, p. 44-45.
8. COUTINHO, Jacinto Nelson de Miranda. Quando se fala de verdade no processo penal, do que se fala? Disponível em: https://www.conjur.com.br/2020-jun-26/limite-penal-quando-verdade-processo-penal. Acesso em: 26 jun. 2020.

em lugar deserto e sombrio, o mais distante da cidade", fazendo, outrossim, uma "distinção entre crimes extraordinários, cujos autores eram condenados à morte civil, e crimes de menor gravidade, sancionados com penas de correção, que se cumpriam em um estabelecimento especial".

Os romanos, igualmente, "só conheceram o encarceramento com fins de custódia, para impedir que o culpado pudesse subtrair-se ao castigo, daí o famoso texto de Ulpiano: 'a prisão serve não para o castigo dos homens, mas para a sua custódia'". Aliás, tanto em Roma como na Grécia havia a chamada prisão por dívida, "penalidade civil que se fazia efetiva até que o devedor saldasse, por si ou por outro, a dívida".

Com a queda do Império Romano e a invasão dos bárbaros, inicia-se o período da Idade Média, onde também não aparecia a pena privativa de liberdade, prevalecendo nesse período "um claro predomínio do direito germânico e a privação da liberdade continuava a ter uma finalidade custódia, predominado os mais cruéis castigos corporais, como a amputação dos braços, pernas, olhos, língua, mutilações diversas, queima de carne a fogo, e a morte, em suas mais variadas formas".

Nesse período histórico — em toda a Idade Média -, segundo o Professor Bitencourt, a pena de prisão estava restrita, excepcionalmente, "para aqueles casos em que os crimes não tinham suficiente gravidade para sofrer condenação à morte ou a penas de mutilação".

(Aqui um outro parêntese para lembrar que também nesse período — especialmente a partir do século XIII — predominou o processo penal de modelo inquisitivo, que perdurou por quase seis séculos, e que esteve a serviço da opressão da Igreja e do Estado, caracterizado, como escreveu Ferrajoli, por "uma confiança tendencialmente ilimitada na bondade do poder e em sua capacidade de alcançar a verdade, confiando às presumidas virtudes do poder que julga, não somente a verdade como também a tutela do inocente"[9]).

Ainda estudando a Idade Média, aborda-se no livro a influência da religião na evolução da pena, afirmando-se — forte na lição de Hilde Kaufmann — que "a pena privativa de liberdade foi produto do desenvolvimento de uma sociedade orientada para a consecução da felicidade, surgida do pensamento calvinista cristão".

Nesse ponto, acresce-se a influência da prisão eclesiástica ("que irradiou fluxos arquitetônicos e psicológicos que ainda perduram") e do Direi-

---

9. FERRAJOLI, Luigi. **Derecho y razón**. Madrid: Editorial Trotta, 1998, p. 604.

to Canônico, que "contribuiu consideravelmente para com o surgimento da prisão moderna, especialmente no que se refere às primeiras ideias sobre a reforma do delinquente".

Passando para a análise da Idade Moderna, relembra o Professor Bitencourt que a Europa atravessava um período de intensa crise socioeconômica, com a pobreza abatendo-se por todo o continente durante os séculos XVI e XVII, ocasionando todo tipo de reação penal para "os deserdados da fortuna que delinquiam cotidianamente para subsistir".

Todas as reações tentadas falharam, inclusive a pena capital, pois era "evidente que, ante tanta delinquência, a pena de morte não era uma solução adequada, já que não se podia aplicar a tanta gente".

Se até a primeira metade do século XVI as principais respostas penais — especialmente na Inglaterra — foram os açoites, o desterro e a morte, na segunda metade — dada a modificação socioeconômica — "iniciou-se um movimento de grande transcendência no desenvolvimento das penas privativas de liberdade, na criação e construção de prisões organizadas para a correção dos apenados, surgindo instituições de correção de grande valor histórico penitenciário".

Na Inglaterra, por exemplo, a pedido da Igreja, o Rei autorizou que fosse utilizado o Castelo de Bridwell "para que nele se recolhessem os vagabundos, ociosos, os ladrões e os autores de delitos menores, com a finalidade de reformar os delinquentes por meio do trabalho e da disciplina, a partir da convicção que, como todas as ideias que inspiraram o penitenciarismo clássico, o trabalho e a férrea disciplina são um meio indiscutível para a reforma do recluso"[10].

Como objetivos principais da reclusão, o autor aponta a prevenção geral ("já que pretendia desestimular outros para a vadiagem e a ociosidade") e o autofinaciamento do preso com o trabalho, geralmente no ramo têxtil.

---

10. Nesse período surgem na Inglaterra e em Dublin, com as mesmas características, as *workhouses*, mostrando "a íntima relação que existe, ao menos em suas origens, entre a prisão e a utilização da mão de obra do recluso, bem como a conexão com as suas condições de oferta e procura". Em Amsterdã, em meados do século XVI, surgem as casas de correção para homens (*rasphuis*) e para mulheres (*spinhis*). Tais estabelecimentos eram criados, geralmente, "para tratar a pequena deliquência, mantendo-se para os delitos mais graves a aplicação de outras penas, como exílio, açoites, pelourinho etc.". Também no século XVI surgiram as galés, uma espécie de prisão flutuante em que se obrigava o prisioneiro, acorrentado a um banco e sob ameaça de um chicote, a remar. As galés eram comuns na Inglaterra, França, Espanha e Itália (BITENCOURT, Cezar Roberto, ob. cit.).

Já no século XVII a ideia de prisão-custódia passa para uma concepção de prisão-pena, fato especialmente surgido na Inglaterra e na Holanda, coincidindo com as origens do capitalismo, afinal "a criação desta nova e original forma de segregação punitiva responde mais a uma exigência relacionada ao desenvolvimento geral da sociedade capitalista que à genialidade individual de algum reformador".

Conforme Melossi e Pavarini — citados na obra — as casas de correção e de trabalho inglesas e holandesas serviam muito mais como "instrumentos de dominação, tanto no aspecto político como no econômico e ideológico, e menos como maneira de reformar ou emendar o delinquente, servindo, sobretudo, para impor a hegemonia de uma classe sobre outra, eliminando toda possibilidade de surgir uma ação que ponha em perigo a homogeneidade do bloco de dominação socioeconômica".

Essa visão marxista de Melossi e Pavarini encontra uma dificuldade teórica, segundo o autor, consistente nas relações entre a estrutura e a superestrutura, agravando-se "quando se aplica a análise marxista a um problema social concreto, já que a interação da Natureza e da Ideia, da infraestrutura (econômica) e da superestrutura (ideológica, filosófica, moral, religiosa, jurídica etc.) não é em sentido único".

Se a análise dessa transformação não seria suficientemente explicada a partir do pensamento marxista — especialmente pelo obstáculo teórico acima resumido -, seria também "ingênuo pensar que a pena privativa de liberdade surgiu só porque a pena de morte estava em crise ou porque se queria criar uma pena que se ajustasse melhor a um processo geral de humanização ou, ainda, que pudesse conseguir a recuperação do criminoso".

Feitas tais considerações, então o Professor Bitencourt elenca as mais importantes causas que explicariam — em sua visão — o surgimento da prisão, a saber:

a) o surgimento, a partir do século XVI, do racionalismo e a valorização da liberdade;

b) a ideia, a partir do século XV, de que era preciso substituir a publicidade de alguns castigos pela vergonha, prestando-se a prisão para ocultar o constrangimento moral do castigo e "até para se esquecer das pessoas a que se impôs a sanção";

c) nos séculos XV, XVI e XVI, com as mudanças socioeconômicas advindas do fim da Idade Média e o início da Idade Moderna, surgiu "uma grande quantidade de pessoas que sofriam de uma pobreza extrema e que deviam dedicar-se à mendicância ou a praticar atos delituosos, havendo um crescimento excessivo de delinquentes em todo o velho continente, e a pena de morte caiu em desprestígio e não respondia mais aos anseios de justiça, dando lugar a uma grande invenção que demonstrava ser o meio mais eficaz de controle social: a pena privativa de liberdade";

d) por último, tem-se a razão político-econômica como fator importante na transformação da pena privativa de liberdade, pois, conforme assinala o professor Bitencourt, a partir das lições de Foucault, "em toda a Europa o internamento tem o mesmo sentido, pelo menos no início. É uma das respostas dadas pelo século XVII a uma crise econômica que afeta o mundo ocidental em seu conjunto, com a queda de salários, desemprego, escassez da moeda etc.".

Ainda no primeiro capítulo, o professor Bitencourt passa a analisar o pensamento dos reformadores clássicos: Beccaria, Howard e Bentham, iluministas e humanitários que repeliam as leis em vigor inspiradas "em ideias e procedimentos de excessiva crueldade, prodigalizando os castigos corporais e a pena capital".

No segundo capítulo, são analisados os sistemas penitenciários, anotando-se, desde o princípio, que os primeiros sistemas penitenciários surgiram nos Estados Unidos, "marcando o nascimento da pena privativa de liberdade e superando a utilização da prisão como simples meio de custódia". Feita esta primeira observação, a obra passa a explicar os sistemas penitenciários, elencando-os:

a) o sistema pensilvânico, celular ou filadélfico, especialmente caracterizado "pelo isolamento em uma cela, a oração e a abstinência total de bebidas alcoólicas como meios para salvar tantas criaturas infelizes, servindo a religião como instrumento para se conseguir a recuperação do recluso";

b) o sistema auburniano, surgido em virtude das críticas ao sistema pensilvânico e como "uma necessidade e um desejo de superar as limitações e os defeitos do regime celular", não somente em razão do sofrimento físico imposto pelo isolamento, como também pela influência da religião no cumprimento da pena. Tal sistema (**silent system**) tinha como características principais a adoção do trabalho compulsório e a regra do silêncio absoluto, seus dois verdadeiros pilares; nele, "os detentos não podiam falar entre si, somente com os guardas, com licença prévia e em voz baixa". Conforme observação de Foucault, citado pelo professor Bitencourt, "o silêncio ininterrupto, mais que propiciar a meditação e a correção, é um instrumento essencial de poder, permitindo que uns poucos controlem uma multidão, com um rígido enquadramento hierárquico, não se permitindo a relação lateral, mas somente em sentido vertical";

c) os sistemas progressivos, surgidos no decurso do século XIX quando a pena privativa de liberdade consolida-se como sanção penal, "sendo a espinha dorsal do sistema penal atual e coincidindo com o progressivo abandono da pena de morte". Os sistemas progressivos consistem, essencialmente, "em distribuir o tempo de duração da condenação em períodos, ampliando-se em cada um os privilégios que o recluso pode desfrutar de acordo com sua boa conduta e o aproveitamento demonstrado do tratamento reformador, além de possibilitar ao recluso reincorporar-se à sociedade antes do término da condenação", objetivando-se constituir um estímulo à boa conduta e à adesão do recluso ao regime aplicado e conseguir, paulatinamente, sua reforma moral e a preparação para a futura vida em sociedade.

Os sistemas progressivos "procuram corresponder ao inato desejo de liberdade dos reclusos, estimulando-lhes a emulação, que haverá de conduzi-los à liberdade". Dentre eles, analisa-se particularmente o sistema inglês ou **mark system**, concebido a partir da obra desenvolvida pelo Capitão Alexander Maconochie, no ano de 1840, na Ilha Norfolk, na Austrália, local em que a Inglaterra enviava seus criminosos "mais perversos". O Capitão Maconochie, então governador da ilha, "adotou a substituição da severidade pela benignidade e os castigos pelos prêmios", dividindo-se o regime prisional em três períodos, a saber: a) isolamento celular diurno e noturno; b) trabalho em comum sob a regra do silêncio; c) liberdade condicional, período no qual o condenado obtinha liberdade limitada, "uma vez que a recebia com restrições, às quais devia obedecer, e com vigência determinada, findo o qual o condenado obtinha sua liberdade de forma definitiva", salvo se tivesse descumprido as restrições impostas.

A adoção do regime proposto pelo Capitão Maconochie restabeleceu a ordem e a disciplina, "produzindo na população carcerária o hábito do trabalho, favorecendo a emenda e cessando todo tipo de motins e fatos sangrentos na Ilha Norfolk".

Em seguida, analisa-se no livro o sistema progressivo irlandês, possivelmente criado pelo diretor das prisões na Irlanda, Walter Croftonb, e caracterizado, especialmente, pelo estabelecimento de prisões intermediárias, período compreendido entre as prisões e a liberdade condicional, "considerada como um meio de prova de aptidão do apenado para a vida em liberdade"; era composto de quatro fases: a) reclusão celular diurna e noturna; b) reclusão celular noturna e trabalho diurno em comum; c) período intermediário entre a prisão comum e a liberdade condicional; d) liberdade condicional, com as mesmas características do sistema inglês.

Por fim, o jurista Cezar Bitencourt analisa o sistema progressivo de Montensinos, criado pelo Coronel Manuel Montesinos e Molina, governador do presídio de Valência, em 1834, e, para alguns, o verdadeiro criador do sistema progressivo.

Montesinos, nas palavras do autor, "é uma figura indiscutível do penitenciarismo, um genial precursor do tratamento humanitário, conhecedor, como Howard, das desditas e das limitações que a vida na prisão impunha, já que, durante a guerra da independência (1809), ao capitular na praça de Zaragoza, foi submetido, durante três anos, a severo encarceramento em um arsenal militar, em Toulon, na França".

Como características principais do sistema criado por Montesinos, destacam-se na obra as seguintes: a) a importância dada às relações com os reclusos, fundadas na confiança e estímulo, baseada num sentimento genuíno em relação ao outro; b) respeito à dignidade do preso, não se lhe aplicando, por exemplo, "medidas ou tratamentos que fizessem recair sobre ele uma nota de infâmia ou desonra"; c) função reabilitadora do trabalho, concebido como "o melhor instrumento para conseguir o propósito reabilitador da pena"; d) não adoção do regime celular, pois "só podia satisfazer uma das condições da pena: a mortificação do apenado"; e) admissão da concessão de licenças de saída; f) integração de grupos mais ou menos homogêneos, não havendo "nenhum inconveniente em se mesclarem 'bons' e 'maus', com o fim de estimular sua modificação"; g) prática penitenciária que constituiu um importante antecedente da prisão aberta; h) redução em uma terça parte da duração da condenação, como recompensa pela boa conduta, razão pela qual muitos atribuem a Montesinos o antecedente da liberdade condicional.

Finalizando o segundo capítulo, o autor analisa a crise do sistema progressivo e a sua substituição (ao menos formalmente, segundo sua ressalva) por um tratamento de "individualização científica". Como causas da crise do sistema progressivo, elenca as seguintes: a) o surgimento dos conhecimentos criminológicos, propiciando "a entrada de especialistas muito diferentes daqueles a que o regime progressivo clássico estava acostumado"; b) o fato de que o "controle rigoroso sobre toda a atividade do recluso, especialmente no regime fechado, torna a sua efetividade uma ilusão, diante das poucas esperanças sobre os seus resultados"; c) também era uma ilusão de que o regime progressista favorecia mudanças que seriam progressivamente automáticas, pois "o afrouxamento do regime não pode ser admitido como método social que permitiria a aquisição de maior conhecimento da personalidade e da responsabilidade do interno"; d) a improbabilidade de que o recluso admita voluntariamente submeter-se à disciplina imposta pela instituição penitenciária; e) o estabelecimento "de forma rigidamente estereotipada" das diversas etapas estabelecidas no sistema progressivo clássico; f) o fato de que o sistema progressivo "parte de um conceito retributivo, por meio da aniquilação inicial da pessoa e da personalidade humana, pretendendo que o recluso alcance sua readaptação progressiva, por intermédio do gradual afrouxamento do regime, condicionado à prévia manifestação de 'boa conduta', que muitas vezes é só aparente".

Esta crise do regime progressivo levou, segundo o professor Bitencourt, a uma profunda transformação dos sistemas carcerários, seja por meio da individualização (científica) penitenciária, seja pela "pretensão de que o regime penitenciário permita uma vida em comum mais racional e humana (por exemplo, quando se estimula o regime aberto)".

O capítulo terceiro trata das teorias da pena, analisando-se as diversas explicações teóricas que a doutrina tem dado acerca do tema, especialmente as que procuram explicar o sentido, a função (e não o conceito[11]) e a finalidade das penas, especialmente: a) as teorias absolutas ou retributivas das penas; b) as teorias relativas da prevenção geral e da prevenção especial; c) as teorias unificadoras ou ecléticas; d) as teorias da prevenção geral positiva limitadora e fundamentadora.

As primeiras teorias atribuem à pena, exclusivamente, "a difícil incumbência de realizar a justiça, tendo como fim fazer justiça, nada mais, devendo a culpa do autor ser compensada com a imposição de um mal, que é a pena, e o fundamento da sanção penal está no questionável livre-arbítrio, entendido como a capacidade de decisão do homem para distinguir entre o justo e o injusto, não sendo possível imaginar nenhum outro fim que não seja único e exclusivamente o de realizar a justiça, sendo a pena um fim em si mesma".

Entre os seus defensores mais destacados, cita-se Kant (*A metafísica dos costumes*) e Hegel (*Princípios da filosofia do direito*), diferençando--se, ambos, especialmente porque em Kant a fundamentação é de ordem

---

11. Segundo a lição de Mir Puig, "conceitualmente, a pena é um castigo. Porém, admitir isso não implica, como consequência inevitável, que sua função, isto é, fim essencial da pena, seja a retribuição" (p. 104).

ética (a lei penal como um imperativo categórico), enquanto Hegel propõe uma fundamentação de ordem jurídica.

Com efeito, para Kant, "quem não cumpre as disposições legais não é digno do direito de cidadania, sendo obrigação do soberano castigar 'impiedosamente' aquele que transgrediu a lei, considerada como um imperativo categórico, isto é, como aquele mandamento que 'representasse uma ação em si mesma, sem referência a nenhum outro fim, como objetivamente necessária'". Para ele, em suma, "o réu deve ser castigado pela única razão de haver delinquido, sem nenhuma consideração sobre a utilidade da pena ou para os demais integrantes da sociedade".

Hegel também era retribucionista, resumindo-se sua teoria na frase: a pena é a negação da negação do Direito. Ao contrário de Kant, no entanto, a teoria hegeliana da pena "é mais jurídica, na medida em que a pena encontra sua justificação na necessidade de restabelecer a vigência da vontade geral, simbolizada na ordem jurídica e que foi negada pela vontade do delinquente". Assim, segundo o método (dialético) hegeliano, a tese seria a vontade geral (a ordem jurídica), a antítese seria a prática do delito (a negação da ordem jurídica) e a síntese seria a negação da negação, ou seja, "a pena como castigo do delito".

Como anota o professor Bitencourt, além de Kant e Hegel (sem dúvidas, os mais destacados), as teorias absolutas das penas tiveram outros defensores, como Francesco Carrara (para quem "o fim primário da pena é o restabelecimento da ordem externa da sociedade"), Karl Binding (que reconhecia "a prevalência do poder do direito, para o qual se requer a redução do culpado pela força"), Mezger (segundo o qual a pena, como retribuição, "é, necessariamente, a privação de bens jurídicos"), Welzel (cada um deve sofrer o que os seus atos valem, segundo o postulado "da retribuição justa"), Maurach (a pena desvincula-se de todo fim), além da concepção retribucionista que se baseava na antiga ética cristã, e que fundamentava a pena desde o ponto de vista do pecado cometido, "que necessita de castigo para sua expiação".

As teorias retributivas sofreram fortes e contundentes críticas, sendo destacadas pelo professor Bitencourt as principais objeções feitas por Roxin, Hassemer e Mir Puig.

Em seguida, a obra expõe, com a mesma proficiência, as teorias preventivas (ou relativas) da pena, estabelecendo-se, desde logo, uma diferença em relação às primeiras, "na medida em que buscam fins preventivos posteriores e fundamentam-se na sua necessidade para a sobrevivência do grupo social".

Para os seus teóricos, em suma, a pena "não visa a retribuir o fato delitivo e sim prevenir a sua comissão, impondo-se, ao contrário das teorias absolutas, a pena *ut ne peccetur*, isto é, para que não se volte a delinquir".

Segundo o professor Bitencourt, "a formulação mais antiga das teorias relativas costuma ser atribuída a Sêneca, que, baseando-se em Protágoras, de Platão, afirmou que nenhuma pessoa responsável castiga pelo pecado cometido, mas sim para que não volte a pecar, concebendo-se a pena como um mal necessário, com a função de inibir, tanto quanto possível, a prática de novos fatos delitivos".

A teoria preventiva da pena divide-se em duas vertentes bem definidas, a saber:

a) a prevenção geral, destacando-se como seus partidários Bentham, Beccaria, Filangieri, Shopenhauer e Feuerbach, coincidindo com o período iluminista, onde se deu a transição do Estado absoluto para o Estado liberal. Tal teoria baseia-se precipuamente na "ideia da intimidação ou da utilização do medo e a ponderação da racionalidade do homem, produzindo-se no indivíduo uma espécie de motivação para não cometer delitos";

b) a prevenção especial, destacando-se, dentre os seus defensores, Von Liszt e Marc Ancel (que formulou, na França, a teoria da nova defesa social). Para aquele jurista alemão, "a necessidade da pena mede-se com critérios preventivo-especiais, segundo os quais a aplicação da pena obedece a uma ideia de ressocialização e reeducação do delinquente, à intimidação daqueles que não necessitem ressocializar-se e também para neutralizar os incorrigíveis", resumindo-se a sua tese em três palavras: intimidação, correção e inocuização; também se faz referência à Escola Correcionalista, na Espanha.

Além da prevenção geral e da prevenção especial, merecem destaque na obra do professor Bitencourt as teorias mistas ou unificadoras que tentaram "agrupar em um conceito único os fins da pena, tentando recolher os aspectos mais destacados das teorias absolutas e relativas".

Foi Merkel, na Alemanha, no começo do século passado, o grande formulador dessa teoria eclética; segundo ela — que procura abranger a pluralidade funcional da pena, afastando a "unidimensionalidade" das teorias absolutas e relativas -, "a sanção punitiva não deve fundamentar-se em nada que não seja o fato praticado, qual seja, o delito, afastando-se, portanto, um dos princípios básicos da prevenção geral: a intimidação da pena, inibindo o resto da comunidade de praticar delitos, evitando-se, outrossim — e com o mesmo argumento -, uma possível fundamentação preventivo--especial da pena, na qual esta, como já vimos, tem como base aquilo que o delinquente 'pode' vir a realizar se não receber o tratamento a tempo, e não o que já foi realizado, sendo um critério ofensivo à dignidade do homem ao reduzi-lo à categoria de doente biológico ou social".

As teorias unificadoras, na bem formulada síntese do autor, "aceitam a retribuição e o princípio da culpabilidade como critérios limitadores da intervenção da pena como sanção jurídico-penal, não podendo, pois, ir além de buscar a consecução dos fins de prevenção geral e especial".

Tais teorias também sofreram críticas, especialmente diante "da infeliz combinação de proposições retributivas e preventivas da tese unificadora que não foi suficientemente convincente para consolidar uma teoria doutrinária". Surgiu, então, a teoria da prevenção geral positiva, "fruto das pesquisas que resultaram da insatisfação das antinomias das teorias anteriormente referidas", apresentando-se duas grandes subdivisões:

a) a prevenção geral positiva fundamentadora, destacando-se como seus defensores os alemães Welzel e Jacobs. Para o primeiro, "o direito penal cumpre uma função ético-social, para a qual mais importante que a proteção de bens jurídicos é a garantia de vigência real dos valores de ação da atitude jurídica". Para o segundo, "ao direito penal corresponde garantir a função orientadora das normas jurídicas, entendendo — com base em Luhmann — que as normas jurídicas buscam estabilizar e institucionalizar as experiências sociais, servindo, assim, como orientação da conduta que os cidadãos devem observar nas suas relações sociais";

b) a prevenção geral positiva limitadora, baseando-se, fundamentalmente, na ideia de que "a prevenção geral deve expressar-se com sentido limitador ao poder punitivo do Estado, considerando-se o direito penal como uma forma a mais de controle social". Essa formalização do direito penal, segundo Mir Puig, "tem lugar por meio da vinculação com as normas e objetiva limitar a intervenção jurídico-penal do Estado em atenção aos direitos individuais do cidadão, não podendo o Estado — a não ser que se trate de um Estado totalitário — invadir a esfera dos direitos individuais do cidadão, ainda quando haja praticado algum delito".

No quarto capítulo, o autor passa a tratar, especificamente, da crise da pena privativa de liberdade, analisando-se os mais variados aspectos das deficiências da prisão, iniciando-se pela prisão como fator criminógeno.

Nesse aspecto, "considera-se que a prisão, em vez de frear a delinquência, parece estimulá-la, convertendo-se em instrumento que oportuniza toda espécie de desumanidade, não trazendo, outrossim, nenhum benefício ao apenado, mas, ao contrário, possibilitando toda sorte de vícios e degradações".

Esse caráter criminógeno da prisão é demonstrado a partir de três fatores que comprovam a tese de que a prisão é, efetivamente, um meio criminógeno, a partir de fatores materiais, psicológicos e sociais. Assim, "nas prisões clássicas existem condições (*materiais*) que podem exercer efeitos nefastos sobre a saúde dos internos", transformando-se em locais "onde se dissimula e se mente", além do fato de que "a segregação de uma pessoa do seu meio social ocasiona uma desadaptação tão profunda que resulta difícil conseguir a reinserção social do delinquente, especialmente no caso de pena superior a dois anos".

Além desse fator criminógeno, o autor refere os elevados índices de reincidência como uma demonstração (relativa, é bem verdade) do fracasso da prisão, "apesar da presunção de que durante a reclusão os internos são submetidos a tratamento reabilitador e, ao contrário, a prisão constitui uma realidade violenta e opressiva e serve apenas para reforçar os valores negativos do condenado". Neste aspecto, é importante ressaltar a observação do autor sobre a relatividade das cifras sobre a reincidência, sendo os dados disponíveis sobre a reincidência insuficientes, "visto que a recaída do delinquente produz-se não só pelo fato de a prisão ter fracassado, mas por contar com a contribuição de outros fatores pessoais e sociais". Para ele, as conclusões estatísticas "são o resultado de uma análise excessivamente esquemática e simplista".

Em seguida, e ainda no mesmo capítulo, trata-se dos efeitos sociológicos e psicológicos ocasionados pela prisão. Sob o primeiro aspecto, analisa-se a influência prejudicial da prisão sobre o recluso e o significado e efeito do sistema originado na prisão, "sistema social relativamente fechado e instrumento inadequado para a obtenção de algum efeito positivo sobre o recluso, reforçando a tese de que a prisão, como resposta penológica, encontra-se efetivamente em crise".

Em relação ao segundo efeito produzido pela prisão, destacam-se no texto os problemas psicológicos que a prisão acarreta (sendo, portanto, "paradoxal falar em reabilitação do delinquente em um meio tão traumático como o cárcere") e a consequência negativa sobre o autoconceito do recluso, produzindo-se-lhe "um sentimento de esterilidade absoluta, cuja origem reside na desconexão social e na impotência habitual para adquirir, dentro da prisão, benefícios que sejam transferíveis à vida que se desenvolve lá fora, além do fato de as instituições totais tenderem a converter os reclusos em simples sujeitos de necessidades, anulando toda a sua iniciativa e submetendo-os a estrita classificação e ordem disciplinar".

Também no mesmo capítulo enfrenta-se a delicadíssima questão sexual nas prisões, abordando-se o problema da repressão do instinto sexual, as consequências negativas da privação de relações sexuais e as possíveis soluções para essa questão; dentre estas, indicam-se as mais conservadoras (e que partem da equivocada concepção de que tal problema não existe) que são os exercícios físicos, o trabalho e os esportes; e as mais radicais, como a utilização de drogas, solução que "não constitui, nem moral nem juridicamente, uma resposta satisfatória ao conflito sexual prisional".

Das soluções mais satisfatórias aventadas na literatura, e referidas pelo autor, destacam-se: a) as saídas temporárias, apesar de "beneficiar somente um setor minoritário da população carcerária, isto é, somente aqueles que fazem jus a tal benefício"; b) as visitas íntimas, "direito subjetivo dos internos, mesmo limitado, condicionado ao preenchimento de certos requisitos e de determinadas condições"; c) a prisão aberta, nada obstante "nem todos os prisioneiros podem cumprir pena em estabelecimento desse gênero"; d) a prisão mista, "procurando tornar o ambiente o mais parecido possível com a vida livre, visando afastar as características usuais do isolamento e do abandono humano".

Para finalizar o quarto capítulo, o professor Cezar Bitencourt faz uma análise etiológica da conflitividade carcerária, destacando-se que "os motins são os fatos que mais dramaticamente evidenciam as deficiências da pena privativa de liberdade e o acontecimento que causa maior impacto e o que permite à sociedade tomar consciência, infelizmente por pouco tempo, das condições desumanas em que a vida carcerária se desenvolve, servindo para lembrar à comunidade que o encarceramento do delinquente apenas posterga o problema, rompendo o muro de silêncio que a sociedade levanta ao redor do cárcere".

Apesar de admitir que as péssimas condições materiais da vida carcerária sejam o fator mais importante dos motins, o autor adverte que para entender melhor o problema é preciso analisar outros fatores, tais como:

a) o comportamento violento não é exclusivo da prisão, pois "a vida em sociedade sofre forte influência de tendências destrutivas";

b) aspectos subjetivos que estimulam a conflitividade carcerária, visto que "os internos tendem a manter o mesmo nível de frustração, apesar de as condições penitenciárias irem melhorando, mas as inevitáveis limitações que a reclusão impõe faz com que os remédios institucionais tenham efeito muito reduzido";

c) a clássica prisão de segurança máxima que possibilita, em geral, "que os reclusos vivam em condições de 'amontoamento', havendo poucas condições de as autoridades penitenciárias realizarem adequada supervisão e vigilância interna";

d) influências de ideologias políticas radicais, especialmente a politização de um setor da população carcerária;

e) as reformas penitenciárias que, apesar do aparente paradoxo, "podem provocar conflitos e motins, pois tendem a debilitar a estrutura de poder dos internos, provocando a perda de privilégios, especialmente daqueles que ocupam os estratos mais elevados";

f) as graves deficiências do regime penitenciário que comovem "qualquer pessoa que conheça certos detalhes deploráveis da vida carcerária".

E, finalizando a obra, no quinto capítulo trata-se dos substitutivos penais trazidos pela reforma penal de 1984, a partir da promulgação da Lei n. 9.714/98, especialmente: a) da suspensão condicional da pena; b) das penas pecuniárias; c) das penas restritivas de direitos; d) do livramento condicional.

Aliás, em relação às chamadas penas alternativas, o professor Cezar Roberto Bitencourt é autor de uma outra obra de referência, publicada em 1999, pela Editora Saraiva, onde se faz uma análise político-criminal das alterações feitas na Parte Geral do nosso Código Penal.

Nessa última parte da obra demonstra-se que o modelo clássico de Justiça Penal, fundado na crença de que a pena privativa de liberdade seria suficiente para, por si só, resolver a questão da violência, vem cedendo espaço para um novo modelo penal, este baseado na ideia da prisão como *extrema ratio* e que só se justificaria para casos de efetiva gravidade.

Passa-se gradativamente de uma política paleorrepressiva ou de *hard control*, de cunho eminentemente simbólico (consubstanciada em uma série de leis incriminadoras, muitas das quais eivadas com vícios de inconstitucionalidade, aumentando desmesurada e desproporcionalmente a duração das penas, inviabilizando direitos e garantias fundamentais do homem, tipificando desnecessariamente novas condutas etc.) para uma tendência despenalizadora, traduzida em leis como a que criou os Juizados Especiais Criminais (Lei n. 9.099/95), que, aliás, também foi objeto de uma obra do Professor Bitencourt, publicada em 2003, pela Editora Saraiva (Juizados Especiais Federais Criminais)[12].

Hoje, portanto, ainda que o nosso sistema penal privilegie induvidosamente o encarceramento (acreditando, ainda, na função dissuasória da prisão), inclusive com a absurda banalização das prisões provisórias (temporária, preventiva e domiciliar), o certo é que a tendência mundial de alternativizar esse modelo clássico vem sendo introduzida no Brasil e tomando força entre os nossos melhores doutrinadores.

Na verdade, antes mesmo do advento da Lei n. 9.714/98, o nosso Código Penal já contava com seis penas alternativas substitutivas. Com a nova lei, o quadro aumentou e, hoje, contamos com dez. Tais sanções visam a substituir a pena privativa de liberdade quando não superior a quatro anos (excluídos os crimes cometidos com violência ou grave ameaça à pessoa) ou, qualquer que seja a pena, quando o crime for culposo; ressalta-se que o réu reincidente em crime doloso não terá o direito, bem como aquele cuja culpabilidade, os antecedentes, a conduta ou personalidade, os motivos e as circunstâncias não o indicarem.

Segundo Luiz Flávio Gomes (saudoso penalista que, inclusive, foi o autor da apresentação/prefácio da obra do professor Bitencourt), a lei teve, dentre outros, os seguintes propósitos: a) diminuir a superlotação dos presídios, sem perder de vista a eficácia preventiva geral e especial da pena; b) reduzir os custos do sistema penitenciário; c) favorecer a ressocialização do autor do fato pelas vias alternativas, evitando-se o pernicioso contato carcerário, bem como a decorrente estigmatização; d) reduzir a reincidência; e) preservar, sempre que possível, os interesses da vítima[13].

É indiscutível que a pena de prisão em todo o mundo passa por uma crise sem precedentes. A ideia disseminada a partir do século XIX, segun-

---

12. A despenalização traduz o princípio da intervenção mínima do Direito Penal, pelo qual "limita-se o poder punitivo do Estado, que com frequência tende a se expandir, principalmente nas situações de crises político-institucionais e nas comoções de natureza socioeconômica, quando a repressão procura ser uma barragem contra a revolta e a marginalidade que alimentam a delinquência patrimonial violenta". Para o professor Dotti, lembrando Ferri, "a luta contra os excessos do poder punitivo não é recente. Ela é apenas reafirmada em atenção às novas perspectivas de causas antigas" (DOTTI, René Ariel. **Bases e alternativas para o sistema de penas**. São Paulo: Revista dos Tribunais, 1998, p. 266).

13. GOMES, Luiz Flávio. **Penas e medidas alternativas à prisão**. São Paulo: Revista dos Tribunais, 1999, p. 96.

do a qual a prisão seria a principal resposta penológica na prevenção e repressão ao crime, perdeu fôlego, predominando atualmente "uma atitude pessimista, que já não tem muitas esperanças sobre os resultados que se possa conseguir com a prisão tradicional", como afirmou em outra oportunidade o professor Cezar Roberto Bitencourt[14].

Urge, pois, que encontremos uma solução intermediária que não privilegie o cárcere, nem dissemine a falaciosa e hipócrita a ideia da impunidade; a solução encontra-se exatamente na expansão das penas alternativas. É induvidoso que o cárcere deve ser concebido como última via para a problemática da violência, pois não é, nunca foi e jamais será solução possível para a segurança pública de um povo.

É de Hulsman a seguinte afirmação: "Em inúmeros casos, a experiência do processo e do encarceramento produz nos condenados um estigma que pode se tornar profundo. Há estudos científicos, sérios e reiterados, mostrando que as definições legais e a rejeição social por elas produzida podem determinar a percepção do eu como realmente 'desviante' e, assim, levar algumas pessoas a viver conforme esta imagem, marginalmente. Nos vemos de novo diante da constatação de que o sistema penal cria o delinquente, mas, agora, num nível muito mais inquietante e grave: o nível da interiorização pela pessoa atingida do etiquetamento legal e social"[15].

O próprio sistema carcerário brasileiro revela o quadro social reinante neste país, pois nele estão "guardados" os excluídos de toda ordem, basicamente aqueles indivíduos banidos pelo injusto e selvagem sistema econômico no qual vivemos; o nosso sistema carcerário está repleto de pobres e isto não é, evidentemente, uma "mera coincidência". Ao contrário: o sistema penal, repressivo por sua própria natureza, atinge tão somente a classe pobre da sociedade. Sua eficácia se restringe, infelizmente, a ela. As exceções que conhecemos apenas confirmam a regra.

E isto ocorre porque, via de regra, a falta de condições mínimas de vida (como, por exemplo, a falta de comida), leva o homem ao desespero e ao caminho do crime, como também o levam à doença, à fome e à ausência de educação na infância. Assim, aquele que foi privado durante toda a sua vida (principalmente no seu início) dessas mínimas condições estaria

---

14. BITENCOURT, Cezar Roberto. **Novas penas alternativas**. São Paulo: Saraiva, 1999, p. 1.

15. HULSMAN, Louk; CELIS, Jacqueline Bernat de. **Penas perdidas — O sistema penal em questão**. Niterói: Luam, 1997, p. 69.

mais propenso ao cometimento do delito, pelo simples fato de não haver para ele qualquer outra opção; há exceções, é verdade, porém estas, de tão poucas, apenas confirmam a regra.

A esse respeito, há uma opinião bastante interessante de Maria Lúcia Karam, segundo a qual "hoje, como há duzentos anos, mantém-se pertinente a indagação de por que razão os indivíduos despojados de seus direitos básicos, como ocorre com a maioria da população de nosso país, estariam obrigados a respeitar as leis"[16].

De forma que esse quadro socioeconômico existente no Brasil, revelador de inúmeras desigualdades e injustiças sociais, além do racismo estrutural, social e institucional, leva a muitos outros questionamentos, como, por exemplo: para que serve o nosso sistema penal? A quem são dirigidos os sistemas repressivo e punitivo brasileiros? E o sistema penitenciário é administrado para quem? E, por fim, a segurança pública é, efetivamente, apenas um caso de polícia? Ao longo dos anos a ineficiência da pena de prisão na tutela da segurança pública se mostrou de tal forma clara que chega a ser difícil qualquer contestação a respeito.

Em nosso país, por exemplo, muitas leis penais puramente repressivas (e eivadas de simbolismo) estão a todo o momento sendo sancionadas, como as leis de crimes hediondos, a prisão temporária, a criminalização do porte de arma, a lei de combate ao crime organizado etc., sempre para satisfazer a opinião pública (previamente manipulada pelos meios de comunicação), sem que se atente para a boa técnica legislativa e, o que é pior, para a sua constitucionalidade. E, mais: o encarceramento como base para a repressão.

Ao comentar a lei dos crimes hediondos, por exemplo, Alberto Silva Franco afirmou que ela, "na linha dos pressupostos ideológicos e dos valores consagrados pelo Movimento da Lei e da Ordem, deu suporte à ideia de que leis de extrema severidade e penas privativas de alto calibre são suficientes para pôr cobro à criminalidade violenta. Nada mais ilusório"[17].

Querer, portanto, que a aplicação da pena de privação da liberdade resolva a questão da segurança pública é desconhecer as raízes da crimina-

---

16. KARAM, Maria Lúcia. **De crimes, penas e fantasias**. Rio de Janeiro: Luan, 1991, p. 177.
17. FRANCO, Alberto Silva. **Crimes hediondos**. 4. ed. São Paulo: Revista dos Tribunais, 2000, p. 97.

lidade, pois de nada adiantam leis severas, criminalização excessiva de condutas, penas mais duradouras ou mais cruéis...

O déficit social brasileiro — fruto muito claramente da sociedade escravista que vivemos por séculos — é, sem dúvida, a responsável por este alto índice de violência existente hoje em nossa sociedade (e não se trata aqui, evidentemente, de uma criminalização da pobreza, pois não é disso que se trata); tal fato mostra-se mais evidente (e mais chocante) quando se constata o número impressionante de crianças e adolescentes infratores que já convivem, desde cedo e lado a lado, com um sistema de vida diferenciado de qualquer parâmetro de dignidade, iniciando-se logo na marginalidade, na dependência de drogas lícitas e ilícitas, na degenerescência moral, no absoluto desprezo pela vida humana (inclusive pela própria), no ódio e na revolta.

Para Vico Mañas, é preciso "despertar a atenção para a relevante questão do adolescente infrator, conscientes de que, enquanto não se estabelecer eficaz e efetiva política pública de enfrentamento dos problemas verificados nessa área, será inútil continuar punindo a população adulta, como também continuará sendo inútil, para os juristas, a construção de seus belos sistemas teóricos"[18].

A nossa realidade carcerária é preocupante; os nossos presídios e as nossas penitenciárias, abarrotados, recebem a cada dia um sem número de indiciados, processados ou condenados, sem que se tenha a mínima estrutura para recebê-los; e há, ainda, milhares de mandados de prisão a serem cumpridos; ao invés de lugares de ressocialização do homem, tornam-se, ao contrário, fábricas de criminosos, de revoltados, de desiludidos, de desesperados; por outro lado, a volta para a sociedade (por meio da liberdade), ao invés de solução, muitas das vezes, torna-se mais uma *via crucis*, pois são homens fisicamente libertos, porém, de tal forma estigmatizados que tornam-se reféns do seu próprio passado.

Hoje, o homem ou a mulher que cumpre uma pena ou de qualquer outra maneira deixa o cárcere encontra diante de si a triste realidade do desemprego, do descrédito, da desconfiança, do medo e do desprezo, restando-lhe poucas alternativas que não o acolhimento pelos seus antigos

---

18. MAÑAS, Vico. **O Judiciário e a comunidade — prós e contras das medidas socioeducativas em meio aberto** (Núcleo de Pesquisas do Instituto Brasileiro de Ciências Criminais — IBCCrim). São Paulo, 2000, p. 10.

companheiros; este homem é, em verdade, um ser destinado ao retorno: retorno à fome, ao crime, ao cárcere (só não volta se morrer).

Bem a propósito é a lição de Antônio Cláudio Mariz de Oliveira: "Ao clamar pelo encarceramento e por nada mais, a sociedade se esquece de que o homem preso voltará ao convívio social, cedo ou tarde. Portanto, prepará-lo para sua reinserção, se não encarado como um dever social e humanitário, deveria ser visto, pelo menos, pela ótica da autopreservação"[19].

Na mesma linha de pensamento, Mathiesen afirma que "se as pessoas realmente soubessem o quão fragilmente a prisão, assim como as outras partes do sistema de controle criminal, as protegem — de fato, se elas soubessem como a prisão somente cria uma sociedade mais perigosa por produzir pessoas mais perigosas -, um clima para o desmantelamento das prisões deveria, necessariamente, começar já. Porque as pessoas, em contraste com as prisões, são racionais nesse assunto. Mas a informação fria e seca não é suficiente; a falha das prisões deveria ser 'sentida' em direção a um nível emocional mais profundo e, assim, fazer parte de nossa definição cultural sobre a situação"[20].

Ademais, as condições atuais do cárcere, especialmente na América Latina, fazem com que, a partir da ociosidade em que vivem os detentos, estabeleça-se o que se convencionou chamar de "subcultura carcerária", um sistema de regras próprias no qual não se respeita a vida, nem a integridade física dos companheiros, valendo *intra muros* a "lei do mais forte", insusceptível, inclusive, de intervenção oficial de qualquer ordem.

Neste contexto, surge a necessidade da aplicação efetiva das penas alternativas que impedirá que o autor de uma infração penal de pequeno ou médio potencial ofensivo sofra privação em sua liberdade, aplicando-se-lhe uma multa ou uma pena restritiva de direitos; tal solução se afigura como a mais adequada sendo, modernamente, utilizada amplamente nos sistemas penais mais evoluídos; através dela, o cometimento de determinadas infrações penais é punido de forma tal que não leve o seu autor a experimentar as agruras de um sistema penal falido e inoperante.

---

19. OLIVEIRA, Antônio Cláudio Mariz de. Disponível em: https://www1.folha.uol.com.br/fsp/opiniao/fz0606200509.htm. Acesso em: 6 jun. 2005.
20. MATHIESEN, Thomas. **Conversações abolicionistas — uma crítica do sistema penal e da sociedade punitiva**. São Paulo: IBCCrim, 1997, p. 275.

Já no século XVIII, Beccaria, em obra clássica, já afirmava que "entre as penalidades e no modo de aplicá-las proporcionalmente aos crimes, é necessário, portanto, escolher os meios que devem provocar no espírito público a impressão mais eficiente e mais perdurável e, igualmente, menos cruel no organismo do culpado"[21].

Por sua vez, Marat, em obra editada em Paris no ano de 1790, já advertia ser "um erro acreditar que se evita o criminoso pelo rigor dos suplícios, pois sua imagem logo se esvai. Mas, as necessidades que atormentam incessantemente um desgraçado perseguem-no por toda parte. Encontra uma oportunidade favorável?, pois não escuta mais que aquela voz importuna e sucumbe à tentação"[22].

Carnelutti, em obra clássica, afirmou: "Quando, através da compaixão, cheguei a reconhecer nos piores dos encarcerados um homem como eu; quando se diluiu aquela fumaça que me fazia crer ser melhor do que ele; quando senti pesar nos meus ombros a responsabilidade do seu delito; quando, anos faz, em uma meditação em uma sexta-feira santa, diante da cruz, senti gritar dentro de mim: 'Judas é teu irmão', então compreendi que os homens não se podem dividir em bons e maus, em livres e encarcerados, porque há fora do cárcere prisioneiros mais prisioneiros do que os que estão dentro e há dentro do cárcere mais libertos da prisão dos que estão fora. Encarcerados somos, mais ou menos, todos nós, entre os muros do nosso egoísmo; talvez, para se evadir, não há ajuda mais eficaz do que aquela que possam nos oferecer esses pobres que estão materialmente fechados entre os muros da penitenciária"[23].

É verdade que ainda estamos longe, muito longe, de um Direito Penal de feição garantista, sendo de se louvar aqueles que — tal como o professor Cezar Roberto Bitencourt — lutam diariamente, seja no foro ou na academia, para a consecução de uma mudança estrutural e estruturante do modelo penal, afinal, a nossa esperança deve ser a mesma de Estácio quando disse a Helena: "Nada há definitivo no mundo; nem o infortúnio nem a prosperidade..."[24].

---

21. BECCARIA, Cesare. **Dos delitos e das penas**. São Paulo: Hemus, 1983, p. 43.

22. MARAT, Jean Paul. **Plan de Legislación Criminal**. Buenos Aires: Hamurabi, 2000, p. 78 (tradução libre).

23. CARNELUTTI, Francesco. **As misérias do processo penal**. São Paulo: CONAN, 1995, p. 83.

24. ASSIS, Machado de. **Helena**. São Paulo: Linográfica Editora, p. 71.

BIBLIOGRAFIA

ASSIS, Machado de. **Helena**. São Paulo: Linográfica Editora.

BECCARIA, Cesare. **Dos delitos e das penas**. São Paulo: Hemus, 1983.

BITENCOURT, Cezar Roberto. **Falência da pena de prisão**: causas e alternativas. São Paulo: Saraiva, 2001.

BITENCOURT, Cezar Roberto. **Novas penas alternativas**. São Paulo: Saraiva, 1999.

BUSATO, Paulo. Prólogo. *In*: TEOTÔNIO, Paulo José Freire. **Elementos do Direito Penal Contemporâneo — Estudos em Homenagem a Cezar Roberto Bitencourt**. Curitiba: Editora Prismas, 2016.

CAFFARENA, Borja Mapelli. Prólogo. *In*: BITENCOURT, Cezar Roberto. **Falência da pena de prisão:** causas e alternativas. São Paulo: Saraiva, 2001.

CARNELUTTI, Francesco. **As misérias do processo penal**. São Paulo: CONAN, 1995.

CONDE, Muñoz. **Búsqueda de la verdad en el Proceso Penal.** Buenos Aires: Depalma: 2000.

COUTINHO, Jacinto Nelson de Miranda. Quando se fala de verdade no processo penal, do que se fala? Consultor Jurídico. **Coluna Criminal.** Disponível em: https://www.conjur.com.br/2020-jun-26/limite-penal-quando-verdade-processo-penal. Acesso em: 26 jun. 2020.

DOTTI, René Ariel. **Bases e alternativas para o sistema de penas**. São Paulo: Revista dos Tribunais, 1998.

FERRAJOLI, Luigi. **Derecho y razón**. Madrid: Editorial Trotta, 1998.

FRANCO, Alberto Silva. **Crimes hediondos**. 4. ed. São Paulo: Revista dos Tribunais, 2000.

GOMES, Luiz Flávio. **Penas e medidas alternativas à prisão**. São Paulo: Revista dos Tribunais, 1999.

HULSMAN, Louk; CELIS, Jacqueline Bernat de. **Penas perdidas — O sistema penal em questão**. Niterói: Luam, 1997.

KARAM, Maria Lúcia. **De crimes, penas e fantasias**. Rio de Janeiro: Luan, 1991.

LISPECTOR, Clarice. **Água Viva**. Rio de janeiro: Rocco, 1998.

MAÑAS, Vico. **O Judiciário e a comunidade — prós e contras das medidas socioeducativas em meio aberto** (Núcleo de Pesquisas do Instituto Brasileiro de Ciências Criminais — IBCCrim). São Paulo, 2000.

MARAT, Jean Paul. **Plan de Legislación Criminal**. Buenos Aires: Hamurabi, 2000 (tradução libre).

MATHIESEN, Thomas. **Conversações abolicionistas — uma crítica do sistema penal e da sociedade punitiva**. São Paulo: IBCCrim, 1997.

OLIVEIRA, Antônio Cláudio Mariz de. Questão penitenciária: uma questão social. **Folha de São Paulo**, São Paulo. Disponível em: https://www1.folha.uol.com.br/fsp/opiniao/fz0606200509.htm. Acesso em: 6 jun. 2005.

CAPÍTULO 14

O FETICHE DA PRISÃO

Sebastião Reis Júnior[1]

Escrever em um livro que homenageia o Prof. Cezar Bitencourt não é fácil. O risco de não estar à altura do homenageado é muito grande. Seu conhecimento e sua didática são impressionantes e, certamente, ao longo dos últimos anos, ajudaram milhares de profissionais a compreender e aplicar melhor o direito penal.

Não pretendo aqui, até em respeito ao homenageado, dissertar profundamente sobre a prisão no Brasil. Minha ideia, considerando não só o tema escolhido pelo Prof. Bitencourt em sua defesa de tese como também minha experiência de dez anos como Ministro do Superior Tribunal de Justiça, é provocar uma reflexão sobre o caminho que escolhemos nos últimos anos quanto ao uso da prisão.

Há pouco tempo, li na *Folha de São Paulo* um artigo do Prof. Lenio Streck com o seguinte título — *O fetiche da prisão em 2ª Instância. Num País com mais de 700 mil presos, como falar em impunidade?*[2].

Vou pedir licença ao autor daquele texto e plagiar parte do título. O fetiche que toma conta do Brasil não se limita à prisão em 2ª Instância. Na verdade, temos um desejo insuperável e incontrolável pela prisão, seja ela quando da investigação, seja quando do curso da ação penal, seja quando da sentença condenatória, seja quando do julgamento pela 2ª Instância.

---

1. Ministro do Superior Tribunal de Justiça — STJ, desde 2011. Bacharel em Direito pela Universidade de Brasília — UnB (1986). Especialista em Direito Público pela Pontifícia Universidade Católica de Minas Gerais — PUC Minas (2004).

2. **Folha de S. Paulo**, O fetiche da prisão em 2ª instância — 25/1/2022 — Opinião — Folha (uol.com.br), 25/1/2022.

Se alguém se dedicar a uma análise detalhada de nossas redes sociais bem como da imprensa escrita e falada, será fácil perceber uma revolta contra a soltura ou não da prisão de investigados, ou mesmo contra a absolvição de réus, revolta essa advinda, em sua grande maioria, de pessoas sem qualquer conhecimento técnico para avaliar o acerto, ou erro, das decisões atacadas.

Nos últimos tempos, consolidou-se no Brasil a ideia de que o simples fato de o Ministério Público denunciar ou mesmo pedir a prisão de alguém já é indicativo irrespondível de que o denunciado ou investigado não só é culpado como também merece ser imediatamente encarcerado.

Eventuais dúvidas quanto à culpabilidade ou mesmo quanto à proporcionalidade entre a sansão sugerida e o delito, em tese, cometido, são irrelevantes. Se o Ministério Público indicou a responsabilidade de alguém por algum crime, qualquer que seja ele, o caminho, para muitos, é a prisão, não podendo o juiz, a não ser que seja "amigo de bandido", contrariar o que foi requerido, o que foi sugerido.

Chegamos ao ponto, lamentavelmente, de censurar ou segregar moralmente o advogado que ousar defender alguém acusado por um crime. O advogado daquele que é acusado de um crime é, para muitos, inclusive com fala representativa, também um criminoso. Também cresce a ideia de que o acusado de um crime não merece nem defesa, sendo inadmissível um advogado ousar questionar a acusação existente.

Criou-se, no imaginário brasileiro, que a solução para a alta criminalidade que assola nosso País é a prisão. Não se discute qualquer outro meio de controle de criminalidade.

Minto. As alternativas apresentadas se concentram, em sua quase maioria, em aumento de pena, mais requisitos para a progressão de regime e a criação de novos tipos penais.

Em que pese o estado calamitoso e vergonhoso em que se encontram as nossas prisões; em que pesem as condenações impostas pela Corte Interamericana de Direitos Humanos (proibição do ingresso de novos presos em certos presídios nacionais bem como o cômputo em dobro de cada dia de privação de liberdade cumprido nestes presídios[3]), cujas eficácias vinculantes já foram reconhecidas, em mais de uma oportunidade, pelo Superior Tribunal de Justiça[4], bem como objeto de extensa análise e manifes-

---

3. **Resolução CIDH de 22 de novembro de 2018.**
4. HC 660332, Rel. Min. Sebastião Reis Júnior, *DJe* 16/9/2021 e RHC 136961, Rel. Min. Reynaldo Soares da Fonseca, *DJe* 21/6/2021.

tação pelo Conselho Nacional de Justiça[5]; e em que pesem as reiteradas manifestações de boa parte da doutrina nacional no sentido de que há não só excesso de prisão, como esta não é a solução para alta criminalidade que assola o Brasil[6], o fato é que não há qualquer debate sério e profundo no parlamento nacional sobre como combater a criminalidade sem necessariamente prender todo infrator, seja ele pequeno ou grande, representando ou não um perigo concreto para a sociedade.

Se fizermos uma análise cuidadosa da Lei n. 13.964/2019, cujo objetivo era "combater" a criminalidade, será fácil perceber que, apesar de esta incorporar, quanto à prisão preventiva, requisitos já impostos pela jurisprudência dominante (ela poderá ser decretada para garantia da ordem pública, da ordem econômica, por conveniência da instrução criminal ou para assegurar a aplicação da lei penal, **quando houver prova da existência do crime e indício suficiente de autoria e de perigo gerado pelo estado de liberdade do imputado**[7], **devendo ser motivada e fundada em receio de perigo e existência de fatos novos ou contemporâneos que justifiquem a sua aplicação**[8]), além de proibir a sua decretação de ofício[9] e obrigar a sua reanálise a cada 90 dias[10], nada mais foi feito no sentido de se atenuar o seu uso.

Pelo contrário.

Tivemos, **por exemplo**, o aumento do tempo máximo de cumprimento de pena[11]; modificaram-se, de maneira mais gravosa, as condições para o livramento condicional[12], vedando-se expressamente a sua aplicação em casos de condenação por crime hediondo ou equiparado com resultado morte, seja o preso primário ou reincidente[13] e a quem for condenado por integrar organização criminosa ou por crime praticado por meio de organi-

---

5. CNJ-Informe-sobre-as-Medidas_Provisorias_adotadas_em_relacao_ao_Brasil.pdf.
6. O encarceramento em massa, um estado de coisas abominável. Disponível em: **https://www.conjur.com.br/2022-jan-31/direito defesa-encarceramento-massa**, Alberto Zacarias Toron e Pierpaolo Cruz Bottini, como exemplo.
7. Art. 312, *caput*, do CPP.
8. Art. 312, § 2º, do CPP.
9. Art. 311 do CPP.
10. Parágrafo único do art. 316 do CPP.
11. Art. 75, *caput* e § 1º, do CP.
12. Art. 83 do CP.
13. Art. 112, inciso VI, *a*, e inciso VIII, da Lei de Execução Penal.

zação criminosa que mantiver vínculo associativo com ela[14]; aumentou-se o número de causas impeditivas de prescrição[15]; incluiu-se nova majorante e uma nova qualificadora ao crime de roubo[16], além de se autorizar a prisão imediata aos condenados com uma pena superior a 15 anos pelo Tribunal do Júri[17].

Sem contar o silêncio completo quanto a qualquer medida de ressocialização e inserção do egresso do sistema penitenciário ou mesmo de prevenção ao crime.

Na verdade, o "Pacote Anticrime" deixa muito claro a opção de nosso legislador por uma política de repressão, não tendo qualquer intenção de promover ações que ou evitem a entrada do jovem no crime ou impeçam o seu retorno, facilitando a sua ressocialização.

E acrescento ainda que, mesmo medidas que poderiam, a longo prazo, alterar o quadro atual, com a diminuição do encarceramento, como o Juízo de Garantias e o Acordo de Não Persecução Penal — ANPP, ou se encontram suspensas por decisão provisória do Supremo Tribunal Federal — a primeira[18] —; ou tiveram sua aplicação restringida pelo Superior Tribunal de Justiça a hipóteses em que a denúncia não foi recebida — a segunda[19].

Faço, aqui, inclusive, um pequeno parênteses para narrar um encontro do qual participei promovido pelo IDDD em 2017[20]. Nesse encontro, tive a oportunidade de ouvir cerca de 40 presas transexuais e a nota comum em todas as falas era a preocupação com o futuro: qual o tratamento que receberiam ao sair do presídio? Não tinham dúvidas de que não seriam abraçadas pela sociedade. Além de serem transexuais, seriam também egressas do sistema penitenciário. O futuro para aquelas presas e outras milhares em situação parecida será bem sombrio.

Acredito que nada tenha mudado de 2017 para cá.

---

14. Art. 14, § 9º, da Lei n. 12.850/2013.
15. Art. 116 do CP.
16. Art. 157, § 2º, inciso VII, e § 2º-B, do CP.
17. Art. 492, I, *e*, do CPP.
18. ADIs 6.298, 6.299, 6.300 e 6.305.
19. HC 628647, Rel. Min. Laurita Vaz, DJe 7/6/2021; e AgRg no REsp 1907555, Rel. Min. Joel Paciornik, *DJe* 4/10/2021.
20. Disponível em: http://www.iddd.org.br/index.php/2017/05/25/ministro-sebastiao-alves-dos-reis-junior-participa-do-projeto-educacao-para-cidadania-no-carcere/.

E o que mais incomoda e preocupa é que, mesmo depois das alterações "positivas" promovidas pela Lei n. 13.964/2019 quanto à prisão preventiva, o quadro não se alterou.

No âmbito do Superior Tribunal de Justiça, no ano de 2017, o Tribunal recebeu 4.967 *habeas corpus* em que se discutiu prisão. Esse número, desde então, só cresceu — 6.032 em 2018, 7.515 em 2019, 7.626 em 2020 e 9.621 em 2021.

Ou seja, as prisões continuam a ser decretadas mesmo com a vigência de norma que, antes do trânsito em julgado, excepcionalizam-nas.

Além do mais, fica claro que o seu uso, de forma quase indiscriminada, não tem alcançado o objetivo que seus defensores pretendem — diminuir a criminalidade.

Nos últimos tempos, prisões ou condenações referentes a crimes de natureza insignificante foram objeto de notícia em jornais e nas redes sociais, inclusive razão de ordens de *habeas corpus* concedidas, seja pelo Superior Tribunal de Justiça, seja pelo Supremo Tribunal Federal ou mesmo por Tribunal de Justiça: uma mulher presa por ter furtado duas garrafas de 600 ml de Coca-Cola, dois pacotes de macarrão instantâneo e um suco em pó de um supermercado da zona sul de São Paulo[21]-[22]; um homem condenado a um ano de reclusão pelo furto de uma peça de picanha avaliada em R$ 52,00[23]; um homem condenado por furtar um pacote com 24 rolos de papel higiênico avaliado em R$ 23,99[24]; e um homem que havia furtado carne seca, chocolate e suco em pó em um supermercado de São Paulo[25].

No dia a dia da Quinta e Sexta Turmas do Superior Tribunal de Justiça são inúmeras as decisões, monocráticas ou colegiadas, que cassam a prisão em situações em que a sua decretação se apresenta totalmente desarrazoada.

Não nos limitamos a esses casos de insignificância, mas de crimes cometidos sem qualquer violência, por pessoas que nunca antes tiveram contra si qualquer condenação ou mesmo ação ou investigação penal, ou mesmo se tratando de crimes de maior monta, cuja liberdade do investiga-

---

21. "O que a sociedade ganha com prisão de uma pessoa como ela?", diz defensor de mulher presa por furto de macarrão e suco — **BBC News Brasil**.
22. STJ manda soltar mulher que furtou alimentos para saciar a fome.
23. ConJur — Gilmar Mendes absolve homem condenado por furto de carne.
24. ConJur — Condenado por furtar papel higiênico tem pena suspensa pelo STJ.
25. ConJur — Desembargadora manda soltar pai de seis filhos que furtou alimentos.

do ou réu não indica qualquer risco à sociedade ou à investigação ou à ação em curso[26].

Sem contar aqueles casos em que a desobediência a precedentes tanto do Superior Tribunal de Justiça quanto do Supremo Tribunal Federal é notória[27].

E não há nem falar que não existem alternativas à prisão. À disposição do Ministério Público e do Juiz da causa existem várias medidas cautelares alternativas à prisão que podem ser utilizadas naquelas situações em que uma cautela é recomendada, mesmo que não a mais severa de todas[28].

Tais situações mostram claramente que o Ministério Público e o Judiciário brasileiro não hesitam, mesmo em uma situação que a manutenção do investigado em liberdade não implica qualquer dano ou risco concreto à sociedade e/ou ao processo em curso, a solicitar e aplicar a prisão, mesmo antes de uma condenação definitiva.

Tenho, em determinados momentos, que o julgador nacional optou pelo caminho mais fácil — prender. Usa fundamentos abstratos e genéricos, equiparando situações díspares com a utilização da mesma razão de prender. Não há preocupação, muitas vezes, com um exame detalhado do caso concreto. Para se prender grandes traficantes, frequentemente, utilizam-se de fundamentos empregados para prender traficantes iniciantes, que não passam de "leva e traz" de drogas.

Não se leva em consideração qualquer preocupação com o destino daquele que ingressa pela primeira vez no nosso sistema prisional.

Além do mais, a prisão recebe, em regra, aplausos da sociedade.

Como foi dito por Alberto Toron e Pierpaolo Cruz Bottini, a prisão *trata-se de uma escolha desumana, ineficaz e perigosa. Desumana porque não afasta apenas a liberdade do preso — o que já seria muito —, mas priva-o da saúde, da educação, da dignidade. Ineficaz porque há muito se sabe que a prisão não ressocializa, não reeduca, não afasta o detento do mundo do crime. Ao contrário, insere-o em um sistema cultural em que o delito é a força motriz, é o modo de vida, dentro e fora da prisão. (...) Mas,*

---

26. HC 693730, Rel. Min. Antonio Saldanha Pinheiro, *DJe* 14/12/2021; HC 589816, Rel. Min. Rogerio Schietti Cruz, *DJe* 16/12/2021; HC 659739, Rel. Min. Sebastião Reis Júnior, *DJe* 7/12/2021 e AgRg no HC 690810, Rel. Min. Reynaldo Soares da Fonseca, *DJe* 27/9/2021.

27. AgRg no HC 661233/MT, Rel. Min. Joel Paciornik, *DJe* 23/11/2021.

28. Art. 319 do CPP.

mais do que desumana, essa política do encarceramento é perigosa e pouco inteligente, porque tem por resultado o aumento da criminalidade. Trancar 682.182 pessoas em unidades prisionais, sem qualquer controle ou supervisão, resultará ou no conflito coletivo, de todos contra todos, em um contexto insuportável de violência, ou na natural organização desse coletivo, em grupos de proteção mútua, de assistência comum. Os Primeiros Comandos da Capital, Comandos Vermelhos, Amigos dos Amigos e tantos outros não nasceram do acaso. São frutos dessa escolha pelo cárcere. Cada preso é celebrado pelas ordens criminosas como mais um integrante em potencial, mais um soldado, mais um militante[29].

A cada decisão que assino e que revoga uma prisão absurda, desarrazoada, desproporcional, abusiva e ilegal, eu me pergunto se o seu responsável já esteve em um algum presídio para conhecer o local para onde o investigado está sendo encaminhado; se ele tem ideia real de que com aquela decisão ele pode estar determinando o destino de uma vida, um destino nada glamoroso e que certamente ele não desejaria para os próximos de si.

Mais acima, fiz referência a uma conversa que tive com presas transexuais em um presídio paulista há alguns anos. Faço um outro parênteses agora para relatar a visita que fiz ao Presídio da Papuda, aqui em Brasília, há uns quatro anos.

Era uma sexta-feira e naquele dia estavam entrando no presídio dezenas de presos recolhidos nas delegacias do Distrito Federal. A visão foi aterradora. Dezenas de jovens entre 18 e 20 e poucos anos, "cabeça raspada, uniforme e cara assustada". Claro que certamente entre aquelas dezenas de jovens presos existiam aqueles que a prisão era justificada, mas não tenho dúvida de que boa parte daqueles presos eram primários, acusados de crimes pequenos ou de crimes sem violência, cuja liberdade não criaria qualquer risco à sociedade ou ao processo.

Na verdade, naquele momento, as grandes organizações criminosas estavam esfregando as mãos de felicidade com a chegada de dezenas de possíveis recrutas. Jovens que, por conta do medo, falta de apoio familiar ou mesmo institucional, falta de orientação ou falta de perspectiva de vida, passariam a ter como única opção de sobrevivência fazer parte de organi-

---

29. Disponível em: https://www.conjur.com.br/2022-jan-31/direito-defesa-encarceramento-massa.

zações criminosas como Comando Vermelho, Amigo dos Amigos, PCC e outras.

É assustador que passados 30 anos do trabalho do Prof. Bitencourt — *Evolutión y crisis de la pena privativa de libertad*, traduzida como *Falência da pena de prisão*, nossa relação com a pena de prisão em nada tenha se alterado.

Pelo contrário, a crise chegou a um ponto em que a situação de nossos presídios, mesmo já declarada abusiva tanto pelo Supremo Tribunal Federal como pela Corte Interamericana de Direitos Humanos, em razão da precariedade de nossas instalações, bem como do excesso de presos, não impede que tanto o legislador pátrio quanto o judiciário nacional, refletindo o pensamento predominante de nossa sociedade, ainda continuem achando que o melhor modo de combater a criminalidade é a prisão.

BIBLIOGRAFIA

CONSELHO NACIONAL DE JUSTIÇA (CNJ). Informe sobre as medidas provisórias adotadas em relação ao Brasil / Conselho Nacional de Justiça; Coordenadores Luis Geraldo Sant'ana Lanfredi, Isabel Penido de Campos Machado e Valter Shuenquener de Araújo. — Brasília: CNJ, 2021. Acesso em: 31/03/2022.

TORON, Alberto Zacarias; BOTTINI, Pierpaolo Cruz Bottini. O encarceramento em massa, um estado de coisas abominável. **Conjur**, [S. l.], 31 jan. 2022. Disponível em: https://www.conjur.com.br/2022-jan-31/direito-defesa-encarceramento-massa/. Acesso em: 31/03/2022.

INSTITUTO DE DEFESA DO DIREITO DE DEFESA (IDDD). Ministro Sebastião Alves dos Reis Júnior participa do Projeto Educação para Cidadania no Cárcere. **IDDD**, [S. l.], 25 maio 2017. Disponível em: http://www.iddd.org.br/index.php/2017/05/25/ministro-sebastiao-alves-dos-reis-junior-participa-do-projeto-educacao-para-cidadania-no--carcere/. Acesso em: 31/03/2022.

STRECK, Lenio. O fetiche da prisão em 2ª instância. **Folha de S.Paulo**, São Paulo, 25 jan. 2022. Opinião. Disponível em: https://www1.folha.uol.com.br/opiniao/2022/01/o-fetiche-da-prisao-em-2a-instancia.shtml. Acesso em: 31/03/2022.

POSFÁCIO

O RECRUDESCIMENTO DA REPRESSÃO PENAL NO BRASIL

Cezar Roberto Bitencourt[1]

1. CONSIDERAÇÕES PRELIMINARES

Antes de mais nada, externamos toda a nossa gratidão e precisamos destacar, ainda que sucintamente, a importância e a influência do extraordinário Professor Catedrático da Universidade de Sevilha, *Don Francisco Muñoz Conde* — na minha formação acadêmica -, um grande amigo, em particular. Não só em minha vida de docente universitário, mas também em nossa Faculdade de Direito da PUCRS, particularmente no Programa de Pós-Graduação em Ciências Criminais, com Mestrado e Doutorado. Referido Programa é, na atualidade, inquestionavelmente, um dos Programas de Pós-Graduação em Ciências Criminais mais badalados nos meios acadêmicos de todo o território nacional, especialmente por sua vocação transdisciplinar. O Professor Muñoz Conde é, atualmente, Doutor *honoris causa* pela Pontifícia Universidade Católica de Porto Alegre, título igualmente recebido, com todos os méritos, de muitas outras universidades pelo mundo.

Mas, antes disso, deve-se revelar como surgiu o prof. Muñoz Conde em minha vida, como ele mudou toda a minha história, aliás, sem ele, certamente, eu continuaria não passando de um modesto Promotor de Justiça de Porto Alegre, como era na época. Assim, sucintamente, preciso contar essa história aqui para ficar registrado, digamos, nos "anais da minha vida acadêmica".

Pois bem, por volta do início de abril de 1989, retornando de um Congresso de Direito Penal realizado em Capão da Canoa, coordenado pelo

---

1. Professor Universitário, Advogado criminalista em Brasília, Doutor em Direito Penal, Procurador de Justiça aposentado. Doutrinador em matéria penal.

saudoso Prof. Luiz Luisi, tive a oportunidade e a felicidade de dar uma carona ao maestro Muñoz Conde e a duas estudantes de direito da PUC. Perguntou-me Muñoz Conde, durante o trajeto para Porto Alegre, se eu não pensava em fazer doutorado no exterior (na época estava cursando um Mestrado em Processo Civil na PUC e lecionando Direito Penal na mesma Universidade).

Respondi-lhe, sem muito entusiasmo, que já teria dificuldade em frequentar tal curso no centro do país, imagine-se fazê-lo no exterior, onde eu não conhecia ninguém, não tinha orientador, e tampouco como conseguir uma vaga em curso desse nível. Ao que Muñoz Conde, em seu estilo simples e afável, contesta-me da seguinte forma: — ora, isso não é tão difícil assim, pois eu sou o Diretor do Departamento de Direito Penal e Processual Penal e do Programa de Doutorado da Universidade de Sevilha. Assim, posso te assegurar uma vaga no referido curso! E, modestamente, completou: — se aceitares, este orientador estará à sua disposição!

Quase desmaiei, quase bati o carro, enfim, fiquei perplexo, boquiaberto, e tive coragem de indagar-lhe: mas o senhor está falando sério, Professor (?!), ao que me respondeu ao seu estilo: — com coisas desse nível não se brinca, Cezar, claro que estou!

Agradeci penhoradamente, e, ainda perplexo, deixei-o no hotel no centro de Porto Alegre e voltei a minha rotina normal de Promotor de Justiça e professor de Direito Penal na PUC. Eis, que passado menos de 60 dias desse encontro, recebo uma correspondência do Departamento de Direito Penal da Universidade de Sevilha, comunicando-me que havia uma vaga no doutorado assegurada para mim, informando-me a documentação necessária e que as aulas iniciariam no final do mês de setembro do mesmo ano de 1989.

O resto, a partir daí, achamos que seja conhecido do nosso meio acadêmico, pois estamos aqui e somos o que somos graças à bondade, generosidade e apoio incondicional da pessoa mais extraordinária na minha vida, a quem devo tudo, mas tudo na vida, inclusive a própria, pois, sem ele, nada disso teria conseguido. E mais: durante as várias viagens que fiz ao Brasil, para visitar a filha pequena que aqui deixei, a minha primogênita Shanna, ao retornar para Sevilha ele sempre me buscou no aeroporto, gesto que os europeus não fazem para ninguém.

Ao retornar de Sevilha, com o Título conquistado, criamos, juntamente com a extraordinária Prof. Ruth Chittó Gauer o *Programa de Pós--Graduação em Ciências Criminais* da PUC, primeiro com o Mestrado e, posteriormente, com a colaboração dos demais Professores, criamos o Doutorado, que orgulha todos nós do nosso Rio Grande do Sul. Posto isso, a síntese desses acontecimentos, fica a minha eterna gratidão ao meu orientador, querido e inesquecível amigo, Prof. Doutor e Catedrático de Direito Penal da Universidade de Sevilha, Don Francisco Muñoz Conde, que também participa, com sua contribuição inestimável, nesta *edição especial comemorativa dos 30 anos (17 de fevereiro de 1992) de defesa de minha tese de doutorado, que ele orientou: Evolución y crisis de la pena privativa de libertad*, publicada no Brasil como *Falência da pena de prisão*.

Em meados da década de 90, iniciamos, conjuntamente com a Professora Ruth Chittó Gauer (com a contribuição inicial do Professor Dr. Lenio Streck, nas duas primeiras reuniões, em seguida ele foi para a Unissinos), a elaboração do Projeto do Programa de Pós-Graduação em Ciências Criminais, inovando, no Brasil, com uma proposta transdisciplinar, enfrentando toda a dificuldade da CAPES para aprová-lo, principalmente — argumentavam seus consultores — porque não havia pessoal especializado para fiscalizar, acompanhar e avaliar programas de pós-graduação dessa natureza. Superados esses obstáculos pontuais, logramos a aprovação da CAPES, com o apoio incondicional do Ir. Urbano Zillis, então Pró-Reitor de Pós-Graduação da PUCRS. Escusas a todos, mas precisava fazer este sucinto relato com os meus agradecimentos eternos ao meu sempre maestro Muñoz Conde.

2. CRIMINALIDADE ORGANIZADA, CRIMINALIDADE MODERNA E CRIMINALIDADE DE MASSA

A definição de *crime organizado* não se confunde com o crime de quadrilha ou bando do Código Penal (hoje denominado associação criminosa) tipificado na década de 1940. Nesse sentido, merecem ser, de certa forma, resgatados os antecedentes daquele dispositivo na lavra de Nélson Hungria, *in verbis*:

> No Brasil, à parte o endêmico cangaceirismo do sertão nordestino, a delinquência associada em grande estilo é fenômeno episódico. Salvo um ou outro caso, a associação para delinquir não apresenta, entre nós, caráter espetacular. Aqui e ali são mais ou menos frequentes as associações criminosas de rapinantes noturnos, de salteadores de bancos em localidades remotas, de abigeatores (ladrões de gado),

de moedeiros falsos, de contrabandistas e, últimamente (sic), de ladrões de automóveis[2].

Como se percebe, essa é a anatomia jurídica do antigo e atual crime de organização criminosa. Outra coisa é o fenômeno mundial que recebe a denominação de *crime organizado* ou de *organização criminosa*. Tradicionalmente as autoridades governamentais adotam uma *política de exacerbação e ampliação* dos meios de combate à criminalidade como solução de todos os problemas sociais, políticos e econômicos que afligem a sociedade. Nossos governantes utilizam o *Direito Penal* como panaceia de todos os males (direito penal simbólico); defendem graves transgressões de direitos fundamentais e ameaçam bens jurídicos constitucionalmente protegidos, infundem medo, revoltam e ao mesmo tempo fascinam uma desavisada massa carente e desinformada. Enfim, usam arbitrária e simbolicamente o Direito Penal para dar satisfação à população e, aparentemente, apresentar soluções imediatas e eficazes ao problema da segurança e da criminalidade.

A violência indiscriminada está nas ruas, nos lares, nas praças, nas praias e também no campo. Urge que se busquem meios efetivos de controlá-la a qualquer preço. E para ganhar publicidade fala-se emblematicamente em *criminalidade organizada* — delinquência econômica, crimes ambientais, crimes contra a ordem tributária, crimes de informática, comércio exterior, contrabando de armas, tráfico internacional de drogas, criminalidade dos bancos internacionais —, enfim, crimes de colarinho branco[3]. Essa é, em última análise, a *criminalidade moderna* que exige um novo arsenal instrumental para combatê-la, *justificando-se*, sustentam alguns, inclusive o abandono de direitos fundamentais, que representam históricas conquistas do Direito Penal ao longo dos séculos.

A "crise do direito" corre o risco de traduzir-se numa "crise da democracia", porque, em última instância, os múltiplos aspectos que abordaremos equivalem a uma crise do *princípio de legalidade*, isto é, da sujeição dos poderes públicos à lei, na qual se fundam tanto a *soberania popular*

---

2. HUNGRIA, Nélson. **Comentários ao Código Penal**. 2. ed. Rio de Janeiro: Forense, 1959, v. 9, p. 175-6.

3. Sutherland foi quem, por primeira vez, em 1943, em sua conhecida obra **O crime de colarinho branco**, abordou com seriedade essa forma de delinquência (SUTHERLAND, Edwin. **El delito de cuello blanco**, Caracas, 1969).

quanto o paradigma do *Estado de Direito*[4]. Vivemos, a partir da última década do milênio passado, um negro período de arbítrio, curiosamente logo após a publicação da Constituição "cidadã" de 1988. A despeito da consagração das garantias fundamentais na novel Carta Magna, a solução para as dificuldades presentes é buscada através da reprodução de formas neoabsolutistas do poder, carentes de limites e controles e orientadas por fortes e ocultos interesses dentro de nosso ordenamento político-jurídico. Atualmente, vivencia-se uma "sede de punir", constatando-se uma febril criminalização: novos tipos penais e exasperação das sanções criminais completam esse panorama tétrico. As políticas de descriminalização, despenalização e desjurisdicionalização não fazem mais parte da ordem do dia; orquestra-se uma política de reforma legislativa nas áreas de direito penal material, que apontam no rumo da criminalização maciça, no agravamento das sanções penais, no endurecimento dos regimes penais, e, na *área processual*, na "abreviação", redução, simplificação e remoção de obstáculos formais que, eventualmente, possam dificultar uma imediata e funcional resposta penal.

Nessa linha de construção, começa-se a sustentar, abertamente, a necessidade de uma *responsabilidade objetiva*, com o abandono efetivo da *responsabilidade subjetiva e individual*. Essa nova orientação justificar-se-ia pela necessidade de um *Direito Penal funcional*[5] reclamado pelas transformações sociais: abandono de garantias dogmáticas e aumento da capacidade funcional do Direito Penal para tratar de complexidades modernas. Por isso, a política criminal do *Direito Penal funcional* sustenta, como modernização funcional no combate à "criminalidade moderna", uma mudança semântico-dogmática: "perigo" em vez de "dano"; "risco" em vez de ofensa efetiva a um bem jurídico; "abstrato" em vez de concreto; "tipo aberto" em vez de fechado; "bem jurídico coletivo" em vez de individual etc.

O grande argumento para o abandono progressivo do Direito Penal da culpabilidade é que a "criminalidade moderna", reflexo natural da *complexidade social* atual, é grande demais para um *modesto* Direito Penal, limitado a seus dogmas tradicionais. Como referia criticamente Hassemer, "ou se renova o equipamento, ou se desiste da esperança de incorporar o Direi-

---

4. FERRAJOLI, Luigi. El derecho como sistema de garantías. **Revista Jueces para la Democracia, Información y Debate**, n. 16-17, Madri, ano de 1992, p. 62.

5. "Funcional" significa política de controle de condutas criminosas mediante instrumentos eficazes do Direito Penal.

to Penal na orquestra das soluções dos problemas sociais"[6]. Vivemos atualmente o *caos em matéria de garantias fundamentais*, na medida em que, ao que parece, alguns juízes federais rasgaram a Constituição Federal, autorizando a quebra de sigilos telefônicos, fiscais, bancários, coletivamente, sem qualquer critério, bastando mera suspeita de qualquer irregularidade, determinando, indiscriminadamente, invasões de escritórios de advocacia, violando sigilos profissionais etc. Aliás, o próprio Supremo Tribunal Federal tem adotado uma postura repressiva nunca dantes visto neste país, chegando, inclusive, a *criar crimes por decisão judicial* (*vide* decisão do STF), violando diretamente o princípio da *reserva legal*, inclusive, com uma invocação falaciosa, ao acusar o Congresso Nacional de ter se omitido em tal criminalização, como se tal omissão autorizasse outro Poder da República a criar crimes, impunemente (seria bom reler o disposto no inciso XXXIX do art. 5º da CF[7], que dispensa qualquer interpretação). Em outros termos, a nossa Suprema Corte rasgou a Constituição Federal, autoritariamente e, o mais grave, impunemente, e, ao que parece, ainda não se deu conta da violência institucional/constitucional que praticou, ficando desmoralizado para declarar inconstitucionalidade de atos praticados por qualquer dos outros dois Poderes da Nação. Como guardião da Constituição, o STF não tem o direito de descumprir a própria Constituição, como o fez criminalizando condutas sem previsão legal, aliás, foi um péssimo mau exemplo para os outros dois Poderes Constitucionais.

A *criminalidade organizada* é o centro das preocupações de todos os setores da sociedade. Na verdade, ela é o tema predileto da mídia, dos meios políticos, jurídicos, religiosos, das entidades não governamentais, e, por conseguinte, é objeto de debate da política interna. No entanto, no quotidiano, na realidade diária do cidadão, não é a *criminalidade organizada* o fator mais preocupante, mas sim a criminalidade massificada. É esta *criminalidade de massa* que perturba, assusta e ameaça a população e, desafortunadamente, foi praticamente abandonada pelas autoridades públicas, por considerarem uma criminalidade comum e, portanto, não demandar maiores atenções na atualidade. Por isso, há a necessidade de se distinguir com precisão criminalidade organizada e criminalidade de massa.

---

6. HASSEMER, Winfried. **Três temas de direito penal**. Porto Alegre: Publicações Fundação Escola Superior do Ministério Público, 1993, p. 56.

7. "Não há crime sem lei anterior que o defina, sem pena sem prévia cominação legal"!

Nessa linha, *criminalidade de massa* compreende assaltos, invasões de apartamentos, furtos, estelionatos, roubos e outros tipos de violência contra os mais fracos e oprimidos. Essa criminalidade afeta diretamente toda a coletividade, quer como vítimas reais, quer como vítimas potenciais. Os efeitos dessa forma de criminalidade são violentos e imediatos: não são apenas econômicos ou físicos, mas atingem o equilíbrio emocional da população e geram uma sensação de insegurança[8]. Esse *medo coletivo difuso* decorrente da criminalidade de massa permite a manipulação e o uso de uma *política criminal populista* com o objetivo de obter meios e instrumentos de combate à criminalidade, restringindo, quando não ignorando, as garantias de liberdades individuais e os princípios constitucionais fundamentais, sem apresentar resultados satisfatórios. São em circunstâncias como essas que surgem leis como a dos Crimes Hediondos, do Crime Organizado e dos Crimes de Especial Gravidade etc., na forma tradicional de usar simbolicamente o Direito Penal.

Criminalidade organizada, por sua vez, genericamente falando, deve apresentar um potencial de ameaça e de perigo gigantescos, além de poder produzir consequências imprevisíveis e incontroláveis. No entanto, os especialistas levaram muitos anos para chegar a um consenso para definir o que representa efetivamente a criminalidade organizada: o que ela é, como se desenvolve, quais suas estruturas, quais suas perspectivas futuras, como combatê-la são questões que somente receberam o tratamento legal em 2013 com a Lei n. 12.850. Aliás, falando-se em "criminalidade organizada", é lícito pensar também na existência de uma criminalidade desorganizada, que, nem por isso, deixará de exigir, igualmente, um combate eficaz. Já que o poder público, segundo confessam nossos governantes, não consegue combater a criminalidade organizada, por que, pelo menos, não começam combatendo a criminalidade desorganizada que é a mais violenta e produz danos mais graves e mais diretos à coletividade, que se sente refém da bandidagem "desorganizada"?! Seria, convenhamos, um bom começo para tentar minimizar a insegurança que tomou conta não só das populações urbanas, mas também daquela que reside na zona rural.

Ante desse diploma legal, a definição conhecida de *criminalidade organizada* era extremamente abrangente e vaga, e, em vez de definir um objeto, apontava uma direção. Na verdade, como sustentava Hassemer[9],

---
8. HASSEMER, Winfried. **Três temas de direito penal**, cit., p. 65.
9. HASSEMER, Winfried. **Três temas de direito penal**, cit., p. 85. No mesmo sentido, CERVINI, Raul. Análise criminológica do fenômeno do delito organizado. *In:*

"A criminalidade organizada não é apenas uma organização bem feita, não é somente uma organização internacional, mas é, em última análise, a corrupção do Legislativo, da Magistratura, do Ministério Público, da polícia, ou seja, a paralisação estatal no combate à criminalidade. Nós conseguimos vencer a máfia russa, a máfia italiana, a máfia chinesa, mas não conseguimos vencer uma Justiça que esteja paralisada pela criminalidade organizada, pela corrupção".

Por isso, pode-se concluir que é absolutamente *equivocado incluir no conceito de criminalidade organizada* realizações *criminosas habituais, de quadrilha ou de bando* (hoje denominada associação criminosa), apenas por apresentarem maior perigosidade ou encerrarem melhor planejamento, astúcia ou dissimulação. Esse tipo de associação — quadrilha ou bando (associação criminosa) — sempre existiu nas comunidades sociais, está presente praticamente em todas as formas de criminalidade e, talvez, possua um certo aprimoramento ou modernização qualitativa e quantitativa nas suas formas de execuções. Na realidade, essa é uma autêntica criminalidade de massa e corporifica-se nos assaltos, nos arrastões nas praias cariocas, em alguns estelionatos, enfim, de regra, nos crimes contra a vida, contra o patrimônio, contra a propriedade etc. Ou se ousaria afirmar que os arrastões das praias do Rio, eventuais invasões de famintos a supermercados ou mesmo o uso de drogas nas universidades brasileiras constituem crime organizado?

Enfim, todo esse estardalhaço na mídia e nos meios políticos serve apenas como "discurso legitimador" do abandono progressivo das garantias fundamentais do *direito penal da culpabilidade*, com a desproteção de bens jurídicos individuais determinados, a renúncia dos princípios da proporcionalidade, da presunção da inocência, do devido processo legal etc., e a adoção da responsabilidade penal objetiva, de crimes de perigo abstrato, esquecendo, como afirma Luigi Ferrajoli[10], que "a pena não serve unicamente para prevenir os injustos crimes, mas também para prevenir os injustos castigos". Na linha de "lei e ordem", sustentando-se a validade de um Direito Penal funcional, adota-se um moderno utilitarismo penal, isto é, um utilitarismo dividido, parcial, que visa somente a "máxima utilidade da minoria", expondo-se, consequentemente, às tentações de autolegitima-

---

SILVA, Ivan Luiz; ANSELMO, Márcio G.; ANDRADE, Sérgio Ricardo de (Org.). **Ciência e política criminal em honra de Heleno Fragoso**. São Paulo: Forense, 1992, p. 513.

10. FERRAJOLI, Luigi. El derecho penal mínimo. **Revista Poder y Control**, n. 0, Barcelona, 1986, p. 37.

ção e a retrocessos autoritários, bem ao gosto de um Direito Penal máximo, cujos fins justificam os meios, e a sanção penal, como afirma Ferrajoli[11], deixa de ser "pena" e passa a ser "taxa".

Na verdade, para afastar essas deficiências apontadas é necessário recorrer-se a uma segunda *finalidade utilitária*, da qual, neste estágio da civilização, não se pode abrir mão: além do "máximo de bem-estar" para os "não desviados", deve-se alcançar também o "mínimo de mal-estar" necessário aos "desviados", seguindo a orientação de um Direito Penal mínimo.

3. CRIMINALIDADE MODERNA E DELINQUÊNCIA ECONÔMICA

Nessa histeria toda em busca de um *Direito Penal do terror* fala-se abundantemente em "criminalidade moderna", que abrangeria a criminalidade *ambiental internacional, criminalidade industrial, tráfico internacional de drogas, comércio internacional de detritos*, em que se incluiria a delinquência econômica ou a criminalidade colarinho branco. Essa dita criminalidade moderna tem dinâmica estrutural e uma capacidade de produção de efeitos incomensuráveis que o *Direito Penal clássico* não consegue atingir, diante da dificuldade de definir bens jurídicos, individualizar a culpabilidade, apurar a responsabilidade individual ou mesmo admitir a presunção de inocência e o *in dubio pro reo*. "Nessas áreas" — como sentenciava Hassemer[12]:

(...) espera-se a intervenção imediata do Direito Penal, não apenas depois que se tenha verificado a inadequação de outros meios de controle não penais. O venerável princípio da subsidiariedade ou a *ultima ratio* do direito penal é simplesmente cancelado, para dar lugar a um direito penal visto como *prima ractio* na solução social dos conflitos: a resposta penal surge para os responsáveis por essas áreas cada vez mais frequentemente como a primeira, senão a única saída para controlar os problemas.

---

11. FERRAJOLI, Luigi. El derecho penal mínimo, cit., p. 37. Segundo Jeremias Bentham, as doutrinas utilitárias defendem como fim da pena somente a prevenção da prática de "crimes similares" (**Traités de législation civile et pénale**, Oeuvres, Bruxelas, 1840, t. 1, p. 133: "Le but principal des peines c'est de prévenir des délits semblables").

12. HASSEMER, Winfried. **Três temas de direito penal**. Trad. BITENCOURT, Cezar Roberto. Porto Alegre: Publicações Fundação Escola Superior do Ministério Público do Rio Grande do Sul, 1993, p. 48.

Para combater a "criminalidade moderna" o *Direito Penal da culpabilidade* — nessa linha de orientação — seria absolutamente inoperante, e alguns dos seus princípios fundamentais estariam completamente superados. Nessa criminalidade moderna, segundo sustentam, é necessário orientar-se pelo *perigo* em vez do *dano*, pois quando o dano surgir será tarde demais para qualquer medida estatal. A sociedade precisa dispor de meios eficientes e rápidos que possam reagir ao simples perigo, deve ser sensível a qualquer mudança que poderá desenvolver-se e transformar-se em problemas transcendentais. Nesse campo, o direito tem que se *organizar previamente*, ao contrário do Direito Penal material, que nasceu com finalidade repressiva. É fundamental que se aja no nascedouro, preventivamente, e não repressivamente como é da sua natureza. Nesse aspecto, os bens coletivos são mais importantes do que os *bens individuais*, ao contrário do ideário do iluminismo; é fundamental a prevenção porque a repressão vem quase sempre tardiamente.

Por isso, embora sem endossar a nova doutrina do Direito Penal funcional, mas reconhecendo a necessidade de um combate eficaz em relação à criminalidade moderna, Hassemer[13] sugeria a criação de um novo direito, ao qual denominava direito de intervenção, que seria um meio-termo entre Direito Penal e Direito Administrativo, que não aplique as pesadas sanções do Direito Penal, especialmente a pena privativa de liberdade, mas que seja tão eficaz e possa ter, ao mesmo tempo, garantias menores que a do Direito Penal tradicional[14].

Nessa criminalidade moderna, especialmente na delinquência econômica, incluem-se, com destaque especial, os crimes praticados através das pessoas jurídicas. Nessa criminalidade, as associações, as instituições, as organizações empresariais não agem individualmente, mas em grupo, realizando a exemplar divisão de trabalho de que nos falava Jescheck[15]. Nor-

---

13. HASSEMER, Winfried. **Três temas**, cit., p. 59 e 95: "Há muitas razões para se supor que os problemas 'modernos' de nossa sociedade causarão o surgimento e desenvolvimento de um direito interventivo correspondentemente 'moderno' na zona fronteiriça entre o direito administrativo, Direito Penal e a responsabilidade civil por atos ilícitos. Certamente terá em conta as leis do mercado e as possibilidades de um sutil controle estatal, sem problemas de imputação, sem pressupostos da culpabilidade, sem processo meticuloso, mas, então, também, sem posição de penas criminais".

14. Na mesma linha, Silva Sanches fala na necessidade de um Direito Penal de duas velocidades.

15. JESCHECK, H. H. **Tratado de derecho penal**, p. 937; WELZEL, Hans. **Derecho penal alemán**. Santiago: Editorial Jurídica de Chile, 1987.

malmente, as decisões são tomadas por diretoria, de regra, por maioria. Assim, a decisão criminosa não é individual, como ocorre na criminalidade de massa, mas coletiva, embora por razões estatutárias haja adesão da minoria vencida. E mais: punido um ou outro membro da organização, esta continuará sua atividade, lícita ou ilícita, através dos demais.

No entanto, não se questiona a necessidade de o Direito Penal manter-se ajustado às mudanças sociais, respondendo adequadamente as interrogações de hoje, sem retroceder ao dogmatismo hermético de ontem. Quando a sua intervenção se justificar deve responder eficazmente. A questão decisiva, porém, será de quanto de sua tradição, de suas garantias, o Direito Penal deverá abrir mão a fim de manter essa atualidade. Nessa linha de raciocínio, e respondendo a nossa interrogação, Muñoz Conde, referindo-se ao Projeto de Código Penal espanhol de 1994, a respeito da necessidade de eventual criminalização, recomenda: "se no entanto for necessário criar algum novo tipo penal, faça-se, porém, nunca se perca de vista a identificação do comportamento que possa afetá-lo, com uma técnica legislativa que permita a incriminação penal somente de comportamento doloso ou, excepcionalmente, de modalidade culposa que lesione efetivamente ou, pelo menos, coloque em perigo concreto o bem jurídico previamente identificado"[16].

Para a proteção da chamada "ordem econômica estrita" — assim entendida aquela dirigida ou fiscalizada diretamente pelo Estado — foram criados os crimes fiscais, crimes monetários, crimes de contrabando, crimes de concorrência desleal, os chamados crimes falimentares. Posteriormente, surgiram novas figuras delitivas, como, por exemplo, grandes estelionatos, falsidades ideológicas, crimes contra as relações de consumo, monopólios irregulares, os escândalos financeiros e mesmo as grandes falências, com prejuízos incalculáveis. É inegável que para a prevenção e repressão de infrações dessa natureza justifica-se a utilização de graves sanções, eventualmente, inclusive, privativas de liberdade, quando se fizerem indispensáveis. No entanto, é preciso cautela para não se fazer tábula rasa, violando inclusive os princípios de intervenção mínima, da culpabilidade, do bem jurídico definido, da proporcionalidade e do devido processo legal, entre outros. Não se pode igualmente esquecer que a pena privativa de liberdade também deve obedecer a *ultima ratio*, recorrendo-se a ela

---

16. MUÑOZ CONDE, Francisco. Principios políticos criminales que inspiran el tratamiento de los delitos contra el orden socioeconómico en el Proyecto de Código Penal Español de 1994. **Revista Brasileira de Ciências Criminais**, número especial, 1995.

somente quando não houver outra forma de sancionar eficazmente. Mas isso não quer dizer que o ordenamento jurídico, no seu conjunto, deva permanecer impassível diante dos abusos que se cometam, mesmo através de pessoa jurídica. Assim, além da sanção efetiva aos autores físicos das condutas tipificadas (que podem facilmente ser substituídos), deve-se punir severamente também e particularmente as pessoas jurídicas, mas com sanções próprias a esse gênero de entes morais. No mesmo sentido, conclui Muñoz Conde[17] afirmando:

> concordo que o atual Direito Penal disponha de um arsenal de meios específicos de reação e controle jurídico-penal das pessoas jurídicas. Claro que estes meios devem ser adequados à própria natureza destas entidades. Não se pode falar em penas privativas de liberdade, mas de sanções pecuniárias; não se pode falar de inabilitações, mas sim de suspensão de atividades ou de dissolução de atividades, ou de intervenção pelo Estado. Não há, pois, por que se alarmar tanto, nem rasgar as próprias vestes quando se fale de responsabilidade das pessoas jurídicas; basta simplesmente ter consciência de que unicamente se deve escolher a via adequada para evitar os abusos que possam ser realizados.

Concluindo, no entanto, o Direito Penal não pode a nenhum título, e sob nenhum pretexto, abrir mão das conquistas históricas consubstanciadas nas garantias fundamentais referidas ao longo deste trabalho. Por outro lado, não estamos convencidos de que o Direito Penal, que se fundamenta na culpabilidade, seja instrumento adequadamente eficiente para combater a moderna criminalidade, inclusive a delinquência econômica. A insistência de governantes em utilizar o Direito Penal como panaceia de todos os males não resolverá a insegurança de que é tomada a população, e o máximo que se conseguirá será destruir o Direito Penal se forem eliminados ou desrespeitados os seus princípios fundamentais. Por isso, a sugestão de Winfried Hassemer, de criação de um direito de intervenção, para o combate da criminalidade moderna, merece, no mínimo, uma profunda reflexão.

Finalmente, um sistema penal — pode-se afirmar — somente estará justificado quando a soma das violências — crimes, vinganças e punições arbitrárias — que ele pode prevenir for superior ao das violências constituídas pelas penas que cominar. É, enfim, indispensável que os direitos fun-

---
17. MUÑOZ CONDE, Francisco. **Principios,** cit., p. 16.

damentais do cidadão sejam considerados indisponíveis, afastados da livre disposição do Estado, que, além de respeitá-los, deve garanti-los.

4. A CRIAÇÃO DO DESUMANO E INCONSTITUCIONAL "REGIME DISCIPLINAR DIFERENCIADO"

Sem se preocupar com a situação caótica do sistema penitenciário brasileiro, com a superlotação dos presídios, com a falta de quase 400 mil vagas, a ocorrência frequente de motins da população carcerária, dos quais resultaram dezenas e dezenas de mortes nos últimos 4 ou 5 anos, e, inclusive, com o domínio das prisões brasileiras pelas facções criminosas, o Congresso Nacional aprovou recentemente lei elevando o máximo de cumprimento de pena de 30 (trinta) para 40 (quarenta) anos de prisão. Além de não melhorar o sistema penitenciário brasileiro, não criar novas vagas no sistema, agravou-se sobremodo o regime e cumprimentos das penas de prisão, especialmente as de maior duração. Vejamos alguns dos antecedentes deste caos que se tornaram os presídios no Brasil, completamente dominado pelas facções criminosas.

Façamos, antes de tudo, uma digressão sobre o caos do sistema penitenciário nacional, nos últimos 20 anos. A Lei n. 10.792/2003 modificou a Lei de Execução Penal (Lei n. 7.210/84), instituindo o desumano *regime disciplinar diferenciado*. A despeito de o Conselho Nacional de Política Criminal e Penitenciária haver opinado contrariamente à instituição de dito regime, a vontade política de nossos governantes acabou prevalecendo. Alguns Estados — como Rio de Janeiro e São Paulo, onde o sistema penitenciário sempre foi mais calamitoso — já haviam editado alguma resolução disciplinando o referido regime, colocando-o em prática. Para contextualizarmos esse tema, convém que façamos, preliminarmente, uma pequena retrospectiva desde a entrada em vigor da Lei de Execução Penal (Lei n. 7.210/84), que se anunciava como uma verdadeira *revolução no então caótico sistema penitenciário brasileiro*.

Com efeito, poucos anos após a entrada em vigor da Lei de Execução Penal — janeiro de 1985 —, a doutrina começou a reclamar que os *direitos e garantias assegurados no referido diploma legal não estavam sendo cumpridos* no quotidiano forense e no próprio sistema penitenciário; acrescentava — parte da jurisprudência de nossos tribunais — que referida Lei era moderna e avançada demais para o sistema brasileiro, e não havia estrutura adequada para aplicá-la corretamente, além da dificuldade de fiscalizar seu cumprimento. Em vez de demandar a reforma e modernização do referido sistema penitenciário, foi mais fácil sacrificar esse diploma legal. A partir dos anos de 1994/1995, logo após a publicação da nossa Tese de doutorado (1993), esse discurso muda e começa ser substituído por segmento representativo do Poder Público (Judiciário, Ministério Público e Técnicos do Ministério da Justiça), que advogava a necessidade de reformular a *Lei de Execução Penal* (isto é, piorá-la, suprimindo direitos) para, finalmente, poder ser cumprida pelo sistema penitenciário nacional.

Antevendo esse "golpe reformador" — porque sabíamos que não era para melhor as prisões -, começamos a denunciá-lo em dezenas de congressos e seminários de Direito Penal de que participamos, pelo Brasil todo, sobre as "verdadeiras intenções" de "ditas reformas": além de representar a *confissão do fracasso* do Poder Público na tentativa de melhorar o sistema penitenciário brasileiro, havia o *objetivo dissimulado* de alterar a Lei de Execução Penal (Lei 7.210/84), para afastar a crítica contundente sobre a *falência da pena de prisão* (que criticamos nesta obra), bem como a violação dos direitos dos apenados assegurados no referido diploma legal. Alertávamos, nessa denúncia, que o governo, com a reforma da Lei de Execução Penal, não pretendia tornar exequíveis os preceitos contidos na lei a ser alterada e modernizá-los, como alguns incautos imaginavam, mas, ao contrário, desejava-se, ardorosamente, suprimir determinados direitos e garantias, que a linguagem oficial chama de "benefícios penitenciários".

Ou seja, era uma reforma para piorá-la, pois, assim, o Poder Público não seria mais criticado por descumprir os direitos do cidadão condenado previstos nessa lei. Em outros termos, parodiando a velha parábola evangélica, segundo a qual "se Maomé não vai à montanha, a montanha vai a Maomé!". Significa dizer que em vez de o governo melhorar a sua política penitenciária, para adequar-se aos preceitos legais — muitos deles inclusive insculpidos na própria Carta Magna —, adota a posição inversa: já que não pode ou não quer atender a tais mandamentos legais, simplifica tudo: não muda a política penitenciária para atender às previsões da Lei de Execução Penal, mas muda referida lei — piorando-a, isto é, suprimindo aqueles preceitos que já vinha descumprindo — para, assim, adequá-la à sua péssima administração penitenciária, caótica, desumana e altamente criminógena, ou seja, uma verdadeira fábrica produtora de delinquentes.

Enfim, aquela pretendida reforma da Lei de Execução Penal, que tanto nos assustava, estava aí, corporificada na lei (Lei n. 10.792, de 1º-12-2003, *DOU* de 2-12-2003), que criou, dentre outras monstruosidades, o denominado *regime disciplinar diferenciado*. Essa posição assumida pelo governo de plantão (não importa quem seja o titular da hora, não muda a filosofia da política penitenciária no País), passou a adotar o proscrito *direito penal de autor*, de cunho fascista, ressuscitado por movimentos raciais e capitaneados, no plano político-criminal, por Günther Jakobs, com seu "direito penal do inimigo". Como destaca, com muita propriedade, Paulo César Busato,

> a imposição de uma fórmula de execução da pena diferenciada segundo características do autor relacionadas com "suspeitas" de sua participação na criminalidade de massas não é mais do que um "direito penal de inimigo", quer dizer, trata-se da desconsideração de determinada classe de cidadãos como portadores de direitos iguais aos demais a partir de uma classificação que se impõe desde as instâncias de controle. A adoção do regime disciplinar diferenciado representa o tratamento desumano de determinado tipo de autor de delito, distinguindo evidentemente entre cidadãos e "inimigos"[18].

Essa previsão legal, do *regime disciplinar diferenciado*, remonta a Mezger, hoje reconhecido colaborador do nazismo, conforme denuncia Muñoz Conde[19], quando sugeriu a "culpabilidade pela condução de vida". Considera-se como núcleo da culpabilidade, segundo essa concepção de Mezger, não o fato, mas o autor. O que importa realmente para a censura é a personalidade do agente, ou seu caráter, ou a sua conduta social, em última análise, o que ele é, e não o que faz, não como faz. Uma concepção dessas, voltada exclusivamente para o autor, e perdendo de vista o fato em si, o seu aspecto objetivo, pode levar, como realmente levou, na Alemanha nazista, a um arbítrio estatal desmedido, a uma intervenção indevida no modo de ser do indivíduo. Nesse sentido, pune-se alguém por ser determinada pessoa, porque apresenta determinadas características de personalidade, e não porque fez algo, em última análise. Essa concepção justificaria, por exemplo, intervenções cada vez mais em desacordo com a proteção de direitos e garantias individuais, podendo chegar, numa fase mais avançada, a um arbítrio sutil, modelando, inclusive, a personalidade do indivíduo.

---

18. BUSATO, Paulo César. Regime disciplinar diferenciado como produto de um direito penal do inimigo. **Revista de Estudos Criminais**, Porto Alegre: Notadez/PUCRS/TEC, v. 14, p. 140, 2004.

19. MUÑOZ CONDE, Francisco. **Edmund Mezger y el derecho penal de su tiempo — estudios sobre el derecho penal en el nacionalsocialismo**. 4. ed. Valencia: Tirant lo Blanch, 2003.

É exatamente isso que propõe a *orientação político-criminal* que fundamenta o odioso *regime disciplinar diferenciado*. Ratificando todo o acima exposto, agora passaremos a examinar, sucintamente, as alterações acrescidas pela "imperiosa" Lei n. 13.964, de 24 de dezembro de 2019, que transforma esse já desumano, aberrante, cruel e degradante regime disciplinar diferenciado, deixando-o ainda pior, mais grave, mais radical e mais impiedoso, podendo até ser denominada, a sua consequência, de uma espécie *sui generis* de "pena cruel", na sua forma de execução, aliás, proibida expressamente pela Constituição Federal (art. 5º, XLVII, *e*, da CF). Não faremos, contudo, análise completa do conteúdo de todos os incisos e parágrafos do art. 52, mas apenas da essência do que efetivamente representa o "regime disciplinar diferenciado". Revogou-se o 2º §, cujo texto foi incluído no inciso II do § 1º) incluídos pela nova redação. Houve, igualmente, muitas e graves novas restrições na disciplina desse regime, inclusive sobre visitas de familiares[20] (que antes era semanal, agora quinzenal), tudo gravado e filmado, aliás, constituindo grave violação da garantia constitucional à privacidade dos familiares do recluso.

Determina, por outro lado, que *somente grupos de quatro apenados*, por vez, podem sair para o "banho de sol", inviabilizando, praticamente, que todos tenham esse direito respeitado (art. 52, *caput*, IV), quer pela falta de espaço físico (pela quantidade de detentos), quer pela limitada quantidade de horas-dia de sol, especialmente no sul de nosso hemisfério.

Nesse sentido, as entidades representativas dos direitos humanos precisam visitar, com urgência, as *Penitenciárias Federais* e fiscalizar, por alguns dias, o funcionamento diário e o tratamento desumano imprimido aos seus internos, inclusive constatar o que representa o isolamento permanente em celas individuais, por longos e longos anos, sem contato com ninguém. Esse isolamento, por longo período, é capaz de enlouquecer e deprimir qualquer pessoa e jamais terá condições de recuperar alguém para a sociedade, que é um dos mais importantes objetivos da pena de prisão: a ressocialização do condenado.

---

20. "III — visitas quinzenais, de 2 (duas) pessoas por vez, a serem realizadas em instalações equipadas para impedir o contato físico e a passagem de objetos, por pessoa da família ou, no caso de terceiro, autorizado judicialmente, com duração de 2 (duas) horas."

4.1. A previsão legal do regime disciplinar diferenciado

As restrições consagradas pela Lei n. 10.792/2003, que criou o regime disciplinar diferenciado, foram profundamente agravadas pela Lei n. 13.964/2019, como demonstramos acima. A imposição desse regime mais gravoso *não se fundamenta(m) em fatos*, mas se destina a determinadas espécies de autores, impondo isolamento celular, agora, pela nova lei, de até dois anos (inciso I), podendo ser renovado, repetidamente, sem limitação. A *brutalidade* dessa forma de execução, com isolamento celular permanente não pode ser admitida ou autorizada, pois transforma essa forma de execução em uma *pena cruel* e degradante, proibida pelo texto constitucional brasileiro. As organizações internacionais protetoras dos direitos humanos precisam visitar e fiscalizar a execução desses regimes especialmente nas cinco Penitenciárias Federais do país, posto que o Poder Judiciário brasileiro fecha os olhos para esse grave problema, contentando-se com simples informações oficiais de alguns magistrados, que tampouco fiscalizam a efetiva execução de tais regimes.

Antes esse novo diploma legal, a renovação era, por sua vez, limitada a seis meses, não em decorrência da prática de determinado crime, mas porque, na avaliação subjetiva de determinada instância de controle, representam "alto risco" social ou carcerário (inciso I do § 1º), ou então porque há simples "suspeitas" de envolvimento ou participação, a qualquer título, em organização criminosa, associação criminosa ou milícia privada (inciso II do § 1º), previsão capaz de fazer inveja ao proscrito nacional-socialismo alemão das décadas de 30 e 40 do século passado.

Com efeito, à luz desses dois diplomas legais, percebe-se que às instâncias de controle *não importa o que se faz* (direito penal do fato), mas sim *quem faz* (direito penal de autor). Em outros termos, não se pune pela prática de fato determinado, mas sim pela qualidade, personalidade ou caráter de *quem faz*, num autêntico direito penal de autor[21]. Nesse sentido, merece ser destacada a percuciente lição de Paulo César Busato, *in verbis*:

> [...] o fato de que apareça uma alteração da Lei de Execuções Penais com características pouco garantistas tem raízes que vão muito além da intenção de controlar a disciplina dentro do cárcere e representam, isto sim, a obediência a um modelo político-criminal violador não só dos direitos fundamentais do homem (em especial do

---

21. ZUGALDÍA ESPINAR, José Miguel. **Fundamentos de Derecho Penal.** Valencia: Tirant lo Blanch, 1993, p. 360.

homem que cumpre pena), mas também capaz de prescindir da própria consideração do criminoso como ser humano e inclusive capaz de substituir um modelo de Direito penal do fato por um modelo de Direito penal de autor[22].

Pela nova redação atribuída pela Lei n. 13.964/2019 ao art. 52 da LEP, no particular, repetindo a previsão da lei anterior, quando o fato "ocasione subversão da ordem ou disciplina internas", o preso provisório ou condenado, além da sanção penal correspondente, é passível de sujeição ao "regime disciplinar diferenciado", cujas características são destacadas no próprio dispositivo. Por essa redação, o *regime disciplinar diferenciado* poderá ser aplicado nas seguintes situações: 1ª) prática de fato previsto como crime doloso que ocasione subversão da ordem ou disciplina internas (art. 52, *caput*); 2ª) presos que apresentem alto risco para a ordem e a segurança do estabelecimento penal ou da sociedade (§ 1º, I); e, finalmente, 3ª) quando recaiam fundadas suspeitas de envolvimento ou participação, a qualquer título, em organização criminosa, associação criminosa ou milícia privada, independentemente da prática de falta grave (§ 1º, II). Constata-se que, nesta 3ª hipótese, a Lei n. 13.964/2019 acrescentou, alternativamente, a suspeita de participação em "milícia privada, independentemente da prática de falta grave". Vejamos, a seguir, cada uma das três hipóteses, sucintamente.

Com efeito, para a aplicação do *regime disciplinar diferenciado*, no entanto, não é suficiente a prática de crime doloso, por si só, sendo necessário que este *ocasione a subversão da ordem ou disciplina internas*, para que se possa aplicar o dito RDD. Há uma exigência cumulativa, qual seja, prática do crime doloso e a sua consequência. Em outros termos, é indispensável que a prática de uma conduta definida como crime produza, em razão de sua concretização, a subversão da ordem ou disciplina internas (*caput*). Mas, ainda assim, a prática de crime doloso e a consequente subversão da ordem ou disciplina não bastam para impor o regime disciplinar diferenciado, que é, em última instância, uma *sanção cruel*, degradante e violadora do *princípio da humanidade da pena* e, tão grave quanto, decidida exclusivamente no âmbito administrativo e sem a garantia da ampla defesa e do devido processo legal.

A rigor, em cada caso concreto, o juiz deverá examinar, num segundo momento, isto é, superadas as questões de adequação típica, a real necessi-

---

22. BUSATO, Paulo César. **Regime disciplinar diferenciado**, cit., p. 138.

dade da adoção dessa monstruosidade — que é o *regime disciplinar diferenciado*, própria de um *direito penal de autor*, proscrito nos Estados Democráticos de Direito. Esse exame, por certo, deverá ser realizado tendo em vista que se trata de uma medida cautelar, ou seja, deve ser conduzido pelos *princípios orientadores das medidas cautelares*, quais sejam, o *fumus boni juris* e o *periculum in mora* e, por isso, como destaca Guilherme Nucci, "é preciso que o magistrado encarregado da execução penal tenha a sensibilidade que o cargo lhe exige para avaliar a real e efetiva necessidade de inclusão do preso, especialmente do provisório, cuja inocência pode ser constatada posteriormente, no RDD"[23].

A questão mais complexa, sem dúvida alguma, é a definição teórica do que seja *subversão da ordem ou disciplina internas*, e especialmente a sua aplicação casuística, quando for o caso. Afinal, o que se entenderá por *subversão da ordem ou disciplina internas*? Em que isso consiste? Necessariamente deverá, a nosso juízo, ocasionar concretamente, no interior do estabelecimento prisional, profunda alteração da ordem ou da disciplina, de molde a substituir os monitores, coordenadores e guardas penitenciários, a ponto de os detentos estarem obtendo o controle da penitenciária. É, digamos, um *estado de emergência*, pois somente excepcionalidade dessa natureza poderia justificar uma violência tão absurda como o questionado RDD.

Essa preocupação não diminui, mesmo que a decisão e a definição passem, necessariamente, pelo crivo do Poder Judiciário, sob os auspícios do contraditório, da ampla defesa e do devido processo legal. A violência e a gravidade da "sanção" estão na sua essência e na sua motivação, assim, nada e ninguém poderá descaracterizar esse aspecto, salvo a sua revogação definitiva. Convém registrar, ademais, que o *juiz das execuções criminais*, que é, em tese, a autoridade competente para aplicá-lo e fiscalizá-lo, após ouvir o Ministério Público e a Defesa, deverá decidir, fundamentadamente, nos termos previstos no texto constitucional (art. 93, IX, da CF), sob pena de nulidade. Mais do que nunca, se não houver forma de evitar a decretação desse esdrúxulo e inconstitucional regime, que se observe rigorosamente o procedimento previsto nos arts. 59 e 60 da LEP, assegurando-se todas as garantias constitucionais fundamentais.

---

23. NUCCI, Guilherme de Souza. **Individualização da pena**. 2. ed. São Paulo: Revista dos Tribunais, 2007, p. 275.

4.2. Presos que "apresentem alto risco para a ordem e a segurança" do estabelecimento penal "ou" da sociedade (§ 1º, I)

Nessa hipótese — disciplinada no inciso I do § 1º do art. 52 — deve ser observado que são contempladas duas situações, alternadamente, e não cumulativamente: o elevado risco mencionado pode ser tanto para o estabelecimento penal quanto para a sociedade, ou para um ou para outra. Afinal, o que são presos que apresentem alto risco para a ordem e a segurança do estabelecimento penal ou da sociedade? Paulo César Busato também, com acerto, questiona:

> A submissão ao regime diferenciado deriva da presença de um alto grau de risco para a ordem e segurança do estabelecimento penal ou da sociedade. Porém, a respeito de que estamos falando? Não seria da realização de um delito ou de uma falta grave regulada pela administração da cadeia, porque esta já se encontra referida na redação principal do mesmo artigo, que trata exatamente dela. Que outra fonte de risco social ou penitenciário pode decorrer de comissões que não sejam faltas nem delitos?[24].

Na verdade, essa previsão do inciso I do § 1º é absolutamente contraditória: com efeito, o *caput* do art. 52 institui o RDD para presos (provisórios ou condenados) que pratiquem crime doloso no interior do estabelecimento prisional. Logo, referido parágrafo não pode dispor diferentemente, sem fazê-lo de forma expressa, ou seja, não é possível que outros presos — provisórios ou condenados — ingressem diretamente no regime disciplinar diferenciado, sem já se encontrarem no interior de algum estabelecimento, e onde tenham praticado um crime doloso com as características e consequências previstas nos dispositivos em exame. A prática do crime doloso, nas circunstâncias mencionadas, é o fundamento da aplicação do referido regime, que é a mais grave sanção "disciplinar-penal" de que se tem notícia, pois é, repetindo, uma verdadeira pena cruel, desumana e degradante, contrariando a proibição constante do texto constitucional brasileiro.

Consequentemente, é inadmissível, pela previsão legal, que algum preso já ingresse no sistema penitenciário diretamente no regime disciplinar diferenciado, visto que o fundamento legal para sua aplicação é a prática, no interior de uma penitenciária, de fato definido como crime doloso,

---

24. BUSATO, Paulo César. Regime disciplinar diferenciado, como produto de um direito penal do inimigo. **Revista de Estudos Criminais**, vol. 14, Porto Alegre: Ed. Notadez/PUCRS, 2004, p. 139.

que produza consequência da natureza das previstas nesse diploma legal. A única possibilidade, que nos parece razoável, para salvar o texto legal, é estender a interpretação do *caput* do art. 52, para conjugá-la com essa previsão de seu inciso I do § 1º, nos seguintes termos: quando da prática do fato definido como crime doloso, no interior da penitenciária, não decorrer a "subversão da ordem ou disciplina internas", mas se constatar que, *in concreto*, prisioneiros envolvidos nesse fato "apresentem alto risco para a ordem e a segurança" do estabelecimento penal (inciso I do § 1º). Dessa forma, pelo menos, há um fato definido como crime doloso, como exige a previsão legal, como causa, de "alto risco para a ordem e a segurança do estabelecimento penal", como efeito. Assim, pode-se evitar a abstração contida no referido parágrafo, se for examinado isoladamente.

Quanto ao *alto risco para a ordem e a segurança da sociedade*, com o devido respeito, somente indivíduos *ideologicamente perturbados* poderão enxergar, em delinquentes comuns, mesmo integrando bandos ou quadrilhas, tamanho poder ofensivo e destruidor, a exemplo do que ocorreu com os fundamentos da *Ruptura democrática de 1964*, que via comunismo e terrorismo em todo lugar. Ademais, para quem já está preso, que risco é esse a que poderia expor a sociedade, de forma a justificar regime de cumprimento de pena tão draconiano?

4.3. Quando "houver fundadas suspeitas de envolvimento ou participação", a qualquer título, em organizações criminosas, associação criminosa ou milícia privada, independentemente da prática de falta grave (§ 1º, II)

Esta é a hipótese mais absurda de toda previsão do odioso *regime disciplinar diferenciado*, pois, além de adotar um *direito penal de autor*, ao invés do direito penal do fato, transforma *o primado da certeza* em meras presunções e suspeitas, proscritas do direito penal da culpabilidade, próprio de um Estado Democrático de Direito. Essa preocupação doutrinária ganha relevo quando se tem em conta os abusos do "poder de denunciar" que se têm praticado no Brasil, a partir da última década do século passado. Quando examinamos o crime de "quadrilha ou bando", no passado, fizemos a seguinte afirmação: "[...] não se pode deixar de deplorar o uso abusivo, indevido e reprovável que se tem feito no quotidiano forense, a partir do episódio Collor de Mello, denunciando-se, indiscriminadamente, por formação de quadrilha, qualquer concurso de mais de três pessoas, especialmente nos chamados crimes societários, em autêntico louvor à responsabilidade penal objetiva, câncer tirânico já extirpado do ordenamento jurídico brasileiro. Essa prática odiosa beira o *abuso de autoridade* (abuso do poder de denunciar)"[25].

Criticamente, no mesmo sentido, questiona, acertadamente, Paulo César Busato[26]:

"[...] a mera suspeita de participação em bandos ou organizações criminosas justifica o tratamento diferenciado. Porém, se o juízo é de suspeita, não há certeza a respeito de tal participação e, não obstante, já aparece a imposição de uma pena diferenciada, ao menos no que se refere à sua forma de execução". Enfim, é desnecessário aprofundar-se para concluir pela inconstitucionalidade da previsão legal criadora do questionado regime disciplinar diferenciado, que abordamos superficialmente. Trata-se de regime, enfim, que terá "duração de dois anos, sem prejuízo de repetição da sanção por nova falta grave de mesma espécie".

Em síntese, são essas nossas considerações sobre "o recrudescimento da repressão penal no brasil", especialmente para esta edição especial comemorativa dos 30 anos de nossa Defesa de Tese, no dia 17 de fevereiro de 1992, *Evolución y crisis de la pena privativa de libertad*, publicada no Brasil, como *Falência da pena de prisão*. Agradecemos, de coração, a participação de todos os professores convidados, sem os quais esta comemoração não teria sido possível.

---

25. BITENCOURT, Cezar Roberto. **Tratado de Direito Penal**. São Paulo: Saraiva, 2019, v. 4, p. 504.

26. BUSATO, Paulo César. **Regime disciplinar diferenciado**, cit., p. 141.